经典战史回眸·二战系列

喋血抢滩

贝里琉悲歌

冬初阳　刘海丰　著

WUHAN UNIVERSITY PRESS
武汉大学出版社

图书在版编目(CIP)数据

喋血抢滩:贝里琉悲歌/冬初阳,刘海丰著 .—武汉:武汉大学出版社,2021.11

经典战史回眸 . 二战系列

ISBN 978-7-307-22413-1

Ⅰ.喋… Ⅱ.①冬… ②刘… Ⅲ. 太平洋战争—史料 Ⅳ.E195.2

中国版本图书馆 CIP 数据核字(2021)第 125088 号

责任编辑:蒋培卓　　　责任校对:汪欣怡　　　版式设计:马　佳

出版发行:**武汉大学出版社**　(430072　武昌　珞珈山)

(电子邮箱:cbs22@ whu.edu.cn 网址:www.wdp.com.cn)

印刷:湖北恒泰印务有限公司

开本:787×1092　1/16　印张:25.75　字数:635 千字

版次:2021 年 11 月第 1 版　　2021 年 11 月第 1 次印刷

ISBN 978-7-307-22413-1　　定价:123.00 元

序

2010年美国HBO公司出品的二战题材电视剧《太平洋战争》（也译作《血战太平洋》）一共10集。该剧占据最长篇幅的叙事单元不是瓜达尔卡纳尔岛战役，不是硫黄岛战役，也不是冲绳战役，而是知名度相对较低的贝里琉战役。根据剧中插入的对几位参战的美国海军陆战队老兵的影像采访实录可知，他们对此役的各种艰难和恐怖景象的记忆，即便数十年后也难以淡化分毫。那么这一战到底是怎样打的，又为何要打，为什么会打得如此惨烈呢？一切还要从头说起。

目　录

第一章　美军的战役准备

1944年的太平洋战略形势

1944年初，盟军在西南太平洋战区节节推进，美军的大部分战略计划人员一致认为，对日战争的下一个重要目标，是在菲律宾、台湾岛和中国东南沿海形成的战略三角地区夺取一个基地。此举将切断日本本土与其在东南亚和荷属东印度富庶占领区之间的交通线。此外，计划人员已经可以考虑在该地区附近选择合适的位置修建远程轰炸机机场，同时也可以为盟军发动将来的入侵行动，包括最终攻打日本本土的攻击，选择一个有价值的基地。美军参谋长联席会议就合适的前进路线进行了多次讨论，最终就一项折衷计划达成了一致意见，美军下一阶段将沿着两条最可行的路线发动钳形攻势：一条通过中太平洋，另一条沿西南太平洋内的新几内亚—棉兰老轴心。1944年夏季，美军两路进攻的推进距离都相当远。

经过一系列两栖登陆作战，道格拉斯·麦克阿瑟上将麾下的西南太平洋战区部队已到达新几内亚西端。如此一来，即便新几内亚的日军仍未被歼灭，但日军已经无法再利用该岛向澳大利亚和所罗门群岛发动进攻，美军进攻棉兰老岛的道路也扫清了。与此同时，在中太平洋，太平洋战区总司令切斯特·尼米兹海军上将的部队占领了塞班岛，巩固了在马里亚纳群岛的立足点。两路大军形成对菲律宾的钳形攻击态势，迂回日军战略三角区的大范围包抄也就完成了，中太平洋成了美国“内湖”，美国的舰船可在这片广阔水域随意调动。然而，美军的优先战略考虑事项是要保证麦克阿瑟从新几内亚向北的入侵路线。

位于棉兰老岛正东530英里左右的，是日本在加罗林群岛西部的主要防御阵地帕劳群岛。麦克阿瑟相信，只有消除这个西南太平洋战区部队交通线上的潜在威胁，他才能对菲律宾发动大规模两栖战。因为与帕劳群岛距离遥远，美军新获得的陆基航空基地无法对日军的这个强据点实施有效空袭来消除这个威胁，太平洋战区的计划人员断定，只有两栖进攻才能让该地区长期无力化。

尽管在加罗林群岛西部有三个上佳目标——帕劳群岛的几座机场和几个锚地、雅浦岛的航空基地，以及乌利希环礁宽阔水深的锚地，美军高级计划人员最初仍然只想夺取帕劳群岛。计划中的帕劳战役代号为“僵局行动”，当时谁都没有想到以后见之明看来，这个代号是如此恰当。直到这次战役最终结束为止，相关事务一直都在进行反复修正，经历各种拖延和剧变。上述三个目标都将被纳入作战计划，但后来美军实际上入侵的只有帕劳群岛南部的贝里琉岛和昂奥尔岛，还有乌利希环礁。

尼米兹后来解释，发动“僵局行动”的理由分为两方面：“第一，当麦克阿瑟向菲律宾群岛南部推进时，让他的右翼免受明显的日军进攻威胁；第二，为我们的部队建立一个基地，用以支持麦克阿瑟进入菲律宾南部的行动。”美军在贝里琉预定登陆的同一天，西南太平洋战区的步兵部队将会进攻摩鹿加群岛的莫罗泰岛，从而保障麦克阿瑟左翼的安全，也能为陆基飞机提供一个合适的机场位置，用以支持他麾下的大舰队从新几内亚出动入侵菲律宾。

贝里琉战役是否是麦克阿瑟重返菲律宾的一个必要先决条件，长时间以来都是一个没有结果的假设。除了亲身参与此役的人无法忘怀之外，贝里琉战役几乎一直是一场被遗忘的战役，贝里琉海岛的位置鲜为人知，知名度与瓜达尔卡纳尔岛、塔拉瓦环礁和硫黄岛也无法相比，此役不像以后面三个岛屿命名的战役那样会让美国人回忆起种种自我牺牲的英勇事迹。然而，对于当年在贝里琉海岸抢滩登陆的陆战队员来说，该岛的战略价值或许并不明确，他们的任务却是明确的。他们接受了任务，就要去完成。曾参加过贝里琉血战的一位老兵弗兰克·霍夫少校说道：“无论应当怎样，1944年9月15日陆战队员都在贝里琉海滩实施了突击登陆，历史记录了在贝里琉的攻击阶段结束后九天，麦克阿瑟入侵莱特岛。不管怎样，他的右翼安全了，此后太平洋战争进入了一个新的决定性阶段。”

贝里琉岛是坐落于加罗林群岛西部的帕劳

地图一　二战时期太平洋地区形势概览

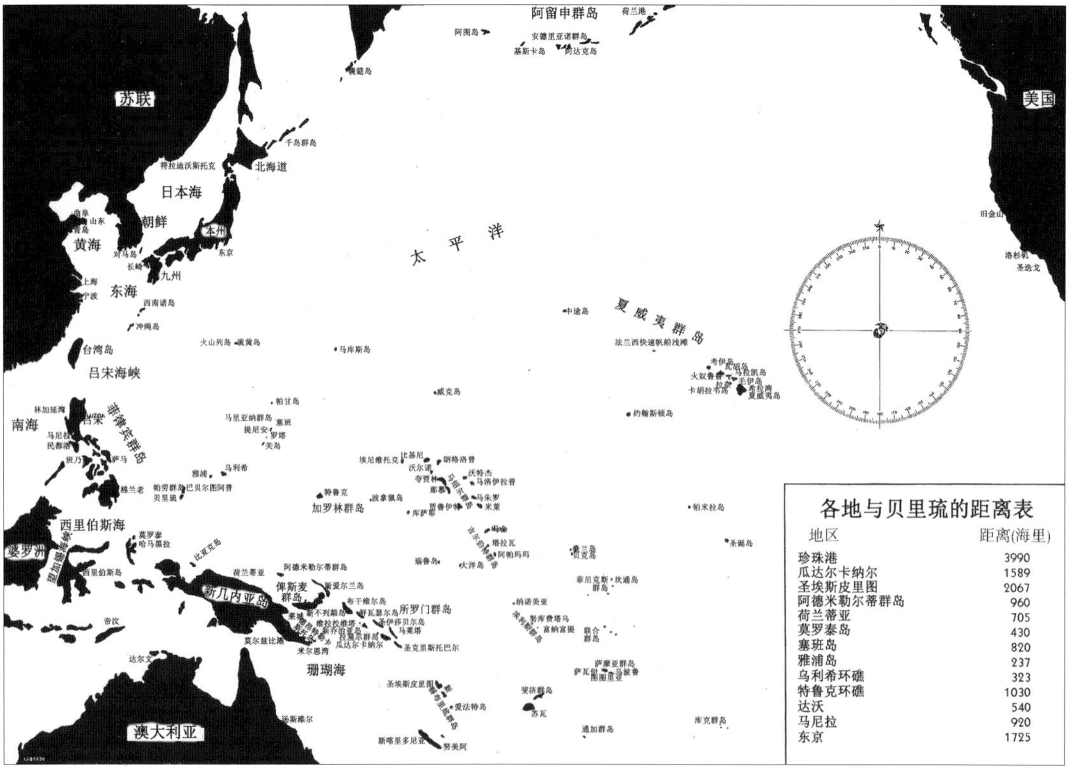

各地与贝里琉的距离表

地区	距离(海里)
珍珠港	3990
瓜达尔卡纳尔	1589
圣埃斯皮里图	2067
阿德米勒尔蒂群岛	960
荷兰蒂亚	705
莫罗泰岛	430
塞班岛	820
雅浦岛	237
乌利希环礁	323
特鲁克环礁	1030
达沃	540
马尼拉	920
东京	1725

群岛的一百多个大小岛屿中的一座形状奇特的珊瑚石灰岩岛屿。贝里琉岛和帕劳群岛的主要军事价值，都在于该岛的南部低地，日本人已经在那里建造了两条非常好的X型跑道。跑道表面是硬珊瑚，适合轰炸机和战斗机停靠，还有充足的滑行跑道、疏散区和弯道。在贝里琉岛北端的盖斯巴士小岛上，还有正在建造中的辅助战斗机跑道，该岛有一条横跨浅滩的木堤道与贝里琉岛的主体相连。

位于帕劳群岛最南端的昂奥尔岛是另一个吸引美军计划人员注意的小岛，该岛也是由凸起的珊瑚组成的，比贝里琉岛更小、更局促。昂奥尔岛上树木茂密，但大部分地区地形比较平坦，很容易改建成一个重型轰炸机基地，这让它成为一个有争夺价值的军事目标。

除了帕劳群岛之外，还有两个可能的目标在“僵局行动”的计划演变之中发挥了重要作用，即雅浦岛和乌利希环礁。雅浦岛其实就是一群在一座三角形礁盘上聚集的小岛，拥有一个发展完善、日军派重兵把守的航空基地。另一方面，日军工兵认为，乌利希环礁的大约30个小岛上，没有一个适合修建飞机跑道（但是在美军工兵看来并非如此），守卫兵力薄弱。然而，乌利希环礁拥有一个上佳的天然避风锚地，相对于美军已经占领和计划夺取的岛屿来看，处于中心位置。在占领该岛之后，此地注定会成为战争后期美国海军在西太平洋行动的关键枢纽。

“僵局行动”计划的修订

说来英美盟军最初夺取帕劳群岛的计划，始于1943年第一次魁北克会议。这次英美盟国最高级别会议暂定在占领马绍尔群岛和特鲁克环礁以后，进攻马里亚纳群岛以前，在1944年12月31日进攻帕劳群岛。然后随着盟军对战略进行了修改，决定迂回特鲁克不攻，占领马里亚纳群岛的塞班岛、提尼安岛和关岛以后，在1944年9月夺取帕劳群岛。1944年3月12日，美军参谋长联席会议正式制定了时间表。

在此期间，太平洋的美军最高指挥层已经在着手采取各种先期措施。1944年1月，一位海军陆战队将军奔赴前线途中经过珍珠港，发现太平洋战区司令部参谋部计划处在处长拉尔夫·罗宾逊陆战队上校带领下，为将来进攻巴贝尔图阿普岛（帕劳群岛的主岛）详细规划了一个月后，通过太平洋战区联合情报中心发布了一份简报，阐述了当时美军已经了解的帕劳群岛的情况。情报还是太少，因为在前期历次战事中经常能得到的海岸观察员和商船船长的便利情报来源缺位。美军真正在帕劳登陆之前，都只能依靠空中或潜艇侦察资料来分析这些岛屿的地形。

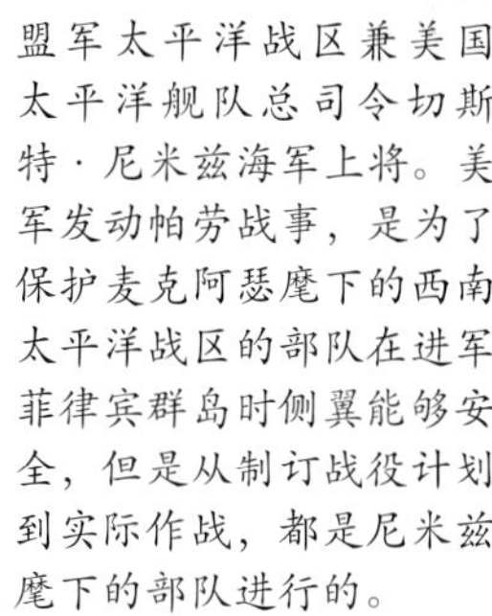

盟军太平洋战区兼美国太平洋舰队总司令切斯特·尼米兹海军上将。美军发动帕劳战事，是为了保护麦克阿瑟麾下的西南太平洋战区的部队在进军菲律宾群岛时侧翼能够安全，但是从制订战役计划到实际作战，都是尼米兹麾下的部队进行的。

5月10日，尼米兹海军上将发表了《帕劳战役联合参谋人员研究报告》，美军正式启动“僵局行动”。这份报告包括战役部队的整体建制，对海陆空各部的分配、机动方案和后勤保障计划。登陆日期暂定为1944年9月15日。相关攻击和支援梯队接到报告副本，立即开始着手制订各种细分计划。报告详细检讨了马里亚纳战事的计划，以便从以前的错误中吸取经验，尽可能消除每个下级指挥部计划的旁枝末节。

5月29日，太平洋战区总司令部颁布了在9月8日夺取帕劳群岛的预备令，太平洋各级指挥官的幕僚明显加快了工作进度。当时美军设想的战役规模之大前所未有，准备使用4个地面突击师，编组成2个军。早在4月7日，第3两栖军军长罗伊·盖格少将在珍珠港为马里亚纳战役事宜进行准备期间，就被尼米兹告知，他的部队将会参加行将来临的帕劳战事。盖格一回到瓜岛基地，便不顾可用情报稀缺，立即命令他的幕僚研究帕劳群岛。

就在率部登船前往马里亚纳群岛以前，盖格从第3两栖军派出了一个临时计划幕僚群前往珍珠港，6月12日就在那里开始运作。这组幕僚最初以达德利·布朗上校为首，负责为夺取帕劳群岛制订计划，后来被重新分配到X光暂编两栖军。塔拉瓦战役时期的陆战2师师长朱利安·史密斯少将，时任驻珍珠港的第5两栖军副军长，军衔和资历都足以承担重任，兼任X光暂编两栖军总指挥，负责统筹规划帕劳战役计划事宜。

因为计划参加帕劳战事的美军各军兵种的各级梯队许多都在珍珠港地区派驻了幕僚，各突击和支援单位之间的协调就会比其他类似行动更为密切，对计划阶段相当有利。然而从一开始，各种复杂的情况就困扰着计划人员和高级指挥官。“僵局行动”计划要经过多次修改才会真正付诸实施。

美军预定让已经在马里亚纳经历过战斗的地面部队来充当帕劳战役的地面部队基干，事实上马里亚纳战事要比预先估计的更加困难，也耗时更久。到头来，预定投入“僵局行动”的部队在马里亚纳群岛陷入鏖战。一定要在9月8日进攻帕劳群岛的话，根本没有足够的时间重新装备这些部队，进行各项准备。于是，太平洋战区总司令部在6月29日指示，为了发动帕劳战事，必须准备各种替代方案或临时部署。

第3舰队司令哈尔西海军上将。他是帕劳战事期间美国海军部队的一线最高指挥官，却最早提出美军不必进攻帕劳群岛，后来也一直坚持这一看法。

然而最后关头的部队紧急调动难以解决兵力不足的问题。7月初，计划人员开始不安，他们接到报告，驻守巴贝尔图阿普岛（帕劳群岛主岛）和帕劳其他岛屿的日军部队正在以惊人的速度增加。有人对两个师的兵力在巴贝尔图阿普这样一个大岛登陆是否充足表示怀疑。毕竟，美军的3个师耗费了25天时间才拿下面积更小，地形条件相对较好的塞班岛。

也有人提出了巴贝尔图阿普的地形是否适合建造机场的问题，毕竟攻打它的目标就是为了建机场。相对来说，贝里琉岛近海的盖斯巴士小岛已经建造了一座相当不错的机场，还有一条辅助战斗机跑道在建。占领贝里琉的这些航空设施，然后迅速发展成美军的航空基地，就无需实际入侵帕劳群岛的其他岛屿。此外，帕劳群岛最近的邻岛雅浦岛已经拥有一个上佳的航空基地，也是一个比巴贝尔图阿普更容易进攻的目标。

巴贝尔图阿普的锚地设施是要去占领它的另一个原因，不过乌利希环礁是天然的上佳舰队级大锚地，日军在那里的驻军很少，只需一点点代价便能夺取。用雅浦岛和乌利希环礁替代巴贝尔图阿普，将会为美军提供一个良好的作战航空基地和一个一流的舰队锚地。

各种其他因素也让“僵局行动”的计划人员挠头。分配给帕劳战役的运输船只大量投入到进度缓慢的马里亚纳战事中去了，可用的火力支援舰船也是这样。到了6月中旬，参谋长联席会议询问太平洋战区的几位高级指挥官，是否有可能完全跳过西加罗林群岛不打，以加速太平洋战争的进度，从而也能更早地进攻台湾岛，甚至还能尽早攻打日本本土。只有第3舰队司令威廉·哈尔西海军上将给出的是肯定答案。当时如果改变中太平洋地区的战略图景的话，就会给预定进行的帕劳战役带来一次激进的变化。

在重新审视形势之后，尼米兹取消了原先规模庞大的帕劳战役计划，支持发动一次规模相对较小的战役。美军仍将占领帕劳南部的贝里琉岛和昂奥尔岛，但不会攻打巴贝尔图阿普岛，而是去攻打明显更容易得手的乌利希环礁和雅浦岛。

7月7日，太平洋战区总司令部向所有下属指挥机关发出一道新的预备令，5月29日的命令便就此作废。根据新的“僵局2号”战役计划，整个帕劳战役将由两支独立的登陆部队分两个阶段实施。第一阶段包括占领帕劳南部，让巴贝尔图阿普和科罗尔地区无力化，第二阶段则会占领雅浦岛和乌利希环礁。第一阶段的预定日期会推迟到9月15日，与西南太平洋战区进攻莫罗泰岛的时间一致，第二阶段的开始日期暂定为10月5日。

这次战役的全盘指挥，由西太平洋特混舰队司令哈尔西海军上将负责。他麾下第3舰队的作战舰船会护送联合远征舰队前往他们的目标。此外，西南太平洋战区部队在同时进攻莫罗泰岛的时候，哈尔西的部分作战舰船还要提供水面舰队支援，麦克阿瑟将军给予的回报，是在美军入侵帕劳群岛之前，以麾下的陆基航空兵协助进行航空支援，也会为其他空中任务助战。

帕劳战事期间的第30特混舰队（第3两栖舰队）司令威尔金森海军中将，他和陆战队高级指挥官为了舰炮火力支援问题进行了反复磋商，实际的炮击效果陆战队并不十分满意，但是按照当时的可用弹药量，无论如何改动计划，最终的结果不会有多大分别。

值得一提的是，中太平洋和西南太平洋两方面航空联络军官为“僵局2号”计划准备的空中支援计划，包含一系列最为紧密协调、综合性极强、影响深远的战略空中支援任务。这次空中联合作战的主要目标是要确保对吕宋岛—台湾岛—中国沿海地区三角海域东面通道的制空权，这样就让航空计划人员扩大了预备航空行动的范围，规模超过了此前任何一次太平洋两栖作战。

哈尔西的任务之宏大仍然难以想象。他的第3舰队要担负起运送和护卫登陆部队前往目标的任务，提供必要的海空火力支援，还要在滩头阵地稳固后向登陆部队提供补给。在“僵局2号”计划结束之前，太平洋地区的每一支主要部队都会参与其中，最终参战的部队包括800艘舰船、1600架飞机和大约25万海军、陆军和陆战队人员。这是太平洋地区到当时为止最大规模的海军两栖作战，仅攻击舰队就包括14艘战列舰、16艘航母、20艘护航航母、22艘巡洋舰、136艘驱逐舰和31艘驱逐护卫舰，此外还有数量众多的登陆舰艇和勤务舰船，另外还有一批支援舰船负责莫罗泰岛的登陆行动。要为规模如此庞大、编制如此复杂的舰船和人员提供补给，使参战的各级盟军部队的后勤支持都承受了很大压力。

为了完成将地面部队运输舰和配属船只送

到目的地的任务，并且满足相关支援任务的需要，哈尔西海军上将被迫将他麾下强大的第3舰队分成两部分。他保留了对水面掩护部队和特编部队（第30特混舰队）的直接指挥权，委派西奥多·威尔金森海军中将指挥第3两栖舰队（第31特混舰队）。第31特混舰队为了直接支援登陆行动，进一步分编为东路攻击部队（第33特混舰队），计划支援进攻雅浦岛和乌利希环礁，以及西路攻击部队（第32特混舰队），计划支援进攻帕劳群岛。威尔金森中将保留对第33特混舰队的直接指挥权，第32特混舰队的指挥权委托给乔治·福特海军少将。第32特混舰队再分编为贝里琉攻击大队（第32特混舰队第1大队，由福特直接负责战术指挥），昂奥尔攻击大队（第32特混舰队第2大队，威廉·布兰迪海军少将指挥）。科索尔水道分遣队（第32特混舰队第9支队，由韦恩·劳德海军中校指挥）负责扫清这片水域的水雷，将那里建成一个临时舰队锚地和水上飞机基地。

美国海军负责运输、水上护卫和让地面攻击部队登陆的任务，负责“僵局行动”所有地面战斗指挥任务的是远征军地面部队司令朱利安·史密斯少将。他会直接指挥下属的西部和东部地面部队。西部地面部队，即盖格少将的第3两栖军，会用陆战1师（师长威廉·鲁珀图斯少将）夺取贝里琉岛，用陆军第81步兵师（师长保罗·缪勒陆军少将）夺取昂奥尔岛，完成第一阶段的战斗任务。东部地面登陆部队会负责第二阶段的战斗任务，该部由陆军第24军军长约翰·霍奇少将指挥，下辖2个步兵师，在西部地面登陆部队完成任务之后，81师的部队也会去助战。

帕劳远征军地面部队司令朱利安·史密斯少将。

史密斯少将麾下的水上预备队第77步兵师将会在关岛上船。一旦有必要，他还可以将在预备区域待命的新组建的陆战5师调到前线。

在成功夺取目标之后，史密斯少将“僵局2号”行动地面部队总指挥的任务将会中止。到那个时候，新取得的基地的防御任务和将其改建为大型机场的后续发展任务会由中太平洋前方战区司令约翰·胡佛海军中将负责。

除了对参战的部队和指挥官进行了一些小调整之外，第一阶段的计划直到登陆当天都没有变过。8月15日，盖格少将从关岛回到珍珠港后，接管了X光暂编两栖军的指挥权，该部后来被重新命名为第3两栖军。他也从史密斯少将手中接管了西部地面登陆部队的指挥权。史密斯少将则回到第3舰队远征地面部队司令的更高职务上。第二阶段计划由于美国海军实施的大范围支援行动产生的各种惊人发展事态，注定会进行又一次激烈变动。

第3舰队的任务之一是“设法找出威胁干扰‘僵局2号’行动的敌军海空部队，对敌人造成最大的损害，从而保护我们的部队”。这一削弱敌军抗登陆能力的规定，在当时已经是任何美军两栖作战行动的标准操作程序。不过，这一次哈尔西特地吩咐他部下的海军军官们寻找一切机会与日本海军主力打一场海上决战。

哈尔西渴望逼近敌军水面舰队进行海上决战，以这一任务为首要任务，将保护登陆部队放在次要位置。他的作战命令明确发出了这一与公认的两栖作战理论大为背离的指示。他说道：“如果有机会歼灭敌军舰队大部，或者可以制造这样的机会的话，这种歼灭战将成为首要任务。”他麾下的各级海军指挥机构理所当然地反映了这种看法。威尔金森海军中将指示部下火力支援大队的重型战舰“集中兵力，与遭遇的敌军特混舰队交战。一旦得到相关指示，就支持水面掩护舰队或者为其提供打击集群”。就像不久前的马里亚纳战事那样，“僵局2号”战役的海军掩护舰队的主要任务是寻机与日本联合舰队主力决战，而不是保护两栖登陆部队。

心怀进行一次海上决战的希望，哈尔西上将亲自指挥水面掩护舰队和特别集群的最强战斗组成部分，即马克·米彻尔海军中将麾下的快速航母特混舰队（第38特混舰队）。该部在1944年8月28日离开埃尼维托克环礁的锚地，攻打小笠原群岛、帕劳群岛、雅浦岛和棉兰老岛。8月31日—9月2日，第38特混舰队的航母舰载机空袭父岛和硫黄岛；9月6日—8日，空袭帕劳群岛；9月9日—10日，空袭棉兰老岛。在每一个目标上空，日军的空中抵抗都出奇薄弱，最后一次进攻的巨大成功，促使哈尔西在进攻棉兰老岛以后，继续进攻菲律宾群岛中部。

9月12日—14日，第38特混舰队的航母利用日军海空兵力的虚弱，就在萨马岛群山的视距之内迫近该岛海岸。两天时间里，美军航母出动2400架飞机空袭菲律宾中部比萨扬群岛的日军各基地。这次空袭达到了战术奇袭效果，取得了惊人的成功，令人目眩。美国飞行员声称摧毁了大约200架日机，击沉或击伤多艘日军船只，对日军设施造成了巨大破坏。相比之下，美军损失很小：战斗损失飞机8架、飞行损失1架，共有10人伤亡。哈尔西在给上级的报告中写道：“敌人全无进取心，实在难以置信，简直荒谬。”后来他回忆道：“我们在菲律宾中部发现了一个空壳，防御薄弱，设施简陋。在我看来，这是（日本）帝国巨龙脆弱的腹部。”

盟军西南太平洋战区最高司令麦克阿瑟将军。他一心早日收复菲律宾，一雪前耻。他的幕僚们很清楚这一点，他们在1944年9月15日给参谋长联席会议的答复，让陆军第24军被调出帕劳战事的地面部队序列。

这一惊人的胜利，加上日军没有进行认真抵抗这一事实，促使哈尔西给尼米兹发送了一份急件，说他相信“为了支持夺取菲律宾群岛而发动帕劳群岛和雅浦岛-乌利希环礁战役是没必要的”，应当用预定参加“僵局2号”行动的地面部队，尽可能早地入侵莱特岛-萨马岛地区。尼米兹上将将哈尔西关于帕劳群岛战役计划第2阶段的建议提交参谋长联席会议，但是由于第一阶段的战役准备已完全就绪，他决定该阶段必须按照原定计划执行。

从那时起，战略层面上的多起事件发展迅速。参谋长联席会议询问麦克阿瑟将军，如果将第24军交给他，是否愿意提前进攻莱特岛。当时麦克阿瑟本人正在莫罗泰岛外海的一艘巡洋舰上保持无线电静默，无法回复。9月15日，他的幕僚军官们便自行用无线电作了肯定答复：可以提前。

这个消息立即传达给正在魁北克与罗斯福总统一起参加八分仪会议的参谋长联席会议成员。太平洋战区高级指挥官之间的这种戏剧性的一致性，给他们留下了深刻印象，乃至于收到公函不过90分钟，他们就发电报批准了。于是就在陆战1师登陆贝里琉的第二天，陆军第24军就已被调离中太平洋，将会在“解放”菲律宾的战事中发挥重要作用。这一来“僵局2号”第二阶段攻打雅浦岛的计划就已完全取消，但是同一天，哈尔西指示“以现有的资源……尽可能早地”夺取乌利希环礁。由于原定负责夺取乌利希环礁的第24军已被调去攻打费率，“僵局行动”的地面部队就仅剩下第3两栖军而已，而这个军唯一还没有动用的地面部队就是军预备队的一个团级战斗群。如果需要将这个团调离贝里琉附近地区，仍在滩头奋战的海军陆战队在需要的时候，就没有现成的援兵可用了。此举究竟会造成何种具体影响，会在下文详述。

参战部队的战术计划

负责进攻贝里琉岛的是美国海军陆战队的头号主力陆战1师。1944年6月2日，陆战1师就收到太平洋战区总司令部4天前发出的预备令，随即开始为贝里琉登陆行动制订详细计划。同年4月，陆战1师结束了在新不列颠岛的行动之后，就来到在瓜达尔卡纳尔岛西北约65英里的一个小岛群——拉塞尔群岛的帕乌乌岛休养和重整。当时师长鲁珀图斯少将正在华盛顿安排调拨补充兵事宜，留守师部的副师长奥利弗·史密斯准将立即命令参谋人员为预定的进攻行动进行一次研究。情报主任赶紧收集了贝里琉岛和邻近岛屿的所有可用地图和航空照片，参谋部人员马上开始对海滩的情况进行仔细考察。在计划早期阶段，上级指挥部的指导几乎可以忽略不计，贝里琉岛的相关情报也很少，但1师的参谋人员还是在师长回到帕乌乌时，制订了一个可行的计划。

贝里琉战役期间的陆战1师师长威廉·鲁珀图斯少将。1师的官兵们虽然肯定他的勇气，但对他的才能评价并不高，甚至有传言说他得到师长一职是因为和前任师长范德格里弗特将军的私人关系密切。

贝里琉岛有日军重兵把守，在大举登陆之前，美军只能依赖摄影资料了解该岛的海滩和地形。1944年3月起，第5舰队的舰载机和陆基航空兵的飞机在帕劳群岛上空执行了多次飞行任务，以获得贝里琉岛等地各种角度的最新照片。此外，6月23日至28日，美国海军的“海狼”号潜艇尽可能拍摄了所有海滩的照片。

一个月后，另一艘美军潜艇“毛刺鱼”号在贝里琉外海浮出水面，打算用橡皮艇让几个水下爆破小队登陆进行侦察。然而，一连几夜月光明朗，日军的雷达和空中与海上巡逻不断，戒备森严，这艘潜艇不得不下潜，在水下憋了整整两周，只能拍摄该岛海岸线的潜望镜照片。最后，在一个漆黑夜晚，一个5人登陆小组成功地在一片海滩上靠岸，获得了许多有价值的数据，但是关键的海滩信息，如水深、浅滩的自然条件和海底特征，都只能等待登陆前夕让海岸爆破队在海军炮火护卫下进行探索。

X光暂编两栖军的情报军官会定期将最新的地图、照片和日军兵力的最新估计数据通报给陆战1师和其他进攻单位。贝里琉战役的标准地图是太平洋战区总司令部的制图员绘制的1:20000比例尺地图。地图上有一些错误，但是对岛上大部分地区的地理描绘是准确的，问题在于上面不可能反映日军的准确部署。一线部队会收到1:10000和1:5000的放大版地图。美军在塞班岛偶尔缴获日军第31军司令部的档案后，对帕劳群岛的日军兵力了如指掌。尽管后来情况会有变化，但这一估算是攻击部队战术计划的基础。

从一开始，陆战队计划人员就注意到，贝里琉登陆行动会与陆战1师先前参加过的登陆战都不同。沿着预期滩头阵地穿越600—700码的礁盘（类似陆战2师在塔拉瓦遇到的情况），只

地图二　贝里琉形势图

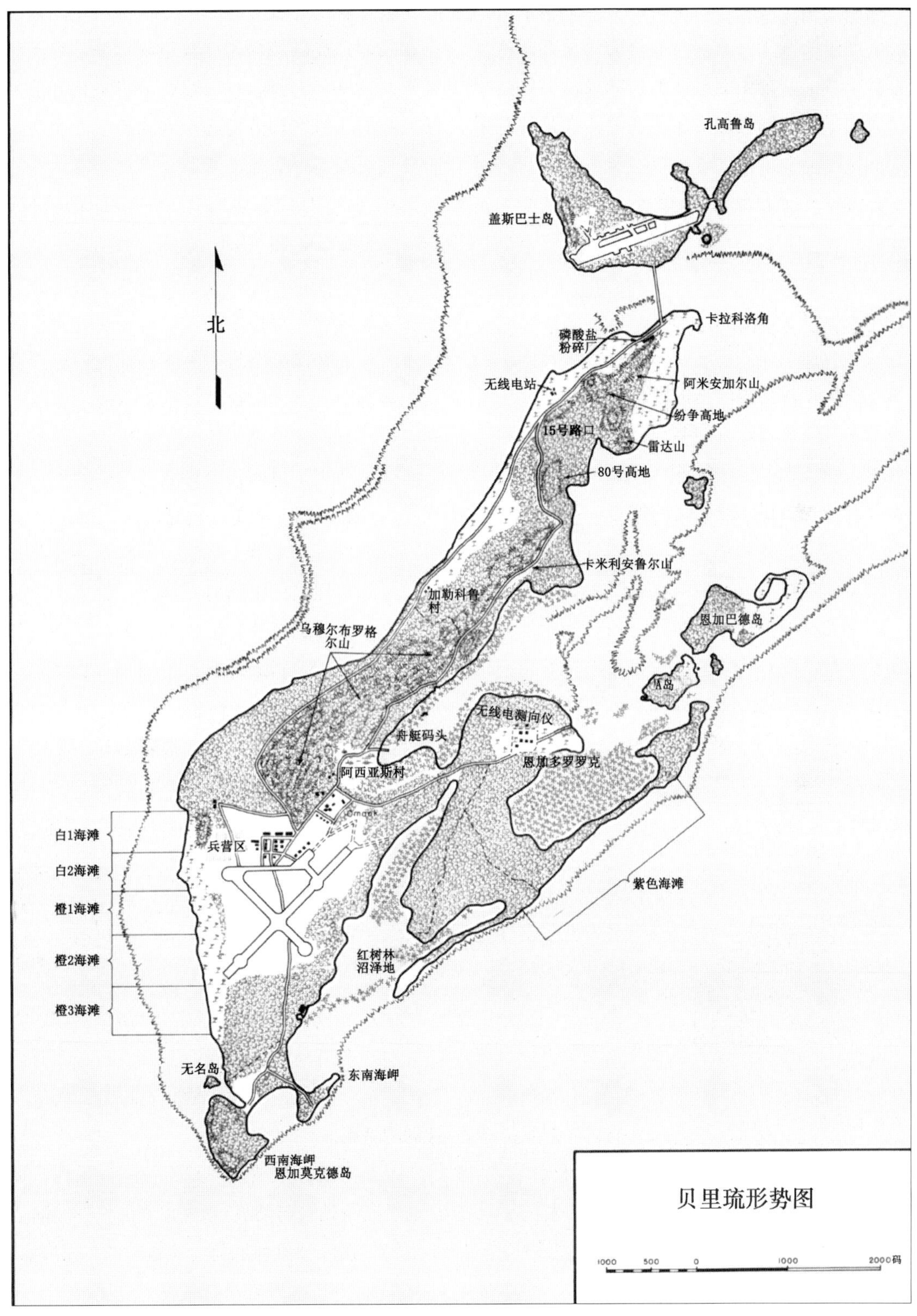

孔高鲁岛
盖斯巴士岛
北
卡拉科洛角
磷酸盐
粉碎厂
无线电站
阿米安加尔山
纷争高地
15号路口
雷达山
80号高地
卡米利安鲁尔山
加勒科鲁
村
恩加巴德岛
乌穆尔布罗格
尔山
A岛
无线电测向仪
舟艇码头
恩加多罗罗克
阿西亚斯村
白1海滩
兵营区
白2海滩
紫色海滩
橙1海滩
橙2海滩
红树林
沼泽地
橙3海滩
无名岛
东南海岬
西南海岬
恩加莫克德岛
贝里琉形势图
1000
500
0
1000
2000码

能依靠两栖车辆运送部队、装备和补给品越过珊瑚障碍物。此外，虽然该岛南部地势平坦，就像一个珊瑚礁岛，但机场正北的平行山脊地带将会是美军在太平洋遇到的最崎岖、对防御最有利的地形。这样一来，地面部队在贝里琉岛就会遇到在塔拉瓦遭遇过的许多困难，也会遇到在塞班岛的一些困难，偏偏陆战1师并没有参加过那两场战役。

贝里琉有不少适合一个师登陆的海滩，陆战队参谋人员很快就选择了最为合适的西海滩（日军称为“西浜”）。东海滩（日军称为“东浜”）后面是广阔的沼泽地，会阻碍向内陆行动，早早就被放弃了，最北面的海滩距离主要目标——机场太远，也被排除了。

陆战1师计划人员最后将选择范围缩小到三条行动路线上：（1）在与机场部分重叠的海滩上登陆；（2）在与机场部分重叠的海滩上登陆，同时在岛南端的两个海岬上登陆；（3）在机场以北的海滩上登陆。

一开始，陆战队军官打算实施两路进攻，以一个团的兵力在南面的两个海岬上登陆，同时另一个团越过部分与机场重叠的海滩进攻。然而，一幅更完整的照片显示，这两个海岬的设防工事坚固，它们之间的礁盘上布置了混凝土四面体工事，而且布满了地雷。一位水下爆破技术专家警告，环绕几个小海湾的碉堡可能会让破坏礁盘的工作受阻。第三种可能的方案是在岛北部登陆，可是一旦进入内陆，那里的海拔高度就急剧上升，都是丛林密布的悬崖，也就让陆战1师失去了机动空间。

6月21日，师长鲁珀图斯少将回到帕乌乌时，1师参谋部觉得，进攻与机场部分重叠的西

贝里琉岛西南美军登陆的白色海滩。

海滩对取胜最有利。师长在评估之后同意了。选定的海滩按照用颜色命名的惯例，代号分别为“白色”和“橙色”海滩。

虽然陆战1师参谋部为贝里琉登陆战制订了详细计划，但两栖军（1944年8月15日，X光暂编两栖军正式改称第3两栖军）军部在对这一预定计划进行审改之后，才予以批准。例如，鲁珀图斯想要用两个团攻打目标，将另一个团留作预备队，朱利安·史密斯少将却建议让三个步兵团同时登陆，以第81步兵师的一个团级战斗队配属给陆战1师为预备队。盖格少将从关岛返回珍珠港后，接管了X光暂编两栖军，确定陆战1师会用三个团齐头并进登陆，师里仅留下一个营的登陆部队为预备队。

美军没有将陆战1师的预备队规模偏小视为冒险，因为在贝里琉岛的战况度过关键阶段之前，船上的第81步兵师不会被派往昂奥尔岛。此外，81师的一个团级战斗群会留在海上充当军预备队。然而，令人不安的是，鲁珀图斯少将显然不愿使用可用的陆军部队。

在跨军种计划期间，史密斯少将充当海军陆战队的发言人，对海军提出的在登陆贝里琉岛之前占领昂奥尔岛的建议提出了异议。史密斯解释道，先攻昂奥尔岛，会让日军从巴贝尔图阿普岛沿着岛链一路派兵到昂奥尔岛，那里的战斗会拖延很久。他力主夺取贝里琉岛，先切断日军调兵去昂奥尔的路线。最终海军计划人员接受了史密斯的意见，可是他们渴望在昂奥尔岛上建造第二座飞机场，一直在努力争取尽早在该岛登陆。

美军最后通过的贝里琉作战机动计划，要求让三个团级战斗群在2200码宽的滩头阵地齐头并进登陆，然后径直越过该岛，夺取机场，分割敌军。根据命令，一个加强营会对盖斯巴士岛发起攻击，占领岛上的战斗机跑道。

陆战1团会在滩头阵地的左（北）翼，越过白色海滩，让2个营并列登陆，1个营留作团预备队，随后向内陆突进，与友军一同确保机场后，就向左转，进攻机场北方高地。

陆战5团在全师中央的橙1和橙2海滩登陆，同样以2个营进攻，1个营负责支援。左翼营保持与陆战1团友军的联系，另一个突击营将直接穿过贝里琉向东岸推进。在预定登陆次日上岸的支援营将穿过机场进攻，然后参与向北转的一次机动。一旦占领机场，陆战5团的任务是占领东北半岛（向岛）及其附近的几座小岛。

分配给陆战7团的只有橙3这一片海滩，该团的两个主攻营会以纵队方式先后登陆，2营留作师预备队。7团登陆的第一个营会与5团联手东进，第二个登陆的营则右转向南进攻。到达对岸后，7团的所有兵力都会被投入南部的两个海岬，消灭该地区的日本守军。

陆战11团（炮兵团）得到军属炮兵的155毫米重炮第8营和155毫米榴弹炮第3营加强，将会在预定登陆第2天奉命在橙色海滩登陆。一旦上岸，11团会立即建立炮兵阵地，让1营和2营分别直接支援陆战1团和5团，另两个营与军属炮兵的两个重炮营，将会负责对1师的整体炮火支援。11团上岸4小时后，全部6个炮兵营会准备对机场以北的山脊进行集中火力打击。此外，军属155毫米重炮第8营还得到任务，要让该营的重炮进入便于此后支援陆军81步兵师进攻昂奥尔岛的阵地。

鲁珀图斯师长选择的机动方案是美军能选择的最佳方案。通往白色海滩和橙色海滩的水路避开了日军在南海滩外礁盘上设置的障碍物。一旦登陆，兵力雄厚的陆战1师就会越过非常适合使用坦克的一片平坦低地，迅速向内陆进攻，能尽快拿下岛上的机场，让1师得到一片平坦的机动空间，也能从背后攻打日军在东海

地图三 美军的贝里琉机动方案

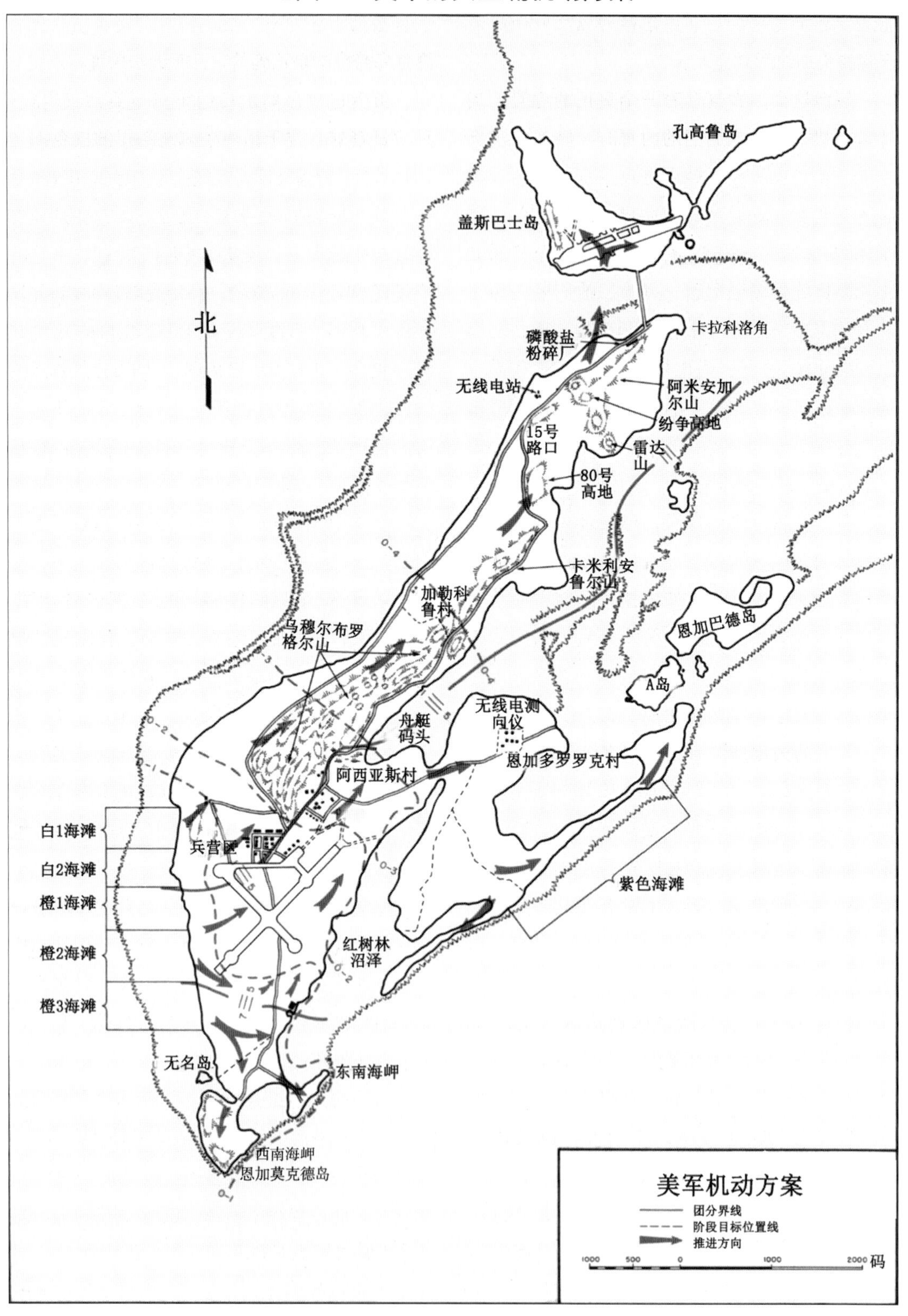

岸的主要滩头防御阵地。尽早拿下对岸，1师就能运作多个卸货点，从而让维持攻势所需的数千吨物资加快卸载作业。

然而这个方案蕴含着一个真正的危险。当日军仍然掌握控扼周围的山脊时，陆战队员将被迫在地势较低的平地上进攻。日军肯定会在那些制高点上安置大口径火炮。尽管如此，陆战1师的军官们为了该计划显而易见的其他益处，还是欣然接受了这一风险。他们还认为，第一天陆战7团会轻易扫平贝里琉岛南部，之后就能帮助陆战1团占领机场北面的山脊。陆战1团单独进攻时将得到飞机、舰炮火力、炮兵和坦克的密集火力支援。然后两个团级战斗队的打击力量会集中起来对付山脊上的日军。

即使以后见之明来看，也很难对陆战队军官们的选择提出质疑。不过战争结束后，出现了一些批评意见，认为如果在居高临下的山脊山脚下的贝里琉北部海滩登陆，或许陆战队员的伤亡会更少些。问题在于陆战1师在这个位置的一次成功进攻固然能让他们在战役早期控制这片岛上的关键地形，但是战斗只要没有完全按照计划进行，都会对抢滩登陆部队造成致命威胁。只要最初的一波进攻没能占领山脊线，那么抢滩突击部队就会被困在一片狭窄的低矮海滩上，没有机动空间，也没有布置陆基火炮的空间，任由居高临下的敌人扼住他们的咽喉。

参加此役的一些陆战队员后来有机会详细考察该岛的地形和日军的防御阵地，一致认为，除非不进攻贝里琉岛，否则就只能采用当时实际执行的进攻方案。下列说法颇具代表性：

其他可能大举登陆的海滩都不可能迅速建立足够的滩头阵地，而这对贝里琉的抢滩登陆战至关重要。陆战1师师部要做的是在几片海滩之中，选择条件相对不是最差的海滩登陆。鉴于这些因素和后来的发展态势，决定在白色和橙色海滩登陆是正确的，几乎无法质疑。

负责进攻昂奥尔岛的第81步兵师预定在9月17日登陆。位于昂奥尔东北海岸的红色海滩（位于日方所称的“东北港”）大约250码宽，左侧有一个小海岬（不二见岬），右侧是岛北端的一片粗糙海岸。离海滩中心大约200英尺的外海有一座小小的礁岩。预定登陆日8时30分，81师下属322团级战斗队会以2个营的兵力并进，乘坐LVT（两栖登陆车），同时在红色海滩并列登陆。322团的预备营将会乘坐LCVP（人员和车辆登陆艇）登陆，或者从LCVP转移到LVT上之后再登陆。

321团级战斗队会在蓝色海滩（东港附近）登陆。这片海滩位于红色海滩东南面，昂奥尔东海岸中部。这两片海滩被大约2000码的崎岖海岸线和岛东面的几座海角分隔。美军官兵都明白，在两个分开太远的地点登陆不是非常可取，但是根据昂奥尔岛的地形特征，以及已知或疑似的日军防御部署，只能这样做。美军的航拍照片显示，在昂奥尔岛西北端附近有一处很好的海滩，但是那里的地形使得向内陆推进会非常困难；该岛西南和东南岸的海滩虽然比红色海滩和蓝色海滩更为宽阔，后方的地形条件也更优越，但是那里防御较强，距离重要目标（包括美军估计的日军抵抗中心，即岛西北的山地）也太远。最终美军选择的登陆海滩是正面没有任何宽阔礁盘障碍的两处。

81师的登陆预备队321步兵团3营，会根据需要在任一海滩登陆。第3两栖军预备队（323团级战斗队）会在师主力不会登陆的一片海滩（矶浜）进行佯动牵制，扰乱日军注意力，同时希望调动其预备队。

一旦上岸，81师的两个主攻团就直接向内

地图四 美军的昂奥尔岛登陆预案

陆推进至大约与海滩距离300码的第一目标位置。只有在2个团的辖区内都确保这一线阵地之后，他们各自的下属侧翼部队才能让这两个突击团形成密切联系。然后每个团的下属部队会扫荡海滩和东北角，确保向内陆推进时绕过的地方的安全。两个团之间的边界从东部的几个海角（大致上位于两片登陆海滩之间的中途）开始，向西南偏西方向延伸约2200码，到达距离中西海岸约1000码的该岛窄轨铁路线的交汇点。从那里开始，边界向西南偏南延伸，一直到达距离岛南端大约600码的加兰高伊湾的西南海滩。

美军确定2个团之间的边界线并没有参考既有地理特征，比如一些窄轨铁路。选择这条线的一个主要原因，是为了将东海岸的一个海角恩加特波库尔角纳入322步兵团的战斗区域。这个海角地控红色海滩，日军从那里可以向登陆的322团倾泻纵射火力。该团的一个营在登陆后便向左急转，以保护海角，同时321团会负责夺取位于东海岸更南面的恩加里奥伊斯角。322团也要夺取岛北端的普库尔穆拉加尔普海角（不二见岬）、岛西北角的山地、位于西海岸中央的岛上日本人的主要聚居地塞班镇。321团的任务是去占领不包括塞班镇在内的整个岛南部地区。

81步兵师的炮兵在为攻打昂奥尔岛的步兵提供支援时面临一个特殊的问题，即这个岛屿太过狭窄。如果两个师属105毫米榴弹炮营就在其支援的各步兵团后方海滩上登陆的话，那这两个营的火炮都会被迫在比最小有效支援射程更短的距离射击，或者说必须从无法取得最佳弹着点的位置射击。但是附近并没有能让105毫米榴弹炮登陆的岛屿，而且除了步兵能占领的海滩之外，他们也无法在昂奥尔岛上安全登陆。因此，将会支援321步兵团的105毫米榴弹炮营，会在322步兵团的滩头阵地登陆，而支援322团的炮兵营会在321团的滩头阵地登陆。每个105毫米榴弹炮营会向越过步兵前线的对角线射击，让炮弹落入其支援的步兵团战斗区域，从而获得足够的射程和弹道射界，有效地提供近距离炮火支援，降低射程偏离的危险。

2个师属105毫米榴弹炮营，会应召在滩头阵地登陆，第三个105毫米榴弹炮营会编入323团级战斗队在海上待命，只有在昂奥尔岛需要他们的时候才会登陆。师属155毫米榴弹炮营，将会在9月18日登陆昂奥尔岛。为了在2个105毫米榴弹炮营登陆之前，为步兵提供一些重火力支援，一个107毫米迫击炮连将会随几波先头部队在蓝色海滩登陆。

在帕劳海区，几乎不可能清楚地区分航母舰载机执行的战略空中支援和近地空中支援任务。快速航母将会在帕劳群岛的预定登陆日前9天，即9月6日，对该地区实施空袭。在航母空袭之前，西南太平洋战区的陆军第5航空队会负责空袭帕劳的任务。在航母空袭该地区期间，第5航空队会继续实施夜间空袭。从9月6日到9月11日，美军航空兵会对目标地区实施地毯式空袭，从9月12日开始，会对指定目标实施空袭，海军会同时实施前期舰炮火力准备和扫雷行动。

预定在贝里琉登陆的9月15日和预定在昂奥尔登陆的9月17日，快速航母还会为地面部队提供近地支援，此外护航航母舰载机将承担主要的近地空中支援任务。9月15日不会安排任何对昂奥尔岛的空袭，但是9月17日支援飞机将会打击已知或疑似的日军炮位和防御设施。

帕劳群岛的最初舰炮火力支援计划要求在9月15日登陆前进行两天炮轰，但是第3两栖军担心在目标登陆海滩，尤其是在贝里琉海滩附近存在坚固防御工事的可能性，希望提供4天舰炮火力准备。由于炮弹不足，威尔金森海军中将未能全盘同意这一要求，不过还是增加了一天的舰炮炮轰时间。这不会增加炮弹的实际射击用量，而是要求在较长的时间内以更慎重有效的方式消耗同样数量的弹药。

贝里琉的舰炮火力支援单位，由4艘旧式战列舰、3艘重巡洋舰、1艘轻巡洋舰和9艘驱逐舰组成，会从9月12日5时30分开始射击。驱逐舰和突击登陆护送船队的LCI步兵登陆炮艇（艇载火炮和火箭炮）会按计划执行火力支援任务。9月12日到9月14日，舰炮火力准备会在贝里琉和昂奥尔分头进行。

9月17日，昂奥尔岛火力支援单位（2艘旧式战列舰、1艘重巡洋舰、3艘轻巡洋舰和4艘驱逐舰）会在登陆前2小时开始炮击。从预定登陆时刻之前30分钟开始，支援舰船会炮轰海滩，在登陆波次靠近海岸的时候，逐渐将他们的火力向侧翼和内陆发散；从预定登陆时刻到登陆后20分钟，火力将会指向推进的步兵正前方的内陆地区。4艘LCI迫击炮艇和2艘LCI步兵登陆炮艇会支援红色海滩的登陆行动，同时7艘LCI步兵登陆炮艇会支援蓝色海滩的登陆。

后勤组织

虽然报纸杂志和大众类军事图书总是聚焦于报道一线作战单位的故事，但是后勤部门对保证战场上的胜利其实是同等重要的。在太平洋战争期间，执行照顾伤员、提供战术和后勤运输工具、供应所有战斗装备和补给品、修理部队武器、车辆和其他装备的后勤部队，是美军每一次两栖登陆战成功背后的决定性因素。

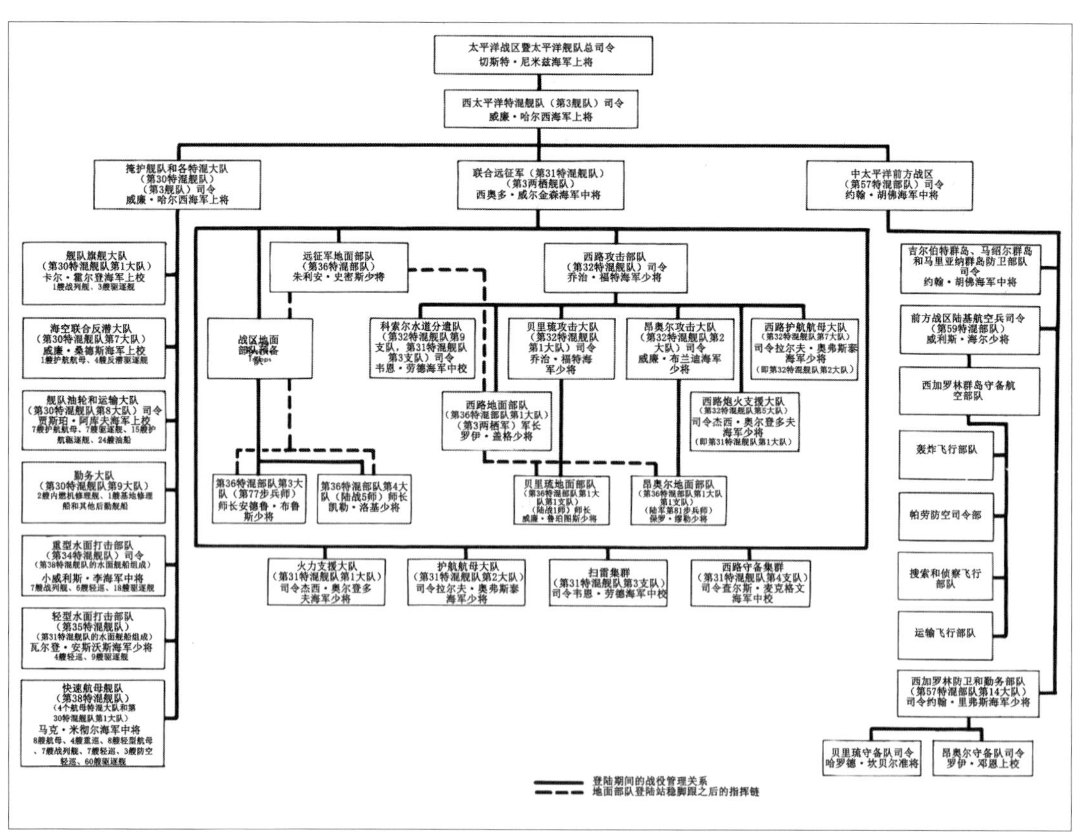

帕劳战役美军编制表。

“僵局2号”行动也不例外。

为了提供帕劳战役所需的各种各样的船只、装备和部队，太平洋战区的所有部队都必须得到足够支持。各级指挥部之间只有进行最密切的联络才能让后勤准备工作顺利进行。各军兵种计划人员进行联合研究，确定了帕劳战役所需的全部物资和后勤人力。影响陆军、海军和陆战队的多项政策都通过跨军兵种和跨参谋部协调规划来制定。在两栖作战中，可用的航运力量总是显得不足，这是一个重要限制因素，日程方面必须紧密安排，直接从美国运来较重基地发展装备的货船的预定到达日期必须仔细估算。

1944年8月1日，哈尔西海军上将的14-44号作战计划确定了“僵局2号”作战后勤计划的基本指导方针，该作战计划同时指示所有作战和辅助船只进行一次特别努力，确保它们运载最大数量的划拨弹药、燃料和新鲜食品从出发点前往目标地区。从这一刻开始，太平洋战区各级指挥部的所有主要基地都在提供必要的后勤支持，后勤人员进入一段紧张的忙碌期，全体人员分两班，每班12小时，全天24小时不间断作业。

各种军舰和货船装载干粮，舰队油轮的一半容量装载航空汽油和柴油，另一半最大限度地装载燃油。然而，新鲜和冰冻食品的可用数量有限，战列舰、巡洋舰和航空母舰装载的军粮每六天会供应一整批干粮。8月下旬，美军的库存物资已枯竭，一支陆战队部队原本要求为所属官兵提供鲜肉和蔬菜，结果只能用一份紧急口粮代替。

从9万吨级的浮动干船坞到医疗舰船，各种船只都在向指定集结区域进发。在所罗门群岛的图拉吉-珀维斯湾地区一地，就集结了255艘船只，8月的最后一周平均每天有122艘船只调动。从太平洋的远处起航，各种船只开始在阿德米勒尔蒂群岛的马努斯岛附近的出发区会合。马努斯岛位于帕劳群岛西南约1000英里。美军船只的另一个会合区在贝里琉岛东北约1500英里的埃尼维托克环礁。

第3两栖军军徽。

在攻打帕劳群岛期间，第3两栖军一共分配到大约49500人的地面部队。其中陆军地面部队19800人，海军陆战队24300人，海军4800人。海军人员都是陆战1师的建制内人员或配属人员，只有少数人是配属81师和第3两栖军军部的。根据第3两栖军的主要建制单位分配后，第3两栖军军部150人，陆战1师（加强）28400人，81步兵师（加强）21100人。

按照计划，美军为了供应第3两栖军作战之需，要将大约63800吨补给和装备送上帕劳群岛的海岸。81师需要大约29500吨物资，作战编制多出7300人的陆战1师，在贝里琉岛需要比81师多卸载5000吨物资。

负责运输陆战1师和81步兵师的船只见下表：

船型	陆战1师	81步兵师	合计
AP 运输船	1	3	4
APA 武装运兵船	10	9	19
APH 疏散运输船	2	0	2
AK 货运船	0	1	1
AKA 武装货运船	4	2	6
LST 坦克登陆舰	30	21	51
LSD 船坞登陆舰	2	2	4

第3两栖军的攻击部队和随行的守备部队，根据远征军地面部队司令部的指示，带足32天的口粮、5天的淡水（每人每天2加仑）、可支

持30天的医药补给，还有20天的衣物、燃料、润滑油和其他各种装备。在突击阶段，所有武器会准备5个基数单位（太平洋战区总司令部根据以前的历次战事确定的可以维持一天激烈战斗的弹药量）的弹药。105毫米榴弹炮另加2个基数，37毫米反坦克炮另加5个基数。此外，陆战1师料到会在贝里琉岛遇到许多设防阵地，还安排多携带10个基数的火焰喷射器填充剂和炸药。

8月8日，海军陆战队和海军就贝里琉战役期间的协同作战问题开始进行详细计划，当时陆战1师的参谋部和西路攻击部队司令福特海军少将的幕僚在帕乌乌岛举行了一次联席会议。这个时候，陆战1师提出了该师的机动方案，从而让福特海军少将来确定他的海上部队将会提供何种支援。海军舰炮和空中支援计划由相关参谋人员共同拟定，还详细讨论了使用水下爆破队清除水下障碍物和为各种两栖车艇选择可能的登陆场的问题。

两天后，陆战1师分配到的转运单位——海军第3运输大队的指挥官与他的幕僚一同到达。这一次，陆战1师的各位团长和各团参谋部都参加了贝里琉战役作战部队战斗物资计划会议。在联合计划工作的这个阶段，船艇分配的细节、登陆计划和对登陆波次的控制问题，都已经划定。第1轻工兵营营长罗伯特·拜伦斯中校出任师滩头工作队总指挥，多次参加了会议。

到贝里琉战役期间，美国海军陆战队的两栖登陆技术已经过多次实战检验，根据具体条件进行了必要修改，制定出一套顺畅的舰到岸行动流程。之前的历次太平洋登陆战已经证明，LVT履带式登陆车对于抢滩登陆部队不间断地通过护卫敌军滩头阵地的珊瑚石障碍物发挥了重要作用，因此贝里琉突击部队的每个人都会乘坐两栖登陆车登上海滩。

负责为贝里琉地面部队提供海上支援的第32特混舰队兼第1大队（西路攻击部队）司令乔治·福特海军少将。

这些两栖登陆车和搭载的步兵，以及LVTA两栖装甲登陆车，会由LST坦克登陆舰运载到目标地区。在日军岸炮射程外的安全距离，坦克登陆舰会打开巨大的坡道门，让满载突击队员的两栖车辆下船。然后LVT两栖登陆车会继续前进到位于海滩大约4000码的距离。就在这里，两栖车辆会沿着出发线重整成登陆波次，一波接一波驶向海滩。巡逻艇和猎潜舰会在这道出发线和其他控制线上就位，从而让车艇运动有序进行。这些船只还会负责这次复杂两栖作战的各单位之间的通信工作。

一到达礁盘，两栖车辆就会爬行过去，继续向陆地前进。在离岸几百码的地方，组成第一突击波次的LVTA两栖装甲登陆车会用车载火炮射击，为后续波次的两栖登陆车提供近距离火力掩护。一旦登陆，陆战队员会得到在最新版LVT4两栖登陆车后坡道上准备完毕的75毫米榴弹炮的快速火炮支援。特别安装了一台A型框架卸载装置的DUKW（2.5吨两栖运输卡车）会将已组装完毕的105毫米榴弹炮送到滩头，为步兵提供火力支援。

师属坦克会预装在LCT坦克登陆艇里，然后送到LSD船坞登陆舰的井形甲板上。一旦进入卸货区域，这些浮动干船坞的甲板就会被水没过。当LSD的巨大船艉门打开后，LCT就会下舰，然后向礁盘冲去。在那里，预先经过特别防水处理的坦克会离开坦克登陆艇，靠自己的动力继续向海岸行进。

在贝里琉首次测试的一个创新举措是使用LVT两栖登陆车引导师属坦克登上海滩。为了避免马里亚纳战事期间出现的坦克登陆的延误和造成的装备和人员损失，一名陆战队坦克军官描述了这一专门开发出的技术：

每一艘坦克登陆艇上都有一辆LVT引导坦克登陆。这些LVT会用来测试水的深度，只要它们能沿着海底推进，坦克就会跟随，但是一旦LVT变成浮水运动，坦克就会停车，直到LVT能找到一条安全通道为止……燃料、弹药和维修用品都装载在这些LVT上，使得坦克部队在到达海滩时，能有一个移动补给站可用。

其他部队、装备和补给，会乘坐货船和人员运输船前往目标区域。LCVP人车登陆艇会将陆战队员从运兵船运送到出发线，他们在那里会组成几个登陆波次，前往珊瑚礁临海一侧的转运线。然后，已经将前几波突击部队和装备在海岸上卸载的空LVT和DUKW会回到转运线，让后续部队和物资从LCVP换乘之后，前往滩头阵地。

LVT的水上速度约为4.5英里/小时，那么从出发线到贝里琉海滩估计需要30分钟走完，换乘线到海滩则为15分钟。在第一波登陆部队之前出发，预定在指定出发时间到达海滩的是两栖装甲登陆车。1分钟后，第一波突击部队会登陆，接下来的各登陆波次每隔5分钟登陆一次。在最初的20分钟内，大约4500人组成的5个突击营，将会到达指定海滩，坦克也会在礁盘边缘开始登陆。4分钟后，各团属重武器连开始登陆。指定出发时间后85分钟，另外3个步兵营会靠岸，滩头阵地上将有8000名陆战队员。

当然，随后得到加强的陆战1师的其余17000人，他们的装备和大约34500吨最初的支援物资会登陆。陆战1师的后勤部门计划几乎所

满载人员和物资的坦克登陆舰甲板。

有的货物，都用托盘或者货篮装运到船上，以便加速在目标地点的卸货速度，此举充分吸取了马里亚纳群岛战事期间的装运经验。这些预先装好的货物从船上运到岸上的补给站时，会用起重机完整转运，而不会用人力一份一份地卸载和重新装载。如有必要，可将托盘在珊瑚礁盘边缘卸货，然后用推土机拖运到海滩上。陆战1师一共使用了2200个托盘。最后，美军发现最适合堆垛用托盘装运的是弹药、带刺铁丝网和尖桩木。

负责海滩临海一侧所有卸货任务的是运输舰大队的海滩管理总监。他部下有三位运输分队的滩头指挥员，每个人负责一个团属海滩卸货区。每个卸货区都有一个礁盘滩头工作队和一个海岸滩头工作队。礁盘滩头工作队负责两栖车辆和船只还在水上时的运输，还要负责在礁盘上标明可通过的水道和车船无法越过珊瑚礁障碍物可靠岸的地方。海岸滩头工作队会成为团属海岸工作队的海军小队，会负责标记海滩、打捞人员物资和后送伤员的常规任务。

贝里琉的陆战1师海岸工作队指挥官拜伦斯中校，将监管滩头阵地及其后面的补给任务，以及从营属救护站送来的伤员。他还要承担为滩头区域提供就近防御的任务。

最初，陆战1师的海岸工作队会被分散使用，即每一个下属团的海岸工作队派一个分队随突击营一起行动。每一个团会得到拜伦斯中校部下第1轻工兵营的一个连，来充当团属海岸工作队的基干。

团属海岸工作队要尽快接管和巩固本部滩头阵地的卸货工作。接下来拜伦斯中校会在登陆后接管所有海岸工作队的行动指挥权，选择条件最佳的海滩继续卸货。为了确保关键的补给品持续流入海滩上的补给仓库，拜伦斯计划与各滩头工作队保持最为密切的协调。

等到所有船载突击登陆物资都上岸后，滩头仓库将会由第16野战军需基地接管。这个野战军需基地是贝里琉岛守备部队的一个预设补给机构，但是在战斗阶段配属给陆战1师。陆战队非常欢迎这一创举，可以让野战军需基地这个建制单位在战斗阶段直接服从师长的号令。按照陆战队第1勤务营营长的说法，这一安排避免了后勤号令和需求之间的脱节问题。

美军在马里亚纳战事期间首次即兴使用的另一项技术，在贝里琉战役的最初计划之中便列明了。两个暂编步兵补充连在需要补充到步兵团之前，会配属给海岸工作队。海岸工作队在关键的卸货阶段会充分利用这些额外人员，一旦必要，这些补充兵随时可以充当步枪兵投入前线作战。

礁盘边缘，美军后勤人员正在浮筒式驳船上作业，将物资从船艇转移到两栖车辆上。

第81步兵师为了让滩头作业顺利进行，分配给下属每个团级战斗队一个战斗工兵营。这3个营没有被拆分，而是在一个工兵集群司令部的统一指挥下成为一个整体运作。

美军料到登陆日的后勤支援工作将会紧张而困难。各突击营只能携带有限数量的口粮、水和弹药，意料中的激烈战斗会使确保弹药和水的充分补给变得尤为重要。为保障这些关键物资送达在岸上激战的陆战队员手中，后勤计划人员制定了一些即时措施，也采取了一些预防手段。

在贝里琉海滩边的礁盘能建造浮桥堤道之前，在礁盘上建造一个人工临海水上补给点势在必行。为此，从所罗门群岛前往贝里琉的LST坦克登陆舰侧面会捆绑24艘浮筒驳船。这些驳船是由横七竖三一共二十一个密封浮舱合成的。在给这种驳船安装舷外发动机后，即拥有自己的动力。一旦进入卸货区，只需松开将驳船固定在LST侧边的管线，驳船就将下水，然后依靠自身动力投入作业。

9艘浮筒式驳船经过改装，可以在船上安装起重机。这些驳船会在登陆日一早就投入海中。当摇摆式起重机卸载到驳船上，固定好之后，这些驳船将驶向礁盘临海一侧大约1000码的位置。驳船的任务是协助将物资从货船运到两栖车辆上，以便运过珊瑚礁送上海滩。如果日军的岸基火力在实战中太过危险，驳船就可以凭借自身动力转移到更安全的位置。

另外3艘驳船将为LVT提供燃料和润滑油。从LST下水后，这些自动驳船将会装载80辛烷汽油和润滑油，被派到刚好就在礁盘一旁的位置。每个团的登陆滩头会被分派到一艘驳船，3艘驳船都奉命竖起一道大横幅，上标“油料”字样，让LVT易于辨认。

其余12艘驳船会被用于建立浮动军需仓库。因为运输舰船和货船将会在傍晚退到较为安全的水域，所以必须为各突击营在夜间需要的各种关键物资的无障碍供应做好准备。一旦下水，这些驳船会前往指定的货船，承载预定的步兵和坦克弹药、火焰喷射器燃料、汽车燃料、润滑剂、紧急口粮和桶装水，然后继续向指派给它们的运输分队滩头负责军官报告，以便在礁盘外停泊。驳船侧舷的大号油漆数字，将有助于LVT和DUKW的驾驶员识别船上的负载物资类型。两栖车辆可以靠近驳船，靠人力装货，或者可以让驳船在一台起重机旁就位，以加快装载速度。

抢滩突击部队在登陆日下午，必然要消耗大量的迫击炮弹、机枪子弹和火焰喷射器燃料之类的近战支援武器弹药，面对如何保证滩头部队能尽快得到这类补给的问题，后勤部门也提供了解决方案。在贝里琉，两栖货运拖车将会首次被大量使用。这种陆战队设计的车辆底盘带一个轴和两个充气轮胎，车顶可以用螺栓固定，这样就能防水。在运输舰上装载物资后，这些拖车可以用起重机放入运输区域的海中，然后用LCVP拖到礁盘上，两栖运输车辆会在那里用钩子钩住拖车，越过锯齿状的珊瑚障碍物，最后拖上海滩。陆战1师的每个步兵团都分配到13辆拖车，炮兵团则分配了20辆。

贝里琉岛缺乏地表水源，炎热气候也会加速人体的水分消耗，美军为保证进攻步兵有足够的补给做了较为充分的准备。每一个可用的5加仑水罐都预先装满了水，计划好先行登陆，同时用55加仑的空油桶储存好备用供水。在工兵们设法在岛上安置好蒸馏装置和开钻新井之后，供水问题有望得到解决。

在“僵局2号”的后勤计划过程中，太平洋的船只供应短缺始终是一个限制因素。这种局面的一个不幸例子是，贝里琉远征军仅有4艘LSD船坞登陆舰可用，第3两栖军的计划人员将这4艘LSD平均分配给了贝里琉和昂奥尔攻击部队。这样一来，陆战1师就只能将30辆坦克装船，另外16辆坦克被迫留在后方。这一决定引起了批评，因为日军在贝里琉的防御要比昂奥尔更严密，也更适合坦克作战。在昂奥尔，实际上一次只能投入一个坦克连而已。陆战第1坦克营营长亚瑟·斯图尔特中校后来说道：

……从坦克兵的角度来看，我相信没有集中使用可用的坦克运输船只是一个严重错误……战役前5天前线都急需更多坦克的事实证明，这样做是极不合理的……我们的军参谋部当时没有一个专门的坦克部门，这对军一级层面制订使用坦克兵的计划造成了极大阻碍。

由于缺乏船运仓位，再加上计划人员盲目认为贝里琉有限的陆地面积不会造成严重的运输问题，导致第1汽车运输营被化整为零。只有A连获准携带其建制内装备（包括维修设施）一起登船，即使在那个时候，该连的下属各排也被分派到各步兵团，以便在最初向贝里琉内部推进的过程中，加速将补给品从海滩运送到前线。战役期间，C连被分派出去，人员都被用作两栖车辆的司机，连部和勤务连一起被分配负责师属机械的维护和油料供应任务，而B连的人员在战役全程会充当担架队、替班司机和预备部队。因为每一个师属单位到连一级根据其任务都被允许携带5辆车，这样被带往贝里琉的全部卡车数量大致上就相当于第1汽车运输营的建制内车辆，但是缺乏集中管理让运输车辆的调度指挥无法令人满意。营长罗伯特·麦克布鲁姆上尉认为：

事实证明，这对部队的直接补给制造了很大困难。除了少数例外情况，没有卡车可以运送部队，尽管当时（贝里琉战役期间）的战术局面需要用车辆快速运送部队。

81师打算分三个阶段将物资送到岸上：（1）放入突击登陆部队的车艇；（2）装运在近岸的LST坦克登陆舰，或者从坦克登陆舰上下船的LVT两栖登陆车和DUKW两栖卡车，在可行和必要的时候，会应召登陆；（3）装运在APA武装运兵船和AKA武装货运船，也在近岸海域待命。第三类船只在地面部队占领昂奥尔海滩后会尽快卸货。

备战问题

在新不列颠岛的格洛斯特角战役之后，陆战1师急需休整。瓜达尔卡纳尔岛上已经有适合的营地，但是盖格少将偏偏选择了帕乌乌这个小岛，还让陆战1师每天都为守岛司令部承担大量工作任务。要说盖格故意为难陆战1师官兵实在是冤枉，他选择让他们去帕乌乌休整之前，安排过一次空中侦察，以为海军建设工兵（海蜂）的一个营会在那里准备好一应设施。

1944年4月，陆战1师到了帕乌乌岛才沮丧地发现，这个10英里长的珊瑚岛几乎就是一片原始森林，有一个早已荒废的种植园长满杂草，到处都是老鼠和烂椰子。第15海军建设工兵营3月26日刚刚在附近的巴尼卡岛建成了一座1300个床位的医院，在1师到达之前，几乎没有时间在帕乌乌修建营地。陆战1团团长刘易斯·普勒上校难忍怨气，冲进朱利安·史密斯少将的帐篷大喊道："万能的上帝啊！谁选了这个垃圾场啊？要说是休息营地，还不如说是个养猪场呢。"

战斗之后仍十分疲惫的1师的陆战队员无法立即休整，反而要为建造一个可以生活的宿营区劳心劳力。一切设施几乎都要自己动手，那么这个师的士气降到历史最低点也不足为奇了。1师的老兵大部分在太平洋战场已服役两年多，瓜岛和格洛斯特角的两场艰苦丛林战已经耗尽了他们的精力。陆战队员本就不时要被疟疾和发热折磨，帕乌乌的热带气候丝毫无法减

第3两栖军军长罗伊·盖格少将。盖格是太平洋战场表现最活跃的陆战队将官，在瓜岛指挥陆战队第1航空联队，1943年起被选中出任第1两栖军军长，后来这个两栖军改称第3两栖军。盖格指挥第3两栖军先后参加关岛战役、贝里琉战役和冲绳战役。在冲绳战役期间，第10集团军司令巴克纳中将阵亡后，他成为海军陆战队历史上唯一指挥过一个野战集团军的指挥官。但是他在格洛斯特角战役后，让陆战1师在帕乌乌岛休整的决定让全师官兵叫苦不迭。

轻他们的痛苦。他们因为口粮不足身体虚弱，得了各种真菌性皮肤病，导致皮肤溃烂。陆战队员身心俱疲，1师的病假人数增长惊人，平均每天达到200至250例，如果岛上的生活环境能好些，物资更加充足，那么其中大部分患者根本就不会严重到住院治疗的地步。

雪上加霜的是，帕乌乌的食物虽然好歹量是足够了，可是品种单调乏味，令人倒胃口，而且不少食物的供应有限。例如，鲜肉每周在餐桌上只会出现一次，啤酒每周只有那么几小罐。1师士兵普遍认为，巴尼卡岛和瓜岛的勤务部队都要比刚从战场归来的他们吃得好，喝得好，为此就更加觉得不公平。将这些垂头丧气、疾病缠身、疲惫不堪的士兵重整成一支精锐之师，是1师军官面临的首要任务。他们立即着手为即将到来的贝里琉战役做好身心两方面的准备。但是，训练必须在空间受限、装备短缺，而且不得不分派人员和装备去修建营地设施的条件下进行。此外，1师还迎来了一大批官兵，替换那些被轮换回本土的陆战队员。为了即将到来的战斗，刚到帕乌乌的260名军官和4600名士兵必须尽快适应新任务。

帕乌乌岛上适合训练的地形对一个排来说都很少，更别提一个整师了。结果，陆战队员们只能在宿营地的帐篷和铁丝网之间打滑。大规模演习完全不可行，只能将重点放在小部队演练上，即步枪、自动武器、手雷、火箭筒和便携式火焰喷射器的训练项目上。每支小部队都详细了解了贝里琉海岸机动方案的细节。一遍又一遍，机动方案要求的运动项目经过反复演练，直到步兵、技术兵种和指挥官都确切知道他们在进攻的不同阶段应当在什么位置和需要做什么为止。1师的训练指示里也强调刺刀、短刀、棍棒、低位射击和柔道等项目的技巧。

非常不走运的是，在行将到来的战役中必定拥有巨大价值的坦克步兵协同作战项目，1师的每个步兵团都只有一天的演习时间。然而，每个班其实都能用可视信号和坦克车后部的外部电话来指导坦克的运动和射击。

从空中看来，帕乌乌是天堂，但是地面上的实际情况大相径庭。

只要在岛上地形合适的地方，都会设置靶场和战斗区域，根据严格的计划控制其使用。在战斗区域，排级规模的战斗群会使用火焰喷射器、火箭筒、爆破装置、反坦克炮、机枪和步枪对原木掩体进行模拟攻击。在渗透战演习中，陆战队员要越过带刺铁丝网和其他障碍物，而实弹射击阻击会迫使他们卧倒行动。其他训练科目包括夜间防御、化学战、带军犬巡逻，以及使用所有建制内武器的火力协同小组训练。8月中旬，地面训练阶段行将结束时，所有单位进行战斗射击。

与步兵演习相比，操纵师属火力支援这种笨重的武器在帕乌乌训练更加困难。陆战第11团实施了多种密集火力训练，但是由于缺乏空间，在前线炮火观察员出海乘坐舟艇或DUKW时，炮兵就只能用可怜的方式向水中发射炮弹。因为没有机动空间，坦克训练就只能去掉炮火和火焰喷射器的操作、涉渡、夜间安全保障、全面防御和战术手册的研究这些项目。整体而言，重火力支援部队在训练期间的大部分时间都在更换、修理破旧的装备和更换新车辆。

1师在训练期间，收到两种新研制的武器。海军“马克I”型火焰喷射器可以在150码射程发射凝固汽油火焰，持续时间可达80秒。3台“马克I”安装在LVT两栖登陆车上，同时另一辆LVT为它们提供凝固汽油弹混合物补给。在突击登陆阶段，这种新武器主要用于对付海滩上的碉堡工事，到深入攻击阶段，也可用于打击内陆的日军防御工事。

另一种新武器是60毫米口径便携式迫击炮，适合安装在轻机枪上射击，设计用途是对碉堡和洞口实施平射打击。然而，事实证明这种武器的一些部件太过脆弱，无法承受战斗的剧烈磨损，不得不拖着它到处跑的陆战队步兵都抱怨它太重了。更麻烦的是后坐力太大，以至于射击手只发射两到四枚炮弹，就不得不换人操作。由于这种新式武器的功能与巴祖卡火箭筒类似，而火箭筒在珊瑚地表的贝里琉岛上表现良好，陆战队员都普遍不太愿意使用这种新武器，而更爱他们熟悉的老式火箭筒。

阻碍1师的全面训练计划，特别是进行两栖训练的因素，是关键装备的短缺。这些短缺的装备种类如此广泛，乃至于实际上供应充足的仅有装备就是步兵的单兵武器。两栖装甲车辆、两栖登陆车辆、火焰喷射器、炸药和爆破装置、自动武器、火箭筒、工程装备和防水材料的短缺问题一直到训练的最后阶段都没有完全解决，而一些最后分配的物资险些未能及时与部队一起完成战斗装载。此外，1师得到的一些补给没有达到A-1级质量标准：机枪子弹带都腐烂了，迫击炮弹上的火药环裂了、定心部也生锈了，霰弹枪的弹壳膨胀，就算是黄铜弹壳，也被腐蚀了。所有（这些）弹药必须在最后时刻卸下、检查，大部分要更换和重装。

陆战1师在瓜岛战役之后使用的臂章。

让问题更加复杂的是，陆战1师在7月初接到命令要组建2个暂编两栖车辆营，“要利用第1两栖车辆营的人员，以及师属各单位的补充人员”完成这项任务。然而，正在为即将到来的战斗进行准备的1师下属单位，坚决反对将任何技艺精熟的人员送走，时常为此不惜大吵一架。此外，那些被分配到2个暂编两栖车辆营的陆战队员必须重新接受操作这些并不熟悉的装备的训练。由于缺乏时间练习，通常这些经验很少的驾驶员操作满载陆战队员的两栖车辆只能表现出“在职培训”式的水平。

新组建的第3（暂编）两栖装甲营又引起了更多复杂问题。预定该营会得到最新型的LVTA两栖装甲车，在贝里琉抢滩登陆时组织第一波突击登陆车队，为后续登陆部队提供火力支援。因为没有任何用于演习的新式车辆，这个营的陆战队员对新式LVTA和车载武备完全不熟悉，只能依靠蓝图来了解他们将在实战中使用的这种车辆。虽然第一批新式LVTA两栖装甲车8月初已运抵帕乌乌，困难却依然存在。在热火朝天地用新式车辆训练之后，车组成员目瞪口呆地发现，新运来的一批LVTA是全新型号，车载主炮是75毫米榴弹炮，而不是他们以前熟悉的37毫米榴弹炮。这样一来，该营的大约三分之二人员必须重新受训。

在这种不吉利的开端以后，这个营在实战中会有出色表现，完全可以被视为这次战役的一个小奇迹了。让第3两栖装甲营在贝里琉抢滩期间表现良好的人是金波尔·博耶中校。约瑟夫·巴克利中校高度评价道："他完成了我耳闻目睹过的最伟大的训练任务之一。"虽然遇到了一大堆问题，需要被迫从任何他能够找到的人力资源搜刮人手，博耶中校依然设法让他营里的车组成员在抢滩登陆期间成为优秀的战斗团队。新组建的第6两栖运兵车营营长小约翰·菲茨杰拉德上尉面对和博耶几乎相同的问题和条件，表现得也令人钦佩。

两栖车辆和其他车辆的修理备件不足，不仅让各两栖营苦恼，也让全师的两栖训练受到严重影响。陆战1师刚到帕乌乌时，授权调拨给贝里琉战役的248辆LVT两栖登陆车仅有48辆到位。这48辆有过半无法使用，还要等待关键零部件送到安装。轮船运输的第一批两栖装备到达时，1师仅剩不到一个月的时间修理车辆、训练车组成员，让数千突击部队乘坐LVT熟悉从船到岸的登陆技术。

结果，陆战1师被迫让DUKW两栖货车来充当运兵车，让几个步兵团使用它们进行两栖行动演习。就在登陆训练期间，鲁珀图斯师长从一辆两栖货车上摔了下来，脚踝严重骨折。换了一个不那么坚定的人受了这样的伤，可能就错过贝里琉战役了，虽说鲁珀图斯的幕僚和

在瓜岛进行最后一次战前演习的陆战1师官兵。

下级团长对他的指挥水平和战术素养评价并不高，甚至还不乏酷评，但所有人都承认他是个坚强的人。无论如何，步兵在演习时不得不占用炮兵所需的两栖卡车。这样一来，陆战第11炮兵团要演练使用LVT和DUKW装卸榴弹炮和无线电吉普车的抢滩技术，就只能大幅减少训练时间。

相比之下，第81步兵师的物资和装备短缺情况要好一些。这个师刚到达夏威夷时，为满足帕劳群岛作战所需的建制内装备也明显短缺，好在部队装船时，大多数短缺的建制内装备都已补足，唯一仍严重短缺的是LVT两栖登陆车的备件。

陆战1师的训练在瓜岛的埃斯佩兰斯角地区的大规模登陆演习期间达到高潮。8月27日和29日，突击部队已经登上了将它们运送到目标地区的船只，预定为这次战役提供海军炮火支援的军舰也在附近。

首次演习完全是为了测试通信设备。新的无线电设备从珍珠港空运过来以满足陆战1师的最低要求，进行精确校准之后，演习顺利进行。8月29日，地面部队在演习地点登陆前，海军舰炮和飞机对海滩进行猛烈轰炸，陆战队登陆，然后在向内陆移动期间，海空支援火力一直在持续。各突击部队散开，完成了分配给他们的任务，一切都很顺利。

第二天举行了一次批评会议，参战的所有海陆部队高级指挥官全都出席，但是没有一个人提出严重批评。事实上，会议根本没有讨论任何建设性的修改意见。这两次登陆演习让地面部队熟悉了他们登船和转运的位置，让两栖车辆的新人员更熟悉车辆情况，协调了预备炮火和轰炸计划，让广大官兵能及时消除复杂的船到岸机动过程中可能出现的问题，达到了预期目的。

9月3日，瓜岛的泰特雷海滩举行了一次海滩工作演习，但是并没有卸载任何物资。下一次陆战1师就要越过贝里琉的珊瑚礁盘，在日军守卫的海滩上登陆了。

帕乌乌的糟糕条件、装备短缺和训练困难令人沮丧，这无疑会对陆战1师的备战工作产生许多消极影响，不过陆战1师好歹将补充兵和师里经过瓜岛和格洛斯特角战役考验的老兵融合到了一起。贝里琉战役之前，这个师重新成为一支充满活力，随时准备战斗的部队。

即便如此，陆战1师在将人员和物资装船运输时，还是遇到了一堆麻烦。8月5日，陆战1师接到装船预告令，只过了10天，正式的战斗装载任务就开始了。各级参谋军官接到预告令即开始制订装船任务的计划，问题是当时他们对分配到的船只的数量、船型和特征一无所知，只能制订最笼统的计划。尽管海军运输大队指挥官和他的幕僚8月10日就来到帕乌乌岛，可是必要的详细信息直到8月12日才送到陆战1师参谋部手中。即使船只最终到达后，有几艘船还要被保留，用于装载各种船用军需品或额外的装备，1师参谋人员也就无法得知这些船只的特征。结果，1师的船只装载工作出现了不少混乱和误解，为此一直到最后关头，装载工作不得不进行多次变更和临时变通。

由于1师的装载作业必须在五个地点：帕乌乌岛、巴尼卡岛、瓜岛、图拉吉岛和新赫布里底群岛的圣埃斯皮里图岛（一旦地面部队占领贝里琉机场、该机场投入运作，运输舰船将从该岛运送陆战队航空部队的地勤人员和装备前往贝里琉）分头进行，问题变得更加复杂。如果要坚持战斗装载原则，就需要制订大容量的装载计划，对船只航线进行密切协调，从而防止浪费工作时间或者重复劳动。在某些集结点会限制船只停泊和装卸货物，因此就必须严格

第81步兵师的野猫师徽。

安排好船只的航行时间表，以防出现任何不必要的延误。

驻扎在夏威夷地区的81师，7月31日在毛伊岛开始第一轮大规模演习。第一天的演习内容是登船训练、车艇登陆波次的队形组织、地面部队从LCVP登陆艇转乘LVT两栖登陆车。次日，323步兵团（欠1个营，由于船只短缺，无法参加训练）进行登陆演习。在8月2日和3日，该师的另外2个团进行登陆演习时，323团留在岸上扮演敌人。以这种分散登陆的方式，81师的所有突击单位都能够参加相当完整的演习。然而，演习期间只有25%的补给下船卸载，因为没有足够的DUKW两栖卡车提供给所有炮兵部队练习火炮装卸作业，也不是所有师属炮兵都能参加演习。

8月30日，81师开始在瓜岛地区进行最后一轮演习。当天，321团和322团参加了演习，但是火炮和坦克没有实施登陆。9月1日，这两个团进行了另一次登陆演习，这次有一些火炮参加，而且首次进行了海军舰炮和空中支援演习。9月3日，该师为323步兵团安排了第三次演习。在瓜岛地区演习期间，卸载的车辆数量受到极大限制，这主要是因为昂奥尔岛实战所需，必须节省防水材料。

在前往瓜岛演习之前，81师在夏威夷将人员和物资装船的时候，由于若干因素，尤其是帕劳战役计划的许多改动，让具体操作变得很复杂。在81师启程前往瓜岛前两周，师里的战术编组都还没有确定，在这一问题确定之前，就只能制订理论上的装载计划。最后，几乎所有部队装载表都必须修改，主要得根据一系列错开的集结日期内每艘船上实际装载的部队来改。从7月26日到28日，大约60%的物资已装船，然后这些运输船只参加了毛伊岛的演习。装船工作最后在8月5日完成，为了符合最终的战术计划，许多物资不得不在货舱里重新调整。由于许多补给直到81师离开夏威夷的那一天才运到码头上，这个师就不可能将所有物资都装船。结果，一些低优先级的物资被放置在高优先级物资的货舱里了。好在当部队需要的时候，会有足够的高优先级物资可用。

81师各部和物资在夏威夷的分散状态又造成了其他问题。大部分补给品必须在离装货码头大约6英里的一个仓库里收集和装上托盘（根据友军在马里亚纳战役的经验，81师用托盘装运了大部分补给品）。有些部队在更远的地方宿营。师运输军需官面临着战术计划和编组的许多变化，没有足够的时间来预先发布和分发装运表，使得下属单位无法妥善编制自己的运输计划，造成了一些混乱。师长缪勒少将最终只得指示各团团长让各自的团和配属作战部队承担装载任务。

最终的装载工作很大程度上是分散进行的，81师军需处对装载情况并没有全面了解。装载工作采取了许多临时措施，例如使用了一艘AKA武装运输船来装载其他船只多出的货物，在装船时编制了新的存储表。8月12日，除了一些不是马上可用的医疗用品之外，81师的物资已全部在船上装满。那些医疗用品已经空运到瓜岛，在最后一刻再装船。

预定在美军控制贝里琉岛之后，成为岛上美军航空部队主力的是海军陆战队第2飞行联队（2d MAW）。1944年中期，这个位于所罗门群岛的陆战队航空联队还是一个为多个在不同行动区域执行战斗飞行任务的中队提供培训的指挥机关。

6月14日，陆战第2飞行联队接到太平洋战区司令部的任务，命令他们成为一个“独立的能自行维持的单位”。联队司令部敏感地意识到他们会很快在战争中开始承担一个更积极的角色。11天后，该联队奉命转移到所罗门岛链更加靠北的一个中转航空基地圣埃斯皮里图岛。

为了适应今后在贝里琉岛的更为积极的战斗角色，6月刚刚扩编为下辖2个航空大队的第2飞行联队，在7月25日将不需要的第25大队调出，只保留了将会在贝里琉机场执行战术支援任务的第11大队。为了适应今后的战斗任务，第11大队奉命重新编组。除了大队和各中队指挥部，以及参谋部门的作战和情报分支以外，该大队所有单位都转入勤务中队。该中队的运作控制权会归属驻贝里琉岛守备司令下属的航空基地司令。这一临时改编让勤务中队变得庞大而怪异，不过除了让指挥机构略显复杂外，这种安排在整个贝里琉战事期间的运作效果并不差。

7月6日，陆战第2航空联队司令哈罗德·坎贝尔准将奉命转调珍珠港，负责组建未来的贝里琉岛守备司令部。这个陆海军和陆战队联合指挥机关一直延续到11月16日，被称为第3海岛基地司令部，将负责防范美军占领的航空基地遭遇任何可能的敌袭，根据美军的发展计划改善贝里琉岛上的设施。

新任联队司令詹姆斯·穆尔少将身兼两职，同时是西加罗林群岛航空守备部队司令。一旦穆尔少将部下的各中队从占领的贝里琉机场开始行动时，他就要承担三项主要任务：保卫西加罗林地区的所有地面部队和运输船队免遭日军空袭，为仍在贝里琉战斗的步兵部队提供近地支援，让西加罗林地区的残余日军基地无力化。

为了便于和珍珠港附近的太平洋战区各陆战队航空联队及其他上级或下属单位沟通协作，穆尔少将接任第2联队司令后，没有马上前往任地。8月22日，他才飞往圣埃斯皮里图岛，在贝里琉战事的最后准备阶段，亲自接管联队指挥权。

预定会跟随地面攻击部队一同在贝里琉登陆的是第2飞行联队第11大队下属的114、121、122这3个陆战队战斗机中队和541陆战队夜间战斗机中队的地勤部队。这4个中队在能够经中转机场飞往经过修缮可以运作的贝里琉机场之前，会留在圣埃斯皮里图岛。第11飞行大队的其他单位会尽快飞入贝里琉，稍后联队司令部也会跟进。

既然随时可能出战，第11飞行大队的下属各中队就接受了强化训练。各部制订了典型的日间飞行计划来提高飞行员的技能，确定飞机和装备的状况。在出发前的最后几周，各战斗机中队加强了俯冲和滑翔轰炸演习，分配给他们的F4U“海盗”式战斗机的性能执行这样的任务是非常适合的。此外，各中队愈发强调练习能用于为地面部队提供近地支援的各种战术。

虽然和地面部队不同，但是陆战飞行部队在备战期间也饱受各种短缺之苦。根据第11飞行大队的汇报，他们遇到的第一个主要难题是在设法获取数量和类型适合的航空弹药时遇上的。根据太平洋舰队航空部队司令（ComAirPac）发布的许可，南太平洋航空部队司令（ComSoPac）会负责交付这些弹药。而南太平洋航空部队司令又将具体任务移交给驻瓜岛的陆战队第16野战军需基地。由于物资短缺，对航空军械也缺乏了解，缺少弹带装备等原因，第11飞行大队从未获得许可文件规定的弹药量。第11大队在进行训练和作战时，一直都缺少某些炸弹和引信，不得不使用没有配好弹带的弹药。125万枚12.7毫米口径航空机枪子弹都是在贝里琉登陆行动之后才统一装配进弹带的，结果造成了很大麻烦。

由于贝里琉登陆行动是首次让陆战队的几个飞行中队的地勤部队跟随攻击登陆部队一同上岸，飞行员们在为“僵局2号”行动准备发挥作用时面临着一些独特的问题。第11飞行大队指出，在组建随地面攻击部队行动的地勤小组，以及确定随行人员携带的装备的数量和类型时，遇到了一个很难解决的问题：目前还没有一份详细的授权表规定在跟随攻击梯队行动期间，为了对抗敌军空袭应当使用的航空物资、陆战队装备、运输工具和人员的类别与数量。因此，每个大队下属中队指挥官不得不自行做决定，结果是行动早期阶段各中队采用的物资和人员的类别和数量差异很大。

让陆战队飞行员更加苦恼的是，由于船运配额紧张，航运的装备已经被减少到只能满足最基本需求的程度。联络军官们都被派到帕乌乌岛，与陆战1师协调装船计划，但是由于运送攻击部队的船运空间有限，加上“僵局2号”行动的人员和物资要分头在五个相距甚远的地方装运，让情况更为复杂。例如，运输舰“蒙马克波特”号在新赫布里底群岛装运了陆战第11飞行大队和陆战第134鱼雷轰炸机中队的地勤人员和装备，然后会在拉塞尔群岛停泊，让另一支部队上船，这支部队就在“飞行大队和鱼雷机中队装备的顶上”就位。结果，134鱼雷轰炸机中队执行反潜巡逻任务很久以后，装备备件才能送上贝里琉岛。

新组建的陆战541夜间战斗机中队，正好赶在地勤人员乘坐攻击部队运输舰船出发的时候，从美国本土赶到圣埃斯皮里图岛的中转集结基地。这个新来的中队遇上了自己独有的麻烦。1944年2月15日在北卡罗来纳州正式服役的这个中队，为在夜间执行防御日军空袭的任务进行装备和训练。他们的指定分配机种是F-6F“地狱猫”式战斗机的改进版，安装了非常复杂的精密雷达，以帮助在夜间截击敌人的轰炸机。虽然在操作性能上非常出色，而且在60英里距离内也很精准，但是这种雷达需要大力维护才能维持在可接受的工作状态。

541夜间战斗机中队的不幸始于从北卡州切利角集结基地出发，一直延续到飞机在修复后的贝里琉机场降落的时候。在这两个月里，尽管飞了5千多英里，却一直没有时间对安装在“地狱猫”上的精密雷达设备进行过任何测试或维护。不出意料的是，当需要雷达表现出最佳效率时，每一台都几乎要大修。

8月25日，第11飞行大队的3个战斗机中队和541夜间战斗机中队登上“特利恩”号和“半人马”号两艘运输舰，在圣埃斯皮里图岛开始装船。8月25日和27日，这两艘船分头出航，去与海军主力特混舰队在瓜岛会合。8月30日，134鱼雷轰炸机中队的地勤人员和指挥部，以及第11飞行大队的几个勤务中队登上“蒙马克波特”号前往贝里琉岛。各中队的飞行人员和大队后方梯队留守圣埃斯皮里图岛。在前往帕劳群岛之前，后方梯队会为飞机提供服务，监督其余的装备装船运输。

第二章　关东军最强师团南下

第14师团的改编与旅顺集结

1944年3月10日，正在守备“满洲”北部的海拉尔、齐齐哈尔、嫩江、昂昂溪一带的关东军精锐兵团、日后成为贝里琉·昂奥尔战役主角的日本陆军第14师团，开始从低于零下30摄氏度的极寒之地向炎热的赤道附近移动。

其时日军在太平洋战区的战况每况愈下。1942年6月中途岛海战惨败后，美军开始大力推进反攻作战，双方主客之势逆转。进入1943年，战况对日本更加不利。2月初，在瓜达尔卡纳尔岛苦战半年的日军部队终于被迫撤退。5月，北太平洋的孤岛阿图岛的守备队全军覆没。新几内亚东部也成为日军的坟墓。散布于广阔的太平洋上的日军一再收缩防线。

这一时期，因为从1943年3月30日开始，正在内地的宇都宫师团管区的东部各部队中接受教育的1943年度征集的现役新兵抵达齐齐哈尔、嫩江、富拉尔基各驻地，第14师团的兵员更加充实。该师团的兵员以步兵第2联队（编成地水户）、步兵第15联队（编成地高崎）、步兵第59联队（编成地宇都宫）为基干，由北关东出身的现役兵组成。所谓的“现役兵”不同于预备役或后预备役的召集兵，是在接受了20岁的征兵检查后入伍的士兵，大部分是1941年至1943年期间入伍的，几乎全都是从20岁到22岁、23岁的年轻人。而在1944年的日军的很多部队中，预备役、后备役的召集兵的比率在不断增加，相比之下第14师团的士兵以现役兵为主体，军官多为士官学校出身，这种人员构成，是第14师团日后能在贝里琉、昂奥尔进行顽强的持久战的重要原因。在精神力方面，该师团在贝里琉战役中的主要参战部队：水户步兵第2联队和高崎步兵第15联队是在日本陆军初创期编成的两个联队（其创设时间远早于第14师团），自诩拥有“光辉的传统”，即使在战斗惨烈至极的场所也不容易崩溃。而其将来的对手美军陆战1师是美国海军陆战队的王牌师，其名声和传统恰与前者相似，可以说贝里琉战役是王牌师之间的对决。当1944年9月15日陆战1师的士兵登陆贝里琉岛之后，发现被杀死的日本兵穿着崭新整洁的战斗服，体格和装备也较好，与之前交战过的“日本鬼子”截然不同，显然是一支精锐部队。当然第14师团的“精锐”绝不仅限于表面，其优异的纪律、战术、士气等也给陆战1师留下了深刻印象。第14师团本是准备对苏作战的精锐师团，最后却从美军那里得到了极高评价。

第14师团自1905年4月创设以来，参加了日俄战争、出兵西伯利亚、九一八事变、上海战役（1932年）、中日全面战争，在大本营中有着“第一号刚强师团”的名声。参加中日全面战争后，该师团在华北战场伤亡惨重，总计伤亡超过12000人，战死者数约相当于一个步兵联队，仅在兰封会战中就死伤6400余人，一度被中国军队在黄河河畔完全包围，险些成为日本陆军第一个“玉碎师团”。

1939年12月第14师团从中国大陆返回日本内地的驻地后，又在次年9月开始“永久驻扎”中国东北的齐齐哈尔、嫩江、富拉尔基等地，负责“北满国境”的警备任务。

在第14师团师管区编成的师团除了第14师团之外，还有参加过南京会战的第114师团，在缅甸战场同英军鏖战的第33师团，在新几内亚同美澳军交战的第41和第51师团，在越南参加“明号作战”击败法军的第22师团，为进行本土决战在茨城、栃木县布阵的第81、第151和第214师团，为防卫九州的博多湾而在福冈展开的第351师团，为防御“满洲”而驻防奉天的第63师团以及驻扎图们的第127师团，合计12个师团。

日军第14师团长井上贞卫中将。

从1943年7月1日开始，第14师团对从仙台预备士官学校等毕业归队的约200名干部候补生、见习士官进行了以实战训练为重点的再教育。在此期间，该师团的训练强度极大。8月中旬，在富拉尔基的嫩江河畔进行了以敌前渡河为主的齐齐哈尔演习，9月上旬在扎兰屯西北方山中进行了步兵第59联队和步兵第2联队之间的对抗遭遇战演习，当月中旬在大兴安岭山顶一带进行了同驻扎于海拉尔的第23师团之间的对抗演习等。第14师团从8月中旬开始的约两个月期间行经约800公里实施了如同实战般的猛烈训练。这一时期也是关东军以对苏战备为目的进行大规模演习的最高潮。

9月30日，野田师团长调任代理教育总监，第69师团长井上贞卫中将继任第14师团的师团长。

当时在太平洋战场，自瓜岛撤退以后，日美两军继续在东南方面激战，以拉包尔为中心的陆海空消耗战导致日军的战力持续低下。特别是为了补给新几内亚方面作战，需要大量船舶，而且每月平均损失16～17万吨船只，该方面作战的前途岌岌可危。

为了增援新几内亚东部的莱城、萨拉莫阿方面，从拉包尔出发的第18军司令官安达中将和中野中将带领的第51师团主力，于3月上旬在丹比尔海峡遭到盟军的航空攻击，因此遭受了毁灭性的打击，此外联合舰队司令官山本五十六大将也于4月18日在布因上空战死，该方面作战的前景愈加暗淡。

大本营参谋濑岛龙三少佐在5月下旬视察了东南方面情况，返回东京后报告了新几内亚方面的情况，认为由于盟军航空兵力的攻击，整个新几内亚在1944年上旬都会面临危险，该方面的作战正在面临重大转折。当时在东北方面，山崎大佐指挥的阿图岛守备队也在美军进攻下覆灭。

在上述情况下，12月28日，大本营命令“在满师团”向正在新几内亚东部苦战的第41、第51两师团补充人员。根据命令，将从驻中国东北的3个师团中各抽出1000名、合计3000名，补充给正在新几内亚东部苦战中的第41、第51两师团。根据该命令，要从部队派出300到400名、各中队要派出30名左右。

从第14师团抽出的约1000人要先通过陆路行至乘船地釜山，这期间的运输指挥官为步兵第15联队联队炮中队长松村新平中尉。12月31日前终于准备完毕，1944年1月2日凌晨从齐齐哈尔站出发。

另一方面，大本营考察了中部太平洋的战况后，决定了作战指导方针，1943年9月末在御前会议上通过了“战争指导大纲”，该大纲所决定的作战指导方针是：“中·南部太平洋方面，在东南方面现占领要域击破来攻之敌的同时极力持久战斗，在此期间尽速完成从班达海方面至加罗林群岛方面之防备，并整备反击战力，以此彻底反击来攻之敌，并尽量在事前摧毁其反击企图。”该作战方针将千岛—小笠原—内南洋—新几内亚西部至班达海的后方要线设定为“绝对国防圈”，要求必须严密防卫，至1944年春左右应整备好反击战力特别是航空战力，彻底击破来攻的盟军。（所谓的“内南洋”是指日军占领下的马里亚纳群岛、马绍尔群岛、加罗林群岛和帕劳群岛等，菲律宾、苏拉威西、婆罗洲和苏门答腊等地域则被称为“外南洋”。帕劳正位于内南洋，在绝对国防圈内。）

10月上旬，随着绝对国防圈作战方针的决定，大本营制定了以后的兵力转用、配备方案，决定从日本本土和中国大陆抽调多个战略兵团派遣到绝对国防圈要域，下令向中部太平洋派遣第52师团、南洋第1到第6支队、海上机动第1旅团等。

大本营为了防备绝对国防圈，继第52师团之后，又下令将驻华中的名古屋第3、仙台第13两师团派遣到该方面，但之后为了实施“一号作战”，就以这两个师团为骨干作战兵团留在中国。为了替代，大本营又内定从关东军抽调2个师团到新几内亚西部和马里亚纳群岛，1944年1月31日，大本营向关东军内示此事，即以驻辽阳的名古屋第29师团替代第13师团派到马里亚纳方面，以驻齐齐哈尔的第14师团代替第3师团派到新几内亚西部方面，同时要求第14师团进行相应的改编。虽然此前在向太平洋方面增强兵力时，因考虑到对苏关系一直在尽力抑制从中国东北、朝鲜方面抽调兵力，但为了应对紧迫的形势，不得不从关东军抽调精锐部队。

接到向新几内亚西部转进的非正式命令和师团的改编命令后，井上师团长派师团参谋长多田督知大佐到东京的大本营联络，同时还将负责作战的师团参谋中川中佐先派往新几内亚西部。同时，井上还开始秘密进行改编的诸项准备，将3月5日定为改编的完结日，并将师团代号的兵团文字符号定为“照兵团”。

为了使师团的新编制适应南方的岛屿作战，废止了以往日本陆军传统的大陆野战型编制，为了使步兵联队能够独立战斗而将师团的各直属队分配给各联队，类似于战后日本陆上自卫队的普通科（步兵）联队战斗团。

野炮兵第20联队、工兵第14联队、辎重兵第14联队、搜索第14联队被解散，以大队、中队单位被分配给步兵第2、第15、第59联队。同时还新编了师团坦克队、师团辎重队、师团海上运输队等。此外步兵第15联队还增加了坦克中队、机关炮中队，该联队各大队各增加了一个迫击炮中队，这些增加的单位用位于日本内地兵库县小野市的青野原坦克第19联队补充队编成，将通过其他途径赶上第15联队主力与其会合。

此外步兵联队的军马等物资被留在中国东北，联队的12个步兵中队改编成9个中队，各大队的机枪中队被分割编入各步兵中队，步兵炮大队也被解散，在各大队新设步兵炮中队。加上前述的从师团各直属队编入了炮兵大队、工兵中队、补给（辎重）中队，各步兵联队进行了名副其实的大改编，成为具有独立战斗能力的强大联队。

在作战器材方面，经过各方努力，确保了装备用武器的全部、弹药0.5个会战份（会战份是表示军需品的使用、补给基准的单位数量，假定的一次会战的作战期限为3～4个月。一个师团的一会战份的军需品总量约1万吨，具体配弹量则是每挺重机枪配弹2.3万发、每门野炮配弹量为2000发、每门105毫米榴弹炮配弹量为1500发）、粮食6个月份、汽车用燃料1个月份等，完成了携带准备。

在日本陆军中，坦克部队通常都直辖于军司令部，根据作战规模被配属于各师团，而师团拥有自己的坦克队的，只有第14师团、关岛的第29师团和特鲁克岛的第52师团这3个师团。

很多战史都记载第14师团坦克队是由宇都宫骑兵第18联队改编为搜索第14联队后，在师团被转用于帕劳时，将该骑兵联队装甲车中队改编为师团坦克队，最后在贝里琉"玉碎"的。实际情况并非如此。

坦克队的生还者只有山田兵技军曹和木藤末广两人。在美军登陆贝里琉前不久的1944年9月4日，由于激烈训练和酷热，坦克的发电机被使用过度，转动发电机的柴油引擎的金属终于被烧焦。根据师团坦克队长天野国臣大尉的命令，坦克队的技术军官木藤末广和部下山田兵技军曹一起出差到帕劳本岛的师团司令部去筹措坦克的紧急零部件。后来由于美军登陆贝里琉，两人未能返回，成为坦克队仅有的生还者。

根据木藤的证言，第14师团直辖的坦克队是由坦克第2师团（后来改代号"击兵团"在菲律宾吕宋岛覆没）下属的坦克第6联队（"满洲

被调往南方从齐齐哈尔兵营正门走出的步兵第15联队。

373部队”）下属部队编成的，人员以驻扎孙吴的第1师团搜索第1联队的装甲车中队60余人为基干，增加了搜索第8联队和搜索第24联队的一部，人员为天野队长以下122名。木藤在师团司令部看到了编制表，显示主要武器为95式轻型坦克17辆，但在编制完结式上列队的坦克却是小型的搭载着37毫米坦克炮一门、乘员两名的94式轻装甲车。

以轻装甲车为主要武器的话实在过于微弱，与编制表也相差甚远，因此木藤和山田军曹带着更换装备的使命出差去牡丹江的野战兵器厂，但没能解决问题，于是又去了新京的关东军司令部。初次来到司令部，他们立刻为其雄壮气派压倒，各处走廊都有上着刺刀的步哨警戒。在众多高级军官中，下级军官木藤同先到的第14师团兵器部的釜田藤男兵技中尉两个人对负责的军官说：“无论如何还是需要95式轻型坦克。94式轻装甲车根本打不了仗。”对方总算同意了。95式搭载着37毫米坦克炮1门和7.7毫米车载重机枪2挺，最高时速达48公里，行驶起来十分轻快，但其装甲板甚薄，炮塔和全部车体都只有12毫米装甲。乘员3人，前方右侧是驾驶员，左侧是重机枪射手兼车载无线电的操作员负责同各坦克联络。上部炮塔是炮手兼车长。

第14师团的改编工作如预定的那样在3月5日完成。辎重兵第14联队被解散后，第3中队和第1中队分别被编为步兵第2联队和步兵第59联队的补给中队，第2中队变成步兵第15联队的运输班，汽车中队变成师团直辖辎重队。除了以上4队之外，还有300人被转属师团经理部，下士官以下1300名被转属“满洲”第452部队。

改编完成时第14师团的编制如下：

师团长 井上贞卫中将

参谋长 多田督知大佐

步兵第2联队　　联队长 中川州男大佐

步兵第15联队　　联队长 福井义介大佐

步兵第59联队　　联队长 江口八郎大佐

师团坦克队　　队长 天野国臣大尉

师团通信队　　队长 平原辰男大尉

师团辎重队　　队长 有贺牧男中尉

师团兵器勤务队　队长 塚本茂松大尉

师团野战医院 羽田野义夫大佐

3月5日完成改编的第14师团的人员自师团长井上中将以下有11797人（其中军官581人）。改编完成后，因该师团已经接到了派遣至新几内亚西部的非正式命令，遂秘密地将装备全部改换成了夏季用品（虽然当时在中国东北是酷寒时期）。

1944年3月10日开始，第14师团极其秘密地从以齐齐哈尔为中心的各驻地出发。这次转进是在绝密状态下进行的，除了上层以外无人知晓目的地。当初师团的官兵们被告知将要参加冬季的大演习，并不知晓真正的目的地。为了不被苏军察觉，完全伪装成出动演习，内部使用“伊号演习（イ号演習）”的秘密代号。官兵们乘坐“满铁”的无盖货车一路南下向集结地旅顺进发。运输途中为了不被苏联间谍发现，货车的车门一律禁止打开，大便就使用带来的空酱油桶。3月14日，列车驶抵大连，接着到达了终点旅顺。抵达目的地后，第14师团立刻开始了演习。士兵们发现这次演习并非通常的演习，内容前所未有，包括敌前反登陆战斗、海上运输时的对空对潜监视及战斗、遭遇沉船时的应对动作等特殊训练。总之演习的内容跟大陆没什么关系。士兵们由此开始发觉将要被派遣到“南方”。演习持续了10天。

在此时期，突破了马绍尔群岛防线的美

军，在2月17日晨袭击了日本海军最大的根据地特鲁克岛，使其受到毁灭性打击，之后又于2月23日袭击了绝对国防圈的要冲塞班岛。这次空袭使马里亚纳地区的航空兵力也蒙受了与特鲁克岛一样的沉重打击，日军的重要反击战力第1航空舰队在序战中即遭受了重大损失。

马里亚纳在此时本已预定部署第29师团，但在2月21日才向该师团下达命令，大本营担心日军抵达马里亚纳群岛会晚于美军对该方面的进攻，于是决定将已预定派遣到新几内亚西部的第14师团转用于中太平洋方面的马里亚纳，同时将第35师团派往新几内亚。3月20日，大本营终于以大本营陆军第971号命令下令将第14师团编入第31军战斗序列、派遣到马里亚纳。预定第14师团从大连、第35师团从青岛乘船出发。

这时在旅顺的集结地的第14师团，正在进行适合南方作战的训练，在此期间师团辎重队指挥各联队派出的作业员，在大连港昼夜不停地进行军需品的装船作业，为了保密，士兵们全部摘下了军阶章，打扮得酷似码头装卸工人。

同时大本营编组了由6名中、少佐组成的派遣团，其成员分别负责对美战术、情报、编成装备等培训任务。大本营派遣团于3月25日乘专机飞到大连的周水子，对第14师团的军官进行了2天的讲演，讲解了“阿号作战”和“航海中的对潜、对空警戒”的相关内容。接着派遣团又飞到青岛对第35师团的军官进行了2天的讲演。第31军参谋堀江芳孝少佐（在中日全面战争中曾任步兵第2联队本部通信班长）也是派遣团的一员，负责“海上运输中的对潜对空警戒”部分。

3月26日，堀江对第14师团的约80名代表军官进行了2个小时的讲演。主要内容是“可能会突然遭到鱼雷攻击，所以特别是在夜间应让尽量多的人员全副武装来到甲板，做好随时可以跳进海中的准备；收购大量青竹堆在甲板上，如果舰船被鱼雷击沉，抱住这些竹子可以在海上漂浮两三天；在这种情况下不能脱鞋；应该全部戴上军用手套，因为长期露出手脚很危险；压缩饼干和鲣鱼干很宝贵；为了不被鲨鱼吃掉，应该携带红布。如果能做到这些，就有希望被护卫舰等救出”。

第14师团各队很快便开始购买大量青竹、鲣鱼干、防水布、红布。

大本营陆军部参谋掘荣三也来到大连向第14师团的军官详细地说明了太平洋战争中美军的作战方法。掘是大本营研究美军战术方面的专家，他将关于美军的最新情报传达给第14师团。他强调了“在水际（海岸线）过早突击，反而容易自取灭亡”“在地形容许的情况下尽量将阵地设于二线三线”“准备洞穴阵地”等要点。据掘在战后回忆，中川州男当时对于他们的事前说明十分用心地记笔记，时而会提问质询。也就是说，虽然这时第14师团的目的地是马里亚纳群岛，但中川已经从大本营参谋那里了解了构筑洞穴阵地进行抗战的价值，而非在后来观察了贝里琉岛的地形后才想到构筑地下阵地作战的。

海上运输

第14师团从大连港出航的预定日期是3月28日。3月25日，第14师团从集结地出发前往大连码头。26日、27日进行了最后的装备、器材的装载。

关于当时的情况，据步兵第59联队通信中队的长博志回忆，抵达旅顺的同时他们就换上了夏装，在这里初次得知将要前往南方。他奉命离开中队到大连港执行物品监管任务。在那里的运输船上每天都在不分昼夜地进行着将大量武器、弹药、粮食装进船舱的作业，令他感到吃惊的是，船上装载着大量从酒铺收集的空酒桶和从木料行那里收集的板材、竹筒，这些是在发生海难时保命用的漂浮物。

除了分配夏装之外，师团官兵们还将以前一直在使用的38式步枪换成了99式步枪。

第14师团的乘船包括运输船3艘，均为一万吨级的优良船只，但因每艘装满了约4000兵员和武器、弹药、粮食等，结果使得官兵的居住面积极为狭小，密度达到1坪①居住11人，而且半数的兵员轮流到甲板上兼任对空对潜监视。

3艘运输船上装载的装备、资材，包括弹药0.5个会战份，汽车用燃料1个月份，武器保养维修材料、修理用零部件、真空管3个月份，干电池4个月份，主食、副食、调料6个月份，卫生材料3个会战份（常见病用品3个月份）等。

部队分头乘船：师团司令部、步兵第15联队（欠第3大队）、师团直辖部队主力搭乘“阿苏山丸”号；步兵第59联队等搭乘“东山丸”号；步兵第2联队和步兵第15联队第3大队搭乘“能登丸”号。3月28日上午11时3艘运输船从大连港出发，组成船队向暂泊地镇海航行。

出港的同时第14师团划归第31军司令官小畑英良中将指挥。第31军于1944年2月编成，以中太平洋为作战地域，司令部设在塞班。在出港的同时，船队防备着美军潜艇出现，对配置在甲板上的山炮、速射炮等实施了实弹射击训练，同时严密警戒与监视，30日抵达朝鲜的镇海湾。

此时船上的师团官兵们尚未被告知目的地。第14师团在这里同从华北前往帕劳群岛南方的在东京编成的第35师团第一次运输队搭乘的“三池丸”号会合，31日上午5时30分从该港出发，经濑户内海从明石海峡抵达淡路岛的本州附近海面，然后在海军的护卫舰“皐月”号、“帆风”号、“笠户”号的护卫下从本州南岸东航，在4月3日进入最后的暂泊地横滨。

在第14师团搭乘的船队抵达镇海湾的3月30日，在帕劳群岛发生了“三月空袭”（详情见本章第四节）。虽然这时船队的目的地仍然是马里亚纳群岛，但由于“三月空袭”的发生，第14师团的命运改变了，该师团的目的地由马里亚纳群岛改为帕劳。这一变更在船队停泊于横滨港期间由大本营内示给井上贞卫师团长。

4月5日，井上师团长前往市谷的大本营陆军部，直接从首相兼参谋总长东条英机大将那里受领了关于师团的再转用命令，即第14师团最终被转用于帕劳。随后又在横须贺镇守府举行了关于护卫运输船队的会议，结果决定将船队命名为“东松五号船队”，船队护卫由1艘驱逐舰和3艘海防舰担任。

这里面还有一段内幕。井上师团长从东条参谋总长那里接受了指示之后、即将退出大本营时，某大本营参谋对井上说：“有流言说师团的工兵擅自携带了两倍的器材，希望明天对运输船内进行调查。”理由是在师团出征前不久，齐齐哈尔的工兵第14联队的兵营在原因不明的火灾中被全部烧毁（有人说是间谍干的）。由于以现役兵为主体的工兵迅速将武器、器材搬出，所以没有受到什么损失。知晓师团即将出征之事的第14师团出身的补给厂负责官员主动帮忙，说道：“因为要到南方去，为了构筑阵地之用，工兵器材携带得越多越好。只要报称在火灾中全部被烧掉就可以发给

① 日本的面积单位，1坪约等于3.3平方米。

向南方的帕劳进发的日军船队。从步兵第15联队搭乘的“阿苏山丸”号上看向友船，可见甲板上堆满物资。

新品了。”因为他的帮助，工兵将数倍的器材装到“阿苏山丸”号上面出港了。可是不知为何，有军官把这件事报告给了东京。

对此井上回复说：“应该不存在那种事情。不过，即便确有此事，因为以后很难从内地得到补给，能否出于武士之情不再追究呢？”对方答道：“我十分理解阁下的心情。可是这是军纪上的问题，所以无论如何也要调查。明天何时从横滨出港？”面对参谋的询问，井上略加思考之后说道：“明天4月6日上午10时。”然后便回到船上了。

次日上午8时，在预定出港的2个小时前，大本营的负责官员抵达了横滨码头，这时整个船队已经做好了出港准备，开始出发，时间是4月6日8时10分。井上因为重视工兵的面子和构筑阵地方面的工兵战力，才想出“10时出港”的“妙计”。

“东松五号船队”于当天14时20分在千叶县的馆山附近海面停泊。在馆山，第14师团在海军的潜艇的配合下实施了最后一次对潜训练。在这次训练中，搭乘“阿苏山丸”号的步兵第15联队第5中队的圆荣太郎上等兵准确报告了潜艇的发现，正在舰桥上视察训练的井上师团长向其授予赏词，同时立即将他晋级为兵长。此外当天还向各联队发放了作战用的秘密地图，命令步兵第2、第15、第59联队登陆后在贝里琉、帕劳、昂奥尔各岛展开，负责守备。步兵第2联队的布防地是帕劳群岛中的昂奥尔岛，联队长中川大佐手头的作战地图也只有昂奥尔岛的地图。中川集合大队长等干部，马上开始进行昂奥尔岛的图上研究。

4月7日上午5时30分，船队中新加入了油轮“清洋丸”号，然后在护卫舰的保护下离开馆山海面向帕劳群岛驶去。木更津航空队的6架

“零战”盘旋于船队上空为其送行。

船队一路上在严密地实施对潜、对空警戒的同时以之字形航海术南下。途中美军潜艇一到夜间便会出现，反复向船队跟踪攻击。护卫舰投下深水炸弹将其击退。由于是蛇形运动，船只行进迟缓，护卫舰也备尝艰辛。

“东松五号船队”由5艘优秀的高速船编成，担任护卫的包括作为旗舰的驱逐舰“皋月”号，和海防舰“笠户”号、“满珠”号、“第四”号。船队搭载着第14师团和第35师团一部。4月7日船队从馆山湾出发后，运输船内的气温不断上升。这时第14师团离开零下二三十度的“北满”已有数十天，海上的气温已经接近30度。而在拥挤不堪的船舱内气温更是高得多，身体动弹不得的士兵们忍受着难以想象的痛苦，这远比晕船更让人难受。

由于运输船内过于拥挤，士兵们的身体根本无法动弹，有的士兵只能坐着没法躺下，只有在通道上才能站起来伸伸腰。没法洗澡，连洗脸都不行，洗衣服也被禁止。在船舱内，大队长以下，军官、士官和士兵都是在同样的条件下，一边抵抗虱子的猛烈袭击一边艰难度日。因为除了担任对潜对空警戒的勤务者之外禁止来到甲板上，所以士兵们巴不得承担这类勤务，因为可以从船舱内的恶臭和酷暑中解放出来，享受清爽的海风。

离开日本的第三天（4月9日），船队在硫黄岛附近海面航行时，因美特混舰队正在空袭帕劳，遂掉头北上在父岛的二见港内躲避。在父岛，第14师团官兵初次看到热带树木繁茂生长的特别景色。在二见港待机期间，第14师团进行了关于岛屿防御、反登陆的训练。在此期间步兵第2联队的守备岛屿由昂奥尔岛被改为贝里琉岛，昂奥尔岛改由步兵第59联队担任守备，两联队为此交换了作战用地图。

18日，船队从二见港出发。船队为了避开美军的攻击采取了之字形航行法，但仍然多次遭到袭击。步兵第15联队的尾池隆回忆：

美军的潜艇用鱼雷发动了攻击。为了避开鱼雷，巨大的货船拼命转弯，同时露出了红色的下腹。已经是千钧一发了。运输船的甲板上摆着几门供陆军部队使用的大炮，现在是使用它们的时候了。“左舷30度，距离3000，潜艇出现！”我们在甲板上开炮了。硝烟弥漫，火药味刺鼻。运输船和潜艇开始交战。结果潜艇好像逃掉了。经过这样的战斗，我们总算到达了帕劳。

21日傍晚，船队又在关岛南方发现美军的巡逻机，于是为了躲避美军特混舰队的攻击又折回向关岛北上，22日再次开始南进。自离开横滨以来，经过了17天；自大连港出港以来，经过了28天，整个船队终于在4月24日上午11时30分抵达帕劳本岛的马拉卡尔码头。就当时来说，未损一兵一卒而抵达目的地实属奇迹。作为对比，同第14师团一起被从关东军转用于南方方面的第29师团（师团长高品彪中将）从朝鲜的富山进入宇品港后，于2月26日半夜在3艘驱逐舰和航空队的护卫下向目的地马里亚纳南部（关岛、罗塔岛）驶去。但在出港第3天的29日，船队进到台湾附近海面时遭到美军潜艇的鱼雷攻击，该师团官兵分乘的“安艺丸”号、“东山丸”号、“崎户丸”号三船中，步兵第18联队（丰桥）和师团司令部、师团坦克队一部搭乘的“崎户丸”号（9247吨）被2颗鱼雷击中沉没，“安艺丸”号也中了一颗鱼雷，好不容易才没有沉没。被击沉的“崎户丸”的乘船者3900余人中，2200余人因海难死亡或失踪，获救的仅有1720人，其中有570名重伤者，此外

地图五　步兵第 2 联队从嫩江向帕劳转进路径概要图（1944/3/11—4/24）

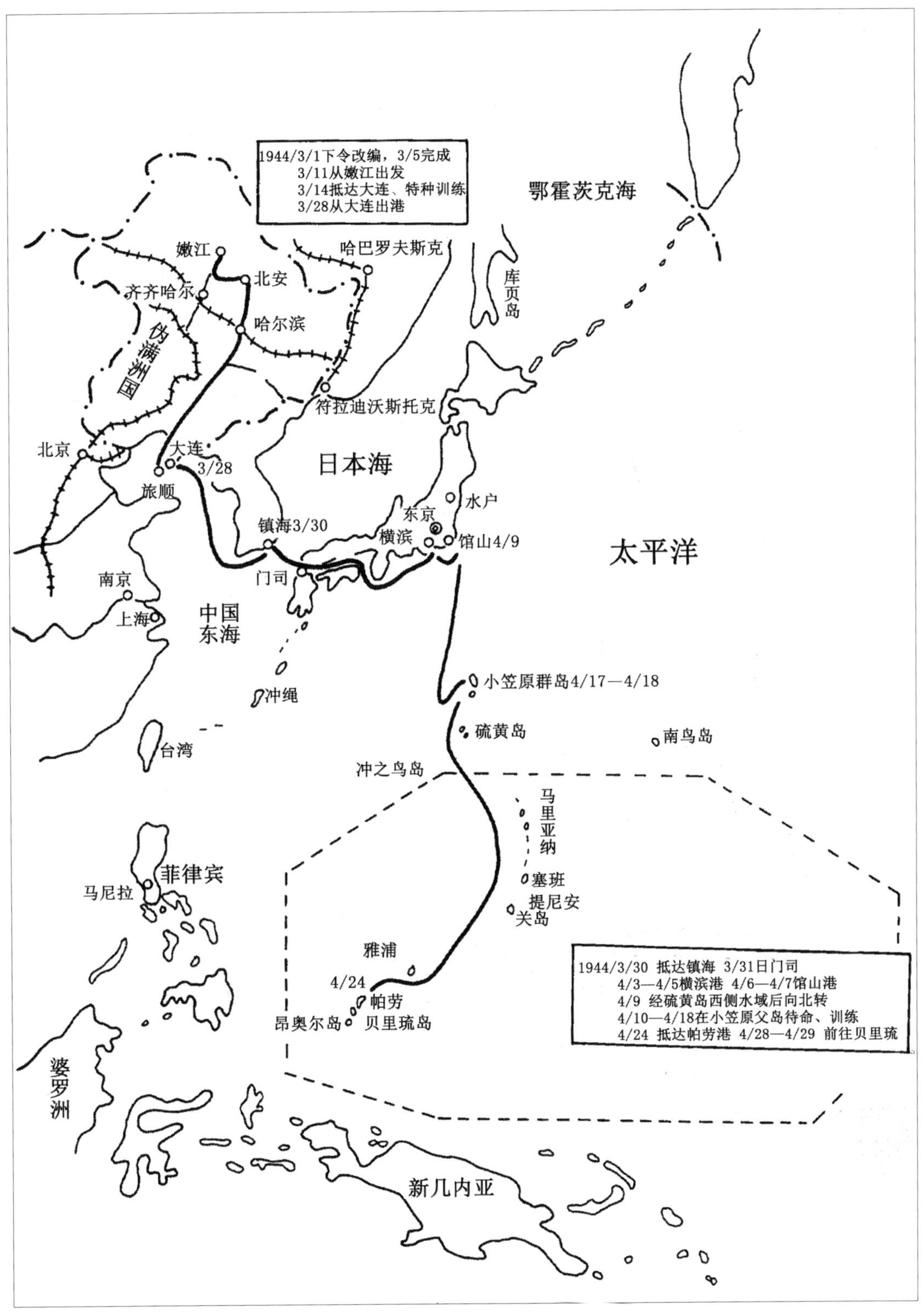

宝贵的武器只剩下步枪7支、掷弹筒1具、轻机枪2挺，其他所有武器包括坦克在内全部沉入海底。至于弹药则一发也没剩下。未受损伤的仅有“东山丸”号。在将满身疮痍的第29师团送到关岛（3月4日）之后，东山丸又在大连港搭载了第14师团部队前往帕劳。

平安抵达帕劳群岛使第14师团官兵从地狱般的海上之旅解脱出来。据原步兵第2联队第6中队第2小队长山口永少尉回忆：

大连出港后约一个月，船队进入帕劳水域。在船舱中回响的引擎声缓和下来。不久我们得到许可可以上甲板了。

（上级）宣布散布于周围的岛屿是帕劳群岛。离开人间地狱般的船舱到甲板上时，南洋的阳光颇为强烈，珊瑚礁海岸的绿色大海美不胜收，热带植物郁郁葱葱的岛屿十分美丽，这些让我们终生难忘。这些是在内地的名胜中无论如何也品味不到的美景。我根本想不到这里仅仅过了半年就会变成地狱之岛！！

那时的美景，现在仍然映在我的脑海中永不消逝。这是因为在昏暗的船舱中生活了一个月之后，突然来到那美丽新世界。这时恰好陆军的“一”式陆攻显现出粗大的机身，从船队的上方掠过，仿佛特意来欢迎我们一样，给我留下了深刻印象。

帕劳群岛的情况

加罗林群岛在东经148度一线被分为东西两部分，帕劳群岛、雅浦岛被称为“西加罗林群岛”，特鲁克群岛、波纳佩群岛被称为“东加罗林群岛”。

帕劳群岛在1527被葡萄牙人迪安戈·达·罗西亚发现。然后在1680年代被西班牙的探险家发现。1885年帕劳群岛成为西班牙的殖民地，隶属于西属密克罗尼西亚。帕劳的原住民成为西班牙人严酷榨取的对象。1899年，西班牙将除关岛外的西属密克罗尼西亚以450万美元的价格卖给德国，帕劳群岛和马里亚纳群岛一起成为德国领土。1914年第一次世界大战爆发时，协约国阵营的日本派出海军占领了两个群岛。1920年根据国联的决定，包括帕劳在内的密克罗尼西亚（南洋群岛）成为日本的委任托管地。

帕劳群岛距离东京约3600公里，位于菲律宾的棉兰老岛东方约800公里，由109座岛屿组成，总面积为478平方公里。各岛的构造极为复杂，大体上岛屿的基底是安山岩，其上是珊瑚礁石灰岩。贝里琉和昂奥尔岛一般比较低平，其他岛屿上细长的丘陵断续分布，高度变化较大，面向海面形成了陡峻地形。此外石灰岩在风雨波浪的侵蚀下形成了溪谷或海峡，进而形成了相互分离的岛屿。海岸在海水的侵蚀下其内侧被深深挖开，很多岛屿在地下水的侵蚀作用下到处形成了钟乳洞。

帕劳群岛拥有世界上屈指可数的美丽珊瑚礁，堪称绝佳美景。为环礁所环绕的大海均为翡翠绿色，如镜子般清澈。铺满海底的珊瑚上栖息着珍贵的鱼类。事实上，除了南部的昂奥尔岛和北部的两个小环礁之外，整个帕劳群岛都位于一个巨大的环形珊瑚礁盘内。礁盘在西面大体上形成了一段堡礁，在东面是一片岸礁。

帕劳群岛位于靠近赤道的西太平洋上，没有四季的分别，即所谓的“常夏之地”，气候呈海洋性，一天中的最高气温是29至30摄氏度，最低气温24度左右，温差较小。虽然气温不算太热，82%的相对湿度却长年居高不下，

地图六　帕劳群岛地图

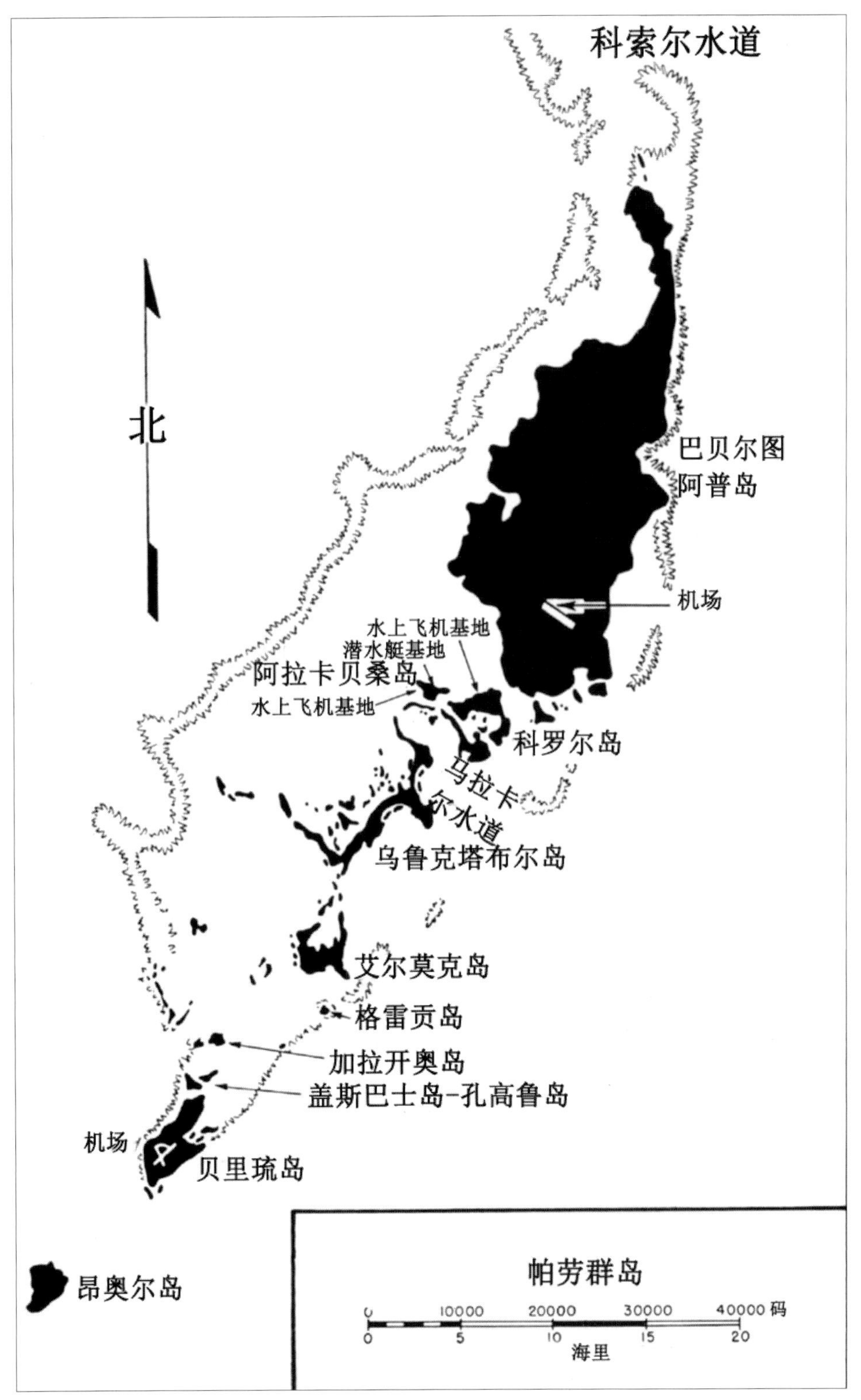
科索尔水道
北
巴贝尔图
阿普岛
机场
水上飞机基地
潜水艇基地
阿拉卡贝桑岛
水上飞机基地
科罗尔岛
马拉卡
尔水道
乌鲁克塔布尔岛
艾尔莫克岛
格雷贡岛
加拉开奥岛
盖斯巴士岛-孔高鲁岛
机场
贝里琉岛
昂奥尔岛
帕劳群岛
0 10000 20000 30000 40000 码
0 5 10 15 20
海里

令人不安、极易感到疲乏。年降水量约3700毫米，大约是日本的2倍，几乎每天都有暴雨。不过当地的能见度通常很好，每月的平均云量从十分之四到十分之六不等，很少会出现雾霭。这里也有典型的热带传染病，包括登革热和痢疾，威胁着人们的健康，然而奇怪的是，在帕劳的蚊子都没有携带疟疾病毒。

帕劳群岛的居民大体分为日本人和当地土著人，1943年6月末总人口为33960人，其中日本人占居民的74%，主要居住在科罗尔岛和帕劳主岛（巴贝尔图阿普岛）。当地的土著人基本上都是密克罗尼西亚人，是肤色较浅的波利尼西亚人和肤色较深的美拉尼西亚人的混血儿。然而，在外表上，帕劳人与荷属东印度群岛的马来人酷似，可能是马来人东渡大海移民造成的跨种族融合的结果。帕劳语也明显受到马来语影响。实际上，美国人发现西加罗林群岛的土著人与他们在密克罗尼西亚遇到的居民在语言和文化上差异很大。

帕劳的土著人爱喝椰子酒。椰子树是他们生活的中心。对他们来说，椰子树最为重要。在日本，平坦土地的价格很高。但在当时的帕劳，拥有容易生长椰子树的湿气的斜坡却是最值钱的。

帕劳群岛的主要作物是芋头，土著人享有充足的食物供应，但是为了养活数量众多的日本人，每年需要从日本本土进口大量大米。当然，周围水域的鱼类是一种重要的膳食补充。土著人唯一出口的农产品是干椰肉，不过昂奥尔岛和贝里琉岛丰富的磷矿才是帕劳群岛价值最大的出口项目。各岛屿和外部世界的贸易几乎都被日本人限制为与日本本土交易。

帕劳群岛的主要岛屿从北向南有帕劳本岛、科罗尔岛、阿拉卡贝桑岛、乌鲁克塔布尔岛、艾尔莫克岛（马卡拉卡尔岛）、贝里琉岛和昂奥尔岛等。帕劳本岛别名巴贝尔图阿普岛，南北32公里、东西12公里，面积约占西加罗林群岛的一半，纵贯本岛中央的脊梁山脉起伏复杂。岛屿大体上呈台地状，最高的马可鲁鲁山标高242米。在山腰和河川流域树木茂密，但没有可被称为“丛林”（严格意义上）的大片森林。林内蔓草和蕨类植物丛生，即使轻装步行，每小时也只能前进不到2公里。

帕劳本岛上有格拉斯马奥、贾斯彭、艾莱、艾姆里基、瑞穗、清水、朝日、大和等村庄，1943年6月末居住着日本人7412人（含朝鲜人864人）和岛民肯纳卡族3752人，大部分日本人从事农业和渔业，岛民会说日语。

帕劳本岛的道路沿东西两海岸纵贯南北，西道为砾石铺成的双车道，路况良好，东道路况较差，很多地方都无法通行车辆。东海岸一带的珊瑚礁普遍离陆地较近，外海水较深，便于敌军登陆。西海岸一带的环礁距陆地较远且岸上红树密布，登陆较困难，

帕劳本岛正北面就是科索尔海峡，是一个颇有价值的海军锚地，拥有广阔的珊瑚礁和沙质海底。本岛南部的艾莱村有一座海军机场，机场拥有长1400米、宽100米的跑道，还有一处储水量20万吨的水源地，一般用水和舰船用水从这里被送往科罗尔岛。

帕劳本岛被珊瑚礁所环绕，只有3处有环礁中断的出入口。只要日军警戒这几处，美军的潜艇就无法进入，所以这里还是相对安全的。

与帕劳本岛隔着阿尔米兹海峡的就是科罗尔岛。科罗尔岛通过联络道路连接着阿拉卡贝桑岛和马卡拉卡尔岛。

科罗尔岛位于帕劳本岛正南面，面积约8平方公里，以安山岩为基底，珊瑚礁在其上形成了岛屿。岛上道路比较完备，是帕劳的商业、行政和通信中心，在帕劳各岛中是最繁荣之

战前颇为祥和的科罗尔镇。

帕劳南洋厅（位于科罗尔岛）正面的大街（远处是帕劳支厅）。

罗尔还有2个百货商店，即南贸百货店和中岛百货店。日本的报纸会晚一周左右被送过来，当然这已经不是“新闻”而是“旧闻”了。

阿拉卡贝桑岛几乎全部是山地，在阿米昂斯和阿拉卡贝桑两地设有海军的水上航空基地。

昂奥尔岛位于帕劳群岛的最南端、贝里琉岛西南约11公里处，南北约4公里、东西约3公里，是一座富含磷矿的珊瑚岛，面积约12平方公里。除岛屿西北部的高地地区（最高海拔约60米）之外皆为平坦地形，中央部以北散布着磷矿石的露天矿床，矿产资源丰富，埋藏量约170万吨，精矿运出量达到每年7万吨。以岛屿中央西部的磷矿工厂为起点，在北方有3条、东方有2条、西南有1条用于搬运磷矿的铁道，也兼作干线道路。

南部和东南部分别是椰子林、红树林茂密丛生的大沼泽地带，西北高地形成了锯状的珊瑚绝壁，此处树木繁茂，部队行动困难，但有很多钟乳洞，适合用作洞穴阵地。岛上没有淡水的河川、湖沼，水井也含有盐分，饮用地下水等于饮用盐水。饮用水主要依赖贮存的雨水。关于海岸的情况，除西南海岸的一部外珊瑚礁分布在距岸50~200米一线，且形状复杂，外海水很深，与海岸之间在退潮时可以徒步通过。适于登陆的地方有昂奥尔港、西南海岸的巴岬到东南海岸的鬼怒岬—健岬—安南岬—疾风岬—照岬约3.5公里的海岸，以及东北港、东港、大神宫海岸

地。科罗尔镇地处该岛中央，当时是南洋群岛的首府，居住着日本人13007人（含朝鲜人285人）和岛民616人，设有南洋厅、海军武官府事务所、气象台、各类学校、广播电台、热带产业研究所、无线通信所、南洋神社等。在科罗尔镇的商业区的中心，冠以××楼、××馆的烟花巷和艺伎等的住处鳞次栉比，梳着日式发型的女性来来往往。但是，当第14师团的官兵从极寒的“北满”乘船来到帕劳群岛时，科罗尔镇已经在美军的轰炸中化为一片废墟，至于在青楼休息之类的奢侈享受就更不用想了。科

战前的昂奥尔磷酸盐厂货运栈。

贝里琉岛的中央部高地，即美军所称的“乌穆尔布罗格尔山区”，是岛上地形最险峻的天然要塞（山腰处有洞穴，1975 年拍摄）。

和北部海岸的一部，适合登陆地带以外的海岸有3~10米左右的断崖，登陆一般比较困难。（这些地名是步兵第59联队登陆后由联队本部情报主任德岛元二中尉命名的。）

昂奥尔港有装载磷矿的栈桥和灯塔等，东北港和东港也有栈桥，便于舟艇抵达和出发。昂奥尔岛居住着日本人1864人（含朝鲜人539人）和岛民754人，大部分集中于塞班镇。岛上有磷矿工厂、南洋拓殖公司的职工宿舍、南星寮、小学、昂奥尔神社等。粮食很难自给自足。

关于昂奥尔岛充当航空基地的价值，美军的观点与日军不同。该岛大部分地形较平坦，美军判断该岛上可以修建比贝里琉岛上的更长和更加宽阔的重型轰炸机用跑道。因为美军可以使用机械来修建机场，所以岛上覆盖密林这个对于手工作业的日军来说很头疼的问题对美军来说却并不算什么大问题。

贝里琉岛为珊瑚礁环绕，南北约9公里、东西约3公里，是一座形状奇特的珊瑚礁石灰岩岛屿。岛上的陆地宛如伸出了两只狭长的手臂，就像一对龙虾的爪子。岛屿南部地势相对平坦和宽阔，中、北部由一系列不规则的崎岖珊瑚礁山脊、狭窄的山谷、险峻的山峰组成。岛屿的中央部以最高约90米的险峻的大山和水府山为中心，分布着富山、天山、中山、观测山、东山等制高点，这一片山区被美军称为“乌穆尔布罗格尔山”。大山（步兵第2联队本部所在地）的西南有富山，更南方有天山、中山，其东方有观测山，大山的东方有南征山，南征山的东侧隔着池塘有东山，其北方有水府山。在北部，绵亘着中之台、雷达山、水户山等低山脉，岛上一般比较平坦。这些山岭等的名称和昂奥尔岛一样，是在步兵第2联队登陆后由联队本部情报主任深谷贞兴中尉命名的。其中“水府”是茨城县（步兵第2联队大部分官兵的出身地）的地名，水户是步兵第2联队的驻地，这样的地名反映了该联队官兵的思乡之情。贝里琉岛守备队长中川州男大佐战死的大山的山顶平坦部分只有约3米见方。岛上的山地中有很多自然洞穴、磷矿石开采遗迹、断崖、绝壁、峡谷、裂隙等。日军登陆后，将岛上四处分布的洞穴进一步扩张，使人和武器能够隐藏于其中，并在洞穴与洞穴之间修筑联络通道，以对地面之敌进行“神出鬼没”的战斗。总而言之，就是通过构筑滩头的防御阵地和扩大山岳部的自然洞穴，将全岛筑成一座巨大的地下要塞。乌穆尔布罗格尔山的地形尤其险恶，属于极其适合防御的地形，这里的天然洞穴如同蜂窝一般，是一片由峭壁、尖顶和珊瑚碎石组成的地狱，成为贝里琉战役中美军最大的梦魇。

在东侧，贝里琉的另一个半岛很快就逐渐缩小，变成一系列较小的小岛，彼此分离，与较长的北“臂”被复杂的几片沼泽和浅礁分开。从贝里琉南部延伸出来的这片岛上陆地的东“臂”实际上被一片布满红树林的潮汐珊瑚坪与岛屿主体隔开。

另一方面，岛的最南端是两个海岬，日方称为“南岛半岛”和“中崎”，它们中间有个小海湾，即“南湾”。南岛半岛也被美军称为“恩加莫克德岛”。南岛半岛比中崎（东南海岬）更大，也更加崎岖，后者与岛屿主体间仅有一小片沙地相连。

贝里琉岛上没有河川，但有不少湿地/沼泽，而且海岸线和山中分布着繁茂杂木构成的丛林。特别是在向岛周边地区和雷达台西南地区堆积着泥土的浅滩中，红树十分繁茂，即使一兵一卒也很难通过。在乌穆尔布罗格尔山脊的稀薄表层土壤上也生长着稀疏、杂乱的植被，这让美军在入侵前进行的空中侦察难窥山

地图七 贝里琉岛地势概要图

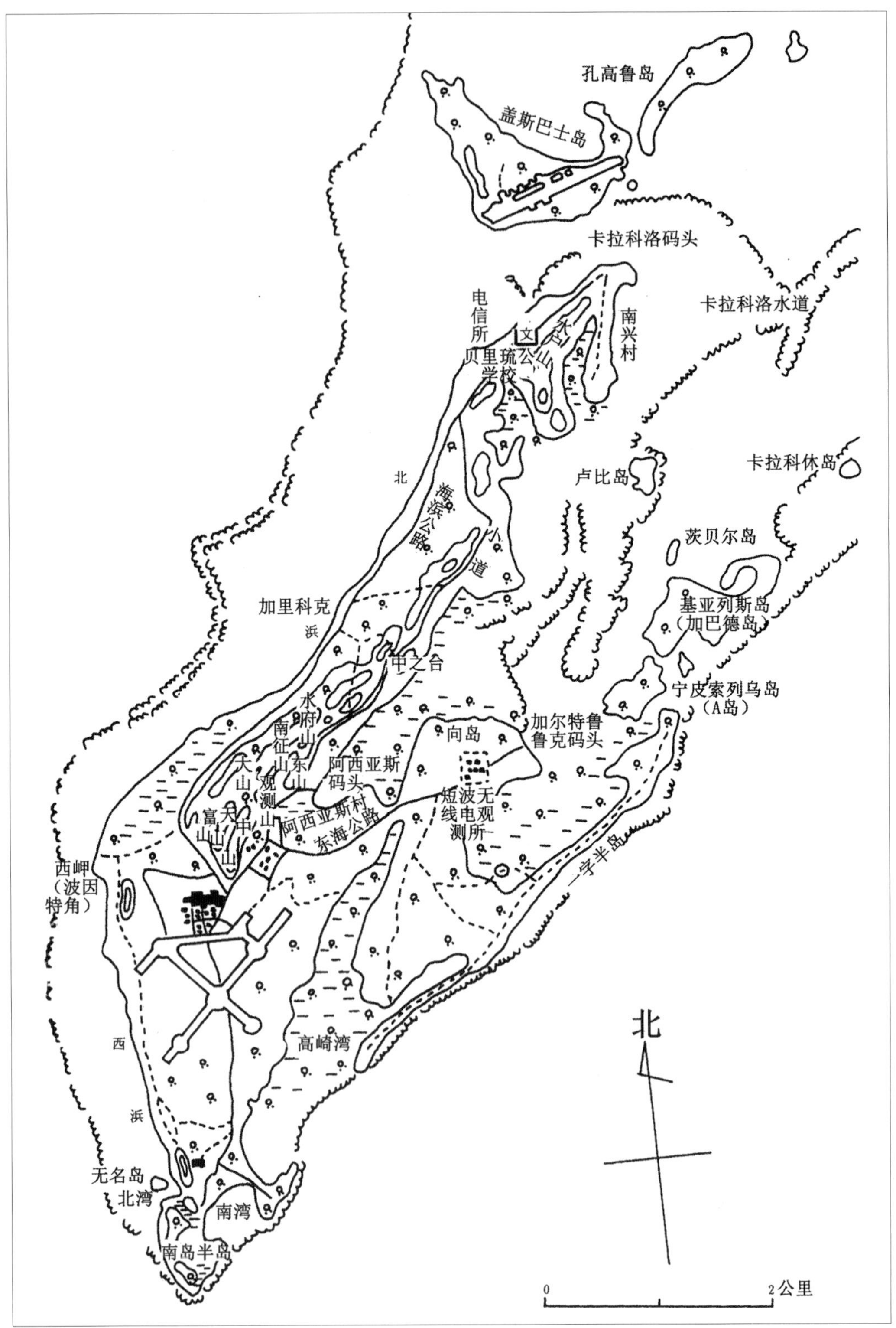

中究竟。

沼泽湿地分布于富山西北加里科克、海军的机场西南和南岛半岛西北，水深0.3~1米，机场西南的湿地（200米×70米）水深0.5米，徒步行走困难。贝里琉岛上适合饮用的水源只有雨水和“天然的水井”，即在天然洞穴内涌出的盐分淡薄的海水。在美军登陆后的激战中，很多日军忍受不了干渴，在找水时被守株待兔的美军射杀。

关于海岸的情况，在西浜（机场西北的西岬一带至南岛半岛一带）方面，珊瑚礁在距海岸350~700米一带断续相连，水深约1.2米（退潮时0.7米），海岸线在西岬、机场西方和东南半岛一带是沙丘和2~3米的断崖，登陆容易。美军的两栖战计划人员也发现西侧海滩（西浜）是两栖进攻的最佳区域。

北浜（西岬一带至盖斯巴士岛一带）在南半部有断崖和湿地，北半部和西浜一样珊瑚礁在距岸700~800米处呈带状断续分布，在满潮时舟艇也不易通过，但海岸线一般为沙滩，登陆比较容易。盖斯巴士和贝里琉岛间的卡拉科洛海峡是舟艇的航行路，满潮时水深约7米。

中崎和南岛半岛的海岸形成了5~7米的断崖，登陆较困难，南湾在满潮时水深0.7~1.2米，海岸由沙滩构成。

在东海岸，即东浜（一字半岛正面）到处是断崖，但中央部地区由沙滩构成，登陆较容易。其北部一带是珊瑚礁地带的浅滩，满潮时水深约0.5米，除了从阿米昂斯码头通往北方的内航路之外，小型舟艇均无法航行。

贝里琉海军机场在开战时完成了2条长1200米、宽80米的跑道，正在供中型陆上攻击机队使用。在机场的西侧和南侧是一片灌木丛生的丛林，夹杂着野生的椰子树和偶尔出现的杂草

贝里琉北端的卡拉科洛角，前景部分的珊瑚礁盘将这里与盖斯巴士岛分开，在这个海岬与东北方半岛（背景部分）之间是逐渐由稀疏变茂密的珊瑚礁底的红树林沼泽。右岸是磷酸盐工厂被摧毁前的风貌，图右下可见栈桥码头。图片为1944年3月底美国航母舰载机空袭时航拍所得。

从生的空地，东面则是茂密的红树林沼泽。北面是广阔的建筑区，背枕乌穆尔布罗格尔山地的陡峭山脊，是守军的理想阵地。

道路方面，以靠近阿西亚斯村的贝里琉海军机场为基点，汽车道通向中崎、向岛（东海道）、盖斯巴士岛（海滨公路）。在西面海滨公路的大约半路上、加里科克村附近，有一条小径斜穿过山脊，与东面的公路（日方称其为“小道”）相连。东海道从阿西亚斯村向东北方向延伸，穿过狭窄的堤道，沿着向岛向北延伸到恩加多罗罗克，日本人在那里架设了无线电测向仪（所谓“短波方位测定所”）、一座发电厂和其他一些军事设施。主要道路用珊瑚质的“卡斯卡尔”石填压而成，颇为坚固，宽3.6~6米。卡拉科洛码头（第一栈桥）是该岛唯一的舟艇进出场，码头附近和盖斯巴士岛间有桥梁相连。

此外岛上有埋藏量达15万吨的磷矿，南洋兴发公司从1934年12月开始开采。

贝里琉岛的人口有日本人161人（含朝鲜人1名）和岛民899人，其中很多集中居住于阿米昂斯一带，有小学和公学校（在南洋面向岛民的儿童开办的教育机构）等，公学校附近有岛上最优质的井水。

盖斯巴士岛在贝里琉北方约700米，有盖斯巴士桥相连，东西约1.2公里、南北约1.5公里，南端有供海军战斗机使用的机场，跑道长1000米、宽80米，岛上一般地形平坦，覆盖着椰子林，西侧有宽约70米的带状珊瑚礁岩，西海岸形成了约10米高的断崖。南海岸和东海岸是沙地，特别是东海岸方面至海岸2公里附近为止都是浅滩，退潮时可以步行。东方50米开外是无名小岛，70米开外还有孔高鲁岛，后者与盖斯巴士岛之间有桥梁相连。

孔高鲁岛是海拔1.5米的沙质台地，为椰子林覆盖。

贝里琉岛全景（从东北海上远望，1975年摄影）。

盖斯巴士岛全岛都可以在地下2米处获得饮用水。满潮时的西海岸可以航行小船。

贝里琉的北方4公里处有加拉开奥岛，北方6公里处则有加米利斯群岛，北方12公里处还有格雷贡岛（适合建设机场），均由陡峭高大的礁石构成，虽然覆盖着丛林，但海岸是沙滩，一般比较平坦。

第14师团在帕劳群岛展开

太平洋战争爆发后，帕劳群岛补给基地的作用日益明显，出入的船舶也越来越多，成为大量物资的集散地和兵员调动的中转地。

帕劳的驻军当初只有海军的第43警备队，但该警备队的主要任务是用反潜巡逻艇对帕劳港东西航道、港口、海面实施警戒护卫，向出入船舶通报敌潜艇的情报，协助陆军的晓部队（船舶司令部所属）保证运输的安全。警备队拥有6艘反潜巡逻艇，除此之外的警备队力量就只有扼守东西航道的港口的阿尔摩挪泰、马拉卡尔的炮台和位于帕劳本岛东海岸的台地上的科伊古炮台，以及阿拉卡贝桑岛上的水上飞行基地，兵力约400人，各炮台配备了6英寸炮3门至4门。

其他的海军设施有科罗尔岛上的武官府、通信队，以及特鲁克的分遣队的军需部、设施部等。它们的配备情况大体上与平时的守备体制相差不远。在帕劳真正实施防御配备是在拉包尔、布干维尔的战局恶化，有必要将战线收缩后退以防备盟军反攻的1944年初以后。

1944年初开始，各方面进入帕劳的船队极为集中，因此1944年1月，日本海军在帕劳新设

1944年3月30日，美军快速航母舰载机大举空袭帕劳群岛，图为正遭到狂轰滥炸的马拉卡尔港口和城镇。

第30根据地部队，接着又设置了第2海上护卫队，司令部均设在科罗尔岛的台地上。

驻扎在帕劳群岛的日本海军的食物供应是比较充裕的，因为船上装满了食物。虽然船上装着预防脚气用的麦饭，但是海军官兵却不怎么吃。此外，清酒或啤酒、罐头、砂糖等也很丰富，不过水和蔬菜总是不足。

1944年3月27日，海军的索敌机发现了从新几内亚北部西进中的美军特混舰队，从29日开始，帕劳遭到空袭，科罗尔岛也遭到舰载机的机枪扫射。警备队以25毫米机关炮应战。

翌日美军以1200架舰载机大举空袭帕劳，日军蒙受很大损失。其中正停泊于港内的20多艘商船因遭到俯冲轰炸而沉没，使日方损失了宝贵的货舱。前一天第30根据地部队司令部为了应付对方特混舰队的活动，曾在港内巡回劝告这些商船尽快退避到港外，但没有一艘向港外退避，很可能是因为判断对于接近的敌特混舰队，即使躲到港外也很难逃脱，不如想办法在内港的岛影下进行伪装。日军也以防空炮火迎击，声称战果为击落80架以上敌机。

帕劳人将这次大空袭称为“三月空袭”，当时在机场工作的帕劳人中也出现了很多伤亡。

这次帕劳大空袭的惨状给将近一个月后登陆帕劳本岛的第14师团官兵也留下了特别的印象：在港口里，到处都是只露出舰桥、或者露出船腹的翻倒的船只。甚至他们在父岛的港口曾目睹过的惨状也不如这里严重。一名驾驶汽车的军曹说：“看到这种惨状，让人怀疑日本到底能否取胜。”稍后登陆贝里琉岛的士兵也发现纵贯该岛的大道两侧到处都有航空汽油的分散堆积所，但这些汽油几乎都已经在美机的轰炸中被烧掉了，机场上也有很多飞机被炸毁，可以用“满目疮痍”来形容。

在这次帕劳大空袭的前一天，碰巧正在第30根据地部队司令部的联合舰队司令部为了向菲律宾转移根据地，分乘2艘大发艇从帕劳出发向达沃前进，但司令长官搭乘的一号机因暴雨而失踪，古贺长官因此战死。

当时内南洋西加罗林群岛的要冲，帕劳群岛具有充当有力基地的价值，日方判断敌登陆部队进攻帕劳的可能性极大。因此在帕劳立即部署了高射炮、机枪、水陆两栖装甲车等，开始就地训练。

此外日军迫切需要整备和确保航空基地，因此日军在帕劳本岛的艾莱修建机场，从年初开始以设施部为中心不分昼夜地进行修筑作业。1944年2月，对第4设施部和第4军需部进行了整合，设置了第30建设部，推进了机场的建设。3月下旬在帕劳入港的联合舰队也投入了兵力，加快了建设，这些舰队兵力的一部在舰队出港后留在帕劳，被编入根据地部队负责守备帕劳。

帕劳群岛因长期以来充当第8方面军（由今村均大将指挥，司令部设于拉包尔）的后方补给基地在运作兵站业务，也是派往新几内亚东部等地的部队的中转基地，所以当时第41、第51师团等多个部队的后续部队和补充人员及半个师团份的武器正好滞留在这里。因此大本营将时任陆军士官学校附的山口武夫少将急派到帕劳，命令他统领各部队负责该岛的防卫，但帕劳的地面防备仍让人很不放心。因此第31军司令官小畑英良于4月11日（当时东松五号船队还停泊在父岛的二见港）下达军命令赋予第14师团相关任务：

第31军命令（要旨）

第14师团长自现在起任帕劳地区集团长，按照下文负责确保帕劳群岛方面的要域。

守备贝里琉、昂奥尔、帕劳本岛和雅浦各岛的航空基地，须绝对确保。为此各队抵达后需在至迟一月内完成野战阵地，二月内完成拥有碉堡的坚固野战阵地，继而将其强化，以实现要塞化。

在这种紧迫的情况下，第14师团虽于4月24日平安抵达帕劳，但预计追踪而来的敌潜艇正在寻找攻击的机会，敌机的空袭也会发生。因此大本营为了避免损失，让“东松五号船队”尽快返回内地，在5月上旬能用于将第43师团运到塞班岛，命令其“在50小时内完成卸船”。卸船作业在格雷茨泊地至马拉卡尔码头进行，由正滞留在帕劳的海上机动第1旅团运输队的大、小发动艇（小发动艇俗称“小发”，是陆军的制式登陆艇，重3.7吨、速度8~10节，装载量为人员35名或货物3吨。大发动艇俗称“大发”，也是陆军的制式登陆艇，重9.5吨，速度8节，装载量为人员70名或货物12吨或重型坦克1辆）不分昼夜地连续往返进行着。这是由于港内的水雷清扫很不充分，运输船无法靠到码头上，所以不得已才采用这种方法。在第14师团官兵的苦干下，卸船26日16时在命令的期限以内完成了。

关于卸船的情况，为了提高卸船的效率，从各船选出500人、合计1500人担任地面勤务人员，让其首先登陆，将卸下的军需品迅速分散、伪装，此外各船还有500人留下支援卸船。卸船顺序为工兵舟艇、人员、火炮、坦克、汽车。汽车和坦克从运输船装到大发上在科罗尔岛登陆，之后立即开始运输工作。因为拖曳火炮的军马留在中国东北，所以火炮全部由人力移动，士兵们备尝辛苦。此外还要防止火炮、弹药因暴雨而遭侵蚀，为此必须盖上遮雨布。贝里琉的海军航空队的“零战”在空中掩护船队和卸船地。

在卸船作业中，最令官兵们难以忍受的是酷热。搭乘“能登丸”号来到帕劳的步兵第2联队第5中队的程田弘上等兵回忆了刚登陆时的情况：“总之登陆时最让人吃惊的是丛林。从‘满洲’出发时曾听说南方很热，果然热得要命。因为是从‘满洲’那样寒冷的地方来的，实在热得受不了。‘满洲’可以达到零下三四十度，到了帕劳却变成了摄氏三四十度，脑子都不好使了。”

在60度的温差之下，不止是脑袋，整个身子都不太听使唤了，这也就是俗称的“南洋痴呆”，行动和判断力都会变得迟钝。然而就在这种状态下官兵们却要持续进行卸船作业整整2天，并且在预定的50个小时以内完成。但精疲力尽的官兵们却没有休息的机会，因为美军的舰载机不知何时会来袭。

根据第31军命令成为帕劳地区集团长的井上

步兵第15联队的军旗队登陆科罗尔岛后，正经过科罗尔镇向贾斯彭前进。

师团长于4月26日13时在科罗尔岛的师团司令部发布了“照作战命令第36号”（“照”是第14师团的代号），任命步兵第2联队长中川州男大佐为贝里琉地区队长并以该联队为基干守备贝里琉岛，任命步兵第59联队长江口八郎大佐为昂奥尔地区队长并以该联队为基干（欠第2大队）守备昂奥尔岛，将山口少将指挥的滞留于帕劳的陆海军部队派遣至科罗尔岛、马卡拉卡尔岛、阿拉卡贝桑岛和帕劳本岛并守备当地，令步兵第15联队长福井义介大佐指挥师团机动部队，以步兵第15联队为基干（配属第59联队第2大队和海上机动第1旅团运输队）在帕劳本岛和马卡拉卡尔岛待命，计划如敌军通过在环绕帕劳本岛的珊瑚环礁内的夜间机动来登陆，即实施反登陆歼灭敌军，以“机动防御”应对。

根据命令的附件，昂奥尔地区队和贝里琉地区队的军队为：

昂奥尔地区队

地区队长　步兵第59联队长江口大佐

步兵第59联队（欠1个步兵大队）

师团通信队无线电1个分队

经理勤务部的一部

野战医院的三分之一

贝里琉地区队

地区队长　步兵第2联队长中川大佐

步兵第2联队

师团通信队无线电1个分队

师团辎重队的1个分队

经理勤务部的一部

野战医院的三分之一

（当时的师团直辖部队包括：步兵第15联队、步兵第59联队第2大队、师团坦克队、师团通信队的主力、师团辎重队的主力、经理勤务部和兵器勤务队的主力、野战医院的主力）

中川大佐受领该命令后，偕联队作战主任大里信义大尉等人在黑夜中乘大发急赴贝里琉岛，于4月26日上午5时30分抵达该岛北岸的卡拉科洛码头，之后立即到海军第26航空战队司令部会见了司令官酒卷少将，商讨了陆海军为守备该岛进行的协同作战。酒卷司令官对于精

贝里琉公学校，此地一度成为步兵第2联队指挥所（不久在战斗中被破坏）。

锐的步兵第2联队的到来发自内心地感到高兴。此外中川还从自3月以来就一直守备这里的第51师团滞留部队队长小樱八太郎少佐那里接过了守备任务，就任贝里琉地区队长。

4月27日，步兵第2联队官兵开始乘船前往贝里琉岛。官兵们平安抵达该岛。步兵第2联队第2大队的永井敬司军曹回忆了对贝里琉岛的第一印象：

让我感到吃惊的是，岛上覆满绿色。因为之前在荒凉的“满洲”待了很长时间。简直让我感觉来到了另一个世界。这美景让人屏住呼吸。日本的树木基本上都是直直地伸向天空。但是在贝里琉岛，椰子树啊红树啊却斜着生长。这让我觉得很有艺术感呢。

当然，也做好了进行严酷战斗的精神准备。但是，同时也想到：“在这样美丽的岛屿上，真的会发生战争吗？”

登陆该岛的步兵第2联队官兵看到在机场周围凄惨地放置着多架海军飞机的残骸。海军第26航空队因未能补充战力，现在能够使用的飞机只有中型轰炸机、战斗机、侦察机各数架而已，令人感到很靠不住。

中川地区队长到贝里琉岛之后，暂时将

联队本部设在公学校内。中川用了很多时间来视察岛内。虽然日军为中川准备了专用的小汽车，不过他多数时候是骑着马来行动的。中川在视察中确认了该岛的防备十分薄弱。在第2联队登陆时，贝里琉岛可以说是基本处于无防备状态，如果遭到敌军攻击，将会不堪一击。

中川根据运输计划，将逐次乘大发抵达的部队分到该岛的东、南、北三个地区，每个地区各自部署了步兵大队。登陆的第2联队官兵为了防备空袭首先挖掘了防空壕，利用洞穴分散存放战斗器材，加紧构筑第一线阵地。

中川地区队长还获得了海军航空部队好意提供的中攻（中型轰炸机）一架，利用它从

贝里琉的恶劣地形对日军部署防御颇为有利。

岛屿上空侦察岛内、岛屿周边的海岸线和珊瑚礁的情况，成为地区队的防御部署计划的重要参考。在侦察中，负责作战的军官和大队长也全部搭乘飞机数次在上空环绕整个岛屿，一边盘旋一边时而高飞、时而低飞，下降到掠过地面和海上的高度，充分侦察了岛内的地形、海岸线、水道、红树林、沼泽地和珊瑚礁的状态等。这些周密的准备，日后在战斗中起到了很大作用。

详细视察岛内的结果，中川十分看重的是岛屿中央部的山岳地带（即乌穆尔布罗格尔山）。由于石灰岩的侵蚀作用，贝里琉岛的山岳中散布着无数钟乳洞或裂隙、峭立的溪谷等，磷矿石的采掘场也可以当作坑道利用起来。中川打算最大限度地活用这独特的地形。

虽然地区队在登陆后马上在构筑防空壕和分散堆放战斗器材的同时开始推进第一线阵地的构筑，但全岛都是石灰岩质珊瑚礁，地面坚硬异常。据后来来到该岛的步兵第15联队的中村大尉、八木大尉、川田中尉回忆："刚到贝里琉时最先感到吃惊的是，土地十分坚硬。不管怎么把速射炮架在地上，也无法固定驻锄的位置。用手使劲按住也固定不了，只有用小十字锹在地上挖下深坑，才能稳定住驻锄。"面对如此坚硬的地质，步兵的携带器具自然不大奏效，因此修筑作业极为困难，一天只能挖下几厘米而已，为了加快进度就利用海军方面发给的修筑器材或手头的一点材料，倾尽全力不眠不休地加强阵地。

此外中川还将作战主任大里大尉派至帕劳本岛的集团司令部向井上师团长提出贝里琉全岛到处都可以供敌军登陆，因此如果以中央山地为预备纵深阵地（可以全面防御的最终抵抗据点）构筑坚固阵地的话对于进行持久战十分有利。

与此同时，步兵第59联队长江口大佐命令正在阿拉卡贝桑岛上露营的联队乘大发前往昂奥尔岛。该联队搭乘20艘大发，在南洋特有的三角巨浪中向昂奥尔岛前进，于4月28日24时顺利抵达。

该联队登陆昂奥尔岛后，马上同自3月以来一直负责该岛守备的山口少将指挥的在赶往新几内亚东部途中滞留于该岛的第51师团卫生队（已根据第14师团长命令成为特设步兵大队）做了交接，江口联队长就任昂奥尔地区队长。

地图八　登陆之后的第 14 师团防御部署概要图（1944 年 5 月）

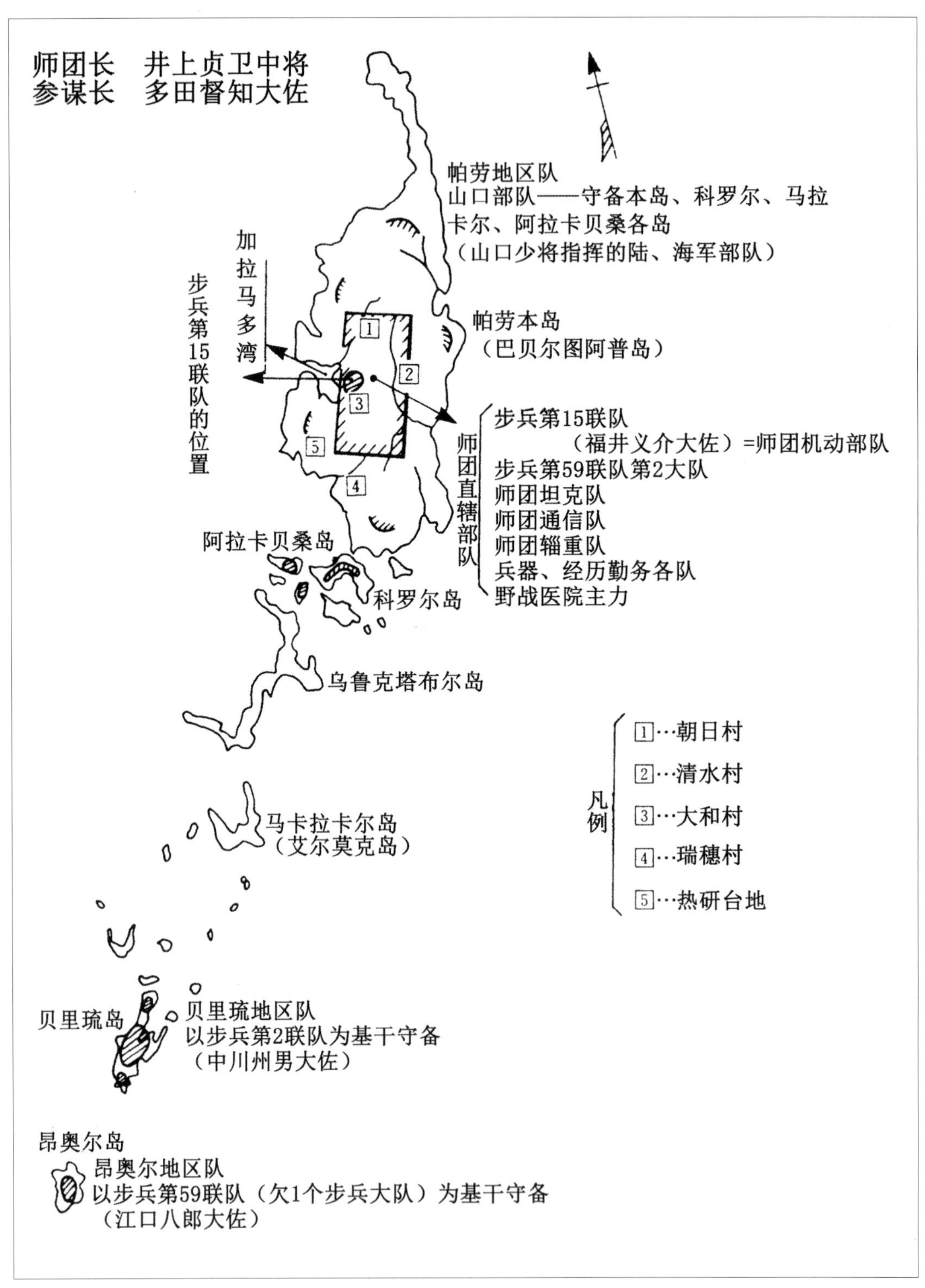

江口地区队长同联队作战主任井上英雄大尉视察了该岛后，以该岛南部为配备的重点，计划以火力和反击在滩头歼敌，在该岛的南、北各部署一个大队。

另一方面，鹤冈海军少将指挥的“东松五号船队”在将第14师团完好无损地运到帕劳后，为了从内地将第43师团运送到情势紧迫的塞班岛，于4月26日下午从帕劳出港向东京湾前进。出港6小时后在27日凌晨1时30分遭到美军潜艇的鱼雷攻击，“三池丸”号被击沉，“阿苏山丸”号和“笠户”号受伤。因此船队返回并于28日再次在帕劳入港，之后“皐月”号、“第四号”海防舰护卫“东山丸”号、“能登丸”号在29日从帕劳出发，于5月4日平安抵达横滨，搭载了正在待命的第43师团后编成了“东松八号船队”，于5月14日从横滨出港，19日平安抵达塞班岛，在该师团登陆后，船队于20日从该岛出港，26日平安抵达横滨。但“阿苏山丸”号于4月30日从帕劳出发前往达沃，于5月1日遭到潜艇的鱼雷攻击而沉没。“东山丸”号最后也沉没了。

为了充实成为师团机动部队的步兵第15联队的战力，被编入该联队的坦克中队、联队机关炮中队，和被编入该联队各大队的第1、第2、第3迫击炮中队共610人组成火力部队，被师团寄予厚望的这支部队在横滨乘上“日和丸”号。5月4日14时，包括这些运输船在内共拥有14艘舰船的船队在10艘舰艇的护卫下从馆山海面出航，平安抵达塞班岛，暂留此处。在这里，追赶第15联队的部队于5月16日在驱逐舰“水无月”号以下3艘舰船的护卫下离开塞班向帕劳前进，但在当天半夜开始遭到美军潜艇攻击，大部分运输船被击沉，被救起的第15联队编入部队的官兵就在塞班待命期间在该岛覆灭。5月24日步兵第15联队阵中日志记录道：

“接到关于坦克、机关炮、迫击炮各中队的噩耗的通报，遗憾之至。”

中川州男与步兵第2联队

日军在帕劳群岛最初的防御重点首先是帕劳本岛，其次是贝里琉岛。将会在贝里琉与美军交手的日军首席指挥官中川州男是一位颇有才干的陆军军官。1898年，中川州男出生于日本熊本县。其父中川文次郎是曾参加西南之役的原熊本藩藩士。后来中川州男担任联队长的步兵第2联队，当年在西南之役中是政府军主力的一部，转战熊本等地。

1915年中川州男作为士官候补生加入福冈县久留米市的步兵第48联队。1916年12月中川进入陆军士官学校，1918年5月从该校毕业（第30期生）。当年12月，中川在步兵第48联队附任上晋升为陆军少尉。

1920年5月，中川成为台湾步兵第2联队附。1922年3月晋升为陆军中尉，当年8月返回步兵第48联队。

1927年，中川晋升陆军大尉，任步兵第48联队大队副官。之后他又就任第12师团司令部附，成为福冈县立八女工业学校的配属军官。4年后，1931年8月，中川返回步兵第48联队，之后任中队长。

旧日本陆军步兵第2联队的最后一任联队长中川州男大佐（中佐时代的影像），他虽然没能改变贝里琉日军的失败命运，但指挥能力得到了美军高度评价。

1935年8月，中川晋升为陆军少佐。1936年任朝鲜的第20师团步兵第40旅团步兵第79联队的第1大队长。1937年卢沟桥事变爆发后，第20师团被派遣到华北。步兵第79联队首先前往天津周边的战线。在这次进军中，中川首次参加实战。

之后第20师团被编入第1军，奉命攻击石家庄。10月10日，第1军占领石家庄，但中川指挥下的大队也死伤100人以上。

此后第20师团又开始向太原西进。11月9日日军攻占太原。在山西的战斗中，在战场地带的山上，中国军队构筑了无数坚固的碉堡，从那里出其不意地射击，使日军多次陷入混乱。日军在这次战役中因为中国军队充分利用地形的灵活战斗吃了不少苦头。日后在贝里琉战役中，中川率领的守备队在山岳部一带修筑地下坑道，重创了美军的登陆部队，这也与他充分吸取了中日战争时的经验教训有关。

经过华北的战斗，出任野战指挥官的中川获得极高评价，其“勇敢”和“冷静”给上级留下了深刻印象。此后，中川指挥的大队隔着黄河同中国军队对峙，就这样迎来了1938年的新年。2月15日，中川的部队从驻地榆次出发向同在山西省的风陵渡出击。在这次进军期间，中川乘坐的专车遭到中国军队射击而翻倒。不过中川没有受伤。

之后中川离开华北返回朝鲜，准备陆军大学的专科考试。因为在华北的一系列战斗中，中川表现出的才能得到了联队长的高度评价，因此联队长将中川推荐给陆军大学的专科。从朝鲜回到东京后，中川参加了专科考试，取得好成绩，正式进入陆军大学专科学习，是该科的第6期生。同期生中有加藤建夫，此人日后率领飞行第64战队活跃于战场，以“加藤隼战斗队”闻名战史。

1939年3月，中川从陆军大学专科毕业，在毕业的同时晋升为陆军中佐。当年5月他就任宇都宫的独立混成第5旅团参谋，9月负责山东省

中川州男（后排中央）与亲人的合影。

青岛及其周边地区的警备任务（该旅团移驻于当地）。

1941年9月21日中川从上海乘船出航返回日本内地，10月成为新潟县高田市的第62独立步兵团的参谋。

1943年3月，中川晋升为陆军大佐，然后又被任命为第14师团步兵第2联队的联队长。第14师团的士兵们大都是出身茨城县、群马县、枥木县的北关东人，驻扎宇都宫。1940年9月该师团移驻中国东北成为关东军的一部分，师团司令部设于齐齐哈尔。

1943年6月10日，中川乘船从门司港出航，11日进入釜山港，15日抵达步兵第2联队的驻地嫩江。步兵第2联队的编成地是日本茨城县的水户，有着“陆军最强的精锐部队”的名声。1877年西南之役时，该联队被编入镇压西乡军的征讨军转战各地。中川的父亲文次郎就是在西南之役参加了熊本之战的西乡军的一名士兵。在日俄战争中，第2联队参加了旅顺要塞进攻战，以坑道战和肉弹战术夺取了松树山堡垒，获得了“满洲军”总司令官大山岩和第3军司令官乃木希典授予的感谢状。后来该联队又参加了出兵西伯利亚和九一八事变、中日全面战争。在中日全面战争期间，步兵第2联队与第14师团隶下的兄弟联队一样也蒙受了惨重伤亡，特别是在涿州、保定、石家庄会战和兰封

关东军时代的日军步兵第2联队指挥机关，前排坐者中央为中川州男联队长。

会战中经历了不少恶战苦战，仅在兰封会战中第2联队就伤亡1200余人。

最后在贝里琉岛，日军守备队以中川州男率领的第2联队官兵3083人为基干，加上配属部队6800余人，与美军展开了70余日的激战。在给予美军重创的同时，第2联队终于全军覆没，仅有极少数官兵生还。

移驻中国东北期间的步兵第2联队的代号为“满洲第143部队（鬼武部队）”，驻地嫩江位于齐齐哈尔北方，靠近边境线。

1944年3月从黑龙江省嫩江的驻地出发向南方转进时，步兵第2联队经过改编后的兵力编组如下：

联队本部　联队长　中川州男大佐

第1大队　大队长　江见大尉

第1、第2、第3中队，第1机枪中队，大队炮小队

第2大队　大队长　富田少佐

第4、第5、第6中队，第2机枪中队，大队炮小队

第3大队　大队长　市冈大尉

第7、第8、第9中队，第3机枪中队，大队炮小队

联队炮中队　中队长　小久保大尉

炮兵大队　大队长　小林少佐

工兵中队　中队长　高久大尉（后为五十畑中尉）

补给中队　中队长　阿部中尉（后为后藤中尉）

通信中队　中队长　冈田中尉

不久，该部即随第14师团主力转调南洋地区，在到达帕劳群岛后，奉命进驻贝里琉岛。

第三章　日军的防御准备

关于滩头阵地还是纵深预备阵地的争论

登陆帕劳之初，帕劳集团（第14师团）司令部位于科罗尔岛，4月28日司令部被转移到帕劳本岛的艾米丽基村的热带产业研究所。这时，碰巧第18军后方参谋小幡一喜大佐为了报告新几内亚东部的战况而刚刚到马尼拉的南方军总司令部向总司令官寺内元帅做了报告，在归途中顺路来到帕劳。第18军是第14师团（照）的兄弟师团第51师团（基）和第41师团（河）的上级司令部，由安达二十三中将指挥。两师团的后续补充人员有许多正在帕劳逗留，因此为了视察这些人员的情况和返回已丧失制空权的新几内亚东部，小幡便要求在本岛的海军第30根据地部队司令官伊藤少将提供海军的潜艇。

当时师团参谋长多田督知大佐就第14师团的防备问题向小幡参谋征求意见，前者是小幡参谋的老朋友。小幡参谋利用等待潜艇的时间将新几内亚东部的战训写成题为“对美战斗纲要”的资料供第14师团参考。井上师团长命令将其印刷后发给各联队，部分内容为：

> 对于重视火力之敌，必须施以奇袭、欺骗的奇计。
>
> 在滩头防御的战例中，滩头歼灭总体来看大多不成功。海岸线那样鲜明的目标在敌登陆前就会遭到炮击轰炸的彻底扫荡而被摧毁。芬什港、霍兰蒂亚、艾塔佩登陆等均是如此，因此不如将主力后退部署以保存战力，一部部署于滩头附近依托坚固据点，乘敌登陆态势尚未完备时采取攻势较为有利。

根据小幡参谋的意见，帕劳地区集团将各岛的滩头部署改为构筑坚固的纵深预备阵地的方针，着手将全岛要塞化。前述的（第14师团在南下时“擅自”携带的额外的）工兵器材在这一过程中发挥了很大作用。

5月16日，第31军参谋长井桁敬治少将为了指导帕劳地区的作战而来岛，指示师团参谋：“第31军将彻底的滩头歼灭作为作战方针。”井上集团长虽然根据小幡参谋的新几内亚东部的战训已经知道滩头歼灭战法在盟军的压倒性的火力下毫无意义，但并没有违背上级司令部的意向，仍然对前述的机动防御作战作了若干修正，决定将步兵第15联队第3大队和师团坦克队增强给贝里琉地区队（随后师团坦克队由该地区队直辖，部署在东山北侧地区）、将步兵第59联队第2大队增强给昂奥尔地区队，又以第15联队主力从6月5日开始协助强化贝里琉地区的阵地。在步兵第15联队第3大队来到贝里琉岛的同时，中川将之前三地区（东、南、北）的区划改为东、西、南、北四部分区划。中川还预测拥有漫长沙滩的西地区为美军的登陆地，指示部队在该地区以及南地区构筑更加坚固的阵地。

随后井上师团长又根据参谋本部的指示新编成独立混成第53旅团，前述的山口少将任旅团长，以山口部队本部为旅团司令部，新编成由驻帕劳的第57兵站警备队改编的独立步兵第346大队（大队长为兵站警备队长引野少佐），由第51师团残留者和后续补充人员组成的独立步兵第347大队（大队长为第51师团残留队长小樱少佐，该队在从昂奥尔岛转进到帕劳本岛后，因第9派遣队在5月14日被派往雅浦岛期间遇上海难，部队番号改为第328大队），独立步兵第348大队（大队长为第14师团副官由良中佐），由第41师团残留者和后续补充人员组成的独立步兵第349大队（大队长为步兵第2联队大队长江见大尉），由新几内亚东部的第18军直辖部队后续人员组成的独立步兵第350大队（大队长为步兵第15联队大队长山本大尉），由拉包尔第8方面军关系人员组成的独立步兵第351大队（大队长为步兵第2联队大队长大里大尉），旅团工兵队（队长为第14师团附麻野间大尉），由山炮兵第41联队和野炮兵第6联队后续人员组成的旅团炮兵队（队长为第14师团管理部卫兵长神山少佐）。

这些独立步兵大队辖3个步兵中队、步兵炮中队（步兵炮4门、速射炮4门）、机枪中队（重机枪10挺），旅团的炮兵有3个山炮中队，装备“41”式山炮12门和“94”式山炮6门，旅团的人员约6000名。该旅团的官兵几乎都是预定后续派往新几内亚的北关东出身者，与第14

美军登陆的贝里琉西海岸（1975年涨潮时，从南面拍摄的画面），日军第31军司令部的贝里琉防御指导意见是以海岸水际（滩头）附近的防御为主。

师团关系甚为密切，指挥官也多为第14师团出身。

第31军司令官小畑英良中将自3月10日就任以来，负责塞班等地的下属各部队的作战指导，但在3月末帕劳大空袭后判断“军当面之敌的主攻目标是帕劳地区”，决定同海军配合粉碎美军的进攻，确保塞班、关岛、帕劳，在5月28日（美军进攻比阿克岛的次日），小畑军司令官为了指导帕劳地区的作战，偕多名军参谋和军部长从塞班出发，乘飞机进入帕劳，中部太平洋方面舰队参谋副长田村陆军少将一同随行。军司令官一行视察了贝里琉地区队的阵地、训练，从31日开始又视察了科罗尔岛、帕劳本岛，6月7日视察了昂奥尔岛。

在小畑中将和田村少将视察贝里琉岛时，田村少将把中川大佐以下军官召集起来后，田村发问：“所谓的‘水际’是什么意思？”没有任何人给出正确的解释。正确答案是：“所谓的‘水际’就是由于潮水涨落而移动的海水与陆地间的分界线。”[①]为了防御水际，要在滩头挖掘章鱼罐（散兵坑）顽强固守，不让一名敌兵上岸。即使万一敌军的一部得以登陆，如果能在当晚集结兵力于海岸的话，就可以将敌军赶到海里。

田村少将曾经在法国工作，曾任关东军作战科长，是陆士第31期的秀才，还是南云舰队长官的陆军顾问，让人觉得盛气凌人。毕竟所谓的“中太平洋方面舰队”却是以陆军为主体，这位步兵战术的权威，就在第一线各处大力宣传日军传统的滩头防御战法。

在这次现地视察后，小畑军司令官在已搬到科罗尔岛的南洋酒店附近的集团司令部命令井上集团长：“岛屿防御上应将滩头阵地彻底据点化，在敌登陆时彻底歼灭之。”对此，已经从第18军参谋小幡那里得知新几内亚战训的井上集团长表示：“虽然在滩头消灭敌人的决心很了不起，但必须认真考虑在优势之敌的炮击轰炸下过早将兵力部署于滩头，会导致在敌军登陆前就会马上变得半身不遂。因此应该在内陆构筑坚固的预备纵深阵地向敌实施反击。”两者就滩头防御还是内陆防御发生了激烈的意见对立。

1944年6月20日，小畑军司令官视察帕劳。帕劳群岛的热产台上，步兵第15联队第2大队长饭田少佐正在为小畑等人进行说明，左端是联队长福井大佐。

井上中将是陆士20期，比直属上司小畑中将还早三期，是纯粹的步兵科出身，以步兵第5联队长为起点，历任第33师团步兵指挥官、第69师团长，实战经验丰富。相比之下，小畑中将是航空兵科出身，曾任明野陆军飞行学校校长、第5飞行师团长。据当时碰巧在司令部目睹激烈争论的步兵第15联队工兵队长佐藤公平回忆，井上师团长对于主张滩头作战的后辈小畑军司令官说：“开飞机的贵官怎会了解地面战斗？”司令部内气氛紧张，双方的参谋们为了平息两人的对立费了九牛二虎之力。

但最后连不肯放弃自己观点的集团长，也

① 除了本段落，本书中一般将“水际”翻译为“滩头”。

没有违背军命令，开始着手强化滩头阵地，将炮兵从岛中央部的阵地推进到海岸附近，还要将主力部署在滩头阵地，后来还把驻科罗尔岛的引野少佐指挥下的独立步兵第346大队派到预备队（以机动反击为主要任务）数量减少的贝里琉岛，让该部由中川地区队长指挥。

虽然井上被迫根据直属上司的方针变更了阵地，但后来由于塞班、关岛失陷的战训，又急忙将阵地按照当初的计划恢复过来，然而时间已经所剩不多，资材也不足，因此未能完成所期待的坚固阵地。

为了防备帕劳群岛，日军制订了《帕劳地区集团筑城计划》（“筑城”即“阵地构筑”之意）。在该计划中，关于使用混凝土的“筑城强度”的设定，随岛屿不同而有所变化。帕劳本岛被定为“乙”，贝里琉岛则被定为“甲”。“乙”的标准是“可承受50公斤炸弹、80毫米级炮弹的直接命中的强度”，“甲”则是“100公斤炸弹、150毫米级炮弹”。从该计划可见，日军方面也完全料到美军的目标不是帕劳本岛而是贝里琉岛。

日军的小型碉堡工事经常有两到三英尺的混凝土外壁，并经过精心伪装，图中是一座美军从后方出口拍摄的日军工事照片。

在贝里琉岛的筑城作业中，从帕劳本岛补给的弹药、粮食等，由步兵第2联队补给（辎重）中队的汽车小队运输到正在岛内构筑阵地的各队。全岛都由珊瑚礁石灰岩构成，所以只使用十字镐、铁锹和钢钎的作业非常艰难。但也正因为岩石非常坚硬，所以完成的阵地极为坚固。补给中队的挽马小队的军马被留在了中国东北，所以该中队只需要构筑中队的汽车掩体壕等，不过从早7时一直到日落为止并且没有休息日的作业还是非常辛苦。

关于贝里琉岛的阵地构筑，据原步兵第2联队第6中队第2小队长山口永少尉回忆：

> 登陆之后到9月15日美军登陆前一直在进行阵地构筑和训练。贝里琉岛是石灰岩的山地，所以阵地构筑非常艰苦。需要的材料只能得到十分之一左右。因为都是石山，所以只能先凿出洞来，然后往里面放进炸药爆破，但是连炸药都很不够。

当初步兵第2联队登陆贝里琉岛时，正守备该岛的只有海上机动第1旅团运输队（船舶工兵）和海军航空队等，不过二三百人而已，几乎没有像样的阵地，阵地构筑作业完全由第14师团的官兵承担。

不止贝里琉岛，昂奥尔岛上的阵地构筑作业也是困难重重。关于昂奥尔岛的滩头阵地的构筑，据步兵第59联队第8中队长桥本宏回忆：

> 根据防御计划在灼热太阳照射下利用地形地物构筑洞窟式的阵地、滩头障碍物，在比石头还坚硬的珊瑚礁上进行的挖掘作业极为困难。配给的少量炸药也不怎么管用，作业一直持续到傍晚天黑下来为止，回到宿舍时双手满是血和水泡，这样的日子持续了40天。就在这时候，小畑军司令官过来巡视了，看到我的小队的阵地构筑作业意外地耗费时间，就提醒

说："时间不够了，要多加注意。"使当时的我很受打击。我们使用了所有器材，每天都进行滩头阵地的构筑和挖掘反坦克壕，到6月末总算整备好了最低限度的迎击态势。

据步兵第59联队第1中队的增渊武男上等兵回忆，由于连日在昂奥尔岛上构筑阵地，加上食物粗劣，每天都有人生病，基本上是因为登革热和疟疾，发烧40度以上。当时的食物是一个饭盒的米饭由三个人分吃，副食是木瓜、少量肉、味增汤、地瓜叶加盐。

与阵地构筑作业同时进行的还有严酷的训练。从登陆贝里琉岛开始，连日的阵地构筑和训练使得士兵们精疲力尽，可以说苦不堪言。步兵第2联队的工兵队承担的阵地构筑作业甚至比步兵更多。据工兵队的波田野八百作（当时姓小林）一等兵回忆：

蚊子和蚋可真够厉害的。因为白天疲劳，晚上只想睡觉。从满洲的寒冷之地来到酷热之地本来很让人高兴，没想到却是这种地方。

除此之外还有地方病，也就是所谓的登革热，发烧40度左右，烧得人说胡话。生命倒是没有危险，好像得了一次以后就不会再得这种病了，可毕竟是在近40度的酷暑中得的病，对体力的消耗非常大。之后还会出现红色皮疹，包括脸上和臀部在内，全身多处起湿疹，会冒出汁液来，非常可怕。

在帕劳本岛上，第14师团官兵也在辛苦地修建艾莱机场。步兵第15联队的尾池隆也参加了艾莱机场的建设。据尾池回忆，帕劳人不时会给他们一些食物，有槟榔、腌制品等。木薯是木薯淀粉的原料，蒸熟之后颇为可口，但其实木薯有两种，即剥皮之后里面有红的，也有白的。红的那种很危险。有人用饭盒蒸熟之后食用，边吃边说"真好吃呀，真好吃呀"，却突然瞪大眼睛一动不动死掉了。因为红木薯里面有氰酸钾。红木薯中有的品种含有亚麻仁苦苷，其毒性足以致命。这件事被称为"木薯淀粉事件"，部队还因此下发了"不能吃红色木薯"的通告。

从滩头反击到纵深部署的持久战

1944年6月15日，美军开始大举登陆塞班岛。该岛以第43师团、独立混成第47旅团为基干的守备部队（包括正在向帕劳赶来的步兵第15联队的特科部队）在承袭了大本营的滩头歼灭方针的小畑军司令官的命令下，从滩头阵地上向刚登陆的美军发起反击，结果白白损失了有生力量，到6月18日包括阿斯利特机场在内的岛屿南部被美军占领。守备部队此后以塔波查山为中心继续战斗到6月下旬。

在此期间，小泽治三郎中将率领的航母机动部队于6月18日进入马里亚纳群岛西方海面，在这里同美军展开了规模空前的海空战，结果不仅未取得值得一提的战果，反而损失了主力航母和舰载航空兵力大部。中太平洋的制空权制海权至此完全落入美军之手。塞班岛也在6月27日左右几乎耗尽了战力，在7月4日美军攻入日军最后的预备阵地，塞班岛的日本陆海军首脑第43师团长斋藤义次中将和中太平洋舰队司令长官南云忠一中将在6日自杀，残存兵力约3000人在7日向美军发动了总突击。日军在中太平洋以最大兵力守备的塞班岛的有组织的战斗终于在持续31天后结束。

另一方面，从帕劳地区到雅浦岛视察指导该岛作战准备的小畑军司令官一行接到"美军登陆塞班"的消息，在6月16日匆匆返回帕劳，同井上集团长商讨之后，致电东条参谋总长传达了希望在帕劳指导塞班作战的意向。因为大本营一直以来判断帕劳地区是美军下期进攻作战的最重要地区，军司令官认定美军的下期大攻势必将指向帕劳，因此决定要在最前线指挥。对此东条参谋总长却回电指示："贵官必须想尽办法尽快返回塞班，指导该岛的作战。"

1944年7月，美军占领塞班岛以后，岛上选择活下去的日本平民，看着美军士兵的眼神困惑而疲倦。塞班岛失守，迫使帕劳群岛的日军不得不改变防御指导方针。

当时塞班上空的制空权已落入美军之手，一举突入塞班实无可能，所以小畑只好决定暂且先进入关岛，将各部长留在帕劳，6月21日偕军参谋长等人乘海军飞机从贝里琉出发抵达关岛。之后小畑继续努力返回塞班，24日将飞行第2战队的一架"百"式司令部侦察机自帕劳召至关岛，企图突入塞班，但当时的战况已不允许这样做，他只好在关岛进行全盘的指挥。

大本营从7月18日开始的3天进行了关于下期作战构想的最终研究，7月21日决定了被称为"捷号作战"的新方针，即在菲律宾、台湾、西南群岛、日本本土、千岛一线的新防线强化防备，若敌军进攻该地域的某处，则集结陆海军的战力将其歼灭。

大本营根据塞班的滩头部署过早地损耗了兵力，导致短时间内即全军覆没的战役教训，不得已改变了方针，将重点由"滩头歼灭主义"转移到"长期持久战"，并将这一方针明确传达给了前线各部队。大本营于6月29日致电第14师团长兼帕劳地区集团司令官井上中将，在电文中指示："在优势之敌的炮击轰炸下，过早将兵力部署于滩头，会导致在敌登陆前即陷入半身不遂，对此须严肃考虑。不如在敌登陆的当晚其桥头堡尚未坚固时，以统一计划的夜袭一举歼灭……"

此前井上集团司令官一直在考虑持久战，因此下令在各岛构筑纵深阵地，但因前述的军司令官命令而不得不将主力部署于滩头阵地，现在又根据大本营的这一命令重新按照当初的作战计划回到纵深部署。日军将战术由"滩头歼灭主义"转换为"长期持久战"之后的首次大规模战斗即为贝里琉岛的战斗。

7月10日，井上召集在帕劳地区从事磷矿石开采和渔业的以冲绳县民为主的在乡军人1747人编入各队以加强战备。之后又两次召集了2572人，总共有4319人被编入各队。

井上还判断美军继塞班之后，下次进攻作战将指向拥有多处机场的帕劳地区，因此在7月11日将下属各部队长和幕僚召集至科罗尔的司令部发表了"决胜训练的指示"，其内容的概要为：

决胜训练的指示

第一　训练的宗旨和最大重点

在本次决战中对于最近的战训特别是塞班战役的宝贵经验，应毫无保留地充分利用。训练的最高目标是在猛烈的敌舰炮火、空中轰炸下，避免在敌登陆前过早损耗战力，乘敌登陆时部署薄弱之机一举消灭滩头堡，彻底消灭登陆之敌，为此彻底提升战技，完善奇袭、强袭、各种兵器资材的技术和整备，并基于全员的旺盛斗志发挥最高度的精神力。

第二 训练的重点

◯玉碎虽易。确保要域的责任和打开战局的任务十分重大。若吾等之要域落入敌手，纵使全员玉碎也必无助于打开战局。

◯敌军最近倾向于以绝对优势的兵力（一举使用登陆艇200艘，在2~3公里的正面就至少投入1万兵力）一举登陆，因此不能指望在敌军抵达滩头前就将其歼灭，故我军应在利用滩头据点努力扰乱击破敌舟艇的同时，以残存据点集中火力消灭登陆之敌，实施猛烈反击。为此须使用预先控制起来的最精锐的预备队。

◯通过集中使用重掷弹筒、迫击炮、工兵炸药投掷器、海军飞机用炸弹投射器，以消防泵用软管发射汽油等发挥瞬间威力，反击部队利用这些手段果敢突入。

◯以装备了小舟艇、安装了点火装置的汽油桶、水雷等装备的选拔人员作为海上游击队，乘夜暗像“虱子”一样潜行至登陆点的后方海面爆破敌舟艇。

◯特选冲绳渔夫特别是糸满出身者编成海上决死游泳队，实施决死的海上奇袭战斗。

编成海上奇袭部队是师团参谋长多田的主意，他的想法是从当地召集很多精通游泳的冲绳县民，特别是决死游泳队的主要任务是将海军航空队留下的航空炸弹绑在小船、筏子、浮木等上面，将其安装在敌舰艇的螺旋桨上，点着导线后爆破。“海上游击队”的指挥官由步兵第59联队第6中队小队长君岛文担任。君岛被任命之初，师团参谋长多田就海上游击队的事情向他作了说明：“塞班玉碎，从敌军的战术来看，下一个目标就是帕劳。应该是企图以帕劳为据点进攻菲律宾。可是制空、制海权已落入敌手，从现状来看实在是无法指望来自日本本土的援军了。所以除了独自以奇袭战术击沉将要来袭的敌舰队之外别无他法。那么关于如何接近敌舰、如何运送炸药、如何将炸药安装到舰船的螺旋桨上，请就这些进行研究和训练。编制是军官3名，队员已经从冲绳县出身的现地召集者中选拔完毕。队舍就用南洋神社后面的一栋房子。已选拔好的其他2名军官也应该已经过去了。”另2名军官是自步兵第15联队选拔的砂川玄八少尉和高垣勘二少尉，但君岛一直没有见到高垣。

队员均精通游泳，可以潜入水中5分钟左右。训练量极大，从长距离游泳开始，为了接近时不被敌舰船听到声音，反复训练了以蛙泳、立泳为主体的隐秘游泳法。还要研究在夜间搬运炸药的筏子，和使炸药轻型、小型化且具有足够的破坏力，并且炸药即使被水浸湿也不会失效。特别是必须研究潜入水中将炸药装到螺旋桨上之后需要多长时间逃出，需要据此调节导火线的长度，此外还必须使引信在水中也能发火。进行这种种研究的结果，确定了手榴弹的引信效果最佳。

接着还研究了接近舰船时的队形、安装炸药所需的最少人员等，结论是需要3人。经过这些研究和多次改进，编写了海上游击队战术。

关于第14师团参谋长多田督知大佐，这里再多说几句。据时任步兵第15联队第3大队长的中村准大尉等人回忆，师团长井上中将将所有事情都交给多田参谋长来谋划，多田实际掌管着一切。这位参谋长颇为聪慧，什么都要亲力亲为，其他参谋对他敬而远之。然而多田却一次也没来过贝里琉岛，甚至没有从飞机上观察过该岛。师团长和其他参谋虽然曾经视察当地，但只有多田大佐一次也没离开过帕劳本岛，他完全是在地图上谋划的。在南地区和西地区的海岸附近部署2个大队也是多田的主意。多田是陆军士官学校的第36期生，后进入陆军大学深造，历任陆军省军事调查部员、东京帝国大学经济学部旁听生、内阁情报部员兼参谋本部部员、陆军大学兵学教官、第23军参谋、朝鲜军参谋等，堪称陆军精英才俊。

随着塞班、关岛等要冲落入美军之手，美军的大型飞机（B-24、B-29）开始频频对帕劳群岛进行夜间空袭，美机向水道上投下的磁性水雷也造成了损失，因此日本海军实施了对这种水雷的扫雷作业。

在这一扫雷行动中，日军舟艇用钢索拖着紧急从内地送来的磁力杆在海底扫来扫去，使水雷感应到磁力后爆炸。用于扫雷的舟艇是被征用的十多艘舰船。在数十天的扫雷作业中，日军处理了一部分水雷，但医院船“冰川丸”在通过马拉卡尔水道时触雷。

步兵第59联队主力向帕劳转进

井上集团司令官关于当面的敌情，作出了“美军在攻占了塞班、提尼安后，和可能将在完成下期进攻准备后，从8月上旬以后一举进攻帕劳地区特别是贝里琉地区”的判断。因此，为了指导贝里琉地区队快速加强战备和进行彻底的训练，决定将自京都联队区司令官转任第14师团司令部附的村井权治郎少将派到贝里琉，命令他“深刻领会集团司令官的意图，负责促进加强该地区队的作战准备和指导全盘作战”。这一人事安排，并非让村井成为步兵第2联队长中川的直属上级来指挥地区队，而是负责全盘指导，司令官指示村井少将“关于筑城、作战等的重大变更需指示地区队长时，须事先使集团司令官了解之后再进行”，贝里琉地区队的“指挥权”始终归中川联队长。村井少将是构筑要塞的专家，历任第13师团步兵第116联队长等，比中川年长七岁。以后村井就成为步兵第2联队的顾问与中川一起进行指导。

7月14日（美军登陆关岛前），井上司令官接到第31军参谋长田村少将自关岛的军司令部发来的电报：“研究塞班的战训的结果，认为应向须绝对确保的帕劳本岛和科罗尔集中兵力。”对此进行研究的结果，虽然昂奥尔岛的兵力部署密度远较贝里琉低，井上仍然不得已决定让步兵第59联队主力转进到帕劳本岛，于7月20日向第59联队长下达了命令。命令中要求第59联队长留下步兵1个大队继续负责地区队的当前任务，其余兵力尽速向帕劳本岛艾莱地区转进，由第59联队第1大队长后藤少佐合并指挥野炮1个中队、工兵1个小队、通信队一部、卫生队一部、师团通信队1个分队、经理部勤务一部、野战医院六分之一、地区队增加武器一部组成新的昂奥尔地区队，接管前昂奥尔地区队的任务。

本来昂奥尔的守备计划就是以一个联队为基础制订的，而且阵地构筑也完成了大半。现在却将守备兵力变更为一个大队，若美军很快登陆，将来不及修正部署。第59联队长江口马上向集团司令官表示反对该命令。井上司令官于是派作战参谋中川乘海军的特务艇到昂奥尔岛劝说江口联队长。最后江口只好下令将后藤少佐指挥的第1大队留作昂奥尔守备队，主力向帕劳本岛转移。

就在井上司令官下达第59联队主力向帕劳转进的命令的次日（21日），美军开始登陆关岛。第59联队主力正在准备向帕劳本岛转进时，7月25日至28日这四天中，美特混舰队的舰载机为了策应关岛作战，连日以100多架飞机来袭，反复轰炸扫射了帕劳本岛的艾莱机场、马拉卡尔港、阿米昂斯水上基地、科罗尔镇、阿尔马丁海军炮台、贝里琉岛的贝里琉和盖斯巴士机场、西海岸阵地、栈桥、昂奥尔岛的地区队指挥所、港湾设施等。对此，各岛的各部队以地面炮火迎击，特别是根据前述的第18军的小幡参谋向井上集团司令官提交的新几内亚东部的战训，各联队的全体官兵以轻机枪和步枪向美机同时群射。据称取得了击落40余架飞机的战果，但蒙受了战死50人、战伤50人的损失，此外科罗尔镇被全部烧毁，海军第30根据地部队司令部的房屋遭破坏。7月25日至9月4日期间的防空战斗被称为“集团第一次帕劳作战（后期）”。

在7月25日贝里琉岛遭到美机炸射时，波田野八百作一等兵所属的步兵第2联队工兵队正在进行阵地构筑作业。波田野慌忙跑进钟乳洞的裂隙中。但是那里也遭到轰炸，出入口被堵塞。出现了死伤者，呻吟声此起彼伏。就在这时，爆炸声和滚滚气浪突然袭来。原来鱼雷库的鱼雷被引爆了。这次爆炸碰巧炸开了一个刚好能让身体出去的洞，波田野因此得救。刚才跟波田野在一起的有很多人，但是幸存者只有5人左右，其他人被炸得血肉横飞，惨不忍睹。波田野拼命往外爬，好不容易把身体探出去，大声喊道：“这里，在这里！”友军用绳子绑住他的身体，把他拉了出去。他看了看周围，发现帐篷等等都被炸飞了，什么也没剩下。

这时，在步兵第2联队第2大队本部执行勤务的武山芳次郎上等兵正因阑尾炎住院中。野战医院只是在泥土地面上铺上木板，在上面再铺上毛毯，他就这样一动不动地躺着。据他回忆那一时期的空袭情况：

我正在住院时，有被美军的机枪扫射从肚子射穿后背的人住院进来，那可真是太吓人了。因为是那种13毫米机枪打的，军医的手能从伤口伸进里面……那名患者在发生空袭的晚上，正在昏迷状态下躺着。大概是因为炸弹落

贝里琉岛全景（从西侧海上远望）。左边是盖斯巴士岛，中央是第2联队死守至最后的山地，右方平地是机场和西、南两地区队地域（美军在此登陆）。美军地面部队登陆之前，航空兵对这些目标进行过多次空袭。

在附近发出了巨响，他突然站了起来。然后转向爆炸声传来的方向的相反方向。到底是因为还有知觉呢，还是出于本能躲避的呢？

此前在被称为“集团第一次帕劳作战·前期”的对空战斗中，一架美军的B-24轰炸机被击落，一名机组成员用降落伞逃生，成为日军的俘虏。这名俘虏后来在1945年5月被高射炮队处决。

进入1944年8月份，美军的空袭更加激烈，对贝里琉和昂奥尔这两座适合用作航空基地的岛屿的轰炸尤其猛烈，而且极为准确，破坏了主要目标。在贝里琉岛上，“岛上是不是有间谍”这样的流言传播甚广。

据贝里琉岛的幸存者之一原裕上等兵回忆：

鱼雷壕等从上空绝对侦察不到的地方却受到沉重打击。因此有人说岛民中可能有间谍。而且在舰炮射击等攻击之前肯定会有烟火升起，所以当地人受到怀疑。于是军队把当地人从贝里琉岛疏散到科罗尔岛或帕劳本岛去了。

转移贝里琉岛民的理由当然不太可能只有间谍嫌疑，帕劳集团司令部这样做也应该是为了避免贝里琉岛重演塞班岛的悲剧。日军在塞班岛地面战开始前就对该岛的日本居民发出了向本土疏散的指示，但归国船被美军潜艇击沉，约500人死亡，疏散计划因此受挫。结果，塞班岛的平民被卷入激战。在美军登陆前，日军对生活在贝里琉岛上的约800名原住民和约160名日本侨民发出了避难到其他岛屿的指示，因此没有重蹈塞班的覆辙。

至于贝里琉岛居民中是否真的有间谍存在，这一点无法确定。不过在1944年3月末帕劳群岛首次遭到大空袭之前，确实有美军的特工小组秘密登陆，进行了一些谋略工作。其中一名叫“森川”的特工（战后在美国的某所大学任教授）在战争时期在军队中从事与潜水员有关的工作。他所带领的工作小组有15名成员，除了他以外全部为日裔美国人。1944年3月30日美军空袭帕劳群岛的日军基地之前，森川和战友们通过潜艇进入贝里琉岛附近海面。那里有日军敷设的水雷。他们的工作就是拆下敷设在围绕着贝里琉岛的珊瑚礁的外侧的水雷的引信，以使美军的军舰能够进入珊瑚礁内侧。这次任务顺利完成。

过了一段时间之后，森川又带着小组成员搭乘潜艇进入帕劳本岛和科罗尔岛之间的潮流流速很快的阿尔米兹水道，登陆后从事“各种工作”。在阿尔米兹水道上，日本的舰船往来频繁，是堪称日本统治南洋的首都的科罗尔镇的咽喉要地，距离以第14师团为中心的帕劳集团的司令部也很近。当时小组成员曾经杀死日本的水兵后扒下军服穿在身上伪装成日军，之后还同日军一起工作。战后，森川仍然居住在美国统治下的帕劳群岛，拥有相当的地位和权力。

1944年7月28日，第59联队的第1次转进部队从昂奥尔岛出发，29日江口联队长连同军旗、联队本部等搭乘海军的第20号驱潜艇从东港转进到帕劳本岛。此次调动的兵力包括海军在内有2400人。

随着联队主力转进，第1大队成为昂奥尔守备队，不过该大队官兵并无特别的“悲怆感”。此前岛上挤满了军队，这些军队在岛上从事阵地构筑和训练，显得热闹非凡。但主力离去后，整个岛上都安静了下来。当时阵地已经大体完成，炮兵中队的野炮和迫击炮的掩体壕也已完成。这时官兵们尚未想到美军即将登陆，在岛上过着平静的日子，哪想到一个多月后这座岛屿就会变成地狱般的战场。

1944年8月9日，已完成从昂奥尔岛向帕劳本岛转进的步兵第59联队主力在本岛西南部瑞穗村的51.3高地开设了联队本部，在对南部地区实施地形侦察的同时，各队在丛林内使用槟榔树等开始修建宿舍和构筑阵地。

井上司令官命令第59联队同第15联队一样充当师团机动打击部队，因此江口联队长将联队本部设在南地区中央的艾立基河河口附近，将主力集结于其周围，使其可以向据判断美军登陆后将最先进攻的艾莱机场出击，为了提供炮火支援，还命令炮兵大队长近藤嘉奈夫少佐在东西两翼各部署1个中队。第59联队的南地区队指挥下的独立混成第53旅团的大里少佐（第2联队出身）指挥的第351大队，被部署在艾莱和科伊古两处滩头阵地。此外在其指挥下的海军部队也根据其特性进行了部署，以第59联队为骨干的南地区队的战斗准备在9月上旬全部完成。但是同昂奥尔岛不同，除了守备海岸线的部队外，联队主力没有从事施工作业，而是同自登陆之初就一直在守备本岛、同样是集团决战打击部队的第15联队主力一起专心进行出击训练。

1944 年 7 月 27 日，步兵第 15 联队在帕劳本岛的热产台举行军旗祭，联队长福井大佐（右一）在训示部队。

另一方面，构成帕劳地区航空战力的驻贝里琉机场的海军西加罗林航空队司令部（司令大谷龙藏大佐）于8月22日转进到达沃，在贝里琉只留下了第201海军航空队的8架“零战”，另外还有2架“零”式水上侦察机留在阿拉卡贝桑水上基地。

贝里琉地区队的兵力部署和战备强化

美国政府从1980年左右开始陆续公开战争中的机密文件，这些资料中有很多美国陆军破译的日本陆军的密码通信，其中有一份美国陆军情报部破译的第14师团的密码电报，内容如下：

帕劳发 大本营收

1944年7月28日18时45分

“照”部队（第14师团）幕僚信八三八电

正文

兵力部署

（一）帕劳本岛地区。骨干是独立混成第53旅团的4个步兵大队和1个炮兵大队。此外还有步兵第15联队（2个大队以下）及从海上运输队转用于登陆的3个中队，充当移动预备队在贯斯彭待命。

（二）科罗尔地区。独立混成第49旅团的1个步兵大队和被转用为临时战斗部队的第57海上运输队……作为移动预备队的步兵第15联队的1个大队……（一词不明）地区防空用的高射炮9门和高射机关炮12挺。此外还有海军陆战队1个大队。

（三）贝里琉地区，有步兵第2联队、步兵第15联队的1个大队、独立混成第53旅团的1个步兵大队及师团坦克队。栗田陆军少将（对村井

地图九　美军登陆前昂奥尔地区队防御部署概要图（1944年9月中旬）

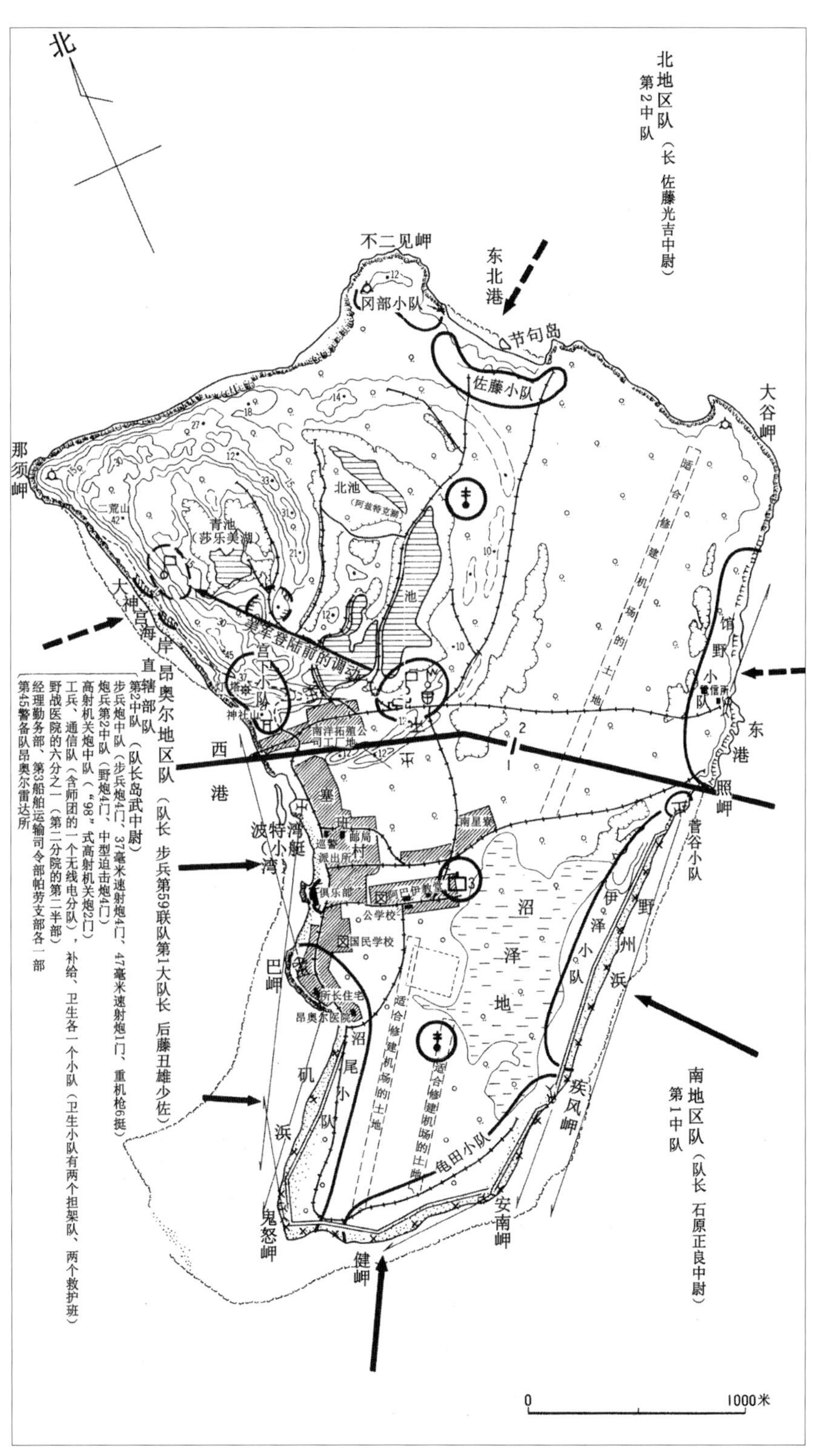

陆军少将的误译）负责指挥作战。

（四）昂奥尔地区，有步兵第59联队。但不久即主要移动到艾莱地区成为预备队，故预定将转移到帕劳本岛。1个步兵大队留在昂奥尔岛。

（五）雅浦地区，有独立混成第49旅团的5个步兵大队及1个步兵大队和1个高射炮大队……

该破译情报是美军在塞班战役期间获得的日军机密文件的一部分，通过该文件获得的情报在8月5日和17日两次被发给美军的全部相关部队。进攻贝里琉、昂奥尔两岛的美军作战方案，也是以该破译情报为基础研究出来的。

另一方面，随着步兵第59联队主力转进到帕劳本岛，本来以一个联队负责的昂奥尔岛的守备，却变成了以仅仅一个大队防御。刚成为昂奥尔地区队长的第59联队第1大队长的后藤丑雄少佐为此苦苦思索情况变化后的作战构想，最后决定以内容如下的战斗计划来守备昂奥尔岛：

一、将昂奥尔岛区分为南北两地区，特别重视南地区，在滩头配备坚固的前进据点，首先将敌拘束在滩头而后击破之。

二、将芝崎省三郎中尉指挥的炮兵第2中队主力部署于岛中央，在以机动火力牵制登陆贝里琉之敌的同时，如敌企图登陆昂奥尔岛则以大队主力在南地区、以一部在北地区协同战斗。

三、使岛武中尉指挥的第3中队和星野善次郎少尉指挥的工兵第1小队在岛中央一带待命，一旦判明敌之登陆正面即抓住时机实施果敢的反击歼灭敌军。

四、在不得已的情况下，死守昂奥尔神社至青池南方台地以北的西北山地，在封杀敌设置机场的同时确保该地至最后。

据此，将石原正良中尉指挥的第1中队部署在南地区，将佐藤光吉中尉指挥的第2中队部署在北地区。此外海军的第45警备队昂奥尔雷达所的所长石仓芳太郎兵曹长以下6名被配属于灯塔山，由后藤少佐指挥。昂奥尔岛的总兵力为1383人。

昂奥尔岛守备队干部：

第1中队长 石原正良中尉

第2中队长 佐藤光吉中尉

第3中队长 岛武中尉

步兵炮中队长 日野清一大尉

炮兵第2中队（该队拥有野炮4门和中型迫击炮4门）长 芝崎省三郎中尉

工兵小队长 星野善次郎中尉

通信小队（该队配属第14师团通信队无线电一个分队）长 山根荣一少尉

补给小队长 立原安雄少尉

卫生小队长 野泽二一少尉

第14师团野战医院的六分之一 齐藤建太郎军医中尉

第14师团经理勤务部的一部 冈田博吉会计中尉

第3船舶运输司令部帕劳支部的一部

海军雷达人员 5名

总兵力约1400名

在联队主力转进后，第1大队构筑新阵地颇为困难，而且出现了很多登革热等疾病患者，作业进展迟缓，不得已只好让岛民参加作业日夜赶工。因为昂奥尔岛的防御最初是由江口大尉指挥的步兵第59联队（欠第2大队）为基干的守备队担任，所以防御阵地是在联队主力进行防御战斗的构想下构筑的。粮食、器材也因此比较多。在联队主力撤出时，日军放弃了很多阵地，因此当后来美军实际登陆该岛时，感到很奇怪：为什么修了这么多工事，却没有部署兵力？

8月28日，后藤少佐让昂奥尔岛上的日本平民和岛民中的老人妇孺搭乘大发撤到帕劳本岛。

5月24日，步兵第15联队第3大队（代理大队长中村准大尉以下750人，5月27日大队长千明武久大尉到任）被配属给贝里琉地区队加强兵力，该部转归中川地区队长（步兵第2联队长中川大佐）指挥。中川在该部队到来的同时变更了部署，将该岛区分为东、西、南、北四个地区，以新设的西地区为重点部署了步兵第2联队第2大队（大队长富田保二少佐），在南地区部署了千明大队，27日完成了部署交接。

抵达贝里琉岛并从中川大佐那里受领机场以南地区的守备任务后，步兵第15联队第3大队代理大队长中村准大尉（第15联队附）立即前往任职地点，部署了各中队的守备。据他观察，守备地区内的地形比较平坦，是灌木林丛生的地带，南端有一部略微隆起，西侧是沼泽地带，还有情报表明那里有鳄鱼栖息。中村登上南端的台地观察，看到昂奥尔岛就在眼前。同昂奥尔岛之间，一片蓝色的寂静海面正在起伏波动，2头像是噬人鲨的大概有近2米长的巨大鲨鱼一边翻腾着身体一边向东游去。从高台上可一望守备地区一带。

虽然贝里琉地区队努力克服气象条件的不良、地形地质等作业上的恶劣条件，昼夜兼行构筑阵地，但集团司令官鉴于战况的急迫，为了促进贝里琉地区的阵地构筑作业，决定将步兵第15联队（欠第1、第3大队）急派到该岛协助该地区队。6月5日，步兵第15联队长福井大佐以主力支援南地区队（第15联队第3大队——千明大队）的阵地构筑。

南地区队（千明大队）正面的海岸线（从南方向北方摄影）。

千明大队比贝里琉地区队晚了约1个月进入贝里琉地区队长指挥下担任贝里琉岛南地区的守备，因此其阵地构筑的进展非常迟缓。贝里琉岛的南地区位于贝里琉机场跑道的南侧地区，除了南端的南岛半岛上有岩山构成的高台之外，地形一般比较平坦，很难利用地形的起伏、褶皱来构筑阵地。这里的地质由珊瑚岩和沙地以及一部分沼泽地构成，珊瑚岩地面比混凝土还坚硬，在这样的地方构筑掩体壕、散兵壕、章鱼罐（形状像捕捉章鱼的罐子的散兵坑）、交通壕等均十分困难，如果没有排水口的话，每逢暴雨都会积满雨水。南地区除了南岛半岛以外，到处都覆盖着1～3米高的繁茂灌木林。当时南地区的灌木不超过2米高，这是为了不妨碍飞机在机场上起飞着陆砍伐后的结果。灌木地域中到处都有沼泽地，是蚊子、苍蝇的孳生地。灌木林中还群生着被称为“钢笔虫”的毒虫。该地区完全没有饮用水，贝里琉机场东北端的公学校附近的井水是唯一的水源地。井水被装进铁桶里，用卡车配送到各队。入浴则使用海水或暴雨时降下的雨水。除了这些恶劣条件外，在帕劳群岛中，贝里琉岛的气温还是最高的。步兵第15联队在炎热酷暑下，在美机空袭的间隙进行的阵地构筑作业极为艰难，官兵们承受的困苦，无论是千明大队还是前来援助作业的联队主力的官兵，都是用语言难以描述的。夜晚的睡眠是官兵们唯一的休息，但蚊子和苍蝇以及乌黑的毒虫令人烦恼。官兵们的疲劳感越来越严重。此外构筑阵地的资材也非常缺乏，因为完全没有从贝里琉地区队那里得到资材（水泥、钢筋或钢板、炸药）供给，所以联队本部附八木初雄中尉再三前往帕劳本岛的集团司令部努力确保资材的补给。在第15联队主力的协助和集团司令部提供的资材的帮助下，在南地区总算构筑

为援助贝里琉的阵地构筑，从热产码头附近的联队长宿舍出发的步兵第15联队军旗队。

正在巡回指导贝里琉阵地构筑的步兵第15联队长福井大佐（前排左2）。右2是千明第3大队长。

了一部分钢筋混凝土建筑物构成的掩体壕阵地。

第15联队在以贝里琉南地区的阵地构筑援助作为重点的同时，本来还承担充当集团机动预备队的任务，因此为了进行海上机动作战和反登陆作战，还详细调查了贝里琉地区队的阵地部署情况和地形、帕劳本岛—贝里琉岛之间的水路情况等，同时还侦察了马卡拉卡尔岛、三子岛等以准备将其作为中间基地。

第15联队主力对南地区队阵地构筑的援助取得很大成果。在阵地构筑援助作业期间，第15联队主力因美军大型轰炸机的袭击而出现一些死伤，计战死士官4人、士兵3人，战伤士官2人、士兵4人。在一次空袭中，有数架B-24从南方向贝里琉岛飞来。中村大尉和福井大佐正在机场北侧的房子里。人们开始紧急退避，官兵们一齐冲进附近的防空壕或章鱼罐内。中村大尉、福井大佐、多川联队旗手等一起跑进学校旁边的防空壕。这时美机已经开始轰炸，炸弹的爆炸声震耳欲聋。突然在发生巨大爆炸声的同时，成人脑袋那么大的岩石纷纷落到中村等人进入的防空壕的周围。位于学校北侧台地附近的弹药库被直接命中爆炸了，死伤者达数十名，不过由坚固珊瑚礁构成地面的机场跑道几乎没有受到破坏。

第15联队在6月15日完成了贝里琉南地区的阵地加强作业的大部，一部大体完成，因此当天由南地区队（千明大队）接替了作业，7月2日该联队主力返回帕劳本岛。同一时期，海上机动第1旅团运输队第1中队（舟艇10艘）也在福井大尉指挥下从事滩头障碍物的构筑。

5月下旬贝里琉地区队的部署情况为：

西地区队（队长富田保二少佐）

步兵第2联队第2大队

步兵第2联队野炮1个小队

车辆1

47毫米速射炮2（增加武器）

37毫米速射炮2（增加武器）

轻机枪6（增加武器）

高射机关炮4（增加武器）

北地区队（队长市冈英卫大尉）

步兵第2联队第1大队

步兵第2联队野炮第1中队

车辆1

卫生中队的一部（担架小队1、战斗救护班1）

47毫米速射炮1（增加武器）

37毫米速射炮1（增加武器）

轻机枪4（增加武器）

高射机关炮7（增加武器）

99式10毫米机枪（增加武器）

南地区队（队长千明武久大尉）

步兵第15联队第3大队（欠第9中队、步兵炮1个小队）

野炮1、车辆1

47毫米速射炮1（增加武器）

37毫米速射炮1（增加武器）

高射机关炮1（增加武器）

东地区队（队长原田良男大尉）

步兵第3联队第3大队（欠第7中队）

步兵第15联队步兵炮1个小队

步兵第15联队卫生中队的一部（战斗救护班1）

车辆1

步兵炮1（增加武器）

37毫米速射炮1（增加武器）

轻机枪2（增加武器）

高射机关炮3（增加武器）

中央地区

贝里琉地区队长 步兵第2联队长 中川州男大佐

步兵第2联队第7中队

步兵第2联队炮兵大队（大队长小林与平少佐，欠炮兵第1中队、第2中队的1个小队，配属临时迫击炮第1中队、高射机关炮2门）

步兵第2联队工兵中队（欠一部，配属师团通信队1个分队）

步兵第2联队补给中队（欠车辆4）

步兵第2联队卫生中队（欠担架小队、战斗救护班2）

步兵第15联队第9中队

师团坦克队

师团辎重队的1个分队

师团经理勤务部的一部

师团野战医院的三分之一

大发动艇3艘

为了加强贝里琉地区的战备，6月30日集团司令官将独立混成第53旅团隶下的驻科罗尔的独立步兵第346大队（大队长引野少佐）归入贝里琉地区队长的指挥下。中川地区队长起初以该大队为地区预备队部署于中之台南侧和水府山东侧一带，准备向各地区队方面实施反击，同时还从事天山、中山一带的后方阵地的筑城强化。7月21日，该大队同步兵第2联队第1大队交接了任务，充当北地区队，负责该地防御。第2联队第1大队则成为地区预备队，其第3中队（中队长铃木大尉）仍然负责盖斯巴士岛的防御，归北地区队指挥。

另外，炮兵队当初以主力在天山一带、以一部在滩头选定的侧防阵地实施筑城时，因军司令官在视察帕劳时的指导，将阵地推进到海岸附近。但根据基于塞班战役的教训所作的指示，在7月4日又回到了天山一带的阵地。

驻贝里琉岛的海军第30根据地部队由于进入集团司令官的指挥下加强贝里琉岛的防备，下列装备从帕劳本岛被转移到贝里琉岛以加强该岛的防御火力：

120毫米高射炮	16门
25毫米机关炮	183门
200毫米平射炮	12门
150毫米平射炮	8门
127毫米平射炮	2门
120毫米平射炮	2门

关于贝里琉岛的战斗计划，8月上旬中川地区队长根据当面敌情，判断美军很可能将自8月上旬以降一举向本地区攻来，于是在已经被派到该岛的集团（师团）派遣幕僚村井少将的指点下，参考塞班和关岛战役的战训修正以往的计划，制订了新的“贝里琉地区队战斗计划”，实际上做了“滩头歼灭主义”和“长期持久战”这两手准备。该战斗计划的战斗方针为：

一、地区队通过发挥最高程度的综合战力和积极灵活的战斗将敌军歼灭于滩头。

二、根据敌军行动侦知其登陆企图、地点后，以全力对该方面做好周密准备，一旦敌军开始登陆，从已预先做好准备的地点以隐秘奇袭先发制人，实施果敢的海上游击战，将敌歼灭于水中。

三、如敌军开始登陆，应避免过早射击敌舟艇，暂且隐忍，从至近距离发挥海上决死攻击和各种水中、滩头火力等的威力，结合果敢的反击在瞬间歼灭敌军。

四、如敌军在滩头占据地盘，立即以预备队和自其他地区转用的兵力实施挺身突击、特攻和猛烈反击，趁敌滩头阵地尚未稳固时以各种手段将其摧毁，至迟也应于当晚歼灭。

五、情况实属不得已时谋求持久战固守高地，在阻碍敌利用机场的同时展开果敢的游击战，同海军陆战队协力歼灭敌军。

中川大佐以该战斗方针为基础，设想了美军的各种可能行动，制订了第一号至第五号反击战斗计划。8月4日村井少将携该战斗计划前往集团司令部，取得了井上司令官的认可。

贝里琉岛守备队长中川州男大佐和两名卫兵。

自8月10日开始的6天期间，各部队根据该计划做了实际的战斗态势的部署，并根据实际情况对不完善的地方做了修正。接着在21日又在“根据敌舰艇的情况，判断敌军将在明晨以主力在西地区、以一部在东地区登陆”的设想下实施了实战演习。

贝里琉地区队在海岸一带的战术是寄希望于滩头歼灭，即期望在滩头瞬间将敌军歼灭，滩头阵地守备部队则为了避免在舰炮射击下过早消耗力量，让野炮、联队炮、大队炮、高射机关炮等隐蔽至敌军即将登陆时，待敌舟艇、水陆两栖装甲车等进抵距汀线（水陆相接的海岸线）100~150米一线时开始同时射击（重机枪在敌军抵达滩头时实施侧防急袭射击），结合水中和滩头障碍物在瞬间予其歼灭性打击，同时以海上决死队、海蛇队、神火队等与其相配合实施海上特别攻击，其中海上决死队预先在珊瑚礁处待机与炸药一起突入敌舟艇，海蛇队潜入敌军海面下散布水雷，神火队在珊瑚礁处点燃柴油桶将海面化为火海，总之是以歼灭敌军为主要目标。

这时集团已经传达了“岛屿守备要领”，该要领的要点如下：

岛屿守备要领（要点）

一、岛屿守备队长贯彻长期持久，努力予敌巨大损失。

二、主阵地的前线为小堡垒，全岛阵地化，并可从海岸适当后退选定阵地。

三、为应对猛烈炮击轰炸和坦克的攻击，阵地应在纵深大范围编成据点式，得以实施强韧战斗。

此外，为了持续抵抗至最后一兵，须准备纵深预备阵地。

四、在主阵地前方部署下列部队，大量消灭敌军。

1.在滩头附近部署一部重武器、火炮，以斜射侧射在舟艇抵达前后向敌军猛射。

2.在预料构成滩头堡的地区，设置一部阵地限制敌军行动，或部署潜伏游击据点、背射自动武器、潜伏反坦克据点、各种障碍物等，并利用夜暗等投入挺身部队。

五、在防御战斗中，可在通常火力支援下实施小规模短切反击。无准备急躁之大反击，不分昼夜均会蒙受重大损失，须严格禁止。

六、为能自其他方面向敌登陆点增强兵力，应预先修筑阵地、交通路线。

然而贝里琉地区队已在滩头歼灭的方针下大体完成了阵地组织、设施等的构筑，且预计盟军的进攻时机已十分紧迫，因此已没有充分的时间根据该要领的宗旨变更阵地部署了，并且缺乏资材，因此该要领的传达实在为时已晚。结果，中川向各部队传达了“将在海岸线进行抗战，但勿实施突击等，应视情况向山岳地带后退”的方针。中川打算利用山岳地区的纵深预备阵地进行持久战。

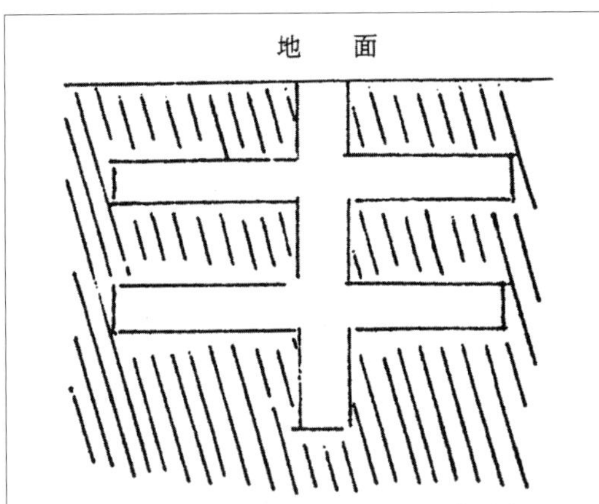

日军进入图中的横坑洞战斗的话，即使遭到美军用炸药进攻，受到的伤害也较小，因为炸药会顺着中间的直坑道落到底部，爆炸后造成的损害也很小。

步兵第 2 联队利用联队本部的磷矿废坑修成的坑道阵地。

官兵们竭力作业的结果，是当时阵地已经接近完成，地下坑道纵横分布，还准备了很多单人用的章鱼罐或坑穴等。地下坑道有各种类型，其中有从出入口进去之后大体垂直的竖洞，从那里再分出几条横洞。从侧面的剖面图来看，这种坑道酷似片假名“キ”。由于这种坑道的特定形状，即使敌兵从地上的出入口扔进手榴弹，也只会落在竖洞的底部，而涌进横洞的气浪就没那么强烈了。

此外，在地上的主要道路交叉的地点，反坦克炮等都已经瞄准好。而且，为了欺骗敌方车辆还修建了“诱导路”。

在贝里琉岛的战斗训练中，坦克队在面向岛屿中央部的“小道”（日语原文为“裏街道”，即小道之意）的中之台一带的丛林中，重点实施机动打击部队的出击训练。训练如同实战一般，其内容是除第2小队外的各小队从各驻留点成纵队在“小道”上南下向机场和西海岸突进。训练不止有坦克参加，坦克上还搭载了数名步兵向敌军出击，坦克队配属了坂本要治郎大尉指挥的步兵第2联队第7中队的精锐步兵。经过高强度训练，终于能够在十多分钟内抵达最终目标西海岸。另外还让岩浪淳一郎少尉的第2小队越过山路从海滨公路南下。在出击训练期间，坦克队还协助第2联队官兵进行反坦克战斗训练，充当他们的假想敌。

坦克炮的实弹射击以位于西海岸800米外海上的珊瑚礁处格外显眼的岩石为目标，此外17辆坦克的乘员为了便于相互认出谁是坦克车长，在炮塔的侧面用白色油漆写上了各人名字的平假名。这是借鉴参加马来作战的坦克联队的经验。天野队长搭乘的坦克车名是“樱花”，巧合的是，后来中川大佐在即将“玉碎”时拍发的电文就是“樱花·樱花”。

另一方面，由于关岛“玉碎”后第31军司令部的机能已经消失，因此大本营在9月1日将帕劳地区集团编入南方军（总司令官为寺内寿一元帅）的战斗序列，使该部接受联合舰队司令长官丰田副武大将指挥。因此身

贝里琉日军阵地上的带刺铁丝网。

贝里琉日军洞穴阵地的内部。

为第31军资深指挥官的在特鲁克岛的第52师团长麦仓俊三郎中将以代理军司令官身份下令变更帕劳地区集团的指挥系统，此外联合舰队司令长官还使该集团划归在马尼拉的第3南遣舰队司令长官三川军一中将指挥。就这样，第14师团转归海军指挥，这在日本陆军历史上还是首次。

8月中旬贝里琉地区队的部署情况的概要为：东地区部署了第2联队第3大队（大队长原田良男大尉），南地区部署了第15联队第3大队（大队长千明武久大尉），北地区部署了独立步兵第346大队（大队长引野通广少佐），在岛屿的中央地区部署了作为地区队直辖打击部队的第14师团坦克队（队长天野国臣大尉）、第2联队第1大队（大队长市冈英卫大尉）、第2联队炮兵大队（大队长小林与平少佐）、第2联队工兵中队（中队长五十畑贞重中尉）、第2联队通信中队（中队长冈田和雄中尉）、第2联队补给中队（中队长安部善助中尉）、第2联队卫生中队（中队长安岛良三中尉）等部队。

这里有必要提一下步兵第2联队炮兵大队。该炮兵大队是由野炮兵第20联队第2大队编成，是步兵第2联队的直辖大队，曾在中国东北的罕达盖地区配属该联队负责警备，并自关特演以来的对苏“必胜训练”中始终配属该联队。该大队自登陆贝里琉岛以来，不分昼夜地从事包括火炮阵地在内的筑城、弹药器材的堆放补给、火炮的整备、以射击准备为目的的各种作业和包括实弹射击在内的训练，在炎热天气下进行作战准备。中途还得到了海军提供的高射机关炮等多门增加配备的火炮，并进行了基于塞班、关岛的教训而进行的大规模阵地部署变更。该大队由于进行了彻底的筑城、训练等作战准备，日后在美军进攻初期取得了很大战果，还依凭山地洞穴阵地进行了顽强的持久防御战斗。根据协助西地区队的炮兵大队第2中队（中队长天童中尉）在作战准备末期的1944年8月31日的阵中日志的记录，该中队当时的筑城和弹药情况如下：

日军最终被摧毁的150毫米重炮。贝里琉日军对这种重炮精心构筑了阵地，让它们在美军的狂轰滥炸之下几乎完好无损，在守岛战斗中造成了美军大量人员伤亡。

弹药

本月实施了彻底的保养情况检查，进行了弹药堆放位置的变更等，目前掩护防湿均甚良好。榴霰弹的一部有锡帽脱落和少许生锈，恐使燃烧误差增大，甚为遗憾。与榴弹相比，榴霰弹的引信更易生锈，须特别注意。瞬发和短延迟引信均有若干已直接用木筐收纳，为防湿考虑务必用马口铁制引信筐收纳。

筑城

至本月中旬完成了野炮阵地二、观测所一（混凝土化），继而开始着手预备阵地、待机壕（注：掩蔽坑道）、弹药库等的构筑，至本月末完成预备阵地的挖掘。弹药库和防空壕虽正在挖掘横洞中，但岩质极硬且无炸药之补给，挖掘作业进度迟缓。目前水泥和炸药的补给为本岛要塞化的必要条件。然其补给必然无望，为歼灭美畜必须努力克服各种困难。

此外，根据该中队阵中日志所附的1944年8月10日的编成表，该中队的部分人员配备的武器是长枪。虽然与美军不同，日本炮兵的教育强调“与火炮共命运”的精神（因此造成了很多炮兵单位“玉碎”的悲剧），不过炮兵装备长枪仍然是非常罕见的，这更加生动地反映了炮兵部队准备战至最后一兵的决心。

大本营在9月初根据对7月下旬以来的盟军战术的研究，和对塞班战役之后的作战准备时间的调查结果，判断盟军将在9月上旬左右开始下期作战。果然如大本营所判断的那样，美第3两栖军在9月上旬开始向帕劳群岛出击。

第四章　最艰难的抢滩

第3两栖军出动

1944年8月11日，负责运送人员和物资的美国海军的主要力量，LST坦克登陆舰运输船队的第一批船只从太平洋各基地来到帕乌乌外海，陆战1师开始正式装载作业。在计划阶段，运输船队司令阿曼德·罗伯特森海军上校一直在忙于准备船只出海前往帕乌乌，其他事情都没顾上，海军陆战队就请求他授权一名联络官以他的名义来做出必要的各种决定，但此事没有结果。罗伯特森的上司，西路攻击部队（32特混舰队）司令福特海军少将从8月8日起，就与陆战队高级军官在帕乌乌举行日常会议，这才在一定程度上弥补了缺少联络官造成的指挥和联络断层。谁知罗伯特森到达帕乌乌不久，就下令更改8艘LST的运输计划。陆战队后勤军官根据过往经验，认识到要想在各种规定装载限度内让所需的物资吨位都被充分利用，只能按照原计划装载。最后罗伯特森颇为勉强地答应按照陆战队的要求装载。

陆战1师最终登船之后，仍颇为惊讶地发现，运送两个步兵团的某些船只所在的出发区域与该师计划的不同。如果不纠正的话，这种剧烈变动会迫使装载陆战5团和7团的两栖车艇为了让这两个团前往合适的海滩纵横交错航行。这种机动很难执行，而且违反公认的船到岸登陆原则，无法容忍，结果已经登上9艘运输舰船的这两个团的部队不得不换船。

事实上，LST船队的最后一批船直到8月25日才赶到帕乌乌岛，当时陆战1师的部队已经登上运输舰，准备进行最后的训练演习了。无论如何，虽然最后关头出现了许多复杂问题，分配给陆战1师用于贝里琉战役的30艘LST、17艘运输舰和2艘船坞登陆舰，在8月31日好歹都完全处于战斗装载状态了。

瓜岛最后的登陆演习结束后，陆战1师出发攻打贝里琉岛之前，有机会在岸上生活几天。在这最后一段时间里，他们进行了徒步训练、小部队机动和一些娱乐活动。第3两栖军的另一个主攻师第81步兵师在从夏威夷出动后，正在瓜岛外海集结，准备进行最后一轮演习，然后前往昂奥尔岛外海。

陆战1师已经在瓜岛和格洛斯特角经历过两次艰苦的岛屿战事，81师这个新成立的陆军师却尚未经受过实战考验。这个师的战士们在训练和出征期间，都没有经历过陆战1师在帕乌乌岛遇到的困难。按照81师师史的说法，“装载工作进行得很顺利”，在经过“（夏威夷）群岛的长期训练、紧密的新兵教程、演习和放松之后，这个师的（官兵们）变成了古铜（肤）色的硬汉，准备投入战斗”。

9月4日，运载陆战1师和81步兵师先头突击部队的LST坦克登陆舰起锚，海军护卫舰船护送它们前往帕劳群岛。4天后，快速运输舰和LSD船坞登陆舰与护卫舰船也随后出发了。预定登陆日的9月15日一早，这两个美军护航运输船队会在目标海区会合。在运输船队出发之前，贝里琉岛的火力支援分舰队和护航航母大队会出发，在9月12日先赶到目标海区，开始进行美军登陆之前的先期火力准备行动，同时对近岸的人为障碍物进行水下爆破作业。

美军舰队从西北方向越过所罗门群岛海域，然后沿着基本与新几内亚岛北部海岸平行的航道前进。对船上的地面部队而言，在平静的海面上航行2100英里实在平淡无奇，只有定期进行的防空演习会让他们暂时摆脱单调乏味，演习时海军飞机会从护航航母起飞，跟踪目标。9月14日，预定登陆的前一天，运输船队与先行出发的航速较慢的LST坦克登陆舰取得联系，一起向帕劳群岛外海各自的集结点驶去。

同一天，陆战1师地面部队各部指挥官和民间新闻记者打开鲁珀图斯少将的密封信件。这封信是船队临出发前，他们分别收到的，根据

美国海军舰队航行途中，水兵们在船舱里研究他们的目标，他们会负责用舟艇将后几波地面部队送上海岸。贝里琉战役中，乘坐两栖车辆抢滩登陆的地面部队为6个波次，那么其余波次的地面部队都要靠这些水兵用舟艇送上海岸。

指示，只有在9月14日才能打开。在写信之前，师长除了可能与参谋长商谈过之外，没有与任何人商量过。在信中，鲁珀图斯说明，他认为贝里琉岛的战斗将会极为艰苦，但会很短暂，不会超过4天。

美军的先期火力准备

太平洋战事进行到1944年夏秋之际，美军登陆战的先期火力准备模式早已成熟。第3舰队的快速航母舰队先前在菲律宾群岛上空进行的舰载机空袭行动，让帕劳群岛战事计划在最后阶段发生了剧烈变动，不过他们对帕劳群岛的空袭并没有丝毫懈怠。9月6日，航母舰载机对帕劳群岛目标的先期空中打击行动开始了。当然这并非对帕劳群岛的首次空袭。早在1944年3月和7月中旬，第3舰队的航母舰队一部就曾对帕劳群岛实施过空袭（详情见第二章和第三章）。

美军陆基航空兵对帕劳群岛的空袭，自6月初开始。当时陆军第5航空队驻荷兰蒂亚和瓦克德岛的飞机，为支援美军在马里亚纳群岛的登陆行动空袭加罗林群岛西部，在帕劳群岛投下了陆基航空兵的第一枚炸弹。8月8日—28日，第13航空队从阿德米勒尔蒂群岛派出轰炸机空袭帕劳群岛。9月的第2个星期，诺艾姆富岛上的轰炸机也加入空袭行动。第13航空队驻瓦克德岛的作战飞机，在8月25日至9月5日，出击帕劳群岛。从8月8日开始的这一系列空袭期间，第13航空队一共在帕劳群岛的目标地区空投了大约885吨炸弹。此外，第13航空队的飞机和盟军其他航空部队的飞机，为尼米兹将军的部队执行了许多次有价值的航拍任务。

9月6日，第38特混舰队的3个快速航母大队的战斗机开始扫荡帕劳群岛，却发现西南太

1944年3月30日，美国海军航母舰载F-6F地狱猫战斗机空袭贝里琉。在地面部队登陆之前，美国陆海军航空兵一直在积极空袭贝里琉岛的各种目标。

平洋战区的陆基轰炸机已经成功摧毁了许多地面目标。14时左右，日军发现数百架舰载机向帕劳地区大举来袭，因此帕劳地区集团司令部转入第一战备的迎击态势。据日军统计，当天来袭的美舰载机，向帕劳本岛·科罗尔地区来袭的有130架、贝里琉岛80架、昂奥尔岛48架、雅浦岛25架，总计283架，其中击落4架。当天傍晚，帕劳地区集团司令部将战斗司令所从帕劳本岛的艾米丽基村的热带产业研究所转移到帕劳本岛南部、瑞穗村东方约2公里的标高214米的阿鲁鲁科克山（集团称其为“统军山”），7日晨开设完毕。从那里可以看到贝里琉岛方向。

7日，第38特混舰队的3个快速航母大队的舰载战斗机和轰炸机对帕劳群岛的所有主要岛屿实施了全面空袭。据日军统计，当天来袭的飞机多达约500架，这些飞机对贝里琉、盖斯巴士、艾莱的各机场、港湾设施、海岸阵地、炮台、高射炮阵地、舟艇、村落等反复实施轰炸扫射。当天，为第38特混舰队的快速航母主力护航的巡洋舰和驱逐舰炮击了贝里琉岛（从6日到8日，这些护航舰船每天都在进行舰炮射击，但舰炮火力准备的主要任务还是由11日赶到的西部火力支援大队来完成的）。猛烈的轰炸炮击造成日军的机场无法使用，日军的航空和对空射击部队等也蒙受了很大损失。帕劳地区集团也以残存的海军“零战”和地面炮火迎击，声称战果为击落击伤十数架飞机。

在美军开始舰炮射击的9月7日，贝里琉岛上的许多日军士兵都没能吃上饭，终日躲在洞中。舰炮射击时发出“亢—亢—”的声音，接着炮弹一边发出“咻—”声一边从头上飞过。不久便发出“咚—”的爆炸声。这些声音此起彼落，令人全身心陷入深深的恐怖中，不要说从洞中探出头去，连看一眼外面都不敢。舰炮射击的声音连在40公里外的帕劳本岛上都能听见。

9月8日，因为能观察到的目标稀少，美军舰载航空兵降低了空袭力度，快速航母开始准备前往菲律宾海域。在帕劳群岛海域期间，美军舰载机出动了大约1470架次，空袭日军弹药库、补给库、营房、仓库和其他辅助设施。3个大队声称摧毁4架敌机，自己主要因故障损失了8架。

美军的空袭和舰炮射击一直在持续，直至美军在9月15日开始登陆贝里琉岛。不过隐藏在洞穴里的日本兵在舰炮射击开始的第二天（9月8日）就已经习惯了“亢—”“咻—”“咚—”的声音，在美军开始攻击前的早上就奔向伙房以确保白天和晚上的食物。

看守贝里琉机场的海军的西加罗林航空队的各部人员也在美军攻击停止的黄昏以后冲出洞穴，开始将跑道上被炸出的坑洞一个一个地仔细填埋。但在舰炮射击开始的第四天（9月10

美军海空火力准备之后的贝里琉机场地区航拍照片。美军的火力准备确实将极大地破坏贝里琉机场地区，但是日军早有准备，乌穆尔布罗格尔山区的山间防御工事构筑完备，美军的火力准备几乎无法造成任何损害。

日），攻击更加激烈，修补好的跑道转瞬之间又被炸得到处是洞，让人无从下手。不仅跑道变得像蜂窝一样，与机场背面相连的山岳地带的群山也改变了外貌，覆盖着葱绿树木的山坡露出了难看的地表，强烈的阳光曝晒着裸露的山体。

在此期间，日军发现来袭中的美特混舰队发出了长篇密码电报，其通讯方式同美军登陆塞班、关岛之前的情况相似。此外帕劳地区集团还收到了大本营传达的情报："5日左右从檀香山出港的有力进攻部队极可能将在近期出现在贵集团正面。"

当时该集团在帕劳本岛的统军山的山顶设有敌情监视哨，人员共7名，由步兵第59联队第10中队的岩濑昇任哨长。监视哨中有一名海军下士官，带来了海军带有三脚架的性能优越的24倍双筒望远镜。从这里可以清楚地看到贝里琉周围。监视哨24小时轮班，向司令部详细报告敌机的种类、机数、方向和敌舰船的动向。

9月9日，在帕劳群岛没有进行空袭，但是次日，在9月7日和8日完成雅浦-乌利希地区空袭任务的另一个快速航母大队抵达帕劳海域。9月10日和11日，第38特混舰队第4大队主要打击贝里琉和昂奥尔的高射炮阵地和滩头防御设施。由于10日帕劳地区再次遭到数百架舰载机的空袭，帕劳地区的日本侨民中间出现了悲观的流言，产生了动摇的征兆。因此井上集团司令官发表了布告以稳定人心，布告中要求军民一体为完成作战而"奋起"。据说在13日"恢复了平静"。

9月11日，福特海军少将指挥的西路攻击部队下属的西路火力支援大队来到帕劳海域，开始进行舰炮火力准备。一支护航航母部队在同一天来到帕劳，配合第38特混舰队第4大队，以舰载机和炮火支援舰船提供空中掩护、打击岛上各处的其他目标，到地面部队登陆的时候，还会提供近地空中支援。

从9月12日到14日，西路火力支援大队一共向贝里琉岛发射各种口径炮弹2200吨。较为明显的目标都被火力覆盖了，这三天的炮击特

美军海空火力的狂轰滥炸让贝里琉岛升起硝烟。

别注意已知或疑似的日军火炮和迫击炮阵地及滩头设施。炮弹将贝里琉岛中部山脊上的植被都打烂了，露出了不少当时美军还不知道的洞穴。炮轰期间，西路火力支援大队报告，已经打击了所有目标，弹药消耗数据显示，向贝里琉岛倾泻的炮弹比原计划只少了一点点。

在对贝里琉岛的炮击轰炸中，从9月12日至14日，美军共计发射了舰炮炮弹3490吨，舰载机投下炸弹507吨，岛上大半化为焦土，15日晨登陆之前发射舰炮炮弹1406吨，舰载机投下炸弹917吨，该岛平均每平方公里承受了350吨炮弹炸弹。

在猛烈的炮击轰炸下，贝里琉岛上树木飞散，岩石碎裂，弹片如雨。只要往洞外走出一步，多半会被撕成肉片。不过，虽然美军的舰炮射击和空中轰炸的激烈程度日甚一日，但日军的人员损失出奇得少。9月14日20时50分发出的贝里琉地区队致帕劳地区集团长的报告电文中称："13日后报战果：击落12架（其中不确定4架）。损失：战死13人（士官1名，士兵12名），重轻伤21人，计34人。战死马2匹，损失武器燃料轻微。"美军的强力舰炮射击所攻击的防御设施也包括为欺骗美军而设置的假设施，这些假设施上也消耗了美军的大量弹药。

这座被美国海军旧式战列舰主炮炮弹直接命中的日军碉堡证明了356毫米炮弹的威力，混凝土从钢筋上剥落了。工事内部的日军不是被弹片杀死，就是因剧烈脑震荡而死。总的来说，美军的舰炮火力给贝里琉日军造成的人员损失相当有限。

对于海军舰炮的炮击结果，美海军陆战队员有很多抱怨的理由，贝里琉岛日军的许多迫击炮、火炮和机枪阵地都没有被炮击摧毁，有一些重武器和自动武器阵地就在海岸附近。虽然美军火力支援舰船锁定的日军阵地基本上都被摧毁，但是许多得到天然或人工伪装保护的阵地仍然完好无损，还有一些阵地处于美国海军舰炮的射击死角，也不会受损。

关于9月14日左右美军炮击的情形，配属于南地区队的步兵第15联队炮兵第3中队（岩佐中队）的关野茂木上等兵回忆道：

我第3大队的阵地被炮烟笼罩，即使在极近距离也视野不良。很多巨树被炮弹撕裂，灌木也被削成高出地面20～30厘米。敌人从空中和海上不间断地攻击。我守备队顽强忍受着敌人的猛烈炮击轰炸。我的小队也躲进洞里，在敌人肆虐的攻击中屏住呼吸静静地等待着。

间或有炮弹伴随着巨响飞来。每次洞穴都会摇晃，沙土崩落。这天（14日）炮击轰炸持续了一整天。我的小队中没有出现战死伤者。

五味田小队长忽然嘟哝道："在中国事变中也曾受到相当猛烈的炮击，但遭受这样猛烈长久的炮击轰炸还是第一次，你们千万不要出去。要珍惜生命哦。"

与太平洋地区过去的历次战役相比，美军的扫雷舰艇在帕劳海域有大量工作要完成，日军在贝里琉—昂奥尔海区布下了670枚水雷，在科索尔水道又布设了不下240枚水雷。9月12日至14日，美军在贝里琉和昂奥尔岛外海实施扫雷行动，9月13日至15日，则在帕劳群岛北方的科索尔水道扫雷。4天之内，美军一共摧毁175

枚水雷，其余水雷的位置都已标定。水下爆破队也有一些困难的任务要执行，他们9月12日在贝里琉海滩作业。登陆区北段几乎没有障碍物，但南段有很多工作要完成。在昂奥尔岛海滩，除了红色海滩的一切铁轨障碍物要炸毁之外，几乎没有其他工作要做。日军也发现从12日开始，约80名美军分乘4艘舟艇开始爆破起着防波堤作用的珊瑚礁，看来其目的是打开从贝里琉西南海岸的西岬到东南半岛间的登陆水道。多种日方战史都提到爆破珊瑚礁的是“美军黑人士兵”，但据美军知情者说：“美海军的水下障碍物处置分队（俗称‘蛙人’）为了伪装穿上了潜水服，用颜料把脸涂黑，所以很可能被日军误认为黑人士兵。”

就在美军的预备海空火力支援持续进行的同时，攻击护航船队也运载第3两栖军正在逼近帕劳群岛。航速较慢的一些美军船队在9月4日离开瓜岛后，平均航速为7.7节。较快速的运输舰和船坞登陆舰航速达到12.1节，所以晚了4天出发。9月15日一早，两路运输船队已经来到帕劳群岛外海会合，5时15分就来到各运输区内分配的阵位。陆战1师已经准备好开始在贝里琉登陆，81步兵师在船上等待登陆昂奥尔岛的命令。

乘坐人车登陆艇出发的美军水下爆破队。

陆战队员在船上观察水下爆破效果，贝里琉水下爆破作业顺利完成，没有损伤一人。

14日，根据美军的种种动向，帕劳地区集团司令官井上中将判断“敌进攻部队计2.5至3个师，主攻仍然指向贝里琉的可能性很大。在未发现良机的情况下，将企图占领可充分容纳美太平洋舰队的科索尔泊地，逐次向帕劳本岛以南扩大其根据地，让此地成为攻占菲律宾的基地”。但14日日军依然没有看见美军运输船队的身影。

然而从14日晨开始，日军看见在远方珊瑚礁附近出现了美舰的烟囱，立即报告“发现敌舰”，井上中将以下各参谋也在帕劳本岛的战斗司令所紧张地注视着。美舰开始逐渐变得清晰起来，从航空母舰到起降的舰载机都能够清楚看见。大小共有70艘舰船在艾莱附近海上停泊。但15

日天亮时，令他们惊讶的是连一艘美舰都看不见了。

贝里琉岛的中川大佐也在13日通过美军舰艇的动向判断“敌极可能企图在14日5时以后登陆本岛屿之南地区西海岸”，等待着美军登陆。但翌14日根据美军舰艇的行动又判断美军将在西岬至南岛半岛的西南海岸（西浜）决死登陆，于是在14日夜命令负责东海岸的“一字半岛”正面防御的东地区队（原田大尉指挥的步兵第2联队第3大队、野炮兵第1中队的2门火炮等）为了全力准备反击而向岛屿中央部的水府山一带转进，准备以后的行动。此外还撤走了北地区的卡拉科洛、卢比等处的离岛监视警戒队，处理了机密文件，完成了迎击态势。

13日，判断美军即将登陆的西地区队长富田少佐将第4中队（西地区队的预备队）向前部署到防弹兵营一线，在14日夜又将战斗指挥所从富山推进到防弹兵营，以第6中队（中队长大场中尉）为右第一线（冷杉阵地）部队，以第5中队（中队长中岛正中尉）为左第一线（石松、岩松、黑松阵地）部队，以第4中队（中队长川又广中尉）为预备队，做好了在滩头消灭美军的准备。

美军计划登陆的地点正是被日方称为“西浜”的约2公里长的海岸线，与中川州男的预测一致。日军在西浜及其附近的滩头设置了6个阵地，用富有浪漫气息的名字命名。这些阵地从北至南分别被称为“冷杉”“石松”“岩松”“黑松”“鸢尾”“莲花”。从冷杉到黑松的四个阵地部署了水户步兵第2联队第2大队（大队长富田保二少佐）和一个野炮小队，即西地区队。海岸线的阵地是第一线阵地，大队本部洞穴在其后方的第二线位置、贝里琉机场的西北部、海军大谷部队防弹兵营北侧一带，靠近西浜的滩头阵地。包括配属部队在内，富田大队共有约635人。大队长富田少佐当时是新婚第二年，被评价为是一名“非常勇敢的实战型军人”。在机场南部的要点鸢尾、莲花则部署了得到加强的高崎步兵第15联队第3大队（大队长千明武久大尉）的约750人，即南地区队。千明大尉将大队本部设在机场的南部中央。总之守备西南地区的2个大队合计约1400人。各阵地均修筑了厚厚的钢筋混凝土制的碉堡，北部的石松阵地（标高10米的珊瑚丘）和南部的莲花阵地的碉堡中还部署了速射炮。这样部署的目的是向登陆美军倾泻交叉炮火。

西浜的石松、岩松阵地地区大体上位于美军所称的白1海滩、白2海滩，是陆战1团的1个营的登陆点，两个海滩的分界线正好穿过岩松阵地。黑松、鸢尾阵地地区大体上位于美军所称的橙1海滩、橙2海滩，是陆战5团1营、3营的登陆点，橙1海滩与白2海滩之间的分界线穿过黑松阵地。莲花阵地地区大体上位于美军所称的橙3海滩，是陆战7团3营的登陆点。冷杉阵地即在美军所称的“白1”地点北方500米，富田大队在该阵地部署了第6中队。南边的石松阵地、珊瑚丘阵地（即大致在美军所称的“白1”的正面），和其南方的岩松阵地（大致在“白2”的正面），以及南方的黑松阵地（大致在“橙1”的正面），富田大队部署了第5中队。第4中队为预备队在富山下部署。西地区队的黑松阵地南方是南地区队的鸢尾阵地，即美军所称的“橙2”的正面。在其南方有莲花阵地，靠近“橙3”。其南方不远处有座无名岛，也是南地区队防御阵地的一部分。

为了在滩头歼灭美军，守备队将主阵地前沿设在海滨后端，将集中火力歼灭敌军的阵前地域（所谓的“前地”）设在从珊瑚环礁内至海滨（沙滩）一带。相比之下，之前塞班岛守备队将主阵地设在汀线（水陆相接的海岸

地图十　美军登陆前后贝里琉地区队部署概要图（1944 年 9 月 15 日左右）

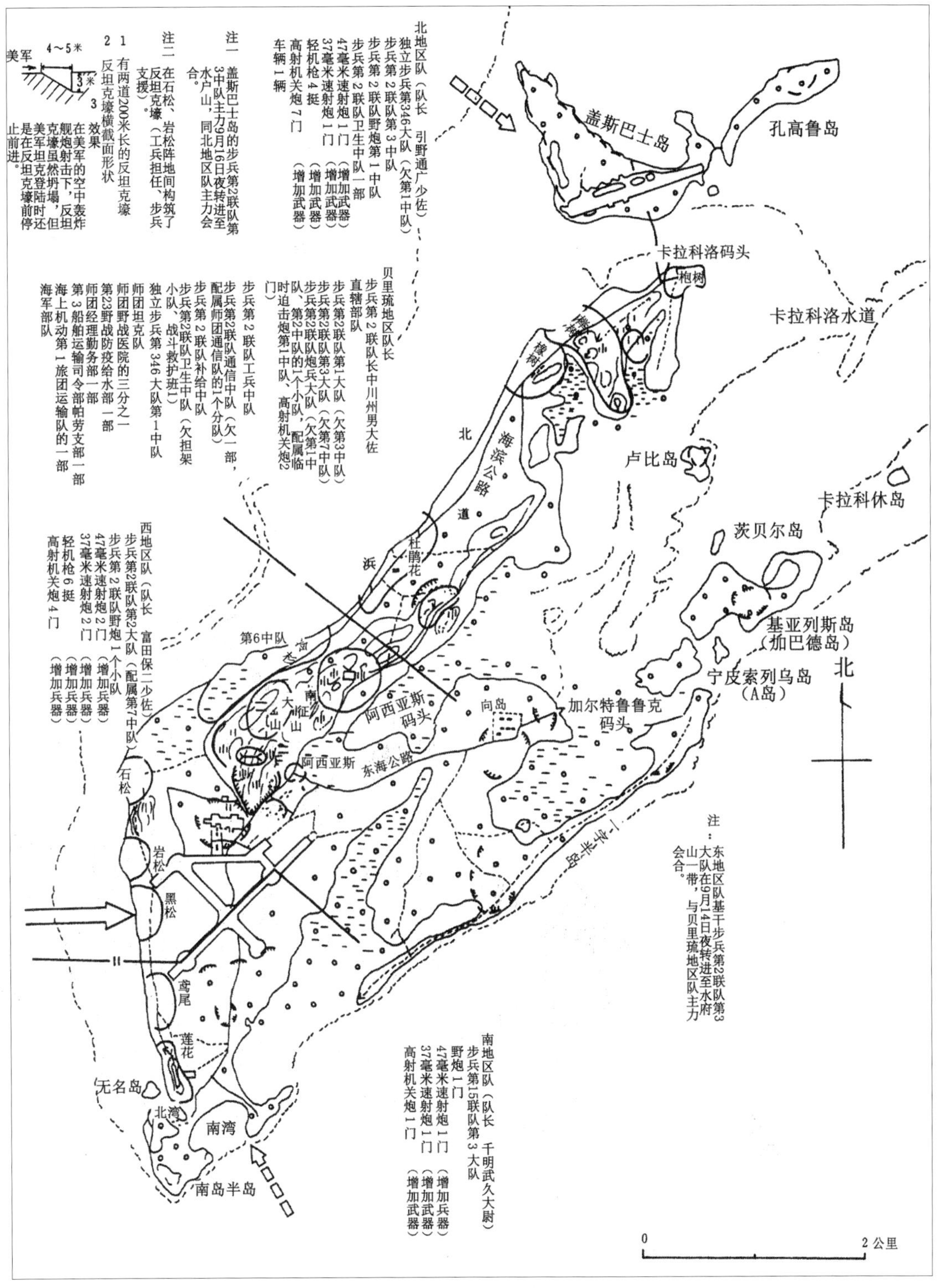

线），结果一开始便惨遭重创。贝里琉岛守备队的这种阵地设定发挥了效果，在美军登陆第一天给美军登陆部队造成了惨重损失。

15日凌晨2时发出的贝里琉地区队致帕劳集团司令部的《14日战斗要报》中有这样的记录："判明的损失为战死4人、重轻伤者6人。"也就是说，美军登陆前一天的炮击轰炸，仅仅给贝里琉地区队造成10人死伤。尽管猛烈的舰炮射击加上空中轰炸，将被茂密树丛覆盖的贝里琉岛炸成了裸露着珊瑚岩表面的裸岛，令人难以相信那里的日军兵员和武器依然健在，但当15日美军登陆时，卧倒在海岸的珊瑚白沙之上的陆战队员们却惊讶地发现日本兵居然还活着。岛内如蜂巢般的、以人工挖掘或通过扩大自然洞穴而筑成的日军纵深预备阵地在美军强大的炮击轰炸下有效保护了士兵和武器。步兵第2联队第2大队的通信兵森岛通一等兵回忆了当时的情况：

我想在最初的舰炮射击中应该是没什么损失。虽然出现了少数死者，但大家都在防空洞内。因为洞穴在山下，弹道较高的炮弹会从头上飞过。直接命中洞穴的入口这种事几乎不会发生，只要能忍受"咚咚—咚咚—"这样的撕心裂肺的声音，洞穴就是绝对安全的。

为了防备洞中的通信网被破坏的情况发生，还养了几条军犬。舰炮射击开始后，军犬却无论如何也不愿离开洞穴。所以把命令放进项圈里牵着脑袋一起跑过去。拍打军犬的屁股，它终于出去传令了。可是它的耳朵太好使了，一听到舰炮的声音就趴在地上。如果有炸弹什么的落下来，就马上跑到洞里。

被硬逼着前去联络的军犬遭到美军炮击，只剩下被炸飞的脑袋挂在树枝上，真让我不忍目睹。

9月15日美军登陆时，贝里琉地区队的总兵力为5341人，加上后来从帕劳本岛向贝里琉岛实施反登陆的步兵第15联队第3大队的840人和第3船舶运输司令部帕劳支部的一部11人，合计6192人。此外在贝里琉岛上，海军西加罗林航空队司令大谷龙藏大佐以下的该航空队贝里琉本队、第45警备队贝里琉派遣队等3646人也划归中川地区队长指挥，因此日军在该岛的总兵力为9838人。

在美军登陆之初，贝里琉的日军守备队的主要兵力包括陆军的5个大队（步兵第2联队、步兵第15联队第3大队、独立步兵第346大队）和海军临时编成的陆战队1个大队，在9月22日—23日以后，步兵第15联队第2大队（饭田大队）也到岛上增援，因此总共拥有7个大队。

9月15日美军登陆时贝里琉地区队防御部署的概要情况如下：

西地区队（队长富田保二少佐）
步兵第2联队第2大队（配属第7中队）
步兵第2联队的1个野炮小队
47毫米速射炮 2（增加武器）
37毫米速射炮 2（增加武器）
轻机枪 6（增加武器）
高射机关炮 4（增加武器）

北地区队（队长引野通广少佐）
独立步兵第346大队（欠第1中队）
步兵第2联队第3中队
步兵第2联队野炮第1中队
步兵第2联队卫生中队的一部
47毫米速射炮 1（增加武器）
37毫米速射炮 1（增加武器）
轻机枪 4（增加武器）

高射机关炮 7（增加武器）

车辆 1

南地区队（队长千明武久大尉）

步兵第15联队第3大队

野炮 1门

47毫米速射炮 1（增加武器）

37毫米速射炮 1（增加武器）

高射机关炮 1（增加武器）

中央地区

贝里琉地区队长步兵第2联队长中川州男大佐

地区队本部 步兵第2联队本部

直辖部队

步兵第2联队第1大队（欠第3中队）

步兵第2联队第3大队（欠第7中队）

步兵第2联队炮兵大队（欠第1中队、第2中队的1个小队，配属临时迫击炮第1中队、高射机关炮2门）

步兵第2联队工兵中队

步兵第2联队通信中队（欠一部，配属师团通信队的1个分队）

步兵第2联队补给中队

步兵第2联队卫生中队（欠担架小队、战斗救护班1）

独立步兵第346大队第1中队

师团坦克队

师团野战医院的三分之一

第23野战防疫给水部一部

师团经理勤务部一部

第3船舶运输司令部帕劳支部一部

海上机动第1旅团运输队一部

海军部队

其中海军部队的编制情况如下：

海军

西加罗林航空队司令大谷龙藏大佐（受中川大佐指挥）

西加罗林航空队贝里琉本队

第3通信队一部

第45警备队贝里琉派遣队

第214设营队（军人20名、军属793名）

第30建设部的一部（军人·军属）

西南方面海军航空厂一部

第30工作部一部

第3隧道队

海军配属陆军部队（特设第33、第35、第38机关炮队）

注1：东地区队步兵第2联队第3大队在9月14日夜转进到水府山一带，同贝里琉地区队主力会合。

注2：盖斯巴士岛的步兵第2联队第3中队主力在9月16日夜转进到水户山，同北地区队主力会合。

注3：石松、岩松阵地间构筑了反坦克壕（工兵负责，步兵支援）。该反坦克壕长200米，共有2条。效果：该反坦克壕虽然在美军的轰炸和舰炮射击下崩塌，但美军坦克在登陆时在这个位置停止前进。

突击登陆的开始

1944年9月15日的早晨，黑暗中的贝里琉岛附近海面十分平静，一派风和日丽的景色。这一带的海上靠近昂奥尔海峡，经常波涛汹涌，这天却风平浪静。不久阳光开始照亮周围，在昏暗的水平线上现出黑云般的舰影，显露出布满贝里琉“白色”和“橙色”海滩外海水域的美军军舰的轮廓。日出前的上午5时10分，传令兵给中川大佐带来了消息：“看到敌大群运输船队”，“美军即将登陆”。接着，监视兵报告飘扬着星条旗的敌旗舰的桅杆上升起了另一面旗帜。很明显，那是表达“作战准备开始，速度零”的停船命令的旗帜。中川大佐立即下令从大山的山顶用掷弹筒发射信号。突然，信号弹的爆炸撕开了天亮前寂静的空气，“赤吊星”在空中闪耀。

热带的天明很早，日出时间在上午5时52分。陆战1师正要出发，在日军严密设防的海岛上突击登陆，对他们来说，幸运的是登陆日一早的天气非常适合两栖作战。贝里琉海域只有细微的拍岸浪，四面八方的能见度几乎都很好。

奥尔登多夫海军少将指挥的火力支援舰船已经就位，他从旗舰“路易斯维尔”号巡洋舰上下令开火。大约5时30分前后，美军舰炮的大口径炮弹如雷神之锤般落入目标区域。周围的寂静突然被打破，从四周的海上喷出黑烟，在巨炮轰鸣的同时，炮弹开始像雨点一样落下。这巨大的轰响连40公里外的帕劳本岛的守备队也能听到，猛烈程度甚至到了让人眼睛都睁不开的地步。大地在不停地摇晃，似乎将要裂开。海上的日出十分壮观，火红的巨大太阳从遥远的水平线处升起，海上的波涛闪闪发光，但这天的太阳却被黑烟笼罩，猛烈的炮火让人无法抬头。这时，日军步兵第59联队第1大队第1中队的掷弹筒分队长船坂弘军曹正从南方11公里处的昂奥尔岛上用双筒望远镜注视着这令人战栗的景象。他看到美军整个舰队的巨炮都在不停地怒吼着，黑烟升上贝里琉岛的上空遮住了阳光。爆炸声猛然撕开空气。从望远镜中看到的贝里琉岛在逐渐改变外形，原本酷似动物头部的绿色高地变成了齿轮形状。

在炮弹如雨点般飞向贝里琉岛时，身穿绿色军装的海军陆战队组成的几个攻击波次已经

海军舰船正在进行火力准备期间，前景部分可见一辆两栖车辆正要离开坦克登陆舰的坡道门。

在指定的LVT上就位，被送往出发线位置。当两栖登陆车在LVTA两栖装甲车后方组成突击波次，开始向海滩靠近时，海军舰炮炮弹正从陆战队员们的头顶上飞过，射击频度急剧增加。贝里琉岛上的日本兵看到美军船队中有几艘豪华的医院船，船腹处在白底上清晰地画着红十字。看到这一情景，工事中的日军生出复杂的感慨。

美国海军和陆战队的高级指挥官聚集在两艘两栖指挥舰“奥林匹斯山”号和“麦金利山”号上，观察着这次复杂的登陆行动，而陆战1师的参谋人员在美军的突击运输舰“杜帕吉”号上紧张忙碌。虽然“杜帕吉”号被装备成一艘指挥舰，但是陆战队在海上作业时，仍然需要为这艘船提供大量的通信装备。

7时50分开始，50架航母舰载机轰炸了日军在海滩上的每一处炮兵阵地和设施。在15分钟的这波空袭期间，美军舰炮一刻也没有停止咆哮。按照预定计划，飞行员将飞行高度保持在舰炮平射射程上方，以便舰炮继续炮击。在空中支援指挥官忙于协调空中行动与舰炮射击时，空中支援前方指挥官已经在准备登陆，他在上岸后，就能够在“奥林匹斯山”号指挥舰万一瘫痪的情况下，接管空中行动与舰炮火力协调任务的指挥权。与此同时，美军的驱逐舰将白磷燃烧弹射到乌穆尔布罗格尔山区的山脊上，扰乱那里的日军炮兵的视野，而美军重型军舰转入近距离火力支援阶段，开始向海滩发射高爆弹以摧毁日军的滩头防御设施。

装备20毫米和40毫米小口径火炮和114毫米火箭炮的LCI步兵登陆炮艇，负责在近海为抢滩登陆部队提供火力支援。

美军海空兵按照他们已经熟稔的标准流程进行火力准备的时候，陆战队的突击登陆部队已经集结完毕。8时，LVTA两栖装甲车组成的先发突击波次越过了出发线，如钢铁洪流般向白色和橙色海滩涌去，满载陆战队步兵的LVT两栖登陆车在后紧随。在两栖登陆波次前方就位的是18艘LCI步兵登陆炮艇。进入离岸1000码的水域之后，各炮艇各就各位，艇载火箭炮各自进行22轮114毫米火箭弹齐射。当第三突击波次的两栖车辆越过步兵登陆炮艇时，他们会向登陆海滩的两翼转移，准备好“根据召唤”提供火力掩护。另外4艘步兵登陆炮艇在礁盘外侧的左（北）翼会用艇载107毫米迫击炮，对白色1号海滩后面的崎岖地形保持持续火力打击。

步兵登陆炮艇的火箭炮齐射刚歇，海军飞行员驾驶的48架战斗机和轰炸机就出现在登陆部队头顶上空。起飞后，这些飞机以精心协调过的空中机动空袭行将登陆的海滩，在任何一个时刻都保持其中至少有8架飞机同时实施空袭。在支援舰船将射击目标转向内陆和海滩两侧，两栖登陆车辆冲向海岸的最后阶段，这些飞机会用炸弹、火箭弹和机枪对海滩一带实施有效打击。当第一波登陆部队靠近水线时，飞机的火力会逐渐转向内陆，任何时候都会与LVTA两栖装甲车保持至少200码的安全距离。

陆战1团的罗伯特·费舍尔中尉一开始为舰载机的狂轰滥炸心醉神迷，突然之间看到空中的一架F-6F“地狱猫”战斗机突然起火坠落，就在远方的地平线消失无踪。他心中顿时蒙上了一层阴影，身边的战友也是一样。有人喃喃低语："他（飞行员）根本就不知道是什么击中了他。"后来陆战队的步兵才得知，这是登陆预备空袭期间，美军舰载机损失的唯一一架飞机。

太阳就像一个燃烧的银球，阳光穿过阴云落到水面上。随军画家汤姆·莱亚仔细打量着前方一艘登陆艇里的陆战队员，他的脸上涂抹了准备在丛林战斗的油彩，双眼紧盯着前方的贝里琉海滩，双唇紧闭，隐隐透着杀气，一双大手一动不动，但莱亚似乎能想象到在登陆的那一瞬间，那有力的双臂就会全力运动，大手会举起枪来向日军射出无情的子弹。

西浜前方海上，只见登陆车艇集群以宽广队形劈开白浪向海岸扑来。碧蓝的大海全都变成了黑色，小山般的车艇完全遮盖了贝里琉岛附近的海面。外侧是无数战舰，内侧是巨大的运输船队。在船队和岛屿之间，密集的登陆车艇发出嘈杂的声音，仿佛将大海变成了陆地。

这时在海岸线上屏住呼吸一动不动地注视着美军的日军士兵，能够清楚地听见靠近的两栖车辆的引擎声。日军的海岸阵地距离水线只有30米左右，所以用肉眼就能清楚地望见两栖车辆群。如果这些装备了枪炮的两栖车辆向眼前袭来，仅用肉搏攻击恐怕无甚效果。第14师团曾在旅顺进行过敌前登陆和反登陆演习，在演习中将速射炮绑在大发、小发上面，但那与眼前的场景根本不可同日而语，何况美军还在进行舰炮射击和飞机炸射。美军的物量战术和科学武器当然会令目睹此情此景的守备队员们深为吃惊。根据第14师团制定的贝里琉地区队战斗计划的指导要领，当美军开始登陆时，守备队应避免过早射击敌车艇，统一发挥从至近距离隐秘实施的海上决死攻击和各种水中、滩头火力及各设施的威力，结合果敢的反击在瞬间歼灭敌军。现在守备队官兵终于等到了歼灭敌军的时机。但是随着美军车艇的接近，舰炮

在炮火准备中贝里琉岛被黑烟笼罩，登陆艇和两栖装甲车满载美军士兵。

射击更加猛烈，简直震耳欲聋，眼睛被爆炸的硝烟和掀起的沙尘遮盖，飞散的弹雨砸向海岸阵地守备队的头上。

在LVT群越过距西浜的海岸线350~700米一带的珊瑚礁前后，日军的反击炮火开始射来，但准确度不高，应该是从岛上纵深处射来的。不过还是有几辆LVT和DUKW被击毁。只见海上有数根水柱高高升起，同时传来了剧烈的爆炸声。几辆两栖车辆被卷入了喷起的水柱中，车辆被粉碎、折断、破裂，其间美国兵的身体碎裂飞散，附近的珊瑚礁被击碎，高高飞起，海水被染红，美国兵的尸体在海上漂浮。日军认为它们是被海上游击队散布的水雷炸飞击沉的。守备队不由得低声欢呼起来。官兵们为序战的“胜利”而欣喜若狂，感到敌军不要说占领贝里琉岛，看来是难逃被歼灭的下场了，胜利必将属于己方。虽然是早上，贝里琉岛上的气温却超过30摄氏度，湿度也达到82，这可怕的酷暑让海上的美军和陆上的日军都感到皮肤如灼烧般难受，喉咙干渴难忍。战场的空气中充斥着硝烟味和血腥味。

在贝里琉抢滩登陆的LVTA两栖装甲车，图片前景部分的装甲车能清楚看见车载主炮，车身两侧绑好的沙袋则是为了防范日军的地雷。

即将登上贝里琉海滩的第一波LVTA两栖装甲车，它们的车载75毫米主炮为陆战队步兵提供了出色的火力支援。

这时美军舰艇开始向日军海岸阵地发射烟雾弹。无数烟雾弹同舰炮炮弹混在一起飞向日军的头顶和前面，遮蔽了日军的视线。这是美军最拿手的化白昼为黑夜的战术。烟幕在西方和南方一带的海边扩散开来，的的确确把白天变成了黑夜。贝里琉岛的海边被滚滚烟幕笼罩，同时美军继续进行暴雨般的炮击。

富田大队的西地区海岸阵地和南地区的滩头阵地均在瞬间被烟幕遮蔽，守备队眨眼间就变成了瞎子。同时因为认识到事前的轰炸和舰炮射击很不充分，美军也对机场北方高地开始了狂风骤雨般的炮击。烟雾使太阳朦胧暗淡，那阴沉的景象使人感到十分怪异，好像在贝里琉岛的西岸黑夜突然从天而降。

在烟幕掩护下，两栖车辆群越过珊瑚礁线逐步逼近海岸，同时炮击和飞机炸射也在加强。8时32分，第一波登陆的两栖装甲车从水面登上陆地，车载37毫米和75毫米火炮立即向日军的滩头防御设施射击。一分钟后，第一波登陆部队已经触及海岸线，突击陆战队员不用再等命令，赶紧跳下他们的两栖登陆车，在珊瑚沙之间散开。后续各波次登陆部队按照规定的一分钟间隔时间继续登陆。

之前守军一直隐忍不发，等待着美军车艇来到近处。当登陆部队的前锋抵达海岸线附近时，日军开始大举反击，射向陆战队的炮火越来越猛烈、越来越致命。等待已久的日军守备队以小林与平指挥的炮兵大队的第1中队（中队长常持良二中尉）、第2中队（中队长天童隆中尉）、第3中队（中队长大桥荣一中尉）为首，以全部火力特别是侧防火力向美军集中射击。在天山高地的山上和山腰处的洞穴阵地部署的野炮和105毫米榴弹炮已经打开炮门，这时开始向美军登陆车艇倾泻炮火。参与突击登陆的罗伯特·莱基二等兵后来写道：“我们乘坐的登陆车（LVT）就在第一批攻击波次之中，然而，我们能看见海滩上堆起了燃烧着的被浓烟熏黑的两栖车辆，这是一个到处都是死伤人员、迫击炮弹在爆炸的致命花园。白色的沙滩上有很多洞，或许是被炮弹炸开的，海滩上到处都是洞，也全都是头戴绿色钢盔的陆战队员。”浮在海上的美军透过覆盖岛屿的黑烟能看到红光正在闪烁，与此同时第一波登陆部队周围掀起无数水柱。两栖车辆瞬间化为残骸，腾起黑烟和通红的火焰。珊瑚礁线被无数大大小小的炮弹炸得遍布大洞。身穿绿色战斗服的陆战队员

贝里琉日军残存炮位里的120毫米重炮，炮口指向美军登陆的海滩方向，在打击美军两栖登陆车和两栖装甲车的战斗中非常活跃。

陆战1师官兵正在乘坐两栖车辆分波次冲向贝里琉海滩，图上方的船只是LCIG步兵登陆炮艇。两栖车辆之间的船只是登陆控制艇。

美军车辆登陆航拍，右上方的黑烟说明至少有5辆两栖登陆车中弹，图中白烟是白磷燃烧炮弹造成的。

们重叠着倒下，海水在无情地冲刷着尸体。海滩上散布着手雷、钢盔、机枪等。珊瑚礁至海岸线一带变成了人间地狱，鲜血染红了海水。在“1230”号巡逻艇上观战的陆战1师副师长奥利弗·史密斯准将看得真切：“就在前几波两栖车辆逼近礁盘边缘的同时，日军的迫击炮开火了……登陆海滩南北岬角的大口径自动武器射击造成的伤亡很大。这些武器的酷烈火力造成了登陆车辆的大量损失和严重的人员伤亡。”

当LVTA两栖装甲车引导陆战队攻击波来到沙滩前的内陆时，日军的反舟艇枪炮已经全部打响。不断增强的日军火炮、迫击炮、机关枪和步枪火力在阻碍陆战队员继续前进。从海滩一直到达内陆大约100码的地方埋设了许多地雷，许多都是日本海军临时改造的地雷。因为引火装置就是用铅板覆盖的硝酸瓶，没有得到妥善的维护，实际上都没能引爆。如果这些地雷真具有杀伤力的话，对陆战队员会造成灾难性的后果。

陆战队员们冒着炮火勇敢地向海滩正面的内陆推进。尽管日军的抵抗在不断增强，己方伤亡严重，他们仍保持着最初的推进势头。跟随突击部队一同登陆的一位随军牧师后来感慨道：“我们到底是怎样穿过鬼子向珊瑚礁盘射来的迫击炮火力的，恐怕永远都弄不明白。到处都是爆炸，我们的人在左边和右边都被击中了。”日军精心部署的高射速武器对前进的两栖车辆造成了严重破坏。一门隐藏在白色海滩正北，位置正好突入海中的珊瑚岬（日军称之为“西岬”）的47毫米速射炮，以及南岛半岛（步兵第15联队千明第3大队第8、第9中队守备地区）和附近的北湾无名小岛上的反舟艇火炮一直在用毁灭性的纵射火力打击着通往海滩的通道以及海滩侧翼。

日军欣喜地发现美军登陆部队陷入困境。日军通信兵监听到美军用明语发出无线电通信：“舰队连一艘水陆两栖车都没有了”“快送来水”等。日军因此了解到美军苦战的情形。关于当时的情况，第14师团通信队的伊藤敬人回忆道：“敌人登陆时，配属贝里琉岛的师团通信队的无线电接连发来略语电报：‘梅·梅·梅’（我击退敌军之意），喜悦之情尽显无遗。可是不久之后关于激战情况的电报不断发来。”

日方战报声称完全击败美军第一波登陆部队，声称战果为破坏登陆艇60多艘、谢尔曼坦克3辆、水陆两栖装甲车26辆，杀伤人员1000余名。15日上午10时左右，井上集团司令官接到中川地区队长的报告：“予敌第一波极大打击，至10时左右完全将其击退。”中川的报告显然过于乐观了。不过第一波登陆部队确实在短时间内遭到重创，两栖登陆车也一辆接一辆地瘫痪、起火。至少在战斗初期，表面看起来美军似乎束手无策，战局对日军很有利。

随着越来越多的LVT两栖登陆车被日军摧毁，燃烧的车体在海滩上横七竖八，美军很快就感觉到这些重要车辆的短缺之苦。陆战1师战报显示，登陆日当天LVT被摧毁的官方公报数量为26辆，但是根据各突击登陆部队指挥官的非官方估计，当天因为车辆损毁一度达到的短缺数量至少为60辆。两个数字的差异一方面是因为在激战中观战的指挥官和其他观察人员无法区分燃烧的LVT和DUKW两栖卡车之间的差别，另一方面官方报告计算被毁数量时扣除了后来经过抢修得以重新使用的一些LVT。

尽管两栖车辆损失很大，但是随后的几波登陆部队仍继续向岸边运动。陆战1师的师属第1坦克营的坦克为了这次战役，对M4A2谢尔曼中型坦克特别进行过防水处理，基本都成功通过了礁盘。水下爆破队提前清除了礁盘里最

地图十一　美国海军陆战队登陆第 1 波的队形和日军贝里琉守备队的滩头火力网

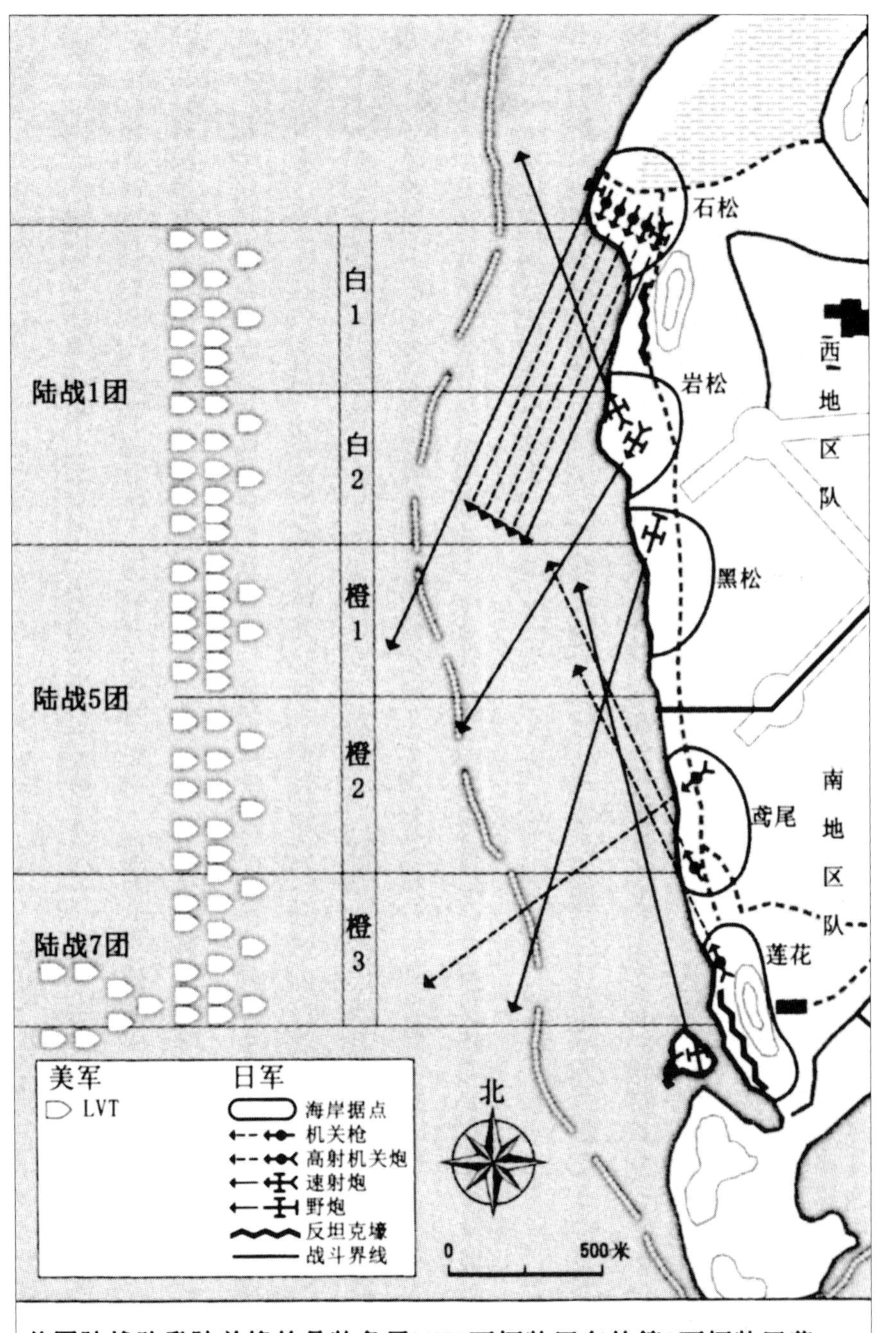

美国陆战队登陆前锋的是装备了LVTA两栖装甲车的第3两栖装甲营。另一方面，日军在以植物命名的滩头据点守候待敌。陆战1团左翼正面的石松阵地是特别增加武器的强力火力据点。

危险的水下障碍，对坦克顺利越过礁盘功不可没。坦克登上沙滩之后，分为六路平行纵队，由各自的LVT两栖登陆车引导。然而，日军的火力实在太猛，首日登陆的30辆师属坦克，大半在越过礁盘的10分钟时间里，各自中弹一到四枚。在陆战1团的辖区，只有配属的1辆坦克在登陆期间没有中弹。不过话说回来，只有3辆坦克因中弹完全失去了行动能力。如此一来，在第一轮登陆完成后的半小时内，步兵就已获得全部的坦克支援，除了马绍尔群岛之外，这是一个中太平洋之前的历次陆战队登陆行动都无法比拟的纪录。即便如此，陆战1师下属的陆战1团在贝里琉滩头阵地还是遭遇了前所未有的苦战。

陆战1团的大麻烦

按照预定计划，刘易斯·普勒上校指挥的陆战1团越过1师左翼的白色海滩抢滩登陆。美军的登陆兵力部署早有定制，只要登陆海滩的空间足够，1个步兵团会以2个突击营在前。这次陆战1团承担主攻突击任务的3营在白1海滩登陆，2营在白2海滩登陆。1营则在9时45分全部登上白1海滩，充当团预备队。

白色海滩恰好位于日军西地区队的正面，迎击陆战1团的是据守石松、岩松、黑松阵地的西地区队步兵第2联队第2大队的第5中队（配属工兵第3小队，中队长中岛正中尉）和第4中队（中队长川又广中尉）。白1海滩的北部边界线、白1和白2海滩之间的分界线，以及白2和橙1海滩之间的分界线分别穿过日军的石松、岩松和黑松阵地。

团长普勒上校随第一波部队登陆。当他乘坐的LVT两栖登陆车靠岸时，日军的弹雨飞射而来。普勒在车辆着地的那一刻，大吼道："赶快离开这该死的海滩，（不然）我们会变成一个大靶子的！"他的大腿在瓜岛负伤后一直一瘸一拐，却仍以最快的速度爬出车去，仿佛在地狱中穿行一般一口气狂奔出25码远，就地卧倒。普勒定一定神，向后一看，刚刚离开的两栖登陆车被四五枚日军的炮弹一齐击中，有几个人出车太慢，当场身亡，但是大部分人还是及时冲出了鬼门关。

年仅16岁的查尔斯·欧文二等兵刚翻出两栖登陆车，就卧倒在海滩上，几乎已经被地狱般的场景吓傻了，周围子弹和炮弹横飞，到处都是倒下的尸体和已经被炸碎的尸块。在训练和备战的时候，上级和老兵都反复告知新兵要尽快离开海滩，两栖登陆作战期间，海滩就是最危险的地方，但是很多人还是趴在沙滩上一动不敢动。这个时候，一位军官在现场出现了，欧文以前和以后都没有见过他，却永远忘不了当时的场景。这位军官不顾枪林弹雨，忙着在士兵们后背拍打，有时直接向屁股上踹一脚，呵斥道："愣着干什么，快爬起来冲啊！想让那些发疯的鬼子打中你们么？快起来！"欧文和其他士兵都回过神来向前冲，此时心中只有一个念头，就是在被击中之前赶快离开海滩。

1团2个突击营的每一位排长都在努力整理好下属各排的队形，普勒本人也在想方设法整

陆战1团的战士们刚刚登上贝里琉海滩，就听见军官和士官们大喊："快离开海滩！"日军的火炮和迫击炮一直在向贝里琉北部海滩射击。

顿全团的阵型。1团左翼的较大海角波因特角似乎没有受到美军海空预备火力的打击影响，机枪子弹和反坦克炮弹如同旋风一般向他们卷来。

斯蒂芬·萨博尔中校指挥的1团3营以K连和I连突击登陆，正好在8时30分登上贝里琉海滩。上岸不久，他们就一头撞上最为坚决的抵抗，日军的炮弹和始料不及的各种地形障碍，都在阻碍他们向0-1线目标前进。在1团向北转向时，最左翼的突击部队3营K连会充当枢轴。他们的当前目标就是波因特角——一片向海上突出的参差不齐的珊瑚礁，高出水面大约30英尺。日军的炮手从那里以纵射火力对陆战1师侧翼构成了极大威胁。所谓的波因特角就是日军所称的“西岬”，日军的石松阵地就在那里，属于富田大队第5中队守备地区。团长普勒上校命令乔治·亨特上尉的K连进攻这个阵地。

K连基本齐装满员，全连一共有228名士兵和7名军官，分编为3个步枪排、1个迫击炮班（辖3个分队，共有3门60毫米迫击炮）、1个机枪排（辖3个班，共有6挺7.62毫米口径勃朗宁机枪）和1个小型连部排。亨特和他的许多部下都是在瓜岛和格洛斯特角奋战过的老兵，普勒团长非常信任他们，他们也非常自信，但是不久却发现，贝里琉岛的战斗完全是另一回事。

地图十二　波因特角的地图

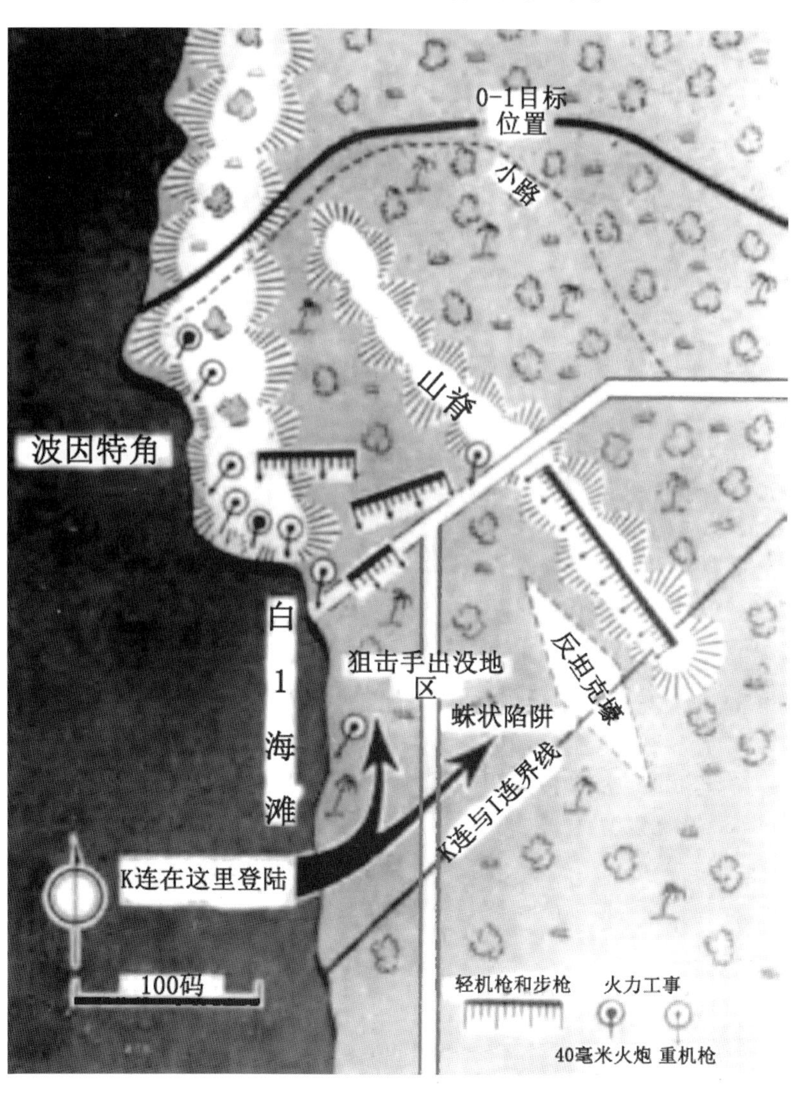

K连的3个突击步枪排从白色的珊瑚沙上爬出LVT两栖登陆车，立即就向内陆进攻，以2个突击排的兵力先向北推进。亨特连长安排左翼靠近海岸的3排去拿下波因特角，2排则进攻连目标区域的右半部，连预备队1排会跟随在3排后方。亨特给每个突击排配属了1个机枪班，第3个机枪班和连属60毫米迫击炮一同负责火力支援。亨特很清楚K连已经承担了当天全团最艰巨的战斗任务：“如果我们没能占领和守住波因特角，全团的滩头阵地就会暴露给侧翼的重火力打击。我们为我们（连）的责任骄傲，连里的每个人都决心完成任务。”

亨特本人在离开两栖登陆车后，一路飞奔了大约75码，来到相对安全的地方，才卧倒喘了一口气。此刻他的唇舌都像砂纸一样干，火药的黑色蒸汽和刺鼻气味从泥土里透出来，让他的喉咙更加干涩难当。汗水从他的鼻尖上流了下来。2名信差、连军士长、无线电操作员和机枪排排长雷蒙德·斯特拉梅尔中尉跟随在周围掩护。无线电操作员赶紧与下属的几个排联系，但是没有一个排回应他的一再呼叫。突然间，日军的迫击炮弹从左右两边向他们打来，轻武器子弹也从他们的头顶掠过。周围的不少士兵倒下了，凄惨地呼叫着医护兵。滩头阵地一带一片混乱。

乔治·亨特上尉指挥的陆战1团K连负责攻打该团阵地左翼的波因特角，因为他在指挥战斗时的英勇气概，被授予海军十字勋章。

亨特在想方设法与部下各排的排长取得联系，无线电没人应答，就派信差徒步去联系，但没有一个人回来报告。亨特明白K连的形势严峻，正在焦急之间，一个伤兵爬进了连指挥所的坑洞，哀嚎道：“战死负伤的K连兄弟们在周围躺倒了一大片。”另一个人突然大叫起来：“布莱克伯恩的手臂受伤了。”年轻的布莱克伯恩面色顿时惨白，双唇因痛苦而极度扭曲。亨特当机立断，跃出了藏身的弹坑，大声呼叫无线电操作员跟上他，一起向波因特角冲去。

亨特沿着炮弹犁过一遍的沙地，暗自为日军的大面积火力打击范围心惊。他看见绷带、血污和残缺肢体组成的可怕景象；陆战队员咬紧牙关，强忍伤痛；有人在痛苦中呻吟着挣扎；不时可见的尸体扭曲成怪异的形状；有些尸身露出了内脏，甚至整具身躯都被撕裂了。亨特找到掩蔽所隐蔽，焦急的无线电操作员立即呼叫3个步枪排，却无人应答。终于，亨特听到了一直想听见的声音，一开始还有“嘎吱嘎吱”的噪音干扰，后来就像铃声一样清晰了。

那是1排长威廉·威利斯少尉的急报：“我跟随在3排后面……他们损失惨重，急需担架员。”

亨特这才发现3排的实际位置在他们的指定登陆区域右边100码。3排一路顶着日军的火力攻击到波因特角前方50码以内，却因为损失太大，无法继续逼近，只得暂停。这一轮苦战，3排摧毁了日军的1门40毫米火炮、2挺重机枪和几挺轻机枪，但是代价巨大，排长和向导都身负重伤，被迫退出战斗。排里的便携式火焰喷射器操作员弗雷德·福克斯和他的副手摸索到排长埃斯蒂中尉身旁。埃斯蒂就坐在长草里，左臂胳膊肘以下有一道又深又长的伤口。福克斯知道埃斯蒂肯定要被后送，他觉得日军的火力太猛，自己除了火焰喷射器之外，还需要更强的近战武器，就用11.4毫米口径手枪换来了排长的汤姆逊冲锋枪。

排军士长约翰·科瓦尔毫不犹豫地接管了3排的指挥权。他在指挥部队进攻盘踞在海滩沿线蛛形坑洞里的日军火力点和步兵壕时就受了伤，却仍然顽强地继续指挥部队进攻日军的一处反舟艇炮位。这个炮位正在给登陆的陆战队员造成严重损害，对其多施加一些压力，战友们就多一线生机。科瓦尔不幸再度负伤，这次伤势是致命的，他仍用尽最后的力气指挥3排进攻。3排能摧毁这个重要的日军炮位，主要靠科瓦尔的临阵指挥，此役之后，他被追授海军十字勋章。

亨特连长也得到了右路2排的消息。2排长在海滩上就被日军的狙击手射杀身亡（关东军的狙击手接受过架枪后3秒以内完成瞄准，在300米射程卧射命中全弹的训练），排军士长也负了伤。排里的所有军官和班长都非死即伤，乔·达利亚诺一等兵眼看着战友们在身边纷纷倒下，全排已经被日军的阻击火力打散了，和友军的联系也都断了。他没有退缩，勇敢地指挥战友们稳住阵脚，尽力重整起来，组织火力反击日军。

失去指挥官的2排士兵们好歹直线推进了大约75码，被一条大约3米深的坦克壕挡住了去路，在他们右前方9到12米有一道长长的珊瑚山脊，山脊北端的重火力将这个排的陆战队员打得抬不起头来。陆战1团收到的照片或地图上，根本就没有显示出有这个险峻的障碍。这山脊上布满洞穴，日军利用天然地利挖掘了大量掩体。日军的顽强抵抗，让2排损失惨重，达利亚诺的头部和肩部都中弹了，好在都不致命。排医护兵一边为他包扎伤口，一边说道："你会没事的，就这样将肩膀吊起来就行。我们会尽快将你后送，但是排里的死伤人员很多，鬼子狠揍了我们一顿，看上去我们还得在这壕沟里呆上一阵子。"2排一共有45人，此时的有效战斗力已经减少到大约仅剩一个班而已，和3排之间的联系早已被切断。登陆日的战斗结束后，2排计点人数，竟有19死21伤之多，失去了将近90%的战斗力。

日军的一座用椰子树原木建成的地下工事，经过精心伪装。在茂密的灌木丛中，很难看清这样的隐蔽火力点。这座工事是日军的一系列可相互支援的机枪和步枪火力点之一。

亨特不顾两个突击排之间出现的缺口，将他的预备队1排顶上前线，命令1排长威利斯中尉一定要拿下预定目标波因特角。K连必须击败的日军工事有5个钢筋混凝土碉堡，外部用1.5米厚的珊瑚石加固，其中一个是日军的"41"式47毫米速射炮炮位，其他4个都是重机枪火力点。每座碉堡都有6到12名日军把守，同时其他日军步兵都在附近的坑洞和珊瑚洼地里就位，有些还配备了轻机枪，以提供火力掩护。尽管海军军官向普勒上校保证，这个对他的侧翼形成纵射火力打击的战略区域，会在火力准备期间遭到地毯式轰炸打击，但是日军所有的这些精心准备的防御工事，在陆战队发起攻击时仍完好无损。

由于波因特角的火力主要都集中在登陆海滩地区，陆战1团决定从背后（东面）进攻这座天然要塞。威廉·威利斯少尉集合3排残部，加上他的1排，面对日军的集中火力阻击，开始朝波因特角顶部猛冲。这次陆战队步兵的战术明确，先消灭保护碉堡工事的日军步兵，然后进入安全死角暂歇，喘息之后再小心靠近碉堡，向里面投掷手雷。最后，威利斯少尉的部队突破了日军散兵坑和碉堡组成的迷宫般的阵地，全歼了守卫这些堑壕坑洞的日本兵，然后猛攻波因特角山顶的火力点，但是在他们下方的水线，整个上午都一直能听见47毫米速射炮的轰鸣。日军的这门火炮对美军陆战队造成了巨大杀伤。

弗雷德·福克斯和3排的其他幸存战友，也跟随威利斯少尉参加了这次战斗。他与战友虽然看不见日军的火力点工事和炮位的入口，但是他们发现有一段阶梯从珊瑚石内切，一直延伸到地下。福克斯将1枚白磷手雷和2枚普通手雷从梯口掷入，却不见有人出来。福克斯小心翼翼沿着阶梯向地下走了几步，终于能看清里面的情形了，果然是一座日军的炮位。石阶下躺着一个日本军官，头戴布帽，鼻梁上架着一副黑框眼镜。他的左臂被烧焦了，却用肘部支撑起来，举起手枪瞄准。福克斯毫不犹豫地扣动了汤姆逊冲锋枪的扳机，一梭子四五发子弹穿透了日本军官的身躯。福克斯继续沿着另一段阶梯往下走，终于来到地下工事的底部，大约有4.5米×3.6米那么大。那里有个切腹自杀的日本军官，靠后的角落里躺着另外几具日本兵的尸体。

威利斯少尉率部进攻波因特角的最后一座钢筋混凝土火力点。1排的安德森下士带领几个人从日军火力点前方大约20码的岩石上悄悄攀爬，威利斯则设法悄悄从上方靠近那座钢筋混凝土工事，找到了悬崖上的一处缺口。这里是日军火力点无法射击的安全死角，威利斯掷出几枚白磷手雷，暂时挡住里面日军炮手的视线。安德森指挥的陆战队员立即包围上去，安德森举起步枪，从炮口射入一枚枪榴弹。威利斯认为这枚枪榴弹正好命中日军的炮管，其实很可能点燃了内部的一些弹药，火力点内部几乎立即被白热的火焰给烧焦了，浓烟都从出口和炮眼喷了出来。三个日本兵不顾一切地从出口冲了出来，他们的衣服上燃烧着火焰，子弹带在高温下爆炸，早已在出口外守候的一个陆战队步枪班就用子弹让他们解脱了。

10时15分，K连完成了攻克波因特角（石松阵地）的任务。控制这处阵地对美军来说可以算得上是一个奇迹般的成功。本来附近应该有日军为阻止敌军迂回而设的“中间阵地”，但很可能被轰炸炮击所破坏或者未来得及部署兵力，结果石松阵地被少数陆战队员从后方冲入。

根据美方史料，L连为肃清波因特角的日军火力点，一共杀敌110人。不过富田大队第5中队部署在这里的兵力应该只有约一个小队（不算配属、支援兵力）。不管怎样，从左翼威胁美军滩头阵地的纵射火力终于平息了，但是陆战队员的代价也很大。2排则在珊瑚山脊附近的坦克壕前被困住。几分钟后，K连长亨特上尉，收集激战后幸存的人员，组织临时环形防御阵地，可供他使用的人手一共仅剩1排和3排的32名幸存者。更麻烦的是连里的机枪排大部分在海滩的战斗中伤亡消耗掉了。虽然暂时使全师的左翼安全了，但K连发现自己被孤立在全师的最左翼，成为小股日军坚决反击的目标，只得用一挺缴获的日军机枪投入战斗。

此时，3营的81毫米迫击炮排登陆后不久就失去了一块迫击炮底板，幸存下来的人员正在拥挤的海滩上向内陆行进，一路飞奔了大约30码，挖掘散兵坑，寻找设置射击阵地的空间。这么一小段距离，就让这个排失去一门迫击炮的底板，3人被炮弹弹片命中身亡，失踪高达17人（最终确认伤亡11人）。

阿尔伯特·米克尔发现，一同掘壕的只有第3和第4班的大约12人。他们有2门迫击炮，但是供弹人员没有跟上，也就没有弹药可用，更惨的是大多数人配备的轻武器只有11.4毫米口径手枪，无法组织有效的反击火力。周围到处都是阵亡的K连陆战队员的尸体，迫击炮手们都很害怕。突然，排长詹姆斯·哈格蒂中尉出现在他们身后。为了提振士气，哈格蒂非常大胆地在头上戴了一顶纽约扬基队的蓝色棒球帽，背负双手，两腿分开。他非常平静，自信满满地说道："你们抬起两门迫击炮，跟我来。"下令之后，他转身向大海走去。部下逐一离开刚挖好的散兵坑，跟随他而去。

日军用迫击炮和火炮一直在向浅纵深的滩头阵地射击，加剧了美军早期登陆的混乱，而他们在内陆大约70码的珊瑚山脊上，用轻重机枪和步枪火力，就可以扫射滩头区域。美军的不少两栖车辆被打得千疮百孔，燃起大火，车上的弹药不时会爆炸，燃烧的弹片散落在沙滩上，匆匆在滩头登陆的陆战队员为此吃了不少苦头。为了避免注定会被破坏的命运，成功登陆的美军两栖车辆只得将它们的货物都在各支援排中间卸载。这些支援排负责清除日军据守抵抗的小型孤立阵地，压力较小，两栖车辆卸货之后，就匆匆回到珊瑚礁，准备再次装运货物。

1团3营扩大滩头区域的种种努力令人失望。不仅K连的各部队之间敞开了一个缺口，他们和I连的联系也都被切断了。I连正在穿过2营附近的沼泽地进攻。在占领波因特角不到15分钟后，萨博尔中校下令从营预备队（刚刚登陆的L连）抽调2个排的兵力去填补2个突击连之间的缺口。在这2个排的步枪兵完成任务之前，也被压制K连右翼突击排山脊南部的日军酷烈火力挡住了。L连的这2个排反复尝试侧翼和正面进攻，却还是没能将在山上设壕防御的日军赶走。于是3营恢复2个突击连联系的努力迟迟没能取得进展。与此同时，无奈的萨博尔营长投入了他预备队的最后一个步枪排，用于填补K连在波因特角和长珊瑚山脊之间的战线上的令人苦恼的缺口。

陆战1团3营长斯蒂芬·萨博尔中校。贝里琉战役登陆日，他的部队遇上了日军在滩头阵地附近最凶猛的阻击。

当1团3营在设法解决前线的麻烦时，日军已经意识到K连的突击排之间出现了缺口，集结部队向该地区猛冲。L连的最后一个预备排到达现场，这些敌兵用顽强的火力让这个陆战排驱逐他们的一切努力落空。萨博尔中校已经用完了营里的所有预备队，只得请求团里协助对付陆战队阵线里出现的这个敌人据守的危险突出部。普勒团长决定让团预备队1营的部队去支援。

雷蒙德·戴维斯少校指挥的1营实际上在9时10分开始登上海滩。日军的迫击炮弹在所有的LVT两栖登陆车周围落下，重武器显然早已标定礁盘和海岸之间的区域，要让美国陆战队员从一开始就尝到巨大压力。1营的这一波登陆车辆有3辆被击中，车上载的弹药爆炸了，将车身被炸裂的碎片抛撒到水面上。C连长埃弗雷特·波普上尉的车辆在登上海岸时，他看到前方的友军飞机正在从空中扫射海滩，然后就看见十几堆火光，他以为美国的海军舰载机已经成功压制了日军的滩头防御工事，问题不大。片刻后，他看清着火的原来是陆战队的登陆车辆，顿时明白友军已经陷入了麻烦——其实就在这一刻，他所在的1营也迎来了麻烦。

戴维斯营长和营部的几个人一起乘坐"自由艇"——没有被指定属于某具体登陆波次的LVT两栖登陆车。他从摇摇晃晃的登陆车侧面向外望去，真是满眼狼藉。白1海滩和白2海滩外的礁盘水上有20多辆两栖登陆车辆在燃烧，带着机油味的黑烟升上了天空。爆炸的迫击炮弹和火炮炮弹让登陆海滩浓烟滚滚。日军的反舟艇障碍物，带刺铁丝网串成的柱子在浅水区形成了不规则图案，上面还插着小旗，为日军的重武器指示目标。

日军在白色海滩地区的防御纵深极大，非常顽强，滩头一带的实际状况，让戴维斯营从上岸的一开始就已被卷入战斗，“预备队”这三个字对他们失去了意义。戴维斯刚刚下车，还没来得及撒开腿奔跑，一枚迫击炮弹片就直接击穿了他的膝盖。戴维斯赶紧坐下上了绷带，觉得不算很严重，就继续坚持不下火线。

随军画家汤姆·莱亚跟随1营一起登陆，当他回头向海上看时，正好见到一枚炮弹直接命中一辆LVT两栖登陆车正中央，钢铁碎片和人体碎块看上去就好像慢慢在空中划出了轨迹。他再回头去看，一列陆战队员正走下一辆冒烟的LVT两栖登陆车，涉水向海滩而去，却被一枚炮弹击中。日军的机枪子弹连梭落入礁盘，中弹的陆战队员成排倒在碧水之中，他们的鲜血转瞬间就将身旁的海水染红了。远处的幸存者在他看来就像移动缓慢的蚂蚁，医护兵和担架员已经在来来往往运送伤员。

1营也只有一路坚持战斗，才能通过这次血与火的抢滩考验。日军充满杀意的火力，让他

被日军大口径炮弹直接命中摧毁的LVT两栖登陆车。

们伤亡很大。C连的缪勒中尉在登上海滩的时候头部中弹；A连的布斯中尉被一枚狙击子弹正中胸口，最终不治身亡。“医护兵”和“担架员”的哀号响成一片，折磨着战士们的神经。营部经过短暂观察，就发现这一带的滩头阵地纵深极浅，正面和两翼都有日军的轻武器密集火力阻击。距离海岸大约70码远，就有一道低矮的珊瑚峭壁，日军的步枪兵就依托这道天然屏障，向美国陆战队员射出致命的子弹，日军的迫击炮和火炮接二连三地将炮弹向海滩倾泻。雪上加霜的是，C连的战斗区域里有一座钢筋加固的碉堡，一直都在骚扰他们。C连组织了一个突击班，总算将这座碉堡捣毁，至少让滩头阵地消除了近在眼前的威胁。

11时左右，戴维斯营长好歹整顿好全营的秩序，在团指挥所后方挖掘散兵坑设防。1营营部为贝里琉的苦战预先做好了准备，副营长尼科莱·史蒂文森少校负责率领后方指挥所，负责与正在为前进奋战的各连保持好联系，保证食品和弹药顺利送往前方，组织后送伤员。戴维斯亲率营部前方指挥所在后方指挥所前方大约100码的位置，组织一线战斗。两个指挥所分开一定距离运作，既是为了适应实战需要，也是为了防止日军的一枚炮弹就直接将整个营部人员一锅端。

13时左右，戴维斯接到普勒团长的命令，当即派出A连为陷入困境的3营助战。1营A连从波因特角和山脊之间的缺口进入几个位置，想要利用日军的一道反坦克壕继续前进。但是就在A连面向东面的山脊想要推进时，壕沟下的日军狙击手和自动武器一直在用纵射火力威胁他们的侧翼，造成陆战队员伤亡惨重，让这波攻势陷入停滞。戴维斯后来才知道，日军在珊瑚石山脊线的下方挖掘了大量隧洞，有时深达30~60米，射击孔位置经过精心选择，能够以致

命的交叉火力从较远处打击A连。

日军组织反击，分割包围了美军陆战队的一个班。班长莱利中士发觉在他的左翼有2辆两栖登陆车和1辆支援坦克已被日军打瘫痪，立即命令部下去坦克右侧组织一道散兵线。莱利部下的战士拆下坦克的机枪射击，凶猛的火力让日军损失很大，被压制得无法动弹。副连长调来另一辆坦克支援，总算将莱利班成功救回。莱利回连部报到，得知排长和排军士长都非死即伤，他被火线提拔为排长。

几个小时以来，陆战队对日军的突出部和山脊上的设防阵地发动了多次进攻，步兵和坦克协同突击也不止用了一次。最终，A连一部成功地以一波猛冲在山脊南坡取得了一个立足点，与右侧的3营I连取得了联系。莱利在战斗中也负了伤，他所在的一个排只能转交给霍根一等兵指挥。下午晚些时候，1团1营B连越过A连精疲力竭的队伍，继续仰攻山脊上的日军。赫伯特·高夫下士带领他的一个班迎着日军的致命弹幕，巧妙部署，战士们的战斗力发挥到最大，大胆地从侧翼包抄日军，坚决进攻。然而一个班的火力要压制日军严密设防的火力点还是不够，高夫带着几枚手雷，端着冲锋枪一人顶了上去。战友们都竭力射击掩护这位代理班长。片刻后，日军的机枪哑火了，战友们欢呼地冲了上去，火力点里的日军都被他的手雷和冲锋枪子弹杀死了。但是高夫也倒下了，再也没能醒来。此役之后，他被追授海军十字勋章。但高夫的拼死奋战还是不足以打开局面，B连最终仍未突破日军在山脊上的防御阵地。

1营长戴维斯派出了他的最后一个步兵连C连。但是日军居高临下射击，轻武器、迫击炮和火炮火力太猛，让这一带的美军当天再也难以前进。

无论如何，团预备队1营投入战斗后，好歹在3营的几个突击步枪连之间建立了联系，缩短了波因特角和山脊之间的缺口，但缺口依然存在，1师左翼的危险仍存。日军如果在山脊和大海之间的走廊地带发动一次大规模反击的话，有可能成功突破到海滩，那里到处都是后续波次送来的人员、装备和补给。美军官方战史资料坦言，这样的反击会给美军的滩头阵地带来灾难性影响，事实上，有可能将登陆的陆战队赶下海。

为了应对这一威胁，普勒团长动用了团预备队的剩余兵力，以及团部人员和陆战第1工兵营的100人，组成第二道防线，封锁沿着走廊地带直下海滩的路线。然而令人生畏的大规模反击并未到来。

登陆日1团的滩头阵地情况相当不妙，但是普勒坚定而固执地不会向上级请求支援。史密斯副师长午前就登上贝里琉海岸，开设了前敌指挥所。16时以后，他打电话给普勒，问道：“你那边情况怎么样？”普勒回答：“还好。”史密斯又问：“你们需要帮忙吗？”普勒仍然坚定地答道：“不用，我能应付。”史密斯只得问起关键问题：“人员损失怎么样？”普勒答复道：“大概伤亡40人。”史密斯觉得普勒看上去真的认为自己能应付，但是一直在观战的他很清楚陆战1团当天受到沉重打击。史密斯了解普勒，知道他不会开口求援，但是他也肯定根本不明白1团的伤亡到底有多大。

陆战1团的9月15日的确是非常艰难的一天，对3营来说是参战以来最为艰难的一天，亨特的K连登陆伊始共有235人，次日天亮点算已仅剩78人。3营当天伤亡加失踪合计251人。

与1团3营遇到的顽强阻击相反，拉塞尔·洪索维茨中校指挥的2营登陆后遇到的抵抗相对较弱，该营面对的主要是日军的岩松阵地。在白

2海滩，1团2营的两个突击连就地展开队形，向内陆进军，一位下士与战友们一起快步向前。就在圆木和灌木丛之间冲锋、躲闪和跳跃。他和战友前进了大约100码，来到了一片沼泽地。这位下士赶紧卧倒，鼻子都能闻到丛林地面里的潮湿气息了。根据经验，他以为日军在这一带的火力会加强，那么或许他就能锁定敌人的位置了。但是并没有什么异常。下士小心翼翼地将脚探进沼泽地，日军果然再次一轮接一轮将子弹射来，一些子弹确实击中了陆战队员，美军也找到了目标……

总的来说，1团2营向内陆挺进遇到的抵抗不算强，他们使用所有的建制内武器，依靠幸存的LVTA两栖装甲车缓缓越过茂密丛林和沼泽，绕过组织良好的日军据点，或者用火焰喷射器和爆破装置消灭据点里的日军。9时45分，他们到达内陆约350码的0-1目标位置。在面朝机场的这一片丛林区域，2营与中路的陆战5团部队建立了密切联系，从而保证了1团右翼的安全，就地坚守，等待向下一目标位置推进的命令。然而，由于1团左翼的局面一直都不稳定，2营就在这里一直留到了第二天早晨。

陆战1师的抢滩登陆部队在登上贝里琉海滩之后，遭到隐藏在滩头阻击阵地的日军有力阻击。图为正在海滩上依托巨石，用1919勃朗宁7.62毫米口径水冷式机枪和手雷反击日军的一个陆战队机枪班组。

日军富田大队的幸存者很少，向美军射出致命火力的士兵大都化为尸骨，少数幸存者对9月15日的反登陆战斗的回忆也不够详细清晰，不过他们的回忆倒是可以让我们从日军的角度来窥探战斗的血腥残酷。

关于15日战斗的情况，富田大队第5中队的饭岛荣一上等兵回忆道：

陆战队的机枪班组成员在向内陆推进，他们左边是未能越过海堤就严重受损的两栖登陆车，右边是或死或重伤的战友。

到前一天14日为止我们一直在富山，但从美军方面的动向来看应该很快就会登陆。第二天早晨6时左右满潮，所以敌人应该会利用这一时刻，于是我们前往筑

正在乘坐登陆艇驶向贝里琉海滩的美军陆战队员。图上方可见贝里琉岛已被硝烟笼罩。

有阵地的海岸线。

在敌人登陆的9月15日的早晨，我们因昨晚开始的移动已经感到疲倦，而且也没有吃的东西，就这么进入了章鱼罐。这里遭到了舰炮射击，我以为炮击已经结束了，从章鱼罐里抬头一看，美军已经来到了眼前。在舰炮射击掩护下的登陆艇和水陆两栖装甲车已经登上海岸。

我们也拼命开火。枪身什么的烫得没法摸。这就是互相残杀啊。这时美军的舰炮射击停止了。这是因为敌我双方在海岸上混战成一团。这时第5中队的约150人中，已经有30名左右战死了。

……

因登革热而摇摇晃晃的云野兵长在出去的时候被杀了，之后我向海岸突击时，鬼泽他们所属的中队本部也过来了。那时的事情给我留下的印象最深。

"5中队！现在位置！"

传来了传令兵的声音。在数万敌兵面前，仅仅有150名左右的兵力在战斗着，真让人心里没底。这时鬼泽他们所属的中队本部的约100人正好过来支援。因为是在战斗中，所以看不到他们的身影，只能听见声音，真让人安心。小高曹长就是在那之后战死的。

在这个战斗第一天的15日，进行了三次突击，每次都损失了三分之一。小队长涂木正见少尉是士官学校毕业的勇敢的军人。涂木少尉对小高曹长说："我去捞一把。"说完就进行了突击，结果再也没有回来。因为在突击时就没打算活着回来，所以在步枪上安上了刺刀，只装了5发子弹，其他的就只带了水壶。

到海岸有20米至30米，但原本繁茂地生长着的一排椰子树，已经在炮击轰炸中全部被放倒，所以突击10米就会进入你死我活的白刃战。我们前进时，倒下的椰子树的另一边有蒸汽一样的东西在升起。我不经意地一看，原来是坦克。我们手里只有刺刀，所以毫无办法。

"饭岛！之前的阵地上有爆破坦克的炸药，去拿过来！"

传来了分队长的呼喊声。刚回去取炸药，第7中队就过来支援了。

哪里是敌阵地也不知道，进入了敌我难分的白刃战。某个士兵把后方当成敌阵地，把手榴弹扔向那里，然而那却是我军正在死守的地方。

同属该中队的鬼泽广吉上等兵回忆道：

我是中队本部附，中队长中岛正中尉是从士官候补生晋升上来的，非常有干劲。所以他站立着指挥战斗，结果光荣战死了。

双方不止是互相射击，还互投手榴弹。

因为距离太近，已经不能互相用步枪射击了。日本的手榴弹只有在拔掉安全插销和撞击之后才会发火，但美军的只需拔掉安全插销，然后握住手柄，在松手后马上就会“嘭—！”地炸开。士官小高曹长是剑道二段，前去进行挺身突击，砍下了美国兵的脑袋，我心里正在说“干得好”的时候，他突然“嘭—！”地一声被炸死了。原来被砍下脑袋的美国兵握着手榴弹的手松开了。

第5中队的狙击手程田弘上等兵（战斗位置应该在岩松阵地）回忆道：

首先在14日的傍晚，全部由黑人组成的侦察兵来到海岸附近拍摄照片或者画草图。我看到的有二三人，但为了尽可能让黑人侦察兵靠近，没有向他们射击。第二天早晨美军登陆时我们藏在洞穴中，不过还是连续射击直到打光弹药。不知道是几点，忽然发现敌人已经没影了。于是一声“冲啊！”我们从洞穴里冲了出来。

美军的第一线似乎有很多黑人兵，很多黑人死掉了。其中有的人一息尚存。因为觉得“用子弹杀了这个家伙太浪费了”，所以有人用枪托毒打、往他身上浇小便。这时对方突然爬起来用手枪对准日本兵。还有受伤的美国兵藏在椰子树后面，被发现后用双手举起手枪瞄向日本兵。我方当然也不想被干掉，于是一个接一个地把对方杀掉，就这样抵达了海岸。

这里的海岸上正在展开敌我难分的白刃战。无论敌我的轻机枪都无暇仔细瞄准，只管扣动扳机。

……

富田大队第6中队第2小队长山口永少尉回忆了日军的炮击重创美军的情形，以下是回忆的摘要：

这一天美军也从早上开始就向机场和第二线阵地实施炮击，但射击突然同时停止。我不经意地一看，各阵地正面的海上出现了大群敌登陆艇。因为过于兴奋，看的时候根本平静不下来。数量多得数不清。水平线上仿佛伸出了一座半岛，就好像铁带在前进。由于正在后方山腰洞穴内待机中的我用重武器在猛射，敌人陷入了严重混乱，但在敌猛烈的炮击轰炸下终于沉默下来，敌人遂抵达了滩头。敌军登陆地的日军似乎已经被轰炸炮击消灭了，但是在地下坑道中待机的我军坚决守卫着阵地，在充分准备之下以猛烈射击给敌军造成了歼灭性的重大打击。云霞般的敌军以水陆两栖装甲车为先导蜂拥而来，在石松、岩松、黑松阵地以南展开了殊死战斗。敌人在平坦的沙滩上进退维谷，因我方炮火蒙受了很大损失，争先恐后地逃进海岸沿线的我反坦克壕内，结果被早已准备好的我侧防（敌军逼近时，为从在敌军前面无法看见的侧面射击而进行部署的武器）机枪痛宰了一番。不久敌坦克进入壕内，敌人以坦克为掩体遮蔽了侧面，再次开始战斗，于是在极近距离上展开了手榴弹战，第4中队同第5中队协力死战，但次日下午敌人逼近了西地区队的战斗指挥所所在的防弹兵营一线。富田大队长决心以手头的士兵实施最后的突击，但这时大队副官关口正中尉提出意见：“第6中队仍然完好无损。不如在掌握该队重整阵容之后再行攻击。”大队长说：“就按关口说的办吧。目标第6中队阵地。各个前进！”说完冲出了防弹兵营。

在石松、岩松阵地间的珊瑚台前有一道反

由于日军的阻击火力太猛，图中的几名陆战队员只得在反坦克壕里隐蔽，一时难以前进。

坦克壕，系由日军工兵在步兵的支援下构筑而成，长200米，有前后两线，深3米，宽4米有余，使用了椰子树以防止被沙子埋没。由于几天来的舰炮射击和空中轰炸，反坦克壕有些地方已经崩塌，但仍然足以阻止装甲车辆前进。这道壕沟在15日的战斗中曾经阻止了美陆战1团3营K连2排和1营A连等各部的进攻。据日方战史记载，日军的炮兵在当天炮击了进入这条反坦克壕的美军，给其造成惨重损失。在石松阵地一带同步兵第5中队一起战斗的工兵第3小队长藤井裕一郎回忆了日军的集中炮击的情形：

15日8时30分左右，登陆的约1000名美军接近了我阵地前，进入了反坦克壕。6辆水陆两栖装甲车并排立在壕前，于是我立即派出军犬联络天山一带的我炮兵阵地，其中第二只联络成功。5~6分钟后我军对这股敌人进行了出色的集中炮击。通信线路的有线、无线均因敌军的炮击轰炸而遭破坏，已经无法使用了。

时值暴雨，滚滚爆烟在暴雨下消散时，美军已几乎全军覆没。守备队向开始退却的残敌猛烈射击，美军陷入严重混乱，展开烟幕用担架后送伤员。但是敌人立即以准确的舰炮射击集中射向我炮兵阵地……

尽管美军不断伤亡，但仍然如潮水般地陆续登陆。而且随着时间的流逝，两栖装甲车辆的数量也逐渐增加。第5中队决定把建在海岸上的混凝土碉堡中的速射炮拉出来。这些碉堡的混凝土厚1.4~1.5米，是按照可以大体抗住舰炮炮弹直接命中的标准建造的。约3米见方的立方体形的碉堡当初是在距水边数米远的陆地上建造的。但是由于陆续登陆的美军的两栖车辆冲散、挖出沙子，因此碉堡慢慢地向海中移动。结果碉堡射击口的位置发生了变化，对于从海上猛扑过来的两栖装甲车辆无法有效攻击。所以第5中队的队员们决定从碉堡中拉出速射炮。程田弘上等兵回忆道：

听说在塞班和提尼安，美军坦克的装甲板太厚，所以速射炮没起到作用。可是（把速

美军摧毁的贝里琉日军炮位，里面是一门日军47毫米速射炮残骸。这种速射炮是日军对美军谢尔曼中型坦克威胁最大的武器。

射炮）从碉堡中拉出来之后，敌坦克却发出“嘣、嘣”的声音，在海中喷出火焰，一辆接一辆地瘫痪了。

速射炮如果部署在碉堡中的话，是无法打中坦克的死角的。从斜上方无法射中坦克的脚下和履带所在的地方。所以我们把速射炮从碉堡中搬出来，带到海岸线的高处，向来到珊瑚礁的浅滩上的美军坦克射击。

我们抱着绝不撤退到第二线阵地的信念。决定就在这里阻敌直至战死，不会轻易后退。

在战斗中忽然下起了暴雨，战场进入了暂时的寂静。暴雨过后，在滚滚硝烟和呛人的火药味已被冲洗干净的海岸线上，白色波浪拍打着双方的累累尸体。很多尸体都是身穿迷彩服的美军。经过暴雨冲洗的海岸再次变成了双方士兵混战成一团的杀戮场。

在这天的反登陆战斗中，日军一再冲出坑道同登陆的美陆战队近战，反复以小队或分队进行突击。面对拥有丰富的自动武器的对手，冲出坑道积极反击的守备部队的损耗速度非常快。然而为了阻击从据点的间隙涌出的陆战队，即使伤亡很大，日军也只能以渗透战术与之对抗。

向机场挺进

在中央登陆的陆战5团，由哈罗德·哈里斯上校指挥。按照计划和美军登陆的标准阵型，5团以2个营齐头并进，充当预备队的另一个营紧随在后。左翼的1营以2个步枪连突击，在橙1海滩登陆，而3营以同样的阵型在橙2海滩登陆。1营面对的主要是日军的黑松阵地，该阵地也属于富田大队第5中队的守备地区；3营面对的则主要是日军的鸢尾阵地，该阵地位于黑松阵地南方900米的海岸，防守该阵地的千明大队第9中队（小野里中队）在9月15日以前是贝里琉地区队的预备队，被部署在中山山麓地区，9月14日夜贝里琉地区队长中川州男将东地区队转为地区队预备队，部署在地区队本部附近，小野里中队则奉命返回步兵第15联队，被部署在鸢尾阵地。小野里中队不仅无暇强化阵地，根本就是在缺乏准备的情况下迎来美军登陆的。

日军在橙1和橙2海滩都大面积地埋下了一种双角地雷。一共3排地雷，呈棋盘形分布，每隔1米左右安放。登陆日之前的恶劣天气让这些地雷上堆积了将近1英尺的沙子，大大降低了地雷的效能。可还是有不少LVT两栖登陆车和DUKW两栖卡车因为触雷而失去了动力，成为日军炮兵容易打击的目标。好在登陆日之后不久的多雨天气又将沙子从这些地雷顶上冲走，让美军工兵能够较容易地定位和排雷。

罗伯特·博伊德中校指挥的5团1营的突击部队，在推进到内陆大约25码时，从LVT上下车，开始向东快速穿过椰树林。两个连的美军步兵

贝里琉岛上日军用于对付美军坦克和装甲车的地雷。

一开始只遇到零星的日本步枪兵，偶尔有机枪火力阻击。9时左右，他们来到机场西侧边缘的开阔地。就在他们到达这个0-1线位置后不久，便与保护他们两翼的友军取得了紧密联系。

0-2目标位置正好穿过机场，在还没有得到继续前进的命令时，5团1营沿着一条防线让步枪兵和自动武器做好准备。其他配备掷弹器和巴祖卡火箭筒的陆战队员占据好阵地，为该营正面和纵深提供火力掩护；4门37毫米反坦克炮部署在阵地正面的弹坑里隐蔽；机枪也各就各位，一旦日军发动反击就能形成交叉火力阻击。第1坦克营B连的3辆坦克到达时，都在炸弹坑里隐蔽。

5团1营在战役的这一阶段行动谨慎，这是在备战期间就已定好的。陆战1师离开拉塞尔群岛前不久，对航空照片的仔细研究发现了一些与坦克履带非常相似的东西。那么日军从机场以北地区发动反攻看来就是非常可能的，因为这一地区既可提供火力掩护，又可隐蔽。基于这一结论，5团就将可用的大部分反坦克武器和一些坦克分配给1营提供支援。

下午早些时候，第11炮兵团2营一个炮兵连的75毫米榴弹炮已经上岸，在5团1营的右后方挖掘射击阵位。由于日军设置的反坦克障碍物让美军不便使用LVT两栖登陆车，所有炮兵连的火炮、弹药和装备都不得不从海滩上依靠人力搬运到这个位置。11团2营的任务是支援5团的进攻，同时为1团战斗区域提供加强火力。15时10分，该营火力指挥中心（FDC）开始运作，55分钟后，这些火炮开始向日军炮位发射第一轮炮弹。当这些榴弹炮投入使用时，它们取代了LVTA两栖装甲车为步兵提供支援火力。

尽管陆战5团1营由于1团未能前进，只能

由于前几波登陆部队未能顺利突入内陆地区，陆战5团数以百计的陆战队员只得被困在橙1海滩水线一带，日军的反登陆炮火一直在继续，图中可见被炮火摧毁的登陆车辆。

留在0-1线（第一阶段目标）位置，但5团3营长奥斯汀·肖夫纳中校将率部向贝里琉腹地纵深推进。3营越过橙色海滩时，以I连和K连在正面左右突击，L连为预备队。在两个突击连确定前进方向后，立即肃清海滩地区，直接向东进攻。I连很快就与5团1营的部队取得了联系，登陆不到1小时就到达了0-1线位置。

与此同时，K连遇到了麻烦。事实上，在出发后至少15分钟之内，K连其实成为1师全体登陆部队的右翼。因为预定在橙3海滩登陆的7团3营的LVT两栖登陆车，遇到了一些非常麻烦的水下障碍区，右侧日军的纵射炮火也异常猛烈，使得驾驶员只得向左转，耽搁了登陆时间。后来7团3营的大约一半突击兵力实际上都在橙2海滩登陆了，与5团3营K连的部队混作一团。

1944年9月15日，橙1海滩的陆战5团士兵要越过第一道珊瑚石山脊前进都非常艰难。

尤金·斯莱基一等兵初次上阵，隶属K连的一个迫击炮班。这个班冲过滩头以后，就在一片开阔地暂歇整顿。斯莱基走过了他见到的第一批日军的尸体——倒在一起的1名日军军医官和2个日本步枪兵。按照3具尸体的姿势来推断，应当是在军医正要为1名步枪兵进行急救时，附近正好落下一枚炮弹，将3人杀死。爆炸的巨大冲击力将军医的腹腔完全撕开，他的内脏布满了珊瑚砾石和灰尘，在阳光下闪闪发光。

斯莱基还在呆呆盯着那三具尸体，K连的2个老兵已经小跑过来，熟练地从三具尸体上取下想要的纪念品。一个从军医尸体上取下手枪、枪套、一副角质镜架的眼镜和一面卷好的日本国旗，另一个在检查两名步枪兵尸体的军服和口袋。最后，两人拔掉步枪的枪栓，将弹仓在硬珊瑚石上砸碎了。

两个老兵继续前进，一人不经意地对斯莱基说道："大锤（斯莱基的绰号），小心你的周围，别去管那些没用的东西。"

斯莱基什么都没说，跟着组长伯金下士一路沿着机场边缘而去。

5团3营K连刚刚从海滩上的困境中解脱，好容易开始前进，迎面就撞上日军向橙2海滩南部和海滩与内陆相接处发射的迫击炮弹幕，只得停下脚步。半小时后，日军的弹幕稍歇，7团3营的部队占据了K连右侧的阵地，护住了侧翼，K连被迫推迟的向0-1线位置的行动开始了。在10时前后，K连已经与到达0-1线的本营I

连建立了紧密联系。

大约30分钟后，K连继续东进时，右翼仍保持与7团3营前进部队的联系，但是左翼很快就找不到I连了，因为I连要负责保护本营与5团1营之间的结合部。当K连继续越过灌木丛林时，连长为了维护好下属几个排之间的联系煞费苦心。茂密的植被让视野只有几英尺远，而日军的狙击手一直都在用猛烈的骚扰火力让K连的战士们苦恼。L连只得顶上去填补I连和K连之间的缺口，发现在自己的战斗区域内植被较少，行动容易得多。

到了中午，陆战5团滩头阵地与7团的分界线总算拉直了。5团3营K连与其他部队都还不能有效进行无线电通信，但是人力信差还是将坏消息带到连部。副连长兼1排长摩西·巴雷特中尉阵亡，这对连长霍尔丹上尉以下的全连官兵来说都是很大的打击。

巴雷特身材高大，入伍前是一名橄榄球运动员。这位年轻的军官在K连是人气偶像，在海滩上被一枚迫击炮弹直接将左腿卸掉，不久便失血过多不治身亡。连机枪排长希尔比利·琼斯接任1排长职务。

日军的火炮和迫击炮弹一直在5团3营的头上呼啸而过，战士们只得紧贴地面，寻找任何可供掩护的地方隐蔽。他们渐渐明白一件事情，日军的炮弹并不是从左前方不远处飞来

由地图十一可知，白色海滩和橙1海滩都属于日军西地区队防御。以第2步兵联队第2大队为基干的西地区队的陆海军部队有效利用美军滩头阵地附近的椰树林构筑工事阻击，给美陆战1师抢滩登陆部队造成相当杀伤，图中下方为陆战队员在日军的狙击火力下只得匍匐前进。图上方的黑烟是美军坦克与日军战斗造成的。

的，而是隐藏在机场远侧山脊之间的火炮射出的，这就意味着所有连属武器毫无办法。哪怕配属到营里的坦克和负责指引海军舰炮打击日军火力点的联合通信连，都对这样隐蔽在山间的日军炮兵阵地没有办法。

几天后，登上贝里琉岛的陆战队员都已知道乌穆尔布罗格尔山区最南面的这几座陡峭高地的可怕威胁。他们给这片山脊起了一个恰如其分的代号“血鼻岭”。

10时15分，团预备队5团2营在橙2海滩完成了登陆，迅速扫清海滩，向前推进，替换了陷入苦战的I连。I连则绕过L连后方，在5团3营的另两个突击连之间接管了一处阵地，从而缩短了K连要负责的战线正面。在2营替换I连之后，向东进行了一次坚决挺进。下午晚些时候，他们转换进攻方向北进。在进行转向期间，该营的左翼固定在5团1营的静态防御阵地上，其突击部队部署在机场南侧边缘的整条线上。这次转向动作完成后，该营右翼仍与5团3营L连保持着联系。5团3营L连与本营的其他步枪连勉力协同，负责直接越岛进攻的艰巨任务。

午后不久，5团3营的两个突击连被日军的一系列可相互支援的碉堡和堑壕所阻。守卫这些防御工事的日军用自动武器阻击，不好对付。K连的3个步枪排向日军的一个火力点逼近。距离大约60米时，战士们看见火力点伸出的炮管，大家赶紧卧倒。

“都卧倒别动！”一位班长汉克·博伊斯中士说道，“这附近应该有一辆坦克，我去看看能不能找到。”

斯特林·梅斯和同一个班的战友莱维一等兵和奥尔曼一等兵一同蹲伏在一旁，看着博伊斯向回跑过一片丛林。几分钟后，他们就听见坦克履带的隆隆声，回头一看，一辆谢尔曼坦克正在靠近，博伊斯就趴在炮塔后部。

“那里有鬼子的一门炮。”博伊斯对着打开的坦克炮塔舱门大声道，“你们能从这里给他漂亮的来一发吗？”

“我们会在那工事上打穿一个洞。”坦克车长回应道，“捂住你的耳朵，在车上抓紧了。”

坦克就在距离工事大约150码的位置停车，一秒钟后，主炮开火了。爆炸回音未歇，坦克缓缓前行了几英尺，然后再度开炮。火力点工事所在的位置顿时升起一片烟尘。

坦克原地停车，博伊斯跳到地上，挥手招呼他的一个班前进。烟尘散去，陆战队员们小心翼翼靠近目标。他们在火力点工事的残骸里找到了几具日本兵的尸体和断肢残骸。炮身已

陆战队的一个指挥团体利用弹坑设立了一个临时指挥所，一旁的两栖登陆车残骸可以抵挡轻武器火力，但是也可能吸引日军的火炮和迫击炮打击。

经脱离炮架，倾覆一旁。

“他们都死了吗？”莱维在梅斯耳边低声道。

“看来是的。”梅斯就站在残骸几英尺外答道。

“等等！”莱维倒抽一口冷气道，“我看见有东西在动。”他神经高度紧张，举起步枪对准一具尸体，又补了一句：“我看那个鬼子还活着。”

“放松点，莱维。”梅斯说道，“看在基督的份儿上，你难道没看见他的脑袋已经没了吗？”

就这样，在得到1个坦克排分头支援后，5团3营各部才突破了日军火力点工事形成的障碍。可是这个时候，K连和右侧7团3营部队的联系已经断了。

5团3营继续前进，然而，要指挥当天下午的进攻极其困难，直到多年之后，美军都没有完全搞清楚当时发生了什么情况。在越过没有任何易辨认地标的茂密灌木丛时，步枪兵都要依靠地图，但是这些地图只是粗略描绘地形而已。日军的坚决抵抗加剧了维持方向、指挥和联系的困难。侧翼部队不得不向侧面多走几步应敌，从而与邻近部队失去了联系。因为搭载营通信排几乎所有电线和通信装备的LVT两栖登陆车早早中弹尽毁，使得该营的指挥问题变得更为复杂。尽管通信排大部分人员下午早些时候设法涉水上岸，与营主力会合，但是打捞起来的重要通信装备很少，完全不够满足需要。

在日军火力点工事造成的耽搁期间，5团3营右翼失去了与7团3营友军的联系。恢复前进后不久，营长肖夫纳中校接到7团3营指挥所的一则无线电消息，称该营左翼就在5团3营右翼部队前方大约200码的一条南北向的小路上。肖夫纳命令I连和K连迅速前进。与此同时，7团3营左翼部队会就地留守，等候K连跟上。于是5团3营的这两个连一路越岛推进，几乎到达岛东面的海滩，但是从来没有和7团3营的部队取得联系。15时前后，7团3营指挥所给肖夫纳发出了另一则无线电文，原来先前告知的7团3营左翼的位置错了。实际上，当5团K连开始向内陆挺进时，7团3营左翼在该连后方约200码的位置。由于7团3营左翼原地未动，K连的进攻等于扩大了两个营之间已经存在的缺口。

得知7团3营左右两翼的正确位置后，肖夫纳命令K连设法将其右翼向后弯曲，与邻团部队取得联系。由于K连的3个步枪排都已投入战斗，为了让战线延伸到足够远的地方，不得不将连部人员都派上去了，即便如此，在能见度极差的树林里也找不到侧面的7团3营部队。此外，在下午晚些时候的袭击中，肖夫纳营为了维持几个步枪连的联系遇到了困难。5团3营只有左翼的L连设法向东推进，同时与左翼5团2营的部队保持好联系。L连是全师在登陆日横穿全岛，到达对面海滩的唯一一个连。

17时前后，5团3营指挥所被日军的迫击炮弹幕击中，肖夫纳营长负伤，该营的指挥机能短暂瘫痪。在肖夫纳被后送治疗后，5团副团长刘易斯·沃尔特中校接管了3营的指挥权，马上就要解决重新有效指挥已分散的各连这个问题。沃尔特亲自去侦察，先找到L连，该连的1个排仍与机场的5团2营保持紧密联系，而另外2个排则在机场南面大约100码的丛林中准备一个夜间环形防御阵地。沃尔特命令2个孤立的排返回机场，与5团2营联手建立防线，随后又发现了长期失联的7团3营左翼，他们已经在距离海滩约400码的机场边缘挖掘工事过夜。

直到21时，沃尔特和他的信差才艰难地穿过黑暗丛林找到本营I连。I连当时与其他所有友军失联，在机场以南大约200码，距离东岸约

300码的位置坚守环形阵地。沃尔特命令该连向机场靠拢，与L连的右翼取得紧密联系。位于I连西南方向约100码处，沃尔特营长找到了最后一个步枪连K连。他们奉命回到机场，与I连和7团3营的左翼连取得紧密联系，从而在机场边缘组成了一道完整的防线。

然而，由于I连在黑暗中一直没能找到其位于机场边缘的指定位置，这道新防线一直没有完全完成。这个连最终在夜间来到5团阵地缺口前方的树林之中，从而将危险降到了最低。正如沃尔特承认的那样，当晚“日军没有对我们的阵地实施反击，这当然是运气”。

陆战 7 团的南进

赫尔曼·汉内肯上校指挥的陆战7团，让下属的2个营以纵队方式先后在橙3海滩登陆。E.亨特·赫斯特少校指挥的3营在预定时间登陆，1营随后跟上，而2营则在船上留作师预备队。为了更有效地执行任务，7团的2个突击营临时采用了一种不同寻常的指挥结构：在登陆和上岸之后的早期作战阶段，1营A连被配属给3营；在1营登陆之后，A连再归建。A连的任务是在1营行动区域左半部向南推进，在3营东进的一开始，就为其提供侧翼保护。3营的重武器连会在登陆阶段配属给1营，在其完成登陆后，回3营归建。

橙3海滩靠近日军的莲花阵地，该阵地和北面的鸢尾阵地都属于千明武久大尉的南地区队（以步兵第15联队第3大队为基干）的守备地区。南地区队的部署情况是：从机场南端至大队战斗指挥所附近部署了第7中队（奥住中队）主力，在西浜海岸的鸢尾阵地部署了第9中队（小野里中队），在从北湾北方莲花阵地至南岛半岛及南湾一带部署了第8中队（小林中队）。在美军登陆前的9月13日—14日夜间，千明大队长以下全员集合于地区队本部，举行了最后的酒宴。当晚还向大队全员发放了香烟、酒、甜食等。

南地区队守备的地点是位于贝里琉机场南方的平地，这里没有遮蔽物也没有洞穴，赖以藏身的只有在平地中挖掘的章鱼罐。不过在鸢尾、莲花阵地以南、沼泽地东方的要点构筑有混凝土阵地，钢筋混凝土厚1.5米以上，地下入口钢板厚约2.5厘米。特别重要的是部署于南岛半岛、北湾无名小岛的步兵第15联队炮兵第3中队（岩佐中队）的侧防炮兵，正在等待在滩头歼灭登陆美军。如同支援富田大队的天童炮兵中队，千明大队也得到了岩佐炮兵中队的支援。中队长岩佐直三郎中尉是在攻击珍珠港时战死的“军神”岩佐直治中佐的侄子。该中队装备3门“41”式山炮和2门“94”式速射炮。

美军登陆时从右侧向其猛射的无名岛的碉堡入口（工兵水出小队构筑）。

陆战7团的最右翼是暴露的，日军在南岛半岛和北湾无名小岛上布置的火炮、迫击炮和机枪的重火力给该团官兵造成了极大困扰，同时日军打击整个登陆正面的火炮和迫击炮火也形成了强大压力。珊瑚礁盘上的天然和人工障碍物，都让7团只能以纵队队形逼近海滩，而不是通常的波次登陆队形。但在实际登陆期间，为了避开来自南岛半岛、北湾无名岛的侧防炮火的打击，登陆部队逐渐向北方靠过去，结果美军原本周密的登陆计划完全被打乱，7团先头营3营的一半兵力在指定登陆区域左侧5团3营的登陆点靠岸了。对于已经参加过数次登陆战的陆战1师而言，贝里琉的抢滩登陆难度无疑是最大的，无论对一线官兵还是负责统筹部署的指挥官都一样。

尽管由此造成了混乱和队伍的分散，7团3营仍迅速让左翼的I连和右翼的K连重新集结，向内陆进攻。这个营在海滩上遇到30个左右活着的日本兵，这些人被美军猛烈的火力准备打得晕头转向，在美军两个突击连向内陆推进时，就被迅速解决了。日军的地雷、相互交错的带刺铁丝网，以及隐藏在可相互支援的碉堡和堑壕中的日军士兵的零星抵抗阻碍了3营前进，但是他们从日军设置的一处障碍得到了意想不到的帮助。在橙3海滩进入内陆的地方有一条大型反坦克壕。当天早晨，美军的一位空中观察员就发现了这道障碍，正好抢在登陆之前，用无线电将情况告知7团3营的参谋科。据赫斯特少校所说，这道堑壕让他重整部队变得简单了。这条反坦克壕原本是日军千明大队同为了支援构筑阵地而从帕劳本岛赶来的步兵第15联队主力协力构筑的，结果美军却在其中开设了指挥所。

一旦军官们能确定自己的方位，在反坦克壕里就可以将部队转移到适当位置进行部署。这条深壕穿过7团3营的整个行动区域，几乎与海滩平行，也是继续前进的上佳通道。而该营指挥所的两个主要梯队也能够早早在壕沟会合，至少比原定计划提前一小时开始运作，辅助营长指挥全营。

9时25分，7团3营以损失40人的代价确保了滩头阵地，2个突击连遇到中等规模中等强度的抵抗，快速向内陆推进。在一小时出头的时间里，该营的前线已经向东面的内陆推进了大约500码，K连报告占领了一座日军的无线电指挥塔。然而，下午早些时候，I连遇到了一片组织严密的防御阵地（南地区队的战斗指挥所）。这片阵地围绕一座大碉堡建成，一片营房的混凝土废墟、几座工事、混凝土炮位和几个相互支撑的阵地很难对付。为了防止不必要的伤亡，陆战队员们在配属给他们的坦克到达之前暂停了行动。

谢尔曼坦克来到前线，在反坦克壕周围进行一次大范围扫荡时，偶然发现一些陆战队步兵沿着机场的南部边缘行进。这些步兵表明他们正是I连的人，坦克指挥官便率领他的谢尔曼坦克随这些步兵一起行动了一段时间，然后才发现他们不是7团3营I连的人，而是5团3营I连的步兵。当然，这段时间里，赫斯特的那个营一直在等待坦克的到来。在赫斯特看来，到达那片日军设防阵地之前，全营的推进都在按照计

1944年9月15日，陆战7团在日军反坦克壕里开设的指挥所。

划顺利进行，这次坦克和步兵协同的失误，却成为他们在登陆日当天无法到达东海岸的主要原因。

在等待谢尔曼坦克到来，为他们的前进扫除障碍的同时，7团3营I连与左侧的5团3营K连已经失去了所有联系。得报的赫斯特营长将已随7团1营一起登陆，当时留在I连后面的预备阵地上的L连调到全营左后方，保护侧翼，让进攻得以继续进行。L连派出巡逻队去北方，寻找邻近的团右翼部队，但是最前方的巡逻队出现在机场一带，位于他们想要找到的部队后方几百码。

与此同时，约翰·戈姆利中校指挥的7团1营，遇到先登陆的本团3营遭遇的同样猛烈的反舟艇火力阻击，还受到水下障碍物阻挠。结果，7团1营的部分兵力也在橙2海滩登陆了。一旦上岸，1营就赶紧重整，开始扫荡海滩地区。该营的行动区域位于1师登陆区最右翼，也就是7团1营A连在早先配属给3营登陆时，占领的那部分海滩。A连在归建后，从左翼直接向东进攻，而右翼的C连则向南推进，B连留作营预备队。直到中午前后，尽管受到猛烈的迫击炮火阻击，但该营在推进时遇到的抵抗仍相对较轻。

离开海岸线后不久，7团1营即冲进了一片茂密的红树林沼泽，这片沼泽地占了7团1营前线的大半部分。当C连试图沿着唯一一条绕过沼泽西部（右侧）边缘的小道前进时，遭到日军的重机枪和步枪火力阻击。陆战队员们观察后发现，这股日军就盘踞在大块珊瑚构成的碉堡工事里。他们的前进因此严重受阻。这处阵地正是日军千明大队第8中队（小林中队）守卫的莲花阵地。另一方面，A连一直在沼泽东部边缘行动，结果发现自己进入本团3营行动区域大约250码。戈姆利中校命令预备队B连在两个突击连之间建立好联系，而两个突击连自中午开始的激战一直继续到傍晚。

由于陆战7团未能按计划行动，所有部队都在暮色中尽快前进，想要在天黑前多少更接近目标。直到17时15分，前线各部才接到命令，为过夜挖掘防御工事。7团一直在设法收紧他们的战线，但是日军也开始组织相互支援的轻机枪战斗班组向前运动。7团沿着前线的横向运动变得十分困难，就只能组织起比较粗糙的防御阵地。

在15日的战斗中，配属日军南地区队的步兵第15联队的炮兵第3中队（岩佐中队）很快就打光了所有炮弹，中队的军官全部战死。关于当天的战斗情况，岩佐中队的关野茂木上等兵回忆道：

9月15日，该来的终于来了。在天亮的同时，美军开始了攻击。有人往中队本部这边连滚带爬地跑过来。是中队的渡边上等兵。有人向他喊道："在这里，快进洞！"他马上一边打滚一边冲进洞里。据渡边上等兵说，敌人的第一次登陆被我侧防火炮和迫击炮的集中炮火击退了。到11时左右敌登陆部队在岸边被击退三次。

敌人的舰炮射击和舰载机的炸射更加激烈至极，（我）连头都抬不起来。敌人在炮击轰炸的掩护下以水陆两栖装甲车为先导登陆。敌我互相射击的枪炮火力的声音简直震耳欲聋。在第一线持续进行着激烈的战斗。

突然，五味田小队长大声下达命令："进入阵地！摆好火炮！"我和吉泽上等兵打开脚架，用双头锤敲打驻锄固定了火炮。一瞬间就干完了。可是情况不妙，这时敌坦克部队已经突破了我第一线阵地，正一边用坦克炮射击一边成群结队地向我们攻击前进过来。同敌坦克

登上贝里琉海滩的陆战7团的战士依托两栖装甲车车身战斗。

陆战7团的战士从海岸线越过椰树向贝里琉内陆突进。

间的距离好像只有数十米了，我拼命地向敌坦克射击。记不清射击了几十发，反正敌坦克在我们的猛烈反击下退却了。可是如果就这样留在这处阵地上继续战斗的话，就会再次遭到敌坦克部队的攻击而惨遭坦克蹂躏，所以赶快后退50米左右重新进入了阵地。之后不久，岩佐中队长和指挥班一起来到我们速射炮分队前。

中队长是为了阻止突破我第一线的敌坦克的前进而过来的。中队长一边说“干得好”一边继续前进。中队长以下指挥班为了对敌坦克进行肉搏攻击，一边匍匐前进一边接近敌坦克。这时突然遭到敌集中炮火的射击。我们的阵地一带也遭到集中炮火的袭击，幸好未出现死伤。中队长以下中队指挥班好像突破集中炮火进行了肉搏攻击，结果全体战死，没看见有幸存者。（注：据战史记载，岩佐中尉在16日战死）指挥班长新井明曹长也战死了……福岛伍长也一起战死了。除了我五味田小队外，岩佐中队大概全灭了吧，我心里十分难受。突然在我们的后方响起了精神饱满的喊声。是联队炮的分队。

他们精神振奋地搬运联队炮，在我们前方20～30米的地方摆好火炮，发射了第一弹。这是零距离射击。一发、二发、三发、四发……是连续射击。危险！敌坦克将长长的坦克炮转向这边。“咚—！”冒出了一团火球。这门坦克炮的弹丸瞬间命中了我联队炮。命中了联队炮的炮身下部。炮身落到前方，车轮从后面向内侧重叠倒着。联队炮分队的中村启二分队长以下6～7人在一瞬间战死了。他们裸露着上半身，头上扎着缠头布，全体牺牲了。

我们隐秘侦察敌情时，速射炮分队的12～13人一边搬运在帕劳配给的47毫米反坦克炮一边前进过来。当他们来到我们阵地前方十多米时，突然遭到敌集中炮火的洗礼。所有人都扑通扑通地相继倒下了。这个速射炮分队是在齐齐哈尔的中村队里与我同甘共苦的伙伴。分队长是狩野作治伍长，分队员有柳泽伍长、群马郡车乡出身的厚井正作上等兵等。

目睹了眼前的战友们壮烈战死的情形，我

在橙2海滩登陆后精疲力尽，正在一条壕沟里喘息的美军陆战队员。

们陷入茫然自失的状态。这时有军官握着军刀向我们的火炮的左后方接近过来，对我们大声吼道：“在干什么呢！快打！快打！”这是大队副官中野中尉。山口分队长响应他的命令，发出号令：“开始射击！”我们瞄准敌坦克以零距离射击连续打了六发炮弹。这时敌人的集中炮火袭击过来，这一带沙尘弥漫，什么都看不见。虽然如此，我们分队却不知是交了狗屎运还是怎么的，竟没有一人死伤。有侦察机模样的敌机正在空中监视我们的行动。飞行员从机身中探出身子，十分狂妄地向我们射击。“哗—哗—”弹丸在我们周围弹跳着，简直把人吓掉了魂。这是最糟糕的状态。

暮色降临在一整天都暴露在枪炮火力下的战场上，枪炮声也安静了下来。美军好像一到天黑就停止战斗。

根据五味田小队长的命令，我们一边小心敷设的地雷一边后退到中队主力原先所在的地方。

尽管天黑的时候，日军对7团的防线发起了几次局部反击，但只有一次构成了真正的威胁。C连在次日凌晨2时前后遭到攻击，一支有力的日军部队从沼泽地蜂拥而来，袭击了他们的夜间防御阵地。一些日本兵甚至成功打穿了他们的前沿阵地，导致滩头工作队的一些人员都被迫拿起武器，充当机动预备队。在这次4个小时的战斗中，美军陆战队给日军袭击者造成了大约50人的伤亡，然后日军才停止战斗。

日军的大反击

在太平洋战争的登陆战之中，有一个很有意思的现象。美军在登陆日总是担心日军会早早发动全面反击，破坏登陆场，使美军的登陆作战失败，然而日军几乎从来没有实施过全面反击，最多只是进行多次局部反击。兵员和物资都占优势的美军会那样担心，是为了不大意轻敌，酿成灾难性后果。兵力和物资状况都处劣势的日军想要尽可能拖延战斗时间，就不能在优势敌军面前让自己的部队暴露，早早出现大量战斗减员的话，对持久防御不利。

在贝里琉，日军直到美军登陆日当天下午晚些时候，才意识到自己的阻击让登陆的美军相当痛苦，其实已经出现了可能将入侵的美军赶下海的有利战术局面，于是组织了当天最大的一次反击，但是为时已经太晚了。美军陆战1师好歹已经建立了滩头阵地，做好了各种准备，坚决挫败日军突破到关键补给站和卸货区的大胆企图。

当天下午，贝里琉地区队长中川州男大佐决定根据第一号反击计划开始反击。

第一号反击计划的要点如下：

·西地区队长立即实施猛烈果敢的反击，歼敌于海滩。为此须保持石松、岩松两阵地，消灭其间之敌，之后配合主力的反击，消灭冷杉阵地间之敌。

·第2联队第1大队立即从北方消灭冷杉、石松阵地间之敌。

·南地区队长立即实施猛烈反击，消灭在鸢尾、莲花阵地间正面登陆之敌。

·之后西、南地区队协同夹击消灭在黑松阵地正面登陆之敌。

·师团坦克队以全力配合西地区队的战斗。

·炮兵队首先以全力配合西地区队正面，之后配合南地区队的反击。

·工兵队主力准备肉搏攻击，（出击）位置在观测山西侧。

15日16时30分，反击命令下达。反击预备队市冈英卫大尉的步兵第2联队第1大队和天野大尉的坦克队、搭乘16辆“95”式轻型坦克的古宇田忠中尉指挥的第7中队的决死突击队在炮兵和迫击炮的突击支援射击下，以全部力量从机场北端一带向黑松阵地开始大反击。

据坦克队的幸存者木藤末广回忆：“第一号反击的计划是坦克载着步兵从中之台通过‘小道’一路南下突进，花十多分钟到达西海岸，很可能如计划的那样，留下了小野三郎少尉的整备小队保有的一辆坦克的同时，由天野队长打头，按照指挥小队长田中将一、第1小队长松本正、第2小队长岩波淳一、第3小队长高桥贤吉的顺序，48名乘员同水户的骑乘步兵一起突击。”

16时25分左右，美军阵地上首次发现了日军意图大举反攻的迹象。当时日军炽烈的火炮和迫击炮火力开始落入陆战队的各处阵地。到16时50分，一个中队的日军步兵（古宇田中队）开始在机场北边出现，越过机场前进。美军其实希望日军进行所谓的“万岁冲锋”，这样方便消灭他们。然而这支出击的日军步兵冷静而专业，虽然在穿过开阔地，却最大限度地利用了他们经过的地面上的每一处凹陷和弹坑隐蔽。

与此同时，一架海军空中观察机发现大批日军坦克正在机场北面的血鼻岭后面集结。眼尖的陆战队员发现了山岭之间烟尘滚滚。5团K连的斯莱基一等兵向那个方向盯着看了一会儿，发现有一排履带车辆在烟尘中若隐若现。他问身边的一个老兵：“嘿，那些两栖车辆是不是正在越过机场，逼近日军的阵地？”

贝里琉登陆日的下午，双方在机场附近进行了太平洋战场上较大规模的一次坦克战，日军的一个坦克连队和步兵径直冲入陆战5团的阵列中求战，最终还是美国陆战队获胜。

“那不是两栖车辆。”老兵答道，“那些是日本人的坦克。”

陆战1团前线的步兵也有人高喊：“坦克！”位置靠近机场边缘的马修·史蒂文森闻声望去，惊骇不已，发现3辆日军坦克正直接向他们防线的中央冲来。史蒂文森参加过瓜岛和格洛斯特角的战役，和他的战友却从未遇见日军的坦克，此时想要做的就是阻止敌军前进。

陆战5团1营的一名军官看到这些日军坦克分成两路纵队，在距离他们左前方大约600码的开阔地上前进，绕过了机场北部边缘几乎没有覆盖丛林的地方，以最为标准的两个梯队队形向5团1营防线中路开去。大约一半日军坦克车身上有8到12名步兵趴着一起前进。

史密斯副师长得到海军飞机的报告，立即给陆战5团和1团发出警报。

这些日式轻型坦克不久就赶上了正在开阔的机场上以分散队形前进的步兵，很快就将他们抛在了身后。日军的坦克指挥官采用了他可用的唯一合理战术，那就是全速前进，直奔海岸线。如果坦克指挥官想要与行动缓慢的步兵协同进攻，那就没有一辆可能进入海岸的水线地区，因为美军一个步兵营的许多建制支援武器都能够将装甲薄弱的日式轻型坦克击毁。

日军的这支坦克和步兵协同反击部队，斜向穿过陆战1团2营的战线，一路冲向机场西南方丛林之间陆战1团和5团的结合部。对美军来说幸运的是，这里是组织最完善的部队控制的，能够抵挡日军的坚决突击。5团团长哈里斯上校知道本团前方部队最终会面对一片条件对坦克机动相当理想的地形，早已下令让重机枪和37毫米反坦克炮要与突击部队一同下船，只

美国陆战队和陆军的主战坦克M4谢尔曼中型坦克，日军轻型坦克的装甲和火力都无法与之抗衡。

要各部到达0-1线目标位置，这些武器就要立即就位。为此，1营长博伊德中校在继续前进看来不太可能进行时，将配属该营的第1坦克营B连的3辆坦克都调到前方，车体则隐蔽起来。虽然美军事先有准确情报，知道贝里琉日军的坦克数量，也料到日军在登陆日白天可能会采取某种猛烈反击，但是这些坦克突然在机场出现，全速冲向陆战队防线的速度，还是让人有些吃惊。

尽管配属给1团2营的坦克除了1辆之外，都已返回海滩重新武装，但是那3辆坦克只要移动大约50码，就可以获得一个清晰的射界，与敌人的坦克交战。一旦美军陆战队开火，尘土就变得如此浓密，谢尔曼坦克就只能在烟尘中观察，降低了他们的射速。最初的几发坦克炮弹都是穿甲弹，让陆战队员沮丧的是，这些炮弹从日本轻型坦克之间越过，在地面上引爆后没有造成任何损害。可是，当坦克炮手改用高爆弹后，“谢尔曼”的炮火顿时对日军形成了毁灭性打击。

正在机场南侧边缘行动的5团2营更加幸运，配属给这个营的一个坦克排就在营长盖尔少校身边50码左右。盖尔当机立断，让4辆坦克与本营的先头部队协同作战，当日军的第一辆坦克刚碰到机场另一边时就开始射击。沃尔特中校在5团1营战线正右方的一个有利位置，亲眼目睹了这些谢尔曼坦克发挥的作用。

4辆谢尔曼坦克来到机场南端5团2营的行动区域，对准日军坦克进行直射火力打击。日军坦克和步兵的火力加在一起都无法与4门75毫米坦克炮抗衡。

谢尔曼坦克的主炮齐射停止之后，立即从南面发起了冲锋，日军坦克和步兵主力只得匆匆后撤。烟尘让这一带的能见度大打折扣。布鲁斯·沃特金斯中尉发现日军的一辆坦克已经到达一辆美军坦克后方的位置，正在向谢尔曼坦克的后部开火，好在没有打中。他大叫着提醒自家坦克回头看。坦克手可能听到他的高呼，也可能是因为其他原因发现了日军坦克，突然之间炮塔向后旋转180度，发射了1枚75毫米炮弹，将日军坦克的炮塔打飞。这辆日军坦克继续向前飞奔了一段距离，在沃特金斯看来，活像一只被斩头的光鸡。这个坦克排的军士长詹姆斯·米勒驾驶他的谢尔曼坦克一路追击，杀到日军坦克阵中，直接短兵相接，不惜钻出炮塔吸引日军的迫击炮、火炮和轻武器火力，然后向车组人员下达更加精确的射击命令。在消灭眼前的日军坦克、让日军的支援火力静默后，米勒才命令他的坦克停下。此役之后，他获得海军十字勋章。

沃特金斯在他的M-1步枪上装好一枚枪榴弹，就在18米射程之外向一辆日军坦克射击。可惜瞄高了，枪榴弹划过一道漂亮的抛物线，从坦克车顶飞过。他再度射击，这枚枪榴弹命中了坦克的右履带，让它停了下来。日本坦克兵想爬出舱门逃生，沃特金斯排里的战友立即用所有的武器在直射射程之内火力全开，将他们全部击毙。

与此同时，5团1营的步兵用37毫米反坦克炮和重机枪一齐向反击的日军开火，配属给他们的谢尔曼坦克因为地形限制无法机动，但是75毫米主炮仍然可以加入火力打击。就在这个营的前沿阵地内侧，当时为两个团的结合部准备的仅有的几门火炮已经就位。日军坦克刚在机场现身，第11炮兵团2营E连的火炮就以最大射速开火。

1团1营副营长史蒂文森少校立即组织部下进行防御战，将所有反坦克武器——37毫米火炮、巴祖卡火箭筒、枪榴弹和1辆谢尔曼坦克都用上了。一旦日军坦克进入射程，所有武器火

在日军坦克队越过机场反击时，陆战队的37毫米反坦克炮已准备好开火。

力全开。罗伯特·邦加德一等兵带着巴祖卡火箭筒就冲了上去。他冷静地选好一个位置，正面面对一辆坦克，发射火箭弹，直接洞穿了日军坦克薄弱的装甲。几分钟后，另外2辆日军坦克又冲入这一片阵地，邦加德的位置随时都会遭到日军打击，他却毫不畏惧，又连续数次发射火箭弹，与战友们一起将这2辆坦克也摧毁了。此役之后，邦加德获得海军十字勋章。

战斗渐入高潮，正在执行飞行任务的一架海军俯冲轰炸机俯冲下来，在冲锋的日军坦克之间投落了一枚500磅炸弹，为这次陆战队用射程之内的所有可用支援武器对日军坦克实施的屠戮增添了空中力量。

在美军的这种地空联合火力的重压之下，日军坦克和步兵协同冲锋的攻势很快便失去了组织。一些坦克中弹爆炸，燃烧的碎片被气浪推向四方，远远散去，趴在坦克车身上一起行动的日军士兵看来被这一番重火力肢解了。然而，并非所有日军坦克都被当场击毁了，少数幸存的坦克冲进了5团1营的前线。日军坦克手不顾一切地猛冲到1营后方，让美军陆战队员惊骇不已，在滩头守军之间都造成了混乱和沮丧。

5团1营长博伊德眼看着这些坦克四处奔行，显然并没有什么协同就冲到美军阵地之内。趴在坦克上的日本兵大吼大叫，用步枪和坦克一起向美军的37毫米火炮阵地射击。一辆日军坦克径直向正在射击的陆战队11团的榴弹炮冲去，想要碾压它们。美军临危不乱，一名炮兵E连的炮手从容地以直射火力开火，第一弹就击中履带。这辆日军坦克顿时动弹不得，随后一个巴祖卡火箭筒战斗小组用火箭弹让这辆日军坦克连人带车彻底报销。另一辆日军坦克一路几乎冲上了海滩，才被美军后方地区组织的火力击毁。这2辆坦克虽然让美军一度吃惊不已，好在前沿阵地的陆战队员并未陷入恐慌，日军坦克经过之后，他们仍在原地就位，准备与后续的日军步兵交手。

硝烟散尽，美军已看不见一个日军步枪兵。他们不是被美军的压倒性火力歼灭，就是在这样的火力打击下被迫撤退了。2名美军陆战队员被日军坦克碾压身亡，另外有一些人被爆炸坦克的残片击中负伤。在日军反击造成的混乱之中，美军的1辆谢尔曼坦克被友军的3枚火箭弹击中。另1辆坦克在用车载武器对抗一门支援坦克反击的日军火炮时，将5团3营K连的迫击炮分队误认作日军，发生了误会，好在没有造成人员伤亡。然而，第1坦克营营长斯图亚特中校认为，日军的这次坦克和步兵协同进攻迅速溃败，并不是美军为自己的反坦克能力沾沾自喜的理由。如果日军拥有更为现代化的，比如当时德军拥有的新型坦克，再用更多这样的坦克发动进攻的话，美军的形势就危急了。

在那短短几分钟的激战中，具体发生了什么，长久以来都谈不上清楚。如果所有个别美军陆战队员的说法都被采信的话，当天美军摧毁的日军坦克的总数会比日军分派到贝里琉守岛的所有坦克都多出几倍。他们都说自己击中了日军坦克，基本上也确实击中了。即便投入这次战斗的日军坦克的准确数量也说不清楚，那些被摧毁的坦克被各种武器打得几乎成了碎片，布满各种弹痕，无法计算实际中弹数量，也无法肯定让坦克被毁的到底是哪一种武器。根据各种资料，美方最终确认的是，参战的2辆日军坦克逃脱，11辆被摧毁。根据日方资料，在这次大反击中师团坦克队主力被摧毁，队长天野大尉也战死了，第2联队第7中队的中、小队长以下几乎全部战死。

日军反击入侵美军的这次大规模进攻虽然失败了，但他们并未死心。在今后的日夜里，

突击机场期间被美军摧毁的日军“95”式坦克，图右下是被烧死的日军坦克兵的尸体。日军坦克的薄装甲根本抵挡不住美军反坦克炮和巴祖卡火箭筒的打击。

他们一直在向美军防线施压，试图渗透这些阵地，又发动了多次局部反击。再一次的重大威胁在17时50分来临，当时日军出动了2辆轻型坦克，有支援步兵协同行动，开始穿过机场北跑道，目标和上次一样，是陆战1团和5团的结合部。陆战1师的各种重武器迅速向日军的2辆坦克开火，逼近的日军步兵则被美军前线步兵部队的自动武器逮个正着。飓风般的火力风暴将日本兵像草芥一样放倒。大约半小时后，日军总算是和5团1营与2营结合部的陆战队员交火了，但是已成强弩之末。这里的枪声不多时已平息了。次日清晨，日军又出动2辆轻型坦克，由一群步兵协同进攻5团1营的阵地，却仍然没有取得任何成果。

日军未能抓住时机利用美军的困境将美军赶下大海。日军丧失反击时机的原因之一应该是南地区队（千明大队）同贝里琉地区队间的通信联络的断绝。如果能确保通信联络，就能够把握南地区队的态势和进入机场东南端的美军的情况，贝里琉地区队的第一号反击计划的发动时机很可能就会提前。日军战史认为“如果贝里琉地区队的反击提前一个小时，敌我的态势也许就能发生逆转”。

美军登陆日的夜间，美军使用舰炮照明弹和60毫米迫击炮照明弹照明，让日军无法发动任何夜袭，已经上岸的美军火炮一直在对日军

贝里琉岛上被摧毁的日军飞机和“95”式轻型坦克。日军的反击从战术上来说，是一次值得肯定的决策，但是由于坦克性能太差，除了让仅有的一个坦克中队被全歼之外，没有取得任何战果。机场地区海军守备队的战斗也无法抵抗美军的进攻。

阵地实施骚扰火力打击，以防敌军重新集结。可能正因如此，日军没有在陆战1师最左翼利用那里的危险局面大举反攻。然而，在波因特角被孤立的小队陆战队员，由于日军的坚决突击，兵力在逐步减少，最后仅剩下18人，全靠一挺缴获的机枪才打退了日军的一次反击。

在更南面的位置，陆战队各部整晚都受到日军坚决的渗透战术和小规模反击困扰，不过1团2营和5团1营都在0-1目标位置毫不动摇。除了5团3营和7团2个突击营在相互定位和建立联系方面遇到重重困难之外，当晚陆战1师的情况看来已经稳定下来。在停下过夜之前，5团2营已经越过半个开阔的机场，取得了当天1师下属各步兵营最大的收获。在贝里琉南部的推进虽然距离鲁珀图斯师长确定的乐观目标还差很远，但是为安置炮兵和内陆补给站急需的空间已经开辟出来，从而让海滩的拥堵局面略有缓解。

确保贝里琉机场是日军防御贝里琉的最重要目的。贝里琉机场拥有坚实的跑道、优秀的设施。在机场的北端尽头，天山、中山山脚下建有坚固的防弹兵营，三层混凝土建筑的窗户中间，安装着漆着红色的厚铁板制成的门扉。但在15日黄昏时美军已经进入贝里琉机场的南部，机场一带的局势顿时变得严峻起来。

当时守卫机场的是海军的大谷龙藏大佐指挥的西加罗林航空队，其核心战斗部队是第45警备队贝里琉派遣队的约700人，其中配属海军

地图十三　登陆日滩头阵地一带的战斗经过

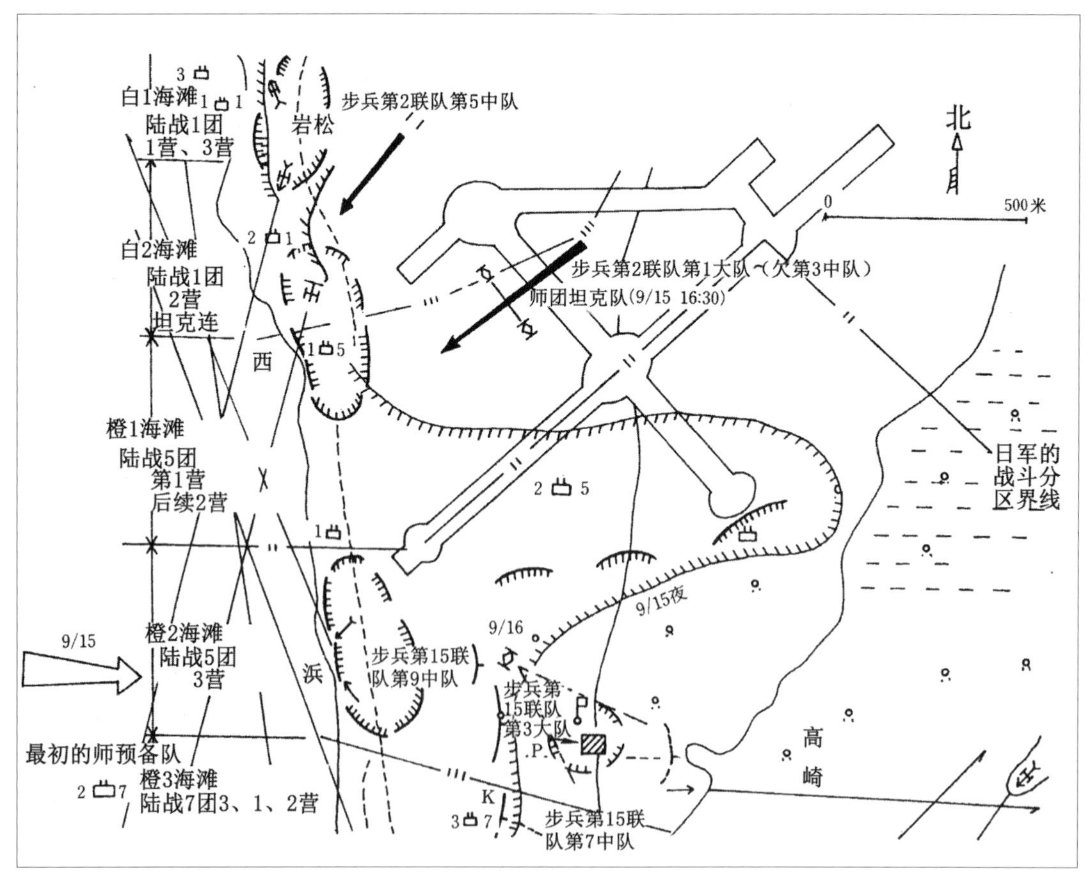

的陆军部队的高野少尉（大阪人，23岁）正带领80名部下守卫着机场。此前，在塞班战役的高潮期间，数百架海军的“零战”曾从该机场起飞，结果一架也没有回来。之后该航空基地又进驻了几支重建的航空队，但最后第14航空舰队的第6空袭部队在8月末转移到达沃。当贝里琉守备队迎战美军时，这里只有8架飞机，面对逼近至眼前的船队，守备队全体官兵都在盼望友军飞机能来轰炸船队，消灭美军舰队，然而此时守备队所目睹的，却是美军飞机在空中旁若无人地自由飞行。

9月15日下午，美军坦克的履带声逼近了高野少尉所在的机场的警备队阵地。高野少尉举着军刀带领部下冲出阵地迎战美军坦克，但纷纷被坦克炮和机枪射杀，高野少尉、村上曹长（36岁）等相继战死。尽管日本兵奋力用燃烧瓶和“棒地雷”攻击坦克，美军还是在慢慢扩张地盘。当天，高野小队仅有五六人幸存。

美军的支援行动和滩头阵地的巩固

就在陆战队的突击部队顶着日军的阻击火力，积极扩张纵深还太浅的滩头阵地时，远征军的其他人员在努力组织滩头区域的各项工作，保证源源不断地向海岸和内陆运送重要物资。总的来说，尽管日军用重炮、迫击炮和机枪向海滩地区射击，但是陆战队员们的重要滩头工作仍然相当出色。滩头工作队的人员伤亡达到陆战1师之前历次战役的两倍，好在人员损失没有影响物资的持续卸载。

陆战队事先决定用浮动驳船来建造一个水上补给站，事实证明这是解决重大问题的极好办法，让地面部队能够依靠最低限度的补给量生存下去，也避免了在滩头工作人员准备好接

贝里琉登陆日当天，陆战1师的两栖车辆损失很大，只有部分可维修后再用，图为被日军工兵队爆破、炸瘫的美军两栖装甲车，四十年后仍以原貌留在原来的位置。

受大量补给之前就将海滩挤满。另一个颇有远见的实例是使用了大量两栖拖车，成功避免了地面部队急需的火炮和机枪弹药出现短缺——后备弹药在第二天才能从运输舰船上大量卸货。

直到下午晚些时候，机械化装备的卸货工作还在如期举行，大部分起重机和推土机已投入使用。然而，由于缺乏LVT两栖登陆车和DUKW两栖卡车运输，直到上午，滩头工作队的劳务部队才到达指定地点。敌人的猛烈炮火对正在前进的前几波两栖登陆部队打击很大，无法用车辆来转移舟艇波次人员，这些波次登陆部队靠岸的时间都比预定时间更加靠后。

受损的LVT两栖登陆车奉命前往一艘修理船，船上已经装载了其他需要修理的两栖车辆，这些LVT就只有等到上船才能维修。如此一来，滩头工作人员所需的两栖车辆不足问题就更加突出。一直在水里泡着的受损LVT出现了更多的不必要磨损。此外，有4辆LVT正在拖运其他LVT，无法为急需两栖车辆的滩头作业出力。当美军发现LCVP人车登陆艇在涨潮时能通过礁盘到达滩头阵地时，局面有所缓解。

陆战队第11飞行大队各中队的前方地勤梯队积极参与后勤工作。他们组织工作队员运作小船分队，来负责卸载装备和后送伤员，而其他陆战队员在充当担架队员、弹药运送员，甚至到前线充当步枪兵和掷弹手。此外，第541夜间战斗机中队的大约50名士兵一齐登陆，组织第二道防线，抵御日军对陆战7团迫击炮阵地的渗透。

一旦上岸，陆战1师的各突击部队就会遇到各种令人头痛的后勤问题，也必须设法解决问题，这是两栖作战的常见现象。陆战5团的遭遇说明，即便事先制订了最为周密的计划，实战中仍难免出现各种复杂问题。下午，5团3营在越过贝里琉岛的过程中经历了激战，几乎所有突击连的步枪和机枪弹药都消耗殆尽，造成严重的物资短缺。然而，由于LVT两栖登陆车短缺和日军的酷烈炮击，这些关键弹药的补充工作严重受阻。日军的炮火观察员在有利的观测位置对整个5团的登陆海滩进行密切监视，每当两栖车辆到达海岸时，就不断呼叫预先定好射击参数的火炮和迫击炮火力打击。甚至连为陆战5团专门在贝里琉配备的、用于及时替换消耗巨大的弹药的两栖拖车，对缓解弹药短缺问题都没多大用处。因为备战时间较为紧张，这些拖车直到最初的补给问题解决之后，5团才收到。即便如此，除了2辆之外，其他车辆在交付时都有些损坏。

让陆战5团的整体补给情况复杂化的，是指派给该团的滩头工作队指挥官早早便无法执行任务。这位海军军官几乎在他刚到岸上的时候就负了伤，按照预定计划接替其职务的军官不久便被日军的一枚狙击子弹击中。结果，5团军需科长被迫来到滩头工作队，承担这一额外任务，直到下午晚些时候为止。与这一新任务相关的许多问题之一就是伤亡人员的不断增加。由于两栖车辆短缺，伤员无法迅速后送，海滩上的急救站很快就不堪重负。5团长得知滩头工作队没有正确标记团属海滩已为时太晚，当后送LVT最终到达时，他们在指定登陆点又遇到了各种困难。

与此同时，前线需要大量饮用水、口粮和弹药，陆战5团的每一辆可用车辆都在忙着将这些关键物品送到极其困难的步兵手中。因此，该团的其余装备在海滩外的清理工作受到妨碍，卸货区也逐渐变得更加拥挤。然而，尽管遇到重重困难，陆战5团还是设法克服了种种后勤问题，在日军严密设防的贝里琉岛继续前进。

和陆战1师的其他突击部队一样，陆战5团很快就发现，55加仑桶装水虽然可以饮用，但味道极差。改装成水桶的油桶虽然事先经过蒸汽冲刷，但蒸汽质量不过关，导致桶里的水被污染了。陆战队员还发现，那些没有盛满水的桶在热带高温下生锈，也将水污染了。

无论如何，在一个没有水源的珊瑚岛上缺乏现成的饮用水供应是一个最令人头痛的问题，一开始就非常突出。一位美军坦克兵军官在笔记本上草草记录道，登陆日前线的步兵奄奄一息般的在乞求能喝水。贝里琉岛的炎热天气本来就容易令人疲劳，加上岛上几乎找不到地表水，进攻部队中的许多战士都出现了中暑衰竭迹象。尽管这些战士在饮水丰富的船上休整了几天之后，就完全恢复了战斗力，但是在最关键的突击阶段，美军急需兵员的时候，却无法投入战斗。

天黑时分，第11陆战团的炮兵大部分都已上岸，下属各炮兵连也都完成了火力试射，但是之前他们遇到了各种复杂情况。一些炮兵连发现分配给他们的射击阵地仍在敌军手中，不得不在人满为患的滩头阵地寻找新位置；其他几个连发现分配给他们的登陆海滩过于拥挤，敌人的火力太猛，不得不将他们的人员和装备转移到更适合登陆和准备战斗的区域。11团3营的2个105毫米榴弹炮连其实已经上岸了，但是当上级命令他们回到LST坦克登陆舰过夜时，还在运送的DUKW两栖卡车里。再回到船上，越过崎岖的珊瑚礁盘时，已经损坏的3辆DUKW又磨出了新孔，再也无法支撑，终于沉入水中，车上的所有榴弹炮和装备都报销了。幸存的105毫米榴弹炮次日一早再度与军属炮兵一起登陆。由于滩头阵地的纵深和宽度都不够，军属炮兵在登陆当天都一直只能在船上待命。

登上贝里琉海滩的美军两栖车辆。图左为运送各种军械和补给的DUKW两栖卡车。

虽然登陆日陆战1师师长鲁珀图斯少将一直都留在船上，但是副师长奥利弗·史密斯准将一得到陆战5团的2个突击营在海滩上已经站稳脚跟的确切消息，就率领一批参谋骨干上了岸。9月15日11时30分前后，史密斯已来到贝里琉岛，在距离橙2海滩内陆不远的一条反坦克壕里设了一个先遣指挥所。指挥所设立之后，他几乎立即与陆战5团和7团的指挥所，还有海上的指挥舰取得了联系，但即使用无线电联系也没有得到普勒上校的1团的任何回应。

早些时候，陆战1团团部在乘坐LVT两栖登陆车上岸的时候，有5辆车被日军的精准炮火直接命中，许多娴熟的无线电操作员和大量通信设备就此损失。更糟糕的是，1团的指挥所刚刚在岸上设立，就被迫击炮弹击中，造成了进一步的破坏和混乱。因此，普勒团长和师部对于1团各突击部队面临的战术局面和伤亡情况都不清楚。直到下午晚些时候，史密斯准将才用无线电与普勒谈话，然而对于1团，即1师最左翼局面的不稳迹象，他仍然没有任何清晰概念。

指挥舰开始收到岸上战况的报告，鲁珀图斯得知战斗非常激烈，很自然地担心进攻的最初动力会就此失去。他很早就注意到陆战7团的困境，因为上午刚过，就已得知该团损失了18辆LVT，就在正午之前，他接到了7团的报告："人员伤亡很大。需要弹药和援兵。"因此，让师长担心的并不是敌人在岛北的顽强抵抗，而是7团未能迅速占领岛南地区。

到了中午，鲁珀图斯命令水上预备队中的师属侦察连登陆，与陆战7团会合。当天下午，岛南部的局势仍未改善，在征求史密斯和汉内肯上校的意见之后，鲁珀图斯将余下的师属预备队7团2营也投入到岛南部。然而，这个营还没来得及登陆天就要黑了，加上两栖车辆短缺，又只能命令他们回到船上去。有些回程的小艇在黑暗中找不到陆战队的舰船，一整晚都在搜寻，艇上的士兵就只能在狭小的舟艇上过夜。另外两艘舟艇上的陆战队员，因为相互矛盾的两道命令造成的混乱，还是转乘LVT在夜间晚些时候登陆了。因为7团2营在这个时候到来，只会让已经人满为患的滩头阵地变得更加拥挤，史密斯和汉内肯其实都无意得到更多战斗部队。7团2营无法登陆其实对第一天的战斗并没有产生决定性的影响。

当黄昏来临的时候，贝里琉海岸的形势变得非常糟糕。陆战1师参谋长约翰·塞尔登上校说道："当时的景象一片晦暗。"鲁珀图斯师长也开始表达对滩头阵地现状的忧虑，当他得知军长盖格少将已经上岸时，这种感受就更加强烈。塞尔登上校和其他幕僚都担心，在前往海滩期间，日军的一发炮弹就会让整个师部报销，最终说服鲁珀图斯继续在船上待命。然而，塞尔登本人并无惧意，坚持要求亲率大部分指挥梯队到岸上去。

塞尔登指挥梯队在到达转运线之后，发现7团2营仍在等候两栖车辆将他们送过礁盘。塞尔登断定这种时候为史密斯再增派第二批幕僚无用而可笑，岸上需要的是更多战斗部队和炮兵，便决定安排他的这个梯队在转移线外待命，直到7团2营的部队全都被送上海岸为止。眼看天黑的时候都没有LVT和DUKW来到转运线，塞尔登向师长发了一则电报，说明他打算返回指挥舰，然后将跟随他的指挥梯队带了回去。

登陆日当天，鲁珀图斯原以为他手下的突击部队会到达0-1目标位置，在贝里琉北部海滩突进300码距离，占领机场以南的整个贝里琉岛。然后，他希望攻过平坦的飞行跑道，从而占领0-2目标位置，包围机场后方血鼻岭以南的所有地区。事实上，当天的战斗结束时，陆战

地图十四　贝里琉登陆日战况概要图

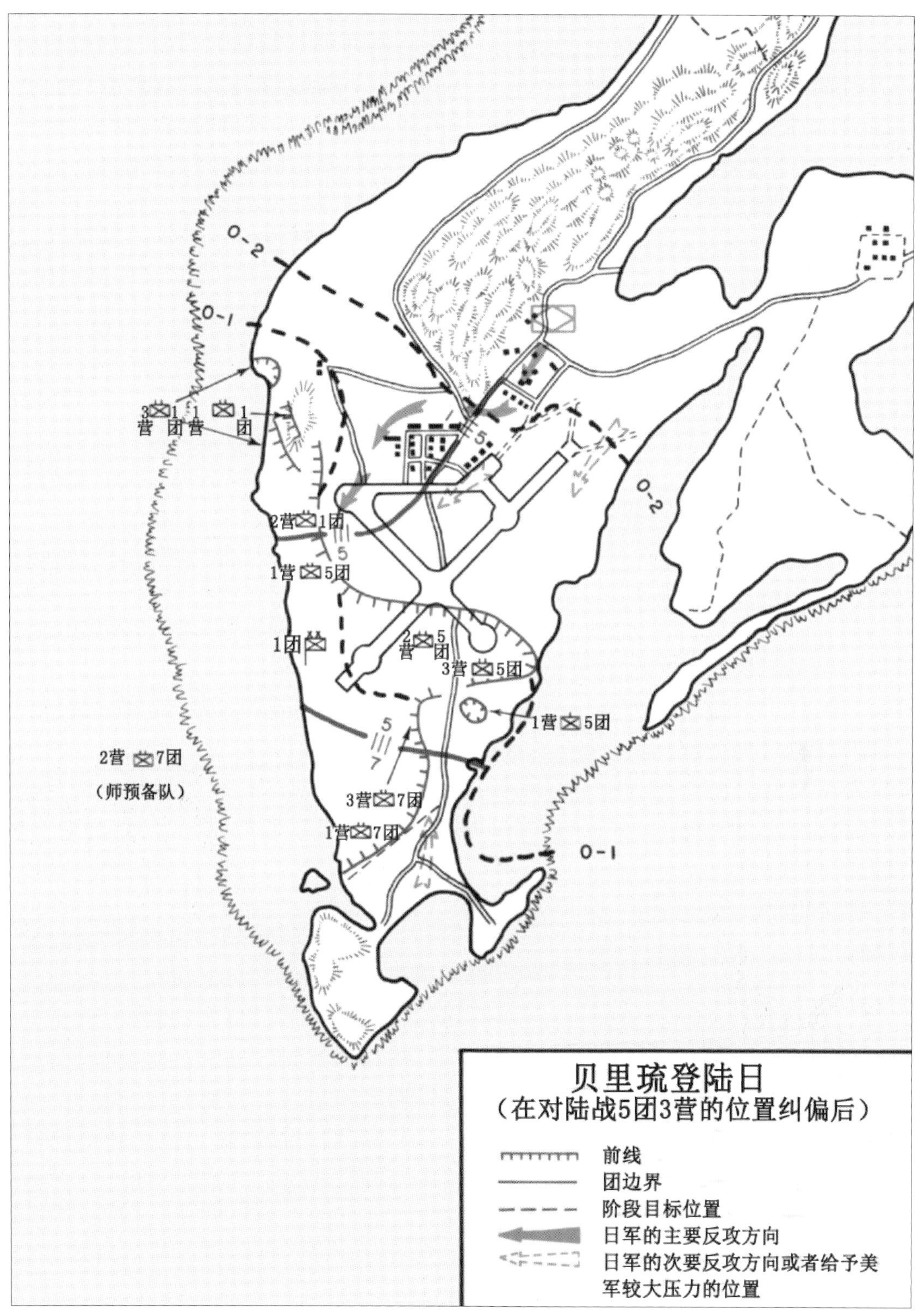

队在北部海滩后面确实突入了大约300码，但是在橙3海滩后面只占领了一片狭窄的地方。这个较浅的滩头阵地已经让陆战1师付出了210人死亡（包括阵亡、伤重不治和失踪推定死亡）、901人负伤的代价，不包括战斗疲劳和热衰竭患者，合计伤亡已达1111人。事实是，日军在第一天就给美军登陆部队造成很大损失。对陆战1师来说，贝里琉登陆无疑是自参战以来经历的最艰难的抢滩登陆战。

15日18时，帕劳地区集团司令官井上中将下达了集团命令“照作命甲173号”，在命令中指出贝里琉地区队杀伤美军1000人，将其完全击退，“但执拗之丑虏不顾上述失败一再企图在各处正面登陆”。

15日也是贝里琉地区队死伤最多的一天，步兵第2联队第2大队和步兵第15联队第3大队在这第一天均损失惨重。

第五章 杀向内陆

不安的夜晚和阴郁的上午

在9月15日夜间的战斗间歇，当美军步兵击退日军的局部反击时，岛上满是炮声和自动武器的射击声。美军巡洋舰“火奴鲁鲁”号和6艘驱逐舰、4艘LCI步兵登陆炮艇一直在发射照明弹，让这座满是硝烟的小岛蒙上了一层绿色光影。一些日军戴上战死的美军陆战队员的钢盔，潜入美军前沿阵地，在后方与美军进行了激烈肉搏。3名日军士兵甚至一度摸到1师前敌指挥所面前，才被警戒哨的一梭子弹全部放倒。

根据日方记载，日军千明大队在半夜向鸢尾阵地一带的美军阵地实施了夜袭，特别是奥住荣一中尉指挥的第7中队的决死挺身突击队冲向位于鸢尾阵地附近的日军反坦克壕，据称一度突入了设在壕内的美军指挥所，使其陷入严重混乱，但未能取得决定性的战果。不断升起的照明弹将夜晚照得如同白昼，日军成为美军火力的目标而损失不断，完全被压倒，最后夜袭彻底失败。

当晚美军神经最紧张的就是在波因特角被孤立的陆战1团3营K连主力。整整一下午，日军多次对K连发动零星的步兵和迫击炮进攻。K连的人员一直都在损耗，却始终在坚守这个战略要地。天黑前，一辆LVT两栖登陆车给K连运来了急需的弹药、带刺铁丝网、口粮和饮用水，真是雪中送炭。然而弗雷德·福克斯就像陆战5团的战友们那样，痛苦地发现55加仑水桶里的水混杂着油料的气味，根本无法饮用。无奈之下，他和战友们只得去日本兵的尸体上找水壶解决饮水问题。

亨特连长在天黑前最后巡视了一遍战线。夜幕将所有人都包围之时，波因特角上一片死寂。偶尔传来的某人的胳膊肘与岩石摩擦的动静，听来都格外清晰，令人惊觉。当夜没有月亮，但是光照仍然让人看清参差不齐的尖顶岩石和树木残骸的怪异轮廓，这对日军进行渗透有利。奇形怪状的岩石和断木有时会让K连1排和3排的战士误以为是在黑暗中偷袭的日本兵。

弗雷德·福克斯和他的一名战友同睡一个散兵坑。他们背朝日军阵地，却从未放松警惕。23时到24时之间，福克斯和战友都听到外面有动静，两眼顿时睁圆了，本能地感觉有事情在发生。一旁的斯威德·汉森心里嘀咕，不知道靠近的是陆战队员还是日本兵，于是更加仔细倾听。在战场上，没有人敢赌运气，认定靠近的是队友，汉森开始向前方掷出几枚手雷，然后等待靠近的人有什么反应。“哒哒……”前方传来的是日式机枪的声音。汉森再不犹豫，又掷出了更多的手雷。

亨特连长呼叫照明弹支援。照明弹在K连后方升起。亨特心里没有把握，照明弹其实是双刃剑，夜间弹着点万一没控制好，或许会将K连自家的阵地打烂，闪光反而会暴露陆战队员的位置。万幸他的担心没有成真，照明弹在K连阵地前方爆炸，照亮了整片区域，让敌人现形了。

“他们在那儿！”随着一声呼喝，K连阵地里唯一一挺缴获的日式机枪先打出了一梭子弹。机枪手鲍勃·安德森下士一心向奔跑的日本兵扫射，都来不及观察到底有没有命中，只知道射出了大量子弹。战友们的勃朗宁自动步枪、M-1加兰德步枪都在开火，手雷接连在前方爆炸，树林里、沟壑间和山脊上传来爆炸声。然后日军的迫击炮开始还击，炮弹在K连阵地里“砰砰”作响，弹片在珊瑚岩石上反弹，“叮叮”作响。亨特连长的耳边传来“医护兵！”的求救声。日本兵的子弹从四面八方打来，迫击炮弹声如奔雷，K连阵地很快就能闻到浓烈的火药味儿。

不知过了多久，枪炮声渐歇，战斗终于结束了。第二天一早，K连的战士们看到阵地前方到处是日军的尸体。一位战友对安德森说道：“我这辈子从未在一个地方见过那么多鬼子的尸体。”无论如何，K连在波因特角的第一个夜晚总算熬过去了。

夜晚的贝里琉战场：火焰和照明弹。

在夜幕掩护下，海岸工作队和支援部队利用现有的LVT两栖登陆车和DUKW两栖卡车将弹药和饮用水送到前线，后送伤员。在某些情况下，必须费力徒手运送重要物资，以便次日上午的进攻能如期开始。无需师部的新命令。各团要再度进攻，想尽一切办法占领先前分配的目标。

9月16日上午，随陆战1师一起在贝里琉登陆的民间战斗艺术家汤姆·莱亚说道：“胡子拉碴、两眼充血、邋遢肮脏的海军陆战队员在灌满恶臭沼泽水的散兵坑里战斗了一整夜，他们现在浑身黏糊糊的，一副惨相。”

当天一大早，在进行了半小时的海空火力准备以后，陆战1师在8时全面出发。2小时后，鲁珀图斯少将上岸，直接指挥部队继续前进。白天极为炎热——阴凉处温度高达华氏105度（超过摄氏40度），已经因前一天的劳苦和彻夜守卫饱受折磨的陆战队员，在暴晒的阳光下战斗，遭受了巨大痛苦。水罐很快就空了，事实证明，饮用水没能实现快速补给。气喘吁吁的士兵们瘫倒在地，常常舌头肿大得连说话和吞咽都极为费力，进攻部队的战斗力因此迅速下降。

然而，大多数陆战队步枪兵，继续在日军的炮火、迫击炮和机枪弹雨下勉力快速前进，到达日军在碉堡、火力点和其他设防阵地的战壕。当谢尔曼坦克到来的时候，陆战队员借助装甲掩护，用火焰喷射器和爆破装置来消灭敌人的据点，遇到特别麻烦的防御工事，则暂停脚步，呼叫重火力支援武器。

在岛北部的珊瑚石山脊上，普勒的陆战1团遇到了设壕防御的日军顽强抵抗，让他们当天收获甚小。在岛中部，陆战5团与1团2营协同，占领了机场，继续向东面和东北扩大阵地，而

日军在贝里琉的炮位包括钢筋混凝土结构的碉堡，这种工事除非被重炮命中，或者由步兵和战斗工兵用爆破装置和火焰喷射器攻击，否则无法被攻破。

陆战7团则向东面和南面推进，负责攻占岛南部除两个海角之外的所有地区。几天之内，陆战5团和7团都会完成他们最初的任务，将注意力转向北方，帮助困难的陆战1团。1团此后几天一直都在为翻过中部山脊缓缓行进。

登陆次日的进攻还发生了两件具有一定重要意义的事件，美军擒获第一名战俘，在贝里琉岛正式成立军管政府。负责管理当地土著居民的海军部队成员以太平洋战区司令部的名义颁布了十份预定公告中的第一份。然而，让他们失望的是，没有一个帕劳人出现，原来早在美军登陆之前，日军就已将他们全都从岛上撤离了。因此，陆战1师在10月7日将军管政府的10人移交给驻岛司令部时，一直都在让他们办理各种差事。最终，15名土著人现身了，但是他们被迅速送往昂奥尔岛，当时那里已经建立了一座难民营。

9月16日被俘的战俘坦诚回答了问题。这个日军二等兵本是科罗尔岛的渔民，1944年7月入伍，跟随另外500人一同受训，属于一支特殊的反击部队，其中200人在训练结束后，被分配到贝里琉。他们的任务是游水出去，用手榴弹和炸弹摧毁美军的登陆车辆和坦克。这些受过特殊训练的部队的士兵仍然躲在他们的洞穴里，以躲避美国海军飞机和军舰的炸弹及炮弹，直到陆战1师的步枪兵投入战斗才开始行动。尽管这个战俘提供的信息含糊不清，几乎没有军事价值，但是他所说的一句话，预示着这场夺岛之战将会有多么惨烈。当美军问起贝里琉驻军的士气时，这个日本兵回答：“即使他们会死，也要战斗到底。”

陆战 7 团南进

当9月16日的火力准备转向内陆深处时，陆战7团便开始进攻。7团左翼的3营迅速越过贝里琉岛，而1营向岛南部的两个海角（南岛半岛和中崎）进发。迎战他们的是日军南地区队（千明大队）的残余兵力。

7团3营K连和I连径直向东推进，L连随后充当预备队。左翼K连的第一项任务是制服昨天阻挡他们前进的防御工事，这里有日军南地区队的战斗指挥所。之前死守鸢尾阵地的千明大队（步兵第15联队第3大队）第9中队（小野里中队）的残存兵力和第7中队（奥住中队）主力及炮兵第3中队（岩佐中队）的联队炮、速射炮小队拼命抵抗美军的进击，但在集中炮火的打击下很快被压倒。加快推进的美军坦克以直射火力助战，3营K连的步兵很快便占领了日军的兵营区域和3座炮兵阵地，然而日军在这一带的碉堡是个更麻烦的问题。5英尺厚的钢筋混凝土外墙经受住了海军炮火、75毫米坦克主炮和火箭筒的直射打击，甚至连美军攻坚战的王牌武器之一火焰喷射器都无功而返，原来碉堡的炮口和两个地下入口有一英寸厚的装甲钢板加固。直到爆破队在浓烟掩护下奋力将足够的炸药直接堆在外墙边将其炸毁之后，K连才突破这一坚固工事得以继续前进。在南地区队战斗指挥所方面的战斗中，岩佐中队长在对美军坦克实施肉搏攻击时战死，小野里中队长也战死了。千明大队长也在战斗指挥所全身中弹而死。美军登陆24小时后，约750人的千明大队只剩下约300名幸存者，损失了六成以上的大队兵员，被逐次压迫到东海岸附近。代理大队长奥住中尉（第7中队长）一并指挥在机场东侧从事对空战斗之后负责地面射击任务的配属海军防空队的特设第38机关炮队等，决定以大队残存兵力的主力死守南岛半岛，以一部死守中崎。

9时25分，7团3营已经到达东岸。然后，I连组织好滩头阵地，防御日军任何可能的反击，同时利用火力支援的条件，3营主力调头向南进攻两座海角。K连为先锋，L连紧随在后，充当预备队。一路上遇到大量日军碉堡和混凝土炮位，K连便尽量使用火焰喷射器和火箭筒将其摧毁。中午时分，先头部队已经将挡在通往一座沙坑的道路上的最后两座碉堡清除掉了，过了沙坑，便能前往东南海角（中崎）。不幸的是，K连的饮用水供应没跟上，在得到水之前无法继续前进。7团3营空等到15时，必需的饮用水才送到。这时白天剩下的时间就不多了，于是团部命令就此挖掘工事，进攻推迟到次日上午。

天黑之前，7团将配属的坦克调到前方，用直射火力打击一座碉堡、两个火力点和几座机枪阵地。这些工事都守卫着通往东南海角的道路。在这场保护性火力的掩护下，一个战斗工兵小队冒险前往沙坑，去清除或排除日军埋设在那里的众多地雷，为次日上午的进攻铺平道路。夜间陆战队员们守卫着目标前方的几座阵地，不过日军的反抗仅仅是他们后方地区的零星狙击火力。

1944 年 9 月 16 日，贝里琉的陆战队员在刚刚摧毁的一座日军大碉堡前暂歇片刻。

LVTA 两栖装甲车的 75 毫米主炮射程不够，无法压制碉堡火力点里的日军 127 毫米海军炮，驾驶员索性开足马力将这座工事压扁，终于摧毁了日军的这个炮兵火力点。

同一时期，7团1营在地面炮火、海军舰炮和空中火力的支援下向南前进，LCI步兵登陆炮艇在陆战队员沿着西海岸前进的同时，会跟进提供集中火箭炮火力支援。1营步枪兵成功制服了许多日军据守的工事和掩体，摧毁了4门127毫米火炮和3门轻型高平两用炮，完全攻克了千明大队第7中队（小林中队）死守的莲花阵地。守军因兵力损耗激增被迫逐次向南岛半岛后退。部署在北湾的无名岛的侧防炮兵阵地也遭到美军的炸药攻击而被破坏，守备兵全部战死。南地区的步兵第15联队第3大队的残存部队被孤立于南岛半岛，同守备队主力隔绝，两者间的通信联络断绝，此后守备队关于南地区队的情况完全失去了消息来源。

在战斗期间，发生了一个有意思的小插曲。1营的无线电通信频道频繁被一个说着标准无误英语的声音干扰。这个声音要求和“沃登上尉”讲话。副营长韦特·沃登少校一听对方居然连他的军衔都报错，顿时起了疑心，取过对话筒，小心翼翼地应答道：“我是沃登。”

“沃登上尉，你现在有多少兵力？”对方问道。

沃登相当合作地配合对方演了一会儿戏，对那位打断正常无线电通信的日本不速之客说道：“我有足够的兵力来好好照顾你。”

到了中午，7团1营已到达恩加莫克德岛（即西南海角/南岛半岛）对面的贝里琉岛南端海岸，但是烈日下的艰苦行动让他们已经脱水，只得停下，等到饮用水送到，来恢复体力。他们和3营同样等到15时以后才得到足够的水，团部此时也只得下令挖掘工事过夜。

在暂停期间，1营重新集结，准备次日继续进攻。增派的工兵紧急赶到1营前线清除海滩地区的日军地雷。15时30分，一辆75毫米半履带自行火炮和4门37毫米反坦克炮已经运到该营。后来，在夜幕掩护下，爆破专家对连接恩加莫

陆战1师的工兵在登陆场排雷。

克德岛和贝里琉的狭长走道进行了探查，挖出了敌人的地雷，为次日坦克通过这一带扫除了障碍。

16日夜间，配属千明大队的步兵第15联队炮兵第3中队（岩佐中队）的幸存者从贝里琉岛南部的东海岸附近越过高崎湾撤退到了一字半岛顶端。关于16日的战斗，该中队的关野茂木上等兵回忆道：

9月16日美军完全占领了机场，在巩固阵地的同时，从早晨开始以坦克为先导向我们守备的阵地攻击而来。敌人的舰炮射击、地面部队的枪炮射击、来自空中的炸射，就好像集中倾泻的暴雨一样，我们进入洞穴一动也不能动。不知道是什么时刻，在从南地区队本部通往高崎湾的道路上，千明大队长一只手拿着军刀从我们侧面跑过。我想那应该是在前往南地区队的战斗指挥所途中。这是我最后一次看到千明大队长的身影。后来听说千明大队长在战斗指挥所一带壮烈战死了。

之后今野英三郎曹长向我们跑过来。今野曹长是中队的命令受领者，经常身处大队本部。今野曹长还是齐齐哈尔的中村队时期的内务班长，戴着眼镜，是一名沉静温和的班长。他应该是在从大队本部返回中队的途中。这时曹长的腹部已经负伤，脸上被污泥和汗水涂抹得乌黑，也没有戴眼镜，可能眼镜也丢了吧。大概曹长正在追赶千明大队长前往战斗指挥所途中。今野曹长恐怕在战斗指挥所一带和千明大队长一起战死了。当时在我们所在的阵地附近看不到一名一般中队的官兵。没有幸存者。映入眼帘的只有战死者的尸体，战场上飘荡着鬼气，凄惨至极。

漫长的一天过去了，暮色降临，周围暗了下来，这时五味田小队长命令全体集合。集合完毕后，五味田小队长低声说道：“以后中队的指挥由五味田准尉负责。”这时小队的兵力共有20人左右、速射炮一门。兵员中应该混有一般中队的人。约一小时后，小队长命令：“小队向一字半岛的阵地移动重新部署。”这

日军千明大队依托土木工事防御的贝里琉南部地区，陆战7团在9月18日占领了这一地区。

时周围一片漆黑，有时云彩出现裂缝，南方特有的月光照亮了地面。高崎湾正好是退潮时。开始转移了。火炮被分解搬运，弹药、粮食由各人分担携带，渡过夜晚的高崎湾抵达了一字半岛的顶端阵地。转移大概花了3个小时。

9月17日7时30分，美军航空兵对7团3营的目标东南海角（中崎）进行预备空袭，但是当战斗工兵在步兵前方很远的位置发现了一个雷区时，原定的迫击炮火准备被取消。在一个半小时的时间里，谢尔曼坦克和步枪兵提供火力掩护，工兵们则在执行危险的排雷任务。然后，到了10时，前一天的预备队L连的一个排，开始在2辆坦克的配合下通过沙嘴。26分钟后，他们在目标区域占领了一个立足点。随后，L连的其余人员乘坐LVT越过开阔地面，车辆的外壁能防止轻武器火力打击。

重整之后，L连立即进攻。防守中崎的日军约有1个小队，与南岛半岛的步兵第15联队第3大队主力统归代理南地区队长奥住中尉指挥。日军守卫着在珊瑚缝隙之中或者有堑壕护卫的火力点，从能够相互支援的射击阵位用自动武器和步枪向陆战队员射击。L连缓缓向前奋力前进，在战斗中逐渐发现燃烧的凝固汽油弹是铲除死硬守军的最有效武器，于是全营都在紧急呼叫增派火焰喷射器。火焰兵一到前线，就开始将日本兵从阵地和工事里烧出来，步兵的前进速度明显加快。12时15分，L连已经占领了足够的阵地来安置重武器，为7团1营进攻恩加莫克德岛（南岛半岛）提供支援火力；一小时后，3营报告，已经占领这个东南海角（中崎）。在当天的战斗中，守军约1个小队全军覆没。7团3营在2天的南下战斗中阵亡7人，负伤20人。

陆战7团3营的亚瑟·杰克逊一等兵因在贝里琉南部的战斗中英勇战斗，接连有效摧毁几座日军碉堡，被授予荣誉勋章，破格晋升少尉。

7团1营对恩加莫克德岛，即西南海角（南岛半岛）的进攻，却并没有像3营那样很快便取得成功。17日一早，前一天的营预备队B连的一个排就占据了目标正面的一个进攻阵地。在海军舰炮和迫击炮火力准备结束后，这个步兵排便已出发，到达了堤道远端。就在这里，快速推进的步兵和支援他们的坦克一头撞进了日军的严密设防阵地，进攻顿时受阻。经过一小时顽强战斗，美军一直没能扩大这个桥头堡。团长汉内肯上校批准让他们暂时撤退，以便让支援部队能够设法先粉碎阻碍推进的日军防御工事。

当海军舰炮、地面火炮和迫击炮大举向目标开火时，为步兵再度进攻的各种准备工作都在进行。所有可用的坦克、LVTA两栖装甲车、半履带车和37毫米反坦克炮都被派到前线。下午早些时候，7团3营顺利完成了自己的任务，让赫斯特少校能够将配属给他的坦克和各种团属支援武器交给戈姆利中校的1营使用。1营B连先前由于日军扫荡堤道的火力而蒙受了很大损失，A连到前线替换了他们。在10分钟空袭准备后，A连的战士们在14时30分出发进攻。

A连的陆战队步兵排成较短队形，得到3辆坦克支援，一举冲破了日军拦路的阵地，开始一路向南战斗。1小时后，3营I连奉命进入1营后方的预备阵地，让C连一路前往西南海角，在A连右侧投入进攻。不久后，B连也再度前往恩加莫克德岛，在本营两个突击连正后方占据了预备阵地。A连和C连正在全力进攻，迅速行动的陆战队步兵最终摧毁了长时间以纵射火力打击橙色海滩的日军速射炮。当夜幕降临，让美军停止白天的前进时，这两个步枪连在东海岸和西海岸都已稳住了阵脚，在几乎半路横跨海角的地方建立了一道防线。1营进攻的结果，迫使防守南岛半岛的步兵第15联队第3大队主力逐次向南岬方面后退。南岛半岛的南半部则仍在日军手中。

9月18日，重新进攻的时间一直推迟到10时，以便进行更充分的准备。陆战队炮兵对日军控制的南岛半岛的一部分进行了地毯式炮击，而步枪兵则在装甲兵和支援武器掩护下，小心地进入最为有利的几个出发位置。正前方隐约可见一大片沼泽，大致上正好位于海角中心。A连向这片无法通行的沼泽左侧进攻，C连从右侧进攻，会在沼泽地对岸重新会合。B连的任务是夺取出发线正前方的一块从东海岸向海上延伸的土地。

各攻击部队得到指示，先绕过日军不打，交给爆破队稍后摧毁，但是C连早早就发现日军在采用后发制人的渗透战术，即将阵地先交给美军，然后便能摸到美军攻击部队后方进行渗透。在绕过沼泽地南进期间，15名步枪兵就被留在后方，守卫可能潜伏日军的洞穴和火力点出口。美军刚刚冲过前线，许多日本兵就突然从隐蔽的洞穴里冒了出来，让这个小小的步枪兵分队处于火力打击之下。局面变得如此危急，登陆日便被配属给7团的师属侦察连和I连的大部分部队不得不立即被调去努力控制好一线部队绕过的地区。

13时44分，1营的两个突击步枪连已经占领了南岛半岛南岸。另一侧的B连经历的战斗更为艰难，B连的几个突击班在向东岸进攻，直奔日军准备好的大片防御工事。这片工事让日军能够防止美军突入两个海角之间的小海湾（南湾）。前进的美军陆战队员继续一码一码地征服日军挖掘好的阵地。日军的设防阵地密密麻麻，似乎真的都挤作一团了。13时54分，支援的谢尔曼坦克撤到后方重新武装，半履带自行火炮陷入了泥泞的地面，B连的进攻停止了。到此时，日军的抵抗阵地已经仅剩下大约50平方码。

7团1营一线部队在等候推土机到来的同时听到了枪声，因为一些日军正在自杀。日军南地区队的残存兵力这时已陷入绝境，仅存的重伤员从南湾的断崖上跳入怒涛。一些日军在跳海后想要越过南湾逃到中崎，结果撞到了7团3营的步枪兵的枪口下。在推土机让半履带车脱离烂泥后，B连再度开始进攻，迅速越过了当地最后一批残余守军。据日方资料，奥住中尉以下16名军官全部受伤，步行困难，因此在18日15时30分用炸药自杀，步兵第15联队第3大队至此覆灭。

9月18日15时25分，陆战7团报告师部，他们在贝里琉的最初任务已经完成。在占领岛南部过程中，该团发现了较为适合机动的区域，歼灭了一个训练有素、装备精良的日军步兵大队。而日军也战斗到了最后一刻。日军的抵抗极为坚决，在9月15日—18日的4天战斗中没有一人被俘。为了完成最初的战斗任务，7团有47人阵亡、414人负伤、36人失踪。陆战7团（欠第2营）估计在这4天中击毙日军2609人，当然这远远超过了千明大队的真实兵力。

千明大队经过在大陆三年半的对苏野战攻击作战训练之后，从酷寒的中国东北来到帕劳

地图十五　日军南地区队的战斗经过概要图

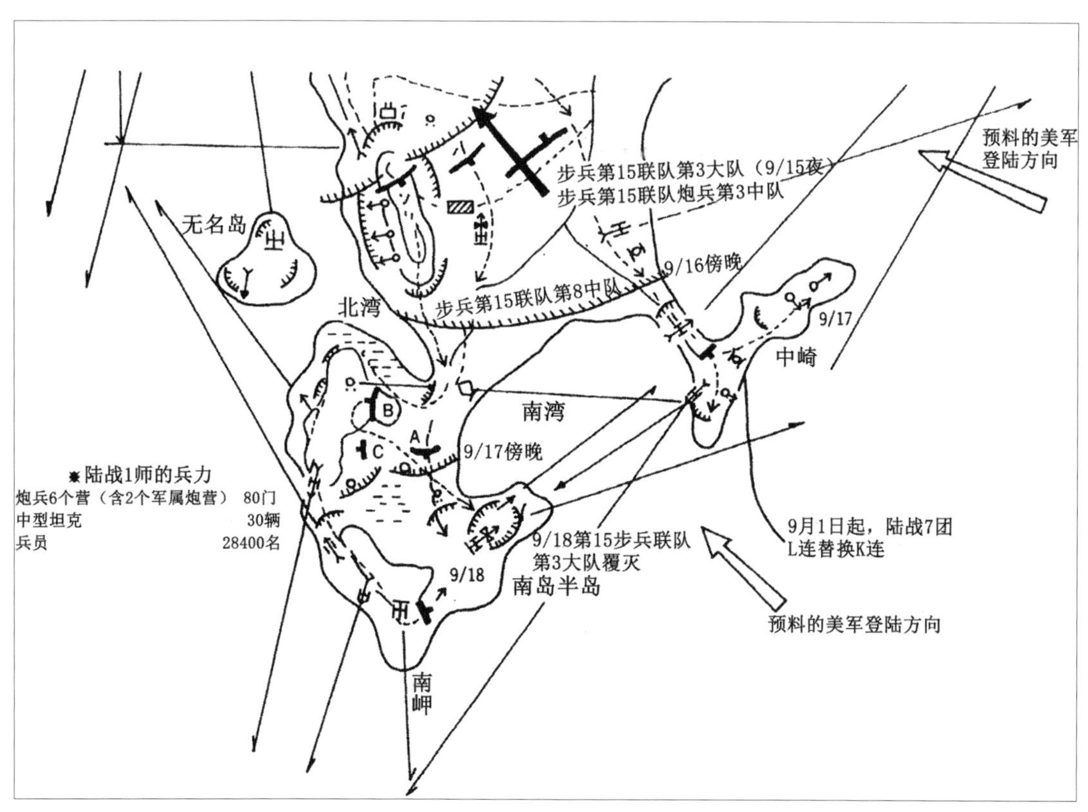

的瘴疠之地，自转进到贝里琉岛以来，在短短3个月的时间里，在资材、机械均极缺乏的条件下，以“富有创意的眼光”，完成了出色的阵地构筑任务。尽管如此，南地区构筑的阵地仍然留下诸多遗憾，特别是主要火力均指向大海正面，结果因为受到来自侧面、主要是背面的攻击，而未能充分发挥碉堡和掩体壕的威力。日军不得不将火炮等武器从碉堡或掩体壕中拉出，在野战中面对美军的炮火，这是该地区与其他守备地区的一大不同之处。此外，南地区队内部，由于各中队的守备火力均指向大海正面，结果除了一部之外无法相互支援，变成了各自为战。

机场血路

9月16日曙光初现，陆战5团面临的第一项任务就是要占领美军在贝里琉岛最重要的目标——机场。对5团的几个步兵营而言幸运的是，夜间阵地让他们处于一个次日白天前进时会非常有利的位置。他们当天要向北转向，以1师最左翼为支点前进。5团左翼是沿着树林边缘布阵的1营，2营位于中间的开阔地上，3营位于机场南部边缘右侧。

天光一放亮，日军就在5团前沿阵地实施了密集的火炮和迫击炮打击。美军的海军舰炮和陆战队炮兵开火还击。陆战队步兵趴在散兵坑里，将头压低，耳听着双方的炮弹在头顶呼啸而过。一枚日军炮弹直接命中团指挥所，另一枚摧毁了至关重要的通信装备。几名团参谋军官非死即伤，团长哈里斯上校膝盖受了重伤，行动都极为困难。师前指得报，赶紧为5团补充足够的参谋人员，以便让承担主攻任务的该团如期出发。

无论指挥所发生了什么，第一线的士兵们都没有丝毫懈怠。

“做好准备，各就各位。”士官们都蜷伏着身形，呵斥部下的士兵们做好准备。一旦得到出击命令，5团和1团的主力就要向机场地区越过1500码的平地。除了机场北端的建筑废墟之外，跑道地区基本上都是平坦的开阔地，日军的炮弹和子弹不断飞来。日军的火炮数量不多，但其凶猛准确的火力却成了陆战队员的噩梦。当16日白天美军从机场地区北进时，日军部署在天山山腰处洞穴阵地中的仍然完好的1门野炮和3门105毫米榴弹炮及迫击炮等集中火力向美军实施速射，给美军造成很大损失，炮弹准确地落到美军头上，成了名副其实的“垂直炮击”。

8时，5团1营离开平坦跑道前方的树林，以两个连的兵力突击，一个连的预备队则部署在左后方。虽然机场北缘的低矮灌木丛和瓦砾能给少数步枪兵多少提供掩护，但大多数步枪兵必须保持大约20码间隔，以疏散队形勇敢地冲进平坦的机场跑道。营长博伊德中校目睹了这一切，在前方突击的2个连越过了被日军火力扫荡的机场，让他永生难忘。

战士们会听见“啪嗒”声，仿佛有人射穿了悬挂的床单，其实那是人体中弹的声音。一旦进入跑道地带，根本没有任何东西可掩护，陆战队员压低身形向前冲，子弹或弹片随时会击穿他们的身体，被炮弹击中后的珊瑚粒也会弹在他们身上。中弹倒地的战士们呼喊着医护兵，大部分却得不到回应。冲锋的战友们顾不上他们，医护兵到来之前，很多人都会失血过多身亡。

日军的机枪子弹就在机场上齐膝的高度飞过，乔·洛梅尔斯下士为了躲避，暂时跳进了一个弹坑。他听见有个年轻的陆战队员在惨叫，但是距离太远，无法去救助，只能眼看着那个年轻人的伤口一直在流血，一遍又一遍喊着“妈妈”，最终痛苦死去。

5团1营A连的拉塞尔·克莱下士眼看着很多战友倒在机场跑道上流血而死。一旦腹部中弹，最终几乎都会因失血过多死去。他不是不想救助伤员，但是在日军的密集阻击火力之下，放慢脚步就非死即伤，要想带着伤员更是难上加难。克莱越过机场后，只看到排里的小个子信差被战友拖到可以隐蔽的地方，这样的幸运儿少之又少。

尽管伤亡惨重，1营的陆战队员还是只用了一小时出头的时间就穿过了机场跑道，到达机场东北侧的主机库地区。

在机库地区，1营先头部队遭遇在建筑物废墟里设壕防御的日军顽强抵抗。日军在这一带挖掘了一片巨大的V形反坦克壕，有两个石砌碉堡安置20毫米口径机关炮，阻击火力很猛。

拉塞尔·克莱指挥的一个机枪班组原本有9人，登陆日就减员4人，等到越过机场，就只剩下他和斯蒂芬·多森泽克一等兵。克莱才19岁，多森泽克已25岁，平时就像他和其他更年轻陆战队员的哥哥。其实在格洛斯特角战事结束后，多森泽克是可以回家的，但是他仍然留下和战友们一起远征贝里琉。

两人越过跑道，赶到机库附近，就用几块岩石垒起了简易掩体，架起了他们的轻机枪，寻找射击目标，一时却没有找到。这时一旁一声巨响传来，原来是日军的一枚大口径迫击炮弹落地爆炸了。克莱低下头去，片刻后掸去头上的尘土，想要挪动多森泽克的身体，不由大吃一惊。原来一枚弹片直接将多森泽克的头部劈开了，脑浆都溅了他一身。克莱惊魂未定，赶紧冲到几码外的反坦克壕里隐蔽，想要先将外套沾上的脑浆和血肉清理掉，却哪里办得到。血肉将蚊蝇都吸引过来了。无奈之下，克莱只得将外套脱下扔掉。

由于连续出现大量人员伤亡，再加上多人因高温罹患热衰竭症状，1营兵力被严重削弱，推进陷入停滞。当LVT两栖登陆车设法后送伤员时，日军设在机场北面的瞰制高地血鼻岭上的火炮弹如雨下，美军只有急调谢尔曼坦克与LVT共同编队，用坦克装甲尽量保护LVT较为单薄的车身。

美军海空火力狂轰滥炸留下的机场建筑的遗骸，成为日军狙击手的良好藏身之所，陆战队士兵必须在近战中将狙击手消灭。

一个步兵排得到一辆陆战队坦克掩护，设法包抄了阻碍美军进攻的日军阵地。1营见形势有利，立即将预备队的一个连投入进攻，经过一番激烈的肉搏战，终于打垮了机库地区的日本守军。天黑之

在山脊上的日军观察哨呼叫日军炮兵和迫击炮手，劈头盖脑一顿炮弹招呼。谢尔曼坦克的装甲虽比日式轻型坦克耐打击，却也只得退后。这顿炮轰也波及了附近的陆战队步兵。2营的步兵设法在丛林中抵抗零星的日军狙击手火力时，想要维持住一条散兵线。这一天稍有减弱的热浪造成的伤亡比日军更大。各排排长经常会让士兵们稍歇片刻，但热衰竭的人数一直在增加。然而，天黑之前，2营已经向0-2目标位置以外推进了600码，一侧已经稳稳靠在沼泽地上，另一侧翼与5团3营的右翼建立了稳固的联系。

当天日军发射了几枚或许加装了稳定旋翼的火箭弹，但是弹道极其不稳定，呈螺旋形。这些火箭弹看上去有127毫米口径，填充了苦味酸。明亮的黄色爆炸烟雾升起时，美军陆战队有人大喊“芥子气”，大家顿时紧张起来。好在很快就确认其实是苦味酸，经过无线电报传达正确消息之后，短暂的骚动平息了。

下一天，即9月18日，陆战5团在左翼的进攻到中午时分停滞了，当时3营撞进了日军从高耸的中央山脊射落的密集炮火弹幕。9月17日正是这样的阻击火力让美军一无所获的，这一天火力变得更猛。2营所在的右翼，日军在该营东侧的红树林沼泽以机枪和步枪火力反击，让他们每前进一步都要付出很大代价。美军的地面炮火和迫击炮对隐蔽的日军几乎全无用处，美军只得呼叫空中支援。飞机在沼泽地上方30英尺进行低空机枪扫射。日军的轻武器阻击火力哑火了，空袭奏效了！2营的步兵赶紧加速前进。早晨7时出发以后，2营在正面只遇到零星抵抗，树冠能够为他们缓冲日军的炮火打击，让他们迅速前进，一路来到通往恩加多罗罗克村和东北半岛（向岛）的公路（东海道）。

然而，红树林阻塞了将这座半岛与贝里琉本土分隔的水域，将两岸的道路压得如此之近，乃至于让这条通道其实变成了一条堤道。大约10时40分，一个小型巡逻队冒险越过堤道，来测试日军的反应。巡逻队平安走了个来回，没有引出任何日军射击，营长仍不敢怠慢，呼叫空袭，为大举越过堤道铺路。让步兵失望的是，舰载机完全没有命中目标，只得呼叫地面炮火集中射击，以代替空袭削弱恩加多罗罗克地区的抵抗。

13时35分，一个加强步枪连开始越过狭窄的通道。营长不知道的是，陆战5团指挥所已经下令实施第二次空袭，来弥补先前的失败尝试。当这个连通过毫无遮掩的堤道时，美国海军飞机突然从空中俯冲下来，扫射暴露的部队。尽管因为这次误会伤亡惨重，陆战队员仍在继续前进，在半岛地区建立了稳固的桥头堡。

2营当天真是祸不单行，又遭受友军炮火的

正在向贝里琉机场西北进攻的美军陆战队第4军犬排的战士们。

两次误射。一次炮火集中齐射的打击位置错误前移，击中了该营。营里的迫击炮在一些步兵通过堤道时击中了他们。5团2营在9月18日蒙受了34人伤亡的损失，几乎都是友军火力误射造成的。

9月18日，5团3营的前线被限制在山岭和大海之间，只能部署一个连而已。因此，另外两个连被转移到5团2营的右（南）翼阵地。夜幕降临时，这2个营面朝日军在恩加多罗罗克村的设施挖掘散兵坑。团预备队1营负责逐出后方地区隐藏的日军狙击手，现在向北支援第二天的进攻。

在美军俯冲轰炸机炸毁目标之后，2营在9月19日上午袭击了恩加多罗罗克的废墟。他们只遇到零星的抵抗火力。当2营继续通过废墟前进时，3营在炮火和迫击炮攻击下向南推进，遇到的抵抗也非常弱。在接下来的几天时间里，陆战5团有条不紊地扫荡日军在半岛的几座孤立据点。21日，他们已经确保了这个小半岛为美军控制，到23日也占领了近海的几座小岛屿。

这段时间，陆战5团进行了大范围巡逻，这也是美军在贝里琉岛唯一能有效使用军犬的机会。9月15登陆日，军犬就已经被送往前线，但是在日军的持续炮击下都变得神经紧张。许多军犬甚至袭击了它们的操作人员，不得不被就地格杀。结果，这些军犬只得被送到后方地区来保障各级指挥所的夜间安全，军犬操作员就腾出手来充当担架员。不过，在军犬随同5团巡逻队一起行动的时候，它们得以忠实地发挥自己训练有素的作用，用敏锐的嗅觉拯救了许多陆战队员的性命。例如，在9月20日，一条杜宾犬在3营I连前方巡逻，发觉日军在75码到100码外埋伏。陆战队员一旦得到这条军犬示警，就得以逃过20多个日本兵用机枪和其他自动武器设下的陷阱。当陆战5团到达贝里琉北部时，军犬排卓有成效的活动就早早结束了。一轮不稳定的齐射白磷燃烧弹落入了军犬排占领的地区，这次不幸意外标志着军犬排已经无法在岛上发挥作用了。

陆战1团的苦战

9月16日上午，普勒的陆战1团出发进行全面进攻，开始向北运动，3营、1营和2营从西到东一字排开。

洪索维茨中校指挥的1团右翼2营与5团1营协同进攻，具体任务是让面朝东方的2营向左转，占领机场和山岭之间的建筑废墟，将其扫荡干净。8时整，火力准备完成后，2营的E连和F连从左右两路向机场西北部进发。

1团2营的进展比5团各营更快，不到半个小时，就已经穿过机场跑道西面的转角，但是平坦的跑道上没有任何东西可供掩蔽，日军的阻击火力同样猛烈，陆战队步兵在突击时同样艰难。跟随F连一起行动的2营侦察员拉塞尔·戴维斯二等兵在机场边缘两次开始向前冲，但是日军的酷烈火力两次逼得他只能转身回到出发点，在一座碉堡残骸侧面隐蔽。机场上到处都是日军的子弹飞射而过……炮弹接连在机场上空爆炸，F连的战士们依然在奋力向前。

约瑟夫·福尼尔中尉率领一个巡逻队一路突破日军的火力阻击，穿过机场。激战之间，他冷静观察，发现了日军的一个自动速射炮火力点，正在对机场跑道进行猛烈的纵射火力打击。福尼尔率部包抄上去，将日军在火力点的设壕工事全部摧毁，击毙20名日本兵。

戴维斯最终还是越过了机场，找到营长洪索维茨中校。洪索维茨和营部一起行动，进攻机场的部队非常混乱，他和两个突击连都已经联系不上，看到戴维斯这个侦察员，可是乐坏了。戴维斯向营长说明了当时2营在地图上的位置，介绍了战场实地的情况，估算了穿过机场的2个连的幸存者的大致人数。洪索维茨立即将好消息报告给1团团部。

F连的步枪兵奋力穿过机场北端的日军兵营废墟，来到一座已经被摧毁的村庄。日军隐藏在村庄断壁残垣的碉堡工事里顽强抵抗，F连伤亡很大。拉塞尔·戴维斯奉命再度去F连侦察。

来到激战正酣的村庄，戴维斯坐在一座倒塌的碉堡背风处观察战况，背靠着依然冒着热气的混凝土。天气炎热，战火一直在燃烧，碉堡残垣好像要在高温中开裂一般。戴维斯身边坐着一个大个子波兰裔战友。这个人身负重伤，军服残破不堪，整条左臂已经不见了，裸露的白皙胸膛和肩膀在阳光直射下满是汗水，伤口在缓缓渗血，胳膊被斩断显然有些时候了。这个大个子非常强壮，虽受了重伤，进入半休克状态，肯定很痛苦，却还能说话："你看那儿（伤口）！没有多少血。我都看不见血。可能就流了一点血吧。"戴维斯就和他一起等待医护兵来救治，可惜一直没有等到。波兰大个子最终断了气，戴维斯这才离开，去向营长汇报F连的战况，至于医护兵后来有没有发现波兰大个子的尸体，他也不知道。

得到戴维斯报告的2营营部向团部汇报道："F连已经通过了碉堡地区，那里的抵抗很强。"

左翼的E连越过机场边缘的小树林前进，到达一片日军的营房区，被一座巨大的圆形混凝土大碉堡射出的炽烈火力所阻。布鲁斯·沃特金斯中尉估计这座碉堡的直径大约有15米。他让战士们一齐用反坦克手雷向碉堡掷去，爆炸之后，发现没能伤到混凝土外壁分毫。他部下的一名中士想方设法摸上前去，将一枚手雷塞进射击孔，但是日军的火力并没有明显减弱。一辆谢尔曼坦克来支援，对准这座碉堡发射了2枚75毫米炮弹。眼看着坦克也奈何不了这座坚固工事，沃特金斯等人正在沮丧，突然听见天上传来海军俯冲轰炸机的"呜呜"声。沃特金斯赶紧招呼部下卧倒。

飞机投落了炸弹，估计是一枚500磅炸弹。沃特金斯排抬眼看着炸弹划过弧形弹道从他们头上飞过。奇迹发生了，这枚炸弹正好落在大碉堡的中心，将掩体完全炸塌了，越过混凝土外壁，将里面的所有日本兵都炸死了。爆炸的巨大冲击波让一个排的陆战队员都感受到了剧烈的震荡，他们身上都覆盖了白色的珊瑚灰。等到他们摇摇晃晃站起身来，仿佛游魂一般，一时都不知道自己是不是还活着。这确实是一个奇迹，没有一个陆战队员在这次爆炸中负伤。

总之，2营越过机场后就陷入苦战，加上与友军短暂失去了联系，一时减缓了进攻速度。然而，尽管伤亡一直很大，他们仍然奋力在肉

两名陆战队员小心翼翼地越过贝里琉机场北侧的一座停车场。他们眼前就是一道陡峭断崖。居高临下的日军火炮，随时可能对他们造成致命威胁。

搏战中压倒了日本守军，开始以扇形队形向0-2目标位置前进。全速猛冲的步兵一开始取得了良好的进展，但是日军顽强抵抗了陆战队员向连接东西公路的重要路口推进的一切努力。尽管取得了不少收获，2营还是在距离0-2目标位置，即岛西公路（滨海公路）不远的地方停下脚步过夜。

16日，海军上等水兵土田喜代一正身处中山的海军通信队的洞穴内。他已被编入海军陆战队第1中队的第1小队。此前在9月13日，土田所属的小队就从海军内务科的钟乳洞转移到这里。忽然传来消息："美军已经登陆，机场已被压制。美军以坦克为先导已进至山麓。"土田被指名参加机枪班去阻止前进的美军。

在洞穴入口，放着从"一"式陆上攻击机上拆下的旋转机枪。土田的任务是和兵长一起操作这挺机枪。机枪准备好之后，上野伍长教导说："如果不用凉的东西包住枪身，就会热得射不出子弹。"土田开始在周围寻找合适的东西。不久两个日本兵冲进洞内。土田一看是老朋友栗山上等兵和大原一等兵。先前两人在机场附近用机关炮迎战美军的坦克，但没什么用，就撤回来了。听过报告，中队长在洞穴入口附近向两人怒斥道："混蛋！赶快回去死守机场！"

栗山上等兵一副下定决心的样子："是，大原，我们走。"大原一等兵却说："要经过到处飞来子弹的地方吗？外面可是子弹纷飞啊。"

栗山上等兵说："别说那种话，没时间了。你这个笨蛋！"

这时在洞穴深处的兵长对土田叫道："喂，土田！用这个包住枪身怎么样？"土田回答："是。"向兵长那里跑去。

就在这一瞬间，猛烈的爆炸声和气浪突然向洞穴袭来。美军的炮弹在洞穴入口附近爆炸了。现场惨不忍睹。大原一等兵的身体被切成两半，粘在洞壁上。栗山上等兵奄奄一息，一边说着"水，给我水"一边死去了。如果土田不是正好向里面移动的话，就会跟他们一个下场。这一发炮弹就造成14名士兵死亡。

陆战1团1营一头撞上了日军的这个大碉堡工事，为攻下这座碉堡损失了25人。

后来一名陆军士兵将一具"棒地雷"交给土田。这是土田第一次看到棒地雷这种东西，它比刀鞘稍大，顶端安装着爆破筒。土田的任务是拿着棒地雷"一起钻进坦克的履带下"。

不久传来了"美军的谢尔曼坦克在接近中"的消息。于是中队长站起来大声喊道："接下来要攻击坦克，需要志愿者三名，在这里集合！"这时有个人回答："是，我去。"接着第二个人举起了手。土田则拿着棒地雷犹豫不决。忽然土田旁边的整备兵小寺龟三郎喊道："小寺一等兵报名！父母告诉我要勇敢地死去。"以前战友们经常"小寺、小寺"地戏弄他。而且他几乎没有实弹射击的经验。这样的小寺却主动说“我要报名！”让土田惊讶不已。土田感到小寺是代替自己去死的。

组成决死队的三人敬了个礼：“我走了。”然后成一列离开了洞穴。大约20分钟后，传来了剧烈的爆炸声。三人再未返回洞穴。

在16日的进攻中，陆战1团左翼面临的第一个问题是前一天让美军无功而返的长长珊瑚石山脊，当天负责进攻这个目标的是雷蒙德·戴维斯少校指挥的1团1营。他们早早出发，穿过机场边缘，一路北进200多码，来到一片设防区，顿时枪声大作。陆战队员每动一步，就遭到两个甚至三个方向射来的子弹阻击。1营的两个突击连B连和C连只得一个个硬啃日军的火力点工事，伤亡很大。

C连的印第安裔士官莫纳奇表现相当出色，仔细观察C连前方的日军工事位置之后，指挥部下进入几个有利位置，先用火焰喷射器和步枪火力掩护，压制住日军强点的火力，然后身先士卒，摸到日军工事边上，将炸药塞进开口。他先后摧毁了日军的10座工事，此役之后，获得海军十字勋章。

1营发现日军在这道山脊上的防御阵地以一座20毫米口径双联机关炮火力点为核心，各种反坦克壕、步枪壕和机枪火力点如蛛网一般交织在一起，各种工事一直延伸到山脚下，与平地上的堑壕相通。有些被击毙的日本兵看上去身材高大，非常干净，吃得也好，装备齐全。一个日本兵身上有身份牌，可以断定是日军第14师团步兵第2联队第9中队。后来的情报也确定有第3和第7中队的士兵在这一带战斗。美军情报部门经过分析比较发现，贝里琉的日本兵装备精良、饮食充足、训练有素、军纪严明，比战争早期遇上的更加狂野、好攻击的日军更

在海滩附近的壕沟里，被美军陆战队坦克和火焰喷射器杀死的12名日军士兵的尸体。

难对付。

1营占领了制高点，不久B连就与在波因特角坚持战斗的K连幸存者取得了联系。

萨博尔中校的3营同样准备发动进攻，但是L连立即被前方山脊上的日军密集火力阻挡，无法前进。1辆谢尔曼坦克被派来支援，用75毫米高爆弹打击山坡上的日军工事。炮兵得到呼叫，应声组织定点炮击。大约一小时后，3营终于取得了一些进展，冲上山脊南坡。然后步兵面对日军的酷烈轻武器火力和不时出现的迫击炮弹，沿着山脊继续进攻。右翼的I连遭遇同样顽强的抵抗，不过他们依然在竭力前进，同时与2营的左翼连保持好联系。

黄昏时分，尽管1团3营仍然没有到达0-1线目标位置，但是他们面临的最坏的战术局面——前线布满日军制造的楔子，各连队之间有不少缺口——已经得到了改善，在正面形成了一道连续的战线。1团的攻击方向也已顺利西转。

苦守波因特角大约30个小时的3营K连总算不再孤立。从16日一早开始，几辆LVT开始越过礁盘为他们补充援兵和物资。K连的迫击炮班来了，带来了大量炮弹。克罗夫中尉和炮兵观察小组也来了，与K连长亨特上尉短暂交流后，就用无线电与师属炮兵的几个连联系上了。2排的10个掉队士兵也被送来与连主力会合。

得到补给和援兵的亨特终于可以组织迫击炮和火炮火力还击日军了。此外，当时K连的阵地上共有7挺机枪，一共得到30名援兵。无线电在工作，有两条电话线可以联系营部。登陆之后，K连的战士们第一次感到自己是安全的。

由于陆战1团的勇猛进攻，防守海岸一带、石松阵地附近的富田大队的第4、第5中队在16日受到来自西方和南方的夹击。特别是由于美军在当天进抵机场北方的建筑物（海军航空队的防弹兵营）的后方据点，使得这部分日军被切断后路，与地区队主力隔离，陷入孤立状态，正面是舰艇群集的大海，背后则是陆战队的大军。第4、第5中队的阵地陷入混乱，当日军向卧倒在正面海岸沙滩上的美军射击时，却从本应是友军防守着的右方、左方以及后方飞来了子弹。

第5中队的狙击手程田弘上等兵以为遭到友军的误击，急忙把太阳旗绑在步枪上，一边使劲挥动一边大喊："是友军！"然而攻击反而更加激烈了，在传来自动步枪射击声的同时，子弹纷纷钻进周围的地面。由此程田等人才开始意识到是遭到了美军的攻击。挥舞太阳旗只不过是告诉了敌人自己的位置而已。

第5中队长中岛正中尉大约在15时战死，当时他正在石松阵地附近指挥受到前后夹击的中队。中岛中尉已经摘下军衔章，穿上了一般士兵用的军服，如果穿着军官服，就会成为美军射击的目标。这时中岛中尉已经负伤。他背着大块的炸药，点了火，说道："我先走了。"便冲向坦克。士兵们一次又一次喊着"中队长，快回来！"但中岛充耳不闻，直冲过去。

第2联队第2大队长富田保二少佐也在15时左右在西岬附近战死。正午过后，富田大队长决定离开大队本部洞穴移动到第一线。本部附永井敬司也随行前往。他们看到前线已经是伏尸累累，惨景满目。距离海岸线150米左右的内陆一带，有珊瑚礁构成的天然"堤坝"。第2大队的残兵正利用"堤坝"的掩护迎击逼近的美军。永井他们进入了堤坝背后的地下坑道。

不久美军的谢尔曼坦克接近过来，永井他们遭到夹击。日军几乎无力迎击，富田感到已经无力回天，因此决心自杀。当时伤员被收容进混凝土制的碉堡或附近的坑道中，坑道内挤满了30名以上的伤员，健康者屈指可数。情况

在海滩附近的壕沟里，被美军陆战队坦克和火焰喷射器杀死的12名日军士兵的尸体。

双方的武器差距很大。日军打一枪后就要藏起来准备好之后再打一枪，而美军却用自动步枪一口气打个痛快。日军是认真地瞄准射击，美军却用实力压制战场。美军的子弹打到珊瑚礁上时会飞起白色粉末。永井因为是下士官所以佩着刀，但那玩意儿什么用也没有，所以他在途中扔掉佩刀，从美国兵的尸体上捡起步枪用来战斗。他拼命战斗着，这时他丝毫也感觉不到害怕，或者说根本没有时间害怕。

负伤的士兵一边呻吟着一边哀求战友："快杀了我吧"。战友说："明白了。"便用军刀捅了进去。有的士兵被炸飞了胳膊或腿，有的尸体没了脑袋。有的人在死前狂呼："天皇陛下万岁！"

在这场激战中，富田少佐愈加危急。M4坦克保护下的美陆战队员在逐步缩小对以碉堡为中心的日军阵地的包围网。

这时富田少佐用沉重的声音下了最后的命令："我要和伤员一起死。你们要尽量活下去，跟联队本部取得联络。"于是鬼泽广吉上等兵等能动的伤员企图离开洞穴，但因为美军就在附近没法出去。

富田虽然打算自杀，但周围的人劝说他："那样不如冲过去拼了。"于是他决定冲出地下坑道攻击，遂拔出了佩刀。但是美国兵非常勇敢，虽然几乎都是白人，但他们的皮肤却呈现红色——战斗中双方已经接近到可以看清对方肤色的距离了。

在这场激战中，富田少佐遭到已逼至极近距离的美军坦克猛烈射击，身中数弹而死。关口副官也受伤了。

永井敬司等残存士兵暂且退入后方的地下坑道。坑道里已经挤满了伤员。为了避免美军从入口攻击，日军用木材物等堵在入口，结果还是被美军发现了，手雷被扔进坑道。于是又展开了激烈战斗。之后为了与联队本部会合，在离开坑道开始移动时，永井被迫击炮破片击伤了右大腿。

再说被收容在坑道中的鬼泽上等兵在离开坑道碰壁后，最后和一个姓青柳的战友决定碰碰运气，同时从不同的出口冲出坑道，两人立刻遭到扫射。青柳腿部受伤，鬼泽的手被子弹贯通。两人感到死期已至，于是在喝过水之后喊了“天皇陛下万岁！”但是鬼泽只不过是手上受了伤，所以还能爬行，这让他捡了条命。接着冲出来的姓青户的士兵也提供了帮助，两人躺在湿地上，只露出头部，头上盖着大片叶子把自己藏起来，等待美军离去。此后他们和其他一些失去指挥官的人一起前往第2大队本部所在地，然而那里已经被美军包围，根本没法进去。

富田大队长战死后，第6中队长大场孝夫中尉担任大队指挥继续战斗。另一方面，中岛中尉战死后，宍仓军曹率领第6中队的幸存士兵抵抗跟在坦克后面攻来的美军。宍仓军曹指挥幸存者一齐实施突击，大约150名中队队员此时已经减少至25名左右，弹药也所剩不多，用以对付坦克的大型武器也已经遭到破坏。因此剩下的方法唯有肉弹攻击。

美军的M4坦克一边滴溜溜地转动着炮塔一边逼近过来。宍仓军曹喊道：“工兵队，攻击那辆坦克！”然而工兵队已经吓得不敢出击。当时的日军缺乏火箭筒等反坦克武器，不得已而为之，日军普遍装备了攻击坦克用的棒型地雷，使用方法是插入敌坦克的履带中将坦克炸瘫。“棒地雷”长约1米，装有4个引信，拥有可以炸飞一吨以上重物的威力。

“工兵队怎能惧怕坦克！”宍仓军曹再次咆哮起来。话音未落，M4坦克的机枪便开火了。宍仓军曹被打得一下子向旁边飞了起来。鲜血如泉水般喷涌而出。

这时，第5中队的一名姓仓持的号称“联队第一”的号手，被手雷的破片击中，倒在两名战友的尸体上断了气。

用“棒地雷”攻击坦克的时机已经丧失。交战双方隔着海岸线附近的低矮的堤坝般的遮蔽物，大海一侧是美军，内陆一侧是日军，相隔仅10多米，展开了互掷手榴弹和手雷的肉搏战。

中岛中尉战死后不久，第4中队长川又广中尉也战死了。直辖部队长之一第1大队长市冈英卫大尉也在当天战死。

当时，第2大队本部附武山芳次郎上等兵正负责情报工作，负责前线与联队本部间的电话联络。然而电话线被切得零零碎碎，电话失去了作用。武山在16日当天决定同另一名同样负责情报工作的姓角田的士兵一起离开富山的大队本部洞穴，前往位于机场北侧的防弹兵营。从富山的洞穴到防弹兵营只有不到2公里的距离，但由于舰炮炮弹和舰载机的肆虐，路上花费了近2个小时。在空中，舰炮炮弹和舰载机交错乱飞，任何会动的东西的都会遭到机枪扫射。

由于必须寻找舰炮射击和战斗机的机枪扫射的间隙才能行进，所以跑3米左右就要卧倒在地，地上如果有石块就躲在后面，如果有凹地就跳进去藏在里面。哪里有一点树木就向哪里接近过去。硝烟和热气让人喘不上气。

他们终于到达了防弹兵营，然后又从这里前往第一线阵地（海岸阵地）。于是他们连休息的时间都没有，就跟待在防弹兵营中的10多名本部人员一起向正在西浜附近战斗的大队本部的战斗指挥所前进，那里大致位于第5中队和第6中队展开的中间点。和武山同年入伍的大关上等兵在移动中战死。海岸上的前线到处都是激战的痕迹，布满了敌我难分的尸体。

不久从天山的联队本部向濒临覆灭的海岸的第一线部队发来了撤退命令。但是面对众多伤员，第5中队的幸存者不知道该如何撤退才好。通往撤退目的地——富山的第二线阵地的道路或峡谷已经成为美军的展开区域。第5中队的饭岛荣一上等兵的分队长看着充满了伤员的混凝土碉堡，向高崎准尉问道："准尉大人，那些人怎么办？"

高崎准尉默默地凝视着碉堡。对方的意思再明白不过。分队长右手举起一捆手榴弹简洁地说道："要用这个处理掉么？"

高崎准尉默默地点了点头。分队长将三颗反坦克手榴弹扔进碉堡。沉闷的爆炸声响起的同时，从碉堡的出入口喷出白烟。目睹这一情景，有的士兵把脸背过去，有的人呆呆地站着，连眼泪都忘了擦。

步兵第2联队第4、第5中队的少量幸存者开始向第二线阵地的富山撤退。但是尽管距离富山只有数公里，美军却已在其间展开，士兵们每前进一米就要卧倒，就这样一步一步地移动。第4、第5中队的队员们总算缓慢转移到海岸阵地和富山的大致中间位置，这时遇到了大队本部的军曹。

"你们要去哪儿？"

"正在向富山撤退的途中。"

军曹回头望向富山方向说道："瞧瞧富山吧，也正在遭到轰炸。就算去了也白费。对了，最右端阵地（冷杉阵地）的第6中队还健在，所以还是回到海岸跟第6中队会合吧。"

根据军曹提供的情报，士兵们又开始向海岸返回。正如军曹所说的，可以清楚地望见第2大队本部所在的富山以及联队本部所在的天山也正遭到猛烈的炮击轰炸。但是日军的野炮也在不断地从山腰处的隐蔽壕中开火。

……

再说波因特角的美军陆战1团3营K连同友军恢复联系、获得增援之后，连长亨特上尉决定派一个巡逻队去侦察日军阵地。哈恩中士带领五六名战士出发了，大概前进了700码，正在岸边戒备的弗雷德·福克斯突然听见枪声大作。亨特只能眼睁睁看着日军向哈恩的小小巡逻队射击。巡逻队遇到的是由日军富田大队第6中队守卫的冷杉阵地。日军都隐藏在岩石之间，只露出头盔，K连不能用自动武器和迫击炮开火，也不能呼叫炮兵支援，那样只会伤到自己人。一名巡逻的陆战队员带伤总算回到K连阵地报告："有很多人藏在山洞里。需要大批兵力才能将他们赶出来。"亨特断然决定不能在眼前这片日军仍占据优势的局部区域投入更多部队，能做的就是掩护巡逻队撤退。哈恩好歹将巡逻队带回来了，结果是1死2伤。

亨特在巡逻队激战之时，就拨通了萨博尔营长的电话，报告巡逻队大约遭到40名日本兵攻击，然后说道："中校，我们前方仍有大群鬼子，看上去正在为了什么目的集结起来，可能会发动夜袭。"这一担心并非杞人忧天。如果日军夺回了波因特角这一战略高地，就可以在上面布置重武器和自动武器，对拥挤在白色海滩上的美军人员、物资和车辆进行破坏性打击。

事实上，亨特的这次预测非常准确。冷杉阵地位于北浜和西浜的中间点，背朝贝里琉地区队本部所在的天山和大山，守备该阵地的步兵第2联队第6中队，因为与美军的登陆地点有一定距离，所以损失比较小。因此代理西地区队长大场孝夫中尉（第6中队长）决定沿西海岸实施夜袭，同第6中队会合的第4和第5中队残兵，以及先前同师团坦克队一起出击的大队预备队第7中队的幸存者也参加这次行动。

为了发动夜袭，大场中尉和指挥班一起前进到第6中队第1小队阵地，向各小队长（第1小队泽田、第2小队山口、第3小队冈田、机枪小队大和）表达了决心，命令全员集结于第1小队阵地。第6中队避开海岸线沿沼泽地向石松阵地（波因特角）方向前进，各自携带枪支、弹药、手榴弹，留下防毒面具等轻装上阵，20时

地图十六 陆战1团K连1排和3排在贝里琉岛波因特角的环形防御阵地，2排被困在更东面的坦克壕里

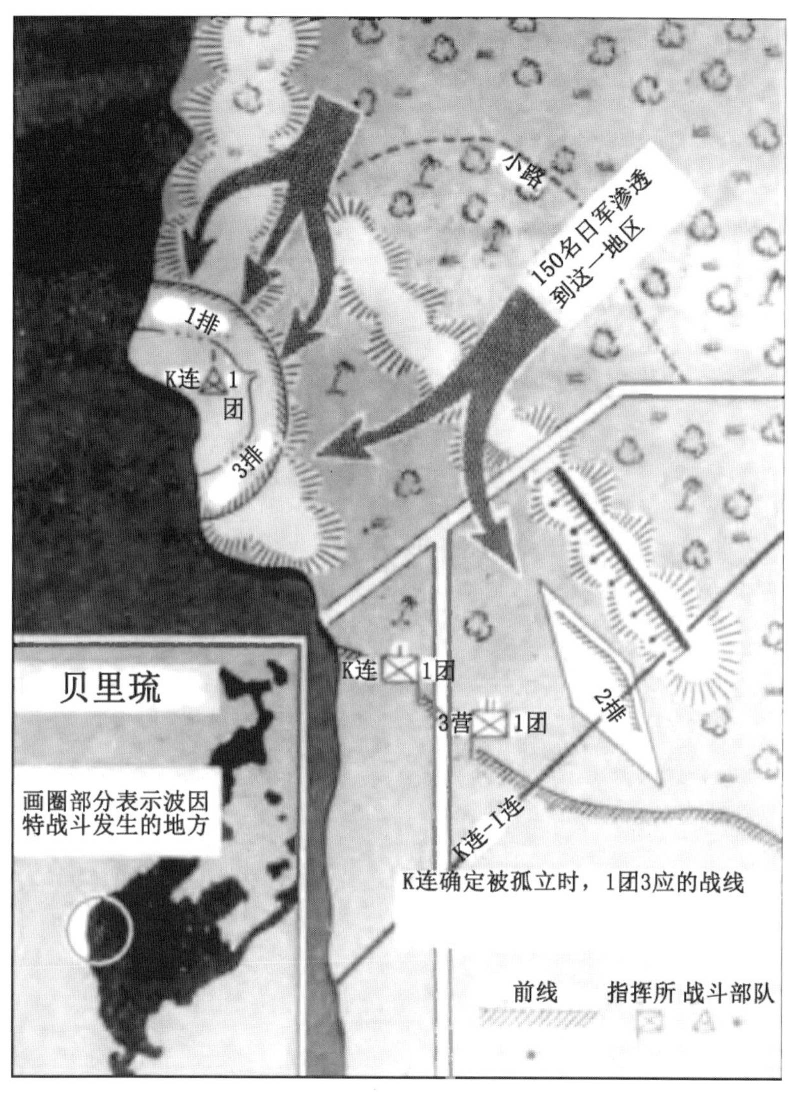

左右进至石松阵地右端。

西地区队的残存兵力大体上已在这里集结，于是大场派出侦察兵侦察敌情。这时机场方面响起激烈的枪炮声，美军不断发射照明弹。大场中尉命令第1小队沿沼泽地、第2小队从海岸方向实施反击。

日军的反击在22时打响。美军3营K连的弗雷德·福克斯先听见日军的迫击炮声，然后是步枪射击声、机枪扫射声和手榴弹的爆炸声。日军将所有能用的武器都用上了。大股日军在进行迫击炮和手榴弹火力准备后，突然冲向K连和B连在波因特角地区的阵地，另一支小部队（大场中队第2小队）沿着海岸一带包抄波因特角。

福克斯当时就在非常靠近水面的地方放哨，听见前方的水面上有人说日语，觉得不妙。他慢慢走下悬崖，想回到亨特的连指挥

所——前方30多码的一座已被陆战队占领的日军工事——报告。他才走出一两步，就听见后面传来脚步声，赶紧转过身去。就在他转身的时候，有人正好用枪刺扎进了他的左胸。福克斯的军服外套被刺穿了，留下一道大约10厘米长，1厘米多深的伤口。他手里举着手枪，子弹已经上膛，却没有扣动扳机，而是抡起手臂用手枪狠狠砸在那个日本兵脸上。这一下疼得日本兵立即放下了手中的步枪。福克斯将手枪丢了，立即抄起步枪，反手将捂着脸的日本兵刺死，然后拔出枪刺，大喊道："鬼子！鬼子来了！"

附近阵地上的一个陆战队员撒腿跑进了连指挥所。正在观察前方战斗的亨特不由吃了一惊，问道："出什么事了？"受惊不小的陆战队员回答："我们听到阵地前面（水边）有动静，有种窒息的感觉，好像有人被刺伤了。我们觉得日本人刺中了一个出去查看情况的兄弟。"亨特吓了一跳，决定先去看看。他带着几个人越过大约10码宽的一片岩石，进入一片珊瑚盆地。珊瑚上有几具已经僵硬的尸体倒在血泊之中。亨特发现左边有动静，一眼看见有条胳膊向前投掷东西，然后听见手榴弹撞针折断的声音，跟着一声爆炸。目标不是亨特，他当然没有受伤，但耳边却依然嗡嗡作响，非常难受。

其实福克斯的麻烦更大，双方一交火，他就陷在中间了。之前他刚从一个日本兵的刺刀下捡回一条命不过一两秒，又有3个日本兵接连在他身后冲了上去。然后一声爆炸，福克斯倒了下去，他的左臂、左肋和左腿都受了伤。紧接着另一个日本兵冲上来用刺刀扎他。他无暇多考虑，就地几个翻滚，逃进了水里。那个日本兵不死心，也下水来追。两人在水中搏斗，负伤的福克斯拼命挣扎，一次被日本兵抓住脖子，躲开了，下一次背被抓住，又挣开了。此时一道光影闪过。原来福克斯的一位战友看到他在战斗，用步枪射击助战。那几个日本兵撇下负伤的福克斯，想要攀上峭壁去杀他的战友。福克斯大难不死，但受伤不轻，渐渐失去了意识。他只是安静地躺在水面上，偶尔会张开眼角去看，发现身边是日本兵的紧身裤和露趾鞋，再向右仔细看去，只能看到身穿日本军服的肩膀几乎和他并排躺在水里。

在波因特角上，"他们在那里！他们向我们冲来了！"的喊声响了起来。亨特连长一直在高呼："干掉他们！把这群杂种全杀掉！"声嘶力竭，后来他觉得肺都快喊破了，才不得不收声。日军高呼："万岁，万岁！"一波接一波地向波因特角地区的陆战队阵地冲来。

守卫的美军士兵用自动武器开火，交叉火力让日军每前进一步都要付出死伤代价。与此同时，支援火炮向步兵前方250码射击，连属60毫米迫击炮将炮弹倾泻在K连前方的60码区域。阵地前的最后60码，由步兵用手雷保护。

在美军迫击炮的猛烈集中射击下，大场中队的指挥班和第3小队遭受的损失尤其惨重，开始行动的第1、第2小队也有约半数人员死伤。

尽管面临这样的集中火力射击，幸存的日军仍穿过迫击炮的弹幕匍匐前行到美军阵地附近，美军已经在阵地前布设了铁丝网，而且这一带因为美军登陆前的炮击轰炸，树木等遮蔽物完全消失，在不断射出的照明弹的照耀下无法接敌。但令人惊讶的是仍然有30名左右的日军设法渗透了美军前线。激战之中，这批日军被分派去渗透美军后方阵地。结果摸进珊瑚缝隙的日本兵被美军用铝热手雷和冲锋枪消灭。17日凌晨，这波反击就像开始一样迅速平息了。美军用压倒性的火力优势决定了这次夜袭的战果。

福克斯耳听着枪炮声，才一直没有失去意识，天亮之前发现海水已经在灌进嘴里，急忙大声呼救，最后战友机枪手安迪·拜恩斯不顾已经战斗了一整夜，非常疲劳，将他从水里捞了上来。17日10时左右，福克斯恢复了意识，发现自己躺在担架上，有一只手在检查他的脉搏。后来他被送到医疗船上救治。因为伤势太重，他被遣返回国治疗，在多座医院里辗转了8个月才痊愈。

接近天亮时，大场命令部队到富山阵地集结。当中队传令兵来到第2小队长山口永少尉和负责联络的大畑兵长卧倒隐蔽的洼地正在传达命令时，突然遭到极其猛烈的射击，同时美军的手雷也在近处爆炸。大畑兵长说了一声“小队长阁下”就和传令兵同时战死了，山口少尉也受了伤。幸存者将携带的手榴弹全部扔向美军，然后各自脱离敌前返回出发点。当山口回到第1小队阵地时，大场中队长正站在坑道入口等待部下归来。大场一看到山口就说道：“喂山口，回来了啊，马上撤到富山。”这是山口最后一次见到大场中队长。就这样，西地区队以主力对西岬一带的美军实施的夜袭以失败告终，残存兵力后退至富山一带的第二线阵地。

破晓时分，亨特发现阳光下的美军阵地前躺着350多具日军尸体（不一定都是夜战中被击毙的），日军的后方部队被美军的火炮和迫击炮炸得粉碎，样子可怖。一门40毫米口径火炮就倒在日军的尸体中间，上面布满了弹痕。17日上午，K连度过了在波因特角的最后一次危机，终于可以松一口气了。

另外，日军南地区队当晚夺回北湾、无名岛的企图也失败了。贝里琉地区队长中川大佐鉴于当前战况，决心在以大山为中心的北部高地区整理部队，在半夜前将指挥所移动到水府山前的大山，将战斗指挥所转移到观测山，各部队也各自向高地区后退，藏在地下坑道和洞穴中。临时编成的海军陆战队一直在机场一带战斗，但在当晚后退至观测山一带的据点继续战斗。另外守备盖斯巴士岛的铃木清大尉指挥的第2联队第3中队也留下一部警戒部队，主力在16日夜同水户山一带的北地区队主力会合了。

17日普勒上校不得不让陆战1团的所有3个营都推上第一线来发动进攻。贝里琉的战斗仅仅进行了两天，陆战1师的3个团以1团伤亡最大，全部人员损失超过1千。3营当天负责全团左翼，1营位居中路，2营在右翼进攻，7团2营来充当他们的预备队。师预备队7团2营在16日登陆后，原本支持其建制团向南进攻，此时却因为北方的需要转移了阵地，支持处境更艰难的1团进攻山地。

想要渗透美军阵地被射杀的一名日军士兵的尸体。

萨博尔中校指挥的1团3营面对日军狙击手并不强的火力，稳步推进了700码，仅仅是为了防范过度扩张的危险，才没有在当天向西海岸更远的地方推进。中路的1营直接撞上了日军的防御核心阵地，一个巨大的钢筋混凝土大碉堡和12个在附近设置的火力点，组成了可以相互支持的连片坚固阵地。那座巨大碉堡外墙厚达4英尺。1营紧急呼叫“宾夕法尼亚”战列舰用356毫米穿甲弹和高爆弹猛烈炮轰，这座日军并未特别加固的防御工事，不知怎的躲过了美军先前进行的火力准备。炮弹穿透了外壁，震荡的冲击波将里面的20名敌兵杀死。与此同时，美军的其他支援武器已经消灭了周围的工事。

雷蒙德·戴维斯少校指挥他的1营继续前进，越过了标记0-2目标位置的公路。当步枪兵逼近乌穆尔布罗格尔山脉的山麓时，地形开始上升。1营前方就是日军的富山阵地。由于在前方设壕防御的日军居高临下，在1营正面倾泻了大量炮弹，造成了严重伤亡，该营一度被打散，然后迅速重整，直奔山坡。在坦克的帮助下，步兵用巴祖卡火箭筒摧毁了日军的35个藏身洞穴，再挖掘散兵坑过夜。黄昏前，1营已经在富山的前坡上建立了牢固的阵地。

贝里琉战役期间的陆战1团1营营长雷蒙德·戴维斯少校。

9月17日在右翼快速推进期间，1团2营第一个到达乌穆尔布罗格尔山脉。这是一处由高耸的尖顶、悬崖峭壁形成的畸形地貌，在未来几周因为美军一度难以逾越闻名。陆战1团的团史忠实记录了进攻这片高地遇到的几个问题：

沿着这片高地的中心，石梁就在一片被珊瑚石扭曲的沼泽中隆起，散落着瓦砾、峭壁、山脊和沟壑，拼凑成了一片混乱迷宫。那里没有公路、小径稀少。地表坑坑洼洼，甚至在一些水平的地方都没有稳固地基。根本不可能在里面挖掘散兵坑，战士们能做的最多的就是在阵地周围堆一点珊瑚石或木屑。参差不齐的岩石划破了他们的鞋子和衣服，每次为了安全隐蔽靠到岩石上都会磕伤碰伤。由于无法在地下找到掩体，就无法躲避日军的迫击炮弹幕，陆战队的人员伤亡较大。每一次爆炸都会向四面八方溅起大量珊瑚石块，让每一发炮弹的威力倍增。日军在这一带挖掘的坑洞就像鼹鼠窝，他们在那里等待着战斗到底。

一大早，2营就冲上前去，攻占日军前一天严防死守的重要路口。沿着群山山麓的岛东公路，美军步兵继续前进。日军在公路左翼60米高的一道山脊上设壕防御，在公路上行进的美军步兵成为他们的上佳目标，遭到愈加猛烈的火力打击。这片高地就是中山，被美军称为“200高地”，它与公路平行，成为一个对2营中路战线威胁很大的突出部。在这些制高点上，日军的火力观察员不仅能呼叫自家的火炮和迫击炮对2营进行集中火力打击，而且在陆战5团的部队越过高地极右翼的平地时，也能进行精确射击。防守中山以及更西面的富山的，是步兵第2联队第4中队（此前损失相对较小）的驹井藤吉中尉的第2小队和昨晚从海岸一带撤退到这一带的第2大队的残存部队。

1团团部下了命令，让部队沿着岛东公路向左转，攻占那道山脊。当2营的陆战队员进攻陡峭的山坡时，日军进行了一轮迫击炮和机枪集中齐射，炮声隆隆，机枪的交叉火力弹流破空而至。日军的山炮和高平两用炮突然从隐蔽的洞穴中出现，进行近距离直射打击后，又再度隐入藏身之地。日军的这轮火力齐射，让美军伤亡惊人，许多上前支援步兵的坦克和LVTA两栖装甲车都被日军的精确火力击毁。然而，陆战队步兵在遭受重创之后，仍在友军的火力支援下继续艰难攀登，黄昏前成功清除了山顶的所有日军。可是日军仍然占据着西面地势稍高的210高地（天山），现在正在向陆战队新夺取的200高地（中山）山顶阵地实施密集火力打击，战士们赶紧挖掘散兵坑隐蔽。

日军的这波火力彻夜未停，伤亡变得如此惨重，乃至于陆战1团的预备队营7团2营的1个连不得不火速冲上200高地，以加强严重受损的防御力量。在17日的中山和富山的战斗中，代理西地区队长大场中尉和第4中队长川又中尉相继战死，兵力剧减的守备队在大队副官关口正中尉指挥下继续战斗。

美国海军陆战队的传奇指挥官刘易斯·普勒，贝里琉战役期间出任陆战1团上校团长。

关口第2大队在当晚（17日夜）企图以主力夺回中山，向该地大举反击。美军几乎只能靠海军舰炮对日军守卫的通往中山的通道进行精准火力齐射，才没让他们得逞。然而，在其他地方，当1团1营和2营在天黑后收紧他们的战线时，警惕的日军发现这两个营之间产生了缺口。日军开始利用这个机会，投入兵力进行渗透。直到7团2营的另一个预备连奋力前进，填补1团战线上的缺口，才最终击退了日军。

2营夺取200高地移除了日军的一个危险要塞，让美军取得了一个突入敌占区的要地，这一壮举还消除了阻碍1团2营和陆战5团前进的猛烈侧翼火力。

在企图以主力夺回中山的同时，关口大队还企图以一部夺回海岸阵地。与大队主力的中山地区攻击相呼应，第5中队和配属工兵第3小队长藤井裕一郎少尉指挥的1个分队为了爆破西岬一带（石松阵地）的美军迫击炮阵地而从富山西方的沼泽地一带沿海岸迂回南下，但因美军警戒严密而被发现，遭到猛烈射击。攻击队以一部采取欺敌行动，敲打白铁皮引诱对方火力，企图乘隙从侧面一举突入敌阵，但在无数照明弹的照耀下，这一带变得如白昼般明亮，日军遭到猛烈射击接连出现损失，终于无法实施突击，只好在章鱼罐阵地待机。结果，中山方面和西海岸方面的反击均告失败。自美军登陆以来的三天战斗中，第2大队官兵大部战死，接近全军覆没。

9月18日，就在陆战7团完成占领两座海角的任务，陆战5团开始扫荡东北半岛的同一天，陆战1团再度努力去争夺中央山脊地区，真正寸土必争。当天斯宾塞·博格中校率领7团2营加入了争夺乌穆尔布罗格尔山区的战斗。他发现，美军各部甚至都无法形成一条连续不断的攻击阵线。同一个连，甚至同一个排的各部队都要从四面八方进攻，各部之间只能留下较大缺口。各连的连长虽然知道或者认为他们的连队在某些位置有一些人，但是这不代表某位连长在前线维持住了一条连续不断的战线。两军的一些阵线之间已经形成了不计其数的小突出部和反突出部。

连续三天攻打日军精心设防阵地让普勒上校1团的3个步枪营消耗极大，减员已达1236人，如果要继续进攻，前线绝对需要补充生力军。为了补充一线战斗人员，普勒命令各支援单位都要抽调人员补充给一线的各步枪排。18日，1团3营出发的时候有473名步兵，200人都是从团部各单位调来的。第1轻工兵营也调了115人去加强各进攻单位。早在上午进攻之前，陆战7团2营替换了减员严重的1团1营，1营就此转入预备队。

1团3营在中央山脊和西部海岸之间的1团左翼前进，一路上只遇到零星的步枪射击，但是由于需要与7团2营保持好联系，全天仅仅推进了二三百码。日军步兵第2联队第2大队在当晚组织肉搏攻击队对西岬一带的美军阵地实施了夜袭（昨晚夜袭失败之处），日方记录称工兵队的吉田上等兵拉响爆破筒进行了肉弹突击，在爆炸的同时攻击队一举突入美军阵地，声称用手榴弹爆破了迫击炮11门，杀伤了一些美军。

当天，7团2营在崎岖的珊瑚石山脊上推进缓慢，与右翼的1团2营配合，努力攻打日军控制的210高地（天山）。这座高地楔入了美军陆战队的前线，对其构成了很大威胁。7团2营的步兵从这个威胁很大的突出部两侧同时发动进攻，终于冲到顶峰。关口中尉指挥的步兵第2联队第2大队残存部队约150人奉中川地区队长之命死守天山，虽然未能阻止美军攻占顶峰，但仍然确保着北部天山，以后就利用北部天山山顶及其西侧的山腰洞穴阵地继续抵抗美军。关于天山的洞穴阵地，据步兵第2联队工兵中队的波田野八百作一等兵回忆："因为我们是工兵队，所以我们的天山坑道被修筑得非常坚固，堪称难攻不落。坦克无法快速爬上山坡，途中还埋了炸药，如果爬上来的话就从坑道中按下开关爆破坦克，把它炸翻。昭和47年3月去贝里琉收集遗骨时，被我们炸翻的美军坦克还保持着原来的状态呢。"

18日，在1团2营的战斗区域，日军除了进

图左200高地阻碍洪索维茨营前进，但普勒团长依然命令他们继续进攻，结果侧翼遭到图右210高地的日军密集火力打击，造成了更大损失。

行数次悍不畏死的反击之外，还用火炮和迫击炮打击200高地（中山）北坡的陆战队步枪兵。14时，1团2营报告上级情况危急，然后将部队从前一天得来不易的阵地后撤了一小段距离。普勒的反应体现了他的一贯作风，指示洪索维茨中校不惜一切代价守住阵地。陆战队的迫击炮立即对200高地施放烟幕弹，以遮挡日军视线，一度转入预备队的1团1营B连奉命前去支援。

这个步枪连攻击了日军控制的附近的一座山脊，打算以此吸引日军火力，为200高地上的友军减轻压力。1营B连占领了距离最近的山脊205高地，伤亡很轻，但是当步兵试图向下一排制高点施压时，撞上了陡峭的珊瑚壁垒，不知不觉已经攻到中川大佐最后的核心防御阵地外缘。据守附近高地的日军从正面和侧翼用猛烈火力打击这个步兵连，B连几乎无法攀登险峻的峭壁，难以继续推进。1团当天的行动就此结束。与此同时，在1团2营最右翼，一些陆战队员成功沿着200高地山麓运动，到达已成废墟的阿西亚斯村，在天黑前与5团友军取得了联系。

当天的进攻让陆战1团的累计伤亡人数超过1500人，但是他们终于拉直了自己的前线，找到了日军在西海岸的弱点，在乌穆尔布罗格尔山区发现了日军抵抗的强点。次日一早，普勒上校命令1团全面进攻，希望突破中川大佐在山脊之间的多座防御阵地，但是美军对岛南部进攻的高潮已经到来，另两个团没有余力支援1团。从今以后，美军将与一个狂热而顽强的敌人展开一场消耗战。日军已经将混乱的珊瑚峭壁、峡谷和乌穆尔布罗格尔山区变成了几乎坚不可摧的要塞，艰苦的战斗还在后面。

伤亡、医疗、气候和后勤支援

从抢滩登陆第一天开始，陆战1师的一线部队伤亡就很大，为了加快进攻期间的伤员后送速度，美军医疗计划人员安排两栖车辆运载伤员从海滩前往转运位置。舟艇会从转运线将伤员送到船上。这些后送伤员的LVT和DUKW分秒必争，每快一秒钟可能就意味着伤员最终的命运是由死转生。运输舰船会悬挂指示空床位的信号旗，驾驶员直奔最靠近的运输舰船，然后赶紧返回转运位置，继续执行任务。美军的后送计划非常成功，陆战队伤员在最初的登陆行动进行了还不到一小时时，就能在船上接受治疗。然而还是有一个不幸的缺陷，意料之外的伤亡数量从一开始就让大量两栖车辆无法脱身。结果，LVT和DUKW的短缺问题加剧，使得多个波次的兵员和物资只能延迟送上珊瑚礁盘和海滩。

为了支援各团级战斗队，陆战第1医疗营将下属的A、B、C连分别配属给1师的3个步兵团，同时D连的医疗外科手术分队被特别指派给5团3营，准备在盖斯巴士行动期间使用。这几个医疗连很早便已上岸，但是装备却因为运输车辆短缺延迟登陆。直到9月21日，各医疗连才拥有足够的医护设备进行运作。在此之前，这些医疗单位都在协助滩头工作队收集和后送伤员，补充步兵团建制内损失严重的医务人员。

此役每个美军团级战斗队有40名医护兵和96名担架员随同行动，但是战役的初始伤亡率就居高不下，很快便需要更多医护人员。幸运的是，担架员在集结期间就接受了急救培训，当后方梯队人员火线加入医疗队时，他们就形成了训练有素的骨干。所有支援和守备单位都派出了紧急医护人员，师人事主任说道："我不费力就为这项重要任务获得了志愿人员，'后方区域'的人员都急于去帮助他们的步兵'兄弟'。"

除了看似无所不在的日军火力造成的伤亡

之外，贝里琉这个热带岛屿的恶劣条件让许多人成了伤病号。一位随军记者就曾评价“贝里琉是个可怕的地方”，陆战队员全都赞同他的看法。炽热的阳光、闷热的天气、参差不齐的珊瑚石、崎岖的地形，加上缺乏现成的饮用水源，一切的艰难让这个岛成为一个人间地狱。

随着战斗的进展，热衰竭病例急剧上升，令人吃惊，送上海岸的盐片很快就消耗殆尽。要防止出现热衰竭症状，这些盐片极为重要，所有支援舰船得到消息，就将现有的备用盐片都送到岸上去了。几名作战部队指挥官认为，酷热损失的人数和敌军火力造成的几乎一样多，陆战队却没有统计过确切数字。然而热衰竭的高发率严重超过了有限的医疗设施承载能力，在进攻的关键阶段，训练有素、弥足珍贵的陆战队员很多也因此失去了战斗力。

贝里琉会令人不快的另一个重要原因是那令人难忘的尸体腐臭气息，增加了部队作战的困难。在最初几天，因为没有足够的人员可用于收集和埋葬横七竖八的尸体，炎热天气和昆虫让这些尸体变得恶臭难当。为了防止苍蝇传染疾病，3个15人的卫生小队装备了背驮式喷雾器，早在9月15日便随军上岸，小心喷洒新研制的杀虫剂滴滴涕。日军的露天补给站、尸体、暴露的人类粪便和其他苍蝇繁殖的地方，到处是这种杀虫剂的味道。12天后，当战术情况允许的时候，低空飞行的美军飞机将滴滴涕喷洒到贝里琉岛的所有地区，而疟疾控制部队则在沼泽地和其他可疑地区用装在卡车上的电动喷雾器喷洒药水。

贝里琉岛是美军首次大规模将滴滴涕用于卫生控制剂的测试现场。所有蚊帐和丛林吊床都使用滴滴涕和煤油混合剂处理过，帐篷和其他人员庇护所也这样处理。然而，卫生专家很快发现，虽然这种新型杀虫剂对蚊蝇成虫杀灭效果上佳，但无法杀死幼虫。结果，尽管用飞机、卡车和便携式喷雾器一起努力，蚊蝇仍在

正在林间小道上运送伤员的陆战队担架队员。

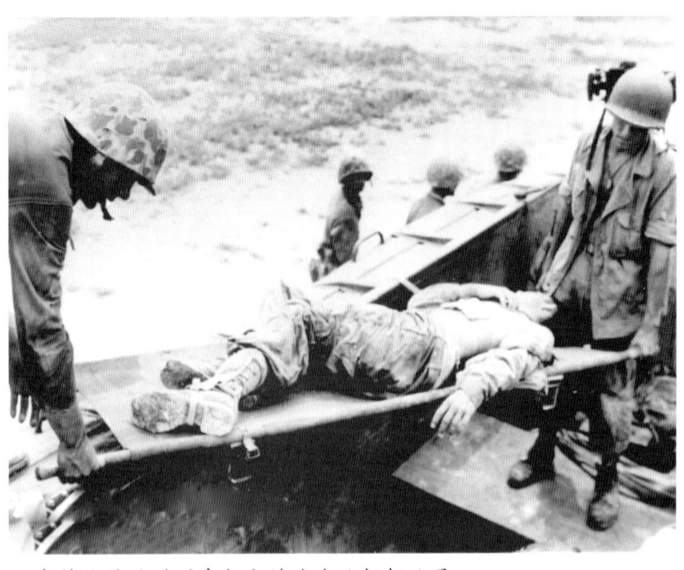
正在将伤员后送到舟艇上的陆战队担架队员。

繁殖。事实上，美军在这个岛上遇到的最多的生物正是成群结队的苍蝇。到10月的第二周，苍蝇的数量才开始逐渐下降。陆战1师的事后报告称：“（此役）因蚊蝇造成的减员几乎可以忽略不计，这可能是军事史上的第一次。”使用滴滴涕喷雾器的力气显然没有白费。

贝里琉战役打响的最初几天，各种条件还远不足以让美军为攻击部队提供有效后勤支持。滩头空间太窄，无法容纳维持美军有效推进需要堆积的物资，支援区域组织情况一直不尽如人意。补给站、野战营地、炮兵阵地和装备被安置在一块尚未占领的土地上。后勤行动地点选择的随机性，让协调和管理任务变得更加困难。美军支援人员努力作业的时候，由于轮胎车辆不幸破坏了关键的电话线路，通信不畅经常让他们的工作被延迟。陆战队员在敌人的火力下很快发现，铺设一条新电话线要比寻找断裂的电话线快许多。海滩的外表本就颇为杂乱，美军登陆之后又出现了不计其数的散兵坑和弹坑，弄得坑坑洼洼。

陆战1师的拜伦斯中校在海岸工作队指挥所，他的左颊已经负伤。贝里琉的海岸工作队人员经常要拿起武器与渗透到登陆场一带的日本兵厮杀。

小约翰·里弗斯海军少将负责西加罗林群岛地区的基地建设任务，9月15日之后不久，便走访了贝里琉岛，为目睹的情况惊诧不已。里弗斯立即通过高层渠道让一些位置不合适的炮兵连转移，以便根据基地发展计划，让补给站能进入它们的既定位置。鲁珀图斯师长驳回了这个建议，因为这些炮兵连需要留在现在的阵地上支援步兵，为了简化未来守备部队的一些基地发展职能，就不顾正处关键时刻的战术局面是愚蠢的。因为在战斗阶段，地面部队指挥官的建议通常都会被接受，明白轻重缓急的里弗斯少将再也没有为此抱怨过。虽说陆战1师的不少军官对鲁珀图斯的能力评价相当低，但这一次他做了正确的决定。

当突击部队向内陆推进时，各团的补给仓库会前移，以支持进攻。陆战队员们很幸运，岛上的公路至少暂时能满足1师的交通需求。为了将补给运送到前线，每个团配属4辆LVT两栖登陆车，只要2.5吨载重货运卡车可用，就会给每个团再调6辆。9月18日，为了便于在海滩卸货，第1054海军建设工兵营（“海蜂”）开始建造一条从橙3海滩到外礁盘的浮桥堤道。次日第一艘LST坦克登陆舰就已经在堤道上卸货了。在礁盘上增建了第二条浮动堤道后，3艘LST便可以同时卸货。9月21日，在美军迫切需要更多卸货点的时候，陆战第1工兵营和第73海蜂营的人员开始为建造通往东部和南部海滩的公路忙碌。两天后，这两片海滩地区都开始让LST卸货。

9月19日，第33海蜂营开始清理贝里琉机场的所有地雷、哑弹、弹片和瓦砾。一旦重型工程设备开始上岸，维修现有战斗机跑道的工作立即开始。9月20日，在得到施工装备后不到72小时时，“海蜂”已经清理和平整了3875英尺×260英尺的作业跑道，还安装了跑道灯。

第1轻工兵营继续执行海岸工作队主力的任务，在9月28日之前，经常24小时不停地卸货，然后贝里琉守备司令部接管了滩头阵地和补给仓库。在执行配属任务的同时，轻工兵们先后两次驾驶推土机去摧毁日军守卫的火力点，他们直接从岸上的补给仓库给前线部队提供物资，经常不遗余力地去寻找一线急需的物品，一旦前线急需步兵，他们甚至会端着自己的机枪上前线拼命。

登陆的最初几个阶段，步兵或炮兵都还没有短缺弹药——这要归功于后勤规划人员的敏锐触觉和他们的各种创新举措——例如水上补给海滩措施。然而个别弹药，尤其是105毫米炮弹、81毫米迫击炮弹和60毫米照明弹，一直很难达到理想的供应水平。9月21日，第一艘弹药补给船在科索尔锚地落锚，次日，后勤部队就选择性地卸载了这些必需的弹药。可是日军一直都在坚持战斗，表现出了极佳的防御能力，使得美军的弹药消耗量一直居高不下。激烈的战斗也导致美军的许多武器在战斗中损坏或因大意丢失。例如，陆战5团在9月17日就丢失或损坏了超过70%的火焰喷射器和巴祖卡火箭筒。激烈的战斗需要大量的弹药、武器和其他物资，无法预料的海滩堵塞状况严重阻碍了美军的补给行动，好在总体而言，美军在贝里琉战役的最初几周，炮弹、武器或物资都没有发生明显短缺。

贝里琉岛上的陆战队黑人海滩工作队员。

战术支援问题

陆战队炮兵在贝里琉岛的岸上准备好阵地，承担为各步兵营提供直接火力支援的责任之前，舰载机必须补充部分火力支援数量的缺口。不过早在9月17日，即登陆的第三天，对所有地面目标的火力压制，除了隐蔽区或者高地反斜面上的这些目标之外，已全部由炮兵负责。21日，几乎所有空中支援都已经是纵深支援类型。总的来说，陆战队员对海军飞行员给予他们的支援相当满意，但是觉得空中扫射“几乎没用，因为实际上扫射开始和完成时，飞行高度都太高，贝里琉的空中扫射高度就没有低于540米过”。

空中支援造成的另一个烦恼是，在登陆之前，一些海军军官的说法，让陆战队员对凝固汽油弹的使用期望过高。在马里亚纳战役有限使用凝固汽油弹后，有人认为这是一种奇迹般的武器。一名军官在报告会上向7团1营的官兵保证，他们在贝里琉南部的进攻会遇到步兵梦寐以求的事情——“一处没有可藏身的植被、没有活着的敌军士兵的目标”。这样一来，当这些陆战队员遇大量日军精锐顽强抵抗时，失望之情就可想而知。后来，在分析首次大面积使用凝固汽油弹的结果后，陆战1师建议，这种新式武器应当用于定点打击目标，或者能够对一个区域实施完全饱和数量的打击时使用，在区域轰炸期间少量使用凝固汽油弹则是浪费。

战斗初期，航母舰载机也在提供空中观察支持。9月18日，陆战队第3观察机中队（VMO-3）的第一批飞机在部分修复的简易机场降落，开始作业之后，便逐步接管空中观察任务。此外，陆战第11炮兵团还在前进的各步兵营配属了前方观察员。负责协调空中支援、海军舰炮和炮兵的多位军官都在陆战1师指挥所，每个预期打击目标都被分配给最适合压制目标的火力支援部队。

正在开火射击的美军105毫米榴弹炮。不幸的是，太平洋战争中美国陆军和陆战队配备最多的这种火炮的18磅炮弹威力有限，无法穿透日军的混凝土和珊瑚石工事。

在上岸的前两周，陆战炮兵即根据作战计划，按要求执行炮火准备、火力骚扰和阻截任务。第二天军属炮兵上岸时，仍由第11炮兵团节制，接受该团火控中心指导。大多数炮兵部队向北进行密集炮火打击，支援步兵对山区的进攻，但是11团3营和155毫米榴弹炮第3营的一个连，向南开炮，援助7团向两个海角进攻。9月18日，岛南部的战斗告一段落，上述两支炮兵部队将火力北移，向盘踞中央山地的日军开火。同一时期，155毫米加农炮第8营的一个连已经占据了几个射击阵地，准备好为第81步兵师9月17日登陆昂奥尔岛提供火力支援，但是预料中的炮火支援要求始终没有到来，这个连次日也将炮口转向，打击贝里琉山区的日军。

在贝里琉的近程支援武器中，装甲兵仅次于炮兵，比空中近地支援和海军舰炮发挥的作用更大。战斗的最初几天，坦克发挥的作用极大，以至于在前往指定支援步兵部队的途中，经常被其他陷入困境、要求坦克支援的部队截留。只要有可能，坦克就会先给予他们支援，然后再前往指定目的地。在155毫米口径重炮上岸之前，谢尔曼坦克提供了唯一能有效封锁洞穴、爆破碉堡和削弱其他防御工事的平射高威力武器。坦克实际上在攻坚战中发挥了移动火炮的作用。

在贝里琉战役期间，由于日军精心挖掘和部署了地下防御工事，陆战队各部又高度重视坦克支援，此役陆战第1坦克营创下了太平洋战争中营级坦克单位战斗时间的最长纪录。谢尔曼坦克很少会转入预备队，即便是在战斗的后期阶段也是一样，而且经常每天要重新武装数次。例如，他们在9月15日弹药消耗很大，只有

陆战队步兵与LVT车载火焰喷射器在一起战斗。在贝里琉，这种车载火焰喷射器其实经常和谢尔曼坦克一起行动。

从损坏的坦克中取出炮弹来用，第二天才能继续前进。

整个战役期间，支援装甲部队其实与突击步兵部队成为了一个协同战斗团队，只有3次，坦克没有步兵伴随就独自前进。由于谢尔曼坦克的通信系统较好，也经常在步枪部队附近驻扎，陆战1师经常会使用坦克的车载无线电来确定步兵部队的位置，向他们传达命令。

坦克兵和步枪兵相互尊重，在进行团队配合时表现出色，支持对方都不遗余力。一次在战斗中，一个步枪班负责掩护一个坦克排前进，遭到日军迫击炮火打击。坦克凭借装甲保护没什么问题，步兵最后仅剩下两名幸存者，但是依然顽强地执行任务，坚持护卫谢尔曼坦克。仿佛是为了配合他们支援的步兵的无畏勇气，坦克兵不惜用车身，甚至血肉之躯来回报困难的陆战队员。每当这项任务无法以其他任何方式完成时，谢尔曼坦克就机动到最易受攻击的位置，车组人员为了获得更好的观察视野，将身体探出车身指挥火力战斗。坦克营军官的高伤亡率证明了这种做法必然的危险。陆战第1坦克营的31名军官有8人丧生，只有8人在漫长的残酷战役结束后毫发无损。然而，日军的逼近攻击都没有让美军损毁哪怕1辆谢尔曼坦克，即便日军抱着必死的决心，举着爆破筒或炸药包实施肉弹攻击，也从未成功突破陆战队步枪兵的护卫火力线。

陆战队员特别重视坦克快速、安全地铲除日军防御工事的能力。步兵武器通常对这些工事毫无办法。中型坦克的装甲板可以抵挡日军防御工事的致命自动火力，谢尔曼坦克就可以移动到平射射程内，在发射三四枚高爆弹之后，炮手就会改用白磷燃烧弹。一些燃烧弹往往会压制住日军的所有抵抗。有一辆坦克的车组成员在一天的战斗中摧毁了30座火力点和防御工事。

陆战队经常会部署2辆谢尔曼坦克和外板较薄弱的LVT车载火焰喷射器去消灭一个特别麻烦的日军阵地。在来到前线，炸毁敌人的防御工事后，2辆坦克会进行火力掩护，火焰喷射器则在2辆谢尔曼车身之间的掩护位置喷火，烧毁目标。美军在贝里琉进行了一项试验，在1辆谢尔曼坦克上安装了一台小容量火焰喷射器，但是由于喷火射程较短，坦克需要进入非常近的距离。为了安装火焰喷射器，坦克车身上的一挺机枪被拆除了，这就让它在日军的近距离攻击中相当脆弱。由于在实战中并不成功，这种特别装备小型火焰喷射器的坦克仅仅摧毁了少量日军工事。后来在硫黄岛和冲绳，美军将“谢尔曼”的主炮换成射程达100米的火焰喷射器，喷火坦克才得以发挥巨大作用。

陆战第1坦克营在贝里琉进行的另一项创举是使用了间隔装甲。还在集结区的时候，美军坦克兵就将备用履带焊在“谢尔曼”的炮塔和前部斜面装甲上，因为早先的测试说明，这种技术将会提高坦克车身对抗穿甲弹和大型高爆弹的能力。这种对备用履带的独特使用在实战中被证明非常有效，让3辆坦克受到75毫米穿甲弹的直射火力打击都未被摧毁。

不过，毫无疑问的是，在贝里琉，装甲兵最重要的革新是部署的灵活性。此前，一个坦克连配属给一个步兵团，在整场战役中，无论这个团是暂时充当预备队，还是在不适合使用坦克的地方战斗，这样的配属都不会改变。在贝里琉，早期攻击阶段，第1坦克营A连配属陆战1团、B连配属陆战5团、C连配属陆战7团，但即便在9月16日将3个连的控制权都转交给坦克营长后，他们仍在直接支援3个步兵团。在1师，由于内部谢尔曼坦克数量不足，只能大范围转换坦克和车组成员，与以前的坦克部署准则最激进的背离来临了。3位坦克连连长和联络人员虽然一直都配属给各步兵团，以确保联络通畅，但各坦克排可以自由从一个步兵团转移到另一个团，来灵活弥补该团配属坦克的战斗损失、支持重要行动，或者利用适合履带车辆行动的地形。新政策在实战中证明了它的价值，数量有限的坦克得到了最大限度的利用。

第1坦克营在贝里琉也遇到了一些困难，因为美军最初对帕劳战役的前景过于乐观，后勤方面出现脱节，坦克备件和维护装备明显不足。坦克兵们只能从受损坦克上拆下还可用的零件来用，在整个战役期间，让可行动坦克的数量一直维持在平均20辆的水平上。此外，维修人员为拆卸无法运动的坦克上的零件，受到日军的精准火力打击，伤亡很大。该营后来报告：额外的备件可以节省人力和时间。只有3辆装备了推土机铲斗的坦克和1辆坦克回收车登陆，不过很快就被视为无价之宝。除了清除弹片和填满反坦克壕外，美军发现日军掩体仍在开火的同时，用坦克推土机封死这些掩体的缝隙非常管用。

就像坦克兵那样，战斗工兵，包括第1工兵营营部和勤务连，也与他们配属的各步兵团一起登陆。即便在9月26日，工兵部队的控制权转归营部后，各部工兵也仍在与各突击步兵部队密切协作。战斗工兵的小分队经常推进到前线，以开辟道路，排除地雷和诱杀装置，或者炸毁日军控制的洞穴和防御工事。正如陆战队官方报告所述，爆破是工兵的最大问题。一个配属给1团3营的爆破队在与日军火力点和洞穴战斗的5天时间里，一共杀死了200多名日军。这些爆破专家还清除了妨碍两栖车辆登陆的珊瑚礁突起，炸毁珊瑚暗层里的水井，封闭哑弹和诱杀装置，清理了所有海滩和可通行公路的地雷。

山地的僵局

9月19日，美军进攻贝里琉的第5天，在被陆战队快速屠戮之前，几乎各地的所有日军都能够撤退，与中川大佐在乌穆尔布罗格尔山区的主力会合。在这里，根据井上师团长的全盘计划，日军将在贝里琉与美军决战。与之前的历次太平洋战役相比，此役日军没有考虑过进行大规模的“万岁”自杀冲锋。井上特地警告贝里琉地区队长中川大佐，不要为徒劳的进攻浪费兵力；相反，要在高地山区战至最后一兵一卒，设法让入侵的美军无法使用机场，或至少拖延其使用机场的时间。只要还有一些日本兵留守他们的设防阵地，隐藏的速射炮就可以炮轰机场，或者让装备高爆炸药的自杀小分队去破坏跑道。结果，美军陆战队被迫进攻日军的每一座炮位，而日军的火炮和迫击炮火力一直在他们的正面和后背倾泻死亡与毁灭的金属弹雨。

陆战1团2营长洪索维茨中校。

9月19日6时30分，美军的进攻还没开始，1团1营B连就遭到重创，日军的一轮迫击炮、火炮和自动武器火力形成的弹幕落到他们头上，造成战斗减员15人。B连赶紧阻止日军反击，机枪手默尔·马纳汉一等兵为了获得一个能够观察到日军自动武器的位置，顶着日军的密集火力，和副手一起向前冲。副手都中弹倒下了，马纳汉一人操作机枪，死战不退。虽然马纳汉四次负伤，却一直在直射射程内用扫射火力打击日军，直到最终让日军的这挺自动武器哑火为止。此役之后，马纳汉获得海军十字勋章。

洪索维茨将配属给他的1营B连幸存人员转为预备队，撤退到2营指挥所右边的开阔地。突然间，日军的一门重炮向位置暴露的B连开火了。炮弹在空中发出撕裂绸缎般的声音，随后便爆炸开来，在100码之外都能感受到震荡。开阔地中央挖掘了一道护墙，几名士兵都在护墙里的一台高铁小蒸汽机后面隐蔽。

日军炮兵显然将护墙当作射击参照点，先发射了12发炮弹形成一波弹幕，过了几分钟，又开始另一轮炮击。一枚炮弹就在护墙上爆炸，一个士兵惊声尖叫起来。胡佛少尉一跃而起，想要去照顾伤员，刚好另一发炮弹呼啸而过，就在30码外爆炸。一枚大弹片刺穿了胡佛的工具刀、水壶和皮带，在他腹部开了个大洞。在战友们将胡佛送去营急救站的时候，他已经断了气。

这个时候，B连的战斗力已经锐减到仅剩2名军官和35名士兵。连长以下，除了迫击炮班的1名军官和10名士兵，3个步枪排一共仅剩25名士兵而已。

7时，陆战1团发动全线进攻。普勒上校没有得到师部的任何新指示。他的这个团仍然要占领直到0-2目标位置的那片山地。除了狙击手之外，3营没有遇到阻挠，在岛西沿海平原移动了大约400码，这才停下脚步，以便与在山地缓慢前进的友邻部队保持联系。

在火力准备结束后，配属1团的7团2营出发投入进攻。营长博格中校将他的3个步兵连在前线一字排开，E连、G连和F连从左到右向山地进攻。他们刚刚出发，就遭遇日军的炮火和轻武器密集火力阻击。拉塞尔·马萨罗一等兵自告奋勇，毫不犹豫地端起自动步枪，一路避过日军的阻击火力，逼近一个日军的隐蔽机枪火力点。他用一个短点射吸引日军机枪手开火，判断出了这个火力点的准确方位，随后立即用密集而准确的长点射火力将连梭子弹射入这座工事。日军的机枪哑火了。马萨罗最终以身殉职，此役后被追授海军十字勋章。

博格营长眼看日军阻击火力很猛，单凭步兵攻击太危险，便将装甲车辆派到前方去支援。E连得到1辆坦克和一辆LVT，另有2辆坦克进入山脊西面的峡谷提供侧翼机动火力支援。山区的地形非常糟糕，射界很差，各连的迫击炮和自动武器无法全力发挥。防御方的日军则躲在山洞里，享有良好射界，继续用炽热的炮弹和子弹让陆战队士兵仿佛置身地狱。

乔治·利尔加一等兵携带着笨重的巴祖卡火箭筒和沉重的火箭弹，在山脊上攀上爬下，设法找到日军守卫严密的洞穴，将洞口炸塌，用火箭弹让许多据点无力化。在他的连队被一座日军强大碉堡的致命齐射火力所阻的时候，他顶着冰雹般的子弹，毅然进入一个易受攻击的暴露位置。火箭弹飞出，日军的碉堡被炸了个粉碎，利尔加倒在地上，再也没能起来。

支援E连的那辆坦克遭到精确的迫击炮火

在这张照片上可见一枚重磅炮弹爆炸后，陆战队步兵赶紧到坦克身后隐蔽，但是另一些步兵和坦克相隔却比较远。

阻击，只得后退。坦克对于步兵来说，既是护卫，也是瘟神。一方面坦克在打击日军据点时会发挥很大作用，另一方面巨大的坦克车身肯定会吸引敌人的炮火。装甲可以保护车组人员，但是跟随的步兵一个躲闪不及就很可能丢掉性命。

到了10时左右，7团2营的E连推进75码，F连前进150码，G连登上一座小山脊的山顶。3个连保持着联系，伤亡代价也是很大的，仅F连的有效战力已不足100人了。炮兵的前方观察员忙着挑选目标，然后告知陆战队进行反炮兵火力压制，却突然接到前线步兵的急报："友军炮火的弹着点太近，落入我们的前线了。"原来美军的贝里琉山区地图显然很不准确，只得让陆战11炮兵团紧急停止炮击。

炮兵有劲儿使不上，前线坦克的火力支援更显弥足珍贵。支援E连的坦克有效封死3座日军盘踞的山洞，对200高地山麓进行了有效打击。16时前后，一艘战列舰用副炮对山区疑似日军迫击炮阵地进行远程炮击，缓缓将打击距离延伸了500码之远，大大减轻了步兵推进遇到的阻击压力。

17时，博格让7团2营停止前进，报告说他的部队面对日军的顽强抵抗，占领了200和260高地的前坡，一天推进了300码。这样的收获在地图上看微不足道，但是对于亲临阵地的陆战队员们来说，简直就是个奇迹了。

1团1营A连的标准建制兵力为235人，19日早晨已经仅剩67人，当天奉命配属1团2营作战。代连长弗朗西斯·博克少尉率部越过一片被火力扫荡过的台地进攻，最终撞上了一道45米高的悬崖，日军用猛烈炮火阻击，让他们的进攻被迫停止。13时20分，博克报告2营长洪索维茨中校："友邻部队7团2营也被鬼子的火力压制住了，根本无法越过这座山脊。"洪索维茨命令他："立即越过山脊去减轻他们的压力。"博克绝望地回复道："猛烈的机枪火力在扫射整座山脊，我们无法出动。"

洪索维茨却别无他法，同样绝望地对博克咆哮起来："你们必须不惜一切代价前进，我现在命令你们，立即出动！"这个时候，两人的通话断了。原来博克明白这是他的连队不

从东南方向俯瞰的贝里琉中央山区南部的几道山脊。图左长剃刀状的山脊是200高地，这座高地后面的就是210高地。图中央是五姐妹高地，右侧前景部分的山脊就是沃尔特山脊。

可能完成的任务，当机立断，切断了无线电联系。过了一段时间后，通信总算恢复，A连获准在日军的火力风暴面前撤退。这个步兵连退回7团2营阵线时，生还人员只有6人没有负伤。

洪索维茨不是不知道1营A连的艰难处境，其实他的1团2营最先接受了中川大佐最后核心阵地力量的考验，实在没有余力去为配属部队和友邻部队助战。2营先头部队推进500码后，遇到了令人生畏的群山，正是这片山地在前一天让1营B连的进攻无功而返。这片瞰制周围地势的山地因为有五座山峰，被称为五姐妹高地（包括大山南部的4个山峰和观测山。不过不同的地图上标注的范围不一样，有的地图上五姐妹高地包括了全部5个山峰，有的地图上则专指大山。观测山也被美军称为300高地，又称“自杀山脊”，是1团2营在19日的两个主要攻击目标之一，另一个目标是东山）；这些山峰平均高度为76米，被陡峭的悬崖分隔。山体南面的高地就是最初被美军陆战队称为“血鼻岭”的高地（中山高地带）。1团2营刚刚巩固好前沿阵地，就直接向这座巍峨高地发动了全面进攻。

为了将日军可怕的炮火造成的伤亡降到最低，1团2营的陆战队员大举向前冲锋，他们的谢尔曼坦克、迫击炮和LVT车载火焰喷射器都尽可能冒险到前方提供火力支援。尽管步枪兵坚决奋战，但是到中午日军的酷烈迫击炮火已经将他们的队形撕扯得支离破碎，攻势已经难以为继。即便是当天现场战斗最悲观的陆战队员也没有想到，山区的日本守军会连续两个多月让他们无功而返。

血战沃尔特山脊

下午晚些时候，1团2营重新开始进攻。这次洪索维茨将重整后的3个步枪连全部投入战斗，同时打算以团预备队调来的生力军1团1营C连实施侧翼包抄。血鼻岭东北方的100高地（日军称为东山，后来被美军命名为沃尔特山脊）的峰顶控扼东面的公路和毗邻的沼泽地带，如果1营C连能够占领这座高地，美军就能得到继续进攻其他山地的跳板。

艾弗雷特·波普上尉率领C连的90名官兵（包括配属的A连残部）按照战术要求排成散兵线，穿过1团2营右侧的沼泽地，在岛东公路出现。波普集群来到沃尔特山脊山脚附近，发

日军在200高地（背景部分）部署的火炮在向攻打五姐妹高地的美军步兵侧翼射击，见图右中，部分士兵隐藏在树林中。图右下角的一门37毫米反坦克轻型火炮正在支援陆战队步兵进攻。这种轻型直射火炮对加固工事不起作用，但是对临时工事的杀伤力很大。

现了两座较大火力点，刚开始进攻，就被那两挺机枪火力压制得只能先卧倒在地。波普组织了一个突击班，想要上山逼近那两个火力点，冷不防日军的另一挺机枪“哒哒”响起，扫射子弹飞来，当场造成数人伤亡，这个班也动弹不得。他们大致上断定这个机枪阵地大约位于50码外的一口小池塘（位置在南征山东侧凹地内，夹在南征山和东山之间，南征山即美军所称的“五兄弟岭”）对面。日军的火力很猛，C连被完全压制，战士们卧倒在地，没有任何希望能靠近日军的机枪手，甚至都无法向他射击，而日军显然事先精心选定了射界，精确的射击造成了大量伤亡。波普上尉无奈之下，最终率部撤退，打算从山谷（美军称为“马蹄谷”）中的另一条通道再尝试进攻。

与此同时，2营的战士们正在奋力向高耸的五姐妹高地前进，但日军的密集火力让位置暴露的陆战队员伤亡惨重。那天下午，2营的2个步兵连伤亡极大，乃至于留在战场上的人暂时合并，第4军犬排调来一个班的援兵，战斗力都还不足一个整连。

下午晚些时候，师属侦察连来前线支援1营C连，准备好重新对沃尔特山脊（东山）发动进攻。这一次，波普计划走一个灌满水坑洞上方的堤道逼近，然后一路沿着岛东公路到达目标的山麓。他原计划用洪索维茨调配给C连的装甲兵为步兵开道，但是第一辆冒险走狭窄堤道的“谢尔曼”滑落到了一边，后方跟随的坦克也失去了牵引力，滑落到了另一边。

由于部分堵塞的道路让其他坦克无法行进，波普决定冒一次险，让步兵单独突击。C连以班组为单位，约翰·巴特莱特中士指挥的一个班打头阵，快步穿过位置暴露的堤道，一路冲向山脊的山麓，短暂歇一口气。

越过马蹄谷中的堤道去支援陆战1团C连步兵的谢尔曼坦克。

这次机动非常顺利，C连没有损失一个人。波普发信号让部队强攻高地。巴特莱特指挥他的部队用轻武器向日军阵地射击，他的这个班直接冲上山坡，友军纷纷跟进。在机枪和迫击炮的火力支援下，登山的步兵在崎岖的山上滑道奋力攀爬。日军没料到美军坦克无法上前，步兵竟然还会突击。

博克少尉率领他的部队一路冲上山顶，却遇到日军的炮火打击。博克让部下仅剩的9名战士进入高地前部的一处防御阵地。陆战队员不愿放弃他们付出巨大代价拿下的山顶，但是糟糕的地图又将他们坑了，这里并不是一个独立的高地，而是一连串山峰中较低的一个。50码外的另一个山峰（东山北部高地）居高临下，在那里的日军始终可以用优势火力向他们射击。C连的另两个排也跟了上来，却也只能在日军火力之下勉力坚守。波普明白他的部队真的遇上了大麻烦。

恼怒的日军发动了反击，将一切都投入战斗，拼命想将陆战队员赶出这个重要的山头（其实C连只是占领了东山的南半部）。日军从不远处较高的高地上用火力支援友军的步兵突击，一座与100高地平行的山脊（南征山）上也有日军的火力点，两座高地的日军交叉火力对100高地威胁极大，机枪子弹在整道山脊上纵横交错，谁挨上，身上立即出现一个血洞，大口径炮弹和迫击炮弹也在从上方坠落，打击效果简直是毁灭性的。

C连被日军分割包围了，战士们现在唯一能做的就是在乱石中寻找掩护，急匆匆捡起地上的岩石草草搭建了掩体，稳住阵脚，然后设法打退日军步兵的进攻。波普向2营营部发出急报："我们的阵地非常脆弱，天色越来越暗。我们急需援兵和手雷。"洪索维茨回答："手雷马上送来，但是我们没有人能去增援你们。"

2营迫击炮排的一位中士也看出C连急需增援，一名叫巴内特·贝尔的战士自告奋勇去指挥所当面请示洪索维茨。他找到2营长，开口就问："中校，（沃尔特）山脊上的波普上尉需要帮助。"洪索维茨无奈地说道："没办法啊，孩子。"贝尔年纪虽小，却不喜欢被人这样称呼，怼了一句："扯淡！"然后就离开了。

天黑之后，日本步兵发动了数次反击，十分凶悍。他们训练有素，决心死战，波普对他们的表现评价也颇高。日军的一些分队在C连防线撕开了几道口子，双方展开肉搏战。2名日本兵向博克少尉和詹姆斯·麦克阿拉尼斯中士扑去，刺刀扎中了博克的大腿。博克忍住伤痛，抓住那个日本兵，无情地将他击倒。另一个日本兵见博克不支倒地，冲上去想要杀他。麦克阿拉尼斯冲上去扑倒了那个日本兵，然后一顿狠揍，打得他满脸是血，迷迷糊糊，最后将他推下悬崖。

获得荣誉勋章的陆战1团1营C连连长艾弗特·波普上尉。他对团长普勒上校攻打沃尔特山脊的指挥极为不满。

双方为争夺山顶的弹丸之地一直在战斗，除了爆炸的炮弹发出的火光之外，一片漆黑。C连没有呼叫照明支援，这只会暴露他们的位置。营属81毫米迫击炮排一直在开火，迫击炮手贝尔估计他们在那一天一夜一共发射了3000多发炮弹。他们知道波普需要得到可以提供的一切帮助，他们为了支援C连也已竭尽全力。机场附近的陆战队榴弹炮也来进行火力支援，但是日军的阵地位置太刁钻，榴弹炮无法找准目标，收效甚微，一旦射程短了，只会让C连的战士们吃苦头。

C连几乎耗尽了所有子弹，手雷也不多了，反攻的日军却有充足的子弹，陆战队员们就用破碎的弹药箱和大块珊瑚石向爬坡的敌军掷去。这对日本兵没有多大杀伤力，但是会让他们犹豫，因为在陆战队员扔石头的时候，他们并不知道是手雷还是石头，会等待一分钟，看掷来的东西是否会爆炸。陆战队员扔3块石头之后再掷手雷，可以延缓手雷的消耗速度，还能达到出其不意的效果。日军也在向山顶投掷手榴弹，菲利普·柯林斯一等兵小心地捡起未爆炸的手榴弹掷回去，但一枚手榴弹还是在他出手后不久爆炸了。他随后取了一支步枪射击，直到身体再也支撑不住，连子弹都不能填装为止。波普在随身的11.4毫米口径手枪里留了一发子弹，他绝不会当日本人的俘虏。2营的侦察员就在沃尔特山脊附近，能听见山顶的伤员在呼喊求助，但是没有人能帮助他们。

当清晨的第一缕曙光照在C连身上时，阵地前方和后方到处都是尸体和伤员。日军步兵被打退了，但波普部下已仅剩8人，其中包括他本人在内有几人都已负伤。日军已在远处炮轰。再耗下去，C连仅剩的最后一点兵力都会全部被日军机枪屠杀殆尽。在面对这个新威胁的时候，兵力不足一个班的C连显然已经无法继续坚持。波普觉得他们已经做了能做的一切，实在不愿让C连在这个山头上全部报销，决定带着所有的伤员撤下山去，死去战友的尸体就顾不上了。

波普留在阵地上亲自断后。当C连的幸存者都下山之后，日军立即回到了山顶。撤到山下时，波普听见山顶传来轻机枪的开火声，他和部下赶紧到堤道下的一道石墙后隐蔽。波普认为自己得不到任何增援，为了保住C连最后的残余兵力撤退没有做错，哪怕普勒为此将他送上军事法庭，他也不会改变主意。

次日16时前后，普勒命令波普再度率部夺回沃尔特山脊。波普简直气炸了，多年后想起此事，依然怒道：“这是个自杀式任务，问题是让我们去送死，普勒却没有任何麻烦。”军令如山，波普强压怒火，不情愿地集结起他部下的所有人——一共12名士兵和2名军官，一起去营部报到。就在战斗力仅剩一个班左右的C连准备出发时，一名中尉就无谓中弹身亡了。然后波普接到中止进攻的命令。直到2005年8月25日，波普在接受采访时，仍对普勒的决定忿忿不平：“普勒对岛上的地形非常不了解，他的策略就是派足够的人去山上的屠场，有那么几次肯定会成功。这些日子人们对他的奉承让我恶心。”

马蹄谷堤道背风面的陆战队前沿阵地，图上方可见沃尔特山脊的南坡。

美国海军陆战队官方虽然尽量淡化波普和普勒的冲突，但是为了表彰波普在那两天战斗中的表现，最终让他获得荣誉勋章，就是对他最大的肯定。其实普勒不见得真不顾惜一线官兵的生命，很可能只是对前线部队的情况不够了解，陆战1师的参谋们已经不止一次提出过这个问题。

日军虽然在19日至20日晨的战斗中击退了陆战1团对观测山（300高地）和东山的攻击，重创了美军，但自身的损失也在增加。经过19日的战斗，步兵第2联队的兵员业已丧失三分之二以上，炮兵的“91”式105毫米榴弹炮也被破坏无法使用了。天山一带的重要阵地的丧失和炮兵战力的消亡，使得日军难以达成压制机场的重要任务。

19日傍晚，深藏在阿拉卡贝桑的海湾中的日本海军西加罗林航空队的2架水上侦察机空袭了贝里琉的美军阵地和舰船，计划在20日以后连续攻击美军炮兵等部队。

9月20日上午，陆战1团第1营和第2营联合起来，全力出动，想要夺回沃尔特山脊（东山）。从LVTA两栖装甲车到37毫米火炮，所有可用的支援武器都被送来了，后来团部除了必要的指挥人员之外，所有人都去充实一线步兵攻击部队，补充连日以来的战斗损失。甚至连团里的炊事员、电线工和补给人员都编成了一个临时连，配备12挺机枪支援这次进攻。

不知怎的，疲惫不堪的陆战队员，在崎岖的地形和日军的狂热抵抗下熬了5天，本已身心俱疲，却仍然以足够的活力和勇气，再度向日军重兵把守的高地进发。一位中士率领自己的部队列成散兵线，向高耸的山脊冲去。中士下令时说的都是大实话：“就让我们登上那座高地战死吧，要夺取那个地方不会发生什么好事。”战士们虽步履蹒跚，仍然跟着他冲了上去。中士赞叹道：“都是好小伙儿。”

一大群人配备了杂七杂八的装备冲了上去，这是一场只有陆战1师师部和1团的少数军官才会想出来的战斗部署。向山头开始攀登时，几乎没有人知道为什么要这样做，但是没有一个人会拒绝战斗。陆战1师一直是美国海军陆战队的核心部队，不会也不愿放弃战斗。尽管打法略有些简单粗暴，但是关键时刻，每一个非战斗人员都可以充当合格的一线步兵。只要陆战队步枪兵的腿还能动，就会去登上千百座战火炽烈的山头，越过上百座硝烟弥漫的山谷。

他们的大胆冲锋夺取了多座阵地，推进很远，乃至于在以后许多天的战斗中，阵亡陆战队员的尸体都来不及搬离。然而，这样的牺牲却是徒劳，因为在日军集中而持久的炮火面前，被占领的阵地是根本无法坚守的。美军的许多坦克和其他支援武器都被居高临下的日军炮火摧毁了。尽管日军的炮火弹幕一直很猛，但美军的支援武器只要没被击中，就仍在射击。迫击炮在红光中爆裂，不止一挺机枪被炮火摧毁了，但是那些还完好的机枪依然在射击。

尽管陆战队员如此勇猛，但在日军看来这样的进攻十分无力。日军记录甚至称美军未能接近至突击距离就受到很大损失被迫后退了。

陆战7团替换陆战1团

当天下午，7团1营接管了伤亡巨大的1团1营和2营的前沿阵地，7团3营则替换了本团2营。1团3营在他们位于西海岸的战斗区域多留了两天，但是团主力损失实在太大，在山区的战斗中经常紧张到几乎崩溃的地步，让这个营连续两天都无法进行任何有效攻击。

9月21日，相对还算生力军的7团1营以2个连的兵力在岛东公路排成纵队先后行动，希望能夺回沃尔特山脊（东山）。先头部队C连按计划突击，越过了部分仍被无法动弹的2辆谢尔曼坦克堵塞的堤道，继续沿着公路而上，前往目标山麓的位置。在这里，必须绕过堤道坑洞的支援坦克将会与步兵一起推进。

当C连先头部队齐头并进来到山脊时，日军的火力不断增强。向东山坡的进攻开始时，日军对步兵威胁最大的迫击炮弹幕已经将美军陆战队员全部包围。山上洞穴里的日军用自动火力和手榴弹向队形混乱的美军士兵抛撒死亡的种子，而在附近高地上精心隐藏的日军火炮也在向美军步兵开火。这样的全方位火力打击，让C连损失很大，哪怕在东山坡上坚持都受不住，陆战队员们只得撤离。在他们后方支援的A连眼看哪怕自己全都顶上山坡也不管用，只得一同退回营里的阵地。

同一天，7团3营从中路进攻山区，他们的前面就是大山。进攻的开始速度很快，但是此后的进展缓慢而乏味，只能一码一码推进。因为显而易见，只有在平地上才能真正取得进展，于是各营的负责区域被转换了，此举缩短了1团3营的正面，让其左翼单位在不中断与友军接触的情况下，得以利用日军在该地区的弱点。1团3营又奋战了两天，成功地实施了一次坦克与步兵的协同巡逻，前进了1千码，没有遇到日军的认真抵抗，抵达加里科克村。然后该营被友军替换。

次日，9月22日，7团3营越过山区左翼发起进攻，却发现地形变得越发困难。日军在这一带部署了多个隐蔽的机枪火力点，位置都不易进攻，一次又一次用交叉火力压制住美军主力。7团3营当天取得的收获仅为80码。在山地中央，7团2营已经筋疲力尽，刚刚从预备队被调出的部队仍采取守势，没有进攻。右翼的7团

1944年9月，陆战7团3营在赶赴前线。

1营几乎耗尽了整个白天的时间，精心准备夺取五姐妹高地。

14时45分，陆战队炮兵以密集重火力炮轰日军前线后，7团1营B连率先投入进攻，C连在后紧密跟随。步枪兵和支援坦克在重迫击炮施放的烟幕掩护下，逼近目标，营属重武器连则集中火力打击沃尔特山脊，意图让日军难辨1营的主攻方向。最初的250码，1营步枪兵仅遭到狙击火力打击，然后隐藏在附近山脊上的日军机枪在最有效的射程扫射，密集的子弹洪流满含杀意，伴随着“哒哒”枪响在美军步兵队列中交错飞舞。

这一回，1营先头部队已经开始冒险进入一座谷口（在大山西南方），不久此地就被美军称为“死亡山谷”——美军在历次战役中不止一次使用过这个名称，专门称呼战役中最危险，部队伤亡率数一数二的山谷。在山谷两旁陡峭的石壁上，到处都是日军部署的可相互支

地图十七 9月16日至9月23日的贝里琉战况

援的炮位和步枪壕。随行的谢尔曼坦克无法进入山谷，谷底埋设了地雷，但是他们仍用75毫米口径坦克炮向悬崖边上的洞穴发射白磷燃烧弹和高爆弹，陆战队的步枪兵则继续向前猛冲。然而，日军的这些射击阵地拥有极佳射界，哪怕白磷烟雾也无法形成真正的干扰。居高临下的日军火力点让1营伤亡惨重，以至于A连接到急报，赶紧派1个排去支援突击连。

陆战队员没有冒险更深入漏斗状的峡谷，而是先冲进一座挡住去路的陡峭悬崖，争夺制高点。在这个位置，陆战队的先头步枪兵实际上已经距离中川大佐的指挥所不到100码了。由于三面都是陡峭岩壁，使得步兵无法对日军的洞穴阵地发动任何进攻，因此美军只得下令撤退，以防止日军射向陆战队员的致命火雨造成更多损失。支援连和谢尔曼坦克在浓烟掩护下前进，支援1营主力，18时30分，1营已全部撤回。

9月22日，日军在贝里琉岛中央山区南方确保的战线为东山南端—观测山南端—大山南端相连一线。

9月22日，当战场上夜幕降临时，贝里琉战役的第二阶段已经结束，下一个阶段已经开始。陆战队不久会得到昂奥尔岛调来的陆军81步兵师的部队增援，不用再徒劳地从南方正面进攻山区，承受令人生畏的伤亡。随后，围绕中川大佐精心设计的最后防御阵地，美军将在西海岸寻找一条更好的进攻路线，以靠近日军最后的抵抗据点。

贝里琉战役还远没有到尽头，但是美军陆战1师好歹在连续一周的进攻期间，占领了至关重要的机场，瞰制机场的血鼻岭山地和乌穆尔布罗格尔山区以南的整个岛屿。师属和军属炮兵都在岛上取得了足够的部署空间，除了天气这个不可控因素外，滩头卸货作业的所有障碍都已消除。

贝里琉岛拥有战略价值的部分，都已被美军陆战队员占领，但是代价高昂。战斗进行了8天，人员伤亡合计已达3946人。严重的人员损失让陆战1团已经不再是一个有战斗力的进攻单位，陆战5团和7团的力量也被严重削弱。陆战1团战损率达到56%，1团1营的9个步枪排的排长全都换了一遍，步枪兵仅剩74人尚在。在被友军替换后，1团的一位中士说道："这不再是一个团了。我们只是幸存者而已。"

第六章　夺取昂奥尔岛和乌利希环礁

昂奥尔作战计划

9月15日，当陆战1师在贝里琉为夺取滩头阵地顽强奋战之时，预定夺取昂奥尔岛的部队向北对巴贝尔图阿普岛（帕劳本岛）进行佯动。运载第81步兵师的运输舰船和坦克登陆舰船队，在护航驱逐舰掩护下，于中午时分驶离贝里琉岛沿海，开始投入登陆前的预备活动。除了让日军对美军的真正进攻目标迷惑不解之外，一旦贝里琉登陆战陷入麻烦，船上待命的81步兵师将会成为即时可投入战场的预备队。

81步兵师虽然以前还没有经过实战考验，但是已经为两栖登陆战训练和准备了两年多。81师的师徽是一只愤怒的野猫，被昵称为“野猫师”，这个师的官兵也都自称“野猫”。

美军预定将81师派往太平洋战场参加“僵局行动”之后，这个师在1944年7月乘船到达夏威夷群岛集结地。此前，他们的士兵在美国本土进行两栖训练和演习，参谋计划人员忙于必要的战术和后勤准备工作，在需要时进行各种协调。指定给该师的目标是贝里琉岛南面的昂奥尔岛，岛上低地面积很大，被视为修建重型轰炸机基地的理想场所。

和陆战1师一样，第81师发现“僵局行动”构思的变更使计划变得非常复杂。海军入侵帕劳群岛的计划要求先占领昂奥尔岛，然后几乎马上就去占领贝里琉岛。第5两栖军军长兼远征军地面部队司令朱利安·史密斯少将对这种构想提出了异议。他坚持认为，在昂奥尔岛遭到攻击时，日军有足够的机会从巴贝尔图阿普岛（帕劳本岛）增援贝里琉，而美军估计驻巴贝尔图阿普的日军多达2.5万人。先取贝里琉，就能切断昂奥尔岛与巴贝尔图阿普岛的联系。海军接受了史密斯的意见，但是仍然希望拿下昂奥尔，在岛上修建第二座机场，一直想要让地面部队尽快在那里登陆。

昂奥尔岛作战计划一直修改到9月16日才最终定案。当天81师323步兵团都在充当第3两栖军的船上预备队，一旦得到命令，就会执行攻打乌利希环礁的任务。负责为昂奥尔战役制订计划的陆军军官们一开始就受到地形和缺乏当地敌军情报的困扰。幸运的是，新近拍摄的航空照片和塞班岛上缴获的日军文件都及时发放到各级参谋人员手中，多少有助于他们了解情况。美军得知后，藤少佐（昂奥尔地区队长、步兵第59联队第1大队长）在该岛南半部的东、南、西海岸修筑了很多碉堡，主力位于塞班镇东侧地区，弄清了守备兵力大约有1400人。同时也担心第59联队主力可能还在岛上。

在最后一次修订计划时，昂奥尔岛登陆行动将会由81师的两个团级战斗队分头在两片

81师的一次阅兵式。图中的装甲小汽车上是师长缪勒少将和副师长贝尔准将，后车厢的笼子里是师里的吉祥物野猫“图菲”。

昂奥尔岛东北至西南斜向航拍照片，图下方中央为红色海滩，图上方中央为磷酸盐厂。磷酸盐厂右边是帕洛马斯山上的白色灯塔，再右是昂奥尔盆地多林的边缘。图中可见磷酸盐工厂向外延伸的铁路线。摄于1944年7月27日。

海滩登陆。红色海滩位于昂奥尔岛东北的东北港；蓝色海滩位于东海岸中央附近的东港一带。两个登陆点之间有2000码的多岩石海岸线相隔。从两处海滩一路向内陆推进，便直达茂密的热带灌木丛。尽管这些海滩是昂奥尔岛上条件最不利的登陆点，但81师计划人员选择这两个位置都是基于合理的战术理由。这两处是拟议的几个登陆点里没有近海礁盘的位置，日军在那里的防御力量要比其他地方更弱。

81师在夏威夷完成了最后阶段的训练，8月12日乘船出发，24日到达瓜达尔卡纳尔岛。在瓜岛的埃斯佩兰斯角，81师的步兵进行了两次登陆演习，想要模拟昂奥尔岛的战场环境。9月初，西路攻击部队离开瓜岛，前往帕劳群岛。81师的步兵行将首次参加战斗，普遍比较有信心。81师的师史记录道："部队的身体状态是出战以来最好的。"在昂奥尔的海滩上，他们行将接受实战考验。

9月12日上午，西路攻击部队进入帕劳群岛外海。在其他海军舰船打击贝里琉防御设施的同时，威廉·布兰迪海军少将指挥的昂奥尔攻击大队，以2艘战列舰、4艘轻巡洋舰和5艘驱逐舰，开始对他们的目标进行意图明确的系统性炮轰。昂奥尔岛上的每一个已知或疑似日军防御工事都被猛烈的海军舰炮火力摧毁，或者遭到多次出击的美军航母舰载机轰炸和扫射。与此同时，扫雷舰和水下爆破队在红色、蓝色和绿色海滩（备用登陆点）执行他们的登陆前作业任务。

9月15日一早，陆战1师在贝里琉岛登陆，要从守军手中夺取一个安全的滩头阵地。整整一天，81师师长缪勒少将和他的部下都焦急地关注突击登陆进程，因为这次抢滩登陆的结果将决定野猫师何时不用再执行预备队任务，而是在昂奥尔岛登陆。海军非常自信，预定计划让81师在9月16日就登陆昂奥尔岛。于是在15日傍晚，按照海军的惯例，他们给81师的官兵们提供了一顿最好的晚餐，有牛排、鸡肉、冰冻草莓和其他美食。然而，9月15日陆战1师的抢滩登陆极为艰难，81师没有得到意料中的昂奥尔登陆命令。

9月15日，昂奥尔地区队长后藤少佐遥望美军登陆贝里琉岛，判断"敌人必定会在16日以后登陆昂奥尔岛"，立即将南地区队的石原中尉指挥的第1中队和北地区队的佐藤中尉的第2中队部署在滩头阵地，同时命令反击部队岛大尉指挥的第3中队在岛屿中央部的南洋拓殖职员宿舍（通称"南星寮"）一带待命。但对美军的登陆正面，直到美军登陆当天都未能预测到。

9月16日上午，陆战1师终于越过了贝里琉机场跑道，初步夺取了这次进攻的首要目标。

日军昂奥尔岛守备队长后藤丑雄少佐。

中午，陆战1师师长鲁珀图斯少将没有为他的部队请求增援，上级指挥官都得出结论，贝里琉需要大型陆军预备队的时间段已经过去了。此外，布兰迪少将报告，对昂奥尔岛实施的炮火准备、水下爆破队的各项准备工作和当时的水文条件，都有助于实施一次成功的登陆。9月16日下午，西路攻击部队司令福特海军少将和第3两栖军军长盖格少将会商之后，决定让第81步兵师在次日登陆昂奥尔。这道命令在14时32分发布，“弗雷蒙特”号武装运兵船上的81师师部立即为进攻昂奥尔岛进行最后的准备，时间已经仅剩18个小时了。

“野猫”初上阵

9月17日天亮前，布兰迪海军少将指挥的特混大队的军舰，向昂奥尔岛进行了最后一轮火力准备。炮弹呼啸着飞向小岛。美国海军投入了2艘战列舰、4艘巡洋舰、5艘驱逐舰、9艘步兵登陆炮艇和4艘步兵登陆迫击炮艇。步兵登陆炮艇和迫击炮艇使用20毫米和40毫米口径火炮、火箭弹和迫击炮实施近程火力支援，这是马里亚纳战役以来行之有效的办法。岛上飞起了爆炸的烟尘。7时40分刚过，40架舰载机升空，空袭海滩后面的日军阵地。在后藤少佐的大队本部附近，也有轰炸机贴着椰子树飞来扔下炸弹。在猛烈的炮击轰炸下，岛上已经变得如同人间地狱一般。

8时10分，81师的部队准时开始逼近海岸。LCI步兵登陆炮艇带路，小口径炮弹、迫击炮弹和火箭弹划过不知多少弹道曲线，阵阵呼啸，将弹药倾泻在小岛上。前几波登陆部队乘坐LVT两栖登陆车，后续波次则乘坐LCVP人车登陆艇和LCM机械化登陆艇。昂奥尔岛的两个预定登陆点没有岸礁，即使LST坦克登陆舰都能用干坡道门登陆，那么登陆艇更加不在话下。

被美军的海空火力炸成一片废墟的昂奥尔岛磷酸盐工厂。

为了迷惑日军，当321团和322团在蓝色和红色海滩登陆时，装载第3两栖军水上预备队323团级战斗队的美军运输舰船，也在昂奥尔岛另一侧的塞班镇附近的矶浜佯装登陆。美军的诱敌诡计成功了。当天上午早些时候，部署在南地区巴岬一带的沼尾才次郎少尉指挥的第1中队第1小队发现有一部运输船队出现在西港西方海上，开始卸下舟艇。该小队立即用军犬和信鸽向大队本部紧急报告，结果军犬战死，信鸽平安飞到本部。

发现美军的是在设于巴岬的南洋松上部的监视哨处执勤的通信队的军犬兵佐藤节一等兵（当时在日本陆军中为了在有线通信被切断的情况下可以用辅助手段维持通信，饲养了狗、鸽子，由专门的士兵训练）。在贝里琉岛，美军登陆的第一个消息是由军犬报信的，而在昂奥尔岛上则由鸽子报信。

后藤少佐立即将第3中队派遣到矶浜一带，但美军虽然将舟艇放到水上，却没有前进的迹象，因此少佐判断这是佯动，令该中队返回，命令其准备夜袭在当天中午左右判明的在东港正面登陆的美军。但该中队在返回途中遭到舰载机的炸射，蒙受了很大损失。

8时30分，321团级战斗队以2个突击营同时在蓝色海滩（东港一带）登陆，营里的几个连列成纵队队形先后上岸。6分钟后，322团级战斗队以类似的队形在红色海滩（东北港）登陆。与贝里琉相比，昂奥尔岛日军在海滩一带的抵抗几乎可以忽略。81师的突击步兵在滩头没有遇到任何设壕防御的步兵，仅有的抵抗是掷弹筒、机枪和步枪子弹，不过没有造成任何人员伤亡和损害。防卫东港正面的是馆野直吉准尉指挥的一个小队和菅谷佐一郎少尉的野炮小队。守卫东北港的是第2中队的冈部守夫少尉和佐藤善太郎少尉指挥的2个小队。在南星寮北侧的地下坑道展开的芝崎省三郎中尉指挥的炮兵第2中队的4门野炮和4门迫击炮共计8门火炮当天也向美军登陆部队断断续续地倾泻交叉炮火。关于美军登陆时的战况，第2中队佐藤小队的福田荣三回忆说：

在这次战斗中，小队进退维谷，佐藤少尉在我们几个幸存者最前面，挥舞军刀冲入美军，结果除我以外全部战死，退路被切断的我跳进海里，沿着海岸游泳返回中队途中受伤。

在2个海滩，美军81师的“野猫”们冲过了大约20码宽的略微倾斜、散落碎石的沙滩，到达了丛林边缘的一处低矮坡地的顶部，建立了一条火力线。然后，确保了滩头阵地的安全，这些步兵一头扎进了几乎不透光的半黑暗灌木丛中。他们的下一个目标是0-1目标位置，大约位于昂奥尔内陆300码。

美军81师的2个突击团起先从红色和蓝色海滩缓缓前进。岛上的丛林之间几乎无路可走，地面上都是倒下的树木、折断的树枝和缠绕的藤蔓。322团的战士们不多时就大汗淋漓，在灌木丛中用砍刀摸索开道，发现地形要远比日军隐藏在茂密丛林中的间歇迫击炮、机枪和狙击火力可怕。与此同时，在海滩上，人员和物资仍在继续集结。中型坦克刚刚上岸，便立即越过推土机为他们清理出来的小道，赶赴前线。到了中午，战况已经明朗，这个团的“野猫”虽是初次上阵，却已经成功完成了一次两栖进攻。现在他们要继续在岛上扩大阵地。

322团的推进按照预定计划在进行，但是321团从一开始就举步维艰。这个团遭遇了日军馆野小队把守的工事。日军的这个设防阵地南翼在洛基角（东港）附近，北翼则在恩加特伯库尔海岬（大谷岬）附近，正面条件良好。321

团要扩大滩头阵地极为困难，耗时良久。

9月17日下午晚些时候，81师的2个团取得的进展无法达到缪勒少将的预期。从昂奥尔岛北岸向加拉廷海岬西南延伸大约500码，到洛基角西南大约250码的一个位置，是美军在岛上的0-1目标位置，至今都还未全部占领。此外，2个团之间仍有700码宽的缺口。当天下午，缪勒发布了几道进攻命令，希望能改善这种局面。天黑之前，他希望能占领更多有利阵地，命令部下的2个团设法在敌军防线上找出一个可能的弱点，特别要注意两片滩头阵地之间的区域。322团会向0-2目标位置前进，这一线位置从北岸以西大约400码的一个地点大致向南延伸到东岸的绿色海滩，任务重点是要尽快获得一个与321团取得联系的结点。

14时30分，美军恢复全面进攻，2个步兵团的战士们沿着战线向前推进。在蓝色海滩附近，海军炮火和支援飞机的空中火力一同倾泻弹药，还是未能消灭阻碍321团前进的日军碉堡。消灭这些工事的任务落到了步兵身上。

321团1营B连当天负责攻打洛基角一带的日军设防阵地。步枪兵一路上在散落碎石的沙土上小心摸索前进，他们在赢得的阵地上一度无法得到近程火力掩护，直到一台便携式火焰喷射器调到前线投入战斗才得以改善。配属B连的321反坦克连反雷排爆破班负责爆破各种日军坚固设防工事。在步兵武器和火焰喷射器掩护下，爆破班长诺尔顿·布朗中士指挥他的部下匍匐前进到日军工事旁，将20磅炸药包安放在合适的位置引爆。工事的墙壁一被爆破，爆破班的火焰喷射器就赶上来向破孔喷射火焰。在确定消灭工事里的日本兵后，步枪兵和爆破班就开始向下一个碉堡爬去。这样的战法虽说慢得令人痛苦，但还是颇为有效的。黄昏时分，321团的一些官兵已经越过了0-1目标位置，但是该团2营仍然没能到达。

虽说两个团未能成功建立一个结合部，322团在北面的推进却还算顺利。322团设法沿着辖区内的0-2目标位置一带建立了防御阵地，却仍无法让巡逻队向南深入，与友邻部队321团会合。2个团只得让自己的战线弯曲，组成各自独立的滩头阵地。

美军战舰和飞机进行了连续一天的炮击和轰炸，夜幕降临时，岛上的日军暂时松了口气。夜间美军海空火力暂歇，让日军能不用担心美军的火力干扰，转移到新的防御阵地。后藤少佐决定在17日黄昏整理守备队的态势，趁美军尚未完成攻击态势在18日拂晓前消灭美军，首先命令正在待命的第3中队和配属的工兵1个小队对东港正面（洛基角）实施反击，同时令守备队残余兵力集结于位于南拓磷矿石工厂东方的钟乳洞。至当天19时左右，守备队判明的战果为击毁登陆艇约30艘、火炮约20门、水陆两栖装甲车约15辆（纯属无中生有）。岛武中队长和星野善次郎工兵小队长接到命令后带着传令兵前往指挥所集合。正在一边看着作战图一边研究作战计划的大队长和铃木恒、铃木按彦两名副官慰问了两名队长，然后下达了命令："夜袭东港正面之敌，歼灭于滩头。"后藤少佐在当天傍晚还命令石原正良中尉的第1中队向沼泽地中央台地前进，准备反击台地正面的美军。

美军81师的"野猫"首次战斗一整天后，身心俱疲，在黑暗中也无法休整。不仅有日军小型巡逻队在两个团外围刺探，而且不时有日军散兵试图渗透美军前线。让第一个夜晚更加混乱的是，初次上阵的81师官兵不分青红皂白就向疑似目标开火，这对新兵部队来说也在所难免。

日军第3中队长岛武中尉受领了实施夜袭

在昂奥尔岛战斗的M4谢尔曼坦克。

的命令后，为了在没有星星的黑夜中实施所擅长的黎明突击，对东港的美军阵地的南翼沿着东港矿车线的轨道进行了敌情侦察，同时逼近了美军阵地。18日上午5时10分，在30分钟的野炮、迫击炮等炮火准备后，岛中队突入了321团最南翼，同被孤立在昂奥尔邮局管辖的电信所地下坑道中的馆野小队的幸存者一起将“野猫”击退至海岸附近。美军被逼退了50到75码。321团B连伤亡不断，营长和幕僚受伤被后送，之后配属的预备队G连接替了B连。

尽管如此，出现动摇的美军防线不久还是得以恢复。6时左右，岛中队遭到舰载机和坦克的集中射击，使该中队不断出现损失，岛中队长也战死了，不得不暂时中止反击，整理态势。小队长矢野照美少尉接管了中队的指挥权。6时18分，81师师部接到消息，得知日军已经停止反击。不过美军一时也无望重整攻势。不久，日军在掷弹筒、重机枪等火力支援下再次发动反击，气势汹汹地与1营官兵厮杀，双方陷入了激烈的肉搏战。经过约30分钟的激战，日军一部突破至电信所附近的滩头阵地，G连也被逼退到海岸，但这次攻击已经是强弩之末了。在飞机和其他步兵部队的支援下，321团1营的危机得以解除，日军被迫撤退。在这次反击中，第3中队和工兵小队大部战死。这次战斗是81师在登陆后，日军首次进行防御作战。

美321团竭尽全力守卫第一天取得的阵地，322团也没有闲着。天刚蒙蒙亮，日军第2中队便以小部队对322团的阵地实施了反击。这次反击的规模要小得多，打击效果当然也比不上对321团的进攻。日军主要是以反复夜袭扰乱南方的美军突出阵地。

对美军81师来说，幸运的是，夜间只有小股日军进入分隔两个团的缺口，天亮前没开一枪就撤了。这再度体现了帕劳群岛日军的战术与以往不同。从前日军会在美军登陆后尽快投入战斗，那种反击往往都成了徒劳的自杀式冲锋。事实上，美军认为如果日军利用好自己内线机动的优势，让部队冲进这片美军无法保护的区域，可能会给美军位置暴露的滩头阵地造成很大破坏，那里挤满了支援部队和各种物资。然而日军并没有实施这种进攻的物资保障。

无论如何，后藤为了确保顺利完成任务，已经采取了多种措施。根据他的计划，昂奥尔岛守备队将在无法击退登陆滩头的美军的情况下死守西北山地。因此虽说日军对滩头阵地实施的反击时机恰到好处，战果也不错，在初次上阵的美军81师之中引起了不小的混乱，后藤也无意继续为滩头反击投入太多兵力。

前一天，后藤少佐得在知东北港方面的美军快速进展的情况后，命令为了实施反击正在前进的第1中队在美军右翼正面展开。该中队从次日（18日）开始以船坂弘分队长指挥的掷弹筒分队的集中射击努力阻止美军的前进，但因猛烈的舰炮射击和舰载机的炸射而损失不断，在白天哪怕仅仅一个士兵的行动也非常困难。

缪勒师长为昂奥尔战役第二天发布的命令，要求在早晨9时发动进攻。偏偏2个突击团没有一个能按时出动。322团会拖延，是因为初次上阵的部队过于紧张，在后方乱开火引发了混乱。他们每看到灌木丛后面有一个日本兵，就会立即扣动扳机。另一方面，321步兵团由于日军的新一轮反击被延误了。9时05分，日军对该团右翼发起了进攻，好在空中联络官呼叫的空中扫射和轰炸行动很快就让日军乱了阵脚。偏偏半小时后，他们的南翼遇上了日军的另一次反击。这一次美军的迫击炮、坦克和离海滩不远的LCI步兵登陆炮艇提供的支援火力让“野猫”们顺利守住了阵地。

9时25分，缪勒师长在红色海滩登陆，就在附近设立了师前敌指挥所。10时45分，321团最终以2个营兵力出发开始进攻。南面莱斯特·埃文斯中校指挥的1营紧追最后一次反击未遂的日军向西南方向进攻，但是日军在洛基角附近的一片防御工事经过巧妙伪装，以集中火力阻击，几乎让1营立即无法动弹。为了阻止美军进入内陆，日军在这里修建了一片几乎没有任何破绽的防御阵地。碉堡、掩体、步枪壕和相互连接的堑壕，全都可以相互支援，能够向正面和侧翼射击。从滩头阵地发起的正面进攻必然会耗费大量时间，要攻破这道防线，伤亡也会很大，于是1营进行侧翼机动。1营的部队开始越过岛南铁路向内陆前进，沿着几条小路前进了一段距离，再越过丛林，从日军严密设防的滩头阵地的薄弱后方向其逼近。茂密的丛林、狙击火力和大量反坦克地雷让1营的前进受阻。黄昏时分，尝试越过无路荒野的先遣部队战士只得先退到铁路堤一旁，建立自己的防线。

在北面，322团3营和2营分别从左右两翼进攻；1营留作预备队。3营的战士们由于日军的狙击火力和后方支援部队神经过敏的胡乱射击，只得推迟出发。最后，一个步兵连跟随在一个中型坦克排后方，沿着岛上太平洋铁路的路基前进，压制了日军的顽强抵抗。支援装甲兵用坦克炮打击每一个可能隐藏日军阵地的可疑之处，摧毁了几座加固掩体。不到2个小时，322团的步枪兵已经向岛南铁路和太平洋铁路的岔道口推进了大约500码。这个时候，支援火力已经非常危险地落到与步枪兵靠近的位置，于是战士们沿着铁路后退了75码，与此前在先头部队后方前进的L连会合。

在这个紧要关头，发生了战争中常见的悲剧性事故。6架海军飞机突然冲出天际，让暴露在外的友军步兵遭受猛烈轰炸和扫射。这次空袭让322团3营大吃苦头。在步兵能够找到掩护，或者呼叫空袭停止之前，这次友军飞机的误会已经造成7死46伤。后来的调查确定，这起事故是因为地面目标区域标记不当造成的，并非飞行员的过错。缪勒少将得知这次错误空袭造成的损害后，要求停止对昂奥尔岛的所有空袭，直到另行通知。但这一举措除了保证几天之内不会发生这样的错误之外，并不能消除已经造成的损害。应当指出的是，日军有时会故意造成和利用此类事故。

昂奥尔的日军机枪手和狙击手只有在飞机从他们上空近距离掠过时才开火，利用低空飞行的噪音来掩盖他们的射击位置。这会让紧张的地面部队产生错觉，慌忙报告友军飞机正在向他们进行空中扫射。这种情况一度变得非常糟糕，甚至连空中观察飞机都一度不得不接连离开昂奥尔上空。

尽管不合时宜的空袭造成了非常严重的伤亡，美军步兵还是在半小时后就恢复进攻，14时便占领了塞班镇以北的日本磷酸盐工厂（南拓磷矿石工厂）。下午余下的时间里，他们推进到了距昂奥尔西海岸300码以内的位置。步兵和坦克协同巡逻队，在基本开阔的地形上行

9月19日，从昂奥尔磷酸盐工厂看到的神社山。

动，到达了塞班镇的北部边界。

在322团战斗区域北面，2营越过了1营的阵地，让1营先转为团预备队。根据团部的命令，2营要包抄岛西北部的崎岖山地，然后沿着西海岸一路南进，直到与3营会合。前进的“野猫”只遇到轻微抵抗，但地形逐渐变得更加难以行动。不久，支援的装甲兵因地形原因只得暂退。尽管天气炎热，步兵依然在顽强前进。有一个排没有遇到任何抵抗，一直在向形成昂奥尔西北角的普库兰戈鲁尔海角（那须岬）前进。团长本杰明·韦纳布尔上校意识到要支持这样一支小部队前进，会涉及复杂的后勤问题，占领那样一个易受攻击的难守位置也会造成战术上的困难，于是命令他们撤退到0-2线位置。

在岛屿北部抵抗322团的战斗中，日军第1中队的掷弹筒分队损失了大部分兵力。据分队长船坂弘回忆：

在对东北港地区敌人的反击战中，我的掷弹筒分队的13人中，幸存的只有左脚受重伤的我和松岛芳雄、铃木富一郎两名上等兵3个人。当时的守备队的重武器，有炮兵的野炮一门、日野清一大尉指挥的步兵炮中队的大队炮、速射炮各一门，和我的第一中队的小平太三郎军曹和深泽利助伍长的重机枪两挺、增渊武男上等兵的轻机枪和其他中队的轻机枪4挺，此外还记得稻叶登美雄上等兵将缴获的美军重机枪架在树上。

9月18日，美军已经在昂奥尔岛大量卸载必要的补给。前一天，在最初的突击登陆的混乱之中，“野猫”后续登陆波次上岸的时候，将

81 师 321 团 2 营在昂奥尔岛南部寻找日军主力。

物资不管三七二十一就倾倒在海滩上，让海滩变得拥挤不堪。为此，当天只得暂停卸货，直到下午，才腾出足够的空间，让2个野战炮兵营上岸。18日上午，所有支援炮兵已在昂奥尔进入阵地，准备射击。

根据18日收集到的情报，缪勒少将认为，岛上的日军主力仍然集中在南部。这种想法再加上占领南部关键的平原地区以便修建机场的命令，让缪勒师长下令要求两个主攻团在9月19日南下攻占塞班镇，将敌军分割。

18日，在接到第3中队反击失败的报告后，后藤少佐决定按照已预先研究过的方案，将部队转进到位于岛屿西北山地的无数钟乳洞中，以这里为纵深预备阵地死守，妨碍美军建设机场。于是从18日夜开始，后藤让主力向以青池（莎乐美湖）为中心的钟乳洞转进。在转进期间，因美军空袭十分猛烈，未能疏散到帕劳本岛而留下来的约200名岛民（根据美军战史有183名）为日军搬运弹药、粮食等。日军在不时升起的照明弹和袭来的炮弹中，寻隙默默地在黑夜的道路上向青池西方的二荒山钟乳洞转进。守备队在19日晨完成了纵深预备阵地的部署。

19日7时30分，猛烈的火力准备之后，美军2个步兵团毅然出发，要将昂奥尔岛拦腰截断，分割守军。在南面，321团以3营和2营左右并进，1营为预备队。在北面，322团将3个步枪营一字排开，从左到右分别为3营、1营和2营。位置偏右的2个营向西南方向推进，企图夺取0-4目标位置南面的所有地方，只留下较为崎岖的山地给2营扫荡。0-4目标位置自塞班镇以北大约600码的西海岸一路向东延伸，到达塞班镇东北的一个位置，正好与0-3目标位置形成交叉点。2营还承担了阻止日军沿着北部海岸逃跑的任务。3营将直取塞班镇，然后占领0-4目标位置和0-5目标位置之间的区域，0-5目标位置从塞班镇向东南一直延伸到昂奥尔东南海岸的绿2海滩。

在中型坦克支援下，322团2营的2个突击连从磷酸盐工厂附近的夜间阵地迅速推进。进入塞班镇的一路上，只遇到零星的迫击炮、机关枪和步枪火力反击。美军步枪兵一路上遇到了许多日军的碉堡、火力点和其他防御工事，但是日军设计这些防御工事本是为了防范海上进攻。由于“野猫”从后方逼近这些工事，要将它们清除不会遇上多大麻烦。

占领塞班镇后，缪勒师长亲临前线视察，命令继续尽快向南推进。322团3营留下了一些小分队扫荡仍在破碎建筑或是水边洞穴里藏身的日本兵，主力得到710坦克营B连和C连的一个排，以及团属火炮连的支援，沿着一条与海岸大致平行，位于内陆30码的铁路前进。迅速移动的战士们仅仅遇到几拨小股日军，很快便将其绕过。当天16时，他们在恩加拉穆德尔海岬（巴岬）和加兰高湾北岸建立了夜间防御阵地。

322团的另外2个营在向磷酸盐工厂南面推进时遇到了一些困难。在这里，1营发现2营和3营占据了他们的战斗区域，然后接到命令让他们转为团预备队。接下去他们的任务是保卫团后方区域，防止敌人可能的渗透。另一方面，2营得到1营B连加强，对西北山区发动进攻。在磷酸盐工厂西北方，日军第2中队的宫下义雄少尉指挥的1个小队守卫着灯塔山和昂奥尔神社山一带。2营F连很快占领了帕洛马斯山（即灯塔山），只遇到微不足道的抵抗，然后派遣一个巡逻队去前线侦察。

这个巡逻队却没有取得任何进展，原来日军在高地上巧妙隐蔽的阵地射出了毁灭性的火力，打得前进的步兵无法动弹。G连进行了一次侧翼包抄，利用岛西铁路从东面前进，进至日军阵地南侧的铁路堑，但莎乐美湖（青池）地区的日军集中火炮、迫击炮、重机枪等火力压制了他们。2营处处受阻，天色也渐渐暗了，只能撤回磷酸盐工厂，设立夜间阵地。当晚，日军宫下小队以肉弹攻击夺回了灯塔山。

当天在岛南部的321团辖区，2营的几个坦克-步兵协同战队只遇到少量日军的微弱抵抗，9时已经占领了中部村庄（南星寮）。2营占领了这个塞班镇以东约400码的定居点，只偶尔遇到一些日本兵来争夺。日军对2营“野猫”推进的抵抗如此微弱，促使710坦克营营长威廉·罗杰斯中校建议对岛南部进行一次装甲兵侦察。

上级指挥官同意他的建议后，一个连的中型坦克，每一辆上面搭载6名以上的步兵，开始一路南进，绕过岛东南部红树林沼泽地的西侧边缘。第2营余下的步枪兵跟随在后，缓缓步行。在天黑前，这支坦克与步兵协同侦察部队已经完成了对沼泽地区的包围——甚至穿过了东岸的防御工事。这些防御工事仍然阻碍着3营前进。令人惊讶的是，这支部队在任何时候都没有遇到较猛烈的反抗。到达目的地后，坦克在2营战线的后方占据了阵地，2营的战线则在沼泽地下方一路延伸，与322团3营在加兰高湾附近建立了紧密联系。

在上述行动进行的同时，321团3营越过了昂奥尔岛东部的1营战线，从南方铁路一路向南进攻。上午，美军的一支队伍想要沿着海岸前进，而另一支队伍想要向内陆实施一次侧翼行动，不久就冲进了一片红树林沼泽。要通过这一天然障碍极其困难，也十分费时，这支队伍还是转向东面，重新与沿着海岸进攻的队伍会合。

在这里，阻止了前一次进攻的那片面积广大的防御工事再度成为向南进攻的障碍。“野猫”们有条不紊地逐个清除一片可以相互支援的防御阵地，然后却吸引了海岸更南面的其他日军防御工事的火力。下午早些时候，进攻已经停止。即便大幅度增加迫击炮和火炮支援，当天也没能再度前进。

此时，321团的2个突击营之间已经出现了一个缺口。为了将这个口子堵上，先前留作团预备队的1营分头去支援2个突击营。不知用了什么办法，1营的部队在天黑前设法向前推进了足够远的距离，在距离3营大约600码的内陆建立了外围防线。

根据日军记录，后退到野州浜（绿色海滩）附近的第3中队的10多名幸存者从18日夜开始死守该地阵地，但在19日夜为了同本队会合在前进时遭遇美军，大部在沼泽地北部战死，一部重伤员仍残留在该阵地，至21日11时左右“玉碎”。

19日晚，缪勒审视他的部队面临的战术形势时，完全有理由自信。当天的收获超出了预料，得到军长盖格少将的认可。盖格在结束对昂奥尔岛前线的走访后不久就发出了以下信息：“你们师今天的推进表现出值得赞赏的进取精神。所有人都干得非常好。”“野猫”当天还在岛上擒获他们的第一名日本战俘，此人隶属日军第14师团步兵第59联队第1大队。根据这个日本兵所说，6月，日军在昂奥尔留下1千多守备部队之后，就将其余部队都派往巴贝尔图阿普岛。这对81师来说就是个好消息，因为岛上的日军兵力明显低于预期。然而，在能够占领昂奥尔全岛之前，仍将有一场激战。

尽管如此，美军仍然发现一些有利条件。美军已经占领的是可建造轰炸机跑道的平地，这是“僵局行动”计划的主要目标。鉴于贝里琉岛战况吃紧，日军看来不太可能认真设法增援昂奥尔岛守备队。

第一批抵达昂奥尔岛的美军陆战队员是陆

美军在登陆昂奥尔岛的同时，已经将各种物资送上岛，在岛上进行基地建设。

战第7高炮营的侦察队，他们在9月19日登陆。在该营主力到达后，这个陆战高炮营就开始积极执行美军的昂奥尔岛防御计划，除了负责空中防御之外，还在沿海地区设立了水上目标观察哨。

缪勒还不清楚日军最近已经对防御战术进行了调整，为防患未然，嘱咐麾下的所有部队采取必要的措施，来抵挡日军可能发动的“万岁冲锋”。偏偏缪勒的告诫其实没有什么必要。鉴于海滩地区并没有贝里琉岛那样对滩头防御特别有利的区域，昂奥尔守备队甚至比贝里琉岛守备队更早就将主力撤到核心防御阵地——岛西北的崎岖珊瑚山地。

总的来说，9月19日夜间昂奥尔岛没有发生任何重要的事情。81师的师属炮兵在向日军阵地炮击。由于友军和敌军前线距离较近，近海的美军舰艇就只能发射照明弹，没有直接用舰炮射击。黎明前，昂奥尔守备队的零星散兵开始在美军阵地上渗透。不过这些日本兵看来只是想要逃离岛上注定要落入美军之手的南部地区，进入仍为后藤少佐控制的西北山区。

至19日晚，昂奥尔岛守备队已判明的损失约为600名。据守纵深预备阵地的守备队，在美军登陆时发放的携带口粮已经见底，也没有饮用水，只能嚼含有晨露的常春藤。

9月20日一早，321团的所有3个营都重新向南推进。这是他们最后一次南进，目的是消灭留在那里的两个孤立阵地抵抗的日本兵。322团继续向岛北部日军控制的山地进攻。322团不得不抽调一个营北进，在阿兹特克湖（北池）和北海岸之间的0-2目标位置占据防御阵地。这支部队的任务是阻止日军可能对红色海滩发动的反击，当时那里仍然堆满各种补给和物资，必须小心保护。韦纳布尔团长部下还有1个营驻扎在塞班镇南面，这样他当天就只有2营这一个营的兵力能用于进攻山区的日军。

2营的战士们出击之后，不久便重新占领了帕洛马斯山（灯塔山）。在恢复前进时，“野猫”们发现自己在对守军非常有利的地形上仰攻，日军全都在瞰制2营前线的高地上设壕阻击。2营每次尝试前进都会引来对方猛烈的迫击炮和机枪火力，只得放弃正面进攻。然后“野猫”们见岛西铁路的铁轨越过环绕莎乐美湖（青池）的几道山脊，便利用铁路进行了一次侧翼机动。团重武器连出动了3辆M-8型75毫米口径半履带自行火炮支持步枪连的这次行动。

地图十八　81 步兵师进攻昂奥尔岛

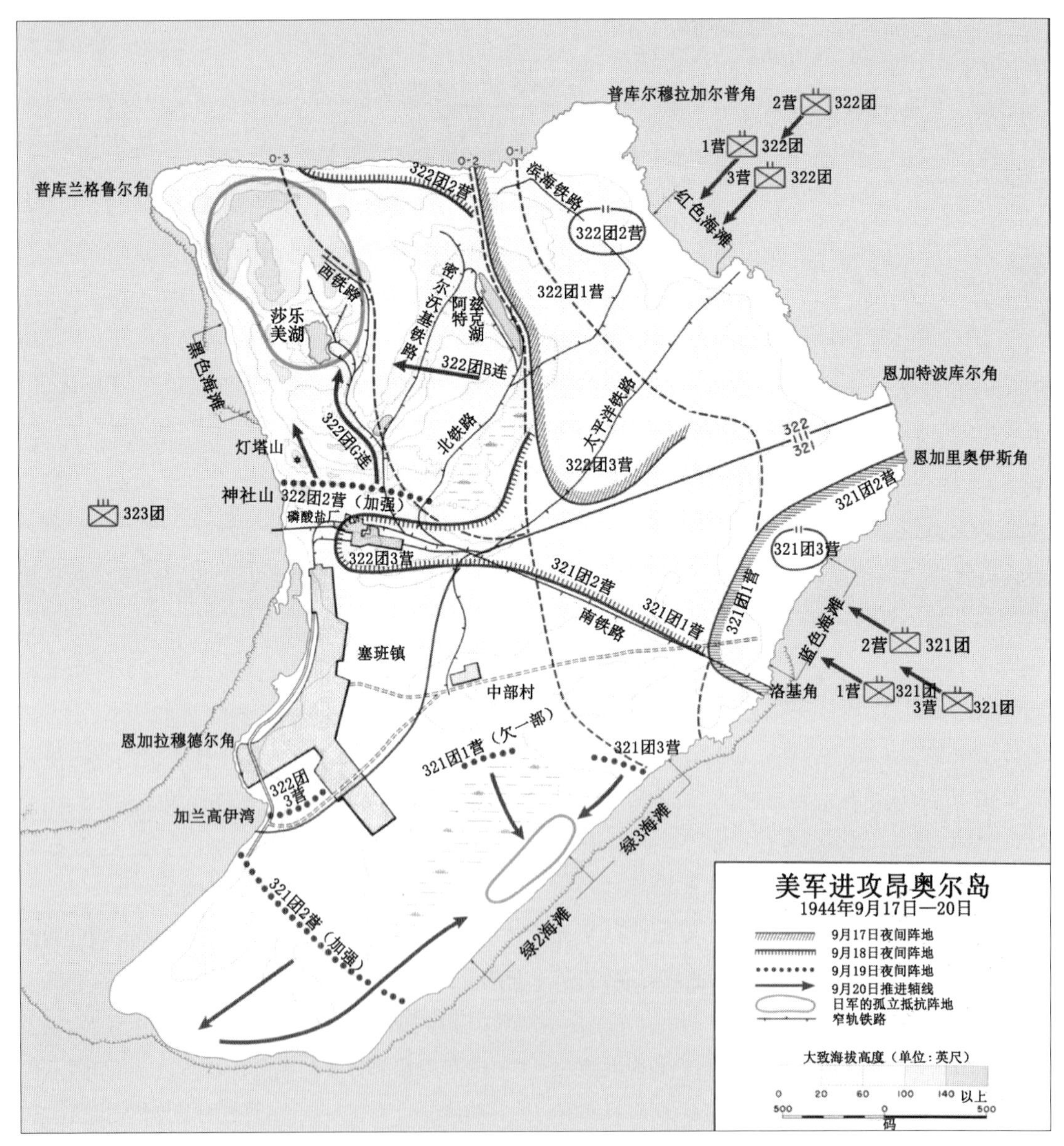

但是山地确实不利于车辆参战，这3辆自行火炮刚刚进入50码长的铁路堑，就被日军突如其来的火力打得动弹不得。结果，除了重新夺回帕洛马斯山的阵地之外，2营没有取得任何收获，基本上就在与前一天相同的阵地上掘壕过夜。日军守备队成功地凭借铁路堑挫败了美军的进攻，声称从18日以来至20黄昏取得了击毁坦克、火炮数辆/门、杀伤美军约300人的战果。

青池南侧的铁路堑，被日方称为“矿车线沟槽”或“青池南方隘路”。日本人为了运输岛上的特产磷矿石，在这里将高10~20米的岩盘凿下约3米后铺设了轨道，从而形成了隘路，在周围分布着锯齿状的绝壁和洞穴，是绝佳的防御阵地。美军为了攻击日军的纵深预备阵地，除了通过这里就没有其他的接近路径，因此必须夺取这道路堑。从19日开始，双方围绕路堑反复激战。

20日上午，321团2营和配属的2个步兵连、2个坦克连，迅速压制了日军在南部海滩戒备森严的阵地。对“野猫”们来说，幸运的是，这些以前有日军精锐把守的阵地，现在只有少数幸存人员防御。只有东南端坦克壕附近的一些火力点进行过较强的抵抗。美军的一个火焰喷射器和爆破协同战队不多时就消除了这个威胁。到11时，在安排1个连的兵力扫荡残敌后，这个加强营全力去进攻东南海滩，那里是日军一度让该团3营无法顺利前进的顽固阵地。

在中路，1营因为主力都被抽调去加强2营，现在的兵力已经被削弱到相当于一个加强连（B连和重武器连D连一部）的程度，他们越过红树林沼泽继续进攻，从后方去占领东南海滩的防御工事。要在看似难以逾越的地形上机动困难重重，这个连很快被迫放弃了努力，重新与沿着海岸进攻的友军3营会合。这一路南进就只遇到了孤立小股日军的顽强抵抗，大多数海滩防御工事都已无人守卫了。日军已经撤离了他们的阵地，在夜幕掩护下北窜。当2营完成重整，从南方攻击日军的孤立阵地时，昂奥尔之战的最后阶段已经开始，日军的抵抗行将结束。在昂奥尔岛南部，只有不可避免的小规模扫荡尚待次日完成。

9月20日早些时候，缪勒向第3两栖军发出了如下信息：“昂奥尔的所有有组织抵抗已经在10时34分停止。此岛已安全。”缪勒发表这一声明是因为后藤少佐已经无法再对昂奥尔的美军阵地产生威胁。美军已占领修建机场所必须的所有地块和基地设施；81师估计已有850名日军被击毙；师情报处估计还有大约350名敌人被压迫到岛西北山区，已经被完全封锁。实际上，后藤少佐部下尚有大约750人，准备依托有利地形战斗到底。在这个时候，昂奥尔岛的“野猫”们和贝里琉岛上的陆战队员一样，无法想象要消灭昂奥尔西北山区这样一个相对较小的孤立阵地的敌军抵抗，还需要整整一个步兵团全力以赴，岛上的战斗其实还要拖延许久。

占领昂奥尔

日军在昂奥尔的最后防御阵地位于西北山区地势最高、地形最险峻的部分，美军将其中的群山环绕的一片谷地称为昂奥尔盆地，另一座山头则称为罗摩尔多山（日方称为二荒山）。日军在这里修建了精心设计的防御阵地，最大限度地利用了崎岖的地貌。他们挖掘洞穴，清理射界，火炮、迫击炮、反坦克武器和机枪都部署在能相互支援的阵地，利用地形的天然防御能力，可以挫败任何步兵攻击。由于几乎每一座炮位都隐藏在地下，日军就几乎不受美军的海军舰炮、地面火炮或空袭影响。

另一方面，山脊杂乱无章的结构让美军难以进行任何紧密配合的坦克与步兵协同进攻，进攻时就几乎不能使用装甲兵。美军步枪兵只有靠最坚决的冲锋才能将凭借险要地势固守的敌军赶出最后的阵地。

日军的部署和他们对险恶地形的充分了解，再次让“野猫”的每次进攻都吃尽苦头。就在瞰制周围高地的山间隐秘阵地里，日军有效使用了机枪、步枪、反坦克炮和迫击炮。为了节省根本无法得到补充的弹药，日军的每一种武器都只有等到射击命中目标机会很大，而且武器和它们的操作人员不会被美军步兵发现时才会开火。由于日军使用的都是无烟无火光的火药，即便最机警的美军观察人员都几乎不可能仅凭枪声就找到日军的射击位置。简而言之，昂奥尔岛的西北山区已经变成了一座实质上的“要塞”，好比贝里琉岛乌穆尔布罗格尔山区的缩小版险关。美军要拿下日军的这两座坚固设防阵地，都会十分艰难，代价高昂，费时良久。

9月21日，贝里琉岛的战术局面，使第3两栖军很可能将81师321团调往该岛，那么攻打昂奥尔西北山区的任务就落到322团身上了。此外，由于日军据守的这个孤立阵地面积有限，只有供一个步兵团机动的空间，美军在进攻时也无法一次性投入更多兵力。

322团打算以2个营的兵力对昂奥尔盆地地区实施一次三路进攻：2营G连会从之前进攻未果的铁路堑再度向昂奥尔盆地推进；E连和F连会沿着黑色海滩北进，设法找到一条从西面攻入昂奥尔盆地的路；1营将直接从东面进攻昂奥尔盆地。韦纳布尔团长计划在这次进攻中投入

从东侧边缘看到的昂奥尔盆地，图中可以看到火炮弹幕在盆地西侧边缘造成的硝烟。

大约2千人的兵力，以足够的迫击炮、火炮和坦克支援，一举砸开昂奥尔盆地这个硬核桃。他相信以数量优势结合重武器的强大火力支援，足以制服后藤的部队，将昂奥尔盆地，乃至整片岛西北山区一举扫荡干净。

9月21日一早，美军炮兵和航空兵进行了2个小时的火力准备。8时，322团2个主力营的步兵准时按计划出发。2营G连得到710坦克营C连的5辆坦克支援，向铁路堑（青池南方隘路）推进。9时左右，G连的步兵刚刚进入路堑地区，守卫周围路堤高地的日军顿时火力全开。

日军的重火力让G连都无法从路堑的缺口部分通过，连长莱特塞上尉赶紧让部下卧倒隐蔽，请求炮火支援。美军的支援火炮和迫击炮对周围的路堤高地进行弹幕打击，持续了15分钟。这一轮弹幕成功赶跑了日军，G连的步兵在9时45分顺利占领了路堑两侧。接下去G连会等候坦克通过路堑，1营的步兵从北面跟上来，同时组织火力向昂奥尔盆地内部射击。

不久谢尔曼坦克就从路堑的缺口缓缓开过，但是赶到北出口时，掩护的步兵不由怒骂："见鬼！"原来日军将昨天被打瘫的3辆M-8自行火炮堵在这里。这些报废的自行火炮不仅成了障碍物，还是日军轻重火力的射击参照点。起初谢尔曼坦克尝试用75毫米主炮在直射射程内在报废的自行火炮之间炸开一条路，却没能成功。那么这个任务只有交给工兵爆破队用炸药包来试试，但也只是让车身起火而已。最后，几个勇敢的步兵顶着日军的子弹，将缆绳拴到了自行火炮车身上，让一辆坦克牵引，出口处终于能够让坦克通行了。由于路堑周围的日军火力一直很猛，G连和其他部队伤亡很大，他们就将这道铁路堑称为"血沟"，将周围的路堤高地称为"自杀高地"。

到了中午，谢尔曼坦克终于越过路堑，开始向盆地周围岩壁上的洞穴射击。由于地形太过崎岖，坦克只能沿着铁路路床行进。后来有2辆坦克为了获得更好的射击阵位，离开铁路路床行驶了一小段距离，却双双翻车。其中一辆坦克的汽油泄漏，落到了发烫的引擎上，顿时引发爆燃。战士们将另一辆坦克车身上的武器卸载下来，弃了车身。另外3辆坦克不敢妄动，就留在铁路堑北出口的阵地上为步兵提供火力支援。

G连长莱特塞上尉率领部下在坦克右侧行动，冷不防一个日本兵从一个洞穴里冲了出来，举起刺刀就向他脸上突刺。莱特塞不及多想，举起卡宾枪射击，却只听见"啪嗒"一声空响，原来他忘记装子弹了。那个日本兵一击得手，就赶紧跳回洞里。G连的一位排长贝尔特中尉就在路轨对侧卧倒隐蔽，探出头去观察这个日本兵的动静。在那个日本兵再度探出头来的一刻，贝尔特一枪命中，尸体当场从洞中栽

1944年9月21日，322团G连击毙一名日军狙击手之后，准备在坦克掩护下越过昂奥尔岛铁路堑的血腥峡谷。

倒在铁路上。一位正好来到附近的摄影师赶紧抓拍，留下了这个影像。

干掉这个日军狙击手以后，子弹仍然从四面八方射来，G连只能尽量在这道“血沟”左右两侧分散搜索。他们吸引了不少狙击子弹，但运气不错，没有人中弹。然后坦克沿着铁路床前进，缓缓过沟。2辆坦克身后各有2名步兵掩护，防备日本兵从坦克手观察死角爬上车身，向车体内投掷手榴弹。前面的一辆坦克不幸滑出了狭窄的路床，车身倾覆起火了。3名坦克兵打开舱门逃了出来，和2名步兵一起向第二辆坦克退去。日军的机枪声顿时响起，3人先后中弹，仅有2人安全回到第二辆坦克身后。这道沟地下埋了地雷，不时有炮弹落下，不过G连还是克服了重重困难，总算闯过去了。

一旦进入昂奥尔盆地，G连的步兵就用轻武器火力、手榴弹、火焰喷射器和爆破装置协同作战，压制日军阵地，坦克就留在铁路堑出口处提供炮火支援。在这样的近战中，为免误伤，美军无法提供空中和常规火炮支援。就像在太平洋的其他岛屿一样，日军依托天然洞穴和精心构筑的各种工事，耐心地等到美军步兵进入有效射程再开火。81师的“野猫”们必须先确定日军的位置，然后设法将他们从藏身处赶出来消灭，或者将洞穴和工事封死。战斗进行了几个小时，13时前后，G连的进攻已经停滞不前，被日军压制住了，伤亡在增加。

在这个地方后送伤员是危险而麻烦的任务。2营营部连反坦克排排长克莱·谢菲尔德中尉在铁路堑后方观战，眼看着G连的步兵被前方和两侧的日军火力放倒。步兵请求救助，谢菲尔德命令手下的6人抬上担架就冲进盆地去。这6人第一次行动，就有3人负伤，1人中弹身亡。无奈之下，谢菲尔德向前走去，来到铁路堑的出口，一位杂志摄影师和一位陆军部的摄影师就在那里拍照。谢菲尔德、他排里的军士和一名士兵接应伤员，送到已经废弃的坦克车身后面，然后一起向那两名摄影师走去。谢菲尔德开口就说：“我需要这里的人来帮个忙，我们抬担架的人手不够。”杂志摄影师当场将照相机和胶卷都交给陆军部的摄影师，说道：“如果我回不来了，一定要将这些交给我那家杂志。”然后转身对谢菲尔德道：“我准备好了。”谢菲尔德都来不及问摄影师的姓名，两人就一前一后抬起了一副担架。4个人2副担架在日军的机枪火力下奔忙了两回，成功后送了4名伤员，万幸没有一人中弹。谢菲尔德永远都忘不了这个平民摄影师在火线下的勇气。

陆军306医务营B连的医护人员也抬着担架进入昂奥尔盆地，争分夺秒地后送伤员。威尔伯·约翰逊二等兵在后送行动中，胸腹被日军的一梭机枪子弹击中，战友理查德·尼尔·史密斯将他抱在怀中，却已经回天乏术，只能眼看着约翰逊离世。

14时左右，3营I连和1营C连奉命进入盆地增援G连。这两个连进入盆地的时间太晚，无法让当天的战斗发生什么变化了。

G连在昂奥尔盆地苦战之际，2营E连和F连正在沿昂奥尔岛西岸北进。14时，2营主力的几个巡逻队在制服沿途的一些轻微抵抗后，已经到达岛西北角。但是，当他们转向东面时，没能在险峻崎岖、高达30米的珊瑚石山脊之间找到可通行的道路。

从东面进攻昂奥尔盆地的1营以B连为先锋。这个连一大早就在茂密的灌木丛和崎岖的珊瑚石地面之间摸索，17时前后终于到达盆地以东山脊，时间已经不允许他们进攻，战士们就稍事后撤，构筑夜间环形防御阵地。

暮色渐浓，G连和3辆坦克都撤出了昂奥尔盆地，就在铁路堑外侧建立夜间防御阵地。2营主力也在其他地方挖掘散兵坑过夜。

日军记录称，在当天争夺青池南方隘路的战斗中，守备队破坏了两辆坦克，使对方遗弃尸体30具，在黄昏前将进至隘路北方的美军击退至隘路南方，夺回了隘路。

322团的韦纳布尔团长痛苦地发现，虽然他精心计划以2千美军对日军残余阵地发动三路进攻，当天却只有G连一个连真正在日军核心阵地战斗。后藤少佐对核心防御阵地的选择和部署都很成功。当天16时25分，第3两栖军军长盖格少将已经发报明确询问缪勒能否将一个整团调入贝里琉岛增援。17时05分，缪勒给出了肯定答复，321团在重新补给后，将前往贝里琉岛增援。这样韦纳布尔的322团只能在将来相当长一段时间里，独自负责消灭据守昂奥尔岛西北的顽敌。

从21日夜开始，昂奥尔岛守备队本部同帕劳本岛的集团司令部之间的无线联络就断绝了，集团司令部只能通过乌鲁克塔布尔岛的监视所遥望昂奥尔岛上空的照明弹和舰炮射击、舰载机的动向等迹象来判断守备队继续战斗的情况。

为了避免不必要的流血牺牲，美军一直在设法诱使日军投降。他们发传单、在岛上广播，措辞基本上如下：

日军战士们，这个岛已经被美军包围了，你们已经没有理由再继续与我们战斗了。继续抵抗毫无希望。你们的交通线和补给线被切断了。日本海军距离遥远。如果你们继续抵抗，只会因饥饿和轰炸而死。

如果你们停止战斗，立即一个一个解除武装，举起双手，到我们这边来，就会得到食物、衣服和医疗救治。

在绝望中死去既不英雄，也不勇敢，只是无谓牺牲。一个人过来，放下武器，举起手

81师的步枪兵和火焰兵正在前往昂奥尔盆地，将会与日军战斗。

来。我们让你们来找我们，不然的话，我们将被迫采取唯一的替代行动。

但投降的日本人很少，两次广播之后，一共只有两名日军士兵投降。81师的美军士兵多少有些失望，劝降的总体效果确实不佳，但是之前曾经和日军打过交道的其他部队的美国兵如果得知昂奥尔的情况，不会觉得意外。

22日晨，322团再次在坦克和火焰喷射器的支援下开始攻击青池南方隘路，至15时左右夺取了隘路，进至青池周边地区，因此日军守备队从青池周边的珊瑚山上向美军集中倾泻交叉炮火，同时从昨晚开始就预期会出现此一情况的日军工兵，已经在隘路附近敷设了用炮弹改造而成的地雷，一辆坦克在发出轰响的同时被炸飞，据称有数十名美军被杀伤。至黄昏，美军再次被从青池周边击退。从9月19日至22日的四天中，美军为了突破隘路进行的每一次尝试都失败了。关于当时的战况，步兵第59联队第1大队第1中队的掷弹筒分队长船坂弘军曹回忆道：

在白天的战斗中，沟槽（指青池南方隘路）一度落入敌手。当天半夜，计划以夜袭夺回沟槽的石原中队长，向伊泽健少尉下达了实施命令。伊泽小队长是我的直属上级，所以我请求同行，但他命令说：“不能带步行困难者去。我们会替你报仇的。”我只好留在阵地上。

小队健在的30人和工兵4人在夜间3时出发。途中工兵在道路上埋设了野炮炮弹，并拉上了导火索，小队也完成了部署。晨7时左右，敌人以坦克为先导重开攻击。不久敌坦克前进到道路中央，就在这时响起了巨大的爆炸声，坦克翻倒堵住了道路，结果躲在坦克背后的美国兵暴露出来，于是潜藏在沟槽两侧的崖上的伊泽小队和阵地上的我们倾尽全力猛烈射击。

这场战斗持续到14时左右，小队的半数人员负伤，弹药也用尽了，正要突入敌阵时，敌人退却了。这时高高挂在沟槽高地上的“日之丸”旗，我一辈子也忘不了。

23日7时30分，322团从隘路附近再次发动攻击，进至青池周边地区，但守备队将其击退至隘路口，据称给美军造成了约100人的损失。但日军的损失也逐次增加，当天傍晚集结于二荒山一带的钟乳洞中的守备队员，包括伤员在内已减少至约400名。尽管兵力大为减少，但守备队仍连夜进行夜间挺身突击。美军为夜间战斗苦恼，一到晚上就畏惧看不见的敌人，只要有一点点动静就会开火。除了日本兵，同时让美军烦恼的还有栖息于丛林内的陆蟹。这些螃蟹在黑夜中一边发出很大声响一边散步，被美军误认为是日军突击队，每晚都会遭到射击。此外栖息在洞穴内的无数蝙蝠也和螃蟹一

在昂奥尔西北角罗摩尔多山前线后方100码的地方，负伤的81师战士正在接受输血治疗。

样成了守备队的“伙伴”，一到夜里就会挂在树上，当美军从下方通过时就会发出怪异的叫声，引得美军又浪费了一通弹药。总之，蝙蝠和大型陆蟹给美军在精神上造成很大冲击，从而帮助了日军。美军向并不存在的入侵之敌开火，使整个前线都陷入喧嚣，战士们一直在承受精神上的痛苦。

322团的“野猫”日复一日地顽强投入进攻。他们频繁地在昂奥尔盆地和罗摩尔多山（二荒山）的山间遇到挫折，人员伤亡虽然不算很大，但就像慢性失血一样令人难熬。有时候，他们的进展都只有几码而已，非常缓慢。然而，随着时间的推移，这些疲惫、衣衫褴褛，却意志坚定的美国步兵离胜利也越来越近。

26日晨，322团再次发起攻击。美军在包括重炮在内的猛烈炮火的支援下，以坦克为先导，沿着美军工兵用推土机新建的道路开始从日军纵深预备阵地的东北方包围攻击。正午左右，一部美军楔入纵深预备阵地外围。美军接着扩张战果，一部进至青池北方的磷矿开采地北缘附近。日军守备队再次集中交叉炮火，又在当晚持续进行反击，但始终无法击退拥有物力优势的美军。美军占领确保了日军纵深预备阵地北方珊瑚山的一部。另一方面，从东南方攻击前进的一路美军也在当天下午夺取了纵深预备阵地的南方珊瑚山（青池东方约200米），守备该地的30名日军“玉碎”。因此守备队长后藤少佐以青池东北方的大队本部地下坑道为中心，掌握第1、第2中队和步兵炮、炮兵两中队等直辖部队的残存兵力整理态势，企图夺回阵地和以挺身突击杀伤美军。当天守备队的兵

9月25日，登陆艇在昂奥尔海岸卸载物资。

力约350名，装备为步兵重武器等。

27日美军继续扩张战果，进至包括青池在内的磷矿开采地一带（盆地内部）。28日美军从青池北方开始攻击昂奥尔岛西北部制高点二荒山，但日军守备队以掷弹筒等残存重武器的集中射击挫败了美军，据称杀伤了约80名美军。

到9月末，美军已占领了包括青池在内的磷矿开采地一带（盆地低处），日军守备队的确保地域只剩下青池东北方的珊瑚山一带南北约300米、东西约150米的数处钟乳洞阵地。

10月1日夜，后藤少佐为了向帕劳本岛的司令部和联队本部传达无线联络断绝之后的战斗情况，派出了负责经理部勤务的游泳高手金城光荣二等兵（冲绳县出身）及另外一人。两人在当晚平安逃出美舰的包围网，在波涛汹涌、群鲨栖息的海面上，一边躲避美军的攻击一边全力游过90公里，最后只有金城二等兵平安抵达帕劳本岛。

这份报告的内容如下：

至（9月）24日左右，敌人终于将迫击炮搬上灯塔山，以其向我军猛烈射击，在其支援下，以坦克为先导，从洞穴附近进入北方地区，企图切断我部队，对此我军在当天以火炮击毁了先头和后尾的坦克，位于中央的坦克的乘员一边惨叫着一边向后方逃走。另外在28日左右，某上等兵只身袭击了出现在那须岬附近的敌兵的帐篷，五六名敌人一边惨叫一边逃跑了。

从以上两事来看，敌人极为软弱，毫无个人的英勇。然而战况发展至此等境地，因彼等依靠坦克与火力切实组织战斗，对国军来说，将来大有研究之余地。如此，10月1日的情况是，在昂奥尔岛西北高地的一角敌我陷入混战乱斗，逐次被压迫。此外从25日左右开始，敌人对我守备队长后藤少佐以日语劝降，对邮局局长也广播了同样的内容。

这份报告是昂奥尔守备队的最后联络内容。当天，集团司令部企图以海军的水上侦察机投下无线机，但受到美军的阻碍未能成功。

这时守备队的粮食和饮用水皆无，武器和仅存的弹药也因生锈有很多不能使用，伤亡也在增加，幸存者包括轻重伤员在内已减少至150名。

另一方面，跟随守备队充当军夫的岛民正在二荒山的钟乳洞里躲避集结，但几乎都处于营养不良的状态。炮兵中队的松泽丰中尉劝说他们接受美军的保护，还说“这是后藤队长的严令”。于是183名岛民在10月初走出山区。到了这个时候，旷日持久的战斗已经演变成美军的小规模巡逻行动。双方都在使用狙击、伏击和大范围的诱杀手段。

10月14日，美军在昂奥尔的进攻已经来到终点，占领期开始了。然而，“野猫”的实际战术行动还在继续。81师还要继续负责消灭敌人负隅顽抗的小块孤立阵地。10月14日，缪勒

美军占领昂奥尔岛之后，81 步兵师师长缪勒少将（图中）迎接来前线视察的第 3 舰队司令哈尔西海军上将（图右）。

将昂奥尔岛的其他管理权都移交给岛屿守备司令雷·邓恩上校。邓恩的任务是将这个岛屿发展为一个前方航空基地。同一天，一度配属的海军陆战队第7防空营脱离81师的战时建制，被分配给昂奥尔守备部队，但作战管理权仍属于该师。

关于这一时期日军的情况，步兵第59联队第1大队第2中队长佐藤光吉回忆道："与我同在洞穴内的芝崎炮兵中队长也被美军的手榴弹炸死了。我到本部的钟乳洞向大队长报告：'将在17日夜实施最后的攻击。'大队长回复说：'继续进行持久战。'但是大队长也痛感战况紧迫，决心在18日夜进行最后的总攻，命令全员在当晚24时前集合于本部的钟乳洞内。"

日军的集合比预定时间晚了2个小时，在19日凌晨2时，集合的总兵力为130人。因为距离美军阵地很近，所以前来集合的日军遭到手雷、火焰喷射器的猛攻。当晚下起了久违的暴雨，幸存者饮下倒在钢盔中的诀别之水，后藤少佐把不知道是从哪里捡来的海带样的东西用雨水洗过吃掉了。大队本部的君岛燕彦兵长想用在途中发现的大米最后填一下肚子，把放在洞内的饭盒装上雨水，再把米放进去点火煮熟。在即将煮好时，有手雷被扔进洞内，饭盒被炸飞，成了君岛的替死鬼。

后藤训示道："从现在开始向美军阵地实施挺身突击。做好全员玉碎的精神准备，日本军人要光荣地行动。"部队由当地召集的宇佐美敏男少尉带路负责路上斥候（侦察），按照

昂奥尔的战斗还没有结束，美军就开始积极建设岛上的机场，使之成为攻打贝里琉的前线飞行基地。

第1中队、第2中队、大队本部、步兵炮中队的顺序成纵队行军，开始向青池南侧的隘路口攻击前进。

先头的侦察兵抵达青池东方时，脚绊到了美军敷设的隐蔽话筒和钢丝连接的照明弹，战场立刻变得亮如白昼，侦察兵在美军的集中射击下覆没，第2中队按照大队长的命令进入纵队的前方，但因为美军火力的妨碍和陡峭的地形，前进十分困难，就这样迎来了天亮，反击以失败告终，于是大队长将约100名幸存者重编成三人一组的肉攻突击队，决定“在19日黄昏以后切断突破敌军的包围网，在岛中央的南星寮东侧集合，之后以游击战斗妨碍敌人设立机场”。

因此幸存的守备队员从19日黄昏开始隐秘匍匐分散进击，但分散的各队因战场心理而自然地聚集在一起，终于被美军发现，再次遭到集中射击，官兵们死伤迭出，有的人滚落到前进路上的珊瑚礁的裂缝中死去。后藤少佐也在这次战斗中腹部受贯通枪伤战死。一些日军企图游泳前往贝里琉岛，有一名士兵在被美军发现之前已经游了7英里远。根据日军记录，昂奥尔岛上有组织的战斗至此结束，守备队大部战死。不过根据美军记录，10月21日“野猫”们终于打垮了日军最后的一个有组织抵抗阵地。岛上只有少数日军散兵有待美军巡逻队来解决。322团主力撤回岛南部休整，只留下几个支援小部队在当地搜寻和歼灭仍然在岛上潜伏的日本兵。

根据81步兵师的记录，他们在昂奥尔岛的战斗之中击毙日军1338人（根据日方记录，日军总兵力除去军夫之外约1200人，战死约1150人）、俘虏59人。为此付出的代价是，截至10月30日，连配属部队在内，81师共有264人阵亡或伤重不治，1355人负伤。其中以在岛上战斗时间最长，承担大部分战斗任务的322加强团伤亡最大，共有211人阵亡，772人负伤。此外有940人罹患战斗疲劳症、疾病或传染病而暂时丧失战斗力。昂奥尔日军确实给美军制造了很大麻烦，但是美军以其强大的医疗保障能力，让1394名伤病员在昂奥尔岛上就回到各自的岗位，后送到其他地方治疗的大约900名伤病员最后绝大部分也会恢复健康。

昂奥尔岛威胁着盟军横跨西太平洋直达菲律宾的交通线，美军占领这个岛屿有一定意义。昂奥尔的地理条件，能够为盟军提供一个急需的前方航空基地。9月20日，岛上的机场建设工程已经开始，10月15日，第一架美军飞机已在跑道上降落。应当指出的是，日军以前没有在该岛兴建过任何航空设施，美军必须从零开始建设。

从日军的角度来看，失去昂奥尔岛，牺牲后藤少佐指挥的这个加强步兵大队还是值得的。后藤的部队成功完成了尽可能拖延美军有生力量的任务。井上中将从未将昂奥尔视为帕劳群岛的外围基地，他对当地守备队的指示是，如果遭到敌军优势兵力进攻，就尽可能延长战斗时间。后藤部队这支孤军，根本没有任何希望获得空中支持或者援兵，在面临得到全方位支援的美军两个步兵团进攻时，能够让美军在登陆的第四天才能开始修建机场，表现已经相当不错了。在战况不利，日军只得撤退时，后藤利用岛西北部山区的核心防御阵地巧妙而顽强地组织抵抗，将美军的一个加强步兵团拖在昂奥尔整整一个月，减轻了贝里琉友军的压力。昂奥尔守备队的顽强抵抗，最终得到的回报就是死亡，但是对于他们来说，死亡几乎没有什么可怕的。

美军第81步兵师在昂奥尔首次经历战火考验，证明了他们可以成长为一支有战斗力的部

地图十九 81步兵师攻克昂奥尔岛西北角

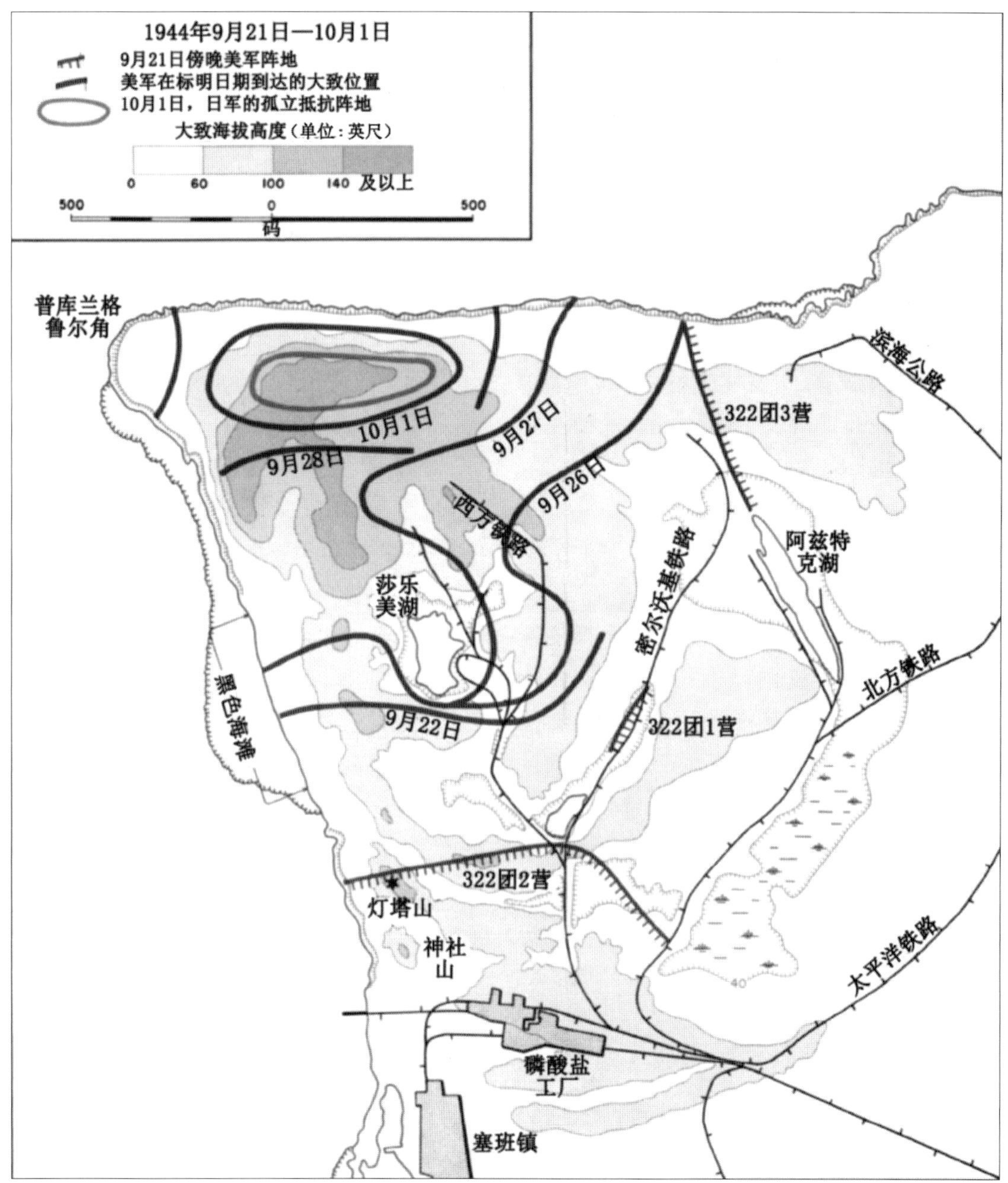

队，更加确信自己能够与狂热的日军战斗。他们在昂奥尔初战学习到的经验教训，很快就会在贝里琉执行更为艰苦，挑战更大的任务证明其价值。

昂奥尔岛上幸存的59名日军基本都是在人事不省时被美军俘虏，然后受到美军细心的护理。步兵第59联队第1大队本部的君岛蒸彦兵长就是其中之一。在10月19日晚上突围时，君岛兵长等幸存者企图到海岸附近等待海军来把他们救走，因此借着照明弹的光亮利用凹地向

10月3日，昂奥尔岛的几个美军士兵对着缴获的日军旗帜，露出了笑容。

北海岸前进。20日天亮时，他们听到附近响起“噗噗噗噗”的引擎声。这声音越来越近，原来是美军的坦克向他们开了过来。

在瘆人的引擎声中，通红的火焰和黑烟同时袭来。日军遭到了火焰喷射攻击。这是一边倒的屠杀，如果受到火焰的正面攻击，瞬间就会被烧死。君岛听到战友一边发出惨叫声一边四处乱窜。幸运的是旁边不远处就有洞穴，君岛赶紧躲进去。那里面战死者的尸体层层叠叠，洞穴深处挤满了把双手放在胸前、在痛苦中站着死去的尸骸。洞中恶臭扑鼻。君岛就藏在尸骸中屏住呼吸观察着美军的行动。美军的谈话声越来越近，君岛觉得那语言听起来十分古怪。因为害怕被美军发现，他尽可能地往深处藏。美军似乎终于来到洞穴入口。美军在发出尖锐的声音的同时，扔进了二三颗手雷。他运气还不错，没有受伤，一直躲在尸体中间，最后美军终于离开了。

不久君岛从洞穴出来一看，已经接近黄昏。他以为自己一个人留在敌后，但不久又有七八名战友不知从何处过来到凹地内聚集。他们都是没有指挥官的败残兵。因为坦克道已经修到附近，不能继续留在这里了，于是他们开始向海岸移动，企图等待海军的救援。这一带到处都是开采磷矿石留下的坑洞，前进极为困难。照明弹开始频繁升起，他们似乎被美军发觉了。借着照明弹的光亮，他们前进一米左右就要卧倒，如此反复，终于抵达了能听见涛声的地方。贝里琉岛上的灯火清晰可见。月亮开始照亮地面，眼下雪白的波浪在拍打岩石。

突然有人大喊：“那里有水洼！”用手指着那个方向。果然，在海岸岩石的凹处积满了水。就像在沙漠里发现绿洲一样，他们争先恐后地溜下断崖，前进了五六十米，这时突然遭到机枪猛射，被打得七零八落。君岛在被舰炮炸倒的树下过了一夜。东方开始发白时，有一名跌下大约2丈深的磷矿石开采洞穴的战友求助，但是君岛爱莫能助，只能茫然地看着他。战友拼命想要爬上来，这时从近处传来了美军的说话声。君岛起来侦察了一下敌情，发现美军在海岸的岩石之间搭起了帐篷，大约有10个人聚在一起。现在根本顾不上水了。君岛想如果不救助战友的话，自己就会变成孤身一人。幸好眼前有美军丢弃的机枪的弹带，于是他让战友抓紧弹带，再拼命拉上来。战友也用尽剩余的全部力气往上爬，好容易才爬上来。因为对面就是美军，他们只好躺在树下，就这样不吃不喝地度过了2天左右。他们都衰弱得要命，眼窝深陷，腿粗得像气球，简直难以用语言形容。

君岛背上的伤口上聚集了一群绿豆蝇，它们肆无忌惮地吸食鲜血，使君岛感到疼痛，但是他连驱赶虫子的力气都没有了，已经完全变成了活死人。两人靠在一起互相暖和被暴雨打湿的身体。君岛突然感觉到有温热的水淋到身上，那是战友的小便。虽然明知不净，但是他已经连站起来解决的力气都没有了……

天空开始渐渐发白，这个早晨一片寂静，根本不像是在战场上。君岛依然活着，他从大树下爬出来，观察了一下四周，看到铺满了硬纸板的敌阵地遗迹模样的地方，地上散乱着空罐头盒子。这时肚子咕咕地叫了起来，他急切地等待着夜晚的降临。他整天都想着食物，精神又重新振作起来。

暮色将至，行动开始。君岛好容易到达了美军阵地的遗迹。吃剩的饼干罐头里积了不少雨水，君岛一边用食指一圈圈地搅拌，一边忘我地喝了下去。他想起小时候被母亲抱着吃奶的味道。他还发现硬纸板下面到处都是被压扁的罐头。这简直就像在玩寻宝游戏一样。饼干罐头里面还装着香烟。他收获了大小加起来20多听罐头和糖果、香烟等。

之后他又决定在附近寻找安全地带，便于获得剩饭。他运气还不错，终于发现了有一处面向北海岸的钟乳洞，上部像潜艇一样可以对北海岸一览无余。

在确保了从美军阵地遗迹捡到的罐头之后，他在钟乳洞里睡了下来。幸运的是有水从洞顶滴落下来，一个晚上能接大约一杯水。空罐头盒子一边发出“啪嗒啪嗒”的声音一边积水。有时会从远方传来发射照明弹的声音。他刚打盹不长时间天就亮了。周围突然嘈杂起来。从外面传来了隆隆声，应该是美军正在用推土机开路。

君岛往入口那边走去，此时阳光灿烂。他拿起接满了水的空罐头盒喝下一半，又把另一个空罐头盒放在水滴下面接水。漆黑的钟乳洞内重又响起时钟一样的声音。

又到了晚上。君岛爬上竖洞，眺望外面。贝里琉岛上的灯火近在眼前。美军舰船上灯火辉煌，在海面映照下美不胜收。开始下雨了，雨水从钟乳洞的天井流下，于是他把硬纸板撕开盖在头上代替遮雨布。身上全都凉透了，幸好有美国兵的上衣，君岛把它裹在身上睡下。因为寒冷的关系，他怎么也睡不着。

君岛试着吃下捡来的饼干，但嗓子干得冒烟咽不下去。为了喝水他走到入口处，却发现发生了异常情况。应该已经接满的水不见了，空罐头盒还放在原来的位置。美国兵应该不会过来喝掉这么脏的罐头盒里的水，真是太奇怪了，是不是有日本兵？偷了我的宝贵的水的肯定是日本兵……君岛一边自言自语一边决定躲在里面窥探情况。

过了大概一两个小时，突然响起机枪声和美国兵的叫喊声。原来美军就在附近。君岛屏住呼吸、侧耳倾听，感觉钟乳洞的入口方向确实有人。他想：该死！难道被美军发现了吗？他马上把仅有的一颗手榴弹拔掉安全插销，做好了自杀的心理准备。有人往漆黑的钟乳洞里走来。那人像是撞到了什么地方，用日语说道：“好疼、好疼……”君岛小声盘问对方：“是谁？”结果那个人也吓了一跳，忙道：“是日军，是日军。现在被敌人追赶呢。”并赶紧捂住君岛的嘴，开始用蚊子叫一般的细小声音念起南无妙法莲华经。

不久美军过来了，他们正在喋喋不休地说着什么。美军走到钟乳洞入口附近，有两三颗手雷在入口附近爆炸了。美军虽然进了洞，但是没有发现君岛他们所在的地方，就这样离开了。

沉默又持续了一段时间。终于对方开口说：“我是小池。”君岛也自我介绍说：“我是君岛。”小池说附近的树下藏着食物，君岛

地图二十　昂奥尔岛战斗经过概要图

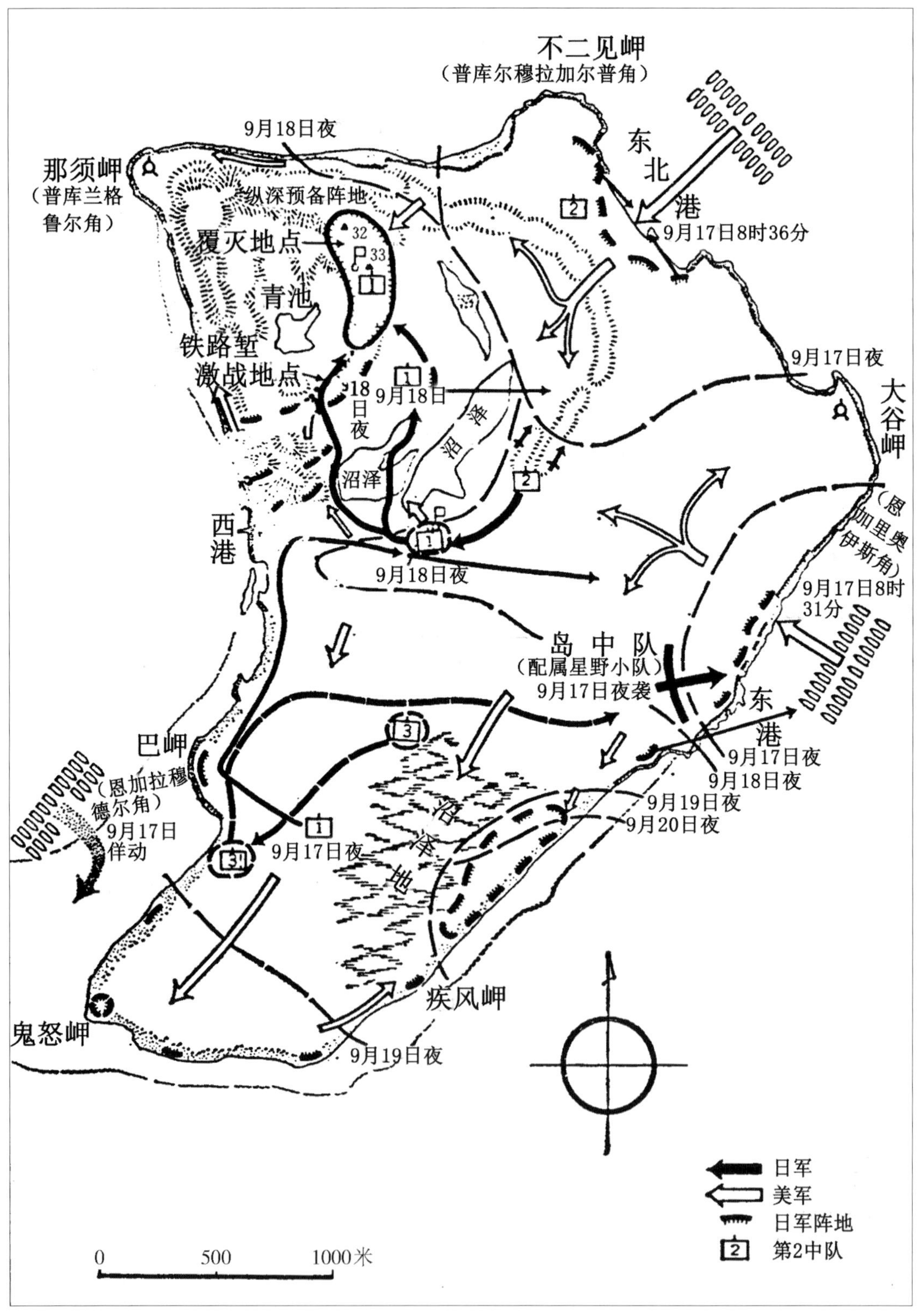

心情大好，拿出饼干和肉罐头款待战友。谈话中他得知原来偷水的就是小池。他当时还对在水滴下面放着罐子感到很惊讶。两人决定一起努力活下去等待日本海军救援……

不久食物也耗尽了，君岛出去企图找到北海岸美军堆放粮食的地方。他发现地上散乱着木筏、美军的水箱等物，靠近一看，到处都是已化为白骨的日本兵的尸体，悲惨至极。很可能这些日本兵制作了筏子企图逃出，但因为潮流太快结果变成了自杀。

不知何时，东方天空开始发亮。君岛赶紧返回钟乳洞。不久清晨到来。美军的监视哨照旧在眼前执勤，所以他一动也不敢动。

随着时间的流逝，君岛的身体衰弱到了极点，已经濒临饿死，视力也一天不如一天，整个人变得跟尸体一样。幸好监视哨撤了，于是君岛爬出钟乳洞前往海岸想最后弄点水喝。当他正在爬行横穿道路时，美军的吉普车开过来了。他即使想逃跑，身体也动不了，眼睛看不见，意识也比较模糊。结果他被放在吉普车上运走了。当恢复意识时，他发现自己正光着身子躺在美军野战医院的床上。

步兵第59联队第1大队第1中队的掷弹筒分队长船坂弘军曹也在经历九死一生之后活了下来。9月18日在南拓工厂东北方约500米的沼泽地中央台地一带的战斗中，船坂军曹的腿、腹、臂三处受重伤，卫生兵发给他手榴弹让他自杀，把他留在当地。之后他依靠自身力量进入北部海岸南方约500米的纵深预备阵地附近的钟乳洞中。为了给这里的重伤员弄到水、粮食等，船坂有时会来到北部海岸附近（那里的凹地中经常会有积水）。但因为他自己也受了重伤，终于决心赴死，又想在死时向敌将报仇，于是他在10月初带着一支手枪和6颗手榴弹离开钟乳洞，用了几个晚上的时间匍匐移动，经青池北方进入丹野灯塔北方，突破了灯塔附近的美军前哨阵地（黑人部队），只身突入了南拓工厂一带的美军指挥所帐篷群，就在这时颈部被击中而昏迷，意识不明达三天之久，但在美军收容护理下奇迹般地苏醒了，最后于1946年1月回国。

夺取乌利希环礁

根据“僵局2号”行动的最初构想，在美军入侵贝里琉岛之前，81步兵师就应当先用一个团的兵力夺取昂奥尔岛。成功完成这项任务后，该师将会继续投入夺取帕劳群岛东北方258英里的雅浦岛的战斗。81师的一个团将由海军指挥，独立夺取大致在帕劳群岛和雅浦岛中途的乌利希环礁。

根据这一构想，81师最初计划让322团攻打昂奥尔岛，321团负责乌利希环礁。然而美军根据情报修改了对昂奥尔日军的兵力估计数字，觉得为拿下这个要地，有必要部署2个团，321团就被重新编入昂奥尔岛攻击部队。那么负责乌利希行动的就是323团了。

美军后来获得了日军驻帕劳群岛南部兵力的更多信息，发现需要将81师全部投入这一地区。8月22日以后，81师接到最新通知，不用参加雅浦岛和乌利希环礁的战斗。夺取乌利希环礁的任务会由第96步兵师负责。后来计划又作了修改，放弃夺取雅浦岛，夺取乌利希环礁的任务又转交给第77步兵师。

9月15日，美军参谋长联席会议决定加速太平洋战争的进程。进攻日军重兵把守的雅浦岛的计划被搁置，但占领乌利希的行动将如期进行。美军的计划人员特别重视这片环礁，是因为它有一处宽敞的避风锚地，在行将到来的菲律宾战事期间，可以充当海军前沿基地。9月16

日，哈尔西海军上将命令威尔金森海军少将使用“手头的资源”夺取乌利希环礁。

原定用于进攻雅浦岛和乌利希的陆军第77步兵师和第96步兵师，已调给麦克阿瑟组织莱特岛登陆行动。威尔金森当时仅有一个还没有战斗任务的步兵团——81师323团。

9月16日，威尔金森与81师师长缪勒少将商议后，决定就用323团组成乌利希环礁登陆部队。当时323团是第3两栖军的海上预备队，一旦贝里琉的陆战1师或昂奥尔的81师的2个团需要支援，323团就是现有的唯一预备兵力。远征军地面部队司令朱利安·史密斯少将向威尔金森提出，需要留下323团，确保早日占领激战正酣的贝里琉岛，但威尔金森却另有打算。

接到哈尔西上将指示的晚上，威尔金森就命令缪勒让323团准备好立即出发，攻打乌利希环礁。在守备部队替换该团之前，他们要负责占领和防卫乌利希环礁，以便美军将该岛建成为一个前进基地。

海军乌利希攻击大队由布兰迪海军少将指挥，辖1艘巡洋舰、9艘驱逐舰、3艘巡逻艇、12艘登陆艇、若干炮艇、2艘高速运兵船、5艘攻击型运输舰和若干驳船。

按照最终作战计划，323团会在预定全面登陆乌利希环礁前一天黎明前，派一个侦察分队在“惊奇”岛登陆。这个分队会在岛上建立一个小型防御兵站，护卫进入乌利希礁湖的穆加伊水道，美军攻击部队在进入礁湖之后，会将那里辟为运输区。同一天，另一个侦察分队会在环礁南部的一个小岛上登陆，找一些当地土著搜集情报。

登陆当天，一个加强步枪连会占领“渴望”岛，为配属炮兵部队部署阵地，以支援随后对岛北部环礁的舰对岸登陆行动。加强连所属的那个营，将会派余部占领“铅黄”岛。完成炮火射击参数校射，根据指挥部的命令，另一个营将会占领和守卫“相同”岛。在团主力行动期间，几个侦察分队会对环礁中西部的一些小岛进行侦察和扫荡行动。

登陆次日，323团主力会进攻“改善”岛和“乙炔”岛。几个侦察分队会准备根据命令提供支援，侦察和扫荡环礁南部的“恶化”岛和“洛绍”岛，还有主环礁东面的几个小岛。

乌利希攻击部队一切按计划行事。323团的人员、装备和物资早已装船。这一次分为两个梯队向目标区域转移。先头侦察分队以323步兵团的情报侦察排为骨干，加强了从1个步兵连抽调的24名士兵，在9月19日13时30分从帕劳出发。9月21日清晨抵达乌利希环礁，等候海军乌利希火力支援大队指挥官的命令，然后会进行侦察。其余部队于9月21日10时离开帕劳海域。这两个梯队在运输途中都没有发生任何异常。

9月21日15时15分，侦察分队在“惊奇”岛顺利登陆，未遇抵抗，彻底搜查一番，都没有发现岛上有居住迹象，于是留下13名士兵在岛上驻守，其余人回到船上待命。

9月22日一大早，美军的一个侦察分队乘坐2艘橡皮艇前往“恶化”岛，去找几个土著人询问情况。这个小岛的整片海岸被一片珊瑚礁包围，礁盘从海滩向外延伸出大约150码。小分队上岸时，遇到了2个土著人，非常友好，愿意和美军一起去船上答话。

美军盘问了这些土著人。根据他们所述，日本驻军几个月前已经离开，整个乌利希环礁除了在“改善”岛留下一个日本残疾人之外，已经没有日本人。美军对“渴望”岛和“铅黄”岛都进行了侦察，除了几座日本人的坟墓，也没有发现日本人的活动迹象。9月23日上午，323团各部登上“改善”岛后也未遇抵抗，甚至都没有发现土著人报告的那个日本残疾

地图二十一　乌利希环礁

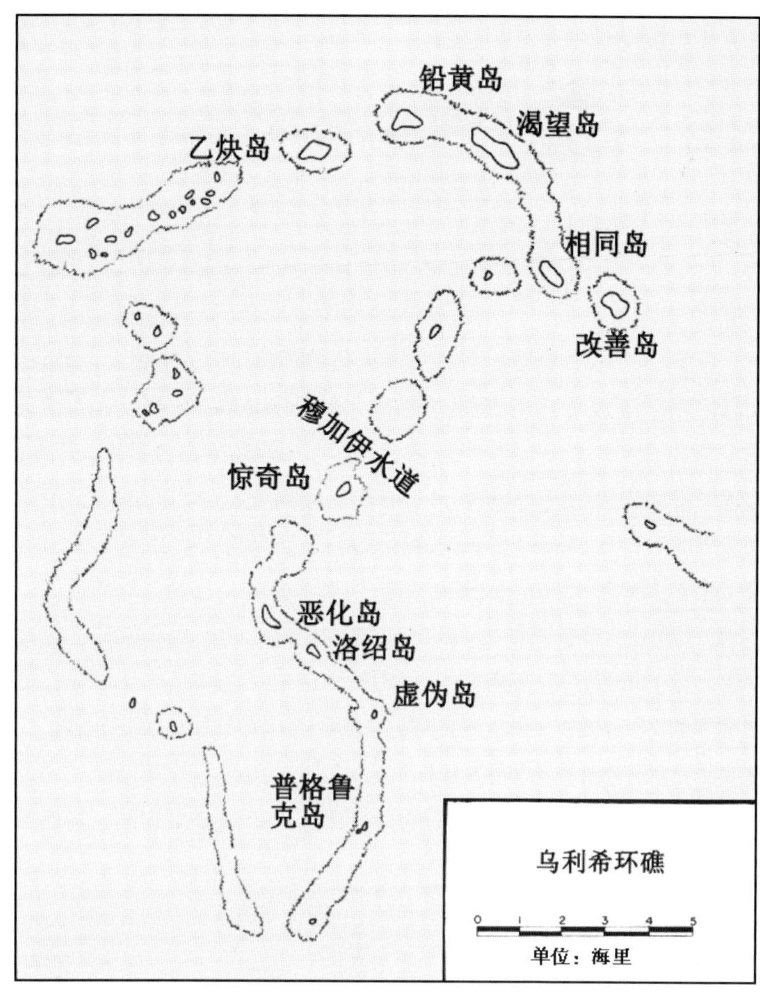

人。美军先后占领了环礁的其他岛屿，一共只找到两具已死去数天的日本人的尸体。他们安抚岛上的土著居民，随后便转交给其他部队，将乌利希建成前进基地。

乌利希环礁的锚地可提供300个泊位，还有一个水上飞机基地。占领加罗林群岛西部的这个环礁，让美军得到了一个可以与其他基地相互支援的新基地。美军不久后在“改善”岛修建了一座简易机场，供战斗机使用。战斗机部队可以掩护锚地，日后会继续打击附近雅浦岛日军基地的美军飞机也获得了一个较近的行动基地。乌利希环礁加上西南方向的昂奥尔岛和贝里琉岛，还有东北方向的关岛、提尼安岛和塞班岛，让美军构建了一条完整的封锁线，使日军在中太平洋和南太平洋的各基地被孤立。占领乌利希环礁，还让日军失去了一个舰队锚地，也无法再使用当地的气象站和无线电站，日军的飞机和潜艇无法继续使用这个基地，也就不能再侦察和报告该地区的美军动向。9月25日，乌利希的所有美军支援舰船都已将人员和物资卸载完毕，西太平洋前方战区司令约翰·胡佛海军中将接管了建设乌利希基地的任务。美军很快将这片环礁建成舰队基地。占领乌利希不到一个月，美军的100多艘舰船和各种设施都已来到乌利希。在太平洋战争后期的菲律宾战事和冲绳战事期间，乌利希环礁都成为美军重要的集结基地，发挥了巨大的战略作用。

第七章　占领贝里琉北部

“野猫”增援贝里琉

陆战1师师长威廉·鲁珀图斯少将原先以为贝里琉战役会是一场艰苦的短期战事。9月15日，陆战1师登陆贝里琉时，除了酷热之外，天气条件都比较理想。登陆当天，日军在重点滩头区域便顽强抵抗，但美军陆战队好歹取得了一个坚实的立足点。陆战5团在战斗第二天虽说付出了较大代价，也还是占领了此役的主要目标贝里琉岛机场，而陆战7团此后几天完成了将日军逐出岛南部的任务。相对来说，陆战1团的任务最重，早早遇上日军在贝里琉中央山地的防御主阵地。鲁珀图斯师长很快发现战局令人沮丧。贝里琉战役的第一周，1团便消耗巨大，此役看来几乎不可能在短期之内结束，人员伤亡代价却比想象中更大。

当陆战1团的突击部队了解日军在贝里琉中部山区防御阵地的全貌时，赫然发现，关于陆战1师对所面临的困难的最悲观预测都太保守了。到9月20日夜间，陆战1团的进展仍然很少，却发现前进的道路被层层叠叠的山脊所阻。山脊上都是日军精心设计和挖掘的防御工事，天然洞穴、人工坑洞和巧妙隐蔽的火力点一层接一层。更糟糕的是，经过5天日益激烈的战斗，陆战1团伤亡已经将近1700人，折损过半，一线战斗人员的消耗比例更加惊人。5团和7团的伤亡较少，但是随着战斗的进行，在前进途中也遇到了日军严密设防的山脊阻挠。1师的大多数人员心中已经雪亮，他们的进攻已经陷入了难以置信的巧妙防御地形，困难远超出战前的想象。陆战1师为了他们已经夺取的地方，付出了极其沉重的代价，全师战斗减员已经接近4000人。人员的伤亡，尤其是一线战斗人员的伤亡，很自然地让1师的战斗力相应削弱。早在9月18日，1师报告的战斗效率已经从“上佳”下降到了“很好”。9月19日夜间，接连不

贝里琉战斗期间，身穿卡其色军装到处视察的盖格少将。盖格经常会突然出现在下属部队的战斗指挥所，以了解前线的实际情况。

断的伤亡和战斗疲劳病例进一步削弱了1师的战斗力。

9月21日，军长盖格少将与他的参谋人员一同走访了陆战1团指挥所，对战局形成了非常清晰的认识。

陆战1团长普勒上校一脸疲惫，都无法说清他的部队面临何种情况。盖格问他需要什么帮助，他还回答说以现有的兵力就能完成任务。

盖格和他的幕僚了解实际情况，没有多说什么，直接去了陆战1师师部。看了一眼伤亡报告，盖格就告诉鲁珀图斯，根据他的估算："1团已经消耗殆尽了。"盖格坦言，现在需要用一个陆军团替换陆战1团。鲁珀图斯却不愿意，陆战队王牌师的头等主力现在就要被替换，他和普勒的面子都挂不住。他担保不用陆军助战，陆战1师再过一两天就可以拿下贝里琉全岛。从全盘战术局势来看，这显然不可能办到。盖格头脑清醒，态度坚决，下令准备将陆战1团撤往拉塞尔群岛，立即将81步兵师的1个团配属给陆战1师。

陆战5团团长哈罗德·哈里斯上校（图中）正在向军长盖格少将（图左）讲解战况。鲁珀图斯少将（图右）不愿让陆军部队替换已经伤亡很大的陆战1团，这让盖格非常焦虑。

鲁珀图斯不愿使用陆军部队来战斗，不仅仅是因为面子问题。根据早先的经验来看，陆战队和陆军指挥官的关系不太好处理，塞班岛战役期间，陆战队的霍兰·史密斯中将和陆军第27师师长拉尔夫·史密斯少将就闹得不可开交。另外81步兵师毕竟是一个初次上阵的新丁师，鲁珀图斯其实也未必信任他们，认为久经战阵的陆战1师哪怕不用陆军来增援，也能完成指定任务。

盖格不愿意将自己的意见强加给鲁珀图斯，干预他的职权，但是这一次他必须坚持己见。鲁珀图斯不愿使用陆军团增援他的部队，这在盖格看来是无法理解的意气用事，他确实是对的。即便鲁珀图斯和普勒都因为陆战队的自豪感不愿向陆军求助，但是包括1团C连长波普上尉在内的广大一线陆战队员都认为陆战1团已经无法继续承受乌穆尔布罗格尔山区残酷战斗的消耗了。盖格在部队陷入困境的时候，能够坚持理性思考问题，在适当的时候果断采取措施的做法才是上策。

9月21日16时25分，第3两栖军联系81师的缪勒师长，询问他是否能立即派遣一个团的兵力去贝里琉助战，增援陆战1师完成夺岛任务。不到一个小时，缪勒就答复，只要321步兵团完成再补给，立即就能派往贝里琉岛。不久，西路攻击部队司令乔治·福特海军少将、朱利安·史密斯少将和盖格少将一同来到81师师部，与缪勒会谈。四位将军详细讨论了贝里琉的战况，谈妥了调动321团前往的基本计划。当天午夜前不久，321加强团奉命上船，转移到贝里琉岛。

81师副师长马库斯·贝尔准将负责与第3两

栖军军部的联络任务，协调该师部队从昂奥尔调往贝里琉，以及将321团配属给陆战1师的各项细节。9月22日，321团的一个先头小分队抵达贝里琉机场附近的陆战1师师部，完成让陆战1师接收该团、部署部队的各项必要准备。同一天，321团团长罗伯特·达克上校来到“麦金利山”号登陆指挥舰上，向盖格报到，然后直接前往贝里琉岛的陆战1师指挥所。

9月22日一早，321步兵团主力便已登船。除了两栖车辆之外，该团的大约4000名官兵和装备几乎用了一整天时间上船，到16时30分最终完成。完成装载的船只连夜开往贝里琉。次日天亮前，两栖车辆都已装进坦克登陆舰。10时，321团出发，2小时后在贝里琉的橙色海滩顺利登陆。配属该团的部队有1个工兵营（欠1个连）、2个医疗连（欠2个排）、1个两栖运输连、710坦克营A连、1个81毫米暂编迫击炮排，还有81师勤务部队的几个分队。321团的先头部队顺利登陆后，便向西海岸前进，该团2营从14时开始，用了1个小时的时间替换陆战1团3营余部。

陆战1团团长普勒上校（图中上身赤裸者）正在与行将替换1团的陆军321步兵团团长商谈，一旁是81师师长穆勒少将。

9月23日，陆战1团没有接到任何战斗命令，只有几个巡逻队沿着西海岸北进了1000码，也没有遇到什么认真抵抗。陆战队战线正后方地区受到东面高地的日军迫击炮和狙击手火力骚扰，战士们对这早就习以为常了。在撤出前线之前，该团3营L连打了最后一次小战斗。当时一股日军正在越过I连前沿阵地。在火炮和迫击炮火的支援下，L连顺利将这股敌军消灭。日军偶尔主动出击，完全是为了维持士气，付出的代价就是出动的部队必然十去其八。

321团不久便替换了陆战1团的另外两个营。陆战1团将所有地图、其他与地形和敌军阵地有关的信息资料，全都转交给321团。之前321团没有贝里琉的任何地图。筋疲力尽的陆战1团随后前往紫色海滩的休息区。他们在那里重新分配了防区——包括贝里琉东海岸和3个近海小岛。

陆战1团的战士们都还没沿着紫色海滩安顿好，普勒团长就告知他们，休息三天之后会重新投入战斗。不过这并非陆战1师师部的意见，陆战1团一直都在执行防御任务，在9月30日乘船离开了贝里琉岛。在贝里琉登陆之后，陆战1团的全部伤亡人数达到1672人。1团1营伤亡比例高达全部兵力的71%。2营伤亡比例达56%、3营为55%，团部和重武器连的在册兵力伤亡比例也达到32%。部队伤亡如此之大，普勒团长还一心想让他们在短暂休整后重新投入战斗，也难怪他的部下对他心怀不满，其他同僚对他的评价也一言难尽。

抨击普勒最激烈的是1团C连长波普，他的具体看法前文已叙，不再赘述。普勒部下的三位营长戴维斯、洪索维茨和萨博尔对普勒在贝里琉的指挥问题一直都没有公开发表看法，但是私下里曾批评过普勒：“很晚才意识到我

9 月 23 日，81 师 321 步兵团的战士们沿着浮动栈桥登上贝里琉岛。

们的部队已经变成幸存者组成的战斗力低下的团，还命令我们用筋疲力尽的可怜士兵去执行不可能完成的任务。”

1970年代中期的美国海军陆战队司令库什曼将军，曾经在硫黄岛战役指挥陆战3师的一个营。他曾与一位一同参加硫黄岛战役的老友非常坦率地谈起对普勒的看法：“刘易（普勒的名字‘刘易斯’的昵称）可能是海军陆战队有史以来最优秀的作战军官，但是他除了‘进攻！进攻！’之外，无法去了解任何事情。他只适合指挥一个连——或许一个营，在一个连（营）里，他可以掌握好一切，也很适合留在这样一支部队中间。”

1团余部还留在贝里琉的这段时间，能够做的就是消灭一些日军零星狙击手，再击毙一些想要游过浅水区逃跑到其他岛上的日本兵。直到离岛的那一天，1团的战士都一直在认真执行这项任务。

321团3营在贝里琉岛西公路的恩加勒凯乌尔替换了陆战1团的部队，进入本团2营正南方的几座阵地。321团2营则占据了原先由1团3营守卫的战线。321团1营在两个前方营后方的集结区就位，留作团预备队。

美军主攻的变化

陆军一个团的援兵来到贝里琉岛，意味着这场夺岛激战进入了一个新阶段。尽管根据陆战1师的估计，贝里琉日军守备部队的大约三分之二已经无法投入战斗，但是有组织抵抗完全没有结束的迹象。要将日本守军逐出乌穆尔布罗格尔山地和中央山区，必然费时费力。日军从他们的阵地和山上能够阻止美军沿着岛西公路（海滨公路）和岛东公路（“小道”）的所有运动。这两条公路大体上与机场北面的岛屿海岸线平行。就在贝里琉正北面，盖斯巴士岛和岛上的战斗机跑道仍在日军手中。日军在帕劳群岛的其余岛屿尚有大约2.5万兵力。那么，日军仍然有可能组织反攻。陆战1师经过苦战，虽然巩固了滩头阵地，夺取了岛上最重要的目标——机场，然而在后续的战斗中一直没有取得突破性进展，已经丧失了进攻的动能。美军在下一阶段的首要任务，就是恢复在贝里琉的进攻势头。

陆战1师师长鲁珀图斯少将考虑了一段时间，希望沿着贝里琉西海岸发动一次进攻，从侧翼包抄日军在岛上的主要防御阵地。如果成功，这次包抄就可能让美军南北夹击日军在岛上的抵抗核心阵地，也可以越过一片狭窄的水域，前往盖斯巴士岛，去占领那个岛，夺取岛上的战斗机跑道。

在鲁珀图斯和1师幕僚的心目中，日军向贝里琉运送援兵和物资的阴影一直挥之不去。这倒不是杞人忧天。早在9月18日，美军就发现2艘日军驳船和一艘舢板在贝里琉西北海岸卸货。不过从另一方面来看，陆战1师登陆贝里琉一周以来，对北方的几个岛屿进行的多次空中侦察，都没有发现日军增援贝里琉的任何动向。

话说回来，帕劳本岛的日军确实已准备好增援在贝里琉陷入苦战的友军。支援任务由步兵第15联队第2大队（饭田大队）承担。帕劳地区集团司令官井上中将从纯军事角度考虑，对派遣援军并不热心，因为他相信一旦贝里琉战役结束，美军就会进攻科罗尔岛和帕劳本岛。他增援贝里琉的理由其实是为了鼓舞贝里琉守军的士气。

9月22日夜间，饭田大队的一个先遣中队离开帕劳本岛秘密向贝里琉岛北端进发。据报这股日军的所有驳船都被舰炮、地面炮火和航空兵摧毁，但还是有相当数量的日军援兵正在抵达贝里琉岛，至于他们能够给岛上的驻军提供

美军航母舰载机航拍的空袭贝里琉中部山区的照片，图中可见硝烟弥漫。

日军在贝里琉岛上经过精心伪装的珊瑚石工事，里面会有机枪手或步枪兵，其他外部进攻都无效，只有靠步兵攻击拿下。

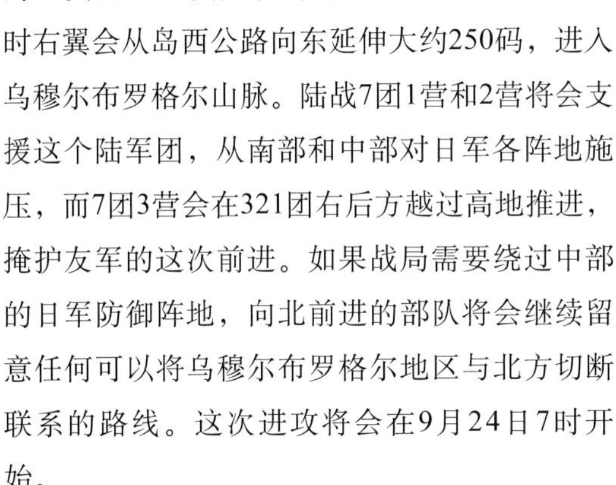

多少支援还无法确定。鲁珀图斯少将意识到了这个问题，在9月23日将面临一个艰难的战术抉择。如果说日军在贝里琉的防御体系有什么弱点的话，那么这个弱点就在中央山区和西海岸之间。鲁珀图斯最终决定让321步兵团沿着贝里琉西海岸推进。321团将会从0-3和0-4位置向北前进。这次进攻的出发位置位于恩加勒科乌克尔以北大约1000码。按照计划，这次北进将一直到加里科克村以北的一个位置。在推进期间，321团的左翼会一直固定在海滩上，同时右翼会从岛西公路向东延伸大约250码，进入乌穆尔布罗格尔山脉。陆战7团1营和2营将会支援这个陆军团，从南部和中部对日军各阵地施压，而7团3营会在321团右后方越过高地推进，掩护友军的这次前进。如果战局需要绕过中部的日军防御阵地，向北前进的部队将会继续留意任何可以将乌穆尔布罗格尔地区与北方切断联系的路线。这次进攻将会在9月24日7时开始。

321团在这次北进期间会在贝里琉西部狭长的沿海平原行动，那里的宽度从50码到750码不等。在岛西公路南端，321团的战士们替换陆战1团的位置，沿海平原大约500码宽。从这里到西海岸北上大约中途的一个位置，沿海平原的宽度达到750码，那里就是加里科克村。在这个村子的正南面，一条未经修缮的小径向东穿过群山，最终与岛东公路相连。从加里科克村附近的最宽处开始，这片平原向北又逐渐收窄，到靠近贝里琉北端的宽度只有大约50码了。

岛西侧的植被覆盖状况变化很大。在加里科克村的南面，暴露的珊瑚石被茂密的热带灌木丛和树木覆盖。村子北面的土壤和植被变化明显。珊瑚石逐渐被沙子取代，热带丛林变成了椰树林。从9月24日进攻开始的位置算起，321步兵团与贝里琉北端的距离略超过6000码。西部平原被锯齿状崎岖峭壁瞰制，日军在那里修建了蜂窝状的防御工事。事后美军才知道，日军在这些山地的防御工事和坑洞从基部一直延伸到山顶，海拔高度在50英尺到200英尺不等。日军在这样的防御阵地里，显然尽得地利。

陆战7团的官兵要向贝里琉北部进军，将会承担一项艰巨任务。在这次进攻期间，战士们要依靠毅力、进取心和最原始的勇气，将再次与准备充分、一心战斗到底的敌军搏斗。日军宁死也不会投降。

切断乌穆尔布罗格尔山区的对外联系

9月23日下午，321团2营在岛西公路沿线，占据了机场以北大约700码的几座阵地。3营就在2营后方较近距离，提供直接支援。1营充当团预备队，留守团指挥所周围地区。

为了更详细地了解攻击区域的战术情况，321团团长达克上校派了几个巡逻队在岛西公路和海滨之间的区域北上。321团的其他巡逻队先前已经侦察过这一地区，没有遇到严重抵抗，就进入了加里科克村。然而，占据公路以东山区的日军观察到了这些行动，向巡逻队射击，却没有明显收效。在加里科克，巡逻队遇到了许多地雷（不少是日军改作地雷的航空炸弹）和小块兵力不足的防御阵地。17时，巡逻队报告，从0-3位置到加里科克的整个地区都没有日军。

收到这份相当乐观的报告，鲁珀图斯决定将北进的时间提前，打算在9月24日上午进行。321团接到命令，派1个营的兵力立即前往0-4目标位置，在那里挖掘工事过夜。克莱诺斯中校的2营奉命执行这项任务，23日17时30分开始北进。1个连在岛西公路和西海岸之间前进，在一道低矮山脊掩护下，推进时未遇抵抗。不久，当这个连在开阔地前进的时候，中央山脊的日军便发现这个连在公路以东行动，日军立即调动大量步枪和机枪火力阻击，密集的子弹打得美军步兵抬不起头，无法取得任何进展，就只能停止前进。在加里科克附近，有独立步兵第346大队的第2中队（中队长前田中尉，欠2个小队，配属重机枪2挺、速射炮1门）据守的杜鹃花、前田山阵地（第二线阵地）。阻止了美军前进的猛烈重机枪火力就来自前田山。2营左翼的一个连虽然没有引来日军的火力，但是为了与右翼的友军保持联系，在前进100码后就只能停止。天色渐暗，2营的2个先头连在建立了一条连续防线之后，都撤回了出发位置，掘壕过夜。

除了贝里琉西海岸的战斗之外，美军当天在该岛还进行了一些其他作业。在海滩和机场，战斗工兵继续清除炸弹、地雷和哑弹。他们将主海滩清理出大约1000码的安全区，在机场周围铺设了环形公路，修建了一条从机场南端通往紫色海滩的公路。战斗机跑道的临时修缮工作已经完成，供9架夜间战斗机和24架日间战斗机使用的疏散停机坪也已可投入运作。轰炸机跑道的西南半部已经开始动工，一座临时控制塔业已半竣工了。下午，一架B-24中型轰炸机在岛上紧急迫降，标志着贝里琉机场跑道的运作机能再上一个台阶。

9月23日，随着夜幕将近，岛上相对平静的气氛被18时23分和19时的两次警报声打破。然而，日机并未出现，也没有战斗机投弹。在一个相对安静的夜晚，只有1枚日军迫击炮弹落在7团3营的指挥所里，造成一人伤亡。

9月23日夜幕降临后，日军步兵第15联队第2大队主力开始登船向贝里琉岛北端前进。（详情见下一章）

9月24日清晨6时将至，美军就在贝里琉中央山区西边和加里科克村附近的几座疑似日军阵地，进行了例行的海陆空火力准备。7时，321步兵团2营出发，目标是占领中央山区以西，加里科克村以北大约500码的地区。3营则在2营后方跟随进攻。贝里琉西海岸平原宽度有限，无论陆战队还是陆军步兵团在该地区进攻时，都无法采用常规的2个步兵营左右并进的战术，而是只能让2个营以纵队方式先后投入战斗。当进攻开始时，陆战7团3营在321团2营右后方跟上，任务是在陆军步兵团推进的时候，掩护他们的右翼。

这次进攻起初是按照计划在进行的，321团的步兵依次通过了西部沿海平原，沿途虽然遇到日军轻武器和迫击炮火抵抗，午前该团2营主力仍顺利到达岛西公路（海滨公路）和一条通往东面的小路的岔路口。日军非常清楚这个路口的重要性，在这里构筑了“杜鹃花阵地”（独立步兵第346大队的第2中队守备地区）。2营的步兵遇到了前所未有的抵抗。经过短暂而酷烈的战斗，2营终于制服了路口一带的日军。日军被迫放弃了这个据点，美军缴获了1门反坦克速射炮、3挺机枪和1门海军炮。2营继续沿着公路推进到加里科克村，留下殿后的小部队去刺探东面的小路。后来美军才发现这条小路非常重要。2营快速北进，15时左右到达当天的目标——加里科克村以北的0-4目标位置，然后停止前进。

在其他地方，特别是美军的右翼，进攻却没有预期那样顺利。321团2营在公路的快速进展，使得陆战7团3营在其右侧山区的行动落后了。于是，321团3营的部队被派去山脊，想要填补这两个营之间的缺口。不久，这些步兵就在与公路相隔50码平行，瞰制公路的一道低矮山脊遇到日军的顽强抵抗。面对据守这片高地的日军的激烈抵抗，这些步兵后来将其右翼从山脊上撤出，改从海岸公路北进。按照陆军方面的说法，这次从山脊撤军，是希望与本营的其他部队维持联系。无论是什么原因让这支部队从这一重要高地撤走，日军看来都有可能利用这种局面重新占领那道山脊。

陆战队对此事大为不满，在官方战史中直接引述陆战7团3营长赫斯特的原话，写道：“任何站在那座山脊上的人都很清楚，日军控制住它就有可能会给这次的整个行动带来灾难性后果。”得知此事的陆战1师师长鲁珀图斯大发牢骚：“这根本就是母猫编成的一个‘野猫师’。现在我可以告诉盖格：‘我对你这样说过。这就是为什么我一开始就不愿意让陆军到贝里琉参战的原因。’”问题在于，当陆战1团实际上已经无力再战的时候，除了将81师这个首次参加战斗的陆军师调到贝里琉增援之外，

正在出动的美军战斗小组。图中的步枪兵正回头看指挥官打手势给出出发信号，他左边的火焰喷射器操作手仍低头寻求掩护，右边的步枪兵已经俯身向前。

第3两栖军已别无选择。

7团3营早先就接到命令，从原先与陆战1团3营接合部的山脊的山顶，以纵队方式紧随321团右翼。当321团3营开始运动的时候，赫斯特营长就在两部交界的位置，亲眼目睹了陆军部队撤出那道重要低矮山脊的行动。321团3营K连沿着山脊推进了几码，遭遇日军的第一批阵地，然后就此放弃前进，急忙向他们左前方冲到下面的沿海公路上去了。赫斯特认为这样做太糟糕了，在他看来，这次战斗任务并不是要与平坦沿海公路上的陆军维持住联系，反而将重要的山脊让给日军。他立即将目睹的一切报告陆战7团长和321团3营长。321团3营长达拉斯·皮洛伊德少校答应会尽其所能让部下回到高地。皮洛伊德没有食言，用无线电多次敦促K连长琼斯上尉率领他的部队重新占领那道山脊，但是K连向山脊的几次进攻都失败了。皮洛伊德对K连的表现颇为恼火，将琼斯撤了职。最后赫斯特确定，如果美军要在当晚控制住那座山脊，就不得不动用他自己部下的I连。

13时10分，7团3营报告本团指挥所，本营K连已经在战线右翼部署完毕，同时I连已经在左翼顶上去了。赫斯特在提交团部的报告里强

调321团3营已经从山地撤向公路，在7团3营左翼留下一个不设防的缺口，日军占领了那些山地，7团3营正在为收复这片要地奋战。

这次战斗较为顺利，5分钟后，I连已经开始重新占领那道山脊，但连长弗格森上尉饮弹身亡。15时之前几分钟，7团3营与岛西公路上的陆军部队重新建立了联系。陆战队主动出击夺回关键山脊，以损失17人的代价消除了对前进的陆军部队右翼的严重威胁。

当天下午，321团3营的先头部队刺探了陆战队北面的中部山区，想要找到一条通往东面的道路。一个步兵连终于在公路以东的第一条山脊线，即0-4目标位置以南大约600码的地方站稳了脚跟。该营主力当晚仍在岛西公路附近驻扎。17时，陆战7团L连替换了当天经过苦战的I连，I连进入宿营地转为营预备队。18时，7团3营的L连和K连分居左右，在400码长的正面战线上掘壕过夜。

9月24日15时到16时期间，321团2营抵达0-4目标位置。当天余下的时间里，这个营派出几个有力巡逻队沿着岛西公路北上。一个数十人的有力战斗巡逻队，在陆战队和陆军坦克的支援下，一路向北行进了将近2000码，遇上的抵抗微不足道，已非常接近0-5目标位置。战士们在当地的有利观测点看到大片日军无线电设施，就在0-5目标位置以北大约600码，还有岛西公路沿线的大量日军碉堡、洞穴和其他防御工事。天黑以前，这个巡逻队后撤到加里科克村，也没有遇到什么抵抗。

与此同时，321团2营的先头连G连开始组织

地图二十二　321 步兵团投入贝里琉作战概要图

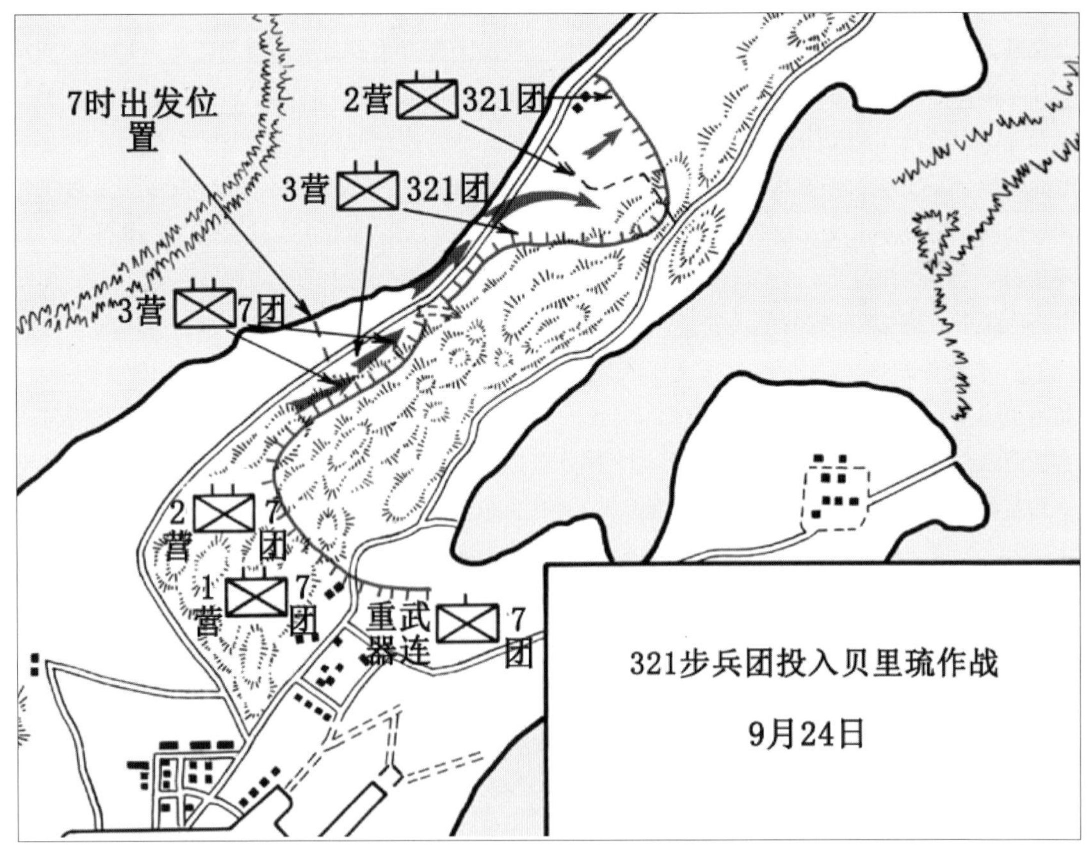

防御阵地，保卫团北侧。杜鹃花阵地是日军在乌穆尔布罗格尔山区最北端的重要支撑点，可以依靠这里控制北侧海岸线。为了夺回这一要点，日军北地区队长引野少佐决定投入预备队2个小队同第2中队一起在当天薄暮沿海滨公路实施反击夺回阵地。当天17时，日军组织了一次反击，这时G连的防御阵地还没有组织好，于是2营只得后撤了大约200码。好在步兵很快组织起来，重新夺回了这一片阵地。18时刚过，日军正在准备第二次反击时被美军发现，这一次美军对日军集结区实施了有效的集中炮击，使日军接连出现损失。结果日军的进攻还没发动就被瓦解了。于是引野少佐决定整理态势，按照预先制订的计划以主力确保水户山、以有力一部确保中之台一带，为此进行了相关部署。

负责北地区守备的独立步兵第346大队本是七拼八凑的部队，武器及其他装备较低劣，与步兵第2和第15联队相比，战斗力颇为低下。北地区有海军的通信所和雷达。海军数量虽少，但拥有很多炸药，还修筑了一些碉堡。此外在该地区还部署了几门野炮。在同美军发生激战时，尽管装备低劣，该大队还是进行了一些顽强抵抗。

值得一提的是，在战后，“北地区有一名女兵”这件事成为日美两军参战者的话题。这件事确是事实。在美军进攻前，有一名女性身穿日军士兵的服装从事勤务兵的工作，在战斗中混在男人中战死了。

24日当天，除了岛西公路沿线的行动之外，美军还在公路东面、加里科克村正南地区进行了一次影响更深远的行动。当天早些时候，前进的步兵在那里发现了一条不是很明显的小路，向东一直深入日军控制的山区。美军一时没想到更好的名字，就用最初找到小路的团级部队名称来命名，将这条道路称为“321步兵小径”。

因为这条小径可能是贝里琉岛西公路和岛东公路之间唯一的横向连接路线，战术重要性当即显现出来。从小径在岛西公路分岔的地方开始，一路穿过一片沼泽地，然后就能进入日军控制的山区。321团的几个巡逻队小心翼翼地沿着蜿蜒小路进入高地，遇到的抵抗微乎其微。为了证明这是否是日军防御阵地的弱点，团长达克上校派了321团2营的E连沿着小路推进。

劳伊德·迪林沃特上尉指挥的这个连进入山区时，日军的抵抗明显加强，在瞰制推进小径的100高地（中之台西方台地）上抵抗尤为顽强。这座高地正好封锁住该连东进的路线，形成了乌穆尔布罗格尔山区日军孤立阵地的北部要塞，瞰制的不仅仅是321步兵小径，也瞰制着岛东公路，拿下这座高地至关重要。达克上校接到E连的报告，完全明白守住这座高地的意义，如果可能的话，还需要夺取高地南面的阵地，当即将3营主力东调。

321团为了拿下这座要地，进行了全面的准备。2营营属重武器连H连用几门81毫米迫击炮和多挺7.62毫米重机枪先对100高地进行了密集火力打击，F连和3营I连分别在左右两翼提供支援。近距离火力准备结束后，E连的战士们用绳梯和手脚在陡坡上攀爬。黄昏时分，经过短暂而激烈的手雷和手榴弹的对战，E连占领了这座高地。与此同时321团的另外3个步兵连都沿着小径一路向东，攻入100高地以南地区。天黑之前，3营I连已经占领了100高地以南的一座峭壁，与东南更深处的7团3营建立了联系。但是L连和K连却不太顺利，当时由一位中尉指挥的K连顶不住日军的压力，被迫退回了岛西公路，让他们的阵地和陆战7团3营之间留下了缺口。

E连的“野猫”们在山上度过了一个艰难之

夜，黑暗中不断传来自动武器的射击声，日军多次试图突破他们的阵地，全都被打退。但是美军士兵们神经也高度紧张，不止一次在枪声响起时，以为日军会攻上山来，到头来却是虚惊一场。9月25日凌晨1时，公路东面B高地（中之台）的日军组织了最大规模的一次反击，试图突破美军在100高地的防线，夺回这个要地，却没能逃过警惕的E连战士们的眼睛，被他们用自动武器狠狠扫射了一番。天亮后，E连发现阵地前方有15具日军的尸体，应当还有不少日军伤员在黑夜中爬过了公路。

9月24日晚上，美军发现之前一连几天都停滞不前的局面好歹是结束了。陆战1师师长鲁珀图斯少将已将指挥所搬迁到机场北侧边缘的原日军行政楼，就在那里策划下一步行动。当天的进展要好于预期，从上午开始，贝里琉的战术局面就在转好。此外，海岸地区的扫荡行动让贝里琉的日俘敌数量创下新高——当天俘获日军3人。

另一方面，随着当天的进展，美军的伤员后送和补给问题也随之显现。陆军工兵已经全力以赴去排除加里科克村的地雷和诱杀装置，然后必须改善狭窄的岛西公路和321步兵小径，为了修路一直忙碌了整整一夜。100高地以南悬崖上的战士们面临更大的困境，他们必须靠人力将所有补给运送到自己位置暴露的阵地去。回程期间，补给队为了后送伤员，要抬着他们经过荒地，遇到了许多困难。好在当天的进展赢得的种种便利远超出了造成的各种问题。

在贝里琉的其他地方，机场跑道的大量工作已经取得重大进展，东南—西北走向的短跑道已完全恢复。尽管北面2000码的位置仍在激战，却已有大量美机在机场降落，包括2架C-46S运输机、1架C-47运输机、4架PBY海军侦

9月26日，美军登陆11天后，贝里琉机场已经可以停放飞机，投入运作。

察飞艇和VMF（N）-541陆战夜间战斗机中队的第一梯队（8架“地狱猫”式战斗机）。从这时开始，夜间战斗机已经能在贝里琉空域执行夜间行动任务。

为了次日的后续作战，7团3营将营预备队I连调往L连左翼，这次机动旨在将美军在山脊上的战线向北多延伸250码。7团1营奉命向岛西公路前进，在那里继续支援321团3营，一旦有机会改变方向，即向南挺进中部山区。

当天夜间，陆战1师各团的辖区都没有任何行动报告给师部。不过贝里琉岛并非完全寂静。陆战7团阵地里先出现日军投掷手榴弹，然后有日本兵身上绑着爆炸物实施肉弹攻击。次日一早，美军在一辆半履带车前3米发现了一具日本兵的尸体，腿上绑着一个燃烧瓶，背后绑着炸药，口袋里藏着几枚手榴弹。

9月25日，美军的作战计划是在321步兵小径附近横穿贝里琉岛。一旦这次机动完成，乌穆尔布罗格尔山区的日军就将被完全孤立。当天一早，陆军306工兵营A连的装甲推土机，在710坦克营A连的谢尔曼坦克支援下，在321步兵小径和100高地之间开辟出了一条可供吉普车这样的轻型机动车辆通过的小路。这样一来，100高地上和周围的E连与I连的战士们就会获得所需的补给，从而能够继续前进。

321团左翼的F连和321小径右侧的L连和K连就不太走运，装甲工兵在他们的战斗区域都无法行动，只有靠人力将各种物资送到他们占据的山脊的山顶，山脊的山坡很陡，经常需要用绳梯后送伤员，运送补给。地形给321团3营造成的麻烦几乎和日军的抵抗一样多。

清晨7时，321团2营E连就从100高地东坡出发，向岛东公路推进。他们遇上的日军抵抗虽不弱，却也不强，主要是从跨过岛东公路的B高

1944 年 9 月的贝里琉，美军的坦克正在开阔地前进。

地（中之台）上射来的步枪和机枪子弹，日军显然在那里部署了相当强的兵力。10时30分，E连已经到达岛东公路。

B高地的火力越来越强，E连断定遇上硬核桃了，决定暂停前进，等候本团3营从右路跟上，这样两支部队就可以进行协同进攻。B高地的守军为独立步兵第346大队第2中队。当3营在E连南面的山区设法扩大昨天下午在峭壁上取得的立足点，向岛东公路前进的时候，日军组织了密集火力阻击。为了护卫乌穆尔布罗格尔防御阵地的北方通道，日军在这一带的悬崖峭壁上修建了多个碉堡火力点和炮位，这个时候完全发威，让321团3营根本无法动弹，体会到了贝里琉中央山区的战斗究竟会有多么艰难，全天都没能取得任何进展。这样一来，当天321团就无法集中2个营的兵力进攻B高地，岛东公路的2营E连当天只得原地待命。

当天发生了一个小插曲，美军的一架炮兵联络飞机不慎被日军的防空火力击落，就在日军阵地后方坠机。321团F连的戈登·科斯特罗中尉自告奋勇带领一个巡逻队去坠机地点搜救可能的幸存者。科斯特罗巡逻队抢在日本兵之前找到坠落的飞机，两名机组乘员都受了伤，但性命无碍，运气非常好。

尽管321步兵小径的战局发生了令人失望的转变，但是美军在北方贝里琉西海岸进展看来还是希望颇大的。7时起，321团组织了一个颇强的战斗巡逻队，由步兵、坦克和LVT火焰喷射器组成，2营副营长弗兰克·塞茨少校指挥这支部队从加里科克村沿着岛西公路北上。这支部队的任务是摧毁前一天侦察发现的敌方设施。这个战斗巡逻队前进了1200码，击毙30名日军，摧毁了4个碉堡和2个大型补给站，然后到达0-5目标位置。战斗过程中，这个巡逻队无一伤

贝里琉岛北部的山地，日本海军工兵部队在这一带挖掘了复杂的坑道，美军即使用炮轰或爆破手段封死一座洞口，洞内却有隧道可以通往其他坑道和出口。

亡，非常顺利。

贝里琉北部岛西公路一带的抵抗非常弱，证明日军在这一带没有认真组织有力的防御。鲁珀图斯在满意之余，却并不见得多高兴。这也证明了日军已经将主力都集中在了贝里琉的中央山区。不过美军在岛西公路向北的快速推进，同时321团主力继续从中路横穿全岛，将会让中央山区的日军完全孤立，被全面包围，同时让日军在贝里琉北部的抵抗结束。鲁珀图斯发现事态顺利进展的可能性已大增，决定让各部迅速采取行动。9时45分，陆战1师师部口头下令让陆战1团接管指派给该团的原5团防区。陆战5团将越过321团2营占据的阵地，向贝里琉北端进攻。321步兵团在岛东公路战斗的部队将继续向东进攻，但是会绕开日军的抵抗核心，直到沿着岛东公路的行动可行为止。然后，他们会与陆战5团联手，开始向岛北端进军。陆战5团负责攻取卡米利安努尔山和岛东公路以西地区，321步兵团会夺取陆战5团负责区域东面的地区。

当天美军对这一地区日军进行的几次包抄，使得他们的战线出现了几个缺口。早晨7时30分，321团团部连连长威廉·墨菲上尉奉命接任3营K连连长。下午，墨菲奉命率领他的部队北上，封堵I连和L连之间的一个缺口。同时陆战7团延长他们的战线，以掩护321团K连原来的几个阵地。

自从陆战队在贝里琉强行登陆以来，战役的所有主动权首次全部转移到美军手中。日军据守在山洞和地下工事里，困兽犹斗，在岛屿的争夺战结束之前，他们还会造成美军的更多人员伤亡，但是通往岛北端的道路现在已经打通。正在北进的陆战队会消灭日军可能的所有抵抗。日军失去的海岸越来越多，这就意味着他们得到援兵的希望越来越小。美军的行动势头已经完全恢复。贝里琉苦战的终点仿佛近在眼前。

北进之初

9月25日，陆战1师在发布贝里琉西部的战斗命令之时，陆战5团仍然驻扎在贝里琉的固定阵地上，该团的任务是要防止敌人发动的反击。5团1营就在恩加多罗罗克附近的无线电测向站附近，2营则控制贝里琉东北半岛（向岛）北面的几个小岛，而3营（欠一个连）则占据紫色海滩沿岸（位置在日军所称的“一字半岛”）的防御阵地。陆战1团在午后不久即接管了5团的在岛东部的防区。为了加快5团在岛西公路的行动，13时其各营乘卡车出动，5团1营当先，5团3营和2营紧随其后。团长哈里斯上校受膝伤困扰，5团的这次行动实际上由副团长沃尔特中校指挥。

16时，陆战5团已经通过了美军的各处战线，在加里科克村附近通过了0-4目标位置。5团1营继续沿着岛西公路北上，该部遭遇的日本守军抵抗时强时弱。西海岸地形平坦，不像岛上的其他地方那样有茂密的丛林，为坦克、LVT和火焰喷射器提供了理想的战斗条件。除了偶尔遇到日军狙击手和迫击炮火骚扰之外，5团1营前进了大约500码，来到岛西和岛东公路交汇的15号路口。这个要地由一支小规模日军守卫，驻扎在一座瞰制几个公路岔口的山脊上。

17时左右，当美军陆战队靠近这个要地时，日军开火了。但这种程度的火力只能拖延，而无法阻止陆战5团前进。交火结束时，日军已经损失了20人。5团1营继续前进了100码，占领了日军的无线电站。无线电站的两座发射塔，昨天在充当321步兵团前进的路标。然后5团1营在无线电站以北的海滩到岛西公路东面

正在沿着岛西公路北上的陆战5团的战士们。

高地建立了夜间防御阵地。傍晚和夜间，无线电站前方的部队已经在与日军激战。大约300码外洞穴里的2门日军70毫米口径火炮用直射火力炮击5团1营阵地。贝里琉北端水户山地下洞穴里的日军火炮和迫击炮也在向美军陆战队员射击，另外日军部署在盖斯巴士岛上的2门37毫米速射炮也来助阵。3个方向的轻武器火力也在向这个营的陆战队员集中射击。

日军的这些阻击火力给5团1营造成了很大麻烦，陆战第11炮兵团得报，集中下属各炮兵连的火力打击疑似的日军和迫击炮阵地。由于直接观察日军炮火阵地根本做不到，11炮兵团就拟了一份目标清单，根据图表和照片的侦察结果，向看来可能性较大的位置开炮。当美军的炮火削弱了日军炮火烈度以后，他们就会彻夜使用缓慢的不规则射速打击目标。陆战11团的这次反炮兵射击非常有效，帮助位置在前方暴露的5团1营维持住其前沿阵地。

5团1营在9月25日夜间要应付的麻烦并不仅仅是日军的猛烈迫击炮和火炮射击。傍晚，日军北地区队在美军陆战队遭到炮火压制的时候，发动了三次反击，好在每一次都被击退，但是也造成了多名陆战队员伤亡。C连的一名陆战队员被日本兵挥刀砍翻，另有一人被白磷手榴弹炸死，2人被燃烧瓶烧伤。9月26日凌晨2时，C连的1个排主动对日军阵地发动了一次突然的反突击，端掉了日军曾给他们造成极大麻烦的2挺机枪。

9月25日傍晚，5团1营推进到15号路口不久，本团3营即转向东南方向，沿着岛东公路前进，在公路上和80号高地西坡建立了夜间防御阵地。80号高地本身是一座孤立山头，但是位置非常重要——它是卡米利安努尔山区与贝里琉最北面的山地阿米安加尔山区（水户山山区）之间唯一的纽带。

为支援步兵向内陆前进，正在进行炮火齐射的陆战队炮兵。

5团1营在无线电站遭遇的是日军的有效抵抗。5团3

营要幸运一些，遇到的日军不是组织涣散，就是根本没有料到他们已经来到岛东公路。

夜幕降临后，阿尔伯特·多尔蒂上尉指挥的3营I连在设法与友邻部队本团2营取得联系。多尔蒂和一名士官一起站在公路上，一小队士兵在他们周围，讨论目前的战况，这时哨兵匆匆来报信，说敌人正在逼近。他们立即隐蔽起来，当时还不知道这股逼近的日军有多少人，也不知道自己是否已被发现。等到对方进入视野。I连的战士们就发现，敌人显然不知道陆战5团已经在岛东公路前进，在靠近的时候，都还发出相当大的噪音。就在日军几乎来到I连附近的时候，多尔蒂毫不迟疑，一声令下，陆战队员的加兰德步枪和勃朗宁自动步枪将这些日军全部消灭，自己人无一伤亡。战斗结束后，美军发现这股日军共有12人，根据制服判断，属于日本海军陆战守备队。

3营K连的阵地也被个别日本兵渗透了。连迫击炮班的尤金·斯莱基一等兵突然见到2个日本兵从一道浅壕冒头，双臂猛挥，口中大叫。一个日本兵斜向跑出一段距离，跳进了另一个连的散兵坑。坑洞里传来惊恐的尖叫，原来里面的陆战队员在搏斗之间丢失了步枪，情急之下只得用食指戳进了日本兵的眼窝，最后竟然戳爆了脑子，终于将他杀死。

另一个日本兵就穿着背心和裤衩，举着刺刀冲进了斯莱基前面的一个二人散兵坑。有个人影从坑里跳了出来，冷不防另一个陆战队员在一旁开了枪，嘴里还说：“我干掉他了。”那个身穿背心和裤衩的日本兵跳出了散兵坑，就在冲到连指挥所之前，被一名陆战队员用枪托砸倒击毙。

K连的战士们呼吸急促，惊魂方定，却听见附近有人倒在地上呻吟。突然有人问道：“鬼子有多少人？”

斯莱基答道：“我看见两个。”

有人说：“应该更多，不然怎么会有人在那里呻吟？”

斯莱基以为他指的是那个被枪托砸晕的日本兵，还是说：“我只看见两个，我肯定。”

深受部下爱戴的陆战5团K连长霍尔丹上尉，很可惜他没能活着离开贝里琉岛。

邻近散兵坑里的一名战士说：“我去看看。”然后就爬向那个正在呻吟的人。其他人都在一旁安静等待。然后就听见一声11.4毫米口径手枪的枪响，呻吟声就此停止。

这个夜晚不断有日军士兵渗透美军的各处阵地，不过斯莱基所在的阵地没有再发生什么特别的事情。天刚亮，斯莱基终于能看清昨夜曾中弹呻吟的那具尸体了，他竟然身穿陆战队的制服！要么是一个身穿陆战队制服的日本兵，不然的话……

斯莱基颤抖着爬向那具尸体，越是凑近，他越是能断定那是自己的战友。他将尸体翻过来，看到那张已经完全没有生气的脸时，果然是威廉·米德尔布鲁克一等兵。斯莱基倒抽一口冷气，惊呼道：“上帝呀，是比尔。”

有个中士跑过来问道：“他是被鬼子的子弹杀死的吗？”

斯莱基陷入深切悲痛，无法回答，但是他很清楚发生了什么。米德尔布鲁克是被战友的子弹误射中太阳穴身亡的。

不久，连长霍尔丹上尉对此事进行了一次调查，斯莱基和几名在昨夜枪响时在场的士兵接受了询问。斯莱基复述了他昨夜的说法。

“你看见是谁杀死比尔的吗？”霍尔丹问

道。

“看见了。”斯莱基回答。

霍尔丹点点头：“好吧，发生的事情是悲剧性的误杀——昨晚的那种环境下，我们中的任何人都可能犯这样的错误。我们说什么或做什么，比尔都不能复生，要为发生的事情负责的那个陆战队员会永远自责。我请求你不要再谈这件事，也不要对任何人再提起是哪个人干的——永远都别再提了。可以吗？”

两人四目相对，斯莱基发现霍尔丹的眼神和连里所有人一样，都满是为米德尔布鲁克之死的悲痛之情，但是他也在为那个不幸误杀战友的人伤感。斯莱基一直都尊重他的连长，此时心头却涌起了一股超出对上司的敬意的钦佩之情，不由说道：“是，老大！”

当晚，321步兵团在更南面100高地（中之台西方台地）附近瞰制岛东公路附近的阵地，也遭到日军挺身突击队的压力和骚扰。好容易

地图二十三　9 月 25 日，陆战 5 团北上进攻贝里琉北部和盖斯巴士岛概要图

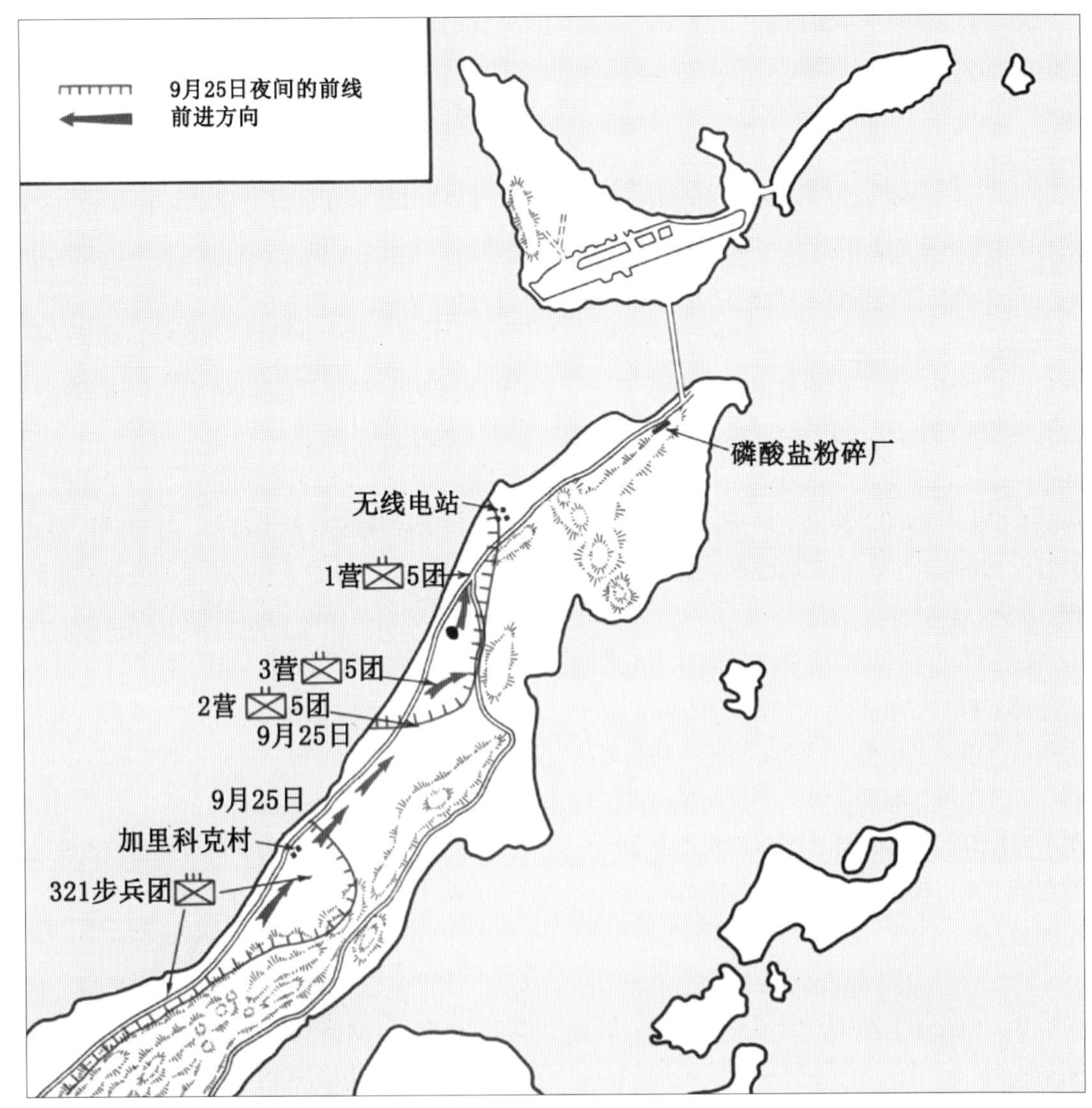

熬到天快亮了，在防御阵地外围把守一个散兵坑的E连的约瑟夫·布罗夫曼一等兵瞅见一个日本步枪兵正在接近。他毫不犹豫地用自动步枪瞄准射击，日本兵应声倒下，一动不动。坑洞里的两名美军战友被枪声惊醒。这三个美国兵都没能发觉另一个日本兵正在悄悄爬向他们的散兵坑，距离已经不足10码。日本兵突然将一枚手榴弹抛入散兵坑，就落在三个美国兵中间。黎明前往往是最黑暗的时刻，根本看不到手榴弹的准确位置。布罗夫曼当机立断，张开身体向手榴弹的大致方向扑了过去，一个人承受了爆炸。他的两名战友都安然无恙。布罗夫曼也活了下来，但是严重受伤的双腿后来只能截肢。

另一位E连的战士，朱尼尔·威廉姆斯一等兵在一个散兵坑里照顾一名身负重伤的战友。在日军袭击期间，先后有8枚手榴弹落入他们的散兵坑。威廉姆斯每次都赶在爆炸之前，将手榴弹掷回到山坡上。天亮了，威廉姆斯和战友都还活着，他本人毫发无损，简直是奇迹。

在大举北进的当天傍晚，鲁珀图斯对白天取得的进展相当满意。虽说陆军321团想要孤立日军中部防御阵地的行动暂时受阻，但陆战5团沿着岛西公路取得的进展意义颇大。此外，除了火焰喷射器所需的氢紧缺之外，前线的各种物资补给都很顺利。

在前线后方，工兵们一直在紧随战斗部队的脚步。9月25日傍晚，一个海军建设工兵营的500名工兵加入了海滩工作队。工兵对公路的修缮工作在继续。321团原本在抱怨陆战5团在西海岸出现，让那里的交通管制问题雪上加霜，工兵对道路的修缮，让陆军步兵的埋怨声小了许多。

机场跑道的修缮也取得了良好进展。陆战第1工兵营、第33和73海军建设工兵营组成的工兵集群挖掘了大量软土，回填机场上的坑洞，平整整条跑道，碾压跑道再浇水。雷达部队和控制设备已投入运作。机场的塔台已经准备完毕，可以24小时不间断运作。

坚决北进

陆战5团1营虽然遭受日军的彻夜骚扰，9月26日早晨还是巩固了无线电站周围的阵地，准备好在当天晚些时候进攻贝里琉北端。6时刚过，5团3营就已出发，以K连和I连兵分左右两路，进攻东海岸一带与其他山岭分隔的80号高地。这次进攻很顺利，8时30分，两个突击连从两侧山坡攻上山顶，已经能俯视贝里琉海岸最东端的一片沼泽地了。3营的这次行动意义重大，配合321团完成了美军横断贝里琉岛的设想。

5团1营出发之后，在贝里琉北部制高点阿米安加尔山区（水户山山区）遭遇日军的激烈抵抗。当时陆战5团的战士们还不知道，他们已经撞上了日军在贝里琉岛上修建得最为巧妙的一组防御工事。位于贝里琉岛最北端的水户山山区的几座山脊大致呈L形，基本上从东北到西南方向绵延大约1000码，山区南部大致呈西北至东南走向。山脊的南段并不相连，而是分成四座独立的山头或小丘，美军从西北向东南，将这四座山丘命名为“1号高地”（日军的“榉树阵地”）、“2号高地”（日军称为“水户山的西南中央高地”）、“3号高地”和“雷达高地”（因为山上一度建有日军的雷达设施得名，日军称为“雷达台”，标高50米）。美军后来在这四座山丘吃了不少苦头，给它们取了个不好听的绰号“纷争岭”。日军在水户山一带利用了许多具有战术价值的天然洞穴，巧妙地将这些洞穴改造成重武器炮位。当初日军

在水户山山麓前进的陆战队员，山上露出了珊瑚岩的地表。

在构筑水户山阵地时，因建设盖斯巴士机场的关系，征用了煤矿、土木建筑相关工作者来施工，由这些海军军属编成的海军第214设营队和海军第3隧道队从事建设，从而构筑了可通过地道同南洋兴发工厂联系的坚固的混凝土阵地。大部分海军坑洞位于贝里琉岛北端附近，成为阻挠陆战5团前进的一组严峻障碍。

5团1营主力刚刚沿着岛西公路出发，日军在标高42米以上的1号高地（日军榉树阵地）的37毫米速射炮、75毫米口径火炮、迫击炮和自动武器就一齐开火，声势惊天动地。日军独立步兵第346大队的第3中队（中村中尉指挥）、步兵炮中队和炮兵中队主力在当天的战斗中利用南兴工厂建筑物的混凝土阵地和水户山据点向美军倾泻集中炮火，效果显著。水户山山区的这一阵火力风暴已经让美军陆战队疲于应付，盖斯巴士岛上的日军重火力让他们更是雪上加霜，哪怕调集坦克和火焰喷射LVT也无法压制。不多时，5团1营已经无法前进。

B连接到的命令是从岛西公路向东攻打2号高地（水户山的西南中央高地），虽然也遇到日军抵抗，但是情况比营主力好了很多。B连的大多数军官都已伤亡，原先出任一个迫击炮排排长的约瑟夫·韦德塞斯中尉接管了一个步兵排的指挥权。韦德塞斯块头很大，却不是四肢发达、头脑简单之辈。他在和排里的中士菲利普·阿弗利托初次见面时，就爽快地说道："菲利普，你看，你了解一个步枪排的一切。我了

推进中陆战队前面的水户山山麓，山上露出了珊瑚岩的地表。

解迫击炮的一切。那么由我来向你下命令，你来让命令执行下去。”

B连一路冲向2号高地的时候，日军的迫击炮弹落在他们中间。阿弗利托看着韦德塞斯对着无线电步话器大吼道：“给我干掉那该死的迫击炮火！”话音刚落，他就倒下了。一枚小弹片从他心口下方的胸膛穿过。不幸的韦德塞斯阵亡了，阿弗利托暂时接管了这个排的指挥权。

B连虽然因为迫击炮火力损失了一些人，仍于14时前后在2号高地取得了一个稳固立足点，然后一路冲上了山顶。这样一来，1营就可以利用这个侧翼阵地，组织火力从侧翼压制1号高地的日军火力点，先后摧毁了山上的1门75毫米火炮和2门37毫米火炮。黄昏之前，得到友军侧翼火力帮助的C连在1号高地取得了一个立足点，但是日军在这座山头上的抵抗依然在持续。C连尝试在白天余下几个小时拿下整片1号高地，没能成功，只能次日续战。

5团1营在26日白天陷入苦战的时候，本团2营一直在南翼待命。9月26日16时，当5团1营显然无法取得进一步进展时，5团2营得到命令发起进攻。该营越过5团1营左翼，向北前进，小心翼翼绕过被团团围住的1号高地。前进期间，日军在平原、2营右侧山脊和盖斯巴士岛上的炮位一直在用酷烈的火力给他们制造麻烦。日军的迫击炮和掷弹筒在近战中造成的威胁尤其大。这样的阻击火力，使得F连虽然能越过1号高地推进了相当一段距离，却让支援他们的坦克损失了4辆之多。炮兵想方设法为2营提供一切可能的支援，基本上却是徒劳。陆战11团频频向锁定的日军迫击炮阵地开火，虽然能一时压制，但是并没有将其摧毁。日军显然在美军炮击的时候，就将迫击炮撤进了山洞隐蔽。

26日的夜幕降临时，陆战5团占据了一条参差不齐的前线。1营虽然与2营失去联系，但是右翼仍与3营紧密相连。3营的任务是在日军大举向1营或2营阵地反攻时，为友军提供支援。

日军的一条大型反坦克壕让2营暂时无法继续前进，这条壕沟阻塞了通往磷矿厂（南洋兴发工厂）废墟的通道。磷矿厂已被炸毁，但残留的钢筋混凝土地基被日军改建成了一座主要防御工事。5团2营暴露在盖斯巴士的日军炮火，以及群山之上的洞穴和防御阵地的日军火力打击之下，一时寸步难行。

与此同时，2号高地上的阿弗利托排得到了一位新排长——一位陆战第1工兵营调来的中尉。阿弗利托和新排长短暂交流后，不由暗暗叫苦："上帝呀，他根本就不了解怎么指挥一个步兵排。"这位工兵军官不久就受了轻伤治疗去了，再也没有回来。阿弗利托向连长约翰·霍兰上尉汇报了情况，建议他派一个可靠的步兵军官来接任排长。霍兰答道："现在没有一个人选。要不然干脆你来接管这个排怎么样？"

"好的，没问题。"这个时候，阿弗利托也不假客气了，战友们都需要他。现在他接管了2个损失很大的步兵排的40名幸存者组成的混合部队。

当天，在更南面的321步兵小径和岛东公路的路口，美军虽说也曾遇到过较大困难，还是取得了一些收获。前一天，321团2营占领了100高地（中之台西方台地），向B高地（中之台）山脚推进。B高地瞰制岛东公路，是321团向东海岸推进的最后一道障碍，该高地的守军是独立步兵第346大队第2中队。负责从南面和西南夺取这座关键高地的任务是321团3营，本团2营会从西面支援他们在9月26日早晨7时发动的

地图二十四 9月26日夜间陆战5团的阵地

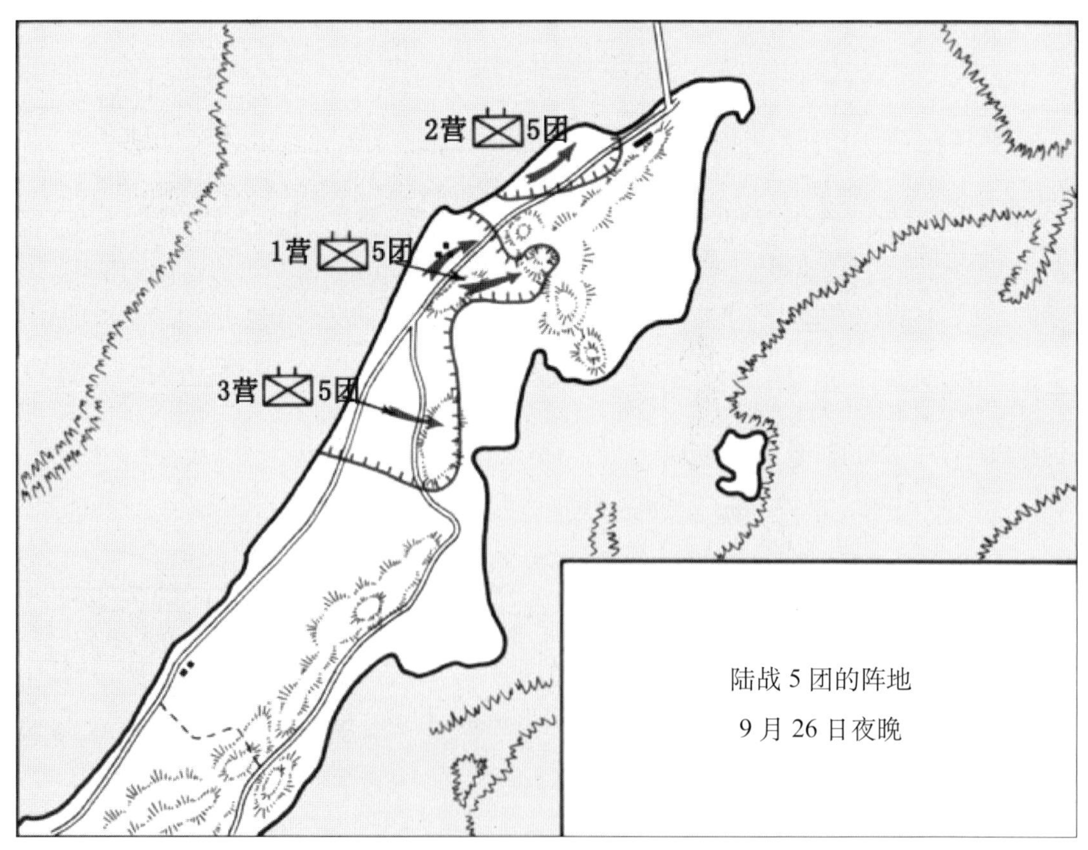

进攻。321团3营在进入岛东公路的进攻阵地之前，乌穆尔布罗格尔阵地北部的两座山头（后来被称为沃蒂岭和秃头岭，后者即日军水府山阵地中最北端的中央高地）的日军就组织轻武器、迫击炮和自动武器火力阻击，让他们无法前进。

3营的进攻进行了2个多小时，就显然已经无法顺利到达B高地，团部命令将占领这座高地的任务移交给2营。为保证这次进攻成功，2营决定组织一次两面夹攻。2营组织了一支特别行动队（以下简称别动队），包括7辆中型坦克、6辆LVTA两栖装甲车、1辆LVT两栖车载火焰喷射器，45名步枪兵，由2营作战训练股长乔治·尼尔上尉指挥，设法从北面迂回B高地。

10时，尼尔别动队从加里科克地区出发，沿着越过岛西公路推进了2200码，来到与岛东公路的交会点，再转向南下，沿着岛东公路前进，一路清除路障，15时即到达B高地以北不到150码的一个预定位置。美军实施这样大胆的机动，根本不可能逃过居高临下的日军的眼睛。别动队突然发现有15名日军面目狰狞，疯狂地向他们的装甲部队扑来。美军的人数和火力远在这股日军之上，稳住阵脚，便在这次小战斗中将其全部歼灭。

321团3营K连接管了2营E连在100高地的阵地，1营则接管了2营在加里科克村的阵地。16时，美军的两路攻击部队都已进入各自的出发位置，对B高地的进攻开始了。白磷迫击炮弹遮

贝里琉的陆战队和陆军的步兵为了突破日军的堑壕工事，往往会使用LVTA两栖装甲车运送人员，向壕内投掷炸药，歼灭日本兵。

蔽了守军的视野，给予步兵突击最有效的事前掩护。尼尔别动队从东北向南进攻，同时321团2营的E连和F连主力从正南面和西南面向B高地发动钳形攻势。

战斗伊始，两路进攻部队就遭遇日军坚决抵抗。尼尔别动队前进了大约75码，就遇到砍倒的树木和巨石垒成的一座路障。别动队的先头部队是一个步兵班，班里的战士们翻过路障，去检验这一带躺倒的日本兵的尸体。这时日军的机枪声响了起来，美军战士们根据方向

地图二十五 9月24日至9月26日，美军分断贝里琉岛概要图

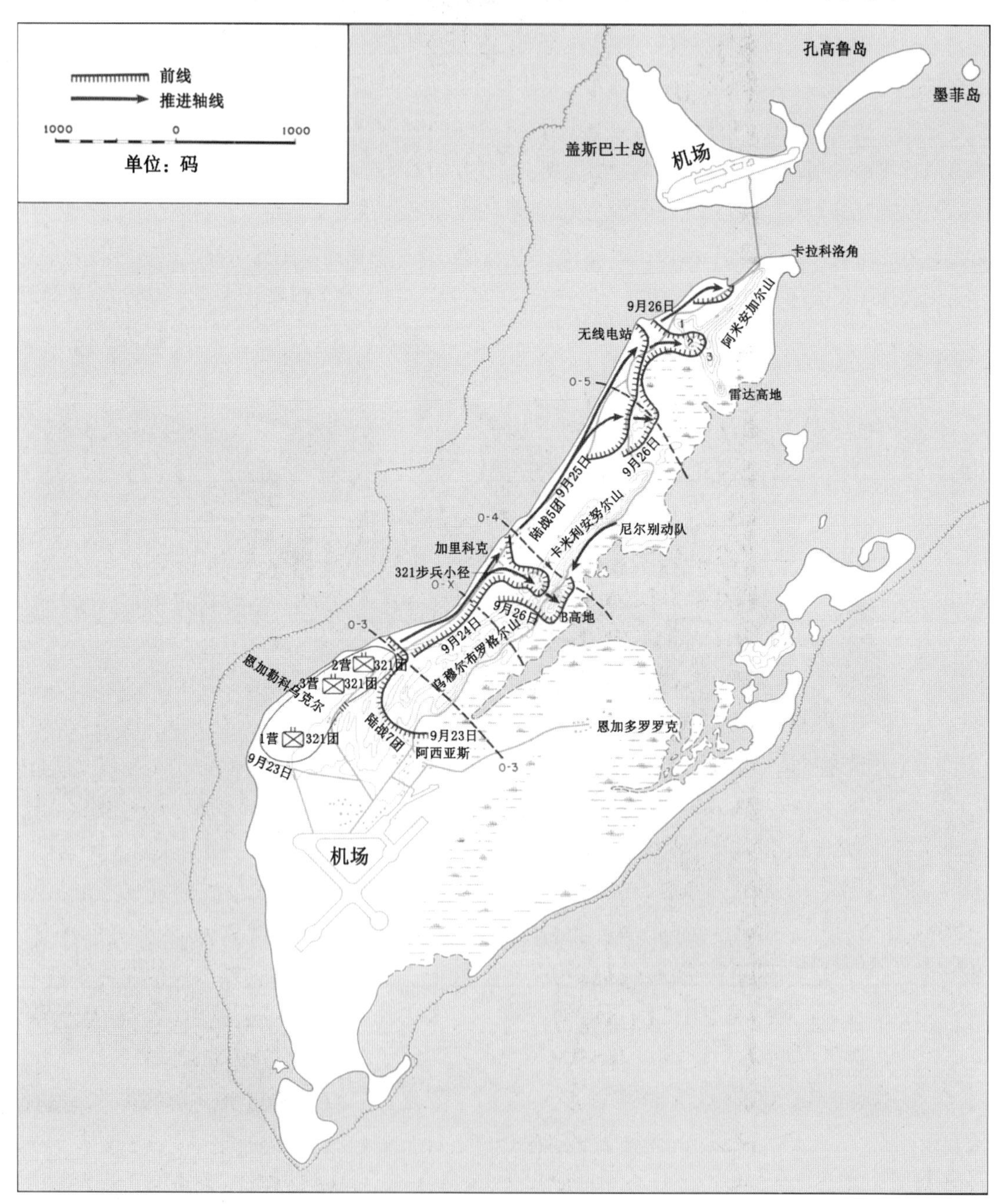

判断正在开火的日军机枪阵地在B高地的一个山洞里。710坦克营的中型坦克立即向高地东坡开炮，压制日军火力。白磷燃烧弹命中之后散开阵阵白烟，步兵在烟雾掩护下，开始攀爬山坡。坦克继续用高爆弹向山上的洞穴射击，LVT车载火焰喷射器上前实施火焰攻击。

步兵顺利将路障清除，坦克得以继续行驶了75码，遇到一个大弹坑挡路，一直到夜间都只能留在原地，但是美军的这次进攻还是顺利完成了。不到1小时，B高地已经落入美军手中，山上的所有日军都被消灭。一些朝鲜劳工则宁愿投降，他们也不可能有比日本人更强的抵抗意志。

B高地（中之台）失守，但日军在26日当天，至少一度主动出击，集中兵力进攻321团指挥所。日军的这次进攻经过精心组织，在渗透纵横交错的美国陆军和陆战队战线后，装备步枪和机枪的日军突袭321团指挥所。日军的进攻一时造成了混乱，但是321团仍然拥有足够的火力优势，不会被压倒。日军最终只能撤退，在指挥所附近留下35具尸体。由于中之台被美军夺取，自9月26日黄昏以后，日军北地区队和布阵于中央山地的贝里琉地区队主力间的地面联系便被切断。

当天早些时候，陆战1师的鲁珀图斯少将认为夺取盖斯巴士岛的时机已经成熟。他说：“我们的战术局面在改善，让我可以在次日计划进攻北面的盖斯巴士岛，但是事态的各项发展却无法保证立即采取行动。”相反，为进攻盖斯巴士进行的各项准备工作，巩固陆战5团在贝里琉岛北部取得的阵地，还要多耗费一天时间。尽管遇到激烈抵抗，岛中部的321团部队和北部的陆战5团还是抵达了东海岸。贝里琉的日军虽然仍有继续抵抗的能力，但是已经被分断在两个不同的孤立山区里，被消灭仅仅是时间问题。然而他们肯定会战斗到底，让美军付出更多的代价。

同样在9月26日，美军的俘敌人数达到6名，创下开战以来的新高——贝里琉前11天的战斗中，美军一共俘敌3人。

9月26日夜间，双方的炮兵彻夜在开火骚扰对方的占领区，都是例行公事。岛中部也进行

9月27日上午8时，鲁珀图斯宣布“占领贝里琉岛”，登陆后首次在贝里琉机场升起星条旗。照片中是在日军的监视塔上升起旗帜的美司令部的队员。

过夜战。几个日本兵想潜入100高地和B高地附近的321团2营阵地时被击毙。陆战7团度过了一个相对平静的夜晚，只在2营防区进行过手榴弹和手雷对战。该团重武器连在夜间击毙了3个日本兵，其中一个装备机枪。美军在一具日军尸体上发现了这样一张传单：

勇敢的美军士兵：自从你们在这个岛登陆以来，我们都在为你们感到可惜。你们的战斗打得很辛苦，我们很遗憾送给你们的只有火力，甚至连淡水都没有。我们不久就会猛烈攻击你们的军队。你们已经勇敢地执行了自己的任务，现在放下武器，举起白旗（或手帕）加入日军吧。我们很高兴见到你们投诚，会尽我们所能欢迎你们。

日军为了维持住士气，发挥了自己丰富的想象力，但美军打得再辛苦，都不会真想向日军投降，甚至都不会收藏这样的传单。实际上，美军指挥部已经做好了进攻盖斯巴士岛的计划。海军水下爆破队正在忙于清除贝里琉岛和盖斯巴士岛之间的水下障碍物，为地面部队顺利在盖斯巴士岛登陆创造条件。

9月27日8时，陆战1师师长鲁珀图斯宣布“占领贝里琉岛”，在师指挥所前升起了美国国旗，贝里琉战役就此达到了一个新的里程碑。在举行升旗仪式的同时，陆战5团再度陷入激战，他们的一个营指挥所和其他前沿阵地都暴露在日军的火力打击之下。

5团2营当天上午在贝里琉北端附近的无线电站设立了指挥所。这座建筑物经过精心修建，但是已经被双方的炮火和美军的空袭炸得面目全非。不过它的架构依然完整。将里面的日军死尸都清理之后，里面的几个房间非常适

LVT 车载火焰喷射器在前方开道，陆战队步兵在后步步逼近水户山阵地的日军洞穴。

合指挥所使用。27日上午，日军的几发迫击炮弹正好落到这座建筑物上。这次射击实在太准，2枚迫击炮弹穿过了2楼的窗户。这次炮击造成的人员伤亡很少也很轻，但是得知指挥所正好处于日军迫击炮的射程之内，绝不是令人愉快的事情。上午早些时候，日军的迫击炮弹就已经落在这个指挥所周围，威力相当大，造成了一些人员损失。例如营长盖尔少校身边的几个人都饮弹身亡，但是他本人很幸运，都没有被刮伤，只是沙子吹进了眼睛，钢盔被弹片打得满是洞眼——他最幸运的就是当时没有戴那顶钢盔。

2营当天剩下的时间里进展极为艰难。一开始，日军改建成碉堡的磷酸盐工厂就给他们制造了麻烦。那个地方位于一个布满狙击手的地区。团长哈里斯上校面临的是一个可怕的问题。在占领堵住这座碉堡前方的反坦克壕之前，5团2营不可能占领这个目标。这是一项必须得到装甲兵支援才能完成的任务。哈里斯决定利用现有的所有武器来清除这些障碍。首先，哈里斯呼叫海军舰炮和炮兵炮击盖斯巴士岛，以及任何疑似藏匿火炮和迫击炮阵地的目标。

一辆装备推土机铲斗的中型坦克投入使用，用于填平那道反坦克壕，8时30分完成了任务。1辆LVT两栖车载火焰喷射器随后便能进入打击日军防御工事的有效射程。不一会儿，当火焰和浓烟散去之时，这个日军据点的所有抵抗都结束了，废墟里留下了60多具日军的尸体。在这次战斗进行的同时，E连派出的几个巡逻队占领了岛东公路旁一个防御薄弱的小山脊。随后，2营继续沿着公路，同时越过相邻的山脊向北推进。F连位居行军纵队最前方，很快发现自己卷入了整场战役最痛苦和最令人沮丧

水户山的一些洞穴内部已经被美军火焰喷射器烧焦发黑，现在成了贝里琉的一个旅游景点。

的战斗。除了遭到日军酷烈的火炮和迫击炮猛射之外，F连要正面进攻平地上的一系列日军碉堡和野战工事，以及山坡上一层层的洞穴。

2营遇到的是日军在阿米安加尔山（水户山）巧妙构筑的防御工事，这里的天然洞穴已经被日本海军在设营队、隧道队的协助下精心改造过。即使2营的战士们不乏勇气和英雄气概，面前的敌军工事也让他们难以应付，战斗进行得极为艰难。9月27日上午，F连占领了组成阿米安加尔山区西北支系的两座山脊，在山顶上建了观察哨。即便如此，他们还是没能解决如何对付日军在半山腰占领的那些洞穴的问题。陆战队员的伤亡人数一直在上升，伤员后送变得越发困难。对这一山区的进攻不久就变成了一场噩梦。5团2营要占领的高地布满了洞穴，密如蜂窝。他们在用手中的一切武器来封死那些洞穴。手雷、5加仑汽油罐、81毫米迫击炮发射的白磷燃烧弹、火焰喷射器，最后连155毫米重炮都用上了。进攻期间，日军仍然在从山洞里开火，甚至还会向美军投掷手榴弹。美军用70磅炸药把一枚81毫米迫击炮弹包了个严实，引爆的时候，让高地山顶的观察所都感受到震动，却无法杀死坑洞深处的日军。这让美军士兵难以置信，一时非常沮丧。

山上的这些洞口全面瞰制可越过贝里琉最北山脊的公路，2营的前进就只能停止。美军出动了装甲兵，第一辆想要通过高地和西北海岸之间狭窄地段的坦克却被日军的炮弹直接命中，将路堵死了，占领了高地山顶的陆战队员一时也无力对付脚下山中的那些洞穴。

下午晚些时候，陆战5团团长哈里斯上校决定临时使用多兵种联合战斗。办法具体实施起来非常复杂——首先，炮兵对盖斯巴士岛进行持续的火炮弹幕打击，同时海军舰炮炮轰盖斯巴士岛东北方的一座小岛孔高鲁岛（有堤道与盖斯巴士岛相连）。9辆坦克也加入了这次集中炮击，从岛西公路上的几个阵地，向最近的盖斯巴士海滩发射烟雾弹。炮兵向盖斯巴士岛发射的4枚炮弹中，就有一枚是烟雾弹。5辆装备75毫米口径火炮的LVTA两栖装甲车，在这一轮炮击后进入贝里琉与盖斯巴士岛之间的水道，然后对日军占据的关键洞口实施直射火力打击。在LVTA的水上直射火力掩护下，美军的坦克得到G连的步兵支援，一路沿公路北上，越过了洞穴的瞰制区域。然后一辆LVT车载火焰喷射器被用来在近海向洞口发射火焰。

多种支援武器的射击场面颇为壮观。陆战1师师部的一名参谋赞叹道：“哈里斯是全师对火力支援武器了解最充分，也最擅长使用支援火力的团长。”2营的其他步兵便巩固白天战斗的收获，挖掘散兵坑和壕沟过夜。

被摧毁的日军碉堡工事，里面有一门“41”式75毫米口径山炮。

9月27日，陆战5团1营也取得了不少重要进展。当天1营的大部分行动集中在1号高地，B连和C连在9时30分开始进攻这座山头。B连的阿弗利托中士率领2个排的步兵进入山谷之时，就遭到日军埋伏在山脚和山坡洞穴里的轻武器和反坦克炮酷烈火力打击。陆战队员们在山上爬上爬下的时候，还会遇到日军的手榴弹和机枪子弹阻击，卧倒之后，也很难设法脱离困境，战况一时非常被动。在支援步兵的装甲兵将通道清理干净以后，步兵的推进速度明显提高了。下午，5团1营摧毁了日军的4门75毫米火炮和4门37毫米速射炮，以及大量自动武器。17时，C连在1号高地站稳了脚跟，准备建立几座阵地过夜。在天黑前的几个小时里，几个工兵爆破队系统地铲除了每一个洞穴，连有些像日军阵地的洞口也不放过。

在27日的战斗中，日军的水户山阵地除了地下坑道阵地外大部分阵地被夺取。不过日军仍然从水户山东北端一带（地道开口部）以重武器等从美军背后射击，继续进行战斗。

5团南面的321团当天也一直在行动。该团1营负责从B高地（中之台）北进，闭合美军在321步兵小径和80号高地之间的较长缺口。C连沿着卡米利安努尔山向北走，A连和B连沿着岛东公路北进。位于西面的山地和东海岸附近沼泽之间的公路逐渐收窄，并不好走。

让1营的“野猫”们吃惊的是，他们一路上没有遇到什么像样的抵抗。12时35分，1营已经越过了大约1000码的日军防区和仓储区，里面几乎没有人。1营的军官们推测这一带的日军已经全面收缩到岛北角地区。俘虏证实了他们的看法，据说500日军都集中在岛西公路和岛东公路交会点北面和东面。此后山上的崎岖地形和公路东面的沼泽让1营不得不放缓了速度。

火焰喷射器操作员正在焚烧日军的隐蔽洞穴工事，一旁的步枪兵在为他掠阵。

地图二十六 美军封锁乌穆尔布罗格尔山区概要图

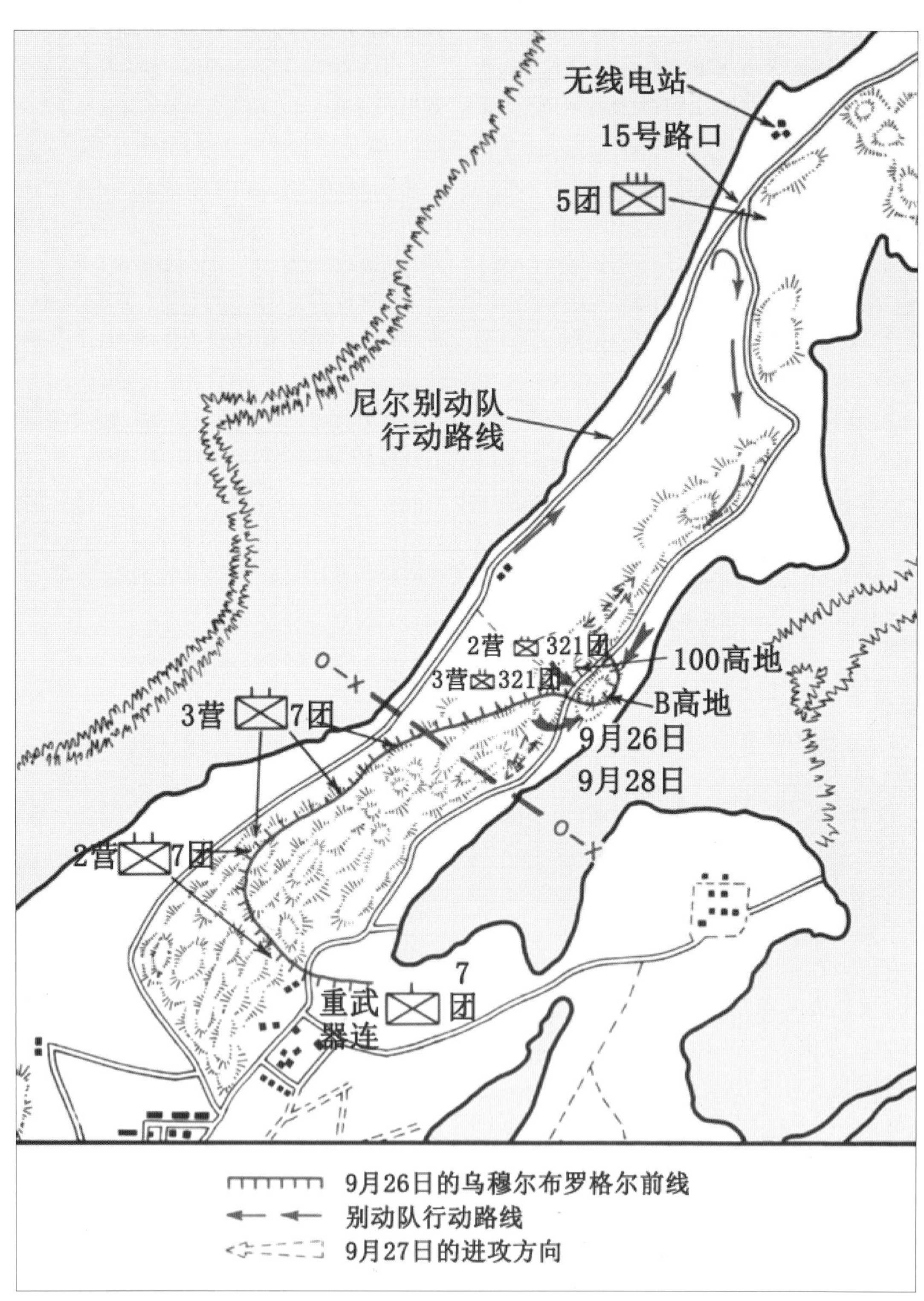

16时左右，他们的好运结束了，日军在卡米利安努尔山主峰北面大约100码的一处急弯建了一座火力点，刁钻酷烈的火力将1营步兵压得动弹不得。装甲兵赶到的时候，天已经快黑了，对这座碉堡的协同进攻就被推迟到次日黎明。

当天7时，321团2营从B高地南下，想要进入美军在贝里琉的最后目标——中部山区，根据草图所示，他们这一次的目标位于南面大约650码，应当是日军在中部山区抵抗核心地区的边缘地带。在出发之前，一辆推土机沿着岛东公路来到前方，填平了昨晚阻碍尼尔别动队的弹坑。2辆随推土机一起来的坦克，为别动队的装甲兵带来了燃料等各种补给。配属给2营的K连在西面沿着岛东公路右侧的山脊线推进，F连由配备装甲兵的尼尔别动队支持，就在公路上前进。留守B高地的E连并不轻松，全天都在承受日军从乌穆尔布罗格尔山脉射来的机枪子弹。

墨菲上尉指挥的K连这次南下吃尽了苦头。他们的行动区域到处都是山脊和深谷，地形恶劣。日军充分利用天然的地利优势射击，让位置暴露的步兵一直在蒙受人员损失。好在负责支援的坦克用白磷燃烧弹对日军盘踞的洞穴进行直射火力打击，LVT火焰喷射器和爆破班组也发挥了作用，K连的步枪兵才得以前进。

爆破班组的一名成员杰里·雷诺兹二等兵提着便携式火焰喷射器，正猫着腰向一个洞口走去，4个日本兵已经从洞里冲出来了。雷诺兹要是惊慌失措，不仅会丢了自己的命，也会让战友再度为摧毁这个洞穴冒险。他沉着地占好自己的位置，扣动扳机，挨个儿向朝他扑来的日本兵射击。最后一个日本兵被火焰射中时，距离喷嘴不过一码之遥。

陆军参谋军士弗兰克·尼科尔森在率领一个排越过一道深谷，想要与友邻排取得联系的时候，突然枪声大作，先是机枪扫射，随后是密集的步枪长点射火力齐射。3名战士当场中弹身亡，还有不少人避不开弹雨负伤。尼科尔森赶紧组织后送伤员，却也被一枚子弹击中了。最后尼科尔森被担架抬出了山区，两周后被送到一艘医疗船上救治。

中午，2营距离目标O-X位置尚有200码，却再也无力前进，墨菲连长都退出了战斗。不久，团部命令他们向后退到一个相对安全的位置。他们还需要经历一天的苦战才能到达O-X位置。

根据9月27日的统计，贝里琉美军俘获共7名日军和84名朝鲜劳工，之前从登陆以来一共仅俘虏12人，相比之下人数已大大增加。

据陆战1师情报处当天估计，在过去12天的激战中，美军一共已击毙日军7975人。当时陆战1师有768人阵亡，3693人负伤，还有273人失踪，战斗损失合计4734人。321步兵团在贝里琉战斗的第一周，有46人阵亡，226负伤，7人失踪，战斗损失合计279人。

尽管贝里琉岛的大部分地区已经落入美军手中，但是从日军残余孤立阵地的战况来看，他们的顽强抵抗将继续下去。

占领盖斯巴士岛

鲁珀图斯决定在9月28日拿下盖斯巴士岛，美军将会用所有可用的支援武器掩护这次岸到岸短距离登陆行动。海军的1艘战列舰、1艘巡洋舰、2艘驱逐舰，陆战1师师属炮兵和第3两栖军军属炮兵，1个坦克连，1个LVTA两栖装甲连和1个两栖登陆车连会支援步兵行动。

27日16时左右，陆战5团副团长刘易斯·沃尔特中校接到了师长的书面命令，夺取盖斯巴士岛的任务被分派给陆战5团3营。一小时之内，5团3营的参谋人员来到团指挥所接受进攻命令。陆战7团1营是这次战斗的预备队，也派出代表来5团指挥所开会。进攻计划要求美军的海军舰炮、航空兵和地面火炮，从8时起进行1个小时的炮火准备。当5团3营的突击波次部队进入距离目标海岸200码的水域时，最近到达的陆战队第114战斗机中队会对盖斯巴士海滩实施空中扫射。谢尔曼坦克组成了第一攻击波次的一部分，坦克兵的两侧是LVTA两栖装甲车，装载突击步兵的LVT两栖登陆车会随后跟上。5团3营的全体战士都会乘坐LVT，各波次间隔2分钟先后登陆。

这次登陆作战的开始时间设在潮水水位最低的时候，这样做是因为美军的谢尔曼坦克不能完全防水，在渡过两岛之间600码宽的水域时，需要避过涨潮期。

9月27日天黑前的几个小时，5团3营就在15号路口附近充当团预备队，将原先的阵地交给321步兵团1营，集结起来准备突击盖斯巴士岛。321步兵团1营负责从路口直到北面卡米利安努尔山（乌穆尔布罗格尔在“野猫”小径北面的延伸段）一线阵地。

9月28日上午，盖斯巴士战斗的戏剧大幕拉开了，贝里琉的5个美军炮兵营集中火力向那个弹丸小岛开炮，美军的军舰和航空兵同时也在以密集火力对该岛实施地毯式打击，仿佛要将这个小岛抹平。在贝里琉西北海岸附近，美军的一群高级军官聚集在一起见证了这次炮击。参加贝里琉战役的高级将领，海军的福特少将，陆战队的朱利安·史密斯少将、盖格少将和鲁珀图斯少将，陆军的缪勒少将、奥利弗·史密斯准将和贝尔准将全都在观战。当天天气凉爽多云，却不时有狂风暴雨。

陆战队114战斗机中队的“海盗”式战斗机飞行员负责盖斯巴士登陆行动的空中支援，这对他们来说是一项非常有趣和新颖的任务。这次行动标志着这个中队在进驻贝里琉2天之后，即开始执行战斗任务。6时30分，“海盗”式战斗机即在盖斯巴士岛的飞行跑道投落500磅炸弹，用机载12.7毫米口径机枪空中扫射该岛和东北方的孔高鲁岛。这次航空扫射仿佛在全岛下起了一阵铅冰雹。8时40分，20架“海盗”式战斗机飞过了登陆车艇上空，对岛上进行了第二轮猛烈空中扫射。这次空袭期间，飞行员发现了岛上的日军迫击炮阵地——一座特别显眼的带铁门的方形碉堡。战斗机飞行员轮番进入低空扫射，最终让这座迫击炮工事无力化了。

陆战1师副师长奥利弗·史密斯准将。师长鲁珀图斯少将的身体不好，陆战1师在贝里琉的战斗经常由这位副师长来组织，团营级干部对他的评价也普遍较高。

每当飞机离开盖斯巴士岛正上方，贝里琉的美军地面火炮和海军舰炮就炮声隆隆。这次炮击从7时开始，一直到9时05分结束，快速引信和延时引信炮弹全都用上了。炮火观察员报告，该岛完全被美军的炮火覆盖。在这次炮火准备期间，海军舰炮猛轰盖斯巴士岛北部，登陆车艇上岸期间也一直在向该岛开火。

贝里琉岛到盖斯巴士岛的600码航程基本上平安无事，登陆部队按计划一路来到目标海岸。然而，还是发生了一些不可预见的意外情况。参加这次登陆的16辆坦克由于机械故障，底盘被3英尺深的海水没过，未能到达目的地。其余3辆坦克继续小心翼翼地越过600码水路，也无法跟上LVT两栖登陆车辆。最终，步兵反而率先到达目标海岸，装甲兵姗姗来迟。当突击登陆部队前往盖斯巴士岛时，观战人员发现，海军舰炮已经转移到盖斯巴士岛北部，空袭正在减弱，这样就造成了另一个问题。

海军舰炮火力没有在登陆的时刻直接支援登陆部队，让美军十分困惑。其实根本上在于各军兵种之间的思路不同而造成的混乱。后来美军进行了调查，原来地面部队是完全按照陆战的方式来计划这次进攻的，对他们来说，出发时间就是越过出发位置的时间——这次行动中就等于离开贝里琉岛海岸线的时间。海军则依然是根据两栖突击登陆的方式来制订计划的，于是将战斗开始时间定为地面部队到达盖斯巴士海岸的时间了。这样一来，当9时整——陆军以为的出发时间来到时，火力支援舰船就以为地面部队已经到达盖斯巴士海滩，便转移到岛北水域实施炮击，实际上当时地面部队才刚刚从贝里琉岛出发。

好在这次火力准备的时间差造成的短暂失误，没有对陆战5团3营的部队造成严重的不利影响，尤其是因为陆战队的飞机临机迅速判断炮击形势，及时用空中火力填补了海军炮火的空缺，继续无情扫射盖斯巴士岛南部海滩。一直到突击登陆部队推进到该岛海岸200码水域，陆战114战斗机中队的“海盗”式战斗机才停止空袭。

9时11分，5团3营的第一波部队到达盖斯巴士海滩。这次登陆的部署完全按照美军的常规模式进行，K连和I连分别在左右两翼，营预备队L连跟随在后。登陆后，步兵快速向内陆前进，面对日军的抵抗，快速占领了一片滩头阵地。支援的LVTA两栖装甲车用车载火炮和机枪摧毁了海滩一带的几座防御工事。I连和K连在友军火力掩护下，一路向西北方前进，两个连在越过岛上的机场后，建立了密切联系。营长见战况有利，为了加快这次战斗进程，让预备队L连右转，向岛东岸进攻，一路几乎未遇抵抗。各突击部队在登陆期间没有任何伤亡，在海滩附近一共击毙和俘虏50名日军和朝鲜劳工。

在第一波步兵登陆车辆靠岸后12分钟，美军的第一辆坦克也颤颤巍巍越过了海岸。9时30分，除了3辆谢尔曼坦克之外，所有坦克和运兵车辆都已经抵达盖斯巴士岛。美军在岛上的进展一直比较顺利，尤其是L连。他们在登陆一个半小时以内，就已经完成了占领盖斯巴士岛东半部的任务。13时，L连的1个排、2辆坦克和3辆LVTA两栖装甲车组成的一个巡逻队，在盖斯巴士岛东北端外海的孔高鲁岛登陆，制服了岛上的轻微抵抗后，占领了这个小岛。

进攻盖斯巴士岛的美军两栖装甲车，退潮时可以徒涉抵达盖斯巴士岛。

和贝里琉岛类似的是，日军在盖斯巴士岛也没有平均分配防御力量。陆战5团3营的I连和K连在向西北方向进攻时，发现他们的推进相当艰难，尤其是在营左翼，那里有一系列山脊位于岛西岸侧翼。只要在有山的地方，日军都会充分利用天然和人工洞穴，进行坚决抵抗。5团3营的这两个连发现他们遇上了和贝里琉岛同样令人厌恶的艰难任务。要将日军从这些防御阵地里连根拔掉，需要装甲兵支援，好在陆战第1坦克营的大部分可用坦克当时都已经调到岛上参战。

尤金·斯莱基所在的3营K连一路向盖斯巴士机场跑道推进。美军陆战队连属迫击炮班下辖3个组，K连当时的迫击炮班班长是约翰·马米特中士，斯莱基所在的一组由伯金下士指挥。他们遇上了一座日军的碉堡工事。伯金两眼紧盯着那座碉堡，设法打电话请示马米特下开火命令。

自从登上贝里琉岛以来，伯金经历了多次苦战，知道什么事可以自行决定，无需请示上级。虽说枪炮士官桑德斯曾经对他们说过，岛上的碉堡工事都没有人，但是眼前这座碉堡是他十多天以来见过的最大的工事，看上去经过美军的火力准备都完好无损，不能掉以轻心，伯金觉得有必要将情况向班长先说清楚再行动。他还没能联系上马米特，就听见斯莱基的呼唤："嘿，伯金，我听见那里面有鬼子在说话！"

陆战5团K连的迫击炮班下属的一名组长伯金下士。

伯金立即匍匐过去。文森特·桑托斯一等兵、约翰·雷迪弗一等兵和斯莱基的三双眼睛都紧盯着碉堡侧面的一个开口。伯金尽量平静自己的情绪，问道："大锤（斯莱基的昵称），到底怎么回事？你没搞错吧？"

"没有，没有，我听见他们的声音了。"斯莱基说道，"你仔细听。"

伯金小心翼翼地向那个设了防护栏的开口靠近，亲耳听到碉堡内部传来了叽里呱啦的日语。他透过栅栏空隙，向里面仔细看去，发现两双眼睛也在盯着他。伯金毫不犹豫，用勃朗宁7.62毫米口径卡宾枪向这个开口射击。一连两个短点射。他紧咬牙关，一口气打光了弹夹，吼道："尝尝这个吧，你们这群狗娘养的！"

枪声过后，现场安静了片刻。随后一枚手榴弹从碉堡里扔了出来，在地面上反弹开几英尺。

"手榴弹！"斯莱基赶紧跳到碉堡前方用沙袋堆成的L型胸墙后面隐蔽。组里的巴祖卡火箭筒手德莱奥一等兵赶紧将笨重的火箭筒先丢在一旁，跑开几步躲避手榴弹爆炸后飞射的弹片。伯金和乔治·萨雷特一等兵一起紧贴着碉堡的混凝土外墙，举枪戒备，防止里面的日本兵趁机瞄准战友射击。组里的其他人——雷迪弗、桑托斯和斯纳福·谢尔顿下士都跳到碉堡顶上平躺下来。碉堡里一直有手榴弹飞出来。日军投掷手榴弹的时间间隔很不规律，伯金这个组的7名战士在这段时间稍微沉不住气起身，就有可能被爆炸的手榴弹所伤。

2分多钟以后，一切重归平静。伯金招呼距离碉堡出口最近的斯莱基道："你去看看里面怎么样了。"

斯莱基服从命令，从沙袋护墙刚刚探出头来，正好和一个日军机枪手照了个面。

"哒哒……"一梭子机枪子弹就在斯莱基头旁一英寸左右的地方掠过。他忙不迭地夺路冲上碉堡屋顶，和谢尔顿等三人会合。伯金大声问这个年轻的陆战队员是否平安，斯莱基一时答不上话，只得咿咿呀呀来回应。

"那些鬼子有自动武器。"雷迪弗说道。

“我不是那么肯定。”谢尔顿用他的大嗓门道，“会不会是几支步枪齐射。”

伯金暗自好笑，谢尔顿是个可靠的战友，但一向爱抬杠，只怕见了上帝都改不了这个习惯。

雷迪弗却是气不打一处来：“哦，是吗？你要是觉得那不是自动武器，就问一下斯莱基。”

伯金只得开口道：“你们俩给我闭嘴。没时间为这破事儿纠结。”

雷迪弗和谢尔顿还在拌嘴，桑托斯已忙着在碉堡顶盖上仔细检查。这个身材矮小的拉丁裔年轻人脾气出名得好，他的亲密伙伴都叫他“微笑小子”，因为他几乎会笑着面对一切。战争对他来说仿佛在老家圣安东尼奥打猎那么有趣。

然而桑托斯也有严肃的一面。他是连迫击炮班技能最出色的炮手之一，大胆无畏。他在碉堡顶盖上发现了什么，招手道：“嘿，你们来看这个。”雷迪弗、萨雷特和斯莱基向他靠拢过来。

桑托斯指一指碉堡顶盖上的一个几英寸见方的小孔，这应该是另一个通风孔，最重要的是通风孔没有细铁栅防护。就在3名战友爬过去的时候，他已经将一枚手雷从通风口投掷进去。等桑托斯将自己的手雷都耗尽，雷迪弗和斯莱基便将他们的手雷一一递给他。桑托斯将这些手雷都投进了通风孔。3人听见下方传来连声沉闷爆炸，互相打量了一眼，都觉得碉堡里不太可能还有日本兵能活着了。瞬息之后，他们就明白完全想错了，两枚手榴弹从通风口被投掷出来。

与伯金在盖斯巴士岛并肩战斗的三名迫击炮班组战士雷迪弗、桑托斯和法尔一等兵。

4名陆战队员都赶紧避开。大约一秒钟后，手榴弹全部爆炸。雷迪弗举起手臂保护头部，结果被弹片击伤了这条手臂，还好伤不重，另外3人都没受伤。

“我们先离开这该死的地方。”伯金喝令道，“后退几码，在我们刚才经过的弹坑里隐蔽。我们需要帮助才能干掉这座碉堡。我去看看能否找到一辆坦克，或许还能找到一支火焰喷射器。”

伯金向他先前看到一辆坦克的地方跑去。他一回头看见3个日本兵从碉堡里冲了出来，奔向附近的一片灌木丛。先一步藏在弹坑里的陆战队员将这几个日本兵全部击毙。

伯金一路找了大约200码，都没看见一辆坦克，却遇上了营重武器班的一个2人火焰喷射器小组。他一眼就认出了那位火焰喷射器射手莱德·沃玛克下士。沃玛克的高大身材会让人想起维京海盗，还蓄着一副红胡子，非常显眼，其实性格很好。伯金和沃玛克早在高中橄榄球队校际比赛时就认识了。

此时，沃玛克满脸灰尘和汗水，背着沉重的火焰喷射器燃料罐，他的助理射手威廉·刘易斯一等兵在后跟随。

伯金说道：“我需要你帮忙，莱德。我们在路上遇到一座满是日本兵的碉堡，在干掉它之前，没法架起我们的迫击炮。”

“我的这副家伙燃料充足。”沃玛克爽朗

地应答道，“你带路吧。”

伯金伸手一指：“就在那里大约200码的位置，等我找到一辆坦克，就去和你会合。”

沃玛克和刘易斯出发才走了几步，伯金就看见一辆坦克，赶紧大声招呼指挥坦克的中士车长。几分钟后，谢尔曼坦克的巨大车体已经进入与迫击炮组隐蔽的位置平行的射击阵位。几个日本兵显然明白将会发生什么事情，从碉堡里冲了出来，撒腿就跑。陆战队员们都开火了，日本兵纷纷中弹倒地，步枪落在珊瑚石上，钢盔滚到一旁。

“你觉得（碉堡）里面还有人吗？”坦克车长问伯金。

正在前进的一个陆战队火焰喷射器战斗小组，隐藏在山地地下工事里防御的日军士兵让他们非常头疼。

“见鬼，是的。”伯金答道，“不知道那里面还剩下多少人。要是你能做到的话，就把那玩意儿给炸开！”

“开火！”车长命令道。

坦克炮手在瞄准碉堡的同时，坦克炮塔缓缓转动到合适的角度。然后坦克的75毫米主炮在直射射程接连发射了3枚穿甲弹。爆炸声让伯金的耳朵嗡嗡作响，空气里弥漫着珊瑚尘埃。碉堡正中央被打开一个四英尺见方的大洞，碎石碎木如暴雨般落到迫击炮组留在附近的各种装备上。

“停下。”伯金大声道，“我们的武器和装备都在你们的弹道上。”

“上帝呀，那里根本不会还有人活着吧？”桑托斯喃喃道。话音刚落，一个日本兵就从烟雾弥漫的碉堡里出现了。他正要投掷手榴弹，斯莱基和其他人已经举起了卡宾枪射击。日本兵倒下，手榴弹就在他脚下引爆了。

“莱德，带着你的火焰喷射器逼上去。”伯金招呼一声，又吩咐他的部下道，“其他人都保持射击姿势，发现有任何东西在移动就开枪。”

沃玛克猫着腰逼近到离硝烟未散的碉堡4.5米距离，刘易斯站在他侧后方大约半步的位置，一手紧握战斗霰弹枪，另一只手打开了沃玛克背着的燃料罐的阀门。当火焰喷射器的喷嘴射出火焰时，一道粉橙色的热流径直从碉堡的破口射了进去。

火焰喷射器发出一声锐利而难听的响声，随后一声如同远方闷雷的声音，1000摄氏度的高温火焰将这座碉堡化为一片火场。伯金听见里面传来几声尖叫，然后一片寂静。

迫击炮组刚刚放松下来，碉堡里就奔出3个日本兵，衣服都已经烧着了。他们都挣扎着想要脱掉已着火的裤子，但是绑腿绑得太紧，脱到膝盖的位置就脱不下去了。雷迪弗等4人放平了卡宾枪开火，让这些日本兵就此永远解脱。

萨雷特在击毙那些身上着火的日本兵时，发现他最好的朋友桑托斯正在向一名垂死的日本兵光光的屁股上射击。桑托斯面无表情，一点看不到他那招牌式的微笑，萨雷特却强忍着才没有大笑出来。

在当天的战斗中，日军的一枚炮弹正好落在3营指挥所中央，营长约翰·古斯塔夫森少校和一些部下负伤。

尽管盖斯巴士的战斗在局部非常激烈，不

地图二十七　美军占领贝里琉北部概要图

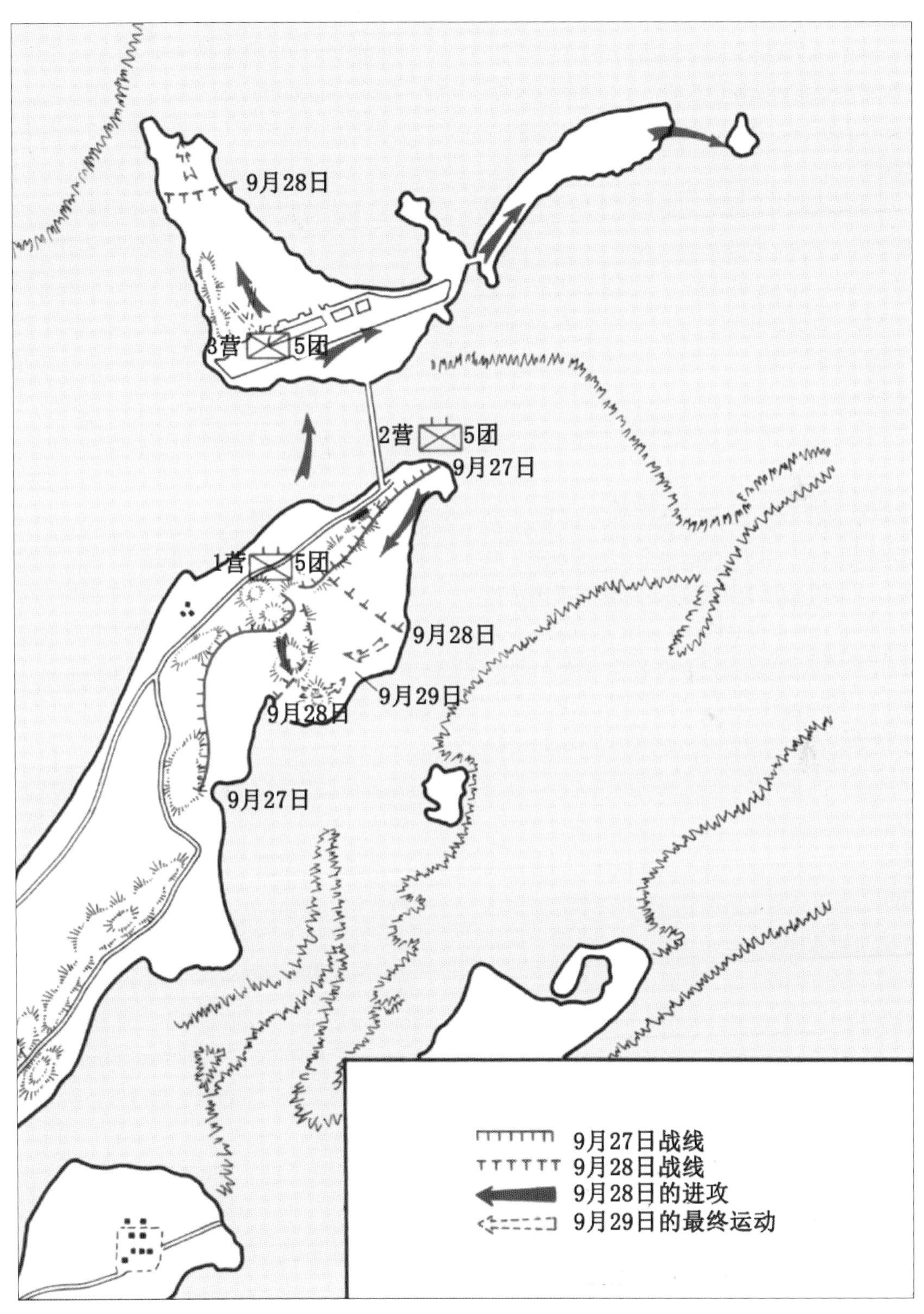

过到当天17时，除了岛西北端的数百码阵地之外，几乎全岛都已落入陆战5团3营掌握之中，但是山脊上仍有一些洞穴还需扫荡。全天5团3营的推进速度还是相当快的，都无需预备队7团1营上岛。15时，该营已经接到新命令，转归陆战1师直辖。

美军夺取日军控制的盖斯巴士岛是一件极其严肃的事情，没想到期间发生了一个有意思的小插曲。陆战队第2航空联队司令詹姆斯·摩尔少将的一名副官也是飞行员，驾驶一架L-5观察飞机与摩尔少将一同经过盖斯巴士岛上空。在这次侦察飞行期间，这位飞行员敏锐地发现了一名腰佩指挥刀、戴着白手套的日本军官，正在指挥日军的一个迫击炮炮位。在这次飞行结束，摩尔下飞机后，这位富有进取心的副官弄了几枚手雷，飞回那个迫击炮位上空投弹“轰炸”。这几枚手雷到底取得何种战果无法确定，但是日军用机枪扫射了低空飞行的L-5观察飞机。这位副官的腿上中了一弹，伤势让他只得退出贝里琉战役。

5团3营在盖斯巴士岛度过了一个相对安静的夜晚。次日上午，I连和K连继续进攻，进展和昨天没太大差别，但是在行将到达岛北端的时候，日军的一门75毫米火炮用纵射火力向他们开火。虽然炮击的声势一时相当骇人，但这不过是守岛日军的回光返照。陆战队员迅速就摧毁了这门火炮，然后制服了岛上其余抵抗的日军。9月29日15时，美军宣布占领了这个岛屿。

1小时后，321步兵团2营替换了陆战5团3营，完成了盖斯巴士岛的扫荡任务。5团3营完成该岛的战斗任务以后，回到贝里琉岛。为了占领盖斯巴士岛，这个营付出了15人阵亡，33人负伤的代价。然而，3营的大部分损失是K连承受的，霍尔丹上尉的这个连在这两天的战斗中有8人阵亡，24人负伤，相当于之前13天战斗的损失总和。5团3营报告在岛上一共击毙和俘虏了470名日军。321团2营报告，在扫荡期间，他们又歼灭了大约100名敌军。

占领盖斯巴士岛以后，美军发现岛上的机场跑道表面覆着非常柔软的沙子，以至于要让机场投入运营所需的劳动力和从中能获得的利益不成比例。于是，美军便不再修缮岛上的机场，这样一来，夺取这个岛的主要益处就只剩下最终消除了当地日军射向贝里琉北端美军侧翼和后方的恼人火力而已。另外，如果日军再度想要增援贝里琉驻军，也无法再利用盖斯巴士聚集兵力。

扫荡贝里琉北部

9月28日全天，陆战5团3营攻打盖斯巴士岛的战斗是美军最关心的事情。留在贝里琉的陆战5团的另外2个营则继续将日军逐出他们在岛北端精心部署的防御工事。

当天上午，贝里琉北部的日军依然在相对平坦的地面上控制着一个略长于2000码的孤立防御阵地，此外他们还占据着3号高地和雷达高地，以及阿米安加尔山脊北段的一些隧洞，尽管陆战队员已经控制了山顶，坑洞里的日军仍在那里抵抗。

负责攻打3号高地的5团1营出发之前，美军先进行了一次一个多小时的迫击炮火力准备。8时45分，C连率先出发，从西北方向逼近这座高地，火箭筒战斗组和爆破队悄悄前进，逐个清除日军盘踞的坑道和洞穴。一辆谢尔曼坦克向洞口进行直射火力打击，提供了宝贵支援。3号高地东南坡有一挺日军机枪在射击，让陆战队步兵觉得特别麻烦，也被75毫米坦克主炮的直射火力摧毁。午前，5团1营在3号高地山顶已经站稳了脚跟，不过和以前一样，日军只要还能在山顶下的坑洞里隐蔽，就不会放弃抵抗。13时将至，日军想要反击，却被美军迫击炮火力击退。在下午余下的时间里，C连继续巩固在山上获得的阵地，陆续俘获15名朝鲜劳工。

在贝里琉岛最北端，5团2营继续前进，目标是夺取阿米安加尔山脉（水户山）北面和东面的空地。G连在7时就早早出发，越过山脉东麓附近的椰树林前进，日军在那里修建了稳固的防御工事。尽管遭到猛烈的火力阻击，G连仍然在顽强地继续推进，据报截至10时，这次进攻已击毙了150名日军。美军在贝里琉首次发现，一些日本兵在面对陆战队进攻时一脸漠然，既没有进攻美军，也没有自卫。G连一路南进，直到他们的轻武器火力可以打击雷达高地的位置，就在那里暂停前进。

全天5团2营的另外两个步兵连E连和F连与爆破队合作，设法压制群山上蜂窝状的洞穴。美军连续爆破攻击，有些洞穴已变得无法支撑，里面的一些日军决定冒险闯到外面。一次大约70名日军突然从山坡上涌出洞来，朝礁盘方向猛冲。F连的陆战队员驾驶3辆LVT两栖登陆车，迅速追上了这群逃跑的日本兵，杀死了拒绝投降的那些人。

当天上午，321团1营重新向北进攻，坦克和火焰喷射器帮助A连摧毁了昨天拦路的一座日军火力点，但日军在这一带的抵抗依然很强。得到加强的A连直到11时才将几座日军阵地全都制服。

与此同时，321团的一些战士们正在已经被陆战5团占领的地方战斗。陆军的战士们根本就没想到陆战5团在这个地方已经在进行大规模扫荡战，这不足为奇，毕竟有不少日军士兵又突然从已经被陆战队扫荡过的洞穴里钻出来，和陆军战士们交手。这种情况美军在硫黄岛和冲绳都会一再遇到。

情况最糟的是80号高地。两天前陆战5团L连一度占领过这座高地，321团1营B连却发现，在这座位于陆战队在“纷争”岭后方1000码左右的山头上，日军再度出现，他们不得不再度一路杀上山去。盘踞在这座山头的洞穴里的日军，可能在陆战队占据优势的时候故意避战，藏在山间的洞穴深处，等陆战队撤走了才重新冒头，也可能是岛北部日军援军步兵第15联队第2大队在27日夜间南下想要去中央山区与中川大佐的主力会师期间，占领了这座陆战队已经撤离的山头。无论如何，1营B连的步兵战斗到中午，总算是占领了80号高地和周边地区。

9月28日，在贝里琉岛抵抗的日军已经被迫龟缩在两片“孤立阵地”中，美国海军的航空支援在当天18时已经可以确保万无一失。9月28

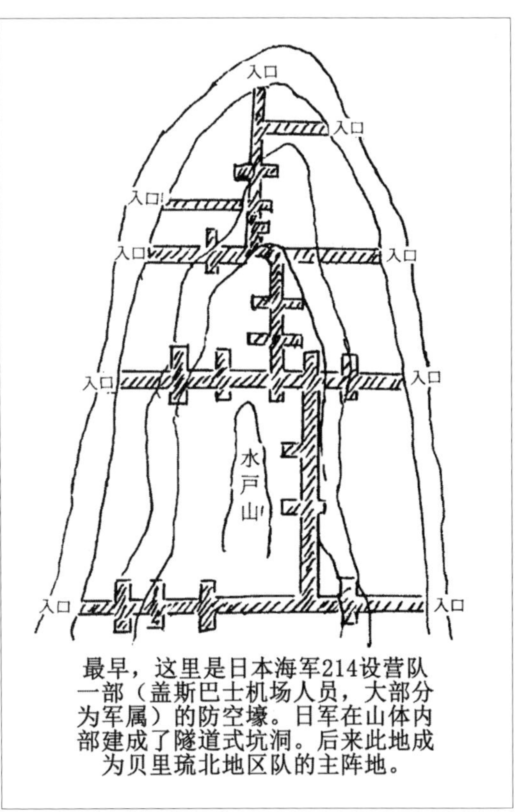

最早，这里是日本海军214设营队一部（盖斯巴士机场人员，大部分为军属）的防空壕。日军在山体内部建成了隧道式坑洞。后来此地成为贝里琉北地区队的主阵地。

日军的水户山地下洞穴阵地剖面图。

日夜间，贝里琉岛中部突然爆发激战。日军首次从乌穆尔布罗格尔孤立阵地向陆战7团阵地发动突击。陆战7团的士兵为击退日军的进攻，付出了一些伤亡代价。双方在战斗中不时直接拼起了刺刀。一整夜，陆战7团一直遭到日军迫击炮、机枪和步枪火力骚扰。

当天陆战5团一共俘获日军45人，包括在盖斯巴士岛的23人，可见贝里琉北部的日军战斗力相对较差，士气也更为低落。美军的情报显示，这一带的日军多是海军建筑工兵部队和不久前从运输和后勤部队抽调人员新组建的346独立步兵大队的士兵，而抵抗最坚决，战斗力较强的都是久经战阵的第14师团的建制内部队。

9月29日，美军在贝里琉北部的进攻达到了高潮，这也标志着该地区的大规模战斗行将结束。陆战5团1营集中火焰喷射器、巴祖卡火箭筒和爆破炸药，对雷达高地发动了攻击。和预料中一样，要夺取这座日军重兵防御的高地，一天是不够的。虽然当天陆战队员登上了雷达高地的山顶，从上方封死了出口，但是日军在高地内部挖掘了复杂的坑洞，只封死一个出口，无法让他们停止抵抗。陆战队员只得沿着山顶两侧逐个将洞口封死，但是很快日军又从内部将洞口炸开，重新向洞外射击。

在阿米安加尔山地东面，5团2营G连继续扫荡该地区的日军残部。这个连遭到藏在磷酸盐厂东面山区里山洞的日军火力阻击。从东面逼近这些山脊看来很难办到，因为有片沼泽地挡道。驻扎在椰树林里的美军坦克用75毫米主炮进行直射火力打击其中最麻烦的洞穴之一，暂时封锁了洞口。在西边，日军从内部实施爆破，在美军已经封死的两座山洞硬生生再度清理出了口子。这样一来，日军就能同时从山区

贝里琉北部的155毫米重炮阵地，炮手们会用直射火力打击北部山脊的日军洞穴阵地。

地图二十八 美军在日军北地区的战斗经过全程图

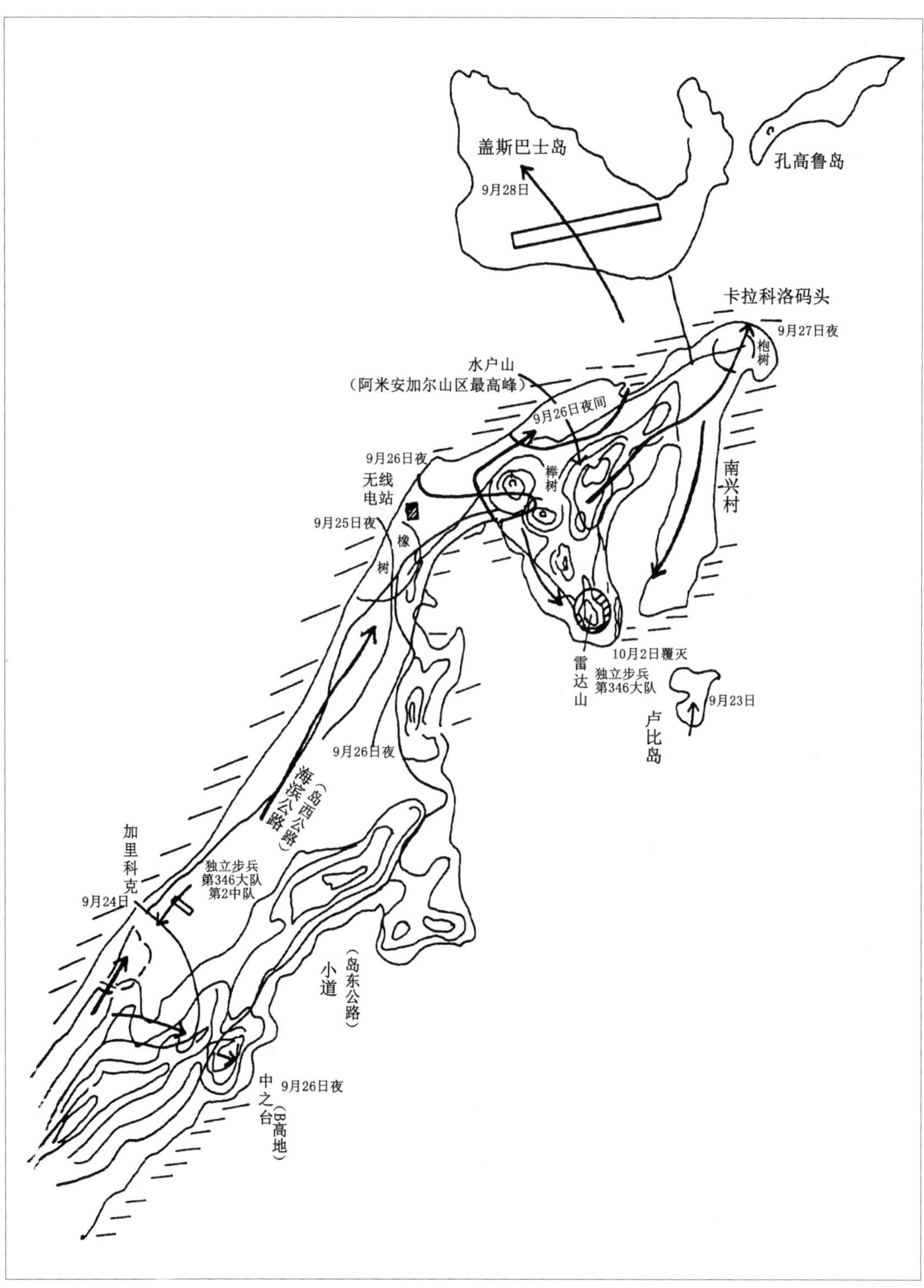

向东海岸和西海岸射击了。在山脊顶上，F连一度封死的4个洞口最后还是被日军从内部又给炸开了。

日军突然从前一天被封死的洞穴向G连后背开火，让在贝里琉岛北端行动的陆战队员更加烦恼和沮丧。好在E连的一个排再度去扫荡这些洞穴，最终将一些日本兵追到了礁盘上，守在那里的LVT两栖登陆车用车载枪炮将他们全部歼灭。然而，在这些洞穴中，仍有数量不详的日本兵盘踞，如果他们找到适合的机会，仍然能够给美军造成更多麻烦。

两天以来，陆战队的火焰喷射器和直射炮火虽然都在密切注意日军在岛西公路一带的动向，日军却还能造成公路沿线陆战队的人员伤亡。那么美军根据各种迹象来判断，认为磷酸盐工厂上方山脊两侧的洞口，其实都属于同一个庞大的地下工事。

为了彻底消除这座山脊对岛西公路的威胁，陆战5团2营E连部署了一个小分队，配备机枪和冲锋枪扫荡山脊东面，同时炮兵将1门155毫米火炮调到西面洞口200码以外的位置，直接向洞口开火。用大口径火炮在日军眼皮底下进行近距离射击非常大胆，炮手只能先用炮弹壳搭建临时掩体掩护。

日军用轻武器和机枪杀死2名炮手，打伤3人之后，陆战队才用足够的沙袋垒好防御工事。炮手的血没有白流，就位的155毫米重炮威力惊人，炸得山体摇摇欲坠。不愿坐以待毙的日军士兵从洞口冲出，来到东面的开阔地。然后就不是战斗，而是陆战队员用子弹进行的屠杀。一位在附近观战的坦克兵中尉后来回忆道："上帝呀，简直就像对水桶里的鱼开枪一样。我们能看见机枪把那些可怜的人给扫成了一堆肉馅儿。"

陆战队员也能看见被重炮射击的巨大威力震得晕头转向的日本兵努力想爬出被炮弹打烂的碎石。一枚大口径炮弹点燃了一座大洞里的弹药库，洞里接连传来三声巨响，最后黑烟飘了出来。不久，这座山脊的洞口终于都被封死了。

9月29日，贝里琉岛北部的日军有组织抵抗行将结束，只有机场北方高地上守卫严密的日军据点例外。

9月30日上午，陆战5团1营和2营继续扫荡阿米安加尔山地北支和雷达高地。10时，这2个营奉命撤到无线电站附近，然后会由321步兵团1营替换。

当天下午，替换完成了。陆战5团的战士们在贝里琉北部连续战斗多日，身心俱疲，神色阴郁，前往恩加多罗罗克休整，当时美军很少有人会想到，雷达山一带的日本兵仍未被扫荡干净。到头来，那些留在雷达山等地的日军从之前被美军封死的洞穴里挖开了出口，重新占据了新阵地，321团的"野猫"们因此被迫要去夺回陆战5团先前已夺取的那些阵地。一个陆战队155毫米炮兵连和坦克会为他们提供必要的火力支援。为结束小股日军在贝里琉北部组织的抵抗，321团又耗费了2天时间，就算到了那个时候，仍有少量被困的日军躲在入口已被封住的地下工事里。

据日方记录，北地区队（引野大队、步兵第2联队第3中队、步兵第15联队第6中队）的有组织的战斗在9月30日结束，至10月2日左右"玉碎"。

10月1日，中川大佐在作战紧急电中向井上司令官作了如下报告：

步2电第74号 10月1日 14时30分

至（9月）30日18时的情况：

一、北地区和盖斯巴士因无线电不通情况

不明，似仍在继续战斗中。

二、在主力方面，虽受到攻击但态势无变化。全员士气旺盛，正勇猛歼灭美畜。

三、舰船情况方面，因雨天视野不良，判断有巡洋舰1~2艘、驱逐舰5~6艘、运输船8艘、巡逻艇10艘、医院船1艘。

四、第15联队第2大队昨晚派出两组挺身突击、肉攻队，杀伤约70名。综合战果为仅昨晚就杀伤100多名，另有10组潜伏班似取得相当战果。

据美军统计，在贝里琉北部的战斗期间，陆战5团击毙和俘获日军1170多人。321步兵团在替换陆战5团后，又杀死和俘虏日军175人（但根据日军资料，不算步兵第15联队第2大队的援兵，北地区队总兵力只有556人）。这样美军统计9月下半月在贝里琉战役期间一共击毙日军9076人，俘虏180人。同一时期，陆战1师阵亡843人，负伤3845人，失踪356人，一共伤亡5044人。除了乌穆尔布罗格尔孤立阵地之外，贝里琉全岛都已落入美军手中。然而贝里琉艰苦战斗的最后阶段还在后头。

第八章　日军的反登陆

日军向贝里琉岛派遣增援部队

9月下旬，在贝里琉战场发生了一件大事：为了增援贝里琉岛守备队，日军步兵第15联队第2大队冒险登陆该岛。

9月19日，帕劳地区集团司令部询问贝里琉地区队长中川州男大佐“是否有增援的必要”。中川回答：“事到如今我方投入兵力之必要甚为可疑。”虽然如此，驻扎帕劳本岛的步兵第15联队的福井义介联队长还是对集团司令部强硬主张派遣援军。中川与福井是陆军士官学校的同期生。在展开关于援军的争论期间，日军也在断断续续尝试着从帕劳本岛向贝里琉岛运送物资。日军多次使用大发运输物资，主要是大米等粮食以及反坦克炮等。士兵们首先在黄昏前把物资绑在船上，然后等到夜间航向贝里琉岛，在晚上抵达该岛。参加运输的士兵发现岛上的日军悲惨至极，到处都能听到呻吟声，重伤员们正凄惨地在椰子树下呻吟。

在这场战役中，美军会尽可能将伤员和遗体用担架运到后方。但战场上的实际情形更加复杂。据海军上等水兵土田喜代一回忆：“岛上到处都是两军士兵的遗体。”“美国兵的遗体中，有不少是黑人。我仔细看过了体型硕大的黑人的面孔……”

尸体很快就会生出蛆虫。日美两军都为大量苍蝇所苦。步兵第2联队第2大队的永井敬司大腿上的伤一直留到战后，他的伤口上也生了蛆。日本兵即使受伤了往往也不会被运到后方。美国兵带着三角巾和阻止化脓用的药物等应急处理用的工具，但日本兵身上什么也没有。所以夜幕降临后永井就从美国兵的尸体上拿走药品，把黄色的消炎药抹在除掉蛆虫后的患部。他很幸运地活了下来，在岛上生活到1947年才向美军投降。

22日，井上集团司令官根据敌情判断：“美军因我贝里琉守备队的奋战已疲劳至极，苦于炮弹炸弹的缺乏，正专心等待新锐战力的到来。而且前晚（20日）海军飞机的攻击也富有成果，美军的战意也似有所减弱，坦克也似在尽量躲避。现在可以在贝里琉从背后给予美军一击，使其彻底败退，将其赶下大海。”井上企图趁美军有所动摇时，在其得到增援之前首先歼灭贝里琉之敌，决心排除万难从帕劳本岛派出新锐兵力增援贝里琉。9月22日11时30分，井上命令步兵第15联队长福井大佐派出饭田义荣少佐指挥的第2大队（步兵3个中队、炮兵1个中队、作业小队，并配属工兵1个小队、通信中队的1个分队、卫生中队的一部）增援贝里琉。

关于贝里琉岛反登陆决定的原委，师团作战参谋中川廉有如下回忆：

师团（集团）起初并无反登陆计划。当时集团判断美军很有可能继贝里琉之后进攻帕劳本岛，已下令促进本岛的防御。另一方面，福井第15联队长从一开始就让机动打击部队第15联队进行海上机动的训练，而且下属的千明大队正跟随贝里琉岛守备队奋战，因此提出意见："应立即以主力在贝里琉岛实施反登陆。"但中川大佐发电报表示强烈反对："向贝里琉投入兵力徒劳无益。"对集团来说，美军登陆后已经过了一周，制空制海权已全部落入敌手，海上机动是否可行令人怀疑，加上舟艇也不足等情况，所以无意向贝里琉投入两个联队。结果集团为了提高贝里琉守备队的士气，决定增援一个大队。

日军反登陆队长饭田义荣少佐。

反登陆部队的海上运输，由正配属第14师团的海上机动第1旅团运输队主力和第3船舶运输队帕劳支部的舟艇负责，并由海军部队的一部协助引导航路。陆上运输则由独立汽车第42大队主力协助和支援。步兵第15联队原本就充当海上机动部队，接受过相关训练，因支援过贝里琉岛的阵地构筑，对该岛的地形比较熟悉，而且第2大队长饭田义荣少佐是步兵第2联队出身的军官，在第2联队官兵中颇有声望。

先前第15联队在支援贝里琉岛筑城时，考虑到充当师团机动部队的任务，预先在该岛北方12公里的三子岛上准备了舟艇机动基地，因此在受领增援命令后立即完成了准备。被任命为先遣队的村堀利荣中尉指挥的第5中队和配属工兵小队、炮兵1个小队共250名组成的第1艇队，分乘海上运输队的高桥少尉指挥的5艘大发和1艘小发于9月22日22时30分从阿尔米兹栈桥起航，第一波增援部队就此前往贝里琉岛。阿尔米兹水道是位于科罗尔岛和帕劳本岛中间的狭窄水道，两岛由栈桥连接起来，但已经在轰炸中遭到破坏，变得形迹全无。选择在夜间行动的理由，是为了避免被敌人发现，在满潮时大发也容易活动。

帕劳和贝里琉之间直线距离40公里，但如果搭乘大发的话需要连续迂回，一路上穿过珊瑚礁，路线弯弯曲曲，而且不知道美军会在何时、何处设下陷阱等着日军前来送命。此外，如果不在有限的满潮期间前进的话就会搁浅。总之登陆部队面对的危险数不胜数。不过海上运输队员中有很多熟悉大海的渔夫。

先遣队的行程，到贝里琉岛北端的卡拉科洛栈桥为止共计65公里。第1艇队以指挥艇为先导成一列纵队静悄悄地在黑暗的海上破浪前进，发动机情况良好。出发之前不久下起了小雨，不过天气已经好转。艇队经过帕劳本岛和科罗尔岛的狭窄珊瑚礁的中间，不久到达了阿拉卡贝桑岛西北端。下雨过后的天空一团漆黑，视野不良。如果在白天南进的话，可以看到军舰岛在右侧。通过马拉卡尔岛西侧后，大发向着格雷贡岛南方的格洛科坦岛方向前进。这时刮着西北风，风速5米，海上波高浪急。行进路线右侧外形酷似鲸鱼浮于海上的就是鲸岛，其南方拥有3座山岗的岛屿就是三子岛，那里是海上运输队的基地，隐藏着舟艇，是帕劳本岛的最前线阵地。经过三子岛时是凌晨2时左右。自出发以来已经过了3个半小时。

这时引擎状况良好，艇队已经走完了大半路程。退潮是在凌晨4时25分，如果在那之前没有到达贝里琉岛就麻烦了。经过三子岛南下过了20分钟，2时20分左右接近格洛科坦岛的时候，指挥艇触礁搁浅动不了了。日军立即实施离礁作业，约40分钟后，在3时左右终于成功离礁再次开始前进。当晚多云，漆黑一片，视野极为不良，维持航行的方向和确认水道极为困难，在退潮前恐难抵达。不久艇队到达进入贝里琉岛的水道（卡拉科休岛西方），在那里又遇到了预期之外的珊瑚礁脉，结果艇队再次搁浅，时间是3时40分，地点在盖斯巴士岛东方2.5公里、距离贝里琉岛海岸3公里处。全体人员都参加了殊死的离礁作业。终于离礁前进。至贝里琉岛还有2公里。但黎明（上午5时5分）将至，被美军发现的可能性越来越大。村堀中队的登陆地点是贝里琉岛北端的卡拉科洛栈桥，到那里为止的进入水道宽20米，航线呈“之”字形，那一带是最危险的难关。剩下的2~3公里将是决定命运的一段距离。

前方的视野变得开阔了。村堀中队长和艇队长高桥少尉利用视野扩大的良机，以准确的判断发现了水道，开始向贝里琉岛全速急进。5时35分， 艇队在卡拉科洛栈桥跟前2公里一带被

贝里琉岛全景。对面右侧靠近帕劳本岛，突端是卡拉科洛码头，是步兵第15联队第2大队反登陆的地点。中央部山地一带是第2联队本部等战斗到最后的地点。左侧平坦地是旧机场所在地，其最南端有千明大队的阵地。

美军“H.L.爱德华兹”号驱逐舰发现，立即遭到舰炮、机关炮等武器猛烈射击。

美军的舰炮、机关炮在探照灯引导下猛烈射击，日本艇队为了避开美军的火力，除了全速（虽然本来可以8节航速行驶，但由于装载重量超重，只能以6节航速行驶）强行突破之外别无他法。于是艇队全速突破，终于突破了危险地区，从猛烈炮火下干脆利落地杀了出去。

23日5时20分，艇队终于抵达卡拉科洛栈桥成功登陆。刚高兴没多久，刚刚完成卸货的5时30分左右就遭到美机空袭，造成14人死伤，5艘大发、1艘小发全部沉没。但村堀先遣队士气旺盛，不久除了运输艇队高桥少尉以下34名船员之外，全部前进至大山一带，向中川地区队长的指挥部报到。贝里琉守备队因援军到来而大为欢喜。先遣队自阿尔米兹栈桥出发以来航行全程共7个小时，途中搁浅2次，之后被美军发现，但终于强行突破成功登陆，这真是一次不可思议的行动。

另一方面，在发现日军舟艇抵达贝里琉岛北岸后，美军立即调动航空兵狂轰滥炸，海军舰炮和地面火炮也火力全开，打击海滩上的日军舟艇。8时45分，“路易斯维尔”号巡洋舰报告所有驳船都已被摧毁，但实际上这只是对先遣队登陆之后的空船的盲目攻击。

饭田大队主力的反登陆

9月23日11时20分发出的照作命甲117号中的帕劳地区集团命令（要点）如下：

一、贝里琉岛的先遣增援部队于本23日5时20分平安抵达贝里琉岛，进入该地区队长的指挥下。在距贝里琉岛2公里的地点被敌人发现，遭受猛烈炮击，但我方损失轻微。

二、步兵第15联队长应于今23日日落以后尽速以饭田大队主力从帕劳本岛科罗尔地区出发，增援贝里琉地区队。

23日当天，鉴于昨晚先遣中队反登陆成功，美军为阻止日军再次实施反登陆，以格鲁曼F-4F、洛克希德P-38等不分昼夜地对帕劳本岛周边进行猛烈炸射。当晚，饭田大队主力近600人分乘20多艘舟艇，以中队为单位分为3个艇队，在美机狂暴的炸射下，主力集结于本岛最南端的阿尔米兹水道，一部集结于艾米丽基湾。将集结地分成这两处，是为了避免猛烈炸射造成损失和乘船时的混乱，但这却造成了很大问题。

联队长福井大佐已经到达出发场所的阿尔米兹栈桥一带。在这里，饭田少佐为作业队迟迟未到焦虑苦恼。由于猛烈的炸射，作业队的行动很不顺利，到底是留下作业队直接出发、还是继续等待，他对此很是苦恼。

饭田想把病人（轻度患者）留在本岛，只让最优秀的兵员参加贝里琉岛反登陆，但知道自己被留下的患者陆续用手榴弹自杀了。因此饭田希望带上所有人行动，不忍在出发当日将作业队留下。

饭田是指挥官，非常明白如果出发推迟，以后的作战会遇到很大困难。但仍然决定等待作业队的到来。

作业队终于在迟到30分钟后抵达，他们的脸上覆满汗水和泥水，在黑夜中只有眼睛在放光。联队本部的干部厉声责问为何迟到。但饭田却笑着欢迎他们，说了一句：“辛苦了。”人们迅速登船，装载物资，大发小发的引擎开始发动。除了携带口粮一日份之外，士兵们携带的全部是弹药资材。饭田号令：“全体注意。”站在20多艘舟艇组成的纵队的船首上的大队长接着报告道："饭田少佐以下全体不留一兵，一定会登陆贝里琉岛。"

各舟艇的船底都满载着反坦克地雷、肉搏攻击用炸药，步兵就坐在上面。各艇均搭载了30人。舟艇后方的引擎部高于其他部分，操舵手后面是艇长，往下一些是机关兵，再后面是舻手兼空中监视兵。联队炮被安设在舟艇的前部，准备了30发实弹，还配了射手，舟艇兵就守在后面。海上运输队的队长金子中尉和海军的领航员搭乘第2艇队的第1号艇，大队长也在该艇上。登陆的成败首先取决于领航员的直觉。在出发前，金子中尉下令：今晚的舟艇以最大速度，引擎转速1500，成一列纵队队形，舟艇的间隔保持一艘舟艇大小，全航程无灯火，同第2大队反登陆部队间的口令是"山"和"川"，今晚的运输有2艘海军飞机掩护。南方远处的贝里琉岛上空，不断升起的照明弹发出可怕的亮光。

饭田亲自指挥的大队本部、炮兵中队（欠2个小队）、作业小队、通信分队等147人和6艘大发、1艘小发组成大队第2艇队，在23日20时30分从阿尔米兹栈桥出击。在"万岁"声中，大发、小发静静地劈波斩浪开始进发。前进路线是先遣队在昨晚经过的道路。黑暗的海面上出现了令人毛骨悚然的光亮，那似乎是夜光虫，光亮在两舷像幻影一样摇曳着。凉爽的夜风吹过海面，随着艇队南下，硝烟和血腥味越来越浓。这是从贝里琉岛吹来的风。海面上漂浮着美军舰炮射击时散布的火药、纸片和布片，越靠近目标就越多。这些东西表明了舰炮射击激烈到了何种程度。

美军显然因为已经察觉到日军从昨晚开始增援贝里琉岛，已在距贝里琉岛2公里的卡拉科休岛海域部署了舰艇，正在严密警戒中。第2艇

阿尔米兹水道码头，饭田大队主力从这里出击。

队成一列纵队，在海军部队的引导下前进。当天是晴天，但视野不良。23时30分左右，艇队经过三子岛，这时美军发射了照明弹，前进因此稍有迟滞，24时经过格洛科坦岛附近。24日0时40分左右，第2艇队在卡拉科休岛西方（距贝里琉岛2公里）遇到突发事故。虽说是海军的老练领航员在领路，可是不知怎么的，指挥艇的船底却撞到了岩石，在发出沉闷声音的瞬间，在惯性作用下船只搁浅了。舟艇的船首抬起了约15度，螺旋桨虽然还在转动，但舟艇却顽固地一动不动。其他舟艇也都相继搁浅，整个艇队都被困在这一带。

因此大队长以下立即徒步或游泳向贝里琉、盖斯巴士、孔高鲁岛前进。2时左右他们被美军发现，发射的照明弹的数量急剧增加，同时卡拉科休岛方面的美军舰艇开始向日军舟艇和人员猛烈炮击。

海上运输队的中队长金子启一中尉虽催促部下使舟艇离礁，但和7名部下一起被美军的炮弹炸死。接着，2时30分美军又将水陆两栖装甲车开进卡拉科休岛，在停泊于贝里琉和盖斯巴士之间的水道上的美军舰艇用探照灯照射的同时集中炮击，企图阻止日军登陆。在此期间，2艘舟艇终于成功离礁，在冰雹般的弹雨中向贝里琉岛前进，于24日2时40分抵达卡拉科洛栈桥，卸下了人员、物资，收容了村堀先遣队运输队长高桥少尉以下34人后踏上了归途，但其中一艘被炮弹击沉，艇员们再次登陆贝里琉岛。

饭田大队长以下搭乘第2艇队的指挥艇的本部人员、炮兵中队队员在被认为是“贝里琉岛”的地方登陆，实际上这里是加拉开奥岛南端。大队长以下登陆者立即从加拉开奥经孔高鲁岛、盖斯巴士岛向贝里琉岛北岸前进，大队长在25日夜

阿拉卡贝桑码头，日军反登陆部队第4艇队从这里出击。

到26日期间掌握了部下。（第3艇队的二号、三号、四号艇未抵达，因此未能掌握）

第4中队长须藤富美重中尉指挥的第4中队主力（含炮兵1个小队）200人和5艘大发、1艘小发组成的第4艇队于23日21时从阿拉卡贝桑岛出击，巧妙地穿过美军警戒网，避开了各种危险，途中没有发生任何事故，在3个小时后的24时平安抵达卡拉科洛栈桥，成功登陆。中队官兵仰望着被照明弹照亮的天空，为这强大的光芒震惊。过去在中国东北的训练中，对于照明弹他们只是理解成信号弹而已。但是比这更令他们吃惊的是，贝里琉岛已经面目全非。他们曾经来到这座岛屿上支援阵地构筑作业，现在不禁怀疑起这里到底是不是贝里琉岛。这一带的海岸线布满了轰炸的痕迹，地面凹凸不平。山上好像被台风刮走了地表。他们弄不明白这里到底是什么地方，连方向都搞不清楚。北地区的高地一带只有一些烧剩下的树芯稀稀拉拉地散布在山脚，好像被蚂蚁啃剩的食物碎屑。在照明弹惨白的光芒下，荒凉的岛上显露出一片凄惨风景，充分显示了舰炮射击的巨大弹药量和轰炸的猛烈程度。

不久该中队向中川大佐的指挥部报到。在饭田反登陆部队（步兵第15联队第2大队）中，只有第4艇队成为唯一的“无血反登陆部队”。但在登陆后，该部同守备队的联络很不顺利，对其他艇队特别是饭田本部艇的情况也不清楚，就这样在焦躁中等待着大队长到来。另一方面，须藤中尉在努力同中川大佐联络的同时，让各小队在卡拉科洛北岸分散。当时美军已经在从海滨公路北进，与其交战迫在眉睫。须藤第4中队于是在不久之后即与这支美军开始交战。

第6中队长桑原甚平中尉率领的第6中队主力223人（含炮兵中队的一部）和5艘大发、1艘小发组成的第3艇队，同长井勇中尉指挥的装备了重武器的5艘武装舟艇及57名人员组成的护卫艇队一起，于23日21时40分从艾米丽基出发，为了追赶大队主力而全速前进，24日0时30分经过鲸岛附近进入贝里琉水道。护卫艇队同第3艇队分离，负责邓吉斯水道及其附近的警戒。1时30分，指挥艇在格洛科坦岛西南方3公里处（距离贝里琉岛4.5公里）触礁搁浅。一号艇继续前进，不久在第2大队主力的触礁地点搁浅。虽然

日军反登陆部队的编成

		部队名	队长	人员	运输队	艇队长	人员
增援部队	运输队长金子中尉第2大队长饭田少佐	第2大队本部	饭田少佐	97	第2艇队	堀江中尉	50
		第4中队	须藤中尉	174	第4艇队	小野寺伍长	49
		第5中队	村堀中尉	167	第1艇队	高桥少尉	48
		第6中队	桑原中尉	119	第3艇队	田中准尉	48
		炮兵第2中队	奈良少尉	117	分乘各艇队		
		第2作业小队	羽鸟中尉	63			
		工兵小队	高桥少尉	46	先遣队		
		通信分队	舟桥军曹	27	5号无线机　3		
		卫生队		20			
					护卫中队	长井中尉	57
		合计		830			252

（注：第5中队是先遣队，金子中尉与第2艇队同行）

图为鲸岛，日军反登陆部队从鲸岛和马卡拉卡尔岛西端中间靠左的航道前进。

立即实施了离礁作业，但由于恰逢退潮而无法离礁。乘艇部队于是徒步登上贝里琉岛。两艇均因遭到炮击而在2时左右被击毁起火。

指挥艇则仍在实施离礁作业和水道搜索，总算成功离礁。该艇在前往追赶部队时，4时被正在炮击第2大队主力的美军发现而遭到炮击，并受到贝里琉岛西北方的美军舰艇的集中炮击。4时50左右，该艇在卡拉科休岛西北偏北2公里处再次触礁，桑原中队长以下第6中队主力不得不徒涉登陆贝里琉岛。在前进途中因引擎问题而落在后面的二号、三号、四号艇，于5时半左右在三子岛暂泊。在这里，四号艇长望月军曹一并指挥二号、三号艇，进入护卫艇队长长井中尉的指挥下。24日19时完成了各项准备，这几艘运输艇在护卫艇队的掩护下从三子岛出发向贝里琉岛前进。美机的巡逻十分严密，照明弹的发射也很频繁。艇队以慢速隐秘前进。20时经过格洛科坦岛，20时10分在格洛科坦岛和加巴德岛之间被美军发现，美军以探照灯照射海面。照明弹也急剧增加，待机中的美军舰艇和卡拉科休岛一带的LVTA两栖装甲车同探照灯的照射相呼应开始一齐射击，接着艇队又受到暂泊于贝里琉岛西北方的舰艇夹击。尽管如此，艇队仍试图强行突破，以全速向贝里琉岛猛进。护卫艇队则在运输艇遭到炮击后，抓住机会一边以1门机关炮、2门自动炮、1门速射炮向卡拉科休岛海面的美军射击，一边移动到鲸岛附近，负责这一带的警戒。20时40分，二号艇发动机中弹无法航行，因此兵员以徒涉登陆。三号、四号艇则在弹雨纷飞中利用涨潮的时机，在21时终于抵达卡拉科洛栈桥成功登陆，重归先前已经登陆的中队长桑原中尉指挥。

除村堀先遣队之外的大队主力的损失为战死100多人，8艘大发、2艘小发沉没或起火，9艘返航舟艇中有5艘被击毁，4艘好不容易回到三子岛。登陆成功的有400人，加上先遣队的150人、迟到的第3艇队（第6中队主力），合计超过700人完成了增援任务。饭田本以为从搁浅地点到贝里琉岛间的海上的战死伤者数超过部队兵力半数，但从报告来看，黑夜中的枪、炮击造成的损失意外得少。

到26日夜，饭田大队长掌握了除第6中队外的大队主力，从当天半夜开始在第2联队军官的引导下进入北地区队地域，一边同美军交战，一边开始南进。同步兵中队分开前进的炮兵第2

贝里琉岛北方约2公里的海底，反登陆部队中的许多人葬身于此。

中队的酒井联队炮小队（同第4艇队的须藤中队同行，无血反登陆成功）在电信所东南一带遭遇从海滨公路北进的美军陆战5团1营的坦克，经过反坦克战斗几乎全军覆没。大队主力在30日黎明进入大山一带，向地区队长中川大佐报到。地区队向集团发去电报：“饭田少佐于30日黎明抵达，左手受伤。大队主力虽已到达，但途中损失了大部分物资，战力大减。”

饭田大队从帕劳本岛出发时的兵力为大队长以下830人（不含运输队和护卫队合计252人），但由于运输时的伤亡、登陆后的战斗中炮兵中队全灭，且未能掌握桑原第6中队等缘故，因此26日夜在饭田掌握下的人员包括村堀先遣队在内约有400人。此外晚到贝里琉岛的桑原第6中队主力（约100名）虽然为了追赶大队主力从25日夜开始南进，但遭遇进入北地区的美军，终于未能同主力会合，就归属北地区大队长引野广少佐指挥。

饭田少佐在中日战争期间曾任步兵第2联队的速射炮中队长（当时军衔为中尉）。他在中国战场曾数次遇险，不过每次都走了狗屎运，没有丢掉性命。据原步兵第2大队长井上干一（中日全面战争爆发时是步兵第2联队的旗手，富田少佐当时是步兵第59联队的旗手）回忆：

（1937年）9月中旬突破永定河畔的敌第一线阵地时，前线噼噼啪啪地打得正热闹。当时饭田君和我都在步兵炮队，二人都在联队本部办事，一起从中国房屋的后面走路时，恰好在房子的断裂处，饭田不知为何突然撞到我的肩膀和手把我往前推，于是我往前倒去，饭田君则向后仰倒。瞬间一发敌弹‘乒’地一声贴着我的后脑部、掠过饭田君的鼻尖，‘啪’地一声打在了对面的土墙上。‘哦，好险。运气真好。’饭田君破颜一笑。我和他面面相觑，笑了笑。这到底是被绊倒了，还是瞬间的机灵，我也不明白。

还有在元氏的夜袭时发生的事情。一夜间突击了17次，数次进行白刃战，陷入了敌我难分的混战。这期间速射炮中队在等待着第一线战斗的进展。即使在夜间，敌军的迫击炮弹也频频飞来，其中一弹恰好在中队本部的队长身边爆炸。大家都吓了一跳，急忙赶过去一看，中队长正不慌不忙地在距离本部不远处排便。这虽然只是一例，却说明他是一名运气很好且具有敏锐判断力的人。

在饭田大队进行反登陆的同一时间，帕劳本岛海上机动部队（步兵第15联队）同马卡拉卡尔岛的海上游击队相呼应，为守备帕劳本岛最大的港湾、本岛中央唯一的物资运输港加拉马多湾，编成以松井克之准尉为队长的被称为“海上飞龙队”的决死游击队。该队连夜反复进行训练，等待美军攻击帕劳本岛。根据第3大队长千明大尉的前任中村准大尉的方案，飞龙

地图二十九 饭田大队主力的行动概要图

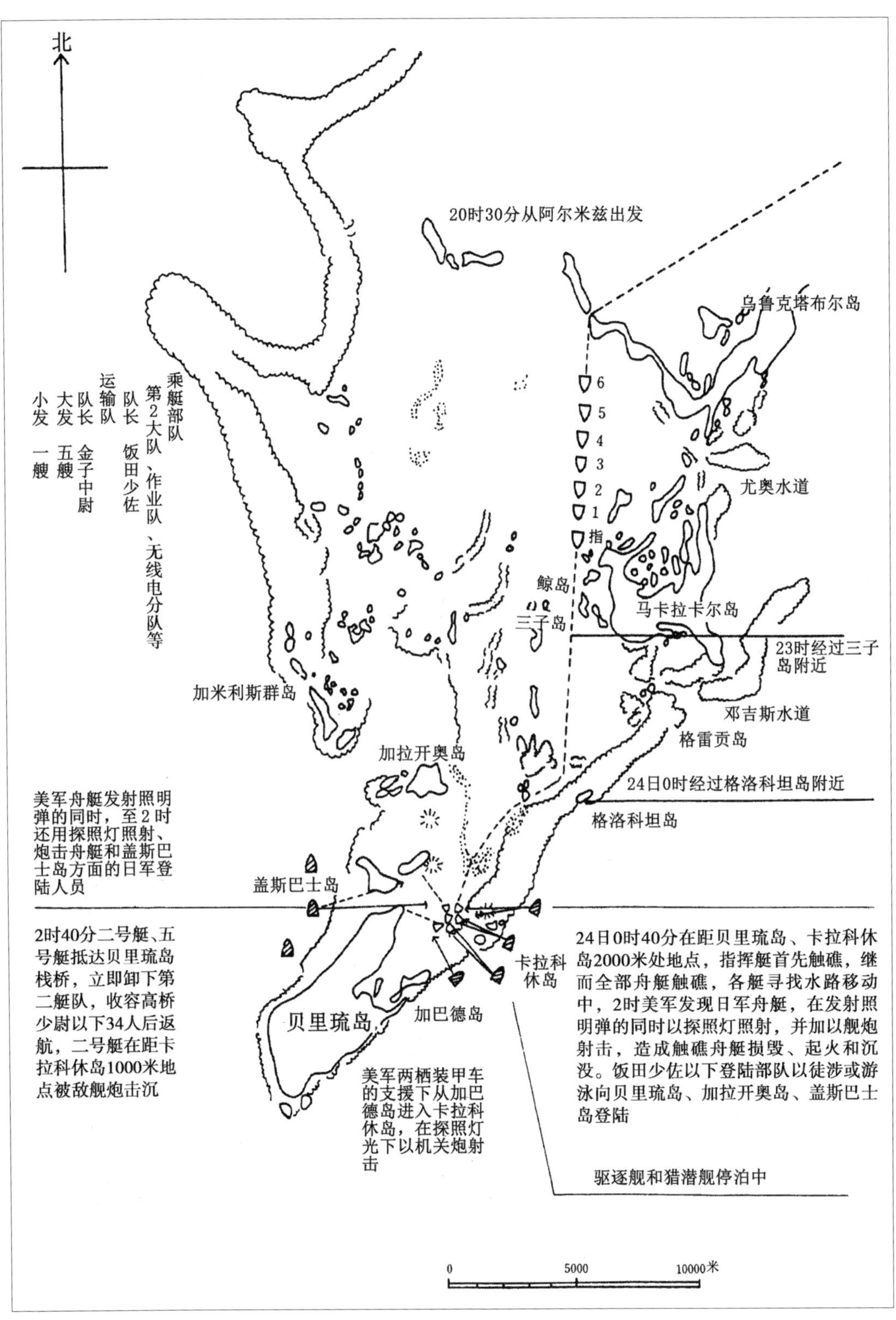

队利用了划船和岛民的独木舟。然而最终因为美军没有在本岛登陆，这支炸弹攻击队的训练成果没有机会得到检验。

此外飞龙队在训练之外还实施了牵制作战，即制作筏子，退潮时在筏子上点亮灯火让其顺流漂到港湾。美机看到后反复向点亮油灯的无人筏子实施轰炸。顺着潮流从港外漂到外海的筏子被美军误认为增援贝里琉岛的部队了。

决死游泳队的冒险

登陆贝里琉岛之后，饭田大队长在努力掌握、引导继大队主力之后抵达的部队同时，还编组了决死游泳队，以其为联络班向帕劳本岛的师团司令部和联队本部报告反登陆战斗的经过及其教训和贝里琉岛的实战情况（包括提出意见）。为了完成这一任务，特别挑选了冲绳县糸满出身的士兵（在帕劳地区现地召集的士兵）为联络班的成员。从贝里琉岛出发后，联络班进入了代理炮兵第2中队长奈良四郎少尉的指挥下，之后在美军舰艇的严密监视下和激烈的舰炮射击及美机的炸射中，突破了40公里的海上，越过群栖着鲨鱼的海流，在10月1日抵达集团司令部，提供了关于反登陆和其他重要战训的资料。最终平安到达帕劳本岛的“海中传令员”包括最先到达的糸满出身的潜水游泳高手山川玉一二等兵，以及迟一些到达的奈良少尉、酒井上等兵和关野上等兵等。联络班的行

监视日军反登陆行动的美军观察飞机拍摄的照片。

动用了整整四天时间。

决死游泳队的重要成员，步兵第15联队炮兵第2中队的酒井重之助上等兵本来是反登陆部队主力的一员。当1944年9月15日美军开始进攻贝里琉岛时，酒井重之助正在担任科罗尔岛的警备。

第2大队炮兵中队的前中队长布施中尉被调出进行临时迫击炮中队的编成之后，桑原中尉从一般中队（第6中队）调任炮兵第2中队的代理中队长。接到美军登陆贝里琉岛的消息后，第2大队立即结束了科罗尔岛的守备，移动到帕劳本岛的艾米丽基、热产地区。不久第6中队长岛崎中尉以下数人在艾米丽基码头附近不慎触雷战死，因此对第2大队进行了编制上的变更。刚刚就任炮兵中队长的桑原中尉调任第6中队长，奈良少尉任代理炮兵中队长。奈良少尉是群马县出身的剑道高手，是个身材矮小的美男子。决定第2大队为贝里琉岛反登陆部队和编成先遣队后，从炮兵中队抽调了中東准尉指挥的速射炮小队加入先遣队。

参加先遣队的人觉得与较迟出击的人恐难再会，心情悲怆。也有人表示因为先行出击的人成功登陆贝里琉的可能性更大，所以想参加先遣队。

先遣队在9月22日夜出发，23日晨平安登陆。先遣队登陆贝里琉岛之后不久即遭到美军激烈的舰炮射击，因此以后出发的大队主力的官兵被指示在登陆贝里琉岛后立即利用附近的洞穴或遮蔽物隐蔽兵员器材，此为最紧要之事。

第2大队主力的出击被定为9月23日。出发时间被定为20时。大队主力在前往乘船地点阿尔米兹水道的途中，数度遭到美机空袭。美机用机枪扫射道路的两侧，所以部队在离开道路

从阿拉卡贝桑岛眺望帕劳本岛。

很远的地方行军。

装载弹药器材的汽车在阿尔米兹——热产的作战道路上，在没有开灯的情况下于部队的前方慢速前进，且由于每次遭到美机空袭时都要慌忙躲避，所以前进十分缓慢。

大队主力在阿尔米兹码头集结的时间比预定的时刻晚了半个小时。可能是因为这个原因，第2大队同担任海上运输的晓部队之间未能协调意见，船舶工兵拒绝让第2大队乘船。船舶工兵的理由是：如果现在乘船出击的话，进入贝里琉水道时正是最低潮时，在珊瑚礁处搁浅的危险很大，而且舟艇无法返回本岛，所以今晚的出击应该中止。

过了不久下达了乘艇的命令。酒井作为炮兵第2中队的一员同代理中队长奈良少尉一起乘坐大队本部搭乘的指挥艇（大发）。邻座的德岛会计中尉一边说“如果能平安登陆贝里琉就好了”，一边向周围的人分发饼干，缓和了紧张的气氛。

决定了各队的乘艇区分、艇队顺序之后终于出发了。艇队的最前面是大队长乘坐的指挥艇。迂回阿拉卡贝桑时没有月光，只有无边无际的灰色海洋。从乌鲁克塔布尔岛经过了马卡拉卡尔岛、三子岛，靠近了能望见贝里琉水道的地方。这时贝里琉岛上一片寂静。酒井看到浓墨般的海上散布着一些岛屿。酒井正想跟旁边的战友讨论哪个是贝里琉岛时，注意到担任导航的士兵正在艇上。

酒井听到那名导航兵在同大队长说话：“找不到水道标识了。我想跟艇长谈一谈。”当能够清楚地看见各岛的外形时，在艇尾的方向响起了奇怪的咯吱咯吱声，发动机停止了。船舶工兵说舟艇触礁了。后续艇在经过指挥艇旁边时喊道：“怎么了？我们先走了！”便向贝里琉岛前进。

船舶工兵检查船底之后，报告说传动轴撞上了礁石，所以引擎无法旋转。于是立即让大约30名会游泳的人跳进海里推动船只，终于成功离礁，引擎也能开动了。跳进海里的人员也都上了船，可是很快又触礁，引擎又动不了了，于是决定推动船只直至进入水道，人们再次跳进海里开始推船。但由于步调不一致，船只无法向指定的方向前进，因此决定在吆喝声的协调下推船，但仍然进不了水道。

这时他们遭到来自左前方的炮击，不过看起来只是在试探着射击。此时依稀看到了一二艘美军舰艇的身影，从船首那边传来了代理中队长奈良四郎少尉的声音：“大队长，应该在被敌人发现之前射击啊。”大队长命令道：“先不要射击，全体人员立即下船。”人们把能带走的装备都带在身上，全体人员都下船完毕了。确认所有人都已下船后，马上下达了向贝里琉前进的命令。人们在海中的珊瑚礁上向前行进，但水太深难以行走，陆续有人跌倒在海里几乎被潮水冲走，还有人喝进海水被吓破了胆。由于前进迟迟无进展，于是决定以10人为一组用绳子绑在一起在海中步行。

下船后走了大约一个小时，这时左后方

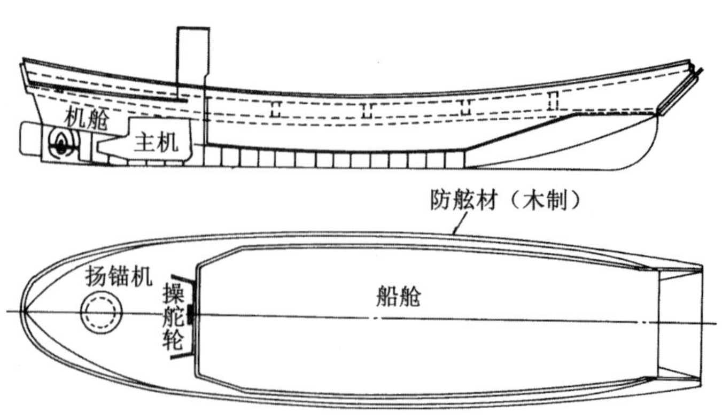

大发动艇（大发）的一般配置部件图。

升起了火柱，酒井他们原来搭乘的大发被美舰的舰炮轰成了碎片。人们都很感激大队长让全体人员下船的正确决断。因为大发的爆炸，大量照明弹升上天空，将海面照得亮如白昼。交错乱飞的曳光弹看起来好像人们提着灯笼在游行，从酒井他们的头上飞过。他们终于被美军发现，遭到美军的集中射击，周围的海上笼罩在炮烟弹雨中。

因为满潮的关系，海面的水位不断上升。背着无线机的通信兵说："大队长阁下，器材被海水浸湿无法使用了！"大队长指示说把器材扛在肩上，但马上又改口说："现在发出最后的无线电报，然后扔掉它。"两名通信兵在其他士兵的帮助下在海中做好准备架起了无线机，然后发出了大队长口述的电文："大队主力于23日夜向贝里琉岛实施反登陆，主力大部分登陆成功，但指挥艇触礁受损，不过已在海中掌握兵员。但因潮位增加和猛烈的敌炮击，无线机携带困难，因此这是大队最后一次以无线进行联络。饭田少佐。"

拍发电报完毕，大队长高举军刀命令道："本官无论使用何种手段也要前往贝里琉。必须掌握指挥已经反登陆成功、正在贝里琉战斗的大队主力。现在虽然想指挥身在海中的各位登陆，但从现状来看难以做到，从现在开始各人独自在盖斯巴士岛登陆吧。"时间大约是24日凌晨2点多。酒井觉得跟大队长走的话总会有办法的，于是决定跟大队长一起行动。队伍中有的人很有精神地走着，也有人由于疲劳被落在后面，总之这一伙人逐渐变得七零八落。

岛影越来越大了，这时炮弹开始从岛屿岸边飞来，在近处爆炸掀起水柱。除了美军舰艇，美军的水陆两栖装甲车也开始射击。酒井向大队长报告了该情况，于是大队长指着位于盖斯巴士岛右方约30度方向的岛屿大声下令："全体人员向那座岛屿前进。"他们以该岛的中央台地为目标，全力游泳直至拂晓。当酒井全力游到双脚能够到海底、身体可以站起来的地方时，看到后方海上有2艘舰船，好像一半身子扎进海里的鲣鱼干一样，一边喷出黑烟和通红的火焰一边沉入海中。滚滚硝烟笼罩海面，在灰色的硝烟中现出了美舰那城堡般的身躯，犹如云端的画卷。天亮前，酒井他们在美军舰载机飞来之前就潜入了岛屿岸边的红树林下面。

这座岛屿就是加拉开奥岛。岛的中央部是略微隆起的岩山，右边是连绵的沙滩和椰子林。大队本部中有大队长以下6人已经游过来，德岛会计中尉还带着士兵扔掉的装帐篷的包。他从包中取出"阵中饼"和压缩饼干、鲣鱼干等分给大家。

大队长到椰子林那边确认登陆人员，确认了共有18人已经登陆，最后一名登陆的是佐伯曹长。军官有饭田大队长、石川洋军医、德岛清会计、奈良代理炮兵中队长等。

加拉开奥岛上原本驻扎着晓部队的一个小队，但大约10天前他们已经离开岛屿以同本队会合（根据留在岛上的某士兵的笔记本）。因此岛上留下了很多粮食。再加上椰子的果实，这里简直像天堂一样。

酒井看了看贝里琉，在远方的海上，美军舰船包围了贝里琉，正在反复实施舰炮射击。贝里琉岛上，山的表面露出了白色，变得一片荒凉，白烟不断升起。酒井他们曾经在美军登陆贝里琉岛之前，援助南地区队（千明大队）构筑阵地约一个月，那时候被绿色覆盖的美丽岛屿现在已经变成了灰白色。

当晚，酒井等人所处洞穴所在的高台的海岸上，出现了搭乘筏子的三个人。叫住他们后，他们显得非常吃惊。据他们所说，他们是朝鲜出身的设营队员，过去在贝里琉的航空基地工作。自美军登陆贝里琉以来激战连续进行，日军以洞穴阵地为据点实施了猛烈反攻，在洞穴阵地内避难的这些设营队员和军属因为是非战斗人员，所以被命令离开洞穴，于是他们决心前往帕劳本岛，乘筏子行到此处。他们还说日军确保着贝里琉北地区的码头附近的洞穴阵地，在夜间可以在码头附近登陆。饭田大队长请他们带路，但遭到拒绝。不过作为补偿，他们把到这里来的路线和日军阵地的位置写在了纸上。大队长向他们道谢，送给他们一些粮食，这些设营队员高高兴兴地离开了。

第二天（25日），全体人员在椰子林内集合，以大队长为中心举行了关于今后的行动的干部会议。会上，奈良少尉向全体人员发表了行动计划。

行动计划的概要是：从今晚开始登陆贝里琉。如果全体人员一起行动，很容易被美军发现，所以大队本部的五人首先登陆。判明贝里琉岛的情况后，剩下的全体人员在奈良少尉的指挥下登陆。酒井上等兵被任命为向导。因此酒井上等兵被命令同本部人员一起行动。

等到25日傍晚，酒井从洞穴里出发了。酒井为了带路需要回来联络的地方也被定为该处洞穴。

酒井作为先导，同大队本部的五人小组首先抵达了孔高鲁岛。那里有高射炮阵地，饭田大队长接近了伪装的阵地，这时遭到守备兵的喝问。三言两语交谈了一会儿后，高射炮队的指挥官模样的中尉出来了。中尉向大队长报告了情况，由于通信联络断绝，所以关于贝里琉只能判明目力所及范围内的情况。不过中尉在大队长带来的地图上指示了孔高鲁岛上的地雷和水雷的敷设情况，告诉大队长在桥梁一带，即使夜间也常遭到敌人射击，所以还是游泳渡海比较安全。

在贝里琉北部被摧毁的日军碉堡附近眺望卡拉科洛码头的陆战队员。美军一直担心巴贝尔图阿普岛（帕劳本岛）的日军在贝里琉实施大举反登陆行动。虽然饭田大队主力确实在贝里琉岛反登陆成功，却无法改变全局。

接着他们又游到盖斯巴士岛，很顺利地登陆了。众人走到应该是盖斯巴士机场的地方时，炮弹在很近的地方爆炸了，灼热的岩石碎片也从头上落下。人们慌忙寻找遮蔽物，但环视四周却没有发现任何遮蔽物，大家只好低下身子避难。不久炮声远去，他们又前进到能看到贝里琉码头的地方。

大队长指着海峡对面的贝里琉北端的丘陵，将最突出的岩场之下认为是友军阵地的地方定为目标，还指示做好准备以便随时可以游泳渡海。酒井脱下胶底布鞋夹在腰间的皮带处，走到目标附近草木丛生的水边时，注意到夹在腰间的胶底布鞋不见了。这里距离脱下胶底布鞋的地方大约有30米，于是酒井对大队长说自己去取回掉落的胶底布鞋，请稍等一会儿。大队长说："好，去找回胶底布鞋吧，我们要从前面不远处游泳向目标前进，你如果找到胶底布鞋的话就在后面向目标追过来吧。"酒井想这下可麻烦了，但他没敢说"一个人的话就不需要胶底布鞋了"，只是回答说："是。"接着急忙返回据判断是胶底布鞋掉落的地方左找右找。酒井终于找到了胶底布鞋。但比起找到失物的喜悦，独自一人的不安感更加强烈。

酒井又开始游向目标地点，顺利地抵达了贝里琉的海滨。此时大队长早已从别的地方游过去了，已不见了踪影。酒井看到沙滩上排列着被打掉叶子的椰子树，有的椰子树被从根部炸倒。空气中充斥着刺鼻的硝烟味，他切身感受到了战场的杀气。

目标地点的地形与从盖斯巴士岛上看到的不太一样。为了确认登陆地点，酒井决定前往前方的丘陵，刚走出一步就脚下一滑掉进了沙坑里。周围仍然很昏暗，沙滩上的起伏很难看清。

酒井接近了判断为目标的岩场前面，这时他感觉有人从烧剩的树下端起枪，同时有人喝道："是谁？"他回答了口令："照，酒井。"之后走出一名陆军士兵。这名士兵告诉酒井前面是海军的阵地，酒井认为该处并非目标。接着酒井询问他是否知道指挥从帕劳本岛来的反登陆部队的步兵第15联队第2大队长饭岛少佐所在的地点，对方遂将酒井带到地下坑道内。

这里是宽约4米、高约2米的隧道，在中央一带左右相交。酒井走到那里一看，左边是海军的守备队所在的地方，有人告诉他大队长就在坑道里。他往右边拐去，里面点着蜡烛。隧道的各处挂着手提式的煤油灯，跟外部相比就好像是另一个世界。这时他听见有人在叫他："喂，酒井。"酒井在晨曦中向声音传来的方向看过去，原来是千明大队炮兵中队（炮兵第3中队）五味田小队的同年兵关野茂木上等兵，从中国东北出发以来酒井就跟他分开了。关野与酒井同年入伍，是过去驻扎在齐齐哈尔时期的中村队（速射炮中队）的战友，与酒井同甘共苦的伙伴。

关野从南地区转进到这里的过程颇为曲折。9月16日夜，五味田小队移动到"一字半岛"的阵地。三天后，关野等人从高崎湾出发去侦察中崎、南岛半岛方面的敌情时，看到了中崎的岩石上面的美国兵。这些美国兵正在搬来什么东西投进海里。此外他们还看到在高崎湾的外海中有拖着小船的中型艇。数艘中型艇一边拖着小船一边一艘接一艘地进入高崎湾内。在高崎湾内，小艇停在关野他们曾经构筑水下障碍物和敷设水雷的地方，然后美国兵在障碍物的铁栅上绑上铁丝模样的东西，安装了四方形物体。作业进行了约两个小时后，美国兵向湾外撤走了。过了大约一个小时，突然发生了大爆炸。关野他们花了数十天构筑的障碍物和敷设的水雷在瞬间被炸飞，变得形迹全无。虽然美军明明就在眼前，他们却束手无策，因为如果这边发射一发子弹，就会遭到成百成千发子弹还击，实在没有办法采取行动。

9月21日，美军终于开始了对五味田小队在一字半岛的阵地的攻击（美军在9月20日占领一字半岛北半部，21日占领南半部以及A岛和加巴德岛两座小岛，23日占领卢比岛。除了撤退到一字半岛的五味田小队，日军在这些地方都没有部署兵力）。虽然双方距离极近，美军仍然向日军阵地倾泻迫击炮弹。在战斗中，双方都有伤亡。五味田小队的浮原勋上等兵战死、野口上等兵身受重伤。

最后的时刻终于来临，美军一部从一字半岛的根部（东北方向）攻过来。来自机场南侧方向的迫击炮的集中射击也持续不断。双方的距离缩小到约40米。美军用自动步枪向日军扫射，双方还互相投掷手榴弹。关野上等兵认为美军会从侧面攻击，就沿着海岸前进，这时他遭到美军的集中射击。正在他进退不得、命悬一线之际，松田源治一等兵和另一名士兵靠近过来，用步枪为关野进行掩护射击。多亏了他们，关野才能返回阵地。之后不久松田一等兵的腿部负伤，另一名士兵战死。为了帮助关野，两名战友战死战伤，他自己却平安无事，这让他心里很不是滋味。

当关野靠近五味田小队长要接受关于后续行动的指示时，小队长被美军的迫击炮弹直接命中。关野看到小队长突然倒下，便大声呼唤小队长的勤务兵塚原千代登一等兵，但没有听到任何反应，恐怕塚原已经战死。

五味田小队长虽然身负重伤，但仍然活着。小队长取出遗发袋，摘下手表，对关野说：请把军刀和这些东西交给故乡的妻子和孩子。关野只能答复说一定交给她们。之后小队长握着军刀一边嘟哝着什么一边向前倒下了。

在左边，分队长山口丰松伍长喊道：“敌人靠近了，有没有手榴弹？”关野一边回应“我有”一边靠近他时，山口伍长却战死了。

美军也非常勇敢，他们越过死伤的战友逼近日军。美军留下的背包里装着食物。关野等幸存者都饿坏了，想要把美军的背包拉过来，却遭到自动步枪的射击。虽然很不甘心，但他们也只能忍耐着饥饿。

不久天黑下来，枪声停止，美军撤回。幸存的日军三三两两地集中到速射炮的阵地上来，包括关野在内一共有6个人。以后怎么行动，这是个问题，6个人各自都表达了自己的意见。首先想到的事情是在一字半岛的根部应该有茂木公卫中尉指挥的速射炮小队。茂木小队如果没有覆灭，只要没有移动到其他地方就应该还在那里。于是他们最后决定同茂木小队会合，专归茂木中尉指挥。

1940年入伍的吉泽启介上等兵说：“不能就这样把炮留在这里，分拆之后扔进海里吧。”于是他们将火炮分拆之后，把除了炮身之外的东西都扔进海里。他们想要用手榴弹爆破炮身，但没能成功，便把炮身也扔进了海里。不过关野觉得拥有丰富的武器弹药的美军应该不会使用日军的武器，心里总觉得怪怪的。

这6人中有2名是重伤员。其中野口庄平上等兵只能躺着，根本动不了，所以众人让他一只手拿着手榴弹，另一只手拿着开了盖的牛肉罐头，与他诀别。松田一等兵腿部负伤，就拄着拐杖跟其他人一起出发。可是松田一等兵的体力很快就到了极限，最后因为出血过多断了气。

他们的行动困难至极。他们白天在岩影或

陆战队员和军犬在岛西公路和岛东公路的岔路口附近的水井旁侦察，希望发现日军反登陆增援部队的踪迹。

树荫下藏身，夜间在黑暗中行动。从一字半岛的阵地出发后第二天（9月22日），他们到达了茂木小队以前所在的地方，结果连一名友军也没看见，只能猜测茂木小队大概是为了攻击登陆的美军而移动到了他处。在这里关野又听取了大家的意见。他们知道在贝里琉公学校东北的台地一带有水户第2联队构筑的巨大的洞穴阵地，决定前往那里，于是再次开始前进。

当晚他们终于遇到美军阵地。自从开始行动后他们什么吃的也没找到，肚子饿得慌。他们静静地悄声前进，眼前出现了美军的营帐，进到营帐里面一看，罐头堆得跟小山似的。他们争先恐后地去抢罐头。当他们拿着能拿动的所有罐头往营帐外面走的时候，不知道是谁不小心弄出了声音。美军察觉到这一响动，一齐向营帐射击。他们慌忙逃走。铃木幸好上等兵（第7中队所属）被打中。“不行了，我先走了。”刚说完的瞬间，“轰隆”一声响起了手榴弹的爆炸声，铃木上等兵用手榴弹自爆了。关野他们拼命向海岸逃跑。有两名士兵从后面向关野跑来，其中一人是九州出身的德留勇军曹，另一人是一名上等兵，德留军曹的部下。他们三人在海岸线上拼命奔跑，最后找到了红树林，进入林木茂密之处隐藏起来。他们在红树林中一边吃着罐头一边度过了两天。

最后三个人终于下决心开始行动。他们再次前往茂木小队的速射炮阵地，茂木小队仍然不在那里。实在没办法，他们又在丛林中前进来到海岸线，看见对岸有座岛屿，便将这座岛屿定为前进目标，每个人都把步枪当作手杖在海中前进。三人突然遭到来自前方岛上的自动步枪齐射。在海中行动很不自由，子弹咻咻咻咻地向前后左右飞来。关野右侧的德留军曹一边“唔”地呻吟着一边沉入海中，就这样战死了。

这样终于只剩下了两个人。他们一边避开子弹一边走了大约4个小时。最后他们来到大道上，路边有食品罐头和胡椒粉。压缩饼干等乱七八糟地散落一地，可能是遭到了轰炸。他们都饿坏了，所以对所发现的食物都非常欣喜，不管不顾地吃了起来。周围完全看不到绿色的草木，山上被轰炸和舰炮射击炸得露出了白色的表面，像被掘过一遍似的。附近人影全无。两人从被认为是通往机场的道路上向码头走去。走了一会儿，忽然在什么地方有人大声叫道：“有人吗？快进洞！”不知道是从哪里传来的声音，右边有座小山，左边是海岸线，路边的椰子树光秃秃地倒在地上。关野仔细一看，路边陡峭的裸露山坡下有洞穴的入口。入口的正中间有一人高的岩石堵塞着入口。他们从岩石旁边进入洞穴，发现里面有大约20个日军。看起来个个带伤。有人手里紧紧握着手榴弹，有人坐着把枪靠在肩头。他们几乎都保持着沉默，一句话也不说。酒井忽然看到驻扎在中国东北期间在手枪射击大会上认识的生方卯兵卫兵长（第9中队），他双眼受伤失明了。关野跟他谈了谈，可是他已经做好了精神准备，拒绝跟关野他们一起行动。

大约在上午，洞外开始了猛烈的炮击。每当美军的炮击击中洞穴附近的山坡时，洞内的天井和周围的洞壁就会破裂，岩石咕噜咕噜地落下来。如果洞穴被直接命中的话就必死无疑了，简直让人魂飞魄散。几辆美军坦克一边震得地面隆隆作响一边从附近开过。到了晚上，美军停止行动。一切都回复了寂静。

翌日（9月25日）早晨，关野他们离开洞穴，向卡拉科洛码头方向出发了。走了约两公里，看到右边有座小山。他们靠近小山仔细一看，发现了洞穴的入口。入口前土袋堆得高高的。这里是他们初次登陆贝里琉岛后最先通过的地方。关野回想起这里是水户联队的士兵们使用炸药从事阵地构筑作业的地方。进入洞内一看，里面挤满了军人和军属。

这个洞穴长约150米，挖了三条南北向的横洞。这里还到处修了不少小横洞，里面装着弹药和食物等。进入最西边的横洞后，关野惊讶地发现里面挤满了约200人。这些人都是伤员，有的人被白色绷带包裹全身，有人身穿浸染着鲜血的军服，有人正在呻吟，有人正在痛苦地挪动身体等，简直惨不忍睹。

关野从洞穴西口观察通往机场的道路，看到美军的坦克正在进行填埋反坦克壕的作业。那附近有美国兵爬到椰子树上正在侦察日军。虽然是敌人，美国兵的勇敢也令关野深为吃惊。

到了晚上，关野忽然发现洞内有认识的军官，那就是第15联队第2大队的中队长村堀中尉。关野想不到村堀中尉竟然身处此地，简直不敢相信自己的眼睛，可是那的确是村堀中尉，正在干脆利落地向部下模样的士兵们下命令。关野靠近一名士兵，打听是什么部队。对方回答说是15联队第2大队第5中队的士兵。接着关野又问他为什么来到这里，对方回答说：15联队的第2大队（饭田大队）为了增援贝里琉守备队作为反登陆部队从帕劳本岛在贝里琉岛反登陆，我们第5中队（村堀中队）作为先遣队在前天（23日）成功反登陆，今天抵达这里。这名士兵还告诉关野说饭田大队的主力应该晚一天在贝里琉岛反登陆。得知友军前来增援之事，关野顿时勇气百倍，大受鼓舞。

这时该部日军对于饭田大队主力反登陆的情况依然不明，但从美军在贝里琉岛北方盖斯巴士岛或三子岛方面激烈发射照明弹的情况和与之相伴的猛烈集中炮火的声音来看，反登陆部队的情况很是危险。

第二天晚上（9月26日），一名身材魁梧的军官带着五六名部下进入了这里的洞穴。这张脸正是第2大队长饭田少佐。他身穿翻领的短袖上衣和短裤，一只手握着军刀，只有眼睛闪闪发亮。关野在洞穴里还遇到了齐齐哈尔的中村队时期的同年兵酒井重之助上等兵。（酒井的经历如前文所述）

酒井从关野那里了解了千明大队在南地区的战斗情况，得知自9月15日美军登陆进攻以来，千明大队虽然努力防御反击，但在16日—17日的激战中，千明大队长、岩佐直三郎炮兵中队长、新井明曹长等战死，大队主力遭到毁灭性打击，以及关野上等兵从南地区一边战斗一边行至这处洞穴期间的经过。酒井带着关野走到大队长处，在报到之后向大队长介绍了关野上等兵。

听过酒井的报到，大队长对酒井说："你总算来了。明天你回到加拉开奥岛给奈良少尉以下的后续部队带路，在接到其他命令之前，你就先休息吧。"接着他又对关野上等兵说："是千明大队的幸存者啊。竟然还活着啊。"对酒井的幸存感到十分高兴。

饭田大队长通过关野上等兵了解了千明大队的战斗情况、千明大队长的情况、美军攻击的情况，自己所属的小队（五味田小队）全灭后的行动等。关野将战况的要点按顺序作了报告。

在26日白天，美军坦克一边用坦克炮射击一边轰鸣着接近过来。美军向洞穴的入口喷射了火焰，洞穴内充满黑烟，让人喘不上气，日军费了很大劲才把烟排出洞外。几名村堀中队的士兵出击攻击坦克。日军接近坦克投掷了燃烧瓶，坦克燃烧起来，但坦克迅即逃走，战果不明。其他士兵匍匐前进用破甲炸弹攻击坦克。破甲炸弹被扔进坦克的履带下，在腾起爆烟的同时，坦克的履带断开，坦克瘫痪了。坦克乘员打开坦克的顶盖跳下坦克逃往旁边的坦克。然而美军仍然无所畏惧地反复攻击。日军的肉攻也是有限度的，在反复出击中人员出现死伤。在白天的战斗中日军消耗甚大。

村堀中队长放弃了白天的攻击，指示以夜间的肉攻挺身突击战术攻击敌人。于是马上从当晚开始展开了肉攻挺身突击战斗。肉攻班每组2—3人，头系白色缠头带，在腰部也缠上白带子，身上还十字交叉捆上白带子，作为自己人的标识。肉攻班一组接一组地出击。过了2—3个小时，肉攻班陆续回到坑道内，其中有人拿着美军的自动步枪，有人拿着钢盔和军服。大家看到缴获的武器和粮食等，精神为之一振。酒井看到很快又编成了新的突击队前往出击，那是曾在中国东北、帕劳本岛多次一边笑着擦肩而过一边同自己说话的生气勃勃的伙伴们。可是酒井现在看到的他们却好像换了人似的，脸上满是紧张的神情。

翌日（27日），美军的轰炸炮击更加激烈，气浪和硝烟涌入坑道阵地内让人喘不上气。大约在中午，有人报告说敌坦克群向阵地攻击过来了，于是立即命令联队炮和速射炮准备射击。因为速射炮的四号炮手战死了，所以速射炮出身的酒井被指定为四号炮手进入阵地。

这个速射炮分队应该是临时编成的，一般兵科（步枪队）的士兵大部分对速射炮的事情几乎一无所知。酒井在四号炮手的位置上，和三号炮手在一起。三号炮手装填了炮弹准备射击。坦克接近了，这还是酒井第一次跟真正的坦克战斗。在充满紧张的一瞬间，分队长号

从西北方向远望看到的三子岛。

朦胧，时隐时现。美舰发射的照明弹不时从左右升起。连在周围喊话确认位置都很困难。奈良少尉判断继续前进极为困难，因此命令全体返回加拉开奥岛。命令通过口头传达，但因为风雨遮挡无法知晓是否已传达到所有人。在返回加拉开奥岛的人员中，不见了先遣队的佐伯曹长和另一名士兵，他们再也未能回来。

随后奈良队决定在29日早晨美机从贝里琉机场起飞之前出发。那天是个大晴天，潮流虽急，但他们还是很顺利地抵达了三子岛。令他们吃惊的是，岛上已经集结了陆海军的混合部队，还看到了海军的小艇。他们打听了一下有没有能开到本岛的船只，得知晓部队的大发艇每周过来一次。奈良少尉为了借用海军的小发艇同岛上的部队进行了交涉，但遭到拒绝。他们不想干等不知哪天才能过来的船只，为了早日完成任务，决定分成两组行动，一组等待从本岛来的船只然后乘船前往本岛，另一组为了尽快达成任务立即游泳前往本岛。

这两组分别为：

1.游泳组：奈良少尉、酒井上等兵、关野上等兵、上原一等兵（奈良少尉的传令兵）、仲村二等兵共5名。

2.等待来自本岛的联络艇的小组：林伍长、田中上等兵、外丸上等兵、崇原上等兵、冈野上等兵、冈庭一等兵、池田一等兵共7名。

游泳组在三子岛制作了筏子。29日晨把刚做好的饭团装在筏子上出发了。奈良少尉以下5人一边抓着筏子一边游泳，避开美舰艇的严密监视，克服了有鲨鱼群栖的潮流等各种困难在当天就抵达了马卡拉卡尔岛。在胜哄岛附近，他们捡到了装压缩饼干的箱子，美美地品尝了一顿。他们想把压缩饼干连同箱子一起装在筏子上，但为了避免被美机发现，决定把没吃掉的全都留下。隔着一条水道远望照岛，可以看见岛上的平坦沙滩上生长着茂密的椰子树。仲村二等兵说：“这条水道有潮流经过，只有趁潮流停止时游泳才能游到照岛。所以我们只能等到潮流即将变化时。”

当看到潮流将要发生变化，仲村二等兵发出了出发的信号，于是他们一齐开始游泳。当天黄昏，他们抵达乌鲁克塔布尔岛。在岛上，

马卡拉卡尔岛西端。

他们看到了岛民的房子，里面有老年夫妇、年轻夫妇和小孩。岛民肤色很黑，日语很流利，以打渔为生。岛民说他们也是日本人，所以一直在协助日军的士兵。岛民还蒸野芋、木薯给日军吃，此外还请他们吃了熏鱼。这些日本兵好久没吃到像样的食物了，关野感觉自己“品尝到了生的喜悦”。

日军要跟岛民借独木舟。岛民一开始说会影响生活，拒绝了。又谈了一阵子后，岛民终于很勉强地把独木舟借给了日军。日军乘上独木舟，在10月1日早晨抵达帕劳本岛的马拉卡尔码头。但所有人都因为过于疲劳无法从水中爬上来，还好被碰巧路过的海军人员给拽上来了。登陆后，他们鞭策着疲劳的身体向贾斯彭急行，一路上小心避开美机，在当天抵达联队本部，完成了向福井联队长报告的任务。至于山川二等兵则比他们早一天抵达师团司令部，提交了饭田大队长的报告书。

迫击炮的炮轰对它们的影响很小，空中轰炸和扫射也几乎伤不了它们。日军在这一带的轻武器射击精准，证明他们已经接受过完善的步枪狙击训练。美军陆战队员频繁被200码到400码以外的日军射击打死或打伤。

乌穆尔布罗格尔孤立阵地内最突出的地标和最显眼的高地是沃尔特岭（东山）。这道山脊占据和瞰制着日军纵深预备阵地的东南角，与岛东公路平行。沃尔特岭北面一片70码宽的洼地之外是博伊德岭（日军东山阵地中最北端的高地），一座无名山脊横亘在博伊德山脊和321步兵小径之间；沃尔特山脊西面是马蹄谷（东山和南征山之间的谷地），谷旁的山地也被称为“五兄弟岭”（南征山）。五兄弟岭西边是另一座山谷，被称为“主谷”“小槽谷”，最终被美军定名为“野猫盆地”（大山东侧谷地）。这片洼地的西面被“中国墙”（大山）堵住，东南有一道崎岖山脊，被称为“五姐妹岭”（大山南部的4个山头和观测山，有时专指大山南部的4个山头）。另一片狭长洼地被不祥地命名为“死亡谷”，正好将五姐妹岭和“中国墙”与瞰制岛西公路的山地分开。除了有个别微小变化之外，乌穆尔布罗格尔山地的所有山脊都是东北至西南走向，或者南北走向。

当乌穆尔布罗格尔孤立阵地的形势变得严

地图三十　乌穆尔布罗格尔山区阵地

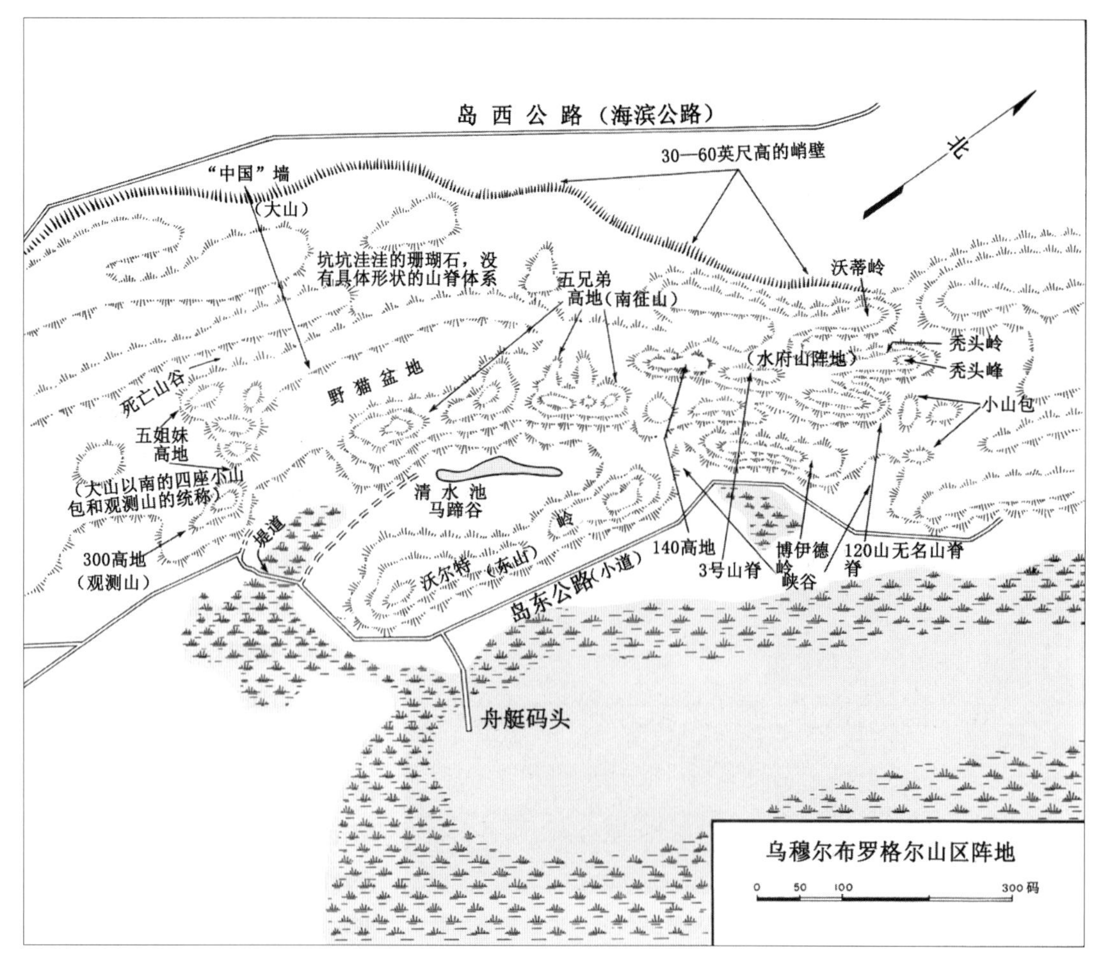

峻之时，也不意味着日军会就此绝望。9月30日，中川大佐掌握的兵力合计还有约1800人，包括步兵第2联队第1大队（欠第3中队）、第2联队第3大队（欠第7中队）、步兵第15联队第2大队（饭田大队，欠第6中队）（各大队约300人），以及步兵第2联队炮兵大队（火炮全部损失）和第2联队的冈田通信中队、五十畑工兵中队、阿部补给中队、安岛卫生中队，还有野战医院等和海军航空队临时编成的陆战队约300人。粮食也有一些剩余，不过武器弹药十分缺乏。虽然日军为缺水的问题所困扰，但9月28日以后，连天公也在帮助日军，贝里琉连日大雨，从而让日军暂时不再缺水。在持久战期间，日军平时会在黑暗的地下坑道中用空罐头盒积存从钟乳石上滴下来的水滴饮用。至于粪尿则用稍大的罐头盒来装。如果把粪尿倒在入口附近，就会被美军发现自己所在的地方，所以日军不得已利用夜间在远一点的地方扔掉，结果又会被美军伏击。结果，粪尿的处理十分困难，洞穴深处粪尿横流，洞内恶臭难忍。

此外，日军还派出了不少挺身突击队、肉搏攻击队等潜入美军后方发动袭击，并在袭击中获取了不少武器弹药等，但未能进入机场。不过机场处在步兵第2联队第3大队的大队炮的火力压制下，然而因剩余弹药很少，无法进行彻底的破坏攻击。

这一时期在帕劳本岛上，继饭田大队的反登陆后，日军以步兵第15联队的今野义雄大尉指挥的第1大队为第二批增援部队，正在准备派遣，但由于奈良少尉带来的饭田少佐报告的意见，决定中止该行动，取而代之的是命令步兵第2联队出身的小久保庄三郎大尉带领的海上决死游击队准备被派遣到贝里琉。

另外，为了使贝里琉守备队的夜间挺身突击更容易进行，井上司令官请求海军第30根据地部队伊藤司令官派出海军西加罗林航空队的水上飞机每晚连续进行攻击。但这一时期，美机整晚都在帕劳本岛上空飞行，阻止日军增援贝里琉特别是水上侦察机的出击。因此集团命令各地区队长制作点着灯的假舟艇（即筏子），利用夜间的潮流流向马尔库拉贝斯库山以北的海上，引诱美机攻击这些假舟艇，水上飞机趁机出发。

乌穆尔布罗格尔山区阵地里的日军，当然明白他们的灭亡只是时间问题，但是这对他们高昂的士气几乎没有影响。9月底，陆战7团多次用传单和广播向日军劝降，但几乎无效。陆战7团为劝降使了个险招，让一名战俘前田一等水兵带着口粮和香烟送进这个山区去劝降。这个策略好坏参半。前田走访的第一座日军占领的山洞断然拒绝他的劝说，还向他投掷了一枚手榴弹。前田并不气馁，又走访了第二座9名劳工占

在贝里琉岛，就像其他岛屿战一样，步兵最终只能用手雷、燃烧瓶和步枪消灭深藏在山洞里的日军。

据的洞穴。这些劳工的态度友善多了，最终他们听从劝告，放下武器走出洞穴，向美军投降。

9月22日到27日，美军的主攻目标是贝里琉北部和盖斯巴士岛地区，守卫乌穆尔布罗格尔山区的日军避过了美军的全部进攻锋芒。实际上，美军这几日并未对这片贝里琉岛最难啃的骨头发动进攻。日军在白天基本上很安静，只有夜间才偶尔出击攻打美军的防线。当这一地区几乎没有战斗的时候，321步兵团的一些部队仍在沿着321步兵小道附近的山区北缘地区部署，陆战7团控制着机场和小径之间瞰制岛西公路的那座山脊。

尽管仍有很多日军留在一片紧凑而防御极为严密的山地堡垒里，陆战1师于9月29日却乐观估计：除了在机场北方的险峻高地之外，敌人的抵抗已经结束了……虽说日军仍会继续抵抗，但是帕劳战役的任务实际上都已经完成了。

次日，美军第32特混部队报告，他们已经占领了贝里琉、昂奥尔、盖斯巴士和孔高鲁四个岛屿，基地兴建行动已经开始，可以不受敌人干扰一直进行。

与美军的所有期望相反，贝里琉战役的流血战斗还远未结束。衣衫褴褛，肮脏不堪的美国陆战队和陆军不得不用步枪、刺刀和火焰喷射器逐个进攻乌穆尔布罗格尔山区的洞穴，才能完成这场战争中最残酷的战斗之一。要征服贝里琉中部的这座山地要塞，美军只有对这个孤立阵地最薄弱的部分以强大的力量实施最无情的侵略性打击。前提是美军先要找到日军防御体系的弱点。

陆战7团的血路

陆战1团几乎在血鼻岭耗尽了战斗力，陆战7团未能从东南方向突入乌穆尔布罗格尔山区已是将近一周以前的事情了。9月底，陆战1团正在准备离开贝里琉休整，将打垮岛上日军残部的任务都交给陆战7团和陆军第81步兵师的部队。在9月的最后一周，美军在贝里琉岛中部地区的仅有收获是在靠北侧取得的。321步兵团的部队从北方与乌穆尔布罗格尔山区交界的小路向南推进了一小段距离。日军仍然控制着瞰制周围的大片高地山头。

即便盖斯巴士岛和贝里琉北部的战斗在快速进展，陆战1师师长鲁珀图斯少将还是命令321步兵团2营去盖斯巴士岛替换陆战5团的部队。9月29日，7团1营替换了321团在乌穆尔布罗格尔山区北侧边缘的余部。321团的部队前往贝里琉北端去协助陆战5团占领该岛的那一部分。到9月29日，陆战7团已经接管了拿下乌穆尔布罗格尔山区的全部战斗任务。部队调动的时候，大风和暴雨席卷了整个贝里琉岛，道路变成了阻碍所有行动的泥潭。事实上，9月28日和随后两天的一部分时间里，天气依然很恶劣，强西风加暴雨让美军在岛西海滩的卸货作业无法进行，岛东海滩的卸货也很不顺利。

乌穆尔布罗格尔山区阵地的北侧边缘，就在321步兵小径略偏南一些的地方，大约有400码与小径平行。9月29日，美军将这条线标为X线目标位置，这条线穿过岛西和岛东公路，与321步兵小径形成直角，然后向东南经山区东北角，越过博伊德山岭边缘。这条线经过极为崎岖的地形，并不是一条固定的前线阵地，而是一系列部署在较高山脊上的前哨阵地。这条线正南最突出的地形特征是两座被称为沃蒂岭和秃头岭（日军水府山阵地中最北端的中央高地）的山脊，这两座山脊组成了日军核心防御阵地的北部支柱。在沃尔特岭（100高地）东面，毗邻山区阵地的大沼泽看来是敌军和友军都无法到达的地方，美军就没有在这一带部署部队。于是，美军仅从北、西、南三个方向包围乌穆尔布罗格尔山区。为了让尽可能多的几个步兵营的人员能够参加这次进攻，各支援部队的人员帮助控制包围圈的封锁线。

最初，乌穆尔布罗格尔山区的南部边界被分配给陆战7团重武器连，该连进入了面朝沼泽对面马蹄谷地区（东山和南征山之间的谷地）的几个阵地。该连左翼包围了300高地（观测山）山麓和五姐妹高地。山区左侧，由陆战1师的炮兵、工兵和轻工兵的一些部队，还有几个两栖车辆营的一些人员控制一条封锁线，这套封锁线在X目标位置线西侧终点和血鼻岭山脊之间延伸了大约750码。到了晚上，师部也派出一些人员加强这些封锁线的人力。在山区西北边缘，7团2营一部负责这一带的封锁线，自从9月21日该营首次进入这些阵地以来，这些防线基本上都没有变化。

鲁珀图斯指派7团1营和7团3营去拿下乌穆尔布罗格尔山区。9月30日，这两个营会从X目标位置出发，向南进攻。7团的两个主力营仍然以美军最标准的正统部署进攻，左翼1营沿着岛东公路推进，任务是占领瞰制公路的几座山岭，维持好与3营的联系。9月29日，当这两个步兵营在进行准备工作的时候，陆军710坦克营的一个连，与同样减员严重的陆战1团，正在准备离开贝里琉岛。

9月29日15时30分，美军发动了空袭，目标是削弱乌穆尔布罗格尔山区日军的士气。由于天气恶劣，能见度很低，一开始这次空袭看来必须取消，但后来还是决定无视天气条件不利，按计划实施空袭。这次空袭值得大书特书的一点是，陆战队的“海盗式”战斗机从岛上的机场起飞后仅需15秒钟即到达血鼻岭上空。陆战114战斗机中队的飞机经常都不用收起机轮，便开始执行任务。美机在山区上空发射了凝固汽油弹。此后不久，猛烈的爆炸声响彻山区，一片烟雾在山区上空弥漫，山坡上和洼地里都可看见大火肆虐。贝里琉的陆战队飞行员如是评价这种空中战法：

……进行了一次空中观察，希望能弄清这片洞穴众多的地区的各种情况，然后斯托特少校在指挥部听取了简报，在15时15分驾驶他的飞机，携带几枚1000磅炸弹起飞了。从我们准备好的帐篷和正好能看到那片山脊的塔台顶上，可以观察这次战斗的全景。烟雾弹被用于确定瞄准区域，斯托特这次飞行毫不费力地就投落了这些烟雾弹。有些偏差，但炸弹都没有偏离到该地区或洞穴之外的400码范围……16架飞机在完成对巴贝尔图阿普岛的轰炸任务后返航，仔细观察了斯托特少校在血鼻岭旁的马蹄形地区造成的破坏，报告称轰炸效果可见。

陆战队飞行员驾驶“海盗”式战斗机投掷凝固汽油弹。图中可见飞机甚至都没有收起机轮。人们都说贝里琉的陆基航空兵执行的是距离最近的轰炸任务。

遗憾的是，这次令人印象深刻的低空轰炸，虽然肯定让洞穴里的日军震颤，却未能削弱他们的抵抗能力。美军后来抓获的俘虏说，凝固汽油弹的唯一效果是制造出巨大的噪音。这次凝固汽油弹空袭和随后进行的空袭的实际效果令人失望，原因可能是陆战1师使用这种武器的观念是错误的。根据塞班岛战役的不完全报告，陆战1师觉得凝固汽油弹是一种优秀的区域打击武器，烧毁茂密丛林地区非常有效。然而没有证据证明这种看法是正确的，在以这种方式使用凝固汽油弹时，其实是无效的。

9月29日夜间，日军多次尝试渗透陆战7团占领的阵地。23时左右，日军的几个小型突击队进攻陆战7团各营连指挥所，主要使用手榴弹实施打击，造成了许多混乱和一些伤亡。彻夜暴雨有助于日军的渗透行动。9月30日凌晨1时，7团1营防区已击毙4名日军，恢复了平静。6时，一个一度占据营指挥所散兵坑的日本兵被俘。7团2营料到当晚日军会实施夜间渗透，用第1轻工兵营的85名士兵和第16野战军需基地的人员加强了周边地区，但日军只是在用迫击炮火力骚扰他们的防线而已。日军对7团3营的渗透行动，导致1名陆战队员阵亡，另有3人负伤，日军则有4人被击毙。

9月30日8时，7团1营B连出发，2个小时之内便完成了分配给他们的第一项任务，夺取了岛东公路正西，乌穆尔布罗格尔山区东北角的一座山脊（水府山东方丘陵）。从这个有利位置，B连会在A连沿着岛东公路南下进攻100码外的下一道山脊时提供支援。暴雨迫使美军取消了当天上午早些时候的空袭，也让A连出发受阻。他们直到12时45分才投入进攻。一个工兵爆破队充分利用了这段间隔时间，封死了上午在这一区域占领的所有洞穴。能见度提高时，3辆坦克和1辆LVT两栖车载火焰喷射器支援A连沿着岛东公路前进。更南方的日军在用机枪向A连的步兵射击，坦克和车载火焰喷射器的支援不可或缺。1辆坦克和LVT车载火焰喷射器配合步兵战斗，消灭了阻挠步兵前进的几挺日军机枪，让大家能继续前进。

史蒂文森中士指挥的一个步兵班跟随1辆坦克，沿着公路南下。越过一辆燃烧的日军装甲车，这个班的陆战队员转过一个拐角，发现来到一处为了便于在狭窄公路通行而修建的宽阔的高路肩边缘。

坦克先冲上了路肩。史蒂文森在后跟随，先停下脚步，仔细向脚下看去，竟发现5张亚洲人的脸正在回望他，大吃了一惊。这证明日军早就在附近的珊瑚石里挖掘好壕沟，让陆战队先进入路肩这个位置，为的就是打伏击。

史蒂文森举起汤姆逊冲锋枪对准那几个日本兵就是一个长点射，然后向后跃开，想要提

贝里琉岛上的一名陆战队员手持11.4毫米口径汤姆逊冲锋枪在战斗。汤姆逊冲锋枪不是一种射击精度很高的自动武器，但是在近战中的杀伤力很强。

醒坦克兵注意。突然，一个矮胖日本兵从一块岩石后方跳出来，两手都举着手榴弹。这个日本兵就在头盔上磕掉撞针，将手榴弹向史蒂文森掷去。史蒂文森急忙扑到地上。他发觉一枚手榴弹落在腿上，赶紧甩开。手榴弹爆炸了，那一刻他以为自己的腿被炸飞了，晃了一下膝盖，惊喜交集："见鬼，我的腿没大碍。"

史蒂文森情急之下丢开的冲锋枪已经被坦克压烂了，不过他还有一把11.4毫米口径手枪和一袋手雷可用。他取出一枚手雷，想要掷出去，却发觉肩上颇为痛楚，这才明白肩部也负了伤。他将手雷换到另一只手，开始投掷，指示他部下的步兵向伏击的日本兵开火。

排军士长摸上来了解情况。陆战队员用自动步枪和步枪向隐藏在宽路肩周围岩石之间的日军开火，子弹在到处呼啸而过。军士长询问道："你还好吗？"

"不，我受伤了。"史蒂文森答道，"我得离开这儿。"他小心避过飞射的子弹，沿着公路转过一个拐角，在一块岩石上坐下。一个医护兵正忙着照顾另外两名伤员，史蒂文森便自己剪开裤腿，在小腿肚子中间找到了一个血洞。他没有别的东西，只能先用手指按住血洞止血，一直等到医护兵腾出手来，为他包扎伤口。医护兵又问他是否需要担架。

"见鬼，不用。"史蒂文森答道，"我还能走路，现在就得离开这里。"他站起身来，却立即摔了个嘴啃泥。医护兵设法叫来一辆吉普车将他后送救治。史蒂文森活了下来，但是此后多年，他的那条腿里一直都带着那个矮胖子日本兵留给他的28块弹片。史蒂文森的运气非常好，一枚像他的拇指那样大小的金属弹片刺入了他后背中心背着的包裹，穿透了他放在包里的《圣经》四分之三便失去了动力，那本《圣经》救了他一条命。

虽然不时遇到抵抗，A连还是一路向南推进了300码。C连原先被留作营预备队，此时奉命去占领A连新攻下的阵地。15时30分，陆战7团停止前进，设置了夜间防御阵地。除了占领阵地之外，陆战7团在前进期间还摧毁了日军的一门山炮和一些机枪阵地。

当7团1营沿着岛东公路南下进攻时，本团3营在向东延伸战线，以便让1营的正面负担减轻。11时之前几分钟，7团3营接到命令，暂时分编成两个独立的别动队，一个负责保卫岛西公路一带的山脊线，另一个负责支援7团1营对乌穆尔布罗格尔山区阵地外围的进攻。7团3营营长爱德华·赫斯特少校直接指挥L连、K连的一个排和营部连一部组成的别动队负责支援1营。副营长维克多·斯特雷特少校，率领3营其余人员组成的别动队负责保卫山脊线。下午，L连在前线积极巡逻，特别是在秃头岭高地

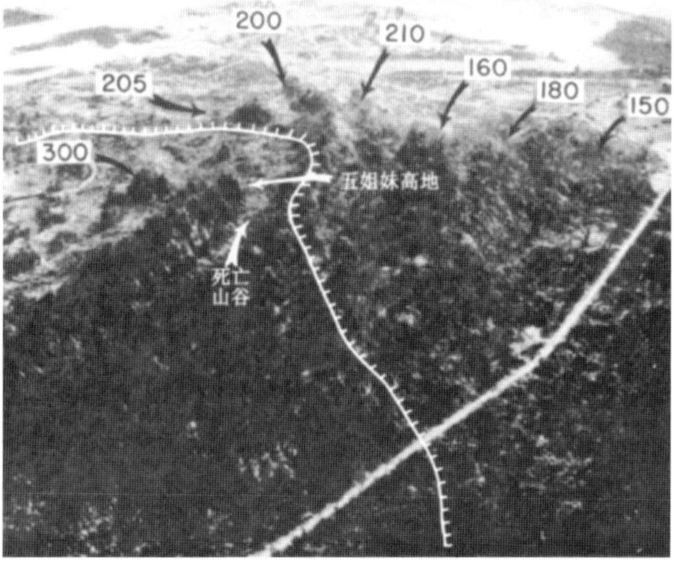

乌穆尔布罗格尔山区西南地区航拍。

一带尤其仔细，但因为大雨和大雾，只能放弃夜间巡逻。

9月30日7时，7团2营在与岛西公路平行的分派位置上，占据了一片环形阵地。当时，陆战队114战斗机中队对2营前方的几座沟壑实施了空袭，一共出动了19架飞机，向方圆仅仅100码的名为“死亡山谷”的地区投掷了20枚半吨重的炸弹。据飞行员所述：“我们将再度轰炸距离飞机航线不到1100码的目标。日军想要投放白烟来对抗我们投放的彩色烟雾。然而，轰炸还是进行得非常顺利，14次完美击中目标区域。这个区域非常小，俯冲轰炸要降低到500到600英尺高度投弹。2枚炸弹是哑弹，2枚从山脊上弹回后在空中爆炸。足够的安全边际和我们的轰炸方式令人满意。在完成了一半飞行任务后，我们从团指挥所那里得到了每一弹都命中的确切位置的直接信息，使得轰炸任务更加安全有效。一场从北方来的狂风暴雨几乎打乱了轰炸行动，但最终仅仅耽误了10分钟。”

虽然美军的空中轰炸精度很高，却没有能取得任何决定性战果。日军的抵抗一直都没有减轻，甚至在中午之前，陆战7团重武器连就报告，当天已经遭遇轰炸的地区有步枪和机枪向他们开火。空袭之后，美军对日军实施迫击炮弹集中炮击，但日军当天一直在用猛烈的狙击火力还击7团2营，让他们非常头痛。该营后方的狙击手，可能就是前一天晚上渗透美军阵地日军挺身突击队成员，他们也在骚扰该营的补给线。

尽管9月30日，陆战7团取得了不少进展，一度让美军看到了希望，但是越来越多的证据表明，该团的2个突击营无法长久维持攻击速度。例如，在9月的最后一天，7团1营的可战兵力只有90人。痢疾和日军的行动同样是造成美军战力下降的重要因素。美军将这种肠道疾病归咎于数量过多的大苍蝇，据说这些苍蝇是被大量没有掩埋的日军尸体吸引过来的。在一定程度上，陆战1师进展缓慢的原因，是战斗疲劳加剧和伤亡惨重造成人员短缺，导致动力不足的结果。据估计，7团3营的战斗力当时首次降低到编制的50%以下，下降的原因之一是患病率在增加。陆战1师对贝里琉战况的总结或许是最

正在乌穆尔布罗格尔山区的山坡上攀爬，随时会与日军士兵肉搏的陆战队员。

到位的：

10月初，他们（部队）改变了上个月在贝里琉进行的战斗活动的局面。贝里琉战役现在变成了一场消耗战——一场接一场缓慢而举步维艰的战斗，为的就是将敌军从他们在机场以北高地的最后一个残留据点里消灭。这一行动本身几乎构成了一场单独进行的战役，崎岖不平、几乎无法通过的地形需要更多时间扫荡干净，要比过去扫荡帕劳群岛南部全境所用的时间更多。

10月1日早晨，伴随着持续不断的大风大雨，天色在不祥之中变亮了。陆战7团再次准备从北面进入乌穆尔布罗格尔山区。他们的战斗区域是一系列险峻的珊瑚石地带，据守的日军仍然装备精良，补给充足，显然没有打算屈服。美军能认定的就是，夺取秃头岭（日军水府山阵地中最北端的中央高地）是进一步夺取周围山岭的必要步骤。

7时20分，7团3营L连左翼开始前进，想要在对秃头岭发动总攻之前，将7团的战线都拉直。在前进的第一个小时里，L连取得大约75码的收获，逼近至水府山北麓，但是后来就遭到

地图三十一　9月30日至10月1日的乌穆尔布罗格尔山区阵地概要图

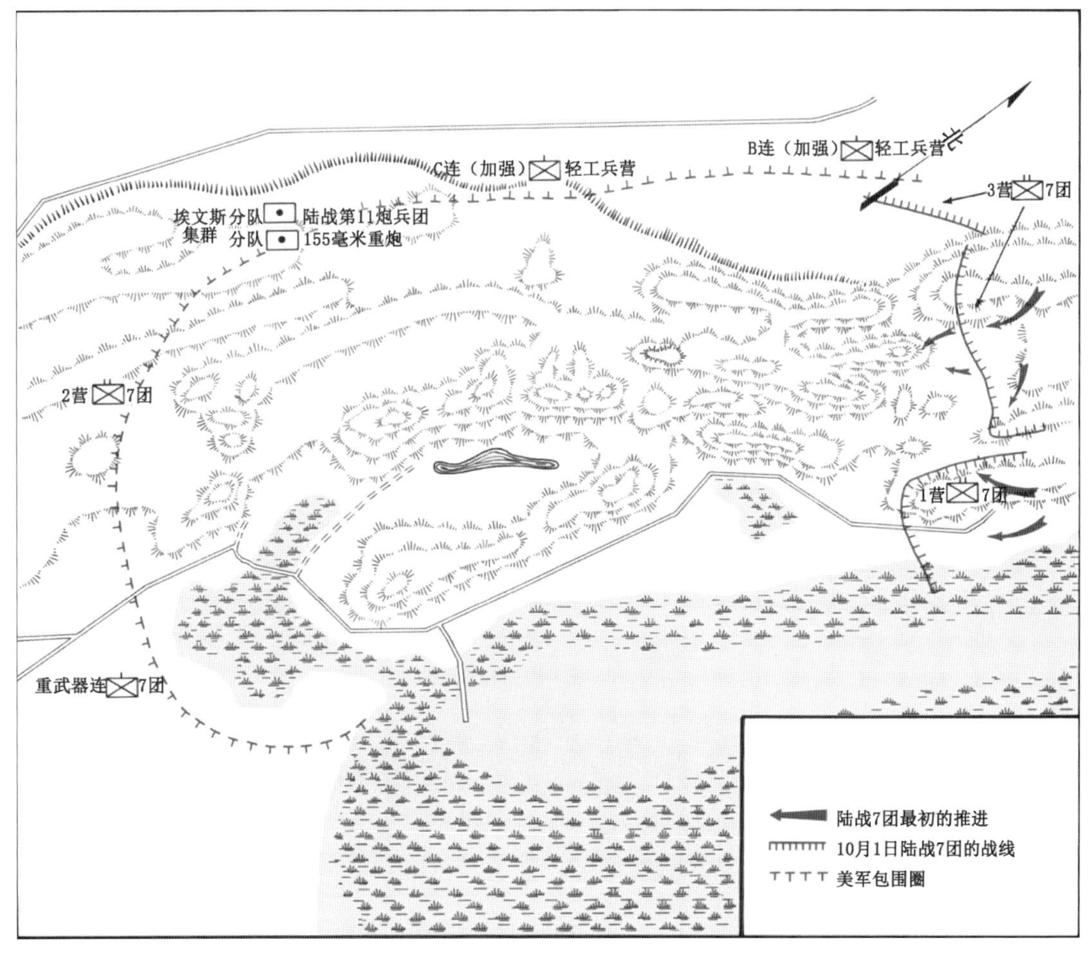

猛烈的机枪和轻武器火力阻击。由于秃头岭的山坡太过陡峭，而且日军（步兵第2联队第3大队（欠第7中队））在山顶部署了有力部队，从正面进攻这道山脊是不明智的，于是当天7团3营也没有取得更多进展。

7团1营想要设法将阵地与本团3营连成一片，表现比3营略好一些，B连报告与3营的友军在10时34分已经建立了近距离联系。下午，美军集中155毫米重炮大举炮轰秃头岭上的日军阵地，然后炮弹的弹片经常会落入友军阵地，不得不紧急叫停。

10月1日，除了陆战7团取得的一些有限进展外，贝里琉美军当天的主要行动是在对所有参战单位进行重整和调动。上午，陆军710坦克营替换了陆战第1坦克营。陆战第1坦克营与陆战1团和陆战第11炮兵团2营都已经登船装运完毕，正等候离开贝里琉岛。次日，陆战1团的第一梯队起航离开贝里琉，前往帕乌乌岛。

10月1日8时，5团3营替换7团2营，负责乌穆尔布罗格尔山区西南一线的包围圈。7团E连和G连冒雨南下岛西公路，在那里登上DUKW两栖卡车，前往机场以北的宿营区。营部和F连经过小路返回血鼻岭。在阵地上连续苦战2周后，这个营终于可以去短暂休整几天，吃上一顿热饭。同一天，另一个“海盗”式战斗机中队——陆战122战斗机中队进驻贝里琉岛机场。尽管天降大雨，全岛能见度都很低，美军部队的调动还是没有逃过日军的侦察。20时之前几分钟，2架日军水上飞机逼近贝里琉岛，在紫色海滩附近投掷了两枚炸弹后离去，却没有造成任何物资损失和人员伤亡。

鲁珀图斯少将指挥的几个步兵营的兵力越来越少，必须速战速决，也是为了避免出现之前曾让陆战队无法进入乌穆尔布罗格尔山区的一次类似僵局，他决定在10月3日对这片山区阵地大举进攻。鲁珀图斯决定这次不从山区北部地形困难的部分前进，而是将主要精力转移到东南方，夺取山区东南部的岛东公路地段和相邻的几座山脊。一旦这一目标达成，日军在山区的据点两翼就很容易遭到攻击。

根据之前的几次观察结果，美军有人强烈怀疑中川大佐维持着一支高度灵活的预备队，可以在接到通知后，快速赶到山区阵地任何受到威胁的位置。因此，10月3日的进攻需要美军各部从各个不同方向进行一系列协同攻击。陆战7团2营向北进攻，准备夺取沃尔特岭（东山）。7团3营向南进攻，任务是攻占博伊德岭（日军东山阵地中最北端的高地）。一旦到达进攻目标位置，这2个营都会向西推进，进入山区中心。为了防止2个营迎面碰撞，美军指定了

图中左侧的两栖登陆车正在用车载火焰喷射器焚烧日军的工事。

不同的出发时间。在7团2营占领目标之前，3营会一直留在原地，届时2营会发射烟雾弹指示其所在位置。

当日军为这一新威胁全神贯注时，5团3营按计划将战线正面向东部延伸，进攻山区南部的五姐妹高地（大山南部的4个山头和观测山）。陆战5团重武器连在陆军710坦克营的装甲兵支援下，准备进入马蹄谷（东山和南征山之间的谷地），然后沿着岛东公路北上，支援5团3营的进攻。10月3日上午，减员严重的7团1营将会替换团重武器连，守卫他们负责的包围圈的一部分。7团3营的步兵会得到一个工兵连、团重武器连的一个排，还有两栖车辆营抽调的52人分队加强。该营还配属了2辆坦克和1辆LVT车载火焰喷射器。

10月2日余下的时间里，次日上午将投入进攻的各部队如期重新集结。陆战7团3营在山区东北外围沿线替换了1营。为了给这次进攻提供更多的人力，炮兵部队派出几个分队权充步兵，接管了原先7团3营控制的封锁线。

在替换7团1营之前，7团3营营长赫斯特少校对该营的阵地进行了一次实地侦察。15时以后不久，这次替换行动在大雨中进行，直到18时45分才完成。在美军前线后方大约300码，毗邻岛东公路的一座山脊上，赫斯特建立了前线指挥所。7团2营的指挥所里，也在为行将到来的进攻进行准备。9月19日和20日，日军正是在这次计划进攻的同一地区造成1团2营和7团1营严重减员。7团2营营长斯宾塞·博格中校正在采取所有预防措施，以避免过去的悲剧重演。第一步，博格对该地区进行了一次航空侦察，然后他和幕僚一同进行了一次地面侦察。一名情报人员搜索了岛东公路以东的一片沼泽地，以确定是否能找到一条能得到掩护的推进路线。他不久就发现一个营的兵力是无法通过这片沼泽地的，美军要走过这片沼泽，就要排成一列纵队越过一条狭窄小径，那样高地上的日军多处阵地都会发现他们并实施火力打击。10月2日傍晚，博格营长在营指挥所举行了一次战前会议。他在会议上指示，各部要求迫击炮火力支援的所有请求，都要通过一个中央火力指挥中心。为了这次进攻，团重武器连会编为一个暂编步枪连配属给该营。

10月3日6时30分，在美军155毫米重炮的密集火力打击和5个步兵营81毫米迫击炮的密集弹幕打击下，乌穆尔布罗格尔山区地动山摇。中川大佐向集团司令官发去的报告中夸张地称美军在2日夜以其主力炮兵及舰炮连续炮击日军防

从西南看到的乌穆尔布罗格尔山区一角。图中央前景部分为沃尔特岭，博伊德山脊在越过沃尔特岭的峡谷正北面。图中升起硝烟的是五兄弟高地西坡，这座高地北方是140高地和120高地。图左为五姐妹高地，紧贴其后方的是“中国”墙。前景部分泥沼化的小海湾让美军无法从东面的半岛逼近这几座山头。

御阵地，落弹约4万发。

美军的炮火准备持续了不到半个小时，然后7团2营G连排成1列纵队，穿过了沼泽地，向沃尔特岭（东山）走去。7时30分，在烟雾的掩护下，G连的第一排已经在山脊南端建立了立足点，他们进展很顺利，登上了东山山顶，看到了两周之前陆战1团1营C连在这里阵亡的战士们已经腐烂的遗体。到此刻为止，日军的抵抗几乎可以忽略不计，可是一旦陆战队占领了山脊，他们的正面和西面马蹄谷外的五兄弟岭（南征山）就有人向他们射击，火力非常凶猛。7团团部多次接到一线步兵的告急。

配属半履带自行火炮和坦克的重武器连终于奉命进入马蹄谷对付五兄弟山脊的交叉火力和沃尔特岭西坡的日军。与此同时，LVT车载火焰喷射器沿着岛东公路北上，设法从东面打击沃尔特岭的日军。支援坦克发现了五兄弟山脊的一座山头的山脚下有个用混凝土加固了正面的大山洞。这个洞穴很快被美军装甲兵的直射火力封死了，据说洞内的60名日本兵全部丧生。但是坦克对山脊另一面的日军火力点却无能为力，一辆半履带自行火炮都被日军的炮弹击中了，那里的日军仍依托有利地形，继续阻击陆战队步兵的突击。

E连奉命越过G连右翼继续进攻，但是9时，在攀上一座高耸的垂直悬崖顶部时，遭遇日军交叉火力阻击。这座悬崖被一座小山谷和邻近的山顶隔开，步兵只要在这片交叉火力打击范围内冒头，就会丢掉性命，推进顿时受阻。E连和G连稳住阵脚，想要穿过这片死亡火力，结果突击部队折损了一半，G连长也阵亡了。

当E连和G连在沃尔特岭南面的斜坡顶上坚守他们并不稳固的阵地时，F连已经绕过战斗最激烈的现场，沿着岛东公路北进，准备在小山谷北面的一个位置进攻沃尔特岭，以便两面夹击，缓解2营另外两个连的困境。F连的先头部队刚刚开始攀登，就接到命令，让他们从山脊上先退下去，等待后续命令。

此时，在马蹄谷支援步兵行动的坦克和半履带自行火炮开始遭到日军猛烈的火炮、迫击炮和轻武器火力打击，人员伤亡持续在增加，在日军的有力阻击下，伤员后送变得越发困难。2营右翼沿着山脊顶部行动的坦克报告他们已经没有弹药了。2营的各路推进已经到达了极限。在占领沃尔特山脊最南面的坡顶后，他们决定巩固现有阵地，向最北面的几个位置发射紫色烟雾弹，这正是通知3营开始从北方前进的信号。

7团3营的进攻在10时20分开始，K连、I连和L连依次出发。他们一开始的推进很顺利。K连的先头排由小查尔斯·希克斯中尉指挥，尖刀班一共有9人。11时30分，这个班前进了100

在贝里琉与装甲兵一同战斗的美军陆战队员。

码，越过一道峡谷，向博伊德岭（东山北方高地、水府山东侧丘陵）前进。山脊上的日军居高临下，此刻用轻武器火力全面打击。日军提高了射速，子弹愈发密集，金属破空的声音愈发可怖，先头排的主力已无法越过峡谷。

美军的2辆坦克和1辆LVT车载火焰喷射器沿着岛东公路从南面一路赶到前线支援7团3营，但是仍然无法帮助步兵突破日军的阻击火力网。K连主力最终放弃在日军的阻击火力下强行越过峡谷的打算，改从公路东面的沼泽地迂回，从那个方向接近博伊德岭。

这些陆战队员走沼泽地速度必然缓慢，但是容易隐蔽，日军难以用纵射火力打击，也可以减少伤亡。希克斯中尉一直和营部保持无线电联系，此时也能让尖刀班的战士们占据有利的位置来支援连主力的迂回进攻。15时30分，K连已经全部登上博伊德山脊的顶峰。

营长决定派I连越过沼泽去与2营的F连建立联系，同时与K连的左翼建立一条稳固的战线。1个小时之内，I连就和F连联系上了，但是为了保持与K连的联系，不得不与F连脱离。最终I连没有与F连形成紧密的结合部，只是保持视距内的接触，但是与博伊德山脊上的K连保持着紧密联系。

10月3日，3营一部成功占领了博伊德山脊之后，7团2营继续向沃尔特山脊挺进。13时50分，E连穿过G连的右翼，越过了一条新爆破出来的小径，工兵已经修完了这条道路，F连则越过岛东公路北进。15时到16时之间，F连收到令人振奋的好消息，7团3营的部队距离他们仅有75码了。16时刚过，F连与右翼的3营和左翼的本营E连都形成了紧密的结合部，南北两支部队终于打通了联系。在这个关头，7团1营的部队替换了沃尔特岭上已经筋疲力尽的G连，让该连转为2营预备队。当天夜间，B连、E连和F连都已登上沃尔特山脊的山顶，F连沿着山坡向山下排列，在那里与7团3营的左翼形成结合部。19时之前几分钟，美军停止进攻过夜。7团2营左翼的暂编步枪连被7团1营替换，他们已从堤道的前方阵地撤到了团重武器连先前占据的阵地

在临时修建的堑壕里歇息片刻，一脸疲惫的陆战7团官兵。

上。

10月3日的多路进攻让美军占领了博伊德山脊和沃尔特山脊，也打通了岛东公路（日军称为“小道”）。即使到了那时，这条公路也算不上安全，因为仍有两个路段在日军的火力打击之下。为了取得这些收获。陆战7团2营阵亡24人，负伤60人，据称击毙了大约130名日军。3营有4人阵亡和25人负伤，击毙了22名日军。

10月3日上午，5团3营进行了一次与乌穆尔布罗格尔山区东侧边缘的战斗完全无关的进攻，从南面向五姐妹高地（大山南部的4个山头和观测山）推进，目标是分散日军对陆战7团行动的注意力。5团3营K连和L连登上了五姐妹高地中的四座山头（大山南部的4个山头），K连在一辆坦克的支援下，进入了死亡谷。那里的地势险峻，加上日军的抵抗加强，让他们无法继续进攻。下午，5团3营遭受密集的轻武器火力打击，却无法确定其来源，便难以压制这些日军的火力点，只得撤退，就在山谷100码以外，当天上午出发的位置设了一道防线。

10月3日，美军陆战队要对付的敌人不仅是日军，天气也在找他们的麻烦。不利的天气开始阻挠贝里琉岛的陆战队航空兵行动。陆战114战斗机中队报告：“今天没有任何飞行任务。2个分队就留在预备好的帐篷里待命。帐篷几乎要被45节的狂风吹走了。我们的地图有一半被大风撕成了碎片，队长和10名部下在帐篷完全被风雨摧毁之前，用木桩将其固定。巨大的海浪拍打着海滩。2艘一度与我们在橙色海滩的临时码头捆绑在一起的LST坦克登陆舰都撞到了珊瑚上，大部分船只都转移到科索尔海峡以抵御风暴。大多数上岸的部队安排一天吃两顿饭，好歹让食物能持久一些。供水情况还好，但是汽油、炸弹和食物快耗尽了，因为海滩上根本无法卸货。”

陆战1师的伤亡并非全都是在乌穆尔布罗格尔山区出现的。贝里琉其他相对已经平静的地区，也在遭受死亡威胁。岛西公路就发生了一次典型事故。这条公路是贝里琉南北交通的重要动脉，日军也始终没有放弃对这条公路的破坏和威胁。在10月3日之前的几天，一个被称为“死人弯道”的路段不时遭到日军狙击手射击。日军狙击手都在东面瞰制公路的山脊里藏身，美军无可奈何。这些狙击手早早从乌穆尔布罗格尔山区里钻了出来，进入沃蒂岭附近公路旁丛林覆盖的悬崖上的多个洞穴。负责岛西公路交通管制的陆战1师宪兵连已经累得快趴下了，无力消除这一威胁。

10月3日下午，贝里琉宪兵司令兼陆战1师师部营营长约瑟夫·汉金斯上校决定亲自去视察岛西公路受到的威胁。上校带着一支M-1步枪，驾驶吉普车沿着岛西公路行驶。他的车刚刚出现在宪兵管制的单行弯道处，1辆LVT两栖登陆车就在公路正对面的空地上失去了动力，2到3辆卡车也在这辆登陆车附近堵塞了。车上的人员遭到附近悬崖上的日军轻武器酷烈火力打击，只得弃车而逃，就在公路的反斜坡上藏身。汉金斯上校下车走到了路中间，想要疏导交通恢复正常，他努力让所有车组人员回到各自的车上，结果在最后时刻被一枚狙击子弹击中，当场身亡。

汉金斯上校是在贝里琉岛丧命的军衔最高的美国海军陆战队军官。鲁珀图斯得知宪兵司令的死讯，立即从师预备队抽调5团3营的一个连，命令他们去占领死亡弯道附近的高地，彻底消灭那些麻烦的狙击手。在陆战第11炮兵团的火炮支援下，这个连前进了大约75码，暂时消灭了日军狙击手。为了能够在日军狙击手再度开火时，压制对手的火力，美军在弯道部署了3辆中型坦克，一旦发现有狙击手活动，就立

贝里琉岛上的75毫米榴弹炮和炮手们。

即向悬崖所在的大致方位射击。

中川大佐对10月3日美军的多路进攻基本上没有太关注。他在发给集团司令官的关于10月3日18时为止的情况报告中称“根据敌军的编成、装备、战术和其行动等，判断其主力为陆战师、一部为澳洲兵等的混合部队”。报告中并称自23日以来至3日为止，共杀伤敌军至少1万人以上，破坏烧毁中型坦克1辆、护卫舰3艘，并缴获很多武器弹药。

10月4日上午，贝里琉地区的大风大浪有增无减，几乎达到了台风的水平。在橙色3号海滩与“海蜂大队”修建的堤道绑扎在一起的LST坦克登陆舰搁浅了，补给舰船里没有其他船艇可以到达海滩。对贝里琉岛的美军而言，这样的大雨非常阴郁。无光的天空让全岛都变成一片灰色。沾满灰尘的工装裤在雨后就变硬、变干，不易将泥灰甩掉，淋湿后就很重。

由于天气恶劣，加上前一天极为劳累，陆战7团在10月4日就只是在巩固和扩大现有阵地。岛东公路首次开放，让一线部队可以补给物资、后送伤员，但是日军仍然占据着马蹄谷、沃尔特山脊和博伊德山脊之间的谷地，以及博伊德山脊和北方相邻山脊之间的狭窄谷地，必然会从这些距离公路较近的位置威胁美军的交通。

得到7团2营F连支援的I连负责扫荡沃尔特山脊和博伊德山脊南面的峡谷，坦克的支援让他们取得了不错的优势，但是代价却不小，仅

贝里琉岛山区的战斗极为残酷，图中的一位陆战队员正在几乎垂直的陡坡上攀登。

到此刻为止，7团3营的战斗都没什么特别。然而，他们很快会迎来一场意想不到的苦战。誓死奋战到最后的日本兵静悄悄地潜伏在洞穴里，等待着打击美军的机会。美军陆战队员坚决奋进，一心从守军手中夺取另一座山脊。14时30分，3营L连从博伊德岭下山去夺取水府山东北麓的三座小山包，不到1小时就完成了任务，容易得让美军非常不习惯。赫斯特营长觉得抓住日军防御的薄弱环节了，没有下令停止进攻，决定趁势也拿下120高地，那将是从侧翼和后方进攻秃头岭的理想出发阵地。美军的一个工兵连替换L连，负责镇守3座小山包。L连则准备继续进攻。

15时30分，L连开始沿着120高地（日军称为“水府山东北棱线”）的长轴心前进，这道山脊与峡谷对面仅100码的博伊德山脊上的K连战线平行。这次行动再度平安无事。16时05分，詹姆斯·邓恩少尉指挥的L连的先头排已经到达120高地山头，在那里发现了几座日军阵地并将其消灭。美军看上去已经完成了占领120高地的任务，但是他们已经进入了日军原田大队（步兵第2联队第3大队）的有效射程。这时秃头岭的日军开始向山脊上的这个美军排开火，造成数人伤亡。战士们便摸索到山顶东坡，想要寻求掩护，结果遭到日军可相互支援火力点的自动武器的无情扫射。这个排的战士们纷纷中弹倒地，他们在一个得不到任何掩护，无法隐蔽的位置，陷入了交叉火力的无情杀戮。日军打了一场军事教科书级别的诱敌深

军官就有2人阵亡，随后I连仅剩下1名军官和31名能执行战斗任务的士兵了。这次行动让7团2营和3营之间形成了真正的结合部，将战线连成一体。L连负责扫荡两道山脊北面的峡谷。K连已经登上博伊德山脊（东山北方高地），在他们右前方有3座小山包（水府山东北麓）和一道标高120英尺的山脊（120高地，即日军水府山防御阵地中最东北部的高地），然后才能看到秃头岭（日军水府山防御阵地中最北侧的中央高地）。只有占领这3座小山包和相邻的120高地，才能从后方进攻秃头岭的日军阵地。岛东公路离最近的小山包只有大约100码远，120高地与公路的距离还不足150码。

入战斗，让邓恩排都无法撤退，120高地低坡洞穴和3座小山包里的隐蔽工事同时响起了枪声。这根本就不是战斗，而是对落入陷阱的一排陆战队员的屠杀。日军的火炮和迫击炮声也发出尖锐的响声。在日军枪炮声组成的死亡交响乐伴奏下，这个排惨遭灭顶之灾。

被困在120高地山脊陷阱里的陆战队员，唯一的脱困出路就是从山崖正面下来越过峡谷，但即使这样，也不得不越过日军的酷烈火力线。枪炮军士拉尔夫·菲利普斯被一梭机枪子弹击中，当场身亡，他身边的许多战士也都被日军的枪炮击中身亡。在日本兵瞄准下一个目标时，其他陆战队员也在劫难逃。不过几分钟后，山脊上便死伤枕藉，只有少数人没有负伤。枪炮无眼，日军酷烈的射击没有放过随行的3名医护兵，仅有一人活着离开了这道山脊。邓恩排长在组织部下寻找出路时中弹，倒在山下的峡谷里身亡。

邓恩排根本看不到任何逃生办法，只有靠本能反击。他们虽然根本看不到精心伪装和隐蔽的对手，仍然在尽全力循声用子弹反击。伤员就在岩石后面爬行，或者一动不动地躺在那里，子弹一次又一次击中他们。其他人可怜地哭喊着，央求战友们不要将他们丢下。医护兵在勇敢而高效地工作，每一个人都竭力将伤员拖到悬崖边上。一名医护兵站起身来大喊：“镇定些！相互帮忙包扎。一次让几个人离开……”一发子弹让他再也说不下去，也夺走了他的生命。

友军并没有忽视他们的困境。就在邻近的峡谷里，L连长詹姆斯·香利上尉惊呼道：“看在上帝的份上，快向那座山头覆盖烟幕。”然

从山上后送伤员不仅十分费力，也很危险。日军狙击手对战斗人员和医务人员会实施无差别攻击。

后竭力设法营救陷入绝境的邓恩排的部下。他下令让一辆坦克开进峡谷，但地形让装甲兵无法有效使用。坦克最终变成了一个危险的避难所，让一些伤员能够在车身后寻求掩护。此外它既无法有效参与战斗，也不能阻止日军的屠杀。在博伊德山脊的山顶上，友军默然注视着眼前的大屠杀，满腔怒火，却无计可施，只能听从香利的命令，向峡谷里投掷白磷手雷。浓烟在掩盖这片充满死亡和暴力的战场，却无法拯救惨遭杀戮的美军士兵。

5名陆战队员先跳下悬崖，成功躲在坦克后面。120高地的悬崖边缘留下了6名伤兵和4具尸体，有3名还能行动的步枪兵和幸存的唯一医护兵照顾。在山坡较高处还有3个活着的陆战队员，看来日本兵想让他们留在那里伤重而死。尽管浓烟弥漫，日军的子弹仍然能找到目标，没有什么容易的办法能下山。伤员们自知劫数难逃，有一人敦促还能行动的战友们："你们已经为我们做了能做的一切，快离开这儿吧！"

那些还能行动的战士不忍抛弃战友，帮助伤员们从崖边滚下山谷，博取一线生机。一名伤兵的脚被藤蔓缠住了，在暴露的位置进退不得，唯恐被日军的子弹击中。好在战友用力将他踢开，让他顺着陡坡落入峡谷。然后轮到在山坡较高位置上的伤员了。一名伤员刚刚起身就中弹身亡，但另两人顺利滚下坡去。有人在坡上没控制好，被锯齿状尖锐的珊瑚石严重割伤了。

在几乎所有还活着的陆战队员都滚落陡坡以后，香利用望远镜透过轻烟，向谷底看去。一名伤员想要帮助另一名伤员越过开阔的壕沟，到达有坦克保护的安全区。伤势较轻的一人用胳膊搂着另一个人，一同踉踉跄跄穿过空旷的谷底。日军开了枪，他们倒下了。

香利再也忍不住了。尽管一名中尉想要拦住他，香利还是从隐蔽处跑进了谷地，将一名伤员搂在他怀里，抱回了坦克车旁，温柔地将他放下，然后再度冲进弹雨肆虐的开阔谷地，抢救另一名伤员。这次他的幸运星没有保佑他，一枚迫击炮弹在他摸到那名伤员之前落在一旁爆炸。弹片让香利顿时血肉模糊。他的副连长哈罗德·科里斯少尉眼看着香利倒下，也按捺不住冲了上去。他刚刚摸到连长身边，一枚日军的速射炮弹隆隆飞来，洞穿了他的身体。就在同一天上午，科里斯晋升中尉军衔的通知刚刚到达团部，但是他已经永远不会知道了。香利仍有呼吸，战友们设法将他后送治疗，但他还是不治身亡。

只有少数人越过了那道通往地狱的峡谷。18时20分，贝里琉战役美军最惨烈的战斗之一结束了。攻打120高地的邓恩排48人，仅剩11人生还，其中仅5人没有负伤。中川大佐对当天的这次战斗评论很短，但美国海军陆战队的编著者也认为很中肯："敌（美军）似计划以火焰喷射器攻击观测山和水府山。我守备队以精确的射击和肉搏战予其重创，敌被迫撤退。" 此外，据日军报告，10月4日夜—5日晨，饭田大队的挺身突击队利用恶劣天气的掩护，向贝里琉机场实施了决死的夜袭突击，在0时30分到2时50分期间焚烧了该机场的设施。

因10月3日和4日帕劳地区有暴风，帕劳地区集团司令官井上中将决心趁美军舰艇暂时躲避恶劣天气的时机，让步兵第59联队主力和步兵第15联队第1大队在贝里琉实施反登陆，在短时间内将美军全歼，于是在5日下达第19号作战命令，命令两位联队长准备反登陆。但由于天气转好，到底未能实施。当然这只是表面理由，这次总反击的目的本来就是提高帕劳地区各部队的士气，至于成败并不重要。事实上，

地图三十二　10 月初，陆战 7 团攻打 120 高地

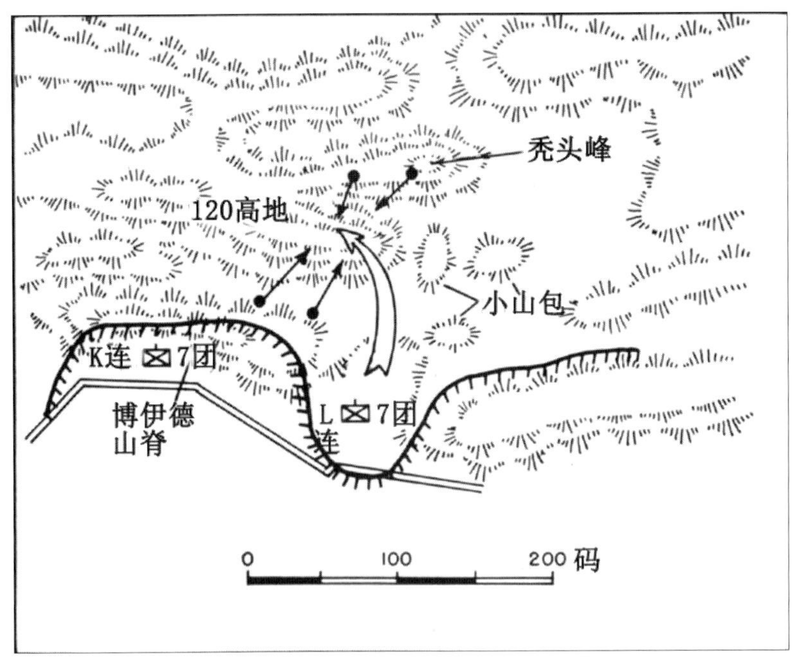

况好一些，但也仅剩编制兵力30%的战斗力而已。陆战7团在严重减员以后，显然已经不再是一个有效的团级作战单位了。鲁珀图斯师长得报，只得命令陆战5团在10月5日接替7团的战斗任务。

5团长哈罗德·哈里斯上校应召来到陆战1师师部。鲁珀图斯师长眼中含泪道："哈里斯，我就快窒息了，我的两个精锐团已经消耗殆尽。你看来一直都知道要做什么和如何办到。我会把我们留下的一切都交给你去办。"

自从在贝里琉登陆以来，陆战1师已共有1027人阵亡，4304人负伤，249人失踪，合计减员5580人。当时该师估计他们已经击毙了1万出头的日军，俘获214名日军和朝鲜劳工。双方为了争夺乌穆尔布罗格尔山区付出了沉重代价。陆战5团接过了7团带血的笔，继续书写贝里琉悲歌的下一章节。

陆战 5 团的苦斗

10月5日和6日，陆战5团都在替换乌穆尔布罗格尔山区前线的陆战7团。这两天贝里琉相当平静。10月5日中午，7团1营接到命令，全体乘坐卡车，前往紫色海滩的5团1营宿营地。15时30分，5团1营已经接管了7团1营在山区东部外围的阵地。

10月5日全天，陆战7团2营在准备清除岛

从战况来看，大部队的海上机动是无法实施的。

为了掌握贝里琉的情况和侦察美军动向，井上中将在距贝里琉岛8公里的马卡拉卡尔岛上设置了搜查据点，由司令部的坂本勋大尉指挥，派出了师团情报班小野濑一郎少尉以下15人、师团通信队无线分队7人、步兵第15联队第3中队的有马盛国中尉指挥的一个小队（含决死游泳队·肉搏攻击班26人）、海军信号员4人，负责收集情报。特别是师团参谋部的永冈清曹长单独游泳抵达贝里琉岛，潜入大山的地下坑道，从步兵第2联队第6中队的山口少尉处听取了战况，然后平安返回马卡拉卡尔岛，向司令部报告。

10月4日，美军陆战7团3营L连的惨败造成了更多后果，3营只得先放弃了3座小山包的山顶，I连也只得后撤。10月4日夜间，编制兵力470人的7团I连和L连一共仅剩80人而已，1营也只有大约100人适合执行战斗任务；2营的情

东公路沿线的洞穴，一直在战斗。美军的多辆坦克为了支援步兵，多次炮轰岛东公路和几座峡谷里的洞穴，仅在一个洞穴就杀死大约50名日军。16时55分，5团1营营长罗伯特·博伊德中校来到7团2营指挥所，安排本营的部队替换该营，同时视察阵地。10月6日上午，7团2营也被友军替换。这次行动不那么平静。该营F连在前往岛西公路乘坐卡车的路上，一直遭到两翼峡谷里日军的重火力打击。在越过峡谷时，必须靠坦克来掩护步兵。E连在走下山脊时，遭到日军迫击炮火打击，伤亡数人。一旦到达安全地区，2营就会前往贝里琉机场北面的休息区休整。

当天8时，5团2营顺利替换了7团3营，7团3营疲惫的官兵进入机场东北大约2000码的宿营地。次日，该营接到团长的命令，为掩护通往贝里琉东北水上通道的几个小岛提供守备部队。

对陆战7团来说，贝里琉的所有艰苦战斗就此画上了句号。陆战5团要再度进入乌穆尔布罗格尔山区，继续投入比之前三周更为残酷的战斗。贝里琉战役以严重的人员损失、恶劣的气候和各种原始地貌闻名，一切都已经削弱了5团的力量。陆战5团参谋处的一位成员写道，陆战5团是“……最后一批离开新不列颠岛的。许多人是参加过瓜岛战役的老兵。师里曾乐观地说5团会是第一批离开贝里琉岛的团之一，然而在占领岛北端之后，（团里）的每一个人都知道我们会再度投入战斗。现在1团和7团又一次先离开了，5团又回（到第一线）来了。在战斗的

美军将战死的日军的颅骨装进钢盔，用铁棍挂起来，警示纪念品爱好者不好私自行动。

这个最后阶段，士兵和军官都表现出色，但是非常非常疲劳”。

哈里斯团长决定用一种不同的办法来征服乌穆尔布罗格尔山区。之前美军想要穿透这个孤立阵地的所有做法，包括从北方、东北方、东方和东南方发动进攻。尽管陆战7团和321步兵团都设法从321步兵小径附近打开通道，但从这个方向前进的目标都是占领和控制岛东公路。5团会从北面和西北发起新攻势，目的是以缓慢而深思熟虑的无情方式蚕食日军的阵地，在适当的时候以最低的人员和物资代价取得预期结果。

陆战5团将7团全员替换之后，1营占领了与岛东公路平行的一线阵地。这条战线大约1200码长，包括沃尔特山脊和博伊德山脊。2营则部署在面向秃头岭及其周围小山包和山脊的乌穆尔布罗格尔山区北部边缘。在山区南部边缘，5团3营回归本团控制，在山区阵地南面五姐妹高地的攻击区之间占据了一个宿营区。在与岛西公路平行的山区阵地的西侧边缘，各支援单位继续在这一带的包围阵地布防。在西侧布防的许多人是志愿者，他们将物资补给送交给战友，也充当担架员，尽力到前线帮助陷入困境的战友。还有一些是喜欢收集战斗纪念品的非战斗人员，数量比较多，在战场上成了一大麻烦。上级得知这一问题，断然下令让这些纪念品收集人员排成队列，局面便得到了控制。

10月6日上午，替换陆战7团完成不过半个

经过三周的苦战，原本郁郁葱葱的贝里琉中部山地已经变成了秃山，图为陆战队的一个坦克排协同一个步兵连一起进入马蹄谷，图左是五兄弟高地，图右是沃尔特山脊。图左上方可见白磷燃烧弹造成的白烟。山间洞穴里依然隐藏着大批顽强抵抗的日本兵。

小时，陆战5团就对乌穆尔布罗格尔山区发动首次进攻。5团2营以E连进攻山区东北部，仅仅两天之前，7团3营L连就在那个地区遭遇惨败。这一次各项条件都对进攻方有利。天气转晴，在长期大雨之后，岛上的土地开始变干。E连的这次推进方向是岛东公路以西地区，但是与陆战7团上次失败的进攻不同，5团的推进基础更加扎实，E连的后背也得到友军保护。日军再度用他们的所有武器开火阻击。即便面对如此猛烈的集中火力无法继续推进，E连的陆战队员还是设法维持住他们在两座小山包上的立足点，只是他们一抬头就有中弹丧命的危险。

与此同时，哈里斯团长命令2营G连攻打秃头岭（日军水府山阵地中最北端的中央高地，也被日军称为“中央棱线北端”）。哈里斯本以为这次进攻并不容易，出乎意料的是，G连的一个排登上了山顶，但是山顶区域太小，无法派兵增援，由于这个排火力最强的武器只是一支勃朗宁自动步枪，在夜间将会非常危险。黄昏时分，盖尔营长只得命令他们撤回，但是5团2营仍然保住了当天早些时候占领的两座小山包。夜幕降临并不代表这场战斗结束了。美军的迫击炮在轰击日军阵地，这一轮弹幕将三座小山包到秃头岭山顶的整个地区都覆盖了。日军采用他们惯用的夜间渗透战术，双方的手榴弹和手雷在彻夜爆炸不停。但是次日上午，陆战5团2营的官兵仍然守住了他们前一天占领的阵地。

有证据表明，哈里斯团长命令5团稳扎稳打的战术计划没有得到师部批准。师部仍然希望尽快征服这个岛。哈里斯想尽办法抵制师部的压力，这其实很正常。按照他本人的话来说，他有充分的理由这样做。在陆战1师，普遍的看法是：“……部队经常有这种感觉：上层一直在施加一种不合理的压力，急于求成。有时，如果施加的压力没有让一场战斗（尤其是一场极其激烈的战斗）恶化成僵局，仅仅是因为惯性的缘故……”

任何认为乌穆尔布罗格尔山区内的日军是贝里琉岛守备部队已失去组织的残部的想法，都被缴获的日军命令文件译文打消。直到10月1日，日军仍然组织完善，决心充分利用其几乎让美军无法进入的阵地战斗下去。在日军看来，陆战1师似乎“筋疲力尽，战斗也不太积极”。日军保留了不少有生力量，有一个中队规模的机动预备队和多个特别编组用于夜间渗透和战斗的挺身突击队。这些部队是专门编成的，用来摧毁美军坦克、LVT两栖登陆车、迫击炮阵地和其他重要目标。此外，山区里的每支部队都要负责收集和评估信息，维护自己的安全，与上级、友邻部队和下级单位进行联络。日军的火炮和自动武器一直在执行上级的命令，骚扰和阻碍东西两条公路的交通。10月6日，陆战1师估计山区的日军还有300到600人之众（大大少于实际兵力）。

6日，日军大本营通过报纸、广播发表了关于贝里琉岛的消息，标题是“帕劳方面皇军大奋战。击沉敌舰艇78艘，杀伤1.8万名。迎击大军展开了壮烈的白刃战”。

10月7日，陆战5团3营一直在牵制占领山区东南部的日军。3营的步兵在陆军710坦克营的6辆坦克支援下，冒险进入马蹄谷（东山和南征山之间的谷地）。坦克尽可能用75毫米主炮打击能够确定位置的日军阵地。日军用重武器还击，击中了一些坦克，但造成的损害都不重。受此鼓舞，坦克在10时45分暂时撤退，去补充燃料和弹药，准备再度深入打击日军阵地。

12时15分，得到2辆LVT车载火焰喷射器和陆战第1工兵营的一个排支援，3营特别编成了两个步兵和坦克协同战队再度向北前进。这

在贝里琉山中战斗的巴祖卡火箭筒手。

次一个战队想要从马蹄谷迂回，深入五兄弟山脊（南征山）和“中国墙”山地（大山）之间的一道峡谷——后来被称为野猫盆地（大山东侧谷地）。周围高地上的日军发现了美军战斗队，立即从多座阵地开火阻击，目睹这一切的陆战队员们形容这座峡谷是“这个岛上可能最恶劣的死亡陷阱”。I连还没有摸清进攻路线就只得停止前进。当时他们还不知道，野猫盆地正是日军在乌穆尔布罗格尔山区的核心阵地，中川大佐的司令部就设在峡谷西北角“中国墙”山区的一个两层深洞里。

与此同时，5团1营的陆战队员登上沃尔特山脊的山顶，为3营友军的推进提供火力支援。3营的另一个步兵和坦克协同战队进入马蹄谷，用火力扫射疑似敌军阵地，尤其是右边的沃尔特山脊和左边的五兄弟山脊低坡上的那些阵地。这次步兵和坦克协同行动的目的不是要占领马蹄谷——这极为困难，而是希望尽可能铲除那些隐藏在洞穴里、一直在威胁机场和山区南方美军封锁线的重武器。几个协同战队深入山谷大约200码后，因为坦克的弹药即将耗尽，便由步兵掩护撤了出去。这已经是美军在这个方向深入乌穆尔布罗格尔山区的最大距离了。这次进攻成功地暂时削弱了阻挠前几次推进的日军洞穴阵地。天黑前，3营回到机场以北的宿营地。根据日军的记录，当天日军的洞穴阵地因坦克的狙击等因素损失很大。

此后两天，5团2营在有条不紊地蚕食日军在秃头岭周围的阵地。E连的几个巡逻队从两座小山包下来，向日军威胁最大的洞穴发射巴祖卡火箭弹，同时博伊德山脊北方山脊上的一门60毫米迫击炮在向该连行将越过的地方实施火力试射。这个营配属了2辆LVT车载火焰喷射器和3辆坦克。能否有效使用这些支援武器，在很大程度上取决于可否修成一条通往高地的小道。美军的推土机为火炮和火焰坦克开凿出了一条可通行的小道，一旦5团2营开始进攻，装甲兵南下，便可使用这条新路，去炸毁日军在山区里的那些阵地。这就意味着一段陡峭悬崖被就此清除，为进攻秃头岭西支的山脊创造了有利条件。

这道支岭具有两方面的战术重要性。首先，只要它仍在日军手中，日军就拥有打击岛西公路的清晰射界。第二，在西支山脊的中央与秃头岭相连，从而形成了通往这一目标的捷径。因此，美军必须占领这道支岭，这就是攻克秃头岭的第一步。

哈里斯上校又等了整整两天，才派2营去攻打险恶的秃头岭地区。10月8日，美军都依靠南北两个方向的炮火维持住对山区日军的压力。天气条件的改善，让贝里琉的陆战队航空兵再度参与破坏乌穆尔布罗格尔山区的任务。岛上的航空汽油依然短缺，因为之前的巨大风暴让所有后勤保障工作都受到很大限制。汹涌的海浪让登陆艇无法使用。美军不得不采用权宜之计，让桶装汽油漂过礁盘，再让游水的后勤人员引导到岸边着陆。

10月8日，贝里琉美国航空兵加大了空袭力度。7时和13时，陆战114战斗机中队的20架“海盗”式战斗机携载一枚1000磅炸弹，实施了两次空袭，轰炸了大山南部和南征山等。重磅炸弹的爆炸声两度响彻贝里琉全岛。由于剧烈的爆炸，水府山一带的日军洞穴阵地的入口大部被崩塌的岩石等封闭。飞行员的任务不仅仅是让日军体会死亡和破坏的滋味儿，他们还投落许多传单，向在洞穴中据守的日本军官呼吁道：“日军的军官们。如果你们看看飞机、物资和船只，那么就会发现你们的奋战并没有阻碍我们的工作。美国飞机不仅可以随意轰炸你们，还可以轰炸巴贝尔图阿普岛和这里北面的其他岛屿。或许你们能看到火光。你们在北边的战友能做的一切只是自救，那他们怎能帮助你们呢?

“你关心你的部下，也尊重他们，但是如果让他们无谓地死去，又怎能让他们尊重你呢？在你之前，成千上万勇敢的日本军人意识到在这种情况下战死纯属徒劳，他们将会活着养家糊口，出力去建设一个新的日本。

“你仍然可以选择举起白旗，放下武器走出（洞）来。我们会为你们提供饮水、食物、住所，为你们的伤员提供药品。”

后来晋升为陆战队准将军衔的戈登·盖尔。贝里琉战役期间，他以少校军衔出任陆战5团2营营长。

哈里斯上校对两次空袭的结果相当满意，但实际效果仍难以估计，“因为每次空袭，日军都只会在大片洞穴里藏得更深”。和以前一样，传单基本上毫无用处。日军普遍没有投降的念头。

美军在日军的一座坑洞里发现了一则标语：“誓死卫国。我们将用身体筑成太平洋的防波堤”。

在乌穆尔布罗格尔山区北侧，攻打秃头岭的准备工作已经接近尾声。就在山区西北边缘的岛西公路外侧，重型武器就在5团2营指挥所附近部署了阵地，以支援该营的进攻。2营长戈登·盖尔少校，会指挥1个105毫米炮兵连，向秃头岭及其南面的几座高地开火。大量105毫米炮弹直射秃头岭等高地，将珊瑚石击碎，让山丘的形状都发生了很大变化。

鲁珀图斯仍然担心日军可能从巴贝尔图阿普岛发起反登陆行动的可能性，命令配属1师的321步兵团的1个加强连去占领贝里琉东北偏北大约7000码的加拉开奥岛。一个加强连的步兵，得到第3两栖装甲营的10辆LVTA两栖装甲车加强，将在加拉开奥岛登陆，消灭或俘虏那里的所有敌军，摧毁敌军的防御设施。在占领那个岛以后，战士们会建立一个前哨站。

除了让日军无法再使用加拉开奥岛之外，转为驻岛守备队的这个陆军加强连还要阻止敌军从北面增援贝里琉岛和盖斯巴士岛，与此同时，要阻止日军从这两座岛屿北逃。

在贝里琉战斗的BAR勃朗宁自动步枪手和M-1加兰德步枪手，图中的勃朗宁步枪手正在将自动步枪当狙击步枪使用。

陆军的加强连于10月9日一早如期在加拉开奥岛登陆。他们几乎未遇抵抗，16时以后，战士们已经在整座小岛的海岸线巡逻了，到达了内陆的一些山头。部队遇到了许多洞穴、观察哨和机枪阵地，发现了最近曾有日军活动的迹象，但当时已无人把守。他们在岛上一共发现5名日军，将其击毙。

当天上午，在贝里琉岛，罗伯特·沃蒂少尉指挥2营G连的一个排一路攀爬面朝岛西公路（海滨公路）的峭壁，登上了组成秃头岭西侧支岭的狭窄山脊山顶。陆战队员们将这道狭窄山脊命名为沃蒂岭（日军称其为“水府山西北棱线”），美军已经获得了直接进入秃头岭的通道。

沃蒂率领他的部队继续沿着沃蒂岭向南推进了大约100码，一路摧毁了几座日军阵地，然后被密集的阻击火力所阻。沃蒂观察了一下，向上级报告：“日军从东面的山脊和两座山脊之间峡谷谷口的大洞里向我们射击，火力很猛。请指示！”上级短暂研究后，便下令让他率部先后撤，以便进行火力支援。

由于步兵与日军的射击阵地太近，空袭太过危险，只能依靠炮兵。这次陆战队的炮兵运气不错，炮弹造成沃蒂岭东面山脊（断崖比高10—20米）塌方，就像爆破队在现场作业那样，让滑坡的岩石将峡谷谷口的大山洞封死了。

此后，2营派出几个巡逻队到峡谷里查看，发现了12具陆军321团步兵的腐烂尸体。半个多月之前，321团为了在这一带寻找一条可行的道路，派出了这个巡逻队进行侦察，他们就在刺探这道峡谷的时候被隐藏在周围的日军杀戮净尽，所以才有去无回。

次日，5团2营就会再度攻打秃头岭，炮兵摧毁的每一座日军阵地，都会减少陆战队步兵的伤亡。两天前，推土机就开始在进入山区的一条小径上工作，在规定的时间内，一直将道路开掘到博伊德岭和3号山脊（秃头岭南面略靠东一些的半独立的剃须刀状山脊）之间沟壑的中段。为了准备第二天上午的进攻，陆战114战斗机中队对山区的日军阵地实施了另一次空袭。飞机向目标投下了多枚1000磅炸弹，却没能观察到任何决定性成果。

10月10日上午，美军进行了长时间的炮火准备。1个105毫米炮兵营，从新辟小路送到前方的陆军的1辆75毫米M-10自行火炮和1门37毫米火炮，从破晓开始发射，一直持续到11时前几分钟。然后，5团2营出发，直取秃头岭。

G连的沃蒂少尉率领他的一个排回到了昨天被迫放弃的以他的名字命名的山脊。炮击之后，步兵的压力果然减轻了很多，但仍有一番激战。沃蒂排和隐藏在阵地里的日军你来我往，用步枪、手雷和手榴弹对决，一路捣毁日军阵地，消灭日本兵，向北推进，最终夺取了

从东北方向俯瞰的乌穆尔布罗格尔山区阵地。前景部分岛东公路路曲处的是博伊德岭高地，从右到左与之平行的是120高地、3号山脊和140高地，坐落在120高地正右方的是秃头岭，秃头岭之外是沃蒂岭。

整座山脊线，在中午之前拿下了沃蒂岭（水府山西北棱线）和秃头岭（日军水府山阵地中最北端的中央高地）。

沃蒂排顺利占领那两道山脊，意味着日军无法再利用这两个制高点指导他们的火炮和迫击炮，曾经将120高地（水府山东北棱线）上的7团香利上尉的一个连撕扯得支离破碎的毁灭性阻击火力的威胁被消除了。12时15分，E连发动了进攻，相对轻松地夺取了120高地。G连主力则拿下了秃头岭南面略偏东半分离的狭尖山脊3号高地。

美军占领了这片岛上地形最恶劣的阵地，一些日军士兵明白大势已去。16时前后，50名日军士兵越过G连的阵线投降了。当天夜间，E连和G连只能靠火力射击维持联系，美军火炮和迫击炮火便彻夜轰鸣，以掩护两个连之间的缺口，让日军无法发动任何反击。营预备队F连的一个排加入了G连，充当该连的预备队。在某些时候，为了防范日军摸到美军阵地附近投掷手榴弹，火炮弹着点仅仅距离陆战队阵地25码而已。持续的火力掩护奏效了，日军没有发动任何反击。

根据日军的记录，在10日的战斗中，由于做了适切防护，火焰攻击给日军造成的损失较轻。

10月10日，美军解开了一个小谜团。数日

地图三十三　10月上旬前后，美军从北路进攻山区阵地概要图

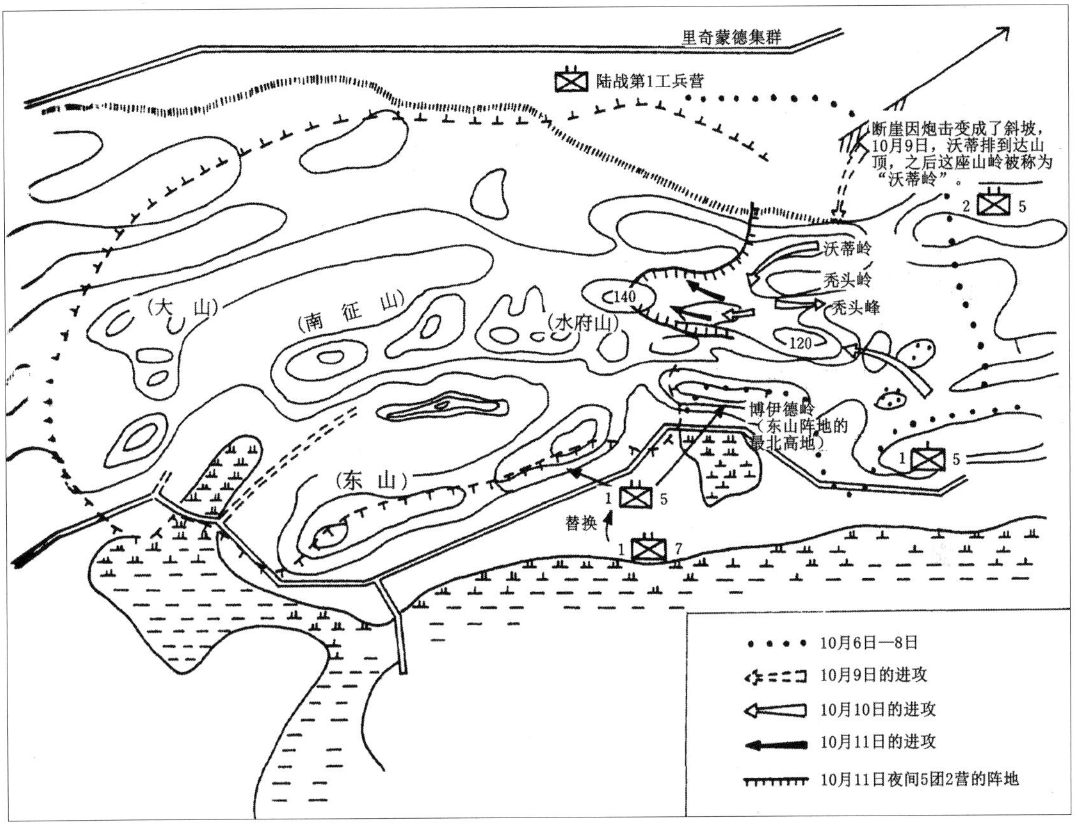

以来，一直有来源不明的炮弹落到贝里琉岛南端。据报，这些炮弹是日军的，具体从哪里发射有过许多猜想。最终解开这个谜题比美军预料的容易，当天可以确定这些炮弹是美军炮兵从贝里琉北端阵地发射的，原本应当落入乌穆尔布罗格尔山区，不过某些火炮在落到山头上以后弹落，最终落到岛南部去了。

10月11日上午，陆战5团继续缓慢而顽强地继续前进。美军已经几乎占领了秃头岭和120高地的所有阵地，进攻140高地的道路已经打通了。140高地瞰制着东北的秃头岭和南面的五兄弟高地之间的地区。占领这座高地，既可以让美军能进入乌穆尔布罗格尔山区核心的最深处之外，也能为陆战队提供一个基地，在山上不仅能直接向最北面的五兄弟山脊开火，也可以向马蹄谷射击，还可以居高临下打击沃尔特山脊和博伊德山脊之间的峡谷。

为了准备向140高地发动进攻，G连先扫荡了秃头岭的其余部分，在山坡上只留下少量日军据点。陆战5团一路前进，一直到进入秃头岭和140高地之间的一座峡谷。E连沿着东面的一条平行线，沿着3号高地东坡进攻，直到遇上秃头岭山坡和140高地北坡日军据点轻武器的密集排枪火力射击。G连一路下山扫荡，接连摧毁一个又一个洞穴，从而缓解了E连的战术局面，虽然他们仍然暴露在西南方140高地的火力之下。在这个紧要关头，哈里斯团长毅然让2营预备队F连投入进攻。这个连越过了E连的战线，越过3号山脊和140高地之间的峡谷，直接进攻140高地。F连顺利迂回了守卫森严的140高地北坡，

从西面进攻这座令人生畏的高地。F连进展神速，15时已经占领了这个重要目标。

10月11日剩下的时间里，5团2营的陆战队员在巩固他们新赢得的高地阵地，摧毁了日军在山坡上盘踞的许多洞穴。按照官方报告的说法，“在我们新占领的地区，敌人非常密集，扫荡是一场血腥的战斗，很短时间内就杀死了60名敌军”。

10月11日傍晚，5团2营已经完全控制了新占领的阵地，E连占据3号山脊，F连留在140高地山顶，G连在秃头岭建立了坚固的防御工事。水府山，这个日军在大山周边纵深预备阵地中的北部重要据点，至此完全落入美军之手。5团2营成功进入乌穆尔布罗格尔山区核心地带的同时伤亡代价也降到了最低。事实上，美军占领140号高地的代价仅为2死10伤。5团2营这一轮进攻的运气确实不错，哪怕一台LVT车载火焰喷射器无意中点燃山洞中的一枚大口径海军舰炮炮弹，引起大爆炸，也没有造成严重后果，仅1名陆战队员负伤。

水府山失守后，原田大尉率领的步兵第2联队第3大队集结残存兵力，在11日夜对140高地发动了反击，同时还试图渗透美军的多座阵地，企图夺回水府山。然而，自从陆战1师首次设法突入乌穆尔布罗格尔山区以来，贝里琉的条件已经发生了根本性的变化。战局已经逆转，美军陆战队占领了山区北部的主要制高点。日军的这次反攻没有取得成果，也无法威胁陆战5团在新占领的多座高地上建立的据点。

10月12日，美军在贝里琉的指挥机制发生了变化。这些变化是预定在次日移交帕劳群岛作战最高指挥权一事的间接结果。美军预备在10月13日将当地的作战最高指挥权，从第3舰队司令部和哈尔西海军上将手中，转交给中太平洋前方战区（第57特混部队）司令部和胡佛海军中将。10月12日8时，盖格少将把第3两栖军的指挥所转移到贝里琉岛上，宣布贝里琉战役的攻击和占领阶段结束。然而“这一终止只是表示指挥权从水上特混舰队转移给一位前方次级战区司令而已，不代表实战就此停止。贝里琉战役还远没有结束”。根据这道命令，321步兵团，以及第16野战军需基地和其他支援单位组成的贝里琉守备队，被移交给第3两栖军指挥。321步兵团负责贝里琉东部地区，守备队会负责乌穆尔布罗格尔山区以南地区。

10月11日下午，美军占领140高地，从北面突入乌穆尔布罗格尔山区，成为陆战5团2营在贝里琉参加的最后一次进攻战。10月12日上午，古斯塔夫森少校指挥的5团3营替换了筋疲力尽的友军。

日军明显对美军在山区腹地取得稳固立足点十分警觉。3营在替换2营时一直都遭到日本狙击手的猛烈狙击火力骚扰。2营当时的战线其实形成了一个狭窄的突出部，哪怕日军的力量已经被大大削弱，仍然很容易遭到三个方面的火力打击。3营K连长，27岁的霍尔丹上尉发现他要率部替换的友军被日军的火力压制得非常厉害，机枪手都只能将眼睛贴着枪管下沿观察敌情。身为连长，霍尔丹觉得有责任观察清楚地形，然后发出必要的指示。谁知他刚一抬头，就被一枚日军狙击子弹当场穿脑而过，不幸身亡。在替换行动完成之前，有22名陆战队员非死即伤。日军利用美军一线各部替换造成的暂时混乱局面，重新渗透进他们前一天被逐出的多个阵地。I连在准备去岛西公路北面的几座山脊上替换F连的时候，也遭到密集的步枪和机枪火力阻挠。

为了避免日军在10月12日可能重新掌握主动的局面，陆战队官兵随机应变，采取了各种权宜措施。在占领140高地之前，陆战队员们就已经考虑过在这座山头或者沃蒂岭上部署一门野炮，用直射炮火打击五兄弟山脊、马蹄谷和沃尔特山脊西麓多座日军的可能性。要将75毫米榴弹炮运送到140高地山顶费时费力，先要将火炮拆卸，用人力将零件运送到山上进入前沿阵地，然后在沙袋掩体后面，完全靠人力重新组装起来。一位参与这次行动的陆战队员说道：

榴弹炮管当然是最难处理的零件，有一次我用一根绳子穿过它，将绳子围在一棵小树上，这样当人们移动炮管的时候，绳子就逐渐松开了。不进行这种预防措施，任何一个搬运炮管的人中弹的话，炮管就会掉进将沃蒂山脊和140高地分隔的圆形深谷。

当我们到达山顶后，就重新将这门火炮组装起来，然后将炮口对准了沃尔特山脊山脚的一个洞口。然而，我们发觉不可能在小道上挖掘炮位，就在这门炮周围堆了一些石头，然后开了第一炮。炮击对日军的洞口生效了，但火炮后坐力太强，让一个人受伤了，必须做许多事情，才能让这门炮再次开火。在我们发现榴弹炮这样无法固定位置时，我就联系陆战第11炮兵团4营营长路易·莱因伯格中校，请求他第二天上午将沙袋送到山上……

将75毫米榴弹炮的炮位全都布置完毕需要7个小时。在克服安置火炮的各种困难以后，这门75毫米榴弹炮向那个山洞发射了11发炮弹，收效颇佳。

美军炮兵设法将75毫米榴弹炮运到山上。

第2门榴弹炮也进入了沃尔特山脊附近山区东南外围一带的阵地，从那里可以向五姐妹高地（大山南部的4个山头和观测山）和“中国墙”（大山）实施直射火力打击。“中国墙”成为一个很有意思的目标，美军已怀疑中川大佐的中央山区指挥所就在那里。一旦第2门榴弹炮就位，检验这一猜测是否属实的时刻就到了。指挥这次炮击的陆战第11炮兵团副团长莱曼中校说道：

我用双筒望远镜定位目标，我们的第一轮炮弹将山顶周围的一群鬼子都炸了出来。汉克·亚当斯少校后来向我报告，有人看到十几个日本兵从这座山的东侧跳了下去，滑落山坡躲避炮击。榴弹炮发射了大约40枚炮弹，有一名炮兵受伤了，由于近距离狙击可能造成更多伤亡，夜幕即将来临，我们认为采取安全措施是有必要的。次日，即10月13日星期五上午，破晓时分，我的部下有2人在榕树边被75码外的敌军狙击手击中头部身亡。这样榴弹炮就无法重新就位。日军的这次反击让我更加相信我们找到一处日军的重要指挥所了。早些时候，部署在巴克利的旧指挥所区域附近的一个155毫米榴弹炮阵地也注意到了同一个问题。我们用一台高倍防空望远镜数次看到戴着白手套的多名日本军官，显然就在（“中国墙”）一带用双筒望远镜观战。

10月12日，美军的炮兵行动对乌穆尔布罗格尔山区最后阶段的战斗产生了完全出乎意料的影响。最初，美军炮兵使用沙袋只是为了保护榴弹炮免受日军轻武器攻击影响，谁知这种低矮沙袋很快就变成步兵的一种重要工具。由于在山上缺乏掩护，也无法在珊瑚石上挖掘深坑洞，美军在贝里琉即使占领了阵地，也不得不一再放弃来之不易的成果。大范围使用沙袋来保护一连串阵地就成为这个问题的解决办法，虽说这办法并不是非常容易，因为贝里琉岛内陆没有沙子，沉重的沙袋必须用人力搬运到山脊上，工作费力而繁琐。在贝里琉战役的最后阶段，沙袋发挥了与其他进攻性武器一样的功能，此外，还为位置暴露的步兵提供了一些安全感。

10月13日上午，5团3营是该团唯一负责进攻的营。日军连夜多次试图潜入夺回140号高地未果，该营平静了下来。夜间3营的陆战队员击退日军进攻几乎毫不费力。日军夜袭部队丢下15具尸体，被迫撤退。9时15分，美军再度用凝固汽油弹空袭了乌穆尔布罗格尔山区。这次空袭美军的地空协调非常出色，但无法直接观察轰炸的结果。轰炸之后，K连派出一个巡逻队进入岛西公路附近的包围战线正西一带，想要拉直140高地形成的突出部，进而从一个之前因为地形困难无法进入的地方，进一步缩小包围圈。在火炮和迫击炮掩护下，巡逻队前进了75码都未遇抵抗。I连派出的一个巡逻队同样深入

战死的日本兵。

山中大约150码，没有遇到任何日本兵。在这片先前没有刺探过的地方未遇抵抗，那么美军就计划好准备在次日进攻，继续突入日军阵地。

令人费解的是，10月13日，日军没有进行抵抗，但这并不意味着贝里琉日军已经没有资源进行阻止美军继续推进的激战。10月13日左右，贝里琉地区队长中川大佐掌握下的总战力（包括海军）仍然有：

兵员1150名，步枪500支（子弹2万发），轻机枪13挺，重机枪6挺（1万发），掷弹筒12具（150发），自动炮1门（50发），大队炮1门（120发），速射炮1门（350发），曲射炮3门（41发），手榴弹1300颗，坦克地雷40颗，黄色火药80公斤，发烟筒80个，此外缴获的武器、弹药中有若干可以使用。

显然，美军要消灭日军的最后抵抗力量仍然是很困难的。

与此同时，越来越多的迹象表明，陆战1师在贝里琉苦战的日子屈指可数了。第3两栖军下令再度将321步兵团交给陆战1师指挥，以便用相对还算生力军的这个陆军团替换已筋疲力尽的陆战5团，去占领日军在贝里琉的最后一座阵地。陆战5团将转归军部直接指挥。10月15日8时，陆战1师下令让321团替换5团。10月16日，根据这道命令，321步兵团的2个营应当进入阵地，陆战5团所有部队的控制区域都会移交给321团。321团的任务就是继续进攻乌穆尔布罗格尔山区。

地图三十四　10月中旬前后，美军占领山区阵地东部的几座山脊概要图

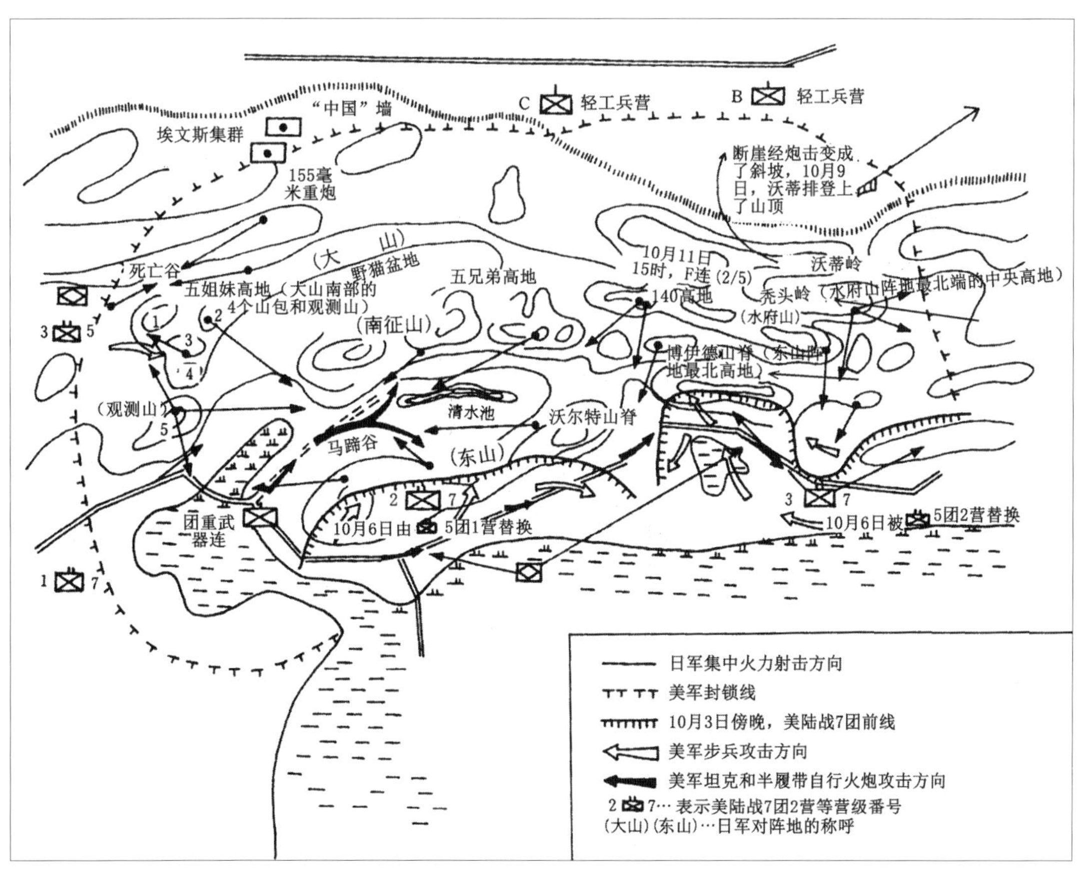

10月14日，陆战5团在乌穆尔布罗格尔山区最后一整天的战斗始于对五姐妹高地的空袭。然后美军又对这个目标进行了一次密集的迫击炮火准备，之后I连便出发进攻前一天无人防御的山区西部。这一次，日军已全面戒备，用密集的轻武器火力阻击陆战队员。I连的速度虽然变慢，有条不紊的前进仍在继续。16时以后，I连占领了250码长的阵地，到达与五兄弟高地最北端两座高地平齐的一个位置，位于“中国墙”西面150到200码。I连就在这里建立了夜间的环形防御阵地。

陆战5团3营I连正在南进的同时，7团1营C连在配属给5团以后，从南部的包围圈发起了进攻。该连在一组LVT车载火焰喷射器的支援下，沿着与现在由陆战11团把守的那部分包围圈平行的轴心线，向五姐妹高地西面推进。前进大约125码后，7团1营C连停下了脚步。5团3营和7团1营的这次成功行动，将乌穆尔布罗格尔山区西侧边缘南北走向的包围圈缩短了大约400码。现在日军的乌穆尔布罗格尔阵地已经只有大约400码×500码大小了（按照日军的记录，至10月16日纵深预备阵地已被压缩至南北约450米、东西约150米的大山、南征山、观测山一带）。在这个包围圈之外，北部天山也有一些残余日军仍在抵抗中。10月14日的战斗结束以后，陆战1师的部队除了与贝里琉岛上其他地方的日军发生一些零星冲突之外，已不再参与对该岛的攻势作战，征服乌穆尔布罗格尔山区阵地的行动，将由陆军第81步兵师的部队接管。

经过连日战斗，疲惫不堪，正在入睡和休息的陆战队员。

替换陆战1师

10月15日，第81步兵师的部队开始替换陆战1师各部，321团2营接管了陆战5团3营在乌穆尔布罗格尔山区北侧边缘的阵地。实际上，10月14日，陆战5团2营的部队就已经在接管321团2营在盖斯巴士岛、孔高鲁岛和加拉开奥岛这几个小岛上的守备任务。然后，这个陆军营就来到贝里琉岛321步兵小径附近的一个集结区待命，等候接管陆战5团3营的阵地。10月14日，323团1营从乌利希环礁来到贝里琉，配属给321团团长达克上校指挥。这个营的任务是去替换守卫乌穆尔布罗格尔西南边缘一带包围圈的陆战队。10月15日，陆战1师在贝里琉岛抢滩登陆整整1个月后，替换任务在继续进行，321团3营替换了山区阵地东侧边缘沃尔特山脊和博伊德山脊的5团1营。

当天上午，5团3营K连迫击炮班正在等候陆军321团2营的步兵来替换他们，见到他们的时候，感觉却有些怪异。当他们列队经过的时候，尤金·斯莱基等人就看见好几个人戴着眼镜，而在陆战队根本就不会将戴着眼镜的士兵送上第一线。斯莱基的一位同组战友说道：“我真是看不懂这些陆军的小兵，这么多人都戴眼镜，还有好几个看上去都可以当我爹了。你再看看他们的口袋都那么宽松。”

斯莱基只是淡然答道：“我觉得挺好。”

接替阵亡的霍尔丹上尉指挥K连的托马斯·斯坦利中尉就站在几步之外，看到这些陆军士兵，一脸惊愕。321团2营的战士们不仅年龄普遍比较大，而且看上去很瘦弱，一些人看来只有115磅（52公斤）。在斯坦利看来，虽说自己的部下也不见得更胖，但是他们毕竟已经过30天的苦战了。

陆战5团3营K连迫击炮班的尤金·斯莱基一等兵。

陆战5团3营K连离开贝里琉岛时仅剩的2名军官，继任连长托马斯·斯坦利中尉和查尔斯·艾林顿少尉。

斯莱基和其他陆战队员对陆军士兵则相当友好。他对一名陆军士兵说道：“我们见到你们都很高兴。”

“谢谢！”对方露出了勉强的笑容，显然不是很乐意来到乌穆尔布罗格尔山区。这很自然，其实斯坦利忘记了，321团在昂奥尔和贝里琉并没有闲着，9月17日开始就经历过半个月左右的苦战，也曾在这片地形条件恶劣的山区战斗过，然后在贝里琉和周围的小岛上执行守备任务，即便不像陆战5团那样艰难，也好不到哪里去。

在准备出发离开贝里琉的同时，陆战5团接管了贝里琉岛北部、盖斯巴士岛和北面其他邻近小岛的防御任务。1营负责贝里琉最北部，2营占据了盖斯巴士等三座小岛，3营则部署在岛东公路沿线，面朝东面的大海。

在一个相对封闭的区域内进行的大规模部队替换过程中，乍一看，好像有一个陆战营被遗忘了。10月16日中午，攻打乌穆尔布罗格尔山区的战斗任务被正式移交给达克上校，陆战7团1营仍在卖力地进行两天前就开始的北进行动。在山区战斗的最后一天，7团1营又有7人伤亡，然后在10月17日上午被323团1营替换。替换完成后，7团1营前往紫色海滩，陆续登上运输舰“海鲟”号，10月22日离开了梦魇般的贝里琉岛，一周后抵达帕乌乌休整。

10月中旬，陆战7团2营继续在贝里琉东北外海的几座小岛巡逻，10月26日终于开始登船。好在防御守备任务基本没有遇上任何战斗，这个营在几座小岛上都得到了他们应得的休整。

和陆战7团的另外2个营相比，3营不太走运，还要在贝里琉岛上参加一次艰苦而代价沉重的战斗。10月17日18时40分，这次战斗开始了，鲁珀图斯将7团3营I连部署到山区正南面陆战第1医务营E连的辖区。相当数量的日本兵占领着几座洞穴。日本兵在洞穴里的狙击火力让医务兵饱受困扰。I连赶到那里，在天黑前进行了一场短暂的战斗，将日军狙击手都赶走了。整个夜晚，I连都留在那里保护后勤部队。

陆战5团3营K连前往休整营地之前的集体合影。登陆贝里琉时共有235名官兵的这个连，在启程前往休整营地之前，仅有85人没有损伤，这些幸存者也都疲惫不堪。

次日6时30分，L连替换了I连。该连昨晚接到通知后便立即投入了战斗，手头的弹药明显不足。11时刚过，L连就报告盘踞在该地区的敌军兵力比预料的更多（这里实际上是日军西地区队残余兵力据守的北部天山阵地），躲在12个洞穴阵地里。上级得报，派来一辆坦克支援步兵进攻。14时之前几分钟，这辆坦克突然触雷爆炸（这是日军工兵用航空炸弹改造成的地雷，以电子点火系统引爆），不仅车组成员都死了，一直在指挥坦克向日军的山洞开火的L连长哈里·琼斯上尉也不幸身亡。贝里琉战役期间，7团3营L连连长简直成了一个被诅咒的职务，先后四任连长3人阵亡，1人重伤。后来，几门37毫米反坦克炮被调给L连，用于捣毁日军阵地，但是夜幕降临后，仍有一些日军在抵抗。10月19日，L连被陆军部队替换，最艰苦的日子终于到头了。

10月16日，陆军321步兵团就接管了继续进攻乌穆尔布罗格尔山区的责任，但是贝里琉地面作战的指挥任务仍然由陆战1师师部承担，直到10月20日，第81步兵师的缪勒师长来到贝里琉接管指挥权为止。当天8时，第3两栖军军部将帕劳群岛南部的地面防御任务和继续歼灭贝里琉岛日军残敌的任务，都移交给第81步兵师师部。8时30分，军长盖格少将和他的参谋部乘飞机离开，前往瓜岛。夜间23时，陆战1师的鲁珀图斯师长和师部的几个部门也乘坐飞机离开了贝里琉。

10月21日，陆战7团1营和3营都已登上“海鲟”号运输舰，次日离开贝里琉岛，8天后抵达帕乌乌。7团2营和陆战第11炮兵团4营离开贝里琉面临的情况更复杂。10月26日，他们开始登上一艘荷兰商船，但是因天气和其他因素推迟了出海时间。4天后，这两个营的人员和物资才

1944 年 10 月，乘坐坦克登陆艇离开贝里琉的陆战队员。

全部装船完毕，能够启航。11月7日到达帕乌乌休整。

陆战7团离开，让陆战5团和其他加强部队，成为贝里琉岛上最后的陆战队部队。10月20日，缪勒接管贝里琉战役指挥权，将这个陆战团组成一个别动队，由陆战1师副师长奥利弗·史密斯准将指挥。在贝里琉滞留的最后一段时间，陆战5团配属给81步兵师，直到有足够的运输舰船将他们送回所罗门群岛。

陆战5团并没有投入贝里琉岛的后续战斗，直到10月26日都留守在几处防御阵地上。由于缺少合适的船只，登船时间只得推迟。最终运输舰“海上奔跑者”号将陆战5团的大部分人员和装备运走了。陆战第1摩托化运输营，第1两栖车辆营和第3两栖装甲营的人员和车辆，则直到11月13日才得以离开。

对陆战1师来说，贝里琉的战事结束了。用师长鲁珀图斯的话来说，这是在“我迄今以来见过的……最恶劣的地形”进行的战役。陆战队司令范德格里弗特将军形容贝里琉战事是“他们（美军统帅部）交给陆战1师最为艰巨的任务之一”。

截至1944年10月20日，陆战1师为了与设防周密、守卫森严的日军贝里琉岛守备部队作战，合计伤亡达6265人。一共有1124名陆战队员阵亡或伤重不治，5024人负伤，117人失踪。按照美军陆战队的初步统计，在贝里琉一个多月的苦战期间，他们估计一共击毙日军10695

地图三十五　陆战队在贝里琉最后的战斗概要图

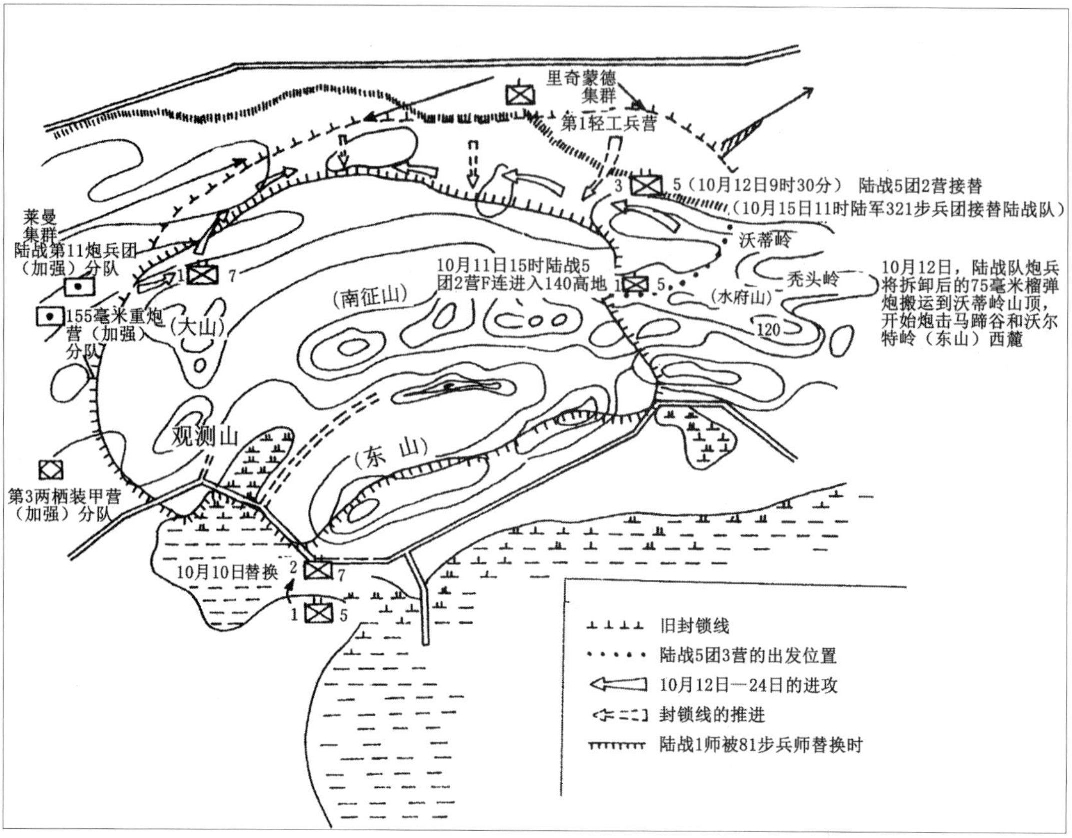

人，俘虏301人。

81师的奋战

10月16日，陆战1师师部仍然掌握贝里琉前线的战役指挥权，但321步兵团已经接管了前线的战斗任务。321团3营进入沃尔特山脊和博伊德山脊山顶的山区东部边缘，阵地一路延伸到马蹄谷的入口；321团2营占据北侧边缘的140高地，营长彼得·克莱诺斯中校在高地上设立了指挥所。321团1营部署在基本与岛西公路平行的一线阵地上。负责五姐妹高地和死亡谷附近山区南部边缘包围圈的是323团1营。

15时左右，321团2营决定设法从140高地的阵地出发，夺取这座高地南面的下一座山峰，即“五兄弟山脊”（南征山）从北数的第一座山头1号兄弟高地（其他四座山头按照从北向南的顺序依次命名）。

9月18日起出任G连长的杰克·史密斯中尉亲自指挥一个排的兵力承担这项攻坚任务。战士们一路缓缓下坡，F连从140高地正西面的一道山脊提供火力掩护。这个排刚刚下到谷底，日军机枪和步枪的开火声就响成一片。原来日军隐蔽的阵地都位于81师支援武器火力不及的安全死角，那么掩护火力自然不会有用。

G连的突击排不过几分钟便有3人阵亡，12人负伤，在前方敦促进攻的史密斯连长也成了伤员。步兵只得匆匆后退，将一些尸体和伤员落在后面。一位中士带着2名士兵去谷底救回躺倒在地的2名伤员。在战友拖着伤员撤退的时候，这位中士用自动步枪掩护他们。最后5人都安全返回。

哈里·康特曼克参谋军士的运气差了一些。他发现史密斯连长伤得很重，非常痛苦，急需医治，断然冲过日军的射击弹道，去寻找医护兵来急救。医护兵带着药品跟随康特曼克回来了，参谋军士本人却受了致命伤。史密斯最终得救了，但是阵亡人员的尸体和一些伤员一直到天黑都无法抢回，日军在峡谷间的火力实在太猛了。

10月17日中午，321团团长达克上校正式接管乌穆尔布罗格尔山区的战术指挥权。当天一早7时，321团1营便向南进攻，起初遇到的抵抗较轻，战士们克服了地形困难，推进了100多码。然而13时左右，日军的抵抗已明显加强。1营先锋A连遭到前方的一座碉堡和附近洞穴里的日军交叉火力阻击，好容易才继续推进了50码。阻挠1营前进的日军阵地主要是140高地和岛西公路后面的几道平行山脊中的第二道。这里的阻击阵地也让美军的后背和侧翼暴露在五兄弟高地的日军火力之下。让1营步兵雪上加霜的是，有些工事看来有可滑动钢铁门板保护。最终1营只得放弃了这次进攻。

与此同时，321团2营越过峡谷，试图登上1号兄弟高地的努力再度受挫。营主力的正面进攻受阻，另一些步兵则在坦克支援下，穿过博伊德岭和沃尔特岭之间的峡谷，进入马蹄谷（陆军称为莫蒂默谷，即东山和南征山之间的谷地），希望从东面攻克1号和2号兄弟高地。

当推土机正在峡谷之间开辟一条坦克道路的时候，一个日本兵冲了上来，将磁性炸弹拍向车身。日本兵一向悍不畏死，他被炸成了碎片。推土机虽然受损，却依然可以工作。另一个日本兵又来实施自杀式挺身突击，磁性炸弹刚刚拍到推土机车身上，还来不及引爆，306工兵营A连负责掩护的杰夫·罗兹二等兵冲了上去，和那个日本兵扭打起来。罗兹力大，徒手将这个日本兵掐死了，然后取下了炸弹的引爆管。罗兹挽救了推土机，拯救了驾驶员的生命，战后因为这一英勇行为，获得一枚陆军杰出服役勋章。

得到有效保护，推土机顺利开辟了道路。虽然美军没有因此取得显著进展，却还是让坦克和火焰喷射器能够摧毁沃尔特岭西麓和1号兄弟东侧的多座洞穴。这次行动2营一部大约消灭了40名日军。深夜里，日军对140高地组织了一次迫击炮弹幕齐射，造成了321团士兵的一些伤亡。

10月18日，321团组织了一次对五兄弟高地的全面进攻。坦克和LVT车载火焰喷射器再度缓缓进入沃尔特岭和博伊德岭之间的马蹄谷。第88化学武器营D连用107毫米口径、710坦克营迫击炮排用81毫米口径迫击炮发射白磷燃烧弹，

在马蹄谷战斗的81师步兵和坦克，背景处为五兄弟高地。

有毒的白磷烟雾让山脊洞穴里的日本兵不敢冒头。

在迫击炮弹幕南面，掩护2营E连爬上了1号兄弟高地（位于南征山北端）山顶。大约45分钟后，这个连的部分士兵也登上了南面75码的2号兄弟高地山顶。克莱诺斯营长希望在日军缓过来之前继续扩大战果，派F连越过E连的阵地占领3号兄弟高地。

13时15分，F连登上了3号兄弟高地的山顶，想要在开阔的山顶上组织防御阵地，猛然间枪声大作，迫击炮弹顺着不祥的弹道曲线向他们扑来。不仅4号兄弟和5号兄弟（南征山南部），沃尔特山脊西南角和五姐妹高地的日军机枪和迫击炮都在向这里射击。F连的战士们只得就地卧倒隐蔽，完全被这样的火力压制了。问题是之前美军的炮弹和空投的凝固汽油弹已经将这些山头上的植被都毁坏殆尽，珊瑚石地质很难挖掘散兵坑和野战工事，也没有时间将沙袋送上山，F连在这个暴露的位置非常危险。

14时50分，日军的火力齐射总算告一段落，但是F连发现日本兵已经走下4号和5号兄弟高地向北反击，目标直指他们的阵地。克莱诺斯营长虽然组织了一次增援，得到加强的F连却仍无力阻止日军。16时，反击的日军终于登上3号兄弟高地。一个小时后，克莱诺斯终于下令放弃1号、2号、3号兄弟高地这三座小山包。

E连和F连的一些士兵从陡坡滑落到马蹄谷里，然后设法越过峡谷，寻找友军。其他人向北撤退，就在1号兄弟高地山麓组织防御阵地过夜。一些战士包括弹药运送人员在内，自告奋勇回到日军火力扫射的山脊上，营救他们找到的伤员。321团提交的当天伤亡报告显示：15名士兵阵亡，48名士兵和2名军官负伤。

日军记录称在当天的战斗中，在美军完全占领南征山北部（1号、2号、3号兄弟高地）后，日军守备队对占领南征山北部山顶的美军，从三个方面以步兵武器进行集中射击，同时按照事前的准备立即从南征山南部实施反击。饭田大队从南征山南部的洞穴阵地出击，同北部的日军相呼应，经过拼死战斗，至17时左右将美军完全从南征山驱逐。根据17日饭田大队向步兵第15联队长发出的电报，该大队还剩大队长以下300人，其中重伤员56名。

此后两天，321团的“野猫”们将主要精力用于封锁阵地前后的山洞，为下一轮进攻五兄弟高地进行各种准备。3营的一个志愿巡逻队冒险去那三座小山包山顶搜寻遗留在那里的武器，回来报告那里的伤员都已去世了。

10月19日夜间，E连威廉·萨瑟兰中尉指挥的一个排目睹了一个怪异的场面。这个排的战士们就在140高地山麓的散兵坑里过夜，萨瑟兰在放哨，突然听见群山之中传来笛声。不久，美军的一枚照明弹照亮沃尔特山脊前的峡谷，几只小动物从一处山洞走进了山脊另一侧的一

美国兵正在逐个攻击日军个人用的散兵坑。

个洞口。萨瑟兰赶紧叫醒了排里的人。大家都去看那些动物。光线不是很清楚，那看起来像是几只猴子。有人猜日本人是不是在利用这些小动物帮助他们进行防御——真是这样就太怪诞了，美国兵一直没有找到正确答案。

日军发现美军从18日开始就在为夺回南征山做准备，19日对南征山实施了猛烈的炮击轰炸（烟弹混用）和利用油罐车的软管反复实施火焰喷射攻击，同时在南征山东侧凹地的水池（马蹄谷内）设置照明设施，开始构筑通往大山的坦克道路，美军在全线的行动陡然积极起来。

10月20日，81步兵师师长缪勒少将正式接管贝里琉战役的指挥权。当天，缪勒手下除了陆战1师依然留在这个岛上的部队之外，可以指挥的部队有321步兵团，最近刚从乌利希环礁到来的323步兵团1营，陆军710坦克营和154工兵营的部队。从9月23日到10月20日，321团在贝里琉有98人阵亡和468人负伤，据初步统计，击毙日军1500人，俘虏108人。

缪勒的计划是占领乌穆尔布罗格尔山区阵地，最终消灭贝里琉日军的所有抵抗，他会缓慢而有条不紊地将包围圈收紧，让它变成一个无情的钳子，让麾下官兵以最少的生命损失代价来扼杀日军所有的后续抵抗。他的想法并非首创，其实与陆战5团团长哈里斯上校几周前提出的战术很相似。陆战5团当时暂时配属给81步兵师，负责贝里琉岛北部和北面几座小岛的防御。贝里琉最南段的海滩防御任务被分配给726两栖运输营。81步兵师属炮兵也暂时对陆战第11炮兵团4营和第3野炮营实施作战指挥，陆战第8野战炮兵营一度被配属给321步兵团执行贝里琉岛和邻近岛屿的防御任务。

10月20日余下的一段时间，第81步兵师主要在为预定次日上午发起的进攻进行侦察。10月21日，陆战114战斗机中队的“海盗”式战斗机再度向马蹄谷附近的日军阵地空投凝固汽油弹。陆军81师频繁呼叫空袭支援，让陆战队飞行员都多少有些吃惊，他们早在10月17日就觉得“不会再进行凝固汽油弹空袭了——因为我们的战线看上去离目标已经很近了”。但是之后几天，呼叫的空中支援反而在增加。陆军要求在日军阵地的特定区域投放未加

81师的“野猫”正在攀爬陡坡，进攻日本兵在贝里琉中部山区的据点。

引信的炸弹。美军的迫击炮也频繁发射凝固汽油弹。这样的战术是成功的。凝固汽油弹爆炸燃烧后，日军藏身的阵地瞬间变成浴火地狱，日本兵带着身上的火焰出逃，就会被地面上等候的美军机枪手逮个正着，然后永远解脱。为了帮助飞行员精确定位目标，战士们在马蹄谷尽头和它的西面通道用烟雾进行标记。21日清晨，16架飞机进行了这次精确轰炸行动，16时以后又出动了12架飞机。用陆战队飞行员的话来说："我们耗费了大量的副油箱，但是每个人都很满意，自家人没有付出多大损失代价，就将鬼子消灭了。"

10月21日8时，321团1营出发进攻。虽然陆战队飞行员对凝固汽油弹的轰炸效果信心十足，但1营的步兵才前进几步，就遭到3号兄弟高地西坡的3个洞口阵地的火力阻击。日军的自动武器形成的交叉火力有效延缓了1营的进攻。当天他们只推进了不到100码，略有些小收获：一个巡逻队确认了一座日军的机枪阵地后将其捣毁，击毙3名日军；此外一线官兵报告还摧毁了另一个机枪火力点和一个迫击炮阵地。

1营攻打3号兄弟高地的同时，2营的乔治·拉苏拉中尉的一个巡逻队奉命去占领五兄弟高地最北面的1号兄弟高地。高地东坡的日军阻击火力，让巡逻队的"野猫"们非常吃力。拉苏拉本人也在战斗中负伤。不久后，美军75毫米榴弹炮和37毫米火炮的直射火力击中日军盘踞的两个洞穴，让洞里的日本兵难以招架，得以掩护巡逻队残部撤退和后送伤员，但是2营的士气已经大大下降了。

2营长克莱诺斯中校有个习惯，在大举进入一个易受攻击的目标之前，会先招募一个小型志愿者巡逻队打头阵。当天下午，让他非常郁闷的是，没有一个人自告奋勇再去攀登1号兄弟高地，上午拉苏拉巡逻队的遭遇让2营的战士们都心有余悸。克莱诺斯没有发怒，在确定所有人都知道他的召唤之后，就向那座高地走去。他断然带头进攻很可能让日军一时摸不着头脑，直到他走上低坡，隐蔽的日本兵才向他投掷了一枚手榴弹。克莱诺斯赶紧跳到最近的岩石堆后面，避过手榴弹爆炸后飞溅的弹片，调匀呼吸，回头向他刚走过的平地看去，脸上顿时露出了欣慰的笑容，大约10多个步兵提着步枪正在向高地走来。

当部下到来的时候，克莱诺斯已经攀上了半山腰。他对这个志愿巡逻队发布了指示，但不久就被日军的步枪火力和手榴弹压制住了。克莱诺斯又回头看，整个2营都跟上来了，战士们除了步枪和弹药外，还带着沙袋。

副营长塞茨少校留守140高地的观察哨，当营长的巡逻队攀登1号兄弟高地时，一直在用无线电告知他们日军阵地的具体位置。

17时，经过4个小时的苦斗，最先上山的10余人已经控制了1号兄弟高地北半部。2营E连的战士们带着沙袋先在山脚下等候，然后纷纷登上增援战友。大家依次在山坡上排列好队伍，将沙袋传递到山顶上（日军观察到美军一边用棍子的尖端推着沙袋的一边逐次匍匐逼近）。过了大约一个小时，克莱诺斯回到了他的营指挥所，心里暗想："我是美国陆军最愚蠢的指挥官，却是个幸福的蠢货！"

3号兄弟高地和"中国墙"北端的日军在集中火力打击这座山顶的美军步兵，但是E连已将沙袋运到山顶上构筑掩体。根据陆战队步兵的宝贵经验，沙袋虽然无法抗击重火力打击，却能有效防护轻武器子弹，使得美军步兵在天黑前得以巩固他们取得的阵地。当天夜间，日军反复想要将2营的战士们从1号兄弟高地赶走，双方相互投掷手雷和手榴弹，美军始终坚守阵地。日军派兵攻打沃尔特山脊西缘的3营L连也未成功。他们又派出小股挺身突击队渗透321团1营和323团1营的后方地区，这是他们的惯用战术，在某种程度上要比直接反攻山头高地更成功，但是除了引起美军相当大的躁动和混乱之外，几乎没有造成什么破坏，最后也只得撤退。

同一天，美军在沃尔特山脊和5号兄弟高地之间的地区释放烟幕，321团3营得到坦克和火焰喷射器支援，从南面进入马蹄谷。这支部队攻打了潜伏在五兄弟高地和沃尔特山脊山麓一带洞穴里的日军。完成任务后，战士们从谷中撤离。

当天傍晚，321步兵团发布命令，要求次日一早6时45分，下属和配属的全部4个步兵营发动一次协同进攻。321团1营负责占领从西北瞰制野猫盆地（大山东侧谷地）的高地；2营负责进攻另外四座兄弟高地；3营会得到装甲兵和火焰喷射器支援，确保沃尔特岭的安全，占领马蹄谷；323团1营负责封锁山区西面的包围圈，以防日军出逃。

10月22日一大早，美军先进行了一次15分钟的迫击炮弹幕射击，然后实施了空袭火力准备。这次进攻吸取了之前的经验教训，五兄弟高地的战斗相当顺利。321团2营E连先后控制了1号兄弟、2号兄弟和3号兄弟三座山头。2号兄弟高地顺利垒成了沙袋防御工事。

710坦克营A连的1个坦克排也奉命来支援321团2营的战斗。布鲁克·哈尔西少尉指挥他的几辆谢尔曼坦克，想要铲除4号兄弟高地以东死亡山谷的几座日军洞穴阵地。这次战斗并不顺利，一辆谢尔曼坦克的履带在谷中触雷损坏，一座洞穴正好可以用直射火力打击坦克的正面装甲。坦克手在酷热难耐的隔舱里勉力坚持了整整一下午。天黑后，哈尔西带领另一个坦克车组成员和一个维修班组进入山谷。维修人员加紧赶工，终于修好履带，让这辆坦克撤退，

321团3营长达拉斯·皮洛伊德少校、安德鲁·福特二等兵和路易·索尔诺斯基参谋军士在被打瘫的坦克下寻求掩护，这辆坦克之前在公路的危险弯角遭到日军袭击。

使日军无法从洞穴里出来继续破坏它，也挽救了车组人员的生命。

全天各指挥部和后勤部门都派出人员运送沙袋，和战斗步兵一起合作，顶着日军的步枪子弹在陡坡上将沙袋堆起来。天黑后，2营在1号和2号兄弟高地已经建起牢固的设防阵地，对3号山头也实施了有效控制。

3营I连得到2个坦克排、3辆M-10坦克歼击车和2辆LVT车载火焰喷射器支援，再度在马蹄谷出击。这次步兵大范围使用火焰喷射器和爆破装置和装甲兵协同作战，在马蹄谷炸毁了能找到的多座洞穴。

11时，I连完成了马蹄谷的扫荡战，向西去攻打五姐妹高地山麓的洞穴。马蹄谷中间有一个泥沼化坑洞，后来被美军称为格林林顿水池。这个水池是日军守备队唯一的水源。日军在水池周围构筑了一座防御阵地。I连的步兵将这些日本兵全部消灭。有个日本兵想要将一枚炸弹投到一辆坦克的轮子上，还未及出手就已被击毙。这次战斗至少击毙34名日本兵，其他人都被封死在洞穴里面。

黄昏时分，战士们在沃尔特山脊的西部山麓沿着马蹄谷，用坦克、沙袋、聚光灯和车辆装备里被毁坏的零部件建立了一道防线。日落时分，日军就开始攻打这座阵地。18时，4号和5号兄弟高地的日军开始用密集的步枪直射沃尔特山脊的3营K连阵地。15分钟后，一个日军挺身突击队就想要突入马蹄谷的I连阵地在夜间坚守阵地。8名只装备手榴弹和刺刀的日本兵很快被美军击毙。

19时还不到，321团的战士们发现5号兄弟高地北侧的一个洞里升起了一枚发光信号弹。300高地（老秃岭，日军称为“观测山”）周围升起了五堆火，可能是日军发出的某种信号。

半小时后，装备美制手雷的日本步兵突入323团1营C连1个排的阵地。这次进攻达到了突袭的效果，迫使这个美军步兵排从日军最后阵地南端向岛西公路退却了大约100码。炮兵的及时支援阻止日军步兵继续突击，将其击退。次日上午，步兵就收复了夜间的失地。这次夜袭造成美军1人阵亡、9人负伤。

日军在323团1营左翼同时发动的一次进攻造成的威胁更严重，将A连的左翼排推回了岛西公路。这次突击让321团和323团之间出现了一个缺口。321团E连的埃利斯·史密斯一等兵和莱西·派克一等兵等少数士兵坚守自己的阵地。史密斯和派克尽管上午就已经挂彩，仍然在E连侧翼用自动步枪射击阻止日军继续前进，这才让形势没有进一步恶化。次日上午，美军再度组织人力闭合了这个缺口。

23日凌晨4时30分，日军组织大约1个小队的兵力，想要夺回2号兄弟高地，结果至少有20余人被击毙，再也无法组织新一轮冲锋，天亮前就无奈撤退了。

此后两天，美军的战线几乎没有变化，不过10月23日，321团2营占领了4号兄弟高地，并用沙袋构筑了防御阵地。至此南征山的大部分已落入美军之手。不过南征山最南端的洞穴在附近日军的掩护火力支援下仍然被日军确保着。

当天321团1营的攻击区域遇到了最为有力的抵抗，他们向山区核心的前进遇到的防御如此严密，每次获得的进展都要用尺来计量。该营在这个关头面临的困难一是极为不利的地形，二是日军的坚决抵抗。81师师史记录人员生动地描述了当时的战况：

靠近日军阵地的途径有限，再加上日军的兵力不少，有必要在前进的道路上尽快修建沙袋工事。实际上，有些地方对坦克来说太过陡

地图三十六 1944 年 10 月 16 日—24 日 321 步兵团在乌穆尔布罗格尔山区的战斗概要图

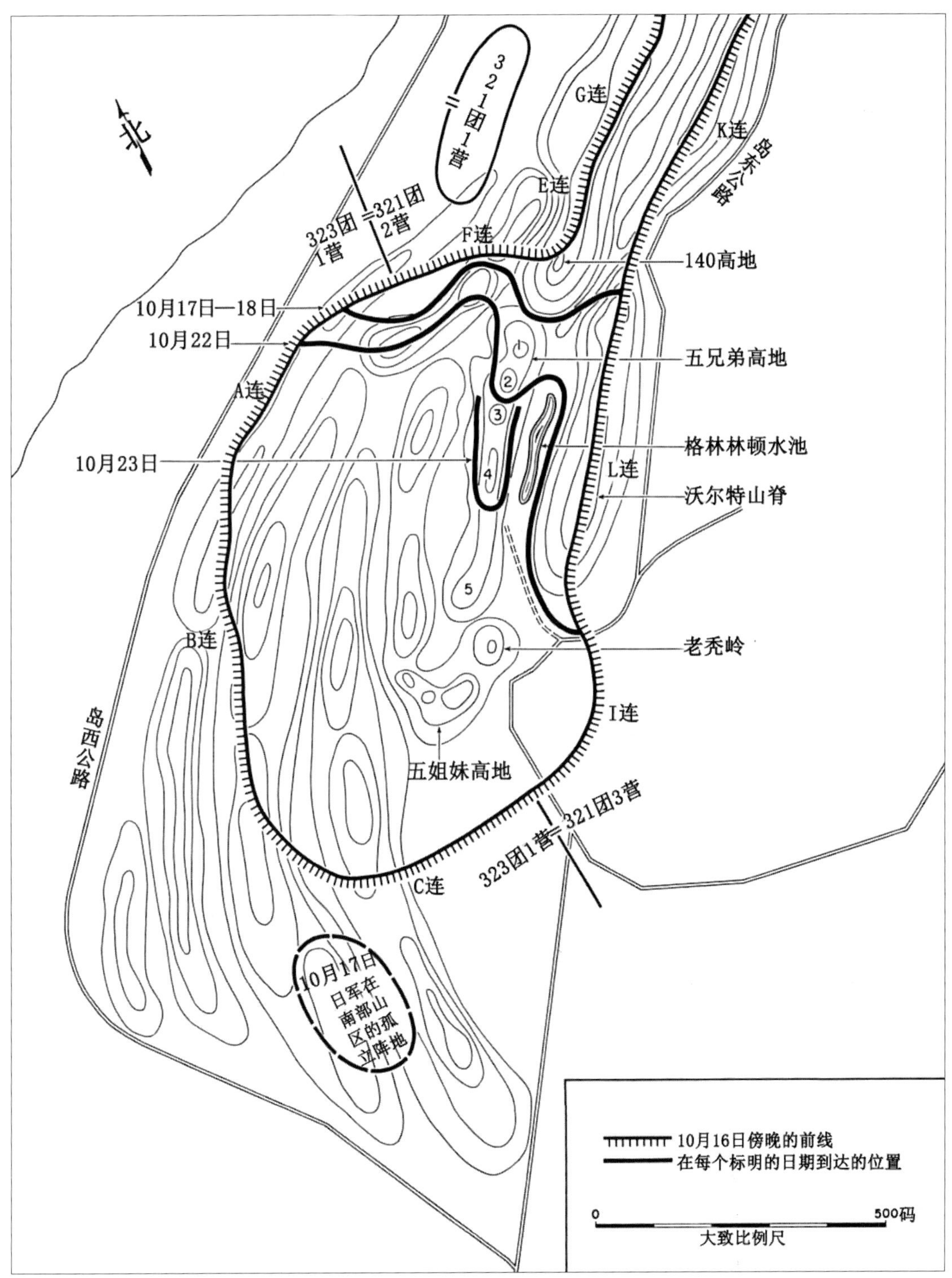

峭崎岖，无法用装甲为步兵提供掩护，需要用沙袋替代。如果没有沙袋，在山脊和山峰的侧面和顶部，战士们就会完全暴露在日军精准的步枪射击之下。有时候，我们需要用木杆将沙袋向前推，这样就可以先堆好第一层沙袋，来保护那些攀爬到前方来完成任务的人。这样的推进缓慢而乏味，却能将伤亡减少到最低，就完成了任务。

10月23日傍晚日军贝里琉地区队的战斗人员包括轻伤员在内约有700名。

10月25日，已从乌利希环礁赶来的323团主力替换了前线的321团1营和2营。截至当天，321团在贝里琉共有146人阵亡，469人负伤。攻打乌穆尔布罗格尔山区日军阵地的战术指挥权就从321团团长达克上校手里移交给323团团长亚瑟·沃特森上校。323团1营占据了山区外围西部和西南部的阵地。2营则接管了五姐妹高地以南阵线。323团1营A连占据了五兄弟高地上的阵地，同时该营的另外两个步兵连则沿着山区西北边缘进入沙袋阵地。321团3营仍留在沃尔特山脊和马蹄谷山谷的沙袋阵地上。

美军狙击手在日军洞穴阵地入口附近的树后瞄准，准备随时射杀日本兵。

从10月25日起，321团3营配属给323团。在太平洋战争中后期的攻坚战斗中，将前一阶段投入战斗的某个步兵团战斗减员较少，相对较完整的一个步兵营配属给新投入的一个步兵团，确保一线作战部队相对充足，已经成为美军的一种固定战时部署，在没有补充兵员投入前线的时候尤其重要。2个野炮营和1个工兵营将会为323团提供必要的支援。

10月25日余下的时间里，323团的战士们都在熟悉他们行将要在那里战斗的地形。他们还要运送补给物资，在山区周围加强各处防御阵地。

10月26日，323团沿着日军阵地外围巡逻，炸毁后方地区的洞穴，防止日军再度占领，负隅顽抗。中午过后不久，该团的E连在日军阵地南方边缘搜寻日军占领的洞穴时，触到一枚日军改作地雷的航空炸弹，造成4死29伤。死者都被炸得血肉模糊了。美军对这一地区进行了更仔细的检查，发现那里到处都是航空炸弹，日本人利用其中一些炸弹设置了巧妙的陷阱。

当天夜间，日军在周边各处进行了多次刺探进攻。日军组织兵力，决心夺回4号兄弟高地，双方发生激战，在手雷和手榴弹的激烈对决期间，日军最终死亡30人，终于不敌。7名日军组成的一个小组从格林林顿水池取水，突然间321团3营的战士们用简易泛光灯照亮了该地区，看到日军不由分说，立即用机枪子弹将他们全部消灭。当时为了挫败日军的挺身突击作战，美军耗费了大量弹药。至少有一位观察员发表了以下看法：

一直在昼夜不停地开火。晚

上，这个地区一直都在保持照明。我数了数，每次空中会出现3枚60毫米照明弹。

10月26日至11月1日，由于暴雨、大雾，能见度太低，美军在贝里琉没有进行任何战斗。81步兵师各部利用这次机会进一步改善他们的阵地。

在南征山东侧凹地（马蹄谷内）的格林林顿水池当时是日军守备队唯一的水源。由于美军用火焰喷射器反复向洞内射击，岩石表面被热流烧焦，有不少日军无法忍耐干渴，前往水池去打水时被美军射杀。水池中到处漂浮着日军的尸体，而且不断有新尸体出现，仿若地狱图一般。美军在水池地区部署了狙击手不断射杀前来打水的日本兵。到10月27日，美军还在水池周围拉上了蛇腹型的铁丝网，彻底阻断了日本兵的决死打水行动。洞穴中充满了日军伤员们“水、水、给我水”的哀鸣声。但是在28日贝里琉岛上下了一整天的雨，令苦于缺乏饮用水的日军守备队官兵士气大涨。

10月末日军贝里琉地区队（包括海军和饭田大队，不包括步兵第2联队第2大队、步兵第15联队第3大队、独立步兵第346大队）的战斗人员包括轻伤员在内约有500名，武器、弹药、粮食的现状如下：

步枪190支、轻机枪8挺（弹药10600发）、重机枪4挺（2800发）、重掷弹筒1具（20发）、手榴弹500颗、燃烧瓶10个、坦克地雷20颗。粮食对于650人按照一半定量分发大约可以维持到11月20日。

下面是10月19日以后至月末，贝里琉地区队向帕劳地区集团司令官和参谋长拍发的电报内容的摘录。

10月19日16时为止的情况：

第一线一般较消沉，无变化。敌人似在企图破坏指挥中枢。敌人自昨晚以来对大山东方洼地和其东北方高地（本部位置）反复实施猛烈炮击（黄磷弹、烟弹混用）。本日14时又受到敌机8架的燃烧弹攻击，虽然猛烈但无大损失。

20日16时为止的情况：

第一线在水府山一带，虽有一部战斗但无大变化。昨日以来炮击集中于本部一带，8时和16时遭到敌机的燃烧弹攻击（有发烟），但无损失。

21日16时为止的情况：

敌人继昨日同时使用猛烈的炮击和以飞机实施燃烧弹攻击，反复破坏指挥中枢，但无异状。第一线在东北部较为活跃，但未前进过来，无变化。

22日16时为止的情况：

水府山方面之敌正在猛烈炮击下积极活动，其他方面一般较为消沉，战线无变化。

24日16时为止的情况：

战线一般较消沉，无大变化。但东北角之敌侵入我阵地附近，用土袋构筑阵地，并反复实施飞机扫射。

26日16时30分为止的情况：

南征山北端之敌依然活跃，在我军附近推

进土袋阵地，并反复投掷手榴弹。今晚将以一部对该敌实施挺身突击，此外战线无变化。

28日16时为止的情况：

一部之敌进入南征山，并用蛇腹形铁丝网企图妨碍我利用给水池给水。地区队为确保全防线，将以一部实施挺身突击。敌人在夜间实施猛烈的射击和手榴弹投掷，但未发现有积极企图。

29日16时为止的情况：

夜间同前一天一样比较吵闹，但白天比较消沉，敌人在我军附近加强阵地，似企图逐次攻占我防线。在南征山敌我近距相对。

30日16时为止的情况：

防线无大变化，敌人在中央洼地一带投下燃烧弹约10发，似企图烧毁我待机壕，但无异状。

在10月份，日本海军也在继续对贝里琉岛的美军实施反击。10月12日、13日两天，来自菲律宾达沃航空基地的第61航空战队的“登陆攻击T一空袭部队”奇袭了贝里琉机场。12日4时25分有1架陆攻奇袭攻击贝里琉机场，13日傍晚从达沃出发的2架陆攻有1架因天气不良而返回，另一架未归还。18日夜，第30根据地部队所属的4架水上侦察机对贝里琉岛实施了物资空投，但因恶劣天气和美军的妨碍、己方阵地的不明等，最终没能成功，其中1架在着水时沉没。27日、28日两晚，远藤谷司中佐指挥的第30根据地部队鱼雷挺进攻击队的大发4艘、内火艇3艘、鱼雷艇2艘等从帕劳本岛出击，钻过美军舰艇警戒的间隙对贝里琉东海岸运输船队的18艘舰船实施了肉搏攻击，声称击沉2艘运输船、击伤2艘（10月28日，美军发现1艘携载鱼雷管的日军登陆艇在紫色海滩外海向海滩发射了一枚鱼雷，但没能造成任何损害，然后就被美军击沉）。此外西加罗林航空队的“零”式水上侦察机连夜潜入袭击贝里琉攻击机场，还在29日、31日夜向地区队本部投下了无线通信机用电池、手榴弹等物品。当时贝里琉地区队的无线电电池已经几乎耗尽，无线电联系经常彻底中断，因此要求将无线电电池送到贝里琉，但由于贝里琉地区队本部的确切位置不明，结果这些东西都落到日军阵地外面，变成了美军的战利品。

北部天山的战斗

正当美军向死守乌穆尔布罗格尔山区最后抵抗阵地的日军步步进逼的时候，在这个狭小包围圈的西侧不远处，日军步兵第2联队第2大队的残余兵力仍然在北部天山一带继续战斗。不过由于同地区队本部间的通信联络断绝，中川大佐未能掌握该大队的战斗情况。

此前的9月21日，西地区队长（代理第2大队长关口正中尉）接到中川的死守天山的命令，于是指挥西地区队残存兵力约150人（第2大队本部约20人、第4中队5人、第5中队约25人、第6中队约20人、工兵中队40多人、通信分队数人和海军大谷部队的一部约20人等），固守北部天山山顶及其西侧山腰洞穴阵地（8处）。美军自9月18日14时以后已经夺取了天山一带，正逐次向北部天山进逼。25日以后，西地区队本部同中川地区队本部间的通信联络断绝。9月23日左右，西地区队利用联队旗手乌丸洋一中尉携带的无线电台和联络兵再三试图恢复通信联络，但刚一发出电波就遭到美军集中射击，最终失败。

通信断绝后，有1—2个连的美军在坦克和火焰喷射器等的支援下，沿天山西侧山脚多次发动攻击，但日军在掷弹筒的支援射击下反复夜袭，击退了天山棱线上的美军，又在棱线上部署了监视警戒队，坚持顽强抵抗，死守着东西约150米、南北约300米的天山阵地（西侧洞穴阵地，包括山顶）。这样的战斗一直持续到10月末。

在此期间，步兵第2联队的工兵中队（系以工兵第14联队第1中队为基干编成，中队主力在天山参加战斗）发挥创意埋设了利用航空炸弹制成的急造地雷（电力点火），声称将3辆美军坦克炸毁起火（其中一辆在10月18日的战斗中被完全破坏），并声称炸死炸伤70多名美军，但美军一边逐次用推土坦克等装备清除地雷一边逼近过来。10月末，第8中队的洞穴阵地被美军的火箭筒射击破坏，山口平四郎以下15人"玉碎"，日军的损失逐次增大。因此代理西地区队长让第6中队（山口少尉以下约20人）和海军部队（相川兵曹以下约20人）在第8中队洞穴阵地一带的棱线上占领阵地，企图确保残存据点，但美军的攻击愈加猛烈，确保北部天山极为困难，因此关口中尉企图同大山一带的地区队主力会合，从11月3日开始连续两晚夜袭了正包围着地区队主力的美军，但没能突破，又再次集结于北部天山洞穴阵地（海军部队防守的大钟乳洞）继续战斗。

关于这一时期的情况，据第6中队的山口永少尉回忆：

对于持续顽强抵抗的我阵地，敌人投入坦克企图一举粉碎。某天将近黄昏时，一辆坦克大声轰鸣着向阵地前进过来，从远距离向我洞穴阵地射击。关口中尉判断这是威力侦察，预测明天开始肯定会有坦克攻击，命令工兵准备攻击坦克。工兵队将小型炸弹当作地雷埋设起来，安装上电力爆破装置后等待时机。果然，正如预测的那样受到了坦克的攻击，但坦克完全中了圈套，被击毁起火，爆破完全成功。次日又有2辆敌坦克攻击过来，但和前一天一样被爆破。对此感到惊惧的敌人开始用推土坦克排除炸弹。

到了10月末，对天山阵地的攻击激烈起来，喷射火焰、火箭筒、从洞穴上的窟窿中吊下炸弹攻击，总之愈加激烈，损失也不断增加。关口中尉让我以下20名、海军20名在棱线占领阵地，力图确保残存洞穴，因敌人的攻击非常猛烈，勉强保持一天都要竭尽全力。因此关口中尉企图同大山一带的地区队本部会合，从11月3日夜开始，在两个晚上攻击了正包围本部的敌人，但没能突破，又集结于北部天山海军使用的洞穴中继续战斗。

美军的LVT车载火焰喷射器在攻打洞穴阵地里的日本兵。

地图三十七　死守天山的步兵第 2 联队第 2 大队战斗经过概要图

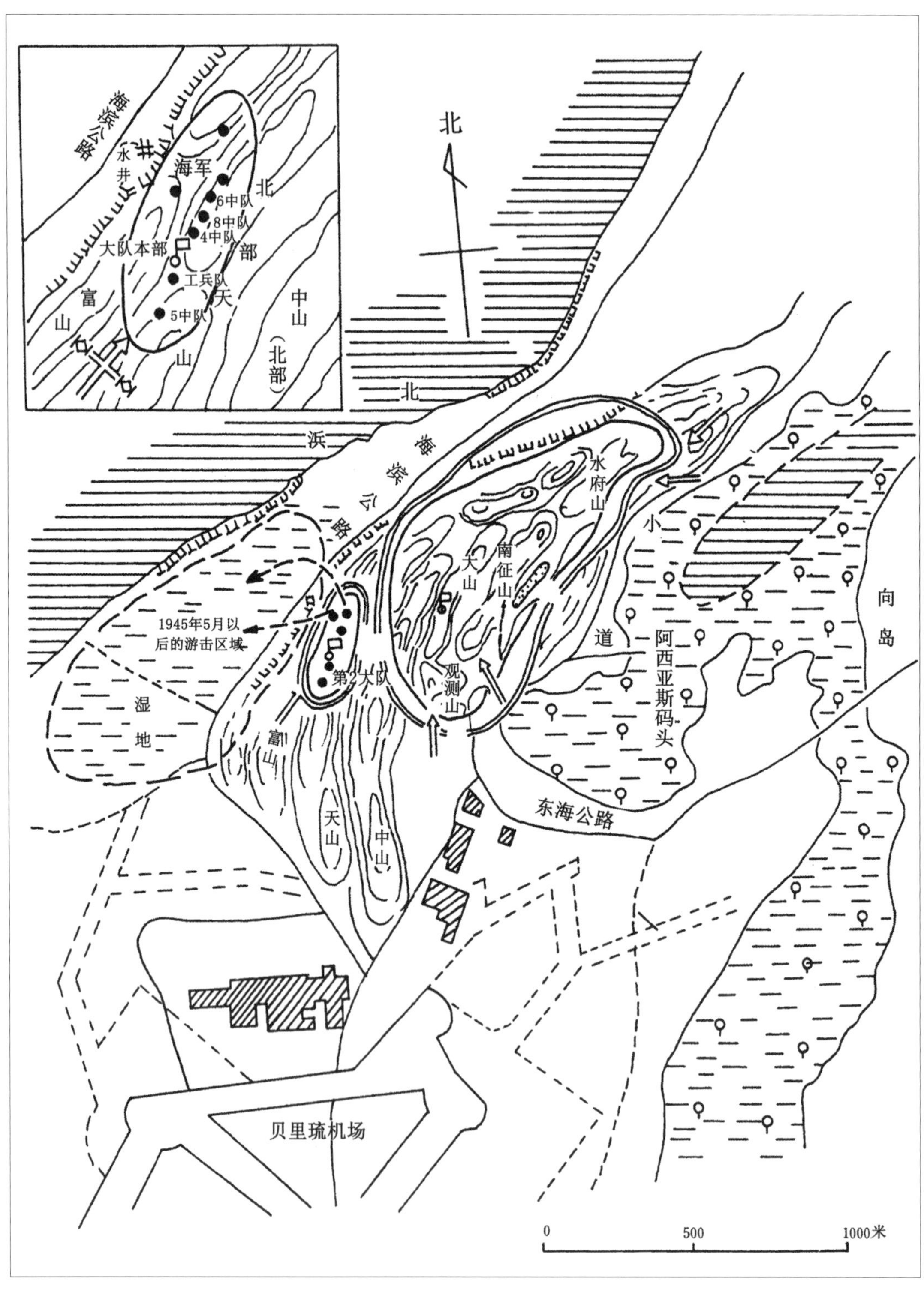

山口还记录了两件“英勇”事迹：

这是某次夜袭时发生的事情。敌人占领了某座山的山顶。敌人不断向凹地投掷手榴弹。我们沿着凹地穿过手榴弹爆炸逼近敌人，爬上了山。一名军曹认为时机再好不过，要向敌人的重机枪投掷手榴弹，于是抬起了身子。就在这一刹那，敌人的重机枪开火了。军曹被打中了。扔出的手榴弹也命中了。重机枪被消灭了。但是军曹负了重伤，蓦地站起来大喊“天皇陛下万岁”，然后便断了气。

还有某初年兵的事。勇敢的敌兵接近了我军阵地，向阵地内掷来手雷。他迅速地捡起手雷正要反投回去时爆炸了，一只胳膊等处受了重伤。他出血太多，很快就会死去，但是死前的痛苦让人不忍目睹。他连连呼喊：“杀了我吧。”战友们实在看不下去，就杀了他。战友对他说：“你先走一步吧，我也随后就去。”“有什么要说的吗？”他回答说：“没什么要说的。我会唱《海行兮》，请在我唱完以前开枪。”战友流着泪扣动了扳机。

美军战史也记载着在10月18日的天山扫荡战中，美军有1辆坦克被破坏，陆战7团3营L连连长和3名坦克车组乘员全部战死（见本章第四节）。由于防守天山的日军的顽强抵抗，美军直到11月3日都没能完全占领这座阵地。

日军最后的抵抗

10月最后的几天时间里，乌穆尔布罗格尔山区以外的日军一直都有明显的活动迹象。除了10月28日发现的日军登陆驳船（大发艇）之外，美军的水面舰艇在贝里琉岛附近还发现了一艘袖珍潜艇。10月29日和31日，日军的水上飞机空投了降落伞，伞下装有盛放手榴弹和无线电电池的篮子和圆筒。

由于贝里琉的地面雷达覆盖范围较小，在贝里琉上空拦截敌机就变得非常困难。尽管如此，10月31日，陆战队541夜间战斗机中队的诺曼·米切尔少校在贝里琉岛上空还击落了一架日本水上飞机。这是驻帕劳的美国海军陆战队的几个飞行中队在空中摧毁的唯一一架日机。在乌穆尔布罗格尔山区外面与孤立的日军意外遭遇并不少见。10月28日夜间，陆战114战斗机中队的两名士兵以为在他们的小帐篷外有一只“斜眼地鼠”，实际上那是一个日本兵在搞破坏。这两名陆战队员正要去取武器，却惊动了帐外的日军，后者慌忙逃跑了。次日晚上在机场附近，美军发现了另一个掉队的日本兵，可能是前晚的同一个人，他未能答话就被击毙了。一名日本医务军官认为继续抵抗实在前途渺茫，决定向美军投降。这个日本军医“热情洋溢，想要谈话，也想帮忙。他说，为了他一直致力的科学和研究，他渴望活下去。他的英语很流利，虽然从未去过美国”。

因为日军的行动很难预料，81师的缪勒师长决定不要大意，严加戒备。贝里琉的滩头防御阵地一直有人守卫，包括中央战斗区域的323步兵团在内，都必须根据师部的命令提供机动预备队。野战炮兵和岸炮兵已经准备好进行反船艇射击，在敌人登陆时，会协助步兵进行滩头防御作战。美军的两栖巡逻队对附近的小岛进行了多次侦察。美军在贝里琉和几个小岛上设立了若干观察站、地面搜索雷达站和探照灯，可以一直观测所有通往贝里琉的水路。缪勒少将在81师内部组建了一个地面防御司令部，任务是协调所有保卫贝里琉安全的建制内部队和配属部队。地面防御司令部会接收所有负责运作观察站和雷达站的部队的报告，发布敌军情报和友军地面、航空和海军部队的相关信息。

11月1日，天气情况好转了，缪勒少将下令恢复对乌穆尔布罗格尔山区的进攻。在进攻日军抵抗的核心部分之前，必须先占领野猫盆地（大山东侧谷地）和“中国墙”（大山）、300高地（观测山）和五姐妹高地（大山南部的几个山头）。这次进攻任务由323团1营长休·福斯曼中校指挥，夺取300高地和五姐妹高地的突击任务则由323团2营G连负责。11月2日，25分钟的空袭和迫击炮火准备之后，步兵的进攻开始了。

6时30分，G连出发后就发现，抵抗弱得出乎意料，只有零星的狙击火力而已。出发后不过2小时，G连的战士们就占领了300高地的山顶和五姐妹高地。福斯曼认为日军的注意力都集中在G连和1营身上了，便下令亚瑟·哈钦森中校率领他的3营南下直取“中国墙”。这一路日军的抵抗较为有力，推进速度和福斯曼的预期相比明显落后。为了防御日军的阻击火力，3营的步兵只有在搭建掩体的沙袋送到前方以后才能继续推进，也必然影响速度。

正在瞄准目标的一名日军狙击手，贝里琉隐蔽阵地里的日军狙击手造成了美军陆战队员相当大的损失代价。

当天白天的后几个小时和夜间的几个小时，323团的战士们都在巩固新占领的阵地，建立沙袋防御工事。午夜后不久，一批日军想要夺回300高地和五姐妹高地。这次反击被击退，在战斗中有38名日军丧生。

11月3日中午前后，323团2营派出一个步兵坦克巡逻队进入死亡山谷。这一次，日军为防备美军深入做好了准备，藏在山谷两侧岩壁洞穴里的日军狙击手用交叉火力向步兵射击，造成相当大的伤亡。美军停止前进，这个巡逻队回到了出发点。

11月3日，美军虽进展甚微，但残余阵地内的日军的处境在不断恶化，已明显感觉到物资短缺。尽管10月底连续降雨，日军仍严重缺乏饮用水。自战役开始以来，日军首次感到弹药短缺，使得中川大佐不得不将轻武器弹药的正常供弹量减少了一半。11月5日傍晚，贝里琉地区队的战斗人员包括轻伤员在内约有350人，另有重伤员约130人。由于双方在极近距离上对峙（最近的地方只有20米距离），可以看见彼此的脸庞。

11月4日—9日，贝里琉的战斗再度基本停滞。11月4日起，天降暴雨，几乎将这个岛淹没在水中。两天后，一场台风降临贝里琉，影响一直持续到11月8日上午。在这段被迫休战的时间里，缪勒少将下令在五姐妹高地附近部署75毫米榴弹炮，以支持对野猫盆地和“中国墙”东坡的后续战斗。这些榴弹炮在山地战中拥有强大威力。除了各自为战的无力渗透行动之外，这一期间残余阵地里的日军活动急剧减少。在风暴最猛烈的时候，一些日本兵设法离开山

大山（“中国墙”）北侧山腰处的洞穴阵地的入口已经被埋没，只能进至入口附近，树根下散布着器具的碎片。

区，向北而去，打算逃出这个岛。驻守贝里琉北端的321团部队只要发现这些日本兵，就会将其击毙。

11月8日，第14师团的派遣幕僚村井少将以作战紧急电向井上集团司令官报告了如下情况：

村电第30号（8日4时发报）

一、（略）

二、敌自10月3日以来勉力攻击，以新陆军部队接替陆战师，自17日以后以猛烈的炮击轰炸抑或慎重的多次攻击，用尽各种手段实施攻击，虽无最新式战术，但十分苛酷严重，不容轻视。新道路的构筑、对残存坦克的压制，特别是对狙击、饮用水源的妨碍，准备了数道铁丝网、机枪等，即为实例。

三、地区队长以下于坑道内彻底实行一线指挥，官兵士气旺盛，全员渴望杀入敌机场。水壶（装的饮用水）只够3—5日之用，食物只剩盐和豆酱粉，忍受这样的艰苦生活已有几十日，在此期间忍耐困苦，振奋士气和斗志努力克服困难，以生命保持集团的精神。

四、基于根据地区队的既定方针努力歼灭敌军，坚信天佑神助，在最恶劣的情况下将在处置军旗后，分成约三队，全员冲进机场。

五、如集团为将来计并无命令地区队终结的企图，将遵从命令。

完

接到该报告后，井上中将回电表示不要实施“玉碎”攻击，应继续进行持久战。

第14师团因布阵于帕劳本岛的步兵联队的大队只有高崎步兵第15联队1个大队、宇都宫步兵第59联队2个大队而已，因此在11月20日命令两联队长新编成第4大队（第15联队第4大队有大队长以下549人，第59联队第4大队有大队长以下553人）。此外11月24日，正在向新几内亚西部的霍兰蒂亚跟上建制大部队，但因船舶不足滞留在帕劳本岛的宫崎庆治大尉指挥的南洋第6支队坦克中队，同独立汽车第42大队的松本利明少尉指挥的坦克小队合并，并以17辆“95”式轻型坦克新编成了第14师团坦克队。

此外，为了响应贝里琉岛的守备队，11月3日，部署在马卡拉卡尔岛的由步兵第15联队新编成的第1海上游击队（队长田村武男中尉）受领了“挫败美军的北上企图，并在美军来攻时死守该岛（指格雷贡岛）”的任务，遂进行了攻击格雷贡岛的准备。格雷贡岛位于贝里琉岛北方约15公里、马卡拉卡尔岛南方4公里，是监视美军舰船通过的重要岛屿。从11月初开始，美军进入格雷贡岛，部署了大炮和探照灯，向马卡拉卡尔岛、乌鲁克塔布尔岛、三子岛炮击，并在夜间照射邓吉斯水道，警戒日军向贝里琉岛的增援。考虑到月光和潮流的关系，田村中尉决定在11月8日夜实施挺身突击，命令步兵第59联队出身、熟知格雷贡岛地理的高垣勘二少尉以下9人在当晚破坏格雷贡岛上的大炮和探照灯。突击队将1挺轻机枪、步枪、手榴弹放在竹筏上，拉着竹筏前进，从马卡拉卡尔岛南岸经邓吉斯水道游泳抵达格雷贡岛东海岸。之后队长高垣少尉杀死海边的步哨，独自潜行侦察，在椰子林内发现了3座美军营帐。于是他将队伍编为4组（编成见下文），命令每组各袭击一座营帐。美军似已察觉有日军潜入，营帐内外均不见人影，日军于是夺取了营帐内的粮食等补给品填饱了空腹，并破坏了大炮的闭锁器和探照灯。这时天色已亮，已无法撤退，便潜伏在岛内，打算等到夜里再撤回。发现有日军潜入的美军从贝里琉开来了登陆艇将部队送上岸增援。

突击队潜伏在格雷贡岛北侧，待登陆美军接近至约百米距离时实施急袭。美军虽用冲锋枪、自动步枪还击，但还是后退了。不久美军从贝里琉调来援兵，同时还有驱逐舰北上炮击，战斗机也从空中扫射，战斗愈加激烈，全岛都被炮烟笼罩，就这样迎来了夜晚。田村中尉为了确认情况和收容挺身突击队，向格雷贡岛派出了收容班，后者遇到正一边拖着伤员一边撤退的突击队，平安返回了马卡拉卡尔岛。天黑后，美军出动47架海军飞机集中轰炸了格雷贡岛，但此时日军已经差不多撤退完毕。一架美机在空袭期间被日军的机枪击落。

在这次行动中，高垣少尉面部受了轻伤，并有半井伍长以下受重伤，但没有一人战死，最终完成了任务并收容伤员成功返回。（高垣少尉此后曾数次指挥马卡拉卡尔岛周边海域的舰艇奇袭攻击，但1945年3月2日在该岛南端遭炮击战死）

格雷贡突击队的编制

小组	成　员
一组	高垣少尉　半井兵长
二组	吉田伍长　山本兵长
三组	藤原伍长　高田兵长　井上上等兵
四组	藤川伍长　西山上等兵

11月10日，51架美国海军飞机在格雷贡岛上一共投掷了3900磅炸弹。为了对类似的日军反击形成双保险反压制，缪勒少将命令他的一部分部队去占领格洛科坦岛。该岛位于贝里琉北部和格雷贡岛之间。11月11日，美军小部队占领了该岛。岛上并没有日本人。经过大范围准备，81步兵师一部在11月15日夺回了格雷贡岛。这次登陆令人相当扫兴，没有遇到日军抵抗，仅仅找到三具已经腐烂的日军尸体（日军资料称在这次行动中无人战死，这三具尸体或许为贝里琉或昂奥尔岛的日军脱队人员游水逃上格雷贡岛，最终死去后留下的），还缴获了一些日军遗留的军械装备。

贝里琉岛守备队在11月12日确保着以大山为中心的南北300米、东西100米的地区，但战斗人员包括轻伤员在内只有300名，弹药、粮食逐渐枯竭，要获得饮用水也极为困难，无线用电池也基本消耗完了，因此15日以后便无法收报。

集团在饭田大队反登陆后为了补给电池等重要物资，曾数次派出小部队企图潜入贝里琉或者通过海军的水上侦察机的空投来进行补给，但均未能成功。

11月13日，81师恢复了向乌穆尔布罗格尔山区日军残留阵地的进攻，当时323团1营和2营同时攻入死亡山谷。1营从山谷西面的几座山脊进攻，收获甚少。323团2营向北在死亡山谷和野猫盆地（大山东侧谷地）的推进更加成功，战士们沿着“中国墙”的东侧山脊向北运动，

日军贝里琉地区队守卫的最后据点大山（“中国墙”）和观测山（300 高地）阵地，美军对这些阵地实施了号称世界上距离最近的炮击和轰炸。

前进了大约75码。虽然日军仍在顽强抵抗，但是由于弹药和人力都行将耗尽，他们在这片最后阵地的时间已经不多。

11月14日至21日，美军缓慢而稳定地前进，进一步缩小乌穆尔布罗格尔山区的包围圈。为了夺取日军在贝里琉的这片最后的防御阵地，精明能干的战士们将油箱搬到距离日军洞穴约300码得到掩护的阵地里，然后将一根100码长的软管接到油箱上，再用管子设法将油注入日军据守的最为麻烦的洞穴里。喷洒完油料后，美军战士向洞穴投掷白磷手雷，在洞内将油料点燃。这种战法对日军而言无疑是非常残酷的，但是对美军来说十分有效，取得了不少战果，是81师在贝里琉战役最后阶段的一个亮点。当美军继续越过野猫盆地和死亡山谷时，火焰喷射器、爆破队、装甲推土机都跟随坦克和LVT两栖登陆车一起行动，在可达之地摧毁了许多日军洞穴工事。

据日军贝里琉地区队报告：在13日的战斗中日军的主防线数处被突破，日军阵地内部的待机壕（掩蔽坑道）反复遭到火焰喷射和枪炮射击。17日，美军配属3辆坦克侵入了大山东侧谷地，对以守备队本部为中心的各待机壕反复喷射火焰和炮击，还使用爆破攻击。守备队因此受到很大损失，当晚守备队主力集结于大山据点，打算继续作持久战斗。

根据14日的报告，地区队的武器弹药情况为：步枪约150支（弹药各30发），手榴弹每人

图右上角可见美军工兵用推土机在野猫盆地里开凿出的坦克用攻击小径。

1颗，粮食方面以现有人员的一半定量分配，大约可以维持到11月24日。另根据16日的报告，地区队的战斗人员包括轻伤员在内约有250名，重伤者约有90名，共计340名。18日傍晚地区队的战斗人员包括轻伤员在内约有150名。

19日，根据美军开始从大山西方修建坦克用的攻击道路这一情况，中川大佐判断“敌自20日以后，将再次开始真正的攻击”，决心以残存兵力倾尽一切努力确保阵地直至战至最后一兵。

以下是自11月13日以后贝里琉地区队长中川大佐向集团司令部发送的报告电报的内容摘录。

13日6时为止的情况：

白天比较平静，但夜间对阵地后方特别是联络路等，无间断地实施（此处两字不明），战线却无大变化。昨日13时左右数名敌军在火力掩护下从南征山下来攻击（爆破）反坦克壕，但无损失。昨日10时左右敌坦克数辆向北地区北进炮击水户山一带，并发现有驱潜舰一艘、登陆艇四艘向北地区西岸北进，但详情不明。数次派遣联络者，但未取得联络。

13日15时为止的情况：

敌军在7时以坦克4辆、（步兵）一个连从大山南方攻来，一部步兵沿大山、主力伴随坦克从大山东方洼地前进，终于侵入主防线内，利用其优势对待机壕逐个实施火焰喷射和枪击炮击，目前正在激战中。但战况不容乐观。

13日20时为止的情况：

敌军似开始全面攻击，各方面行动均颇活跃，战况陡然急剧转变，除已报告的情况，还对大山西方以坦克4辆进入阵地内之一部，15时似集结于大山南方，判断明晨将再次前来攻击。从北方侵入大山南方之敌正在携带土袋推进阵地。

14日6时为止的情况：

昨夜以来的战况无显著变化，但判断敌将以推进的阵地为据点，再以有力部队攻来。

15日16时为止的情况：

敌人似企图切断我主防线（一字不明），一边构筑坦克道路一边攻来，侵入阵地内之一部。其他方面，敌人一边加强阵地一边实施枪击炮击，但战况无大变化。

16日7时为止的情况：

昨15日敌军对火力压制下的待机壕实施炸药攻击，但无大损失。昨夜以来战况无显著变化。

17日6时为止的情况：

大山以西之敌全面活跃起来，对我发起攻势，与从南方进入可望见大山的洼地之敌展开激战，但阵地线无大变化。主阵地的洞穴构筑有所进展。大山上部的敌阵地又将火炮推进，可控制本部待机壕一带，昨16日遭到数发之射击。

18日6时为止的情况：

敌之攻击全面积极化。17日晨以来各阵地均展开激战。大山以西守备线无大变化，但大山东侧（一字不明）地（的）我军（三字不明，或许为“遭敌军”）反复对各待机壕实施枪击炮击和火焰攻击，并使用炸药攻击。因敌之彻底攻击而蒙受了相当损失。

乌穆尔布罗格尔山区残余的日军人员损耗在迅速上升。11月17日夜间，大量日军设法逃出残余阵地，为此有33人被击毙。11月20日，日军加强了抵抗力量，日军狙击手和机枪隐藏在美军并未摧毁的洞穴里，猛烈阻击美军的战斗巡逻队。整个夜晚和次日上午，81步兵师的“野猫”们集中力量攻打这些洞穴。在20日的战斗中，日军的反登陆部队指挥官饭田少佐也战死了。11月21日中午，美军的战斗巡逻队已经可以在整个野猫盆地和死亡山谷南部行动，不会再遇到抵抗。21日从西方通往大山的坦克道路也完成了，美军还爆破封闭了南征山南坡的掩蔽坑道入口使其使用受到妨碍。

11月22日，攻打日军在贝里琉最后设防阵地的战斗正式开始了。323团F连成功攀上“中国墙”北端；另一个连从西北偏西方向逼近日军指挥所，推进了75码；第3个连在南端推进了25码到50码。为了让坦克和LVT车载火焰喷射器在“中国墙”中央的最后一片日军防御阵地发挥作用，工兵们开始在野猫盆地北端的“东墙”修建一道斜坡道。

大约在美军爬上大山据点断崖、逼近日军主阵地中枢的同时，中川大佐对紧迫的战局感到忧虑，向集团高级副官桥本少佐发去如下内容的电报：

步2电第177号（11月22日7时40分发）

十分担心通信断绝，故发出如下的最后电报，望知晓。

一、将完全处置军旗。

二、机密文件将照常处理。

在以上情况下，将连发“樱花”以为报告。

注：“步2”是步兵第2联队的略称。

发出这封电报后，通信变得极为困难。

24日，美军继续在坦克和火焰攻击的支援下猛攻日军主阵地的中枢大山阵地。中川大佐判断战况紧迫，保持阵地已十分困难，于10时30向集团参谋长多田大佐发出了内容如下的诀别电报：

步2电第181号

一、敌自22日以来侵入我主阵地中枢，昨23日各阵地持续战斗，本24日以来情况尤其紧迫，保持阵地极为困难。

二、地区队现有兵力为：健壮者约50名，重伤员70名，总计120名。武器只有步枪，步枪弹药约20发，手榴弹剩数枚，粮食已缺乏约20日。

三、地区队将于本24日以后停止统一战斗，以剩余健壮者约50名转入游击战极力持久战斗，努力歼灭美畜。重轻伤员中无法战斗行动者令其自杀，无法行动者约40名目前在战斗中，仍然死守着主阵地的一部。

（四、五略）

中川大佐在最后据点大山阵地的地下坑道里，叫来与其共同行动至最后的联队副官根本甲子郎大尉，命令将现有的56名幸存者编成游击队“神出鬼没使美军胆寒”。当时的电报内容如下（括号内系根据编制表推定）：

本24日以后，将以幸存者继续进行游击战斗，准尉以上如下：

大尉　坂本（第2联队第7中队长）　安部（第2联队补给中队长）

中尉　村堀（第15联队第5中队长）　关根（第2联队第3步兵炮中队）　乌丸（第2联队本部）　塚田　中须

军医中尉　分田（第2联队第1大队本部）　繁田（重田的误译，第2联队卫生中队）　本山（元山的误译，第2联队卫生中队）

少尉　细田（第2联队通信中队）　田中（第2联队第2中队）　糸部（莇部的误译，第2联队第9中队）

准尉　佃（第2联队）　石田（第2联队）　片波见（第2联队）　片见（第2联队）

会计准尉　大山　卫生准尉　床井

本部队及配属部队的准尉以上中的未报告者，当已在各地区战斗中战死。

注：这时，代理第2大队长关口正中尉、第2大队本部园部丰三中尉、第6中队山口永少尉、代理工兵中队长栗原三郎、工兵第3小队长藤井裕一郎少尉、卫生中队黑泽丰军医见习士官等50人仍然幸存，正在继续战斗中。

该电报发出后的11月24日16时，中川大佐判断战况已经到了最后关头，没有时间犹豫，于是集合身边根本大尉以下的官兵，和村井少将一起感谢官兵们共同奋战到今日，发表了最后的诀别之语，烧掉了已有70余年历史的步兵第2联队军旗。焚烧军旗后，贝里琉守备队立即向集团司令部发出最后的电文“樱花·樱花”，之后村井少将和中川大佐在天黑后自杀。幸存者则在步兵第2联队附根本甲子郎大尉的指挥下编成了游击队（56人，17组），18时以后转入

地图三十八 10月下旬至11月下旬，81师在“中国墙”（大山）和五兄弟高地（南征山）一带的战斗概要图

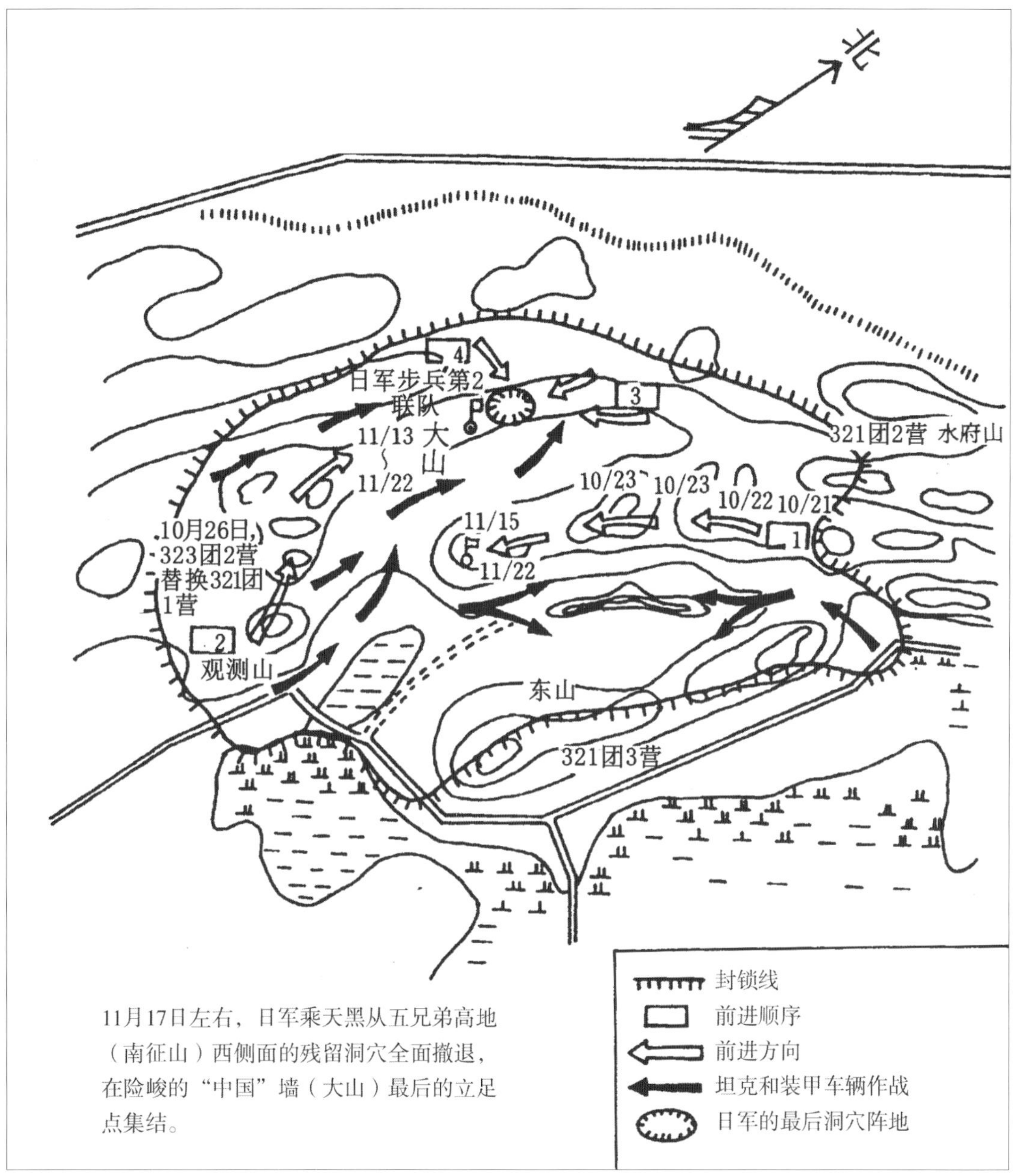

游击战斗。

关于中川州男的自杀，《战史丛书》和《水户步兵第2联队史》中都记载中川和村井是“从容自杀”的。关于具体的自杀方法有手枪说和切腹说。据目睹了中川大佐自杀情景的步兵第15联队的中村大尉、川田中尉回忆，中川大佐在自杀时用军刀对准腹部，乌丸中尉负责介错，根本大尉清洗了脑袋上的鲜血之后，把脑袋夹在腋下突入敌阵。中川的家属听说中川是切腹自杀。中川出身于武士家族，家属认为

这种自杀方式符合他的家风。

然而关于手枪说也有不容忽视的证言。在贝里琉岛的幸存者中，有一名栗原正雄曹长。栗原在中川自杀后进行突击时受伤被美军俘虏。之后，美军在他的引导下来到了中川自杀的地下坑道。在尸体前，他告诉美国兵："这位是中川大佐，这位是村井少将。"因为栗原以当过俘虏为耻，所以不在战友会露面，只有曾在步兵第2联队任栗原的直属上级的小川论听过他谈及自己的经历。小川虽然是第2联队的军官，但没有被派遣到贝里琉，而是留在了嫩江。小川曾听栗原说过，中川是用手枪射穿了头部自杀的，村井则是切腹自杀。总之，关于中川的具体自杀方式，恐怕永远成谜。

在中川自杀那天，海军上等水兵土田喜代一正在离联队本部坑道200米左右的海军洞穴阵地里。当晚，突然传来机枪射击声，听得出是日军的机枪，所以他跟战友说："联队本部还没有陷落呢。"可是很快就响起了美军的机枪声和"呜哇"的呐喊声，那喊声震人心魄。于是他跟战友说："那是冲锋的声音呐。"之后周围就变成了死一般的寂静。

土田并不知道中川自杀，还相信战斗尚未结束、联合舰队一定会来援助。11月下旬，土田与三原兵长一起潜伏在沼泽地中的岩石裂隙中。某天晚上，他们已经断粮断水，两人决定出去打水。附近有可以打饮用水的水井，虽然水中混有一些盐分，但喝起来还是近似淡水，对他们来说这是救命水。

可是在途中他们被乘着吉普车的美军发现，各自跑向不同的方向，逃进草丛中。三原兵长藏在大树那边。当晚是月夜，所以能看见美国兵端着自动步枪。不久枪声"叭叭叭叭"地响了5秒钟左右。之后传来了三原兵长的小声求助的声音："啊，给我水。"而美国兵知道应该还有另一个日本兵，所以五六名美国兵还在到处搜寻，一边打灯照一边开枪。土田拿着手榴弹屏住呼吸。然而美军没有向他这边开枪。不久美国兵一边笑着一边回去了。

此后被美国兵发现的日军，一个接一个地被干掉了。土田一边藏在地下坑道或岩石缝隙等处一边想办法活命。他潜入美军的营帐或仓库中偷走罐头等粮食，一直到1947年才向美军投降。

11月24日16时，第14师团通信队收到了贝里琉方面以明语发来的最后的无线电报："樱花·樱花·樱花 祈祝我集团奋勇战斗 我是久野伍长 我是久野伍长 我是久野伍长。"（又重复一遍）

所谓的"久野伍长"就是久野馨伍长。该电文结束时，收报机中只有电波流过的"沙——"声。担任无线电分队长的伊藤敬人等7名通信兵相拥而泣。

1944年12月31日，中川被特晋2级为陆军中将。从大佐特晋为中将，这在日本陆军实属罕见。

根本游击队没能突破美军的包围网，从24日夜至27日11时左右期间同美军交战，几乎全部战死。

81师323团的部队在11月24日上午就发觉日军的抵抗几乎完全消失了。11月26日，美军的坦克和LVT车载火焰喷射器沿着新完工的斜坡道向"中国墙"中心的洞穴和其他防御工事开火。11月27日上午，81师的8个步枪连小心翼翼地多路分进合击，进入"中国墙"中央。日军没有抵抗，迎接战士们的只有沉默（据日军资料，没能参加游击队的轻重伤员继续守卫大山周边的残存据点，至27日11时左右覆没）。11时，323团团长沃特森上校向缪勒少将报告，贝里琉的有组织抵抗已经结束了。守岛日军真正做到了战斗到底，但还是难逃覆灭。

贝里琉岛守备队覆灭后不久，被收容在贝里琉岛俘虏收容所的约20人（包括日本兵和朝

地图三十九 贝里琉岛日军战斗全程概要图

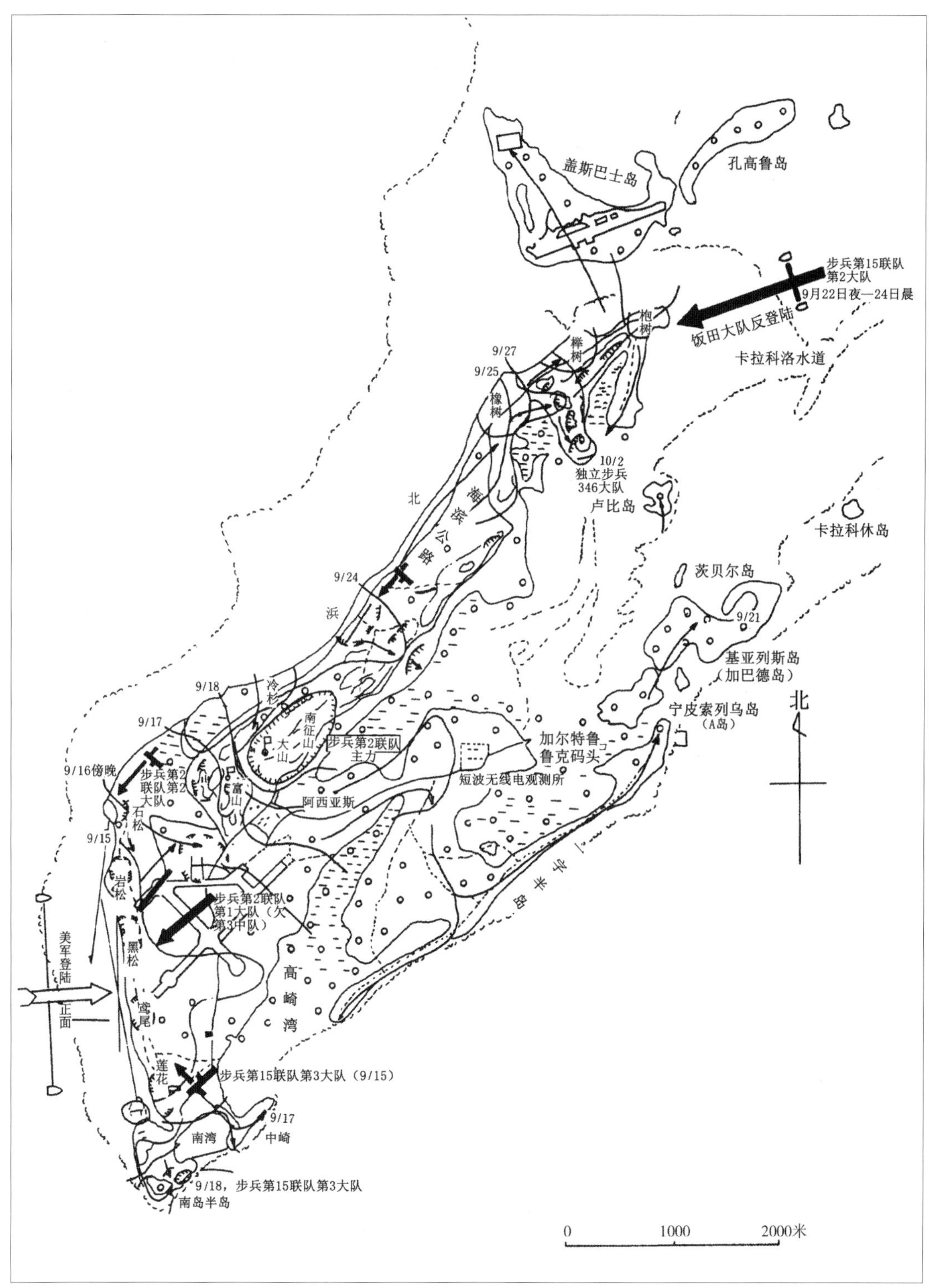

鲜人军属）被美军命令处理岛上的日军遗体，曾在昂奥尔岛参战的步兵第59联队第1大队第1中队的船坂弘也参加了遗体处理行动。俘虏们开始在大山及其周边搬运散乱的，根本大尉以下的24具日军的尸体。船坂弘在搬运尸体途中，目击了令他吃惊的一幕。他看到一队美军设施队正在使用推土机用沙土堵塞大山山麓的洞穴入口。更令他吃惊的是，为了封闭散布在山腰的洞口，美国人正在使用大型挖掘机将地上的沙土抬起。当时日本人几乎从未见过这些工程机器，这样大规模的洞穴封闭工程使船坂弘产生了一种异样离奇的感觉，使他亲眼见识到了美国的先进机械，他认为这比日本要先进三十年，不禁对于美国的强大国力惊叹不已。

即便在贝里琉岛的有组织抵抗结束之后，也不代表这个岛上就此和平。幸存的日军仍然在继续进行游击战。山口永少尉以下34人最后在1947年4月在关岛的第4舰队参谋长澄川道男少将的劝说下向美军投降了。

1945年1月13日，美军81师师长缪勒将贝里琉地面防御任务移交给驻岛司令部。5天后，日军登陆艇在贝里琉紫色和白色海滩登陆，让地面部队再度进入贝里琉岛。登陆日军的任务是摧毁贝里琉的美军飞机、弹药库和司令部。虽说这批日军成功进入贝里琉内陆，但是他们的任务还是失败了。一系列小规模战斗让驻岛美军想起两个多月前结束的苦战，贝里琉地面防御部队的步兵在火焰喷射器支援下，再度将盘踞在洞穴里的日军击溃。

贝里琉地面防御部队由81步兵师的部队和第12高炮营组成，由驻岛部队司令海军陆战队的哈罗德·坎贝尔准将指挥。这次反登陆战结束时，美军一共击毙71名日军，俘虏2人。大约8个月后，帕劳地区集团司令官井上中将向坎贝尔的继任者、美国海军陆战队的福特·罗杰斯准将无条件投降。帕劳群岛北部的日军投降时，一共有39997人转归美军管辖。其中有18473名日本陆军军人、6404名海军军人、9750名平民和5350名土著人。日本投降以后，贝里琉驻岛司令部人员负责让日本军人和平民从帕劳群岛撤离，遣返日本。然而1946年2月，为了逮捕和遣返所有企图逃避遣返的日军顽固分子和不法之徒，美军不得不对巴贝尔图阿普岛（帕劳本岛）进行一次全面搜查。

在代表帕劳群岛日军签署投降书后，第14师团长井上中将（左2）和参谋长多田大佐（右1）乘美军运输舰返回日本本土。

第十章　战役总结与回顾

贝里琉战役的兵力、陆战武器和医疗问题

贝里琉战役与太平洋战争之前和之后的多次战役都不同，这是多项不同因素造成的。第一，帕乌乌的中转集结地条件非常差，固有的缺点是道路泥泞、供水和营地设施不足。陆战1师没有从帕乌乌转移到另一个集结区，是因为调动部队所需的时间会大大缩短训练时间。鲁珀图斯师长极其关心的另一个因素是物资短缺。陆战1师驻扎在帕乌乌期间，这种情况一直存在。关键装备，诸如两栖装甲车、两栖登陆车、火焰喷射器、爆破装置、勃朗宁自动步枪、巴祖卡火箭筒、坦克和车辆备件、通信装备和防水装备等，直到训练的最后阶段才到位，有些在部队上船之后才到。

除了留守帕乌乌的103名军官和1668名士兵外，陆战1师有843名陆战队军官和15616名士兵上船前往贝里琉。陆战1师离开帕乌乌中转集结区时，人员超出建制5%，这在太平洋战争的历次战役出发阶段是首次出现的情况。上船之前，医务人员的分配做了改变，每个步兵营的医院医务人员建制人数从32人增加到40人，这样每个排就能配属2名医护兵。每个步兵营配属了32名担架员。这些陆战队员接受过伤员后送和急救程序的专门培训。通常，师属乐队人员在战斗中会充当担架员。然而，在贝里琉和后来的冲绳，陆战1师乐队不仅接受了充当担架员的训练，还接受了师部防御阵地的战斗训练。这样的任务分配应当能够提高战斗部队的战斗力和士气。

即使在“僵局行动”的规划阶段也非常明显的一点就是，陆战1师正在进行的是与以往在瓜达尔卡纳尔岛和新不列颠的丛林战完全不同的战役。他们一开始必须先越过一片600到700码的岸礁才能到达登陆滩头阵地，陆战2师在1943年底开始的中太平洋的几次战役中有过类似的战斗经验，陆战1师却没有，就算知道越过大片岸礁要付出不小的代价，却不太明白具体会遇到何种情况。

陆战1师在贝里琉岛上战斗的地形与以往也截然不同，这个岛上拥有美军在太平洋战区遇到的最为坚固、也最容易防御的一些阵地，尤其是在中部地区。除了崎岖的地形之外，陆战1师要面对的是一群坚定的敌军，他们将几乎坚不可摧的防御工事利用到了极致。与早先的战役不同的是，贝里琉的日军有意识地在节约人力和武力。日军在早先的战斗中，频繁使用传统的、不计伤亡后果的“万岁冲锋”，在战斗的最后阶段则会进行纯粹的自杀式冲锋，这显然并不符合尽量消耗美军战力的实战要求。贝

里琉日军训练有素，物资储备也较充裕，在事先构筑好的地下掩体里一直坚持到最后时刻，不再以英勇却无用的自杀式冲锋来消耗人力和军械弹药，不仅符合战争后期日军大本营的要求，也得到美军的高度评价。

日军为击退美军的滩头登陆做好了充分的准备。他们对静态滩头防御阵地进行了精心规划，在实战中相当有效。在陆战1师登陆阶段，下属的陆战1团无疑遇上了他们在太平洋最为艰难的抢滩登陆战斗，他们登陆的海滩正好是贝里琉最有利于日军布防的海岸，陆战5团和陆战7团的登陆战斗则相对容易一些，却也不轻松。

美军后来得到了日军滩头防御阵地的详细草图。中川大佐制订和演练了几项反登陆战计划。他还将日军的几个中队编组成特别反击部队。这位贝里琉日军最高指挥官还临时编组了一个中队，训练他们游水摸到美军登陆车艇前，用水雷击沉它们，或者用手榴弹消灭车艇上的人员。他训练了一个步兵小队趴在坦克车身上战斗。日军还组织了若干2到3人的战斗小组，训练他们渗透美军阵地，尝试炸毁美军坦克或两栖车辆。美军在贝里琉发现了一些以前未见的日军新式武器，配备了一种150毫米口径迫击炮。日军在一个匆匆建造的阵地后面存放了4门这种大口径迫击炮。从外观上来看，这就是一种与美式迫击炮类似的，尺寸远大于81毫米迫击炮的武器。美军最终还缴获了50枚150毫米迫击炮弹。

然而没有证据表明日军曾在贝里琉岛使用过这种新式150毫米口径迫击炮。另一方面，美军还缴获了一种日制203毫米口径，长109厘米的火箭弹（即日军所称的试制“二”式20厘米喷进炮）。日军从一处未知阵地至少发射了四枚火箭。其中三枚爆炸，战果甚小。第四枚是哑弹，因为日军没有成功换装引信。这种火箭和德军过去的淘汰货很像。日制203毫米火箭是用电力发射的，弹头是203毫米×635毫米的薄壁爆炸容器组成的，容器内装有苦味酸和片状TNT，后部是一个管板封闭的457毫米的推进剂箱。没有发现鳍翼和陀螺之类的稳定装置。火箭在空中摇摇晃晃地飞行，就像一个糟糕的业余足球运动员的传球，速度也很慢，估计射程不到1500码。

日制150毫米口径迫击炮，美军在贝里琉首次遇上日军的这种武器。

贝里琉岛的日军衣物充足，岛南部和最北端都发现了零星的衣物仓库。食品，尤其是鱼罐头、肉罐头和大米充足。除了200毫米短管海军炮和150毫米迫击炮弹之外，所有武器的弹药都很充足。日军的补给仓库很小，分散布置很妥当。不过与塞班岛一样，补给仓库的分散部署也让日军面临一大不利，一旦他们被挤压到小型孤立阵地里，就与大部分补给仓库失去了联系。

日军的贝里琉防御计划是全面的纵深防御计划。所有的碉堡工事和暗火力点都部署在合乎逻辑的瞰制位置，都在一个可相互支援的体系中联系到了一起。当日军无法在白色和紫色海滩一带的滩头阵地坚守下去，被美军赶走时，他们能够从容退回中北部高地上准备好的阵地。在一些重点防御海滩上的岸防设施，也得到碉堡工事和暗火力点的加强，炮口都部署在美军会从登陆海滩一路北进的位置。即使在美军陆战队越过日军的次级防线、占领制高点后，日军仍然能够退入准备完善的天然阵地，从而能长时间进行有组织抵抗。

在白色海滩和橙色海滩之间的高地上，日军修建了两个暗火力点和大量小型碉堡，这些防御工事拥有极佳的射界，火力能覆盖两片海滩。日军的大部分防御设施在海上都看不到，尤其是两个相距30码的暗火力点。这两个火力点向北能射击白色海滩，向南能打击橙色海滩。日军在紫色海滩后方的内陆挖掘珊瑚石，依次部署了三个暗火力点，分别配备了1门75毫米山炮、1门37毫米速射炮和1门用于水平射击的25毫米地面自动高炮。在紫色海滩的南部半岛至少有一座暗火力点和6个构筑妥善的小碉堡。这座暗火力点装备1门37毫米速射炮掩护通往南面的红树林沼泽的入口。

为了进一步阻碍美军登陆部队前进，日军在紫色海滩通往内陆的所有道路和岛上的其他地方都埋下了大量航空炸弹。岛上还有大量的反坦克壕和障碍物。在机场附近，日军用椰子树的叶子顶着一个椰子制成的假人安放在那里。这样的伪装非常成功，只有在壕沟的护墙上才能看清原来是椰子。

贝里琉日军进行了完善的全面防御准备，士气高涨，自认为有很好的机会击退美军的进攻，这不足为奇。对美国海军陆战队来说，贝里琉提供了一个机会，再度证明了他们多年发展起来的两栖作战准则是正确的。一支两栖部队能够在一个戒备森严的岛屿上，完全没有任何出其不意的因素，在敌人的一览无余之下构筑滩头阵地就说明了这一点。

美军的战役准备工作周密而广泛，每个支援兵种和每个参谋部门都运用了以前在瓜岛和格洛斯特角的战斗中吸取的经验教训。在登陆日之前，美军没有派两栖侦察巡逻队或侦察登陆小部队在贝里琉上岸。配属给海军特混舰队的水下爆破队，对登陆海滩附近的礁盘和近海水域进行了侦察，摧毁了障碍物和水雷。礁盘、水深、潮汐、洋流和海浪、水雷的位置和性质、各种天然和人工障碍物的相关信息，都用无线电转发给陆战1师运送船队的所有船只和地面部队指挥官。

可俯视美军登陆的西浜的日军洞穴阵地的入口。

美军在太平洋战区的攻势作战，很少像贝里琉战役那样在突击和补给方面都依赖两栖车辆的。越过围绕贝里琉岛的宽阔礁盘完全靠这些车辆。最初登陆期间，LVT两栖登陆车几乎是让美军的地面部队、装备和弹药上岸的唯一工具。即使在美军占领部分岛屿之后，这些车辆仍然是主要的补给运送工具。他们在后送伤员方面也发挥了重要作用，从海滩补给仓库向前线运送饮用水和弹药时表现也很出色。DUKW两栖卡车是火炮的主要运输工具，也负责携载37毫米反坦克炮、无线电吉普车和其他进攻所需的装备。尽管登陆日有26辆LVT两栖登陆车被日军的火力击毁，但是这种两栖车辆对登陆部队的价值是无法估量的。LVTA两栖装甲车在贝里琉以北水域承担了大量的夜间巡逻工作，准备与出现的任何想要增援或从岛上撤军的日军驳船或类似的水面船只交战。

美军在贝里琉使用了两种两栖登陆车型，即LVT2和LVT4。LVT4在实战中明显用处更大。LVT4的坡道门没有发生机械故障，车上的发动机因为位置的缘故更便于维护，也为从后方下车的突击部队提供了更多保护。LVT4唯一的明显缺点是冷却系统不足，导致发动机过热。根据贝里琉登陆期间的观察，DUKW两栖卡车要用作突击车辆，就必须配备一定的武备。在日军的火力之下，DUKW要比两栖登陆车更加脆弱，要高效运作的话，需要更理想的条件。这种贝里琉的主要两栖卡车和拖车并不让人满意，但用于运载小型机车、火炮，在岸礁不是很崎岖，或敌人火力不是很密集的情况下进行从舰到岸运动还是很适合的。

日军对滩头一带的猛烈火炮和迫击炮打击，让美军可用的LVT两栖登陆车损耗严重，

正在贝里琉射击的陆战队75毫米榴弹炮。

炮兵在贝里琉的登陆延误了不少时间。因为日军炮兵的阻挠，陆战1师只得让各炮兵连将炮车拆散了上岸，75毫米榴弹炮直到登陆第8天才完全上岸。由于预先分配给各105毫米榴弹炮营的阵地仍在日军手中，他们为重新部署进行侦察就非常困难。登陆日当天，陆战第11炮兵团第3营只能让一个连上岸，向南开火，支援陆战7团的进攻。另外2个连虽然也上岸了，但仍滞留在DUKW两栖卡车上。因为无法落地，这2个连又被送到海上重新登上坦克登陆舰过夜。这样来回两次往返沿岸礁盘期间，3辆DUKW两栖卡车沉没了，车上的105毫米榴弹炮和其他负载物资也一起沉入水中。在贝里琉战役中后期的大部分时间里，尽管偶尔出现弹药短缺，受到地形限制，陆战1师炮兵的表现仍非常令人满意。在战役后期，日军被困在乌穆尔布罗格尔山区非常狭小的核心地带，炮兵的高射角射击也就没有了用武之地。

在此期间，美军的各炮兵连和所有口径的火炮都被精心部署，以便可以向几个方向开火。这些火炮就被用于射击日军单兵和小股部队，以及封闭洞穴，阻塞道路和小道，封锁水坑。在贝里琉战役的第一天就很明显的是，需要一种射程较短、射角较高，起到火炮杀伤作用的武器。后来，当日军被限制在一个面积较小的孤立阵地的时候，这种需要就变得非常重要。步兵的60毫米和81毫米迫击炮无法满足需求。此外，81毫米迫击炮实在不够可靠，难以在贝里琉的环境当中提供当时所需的控制火力。另一方面，60毫米迫击炮发射的照明弹需求量却意外地很大。这种新式的60毫米照明弹，似乎给使用它的各步兵部队一种信心和安全感。

在最终铲除乌穆尔布罗格尔山区的战斗

正在对日军地下堑壕实施攻击的LVT车载火焰喷射器。

中，陆军使用的107毫米口径迫击炮非常管用，而陆战1师在贝里琉首次使用的一种60毫米肩扛式迫击炮没有那样受欢迎。尽管这种肩扛式迫击炮在打击洞穴和小碉堡工事的时候很有效，但它实在太沉重了，某些部件也证明存在结构性缺陷。这种迫击炮的后坐力也非常大，在发射2到4发炮弹后，就需要更换炮手。

美军在使用突击手雷时也遇到各种麻烦。这种手雷的实战效率相当差，以至于“突击手雷”这个名称被认为是用词不当。这种手雷的结构是设计成在撞击时能引爆，但是由于无法引发爆裂效果，也就对实物没有任何杀伤力，对人员的打击效果也非常有限。更麻烦的是操作这种手雷是危险的，陆战1团1营的2名士兵在投掷这种手雷时，将自己的手给炸飞了。由于这种手雷的引信是独立供应的，于是就很难将同等数量的手雷和引信保存在一起。

好在步兵的新式武器并非全都那么不靠谱，与肩扛式迫击炮和突击手雷相反，另一种新武器，海军Mk-1式火焰喷射器，性能要比陆战1师在以前使用过的任何型号的火焰喷射器优越得多。这种武器仿加拿大制“朗森”式火焰喷射器，在珍珠港海军造船厂进行了改装，以消除各种机械和技术故障。在贝里琉战役之前，陆战1师收到3门这种火焰喷射器，以及4辆用于装载这种武器的LVT4两栖登陆车底盘。第4辆LVT4被用作火焰喷射器的武器补给车辆。这种车载火焰喷射器被分配给第1两栖运输营。初步测试证明，火焰喷射器用汽油和润滑油混合物射程为75码，凝固汽油射程为150码。火焰持续时间为汽油和润滑油混合物55秒，凝固汽油80秒。另一种便携式火焰喷射器短缺，又很迟才到达部队，团级单位也就没有分配这类火焰喷射器。一种办法是让每个营管理19支便携式火焰喷射器和3个巴祖卡火箭筒。除此之外，各营还增编了一个爆破单位。这个集群有时被称为营重武器排，由各步枪连抽调的共60人组成。这会让各连的人员比建制兵力少10到15人，但是各步枪排的兵力基本没受到影响。

火焰喷射器在战术上是以一个5人制火焰喷射器小组各使用两支火焰喷射器。每支火焰喷射器由2人操作，第5人就是这个小组的组长。每个小组都分配一台机动小车，在车上可以装配和运输2支火焰喷射器，还有2个气缸和2个远征水罐组成的补给装备。火焰喷射器是防水的，安装了索具，这样几秒钟之内就能越过拍岸浪，然后立即投入战斗。每个突击步兵连一开始都配备一个火焰喷射器小组，从营里得到额外的火焰喷射器。贝里琉战役期间，便携式和车载式火焰喷射器在攻克令人烦恼的洞穴、碉堡工事和其他日军障碍物方面，都发挥了极

一名陆战队员在用水壶喂负伤的战友喝水。

其重要的作用。

陆战1师的各战斗工兵部队跟随各攻击波次登陆，由各团团长直接指挥战斗。所有建制装备都在突击阶段随战斗工兵部队登陆，但是诸如水净化和蒸馏装置等优先项目的登陆遇到了一些困难。各战斗工兵连执行爆破和其他常规任务。有些时候，团长们会直接将工兵当作步兵使用，这在陆战队并不少见。

贝里琉登陆之前，多份情报报告指出，供水将是工兵在岛上的最大问题，在岛上根本没有淡水水源。根据这一信息，陆战1师将各种额外蒸馏装置给送上了海岸，但只有5台净化装置。登陆之后，日军留下的水井和工兵挖掘的地下水在理论上明显能满足陆战1师的供水要求，但实际上一线官兵仍然一直在抱怨缺水。原来师军需主任在帕乌乌用来装水的桶和罐子原先都是用来储存油料的，在装满水之前没有彻底清洗干净。饮水容器是这个样子，再加上凝结和生锈问题，饮用水质量自然糟透了。在战役的前两天，登陆的陆战队员为饮水问题痛苦不堪。9月19日，重型工兵装备才到贝里琉，不过卸货还需要6天时间完成。第33海军建设工兵营在装备到位后，立即开始对现有战斗机跑道施工抢修，到10月5日，轰炸机跑道的建造工作也已完成。

装甲兵在历次太平洋岛屿战役中都发挥了重要作用，在贝里琉也是一样，甚至在通常对装甲兵行动不利的地方，坦克等装甲车辆都为

图左中打开舱门的是LST坦克登陆舰，陆战1师的步兵乘坐这种运输舰出发，图右上的船只是LCT坦克登陆艇，会运送坦克和车辆出发。美军的两栖战装运准备工作极其专业。

陆战队步兵提供了相当大的支持。在陆战1师从帕乌乌出发之前，所有坦克的车载机枪都从12.7毫米口径换成了7.62毫米口径，这样一来，坦克的车载高射机枪就可以从车身上拆下，在地面上使用，而紧急情况下，7.62毫米口径标准子弹补充起来也方便。所有坦克都安装了标准的深水涉水工具，做好了防水处理。由于坦克维修人员对安装这些设备并不熟悉，因此先对一辆坦克进行了防水处理和测试。在两次尝试失败后，维修人员确定了正确的防水处理程序。在第三次测试时，试验坦克在7英尺深的水中坚持了20分钟都没有出现渗水迹象。

美军发现当坦克跑出LCT坦克登陆艇时，LCT的坡道门往往会快速上翻。这样一来，坡道门就会损坏坦克后部的排气防水层。美军工兵就在LCT的坡道门焊上了两个舌状金属接长件，每根长4英尺，宽18英寸，是半英寸厚的钢板制成的。当坦克跑下坡道门时，履带从接长件上走过。于是，在坦克的后部防水层离开坡道门以前，坡道门依然处于垂落状态。第6LCT坦克登陆艇船队指挥官下令为所有参加贝里琉战役的LCT坦克登陆艇都安装了金属接长件。所有坦克-步兵电话分机都经过改善，安装在所有坦克的右后方。电话在战斗中普遍不令人满意。由于浸水、日军火力，还缺乏回收电话分机所需的任何自动卷绕部件，这些电话设备很快就无法工作了。

陆战第1坦克营在贝里琉战役期间采用了一项创新举措。6艘LCT坦克登陆艇，除了各装载5辆坦克外，还在坡道上装载一辆LVT两栖登陆车。下船时，向导LVT两栖登陆车会先离开登陆艇，车上的一位坦克士官会用一台便携式无线电与坦克通讯。每辆LVT都会引导其配属坦克排以纵队队列到达海岸，绕过水下坑洞、弹坑和珊瑚石障碍物。这一创举被证明是成功的，在穿越岸礁的过程中，没有因为水下的障碍物造成坦克的损伤，坦克的登陆行动也没有延迟就顺利完成了。在贝里琉首创的以LVT引导坦克登陆的方法，在以后的登陆战役中会继续应用。

越过礁盘期间，所有坦克都引来了日军的猛烈火炮和迫击炮火力。越过礁盘的时间不过10分钟，超过一半坦克身中1弹到4弹不等，但是没有一辆退出战斗。由于车身下部和主要机械系统都在水下，在这段时间能起到保护作用，无疑让坦克在登陆阶段避免了损失的可能性。所有坦克最终在登陆开始后18小时全部上岸。这要比此前陆战队的任何一次战役都早。坦克尽早登陆非常明智，可以为陆战队步兵向内陆进攻尽早提供动力，让步兵指挥官可以得到摧毁日军在滩头火力点的直射火力武器，包括许多炮位和海滩上的机枪火力点。

陆战1师一开始就要求足够的船只让第1坦克营的所有坦克送上岸用于夺取贝里琉岛，但是当时美军可用于贝里琉登陆的所有船只只能让30辆坦克登陆。16辆坦克只得和后方梯队留在后面。在贝里琉战役期间，前线非常需要这些坦克，在战役早期阶段，步兵急需装甲兵支援时，陆战1师因为缺少建制内超过三分之一的坦克非常头疼。登陆坦克数量不足，让1师夺取机场的行动必然延迟。如果能有更多坦克，肯定能减少战役早期阶段的人员伤亡。

在贝里琉和盖斯巴士岛的战斗中，坦克被用来支援全面推进和摧毁直接阻挠陆战队步兵前进的碉堡、掩体和自动武器火力点。事实证明，坦克推土机在填平反坦克壕和清除原木和战场瓦砾方面价值很大。然而在登陆的3辆坦克推土机中，只有1辆在整场战役中能一直运作。一种改装的轻型坦克，E4-5机动火焰喷射器，是一种上佳的小容量机动喷火武器，但是其使用限制较大。由于上车身的车载机枪被移开，坦克车身在最无力保护自己的时候会在敌人面前暴露。结果，坦克车载的火焰喷射器在消灭日军掩体和碉堡时几乎无法使用，因为射程太短，喷火燃料容量也太低，难以真正发挥作用。

贝里琉战役期间，坦克的补给和维护是一个难点。登陆日上岸的仅有坦克补给品是6辆引导坦克的LVT两栖登陆车上装载的物资。额外的弹药和燃料，本应在各步兵团战斗队第二次和第三次登陆使用的两栖车辆上，却一直没有到达。登陆日结束时，坦克的弹药供应非常关键，全都靠从10辆当天瘫痪的坦克上回收的炮弹和子弹，装甲兵才能在第二天恢复进攻能力。陆战1师事先对贝里琉战役的后勤计划过于乐观，导致运往前方的坦克备件和维修设备数量极其不足。结果，主要的备件都是靠从那些完全被摧毁的坦克上面回收来的。维修人员在位置暴露的地方拆卸坦克配件时伤亡不小，因为只有一辆坦克回收车登陆前往前线，坦克的战地维修作业也困难重重。

登上贝里琉海岸的陆战队的30辆坦克，最终仅有1辆毫发无损，其余每一辆坦克都至少一度失去行动能力。不过陆战队在第一线能投入战斗的坦克从未低于18辆，日平均数量为20辆。所有可用坦克在连续16天的激战中都一直在投入使用。全部损失量只有9辆坦克。坦克侦察人员都在坦克之前和各步兵营一起登陆，打算在岸上与各坦克部队指挥官会合，引导他们去登陆小组指挥所。但是这样使用坦克侦察小组并不成功。他们在登陆时要么不幸伤亡，要么就被日军滩头反击的猛烈火力压制了。坦克向内陆运动，进入可以获得最有效保护的位置。然后车组成员下车来拆除防水部件，同时坦克军官们指挥部下来确定各自支援的步兵的位置。各部队确定登陆小组指挥所，开始定位，接受命令，再投入进攻所需的时间差别很大，从5分钟到2小时不等。

总的来说，贝里琉战役的医疗计划是很有效的。几个参战的医护连的医护兵和军医官人数要比建制人数多出3%到5%。陆战1师的建制医疗单位人员与第81步兵师一同前往贝里琉。陆战1师各医疗连也负责为陆军军人提供医护救援。贝里琉战役期间美军配备的救护车辆足够运送每天出现的平均伤亡人数。一旦需要更多运输车辆，货运卡车也会被转用于运送伤员。DUKW则在将伤病员从内陆医疗设施里直接后送到船上时发挥了巨大作用。

从第一批地面部队登陆贝里琉起，APA医用运输舰船就开始收容伤亡人员。滩头和海岸医疗工作队密切合作。留在海滩上的医疗工作队在运作急救和后送站点。在白色海滩的后送工作停止时，这两个不同的医疗部队就此合并。紫色海滩开始后送伤员时，这里设立了一个海滩医疗工作队，以便于组织作业。

每个陆战团级战斗队都配属96名担架员。这些人员在中转集结区都接受过急救培训和担架操作培训。这个数字肯定无法满足所有担架运送要求，但是足以形成训练有素的骨干力量，可以指挥其他临时分配为担架队员的后勤人员从事这项必不可少的任务。陆战1师在战役结束之前，得到了所有火力支援和守备部队——炮兵、航空兵、两栖运输车、建筑工兵营、特别支援部队和海军通信部队派来的担架员。

在贝里琉，几乎没有苍蝇或蚊子直接引起的疾病，虽然人们一直怀疑蚊蝇会危及部队的健康。蚊蝇在机场附近、机场北方和西北方的沼泽地里很普遍，然而仅仅是害虫而已。陆战队上岸的时候，遇到的苍蝇很少。三周后，陆战队遇到的苍蝇数量达到了一定的比例，这就

海军建设工兵营的非裔美国官兵在为陆战7团充当担架员。

要求采取一定的严格控制措施。大概在最初登陆完成两周后，一线部队出现了一些轻微的肠胃病患者。渐渐的，这种病传染到了陆战队的后方各单位。尽管贝里琉疫情爆发的确切原因没能找到，但岛上尸体的腐烂、废弃的食物、日军的简易军需库、没有掩埋覆盖的人类粪便堆积物和非防蝇厕所导致的苍蝇迅速繁殖，都在指向蚊蝇是这波传染病的感染源。

热带气候导致的急性不适病症是皮疹和痱子。因为岛上缺乏水资源，尘垢飞扬，抓挠引起的皮肤感染在迅速蔓延。也有不少皮肤病演变成了多发大面积皮肤病，手臂、腰部周围和大腿内侧形成了一角硬币大小的多处患处。

情报、舰炮支援、补给和空中支援问题

在实际登陆以前，美军的影像情报资料不足，直到8月底，可用的照片还不足以进行滩头防御研究。登陆前一周拍摄的较好照片，在远征部队前往贝里琉途中到达，但是这些照片没能提供给各地面部队指挥官。因为照相资料不足，地图不够精确，美军对地形的了解很不充分。后来一份陆军航空兵的官方报告说道：在进攻之前，对一个岛屿进行更频繁和更仔细的摄影，是否真会发现我们现在不了解的情况是可疑的。可以肯定的是，已经定位和列入摧毁清单的贝里琉岛上的合适目标，与存在的目标总数相比，是很少的。许多没有被发现的目标其实可以用海军舰炮或空中轰炸进行有效处理。问题在于，摄影任务虽然完成了，却时断时续。如果能更频繁地拍摄照片，那么在（日军）的施工道路被掩护、挖掘出来的成堆弃土被处理之前，可能已经发现了这些防御工事。

话说回来，美军陆战队从另一个渠道获得了评估贝里琉敌情的多种便利条件。美军在塞班岛缴获了大量日军文件，得知贝里琉的日军总兵力超过1万人。后来美军估计该岛日军人数在10320人到10700人之间，与实际兵力非常接近。第3两栖军的情报处长威廉·科尔曼上校后来评论道：“在塞班岛缴获的文件提供了在未来的战斗中都再也无法比拟的信息源。”

与格洛斯特角战事不同的是，陆战1师在贝里琉缴获的文件很少有直接战术价值。究竟是因为日军藏匿在精心挖掘和部署的洞穴里，许多洞穴最后都被封死，还是因为日军的安全防范意识越来越强，才让美军得到的有直接战术价值的文件很少，并无定论。尽管如此，美军缴获的一些地图上还是标示了日军的防御分区情况、雷场和炮兵阵地的位置。例如，陆战7团曾发现一份草图，标明了仍在日军手中的一个半岛上的地雷的数量和位置。随后，同一个团上交了一份缴获的日本陆海军驻贝里琉和盖斯

手持轻机枪的日军士兵尸体。美军为了获取任何有价值的情报，会积极搜查日军的尸体。

巴士岛的人员配备资料。这份文件上的日期是9月1日，是标明日军驻贝里琉多支部队兵力的上佳资料，与美军先前在塞班岛缴获的文件提供的情报高度吻合。

美军缴获的日军物资不仅有文献资料。例如，美军在贝里琉机场缴获了包括零部件和各种设备在内共可生产130架飞机的物资。尽管这些飞机已无法使用，但是对这些物资的分析，让美军获得了日军已经开发出两款中型轰炸机的信息。

贝里琉战役期间，日军一直士气高涨，从整体上看，美军在贝里琉进行的宣传攻势是无效的。到10月20日为止，贝里琉俘敌资料显示，美军在贝里琉一共俘敌303人，其中有92名日本人，包括7名陆军军人、12名海军军人和73名劳工。其余俘获人员是非日籍劳工，包括1名中国人、1名当时还是日据殖民地的台湾人、206名朝鲜人和1名在身份确认之前已经死去的俘虏，另有2名在被俘时的身体和精神状况让美军无法确认其身份。

显而易见的是，大多数非日籍劳工——其实也包括一些日籍劳工，对日本及其武士道军事传统并没有多大的忠诚感。许多劳工说，他们没有主动投降，是因为在看到美军传单上注明的投降时间和地点时，觉得自己无法安全到达目的地，还是留在洞穴里更安全。日军不愿投降的另外一个原因是：（贝里琉的）陆战队员不想抓俘虏，只想杀死每一个鬼子。这是可以理解的，却极其残酷而痛苦的想法。美军的这种想法和日军狂热的自杀式抵抗精神，都是日军会长期抵抗到最后的一个因素。

美军的一份官方报告也强调了上述看法并非个人因素：（贝里琉战役）的前几天，俘虏很少，一方面是因为战斗的残酷性，一方面也是因为战士和部队指挥官都显然不愿抓俘虏。人们相信，随着战争的进展，更加认真而持续地向所有人员灌输抓俘虏的价值和重要性，将会产生越来越大的益处。这份报告同样也证明了，对抓俘虏这个问题，后方指挥机关的参谋和宣传人员与一线指战员的看法存在很大分歧，在战争中出现这种分歧是可以理解的，也是必然的。

至少在一个方面，贝里琉岛的陆战1师没有遇到在关岛、塞班岛和后来在冲绳战斗的各师面临的问题。这是一个民政事务领域的问题，日军事先将贝里琉的土著人都疏散的做法，对美军是有利的。美军为此就不用承担管理和照顾平民的责任了，原则上美军当然会尽力照顾战地的平民，但战斗中的现实条件却注定入侵部队能够提供的所有人道援助，还是远远无法满足这项任务的实际需求。另外在其他岛屿战，尤其在冲绳战役中，日军武装人员乔装成平民进行的活动，无论对美军还是对日本平民而言，都是极为令人困扰的骚扰行动。

贝里琉岛的通信没有出现任何特别问题，使用的无线电和其他通信设备的性能与其他战役没有多大差别。在战役头两天，无线电仍是主要的通信手段，SCR-300和SCR-610电台在军一级和师一级通信网络的表现都相当出色。两辆装载无线电设备的DUKW两栖卡车顺利登陆，运作良好，即便后来潮湿对这些设备产生了不利影响，性能的下降幅度也非常有限。一辆装载了各种通信设备的实验性两栖装甲车在登陆开始90分钟后，就与陆战1师先头通信中心一起登陆。当时操作人员发现装甲车上的蓄电池充电电路无法运作，到10时53分抢修完毕后，车上的设备才能开始工作。

贝里琉战役在通信领域的一项创新举措是鼓励军官通过语音无线电直接通话，这样会加快通信速度，减轻有线电话设备的压力。战役期间，美军没有使用发光信号进行视觉交流，也没有使用电报机或电传机。在与坦克保持无线电联系的时候，调频设备是最坚实、可靠和灵活的通信工具。这种设备的唯一缺陷是有效距离短，从贝里琉北部到机场附近的调频通信必须建立中继站才能实现。在遇到山峰阻挠的时候，调频设备的有效通信距离会降至2英里。

在贝里琉岛的通信问题上，第4联合通信连的各种活动特别有意思。在到达帕乌乌的中转集结地后，10个通信组、9个海岸火控小组和13个对空联络小组都立即配属给他们将随之行动的陆战1师的各营和各团。配属给各营的通信小组的指挥控制问题是通信方面的最大困难。这些通信小组运作良好，但是他们在登陆时并非一个战术单位，于是在协调方面发生了困难。对空联络小组和海岸火控小组的表现很好，不过在许多情况下，当突击登陆部队被日军的火力压制时，他们上岸太早，加剧了滩头阵地的混乱。

在所有的两栖突击登陆行动中，海军舰炮的数量、质量和彻底性都是极其重要的因素，尤其是对贝里琉岛这样戒备森严、防御严密的岛屿。贝里琉战役的舰炮火力准备问题一直争议很大，美国海军陆战队的官方战史对此进行了详细讨论。

对贝里琉的战前火力准备有三个目标：摧毁日军的飞机和炮兵设施；尽可能多地摧毁日军的据点，同时摧毁帕劳日军可用于从北面增援贝里琉守备部队的所有舰船、驳船和小艇。要达到这些目标，美军的火力准备就不能仅仅打击已知的敌军阵地，还要打击根据对地形的研究和对日军战术的了解来推断的，可以让日军用于构筑设防阵地、集结区域、通信中心或弹药库的各个区域。

海军方面以参加“僵局行动”的海军高级将领来强调海军对此役的重视，一位海军史学者描述如下：

贝里琉战役因为海军和陆战队的大量将官参与而增辉。威尔金森海军中将、朱利安·史密斯少将和威廉·鲁珀图斯少将都在福特海军少将的两栖指挥舰“麦金利山”号。盖格少将在“奥林匹斯”号上，威尔金森中将在埃尼维托克环礁转乘了这艘军舰。布兰迪海军少将和缪勒少将在“弗雷蒙特”号上。杰西·奥尔登多夫海军少将在“路易斯维尔”号上，指挥1个强大的火力支援大队，由5艘战列舰、5艘重巡洋舰、3艘轻巡洋舰和14艘驱逐舰组成。这些军舰上还有另外两名海军将官，安斯沃斯海军少将和金曼海军少将。拉尔夫·奥弗斯蒂海军少将指挥7至11艘护航航母，提供作战航空巡逻和反潜巡逻支援，威廉·桑普尔海军少将指挥一个航母分舰队。9月17日，哈尔西海军上将顺道

正在用主炮炮轰贝里琉岛的美军战列舰。

走访贝里琉，在此役的整个指挥系统中，只有尼米兹海军上将未到。

当然，有这么多重要的高级观察员莅临，在贝里琉就有一个非常好的机会来表现为了支持一次两栖登陆战，战前火力准备能够取得怎样的成就。根据类似战役的经验，海军在登陆之前按照惯例进行了空中和海上火力准备。早在9月6日，哈尔西麾下第3舰队的快速航母部队就对帕劳群岛进行过空中轰炸。3天后，在确定陆军的B-24轰炸机空袭已对帕劳的许多日军设施造成严重损害后，第38特混舰队的快速航母向菲律宾转移。

9月12日，在两栖远征军到达贝里琉外海时，对贝里琉的登陆前火力准备正式开始。根据最初的计划，海军对贝里琉岛仅仅进行2天的海军火力准备。盖格少将反对，认为时间太短，要求进行4天火力准备。最终海军方面同意对贝里琉进行3天火力准备，对昂奥尔岛进行5天火力准备。9月12日当天，奥尔登多夫海军少将指挥的5艘旧式战列舰、8艘巡洋舰和14艘驱逐舰来到帕劳群岛外海，这些军舰大多都执行过数次对岸舰炮火力打击任务。问题是奥尔登多夫在帕劳群岛进行火力准备时，手头的各种设施的条件和参谋人员的数量都不理想。他的旗舰是旧式战列舰，而不是新式登陆指挥舰。旧式战列舰的通信设备远不如新式指挥舰，海军舰炮火力当初在马绍尔群岛和关岛表现能超过其他战役，正是由于新式指挥舰上的优越通信设备。他的参谋人员数量也短缺。尽管他已经向华盛顿的海军人事局多次申请，此役他仍然仅有一个巡洋分舰队的参谋班子，仅有4名军官。在战前火力准备期间，除了1名参谋之外，其他3人都病倒了，让参谋人员不足这一问题雪上加霜。

海军舰炮进行战术射击使用的弹药消耗量为登陆时刻之前3490吨，登陆之后2359吨。海军舰炮火力摧毁了机场正北山脊（血鼻岭）的大部分茂密植被。对登陆部队来说，最大的问题是这次海军舰炮火力打击没有也不能消灭日军在洞穴和地下掩体中的众多防御工事，正是这些防御工事让日军在炮击结束之前，都一直能安全地留在地下。

在陆战1师进行两栖登陆之前，贝里琉日军严守纪律，任何时候都没有让美军察觉到他们的存在。在美军的战前火力准备期间，日军根本没有用炮火还击，不久美国海军舰炮的硝烟就笼罩在贝里琉上空，好像一条黑色裹尸布，这让奥尔登多夫海军少将产生了一种盲目的乐观情绪。9月14日夜间，奥尔登多夫和福特海军少将联系时，非常不幸地说出了这样一句话：“我都已经没有目标可打击了。”这一过于乐观的声明，再加上鲁珀图斯少将草率地预言美军在贝里琉将进行一场短暂而艰难的速决战，让贝里琉战役给参战人员留下了严重的后遗

即使日军工事的伪装已经被美军的轰炸和炮击撕去一角，如果它不开火，美军仍无法锁定目标。

症，参战人员一直都无法摆脱失望、惊愕和痛苦的情绪，尽管美国海军陆战队官方战史认为美军为此役制订的计划基本到位，部队非常努力，表现出了勇气和英雄气概，这些都远远超过军兵种或部队内部的吹毛求疵和责难，也无法改变此役对参战人员，尤其是陆战队一线官兵造成的精神创伤。

参加此役的陆战1师官兵的痛苦是完全可以理解的。他们在战前从高级指挥官和参谋人员那里了解的情况，让他们有理由认为贝里琉战役不会极端艰苦。当他们在两栖突击阶段就发现敌人最重要的防御体系仍然在有效运作时，现实和希望的落差就会让他们的痛苦和沮丧加剧。在炮声沉寂很久之后，仍然有一线官兵发表文章表达这种情绪，字里行间都充满了强烈的指责意味：

西南海角、无名岛、陆战1师左翼和机场北方高地一直都非常重要，摧毁敌人在这些地区的阵地，提供持续的必要性无疑也很重要。福特海军少将部下的参谋人员在许多时候就是这种想法。

战前的空中和海军舰炮火力准备计划，就是在上述想法的基础上制订的。在先头部队启航之前，非常强调（火力准备）全面覆盖这些区域的重要性。对这个问题……奥尔登多夫海军少将后来发出的公函不仅令（陆战1师）参谋部的我们都吃了一惊，考虑到我们进行的

日军在珊瑚石间开凿的炮位工事，外壁有原木加固，抵抗美军的各种支援火力攻击，图中显示了内部可能遭受火焰喷射器进攻之后的结果。

研究，我们提出的各种要求，以及为完成陆战1师的任务非常仔细地准备的计划，众人也一致认为（对这些目标的全面炮击）是至关重要和必须的，这份公函也是（让我们）无法理解的……贝里琉登陆日发生的事情已经成为历史问题……我已经请求多个参战部队的指挥官解释所发生的事情。除了敌人没有被（火力准备）打垮，没有人确定任何事情。

关于这个问题，奥尔登多夫海军少将的说法可能会引起人们的兴趣，他的说法反映了当时困扰他的问题和困难：

我的炮火支援计划要求摧毁所有已知或疑似的敌人据点……当时我认为，考虑到缺乏有关敌军据点的情报，（贝里琉）战前的登陆前火力准备是能够设计的最完备的火力准备之一了。我认为，登陆前的炮火支援要比以往进行过的任何一次更好。当日军的隐蔽炮台向LVT两栖登陆车辆开火的时候，我的惊讶和懊恼可想而知……在这种情况下，无论你发射多少炮弹，或者这些炮弹的口径有多大，都不可能摧毁敌军在贝里琉岛的炮兵阵地，除非敌人不得不暴露他们的火炮的位置……我们能做到最好的就是向疑似的日军（炮兵）阵地开火，怀抱能够获得最佳效果的希望。

乔治·福特海军少将在评价贝里琉岛的海军舰炮炮火时，很遗憾陆战队普遍以关岛的海军炮火为标准来评判其他战役的炮击效果。正相反，从长远来看，正是在关岛进行的并非在马里亚纳战役一开始就计划好的“华丽”炮火准备，增加了贝里琉炮火准备的各种困难。福特对这个问题发表的具体看法如下：

我认为将关岛之战（的炮火准备）当作未来的标准是一个严重的错误。它让陆战队或者其他地面部队在登陆前都希望得到这样的（炮火准备）支援，这是一种不好的影响。它（关岛的成功炮火准备）从未在其他地方做到过，今后可能也不会再度做到……最初的计划是对贝里琉进行2天的战前火力准备，后来又增加到了3天。这样增加火力准备时间可以进行更多意图明确的炮轰，但是丝毫没有增加金属（炮弹）的分量。原定2天内使用的弹药数量与后来3天内使用的量相同。如果奥尔登多夫海军少将以没有更多目标为理由，在用完许可的弹药之前中断射击，那么他是完全正确的。有些人认为只为向一个岛屿射击而射击是不可原谅的浪费弹药的行为。

许多关于贝里琉战役的报道，都非常广泛地讨论了登陆前火力准备的问题，以至于很少有人提到登陆后的海军炮火支援。在陆战队登陆贝里琉岛之后的几个小时，美军对海军炮火支援留下了这样的记录：

现在已经成为两栖突击战基本要素的海军炮火支援，在贝里琉登陆日，由于（地面）战斗的混乱性质，很少使用。“路易斯维尔”号、“波特兰”号和“印第安纳波利斯”号在当天的大部分时间里都是闲置的。但是奥弗斯蒂海军少将指挥的11艘护航航母在登陆日当天共出动382架次飞机支援地面部队，此外还对巴贝尔图阿普岛机场实施了拦截空袭，轰炸了马拉卡尔港和科罗尔港的敌舰。日军在抵抗时没有出动飞机。

在贝里琉战役的剩余时间里，海军舰炮火力提供了近距离和纵深支援火力，以及骚扰性火力支援、阻截性炮击和夜间照明弹。由于缺乏合适的观测点，在许多情况下，海军舰炮无法使用近距离支援火力，也就无法像在其他战役中那样大范围进行这种支援。为了实施纵深火力支援，美军进行了空中定位，从而大范围实施了压制日军预备队、炮兵阵地、补给和弹药库，以及观察和通信要点的纵深炮击。空中定位在实战中是最佳和最有效的火控手段。

骚扰性火力的使用范围很大，主要在夜间进行，会射击远离前线的地区。在地面呼叫紧急火力支援或者请求发射照明弹的情况下，夜间舰炮的骚扰性射击也翻了一倍。为了阻止日军从贝里琉岛北端区域和邻近的盖斯巴士岛调集援军，美军舰炮进行了拦截射击。照明弹得到了广泛应用，美军对照明弹射击也实施严格火控管理，因此不会照亮友军部队，也不会造成友军的损失。海军舰炮的射速从每分钟1发到每小时10到15发不等。

从贝里琉战役中可以学到的一个经验教训是，敌军的坦克是可以在登陆前的火力准备期间幸存下来的，海军舰炮火力和空中轰炸都无法阻止敌军坦克接近登陆部队，“敌人用薄装甲的过时轻型坦克取得的（避过登陆前火力准备的）成果，一个拥有大量强大坦克的潜在敌人大概也可以取得，从而对登陆部队构成严重的潜在威胁”。另一方面，不会出现两种完全相同的战术局面。在地中海战场的西西里战役中，盟军的海军舰炮为破坏盖拉附近海滩的坦克攻击做出了主要贡献。

陆战1师没有一名陆战队海军舰炮火力联络官，该师也没有接受过执行这项任务的训练。由于贝里琉岛的经验，陆战1师建议挑选炮兵军官进行海军炮火方面的培训。另一项建议是给联合通信连增派一个师属海军联络官率领的小组，再增派3个团级海军舰炮火力联络小组。贝里琉岛的每次空袭期间，几乎都要停止海军舰炮射击。陆战1师认为，如果指挥官认为海军舰炮射击不会危及友军飞机的话，那么空袭期间就停止舰炮射击的做法应当是例外，而不应成为一般准则。

除了暴风雨天气会暂停卸载补给之外，贝里琉战役期间在整体上没有发生任何重大的补给困难问题。陆战第1轻工兵营使用一个连的工兵组成师属海岸工作队的骨干。轻工兵营营长出任师海岸工作队队长。海岸工作队负责处理海滩上和海滩后方的补给运送工作，照顾从师属其他部队找到的伤亡人员。

起先，滩头工作队的行动是分散化的，即每个抢滩突击营会配属一个团属海岸工作队。在步兵团团部登陆时，团属海岸工作队队长就接管该团团属海滩的营海岸工作队的工作，巩

1944 年 9 月底，陆战队员正在运送补给越过贝里琉滩头。

固其成果。相应的，师属海岸工作队指挥官会在师部上岸时，接管所有海滩的海岸工作队的行动，决定哪些海滩继续充当补给海滩。海岸工作队的行动要与海军海滩工作队密切配合。当所有突击登陆部队、装备和补给都上岸时，驻岛司令部的第一个补给机构——第16野战军需基地就接管所有补给仓库。随后，该野战军需基地还会向在贝里琉行动的第81步兵师的部队提供补给。

补给物资的分发和转运几乎没有造成任何困难，因为距离极短，而且在许多时候，两栖登陆车和DUKW两栖卡车可以直接从水上将物资运到团属补给仓库。在9月的最后几天时间里，恶劣的天气导致卸载困难。在口粮配给水平达到4日份的补给量时，地面部队一天可以吃上两顿饭，陆战第11飞行大队空运了4.2万份十合一口粮。地面部队不得不在崎岖不平的地区作战，衣服磨损严重。在建制内的衣物补给耗尽时，一共从关岛空运了1000套军服、5000双袜子和1000双鞋。

为陆战1师配属一个野战军需基地机构是非常成功的创新之举。陆战第1勤务营营长如是说："……此举让该军需基地从师长那里直接接受命令，而不需经过军指挥部再与他们打交道，就能进行很好的协助和协作。也就是说从请求变成了直接命令。"

贝里琉登陆之前几天的所有空袭和之后13天的空袭任务，都是从高速航母和护航航母起

1944 年末，在贝里琉机场跑道上，准备起飞的陆战 114 飞行中队的“海盗”式战斗机。

飞的海军飞行员执行的。在西路攻击部队到达集结区后，陆战1师便可就具体目标和重要目标问题向空中支援指挥官提出某些建议和要求。在既定的空中支援计划的限制范围内，舰载航空兵尽可能满足这些要求和建议。这是陆战1师参与空中支援计划或就相关问题提出建议的唯一机会。

根据计划好的空袭任务和营、团和师级地面部队对空联络组呼叫的任务，从9月15日登陆日到28日，舰载航空兵一共进行了300多次空袭。在这段时间内，舰载机一共投掷了包括凝固汽油弹在内的620吨各类炸弹。美军觉得在9月28日以后航母舰载航空兵继续空袭的收获难以弥补消耗，便在当天停止海军航空支援。

在贝里琉南部地势平坦的地区战斗时，海军空中支援收效明显，那里相对容易发现目标、进行标记、区分前线。当战斗进入该岛的崎岖山地时，空中支援的效力就大大降低了。空中支援效力的下降是因为难以标记敌友双方所在的地方，现有地图不准确，所有空袭任务都由指挥舰直接控制。在任何情况下，营级空中联络组都不能控制或指挥空袭任务，哪怕联络组位于前沿阵地，掌握前敌的最新情报。根据这些经验，陆战1师建议，在今后的战役中，应允许营级和团级空中联络组“直接从地面控制飞机”。这种做法的好处显而易见，因为战地现场的人能够比指挥舰上的空中控制军官更好地指导对目标的打击。

与更有效的空中轰炸相比，支援航空兵实施的空中机枪扫射被认为价值微乎其微，甚至是无用的。海军飞机开始和结束扫射时的飞行高度都太高：很少降到1800英尺高空以下。

这种空袭的无效性在对贝里琉海滩的登陆前空袭和随后对山上的扫射过程中尤为明显。根据这一经验，陆战1师认为，这样的扫射最多能压制住敌人不能冒头而已。

9月28日以后，陆战队114战斗机中队进驻贝里琉机场，结束了可用空中支援不足的局面。陆战队“海盗”式战斗机提供的近地空中支援，在盖斯巴士登陆期间是极其有效的。随后对乌穆尔布罗格尔山区的轰炸效果之所以大受限制，完全是因为地形困难，日军的地下防御工事相对来说也能够抵御空袭。陆战1师师长鲁珀图斯少将通常沉默寡言，却对114战斗机中队的空袭效果赞不绝口，发现该中队提供的近地空中支援“执行的方式很少令人失望”。

贝里琉战役的独特之处在于，这是自布干维尔战役以来，陆战队登陆战期间首次有陆战队航空兵进行支援。此役也是自从瓜岛战役以来，陆战1师首次得到陆战队提供的近地空中支援。此外，贝里琉战役也是陆战队航空兵在中太平洋战区首次支援陆战队的两栖作战。

贝里琉岛上进行的凝固汽油弹空袭的结果基本上是令人失望的，这很可能是因为当时对这种武器该如何正确使用的观念有误。对凝固汽油弹威力和局限性了解不足的最好例证如下：

（贝里琉）登陆日前几天，我们还在海上，当时我们的团情报科长在一次7团1营全体军官参加的会议上发表了讲话。他告诉我们，一些飞机会装载凝固汽油弹，会用这种黏稠易燃的物质，在岛西南半岛（我们营的目标）将鬼子都给烧出来。但是在这次会议召开之前，有报告称，这种炸弹的引信都还没有送到。在会议上，他告诉我们引信终于到了，已经空运给装载凝固汽油弹的航母舰载机，就在那一刻，这些神奇的炸弹正在安装引信。团情报科长以颇为激动的雄辩口才，对他所说的话深信不疑，认为这些非凡的炸弹，尽管不可能将凝固汽油溅到每个鬼子身上，但是会产生强烈而持久的热量，以至于任何藏身的洞穴里的鬼子都会因为缺氧窒息而死。此外，这个半岛的植被也会被烧光。现在，哪一个步兵会不喜欢一个没有可掩蔽的植被和没有活着的敌军的目标呢？虽然现在听起来不可思议，但（当时）人们普遍认为这（说法）是相当真实的。我们没有见过这些炸弹。凝固汽油弹是一个战争奇迹。在这样的时刻，凡人都倾向于接受任何乐观情绪。这个消息……很快在部队里传开，人们为之欢呼。

美军为了夺取贝里琉和昂奥尔岛，付出的生命代价是非常昂贵的。在贝里琉战役结束时，陆战（加强）1师的战斗损失数量是1121名官兵阵亡、5142人负伤和73人失踪。从1944年9月23日到11月27日，第81步兵师在贝里琉的战斗损失是277人阵亡或伤重不治身亡，1008人负伤。1944年9月17日至10月30日，第81步兵师在昂奥尔岛的战斗损失为264人阵亡或伤重不治身亡，1355人负伤。

后来的统计数据显示，先前的调查结果需要进行一些修正。修正后的陆战1师在贝里琉的战斗损失是1252人死亡（阵亡、伤重不治和失踪推定死亡）和5274人负伤。经过汇总，第81步兵师在贝里琉、昂奥尔和贝里琉外海几个小岛上的总计战斗损失为542人阵亡和2736人负伤。对先前的战斗官方报告的数字的修订，补充了在先前的战报中没有列入的补充信息。死亡数字包含后来因战斗负伤死亡的人员。那么美军参加贝里琉和昂奥尔战役的2个主力师共有1794人死亡和8010人负伤。根据美国陆军的统计数据，美国陆军、海军和陆战队在帕劳群岛阵亡分别为540人、158人和1250人，负伤分别为2735人、505人和5275人，那么参战的美军伤亡总人数为10463人。另外参战的美军因非战斗负伤和战斗疲劳症出现了大量非战斗减员，仅陆军第81步兵师的非战斗减员人数就达到2500人左右。不过需要指出的是，美军的物资和医疗保障能力足以让大部分伤病员在战地的医疗设施里就能痊愈，后送到其他地方的伤病员最后绝大多数也会痊愈。

覆着帆布的尸体在确认身份之后，将会被送入陆战1师的公墓埋葬。

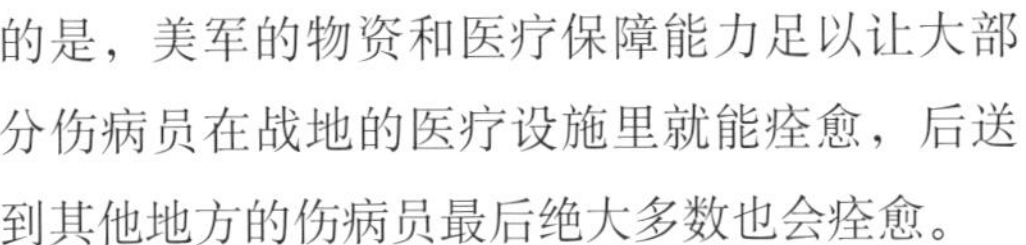

日军在贝里琉被杀死的确切数字可能永远无法查明。美军通过推断得出了一个他们认为合理的相当准确的数字。在美军登陆贝里琉之前，根据他们从塞班岛缴获的日军报告获取的情报，估计日军在该岛的兵力在10320人到10700人之间，取中位数10500人，再扣除俘虏的302人，得出的数字是日军在该岛应当有10200人阵亡，即便考虑到有少数日军可能逃到日军在帕劳群岛北部控制的岛屿，这个数字也可以接受。根据美军的情报，在贝里琉战役期间，又有600日军在贝里琉岛登陆，因此美军认为日军在贝里琉的损失总数为10800人左右。另外再加上日军在昂奥尔岛和其他小岛上的人员伤亡，以及大约400人被俘，美军估计日军在帕劳群岛的战斗损失合计大约为14000人。

根据日方资料，日军在贝里琉岛的总兵力为9838人（包括实施反登陆的饭田大队的840人），但部分单位的兵力数是估计数字，因此也不能说是完全准确。另外日方资料显示，在贝里琉战役中，日军战死10022人，战伤和幸存者446人。至于日军在昂奥尔岛的总兵力，除去军夫之外计约1200人，战死约1150人。

回顾贝里琉战役

1970年代，陆战1师攻打贝里琉岛已经过去20多年了。那些参加过此役的陆战队官兵有不少后来都晋升为高级军官，不乏对此役的高度评价。一位后来出任海军陆战队司令的军官称之为“第二次世界大战宣传最少、难度最大的战役之一”。美国陆军官方战史称帕劳战役是“战争中最血腥的战役之一”。福特海军少将对贝里琉战役的评论如下：

> 我认为那些不辞劳苦去调查（此役）的人都会一致认同，夺取贝里琉岛是太平洋战争中最为困难的两栖战役……我相信帕劳战役被低

估了。如果不是盖格将军和鲁珀图斯将军在战后不久就去世了，我相信他们会帮助澄清（此役）的局面，硫黄岛是人称中太平洋"第一团队"拿下的，此役得到了广泛的宣传和赞誉。其实正如盖格将军所说的："硫黄岛和贝里琉之间的唯一区别是：'在硫黄岛，鬼子在一个面积两倍（于贝里琉）大的岛上投入了两倍的兵力，他们有3个陆战师去占领硫黄岛，而我们仅有1个陆战师去占领贝里琉。'"

上述说法是直接负责贝里琉岛和昂奥尔岛战术指挥的高级将领给出的，需要更加仔细地审视。此说不仅强调了其他人所说的贝里琉战斗的残酷性，还对投入的兵力是否足够这个问题增加了一个新的注解。福特海军少将引述的盖格将军的说法，几乎不用怀疑指的是没有为陆战1师提供足够的预备队。用于进攻贝里琉岛的3个步兵团，仅有1个营留作师预备队，另有一个营留作团预备队。如果在美军显然已经明白日军的抵抗不会让美军在贝里琉速战速决，先将第81步兵师投入该岛的战斗的话，那么昂奥尔岛的登陆可能会被推迟到贝里琉战役结束以后，这一结论得到帕劳群岛日军最高指挥官井上中将支持。他后来发表的说法是："……曾估计美军在（贝里琉）南面或东面海滩会投入3个师登陆……"

由于美军在贝里琉岛损失惨重，人们对该岛所获得的收益是否值得美国人付出的巨大生命代价这一点的看法存在分歧。历史学家和军方领袖人物认为此役其实得不偿失。陆军相关战役的官方战史编纂者史密斯如是说：

人们很容易提出的疑问是，鉴于后续的多项战役计划——尤其是入侵菲律宾的战役计划

鲁弗斯·奥克利牧师在贝里琉为陆战队员举行宗教祈祷。

在最后时刻的改变——使得帕劳群岛无法发挥原先计划的战役作用……然而，根据1944年夏天和初秋的情报，尼米兹海军上将、麦克阿瑟上将和参谋长联席会议都认为，只有占领帕劳群岛，盟军才能遏制西太平洋的多个日军基地，确保前往菲律宾群岛的远征部队的安全。

在那些强烈感觉不该入侵贝里琉的军方领导人之中，哈尔西海军上将或许是最有资格发表看法的，因为他从一开始就反对进行这次战役。在评论贝里琉战役时，哈尔西如是说：

自从（1944年）5月初，在旧金山与金和尼

1946 年贝里琉岛的航拍照片，当时岛上已经修建了许多设施。

米兹举行的一次会议期间，得知要进行贝里琉战役开始，我就一直在权衡这一战役，越是权衡，就越不喜欢。乌利希环礁有一个有用的锚地，但是我看不出需要其他岛屿。雅浦岛仅有的价值是一个小型飞机中转站。帕劳群岛威胁着新几内亚和菲律宾之间的航线，但是这里仅有一个锚地——科索尔锚地和几处适合兴建机场的位置而已，我认为我们必定会付出高昂的伤亡代价，才能夺取这些机场。简而言之，我害怕进行另一次塔拉瓦战役——我是对的。

另一位为贝里琉战役出力颇多的海军军官奥尔登多夫海军少将最为直言不讳。他在回顾这场战事时坦言：

……如果军方（包括海军领导人）能准确预言后来之事，那么毫无疑问，根本不会尝试攻打和占领帕劳群岛。

上述评论是相当有分量的，考虑到进攻帕劳群岛的主要目标是夺取贝里琉和昂奥尔岛的机场，而这两个岛屿上的机场对美军光复菲律宾起到的作用最终很小，人们就更加认为这种看法是有道理的。的确如此，直到10月21日，昂奥尔岛的机场才准备好让轰炸机使用，而前一天美军已经在莱特岛大举登陆了。11月17日，轰炸机才能从帕劳群岛的机场起飞，去执行轰炸菲律宾群岛目标的任务。

那么，美军占领贝里琉和昂奥尔岛就真的没有任何益处吗？也不尽然。第一，占领这两个岛屿，让日军的飞机和潜艇失去了两个不算大、却可用的基地。第二，11月底，当美军登陆吕宋岛时，昂奥尔岛上的美军轰炸机提供了支援。第三，占领这两个岛屿，让美军航空兵有效切断了日军在帕劳群岛的海空交通线，封锁了帕劳群岛北部，也就让大约25000名日本驻军无力化，直到日本投降为止都动弹不得，也就无法去支援其他战场。第四，也是最为重要的一点，占领乌利希环礁，让美军取得了一个绝佳的舰队锚地，在太平洋战场后期的几次战役，尤其是冲绳战役期间发挥了重要作用，乌利希环礁的位置恰好在帕劳群岛和日军的航空基地雅浦岛正中，美军占领贝里琉和昂奥尔岛，在当地兴建航空基地，与乌利希后来修建的机场相互配合，可以让这个重要锚地更加安全。

回顾太平洋战争全程，美军不入侵帕劳群岛，对于入侵菲律宾能否成功的影响微乎其微。然而军事计划的制订是在对各种战略和战术因素进行合理评估的基础上进行的。这是一种指挥官据以考虑所有会影响战略局势的条件，得出他应当采取何种行动来完成任务的逻辑推理过程。根据1944年春夏美军取得的可用信息，美军的计划人员认为形势要求攻打贝里琉、昂奥尔和邻近的几个岛屿，为适应大局的变化，他们在必要时对基本计划进行了修改。就参谋计划作业来说，这没有问题。

贝里琉战役为美国海军陆战队经过多年的认真研究和分析发展出来的两栖作战理论提供了一个良好范例。这次战役再度证明，对一个戒备森严的设防岛屿进行两栖攻击是可行的。某种意义上来说，贝里琉战役与吉尔伯特（塔拉瓦和马金环礁）群岛和马绍尔群岛战役是类似的。攻打吉尔伯特群岛和马绍尔群岛，为美军攻打中太平洋最重要的目标马里亚纳群岛提供了宝贵的经验教训，而攻打贝里琉战役，也让美军对攻打西太平洋的主要目标硫黄岛和冲绳岛的两场苦战做好了准备。美国著名海军史学家莫里森就在著作《莱特岛战役》中公开评论道：“……这场代价高昂的（贝里琉）战役

1944 年 12 月 27 日，在纪念碑前，守备部队士兵为贝里琉阵亡的美军将士鸣枪致敬。

的胜利，最有价值的贡献是让陆军和海军陆战队为在冲绳会经历的事情去做好准备。”

贝里琉战役和塔拉瓦之战还有一个相似之处。在这两场战役结束后，海军陆战队都由于伤亡人数很大受到相当大的批评。美国海军陆战队官方战史的编纂人员引用了第二次世界大战后期出任海军陆战队司令的范德格里弗特将军答复塔拉瓦战役批评意见的言论，为贝里琉战役辩解：

……所有军事专家都认为登陆攻击是所有攻击行动中最困难和代价最大的行动。塔拉瓦的损失很重，未来这种性质的攻击（登陆攻击）的损失也会很重……

……在像塔拉瓦这样戒备森严的小岛上……守军可以集中兵力对抗任何登陆企图……进攻方会想尽办法用海军舰炮火力和空中轰炸“软化”抵抗。在那些防御工事构建得非常坚固的地方，如塔拉瓦，炮火和空中轰炸都只能发挥部分作用。许多敌军的设施将继续运作，必须去面对它们的火力。

没有人会比海军陆战队对这样的（登陆）进攻蒙受的损失更加遗憾。没有人比海军陆战队更加明白通往东京之路并非坦途。为了实现进军东京的这个目标，我们必须让人民坚强起来。

在第二次世界大战的全球大背景下，贝里琉只是通向终点的一块垫脚石，这场战役在外界不会受到太多关注，但是在参加过此役的人的心中却留下了永远的印记。对于军方高层和参谋人员对此役计划合理性的说法，对战果积极意义的分析，一线战斗的官兵即便理性上未必不能认同，但是在感情上却很难接受，这与经历过硫黄岛苦战的一线官兵是相通的。美国海军陆战队官方战史的编纂人员必须站在陆战队高层的角度，相对理性地去看待贝里琉战役，但是在总结此役的最后段落，也颇为动情地引用了林肯总统为葛底斯堡战役发表的演说词。他们如是写道："总之，在这里引用过去的一段回音看来是恰当的；这段在很久以前的另一场战争的另一个战场上流传下来的一段话，在这个（贝里琉战役的）背景下仍然特别恰当。就让我们用这句话来讲述那一度残酷而无情的贝里琉的土地吧：'这群勇者，无论生死，曾在此地奋战，使斯土神圣，远非我等微薄之力可以增减……'"从另一个角度来看，海军陆战队官方战史这样强调此役在精神层面上的意义，恰恰说明发动贝里琉战役在军事上虽非完全不可取，战略意义其实还是相当有限的。

第十一章　未完的战争

男人们的孤岛生活

贝里琉岛战役的结束并不意味着所有日军都已经被消灭，岛上仍有少数日军幸存者在继续活动。以西地区队的幸存者为主体，这些残余日军在岛上开展“游击战”，将“战争”一直延续到了1947年。

1944年11月24日，大山一带的地区队主力“玉碎”，但仍然据守着北部天山阵地的代理西地区队长关口中尉以下约80名西地区队的幸存者对此一无所知，直到12月中旬还判断地区队主力仍健在。后来通过派遣到大山一带的侦察兵的报告等情报，判明美军已经解除包围态势，首次得知地区队主力已经“玉碎”。12月末，美军终于开始对最后的洞穴阵地（位于北部天山的被称为“海军壕”的海军内务科的大钟乳洞，是岛上最大的洞穴）进行扫荡攻击，而日军的装备只有“99”式步枪和手榴弹，所以后者决定在以一部攻击中山的同时，让残存主力关口中尉以下约50人转入游击战斗，留下数名重伤员在洞穴内，暂时集结于北部天山东北侧，之后分散成数组潜伏在富山西方沼泽地带和其周边的天然洞穴等处。

在他们逃出海军的钟乳洞之前，美军发现了该洞穴，开始用麦克风向日军劝降：“日本的军人请出来。”当然没有一个人出来投降。当晚，日军感觉到危险决定逃出钟乳洞。于是关口中尉派出步兵第2联队第5中队的饭岛荣一上等兵出去侦察以搞清美国兵藏在哪里。日军还从洞穴内进行威吓射击以吸引美军的注意力，人们趁机冲出洞穴，但一冲出去就被击倒。日军也从岩石后面还击。当晚月色朦胧。

后来先冲出去的3名侦察人员（包括饭岛在内）向美军还击，洞中的日军趁此时机一个接一个地冲向洞外，在此期间有七八人被射杀。饭岛认为其他人已经全部逃出，自己正要撤退，忽然有躺在洞穴旁边洼地中的伤兵喊道：“杀了我吧，快杀了我！”

最后洞穴里只剩下包括身体无法活动的伤员在内的五六人。在日军逃出的次日，美军用炸药爆破了洞穴的入口，岩石崩落，此外还从上面注入混凝土彻底封闭。混凝土上还写上“1944·12·×日”的字样。

在贝里琉岛的居民中间流传着一个“洞中的幽灵”的传说。传说的内容，简单来说就是在日军覆灭几个月后的1945年的某天，一小队美国兵为了扫荡残敌进入丛林里，走进了堆满日军尸体的洞穴内。突然有东西扒开尸体的小山摇摇晃晃地站起来，发出了微弱的声音，听起来像是人类的声音。美国兵在困惑和恐惧中惊叫着争先恐后地跑出洞穴。自那以后，美国兵就管这里叫“幽灵出没的洞穴”，再也不敢靠近这处洞穴。昂奥尔岛战斗的幸存者、步兵第59联队第1大队第1中队的船坂弘军曹战后也曾在贝里琉岛上听到一名岛民讲述往事：“战后，我被美军雇用，跟美国兵一起进入了洞穴阵地。一具骸骨却挥手招呼我们两个。美国兵和我都吓得逃掉了，洞里肯定有鬼。”

当地居民的传说与真实情形非常接近。这处洞穴就是被日军称为“海军壕”的北部天山的大钟乳洞。实际情况是，海军壕的钟乳洞入口被美军用混凝土封闭，但因为是珊瑚岩的关系，随着时间的流逝岩石和混凝土之间的接合部逐渐松动。封闭入口大约3个月之后的1945年4月左右，美军的巡逻队打碎混凝土走进钟乳洞内。美国兵在黑暗的洞穴内打着手电筒照明，发现了横卧于洞中的几具日本兵的尸体。与其说是尸体，不如说更像是只剩下骨头的骸骨。其中一名美国兵用刺刀尖轻轻捅了一具尸体。于是骸骨突然开始活动，拼命要爬起来。美国兵都惊呆了，一边大叫着一边冲出洞穴。

美国兵以为是已经骸骨化的身体，实际上是虽然瘦得只剩下皮包骨头，但是依然活着的日本兵。

那天晚上，多亏美国兵在入口处打开孔洞，在绝望的黑暗中苟延残喘的日本兵们才得以重回人间。但是当时逃出的士兵中后来同山口少尉等其他日本兵会合的仅有片冈一郎兵长和落合（旧姓鷲谷）平吉一等兵两人。据片冈回忆，洞里原本有6个人，因为是“海军壕”所以存有一些粮食，饮水方面因为人少的关系也

在战斗末期，许多日本兵潜伏过的被称为“海军壕”的洞穴阵地，入口已因美军的炮击轰炸而被半埋没，但内部十分广阔。站立者是美国随军记者。

算是充足，但是由于被关在里面长达3个月，有的人发疯自杀了。在后来终于得以逃出洞穴时，也有人步履蹒跚没能摆脱被射杀的下场。

1972年，贝里琉岛的旧工兵队壕里，斋藤平之助上等兵（右）和塚本忠义上等水兵正在收集遗骨。塚本当年曾在工兵队壕潜伏。

在贝里琉岛上，活人“见鬼”的事情发生了不止一起。有组织的战斗结束后，幸存的日本兵在岛上的各处洞穴辗转。某天，日本兵为了搜寻粮食进入了某洞穴，进入洞穴深处后，发现了一具木乃伊。日本兵举起煤油灯一看，那木乃伊连一根头发都没有，抱起来的时候还发出哗啦哗啦的声音，像是已经朽坏了。这时，“木乃伊”的眼珠子忽然动了起来，随之发出了像蚊子叫一样的声音：“我是陆军一等兵河村。请带我走吧。”这些日本兵虽然已经见惯了各种凄惨情景，但还是不由得被眼前的惨状吓了一跳。

在岛民中还流传着这样的故事：“一到半夜就听到军靴声。还有蛇在叫。晚上出海打渔时，有时会看到海上出现了青白色的光。这光执着地追赶着渔船。渔民A等人被这光追赶，船撞上了暗礁，受了重伤。居民们相信有鬼，那光就是日本兵的执念。”

再说残存的日本兵们逃出海军钟乳洞后，因为集体行动容易被发现，幸存者们不久便按照中队分成小组潜伏、行动。即使所属单位全灭甚至仅剩一人，幸存者也会加入能跟自己合得来的小组。这时已经没有了陆军和海军的派系隔阂，其中还有陆海军混合的小组。

这些三五成群的幸存者寻找天然的钟乳洞，就在那里面起居。全岛都由珊瑚礁岩构成的贝里琉岛，乍看之下只能看到单纯的石山，但如果仔细观察、行走的话，会发现有些地方会隐约发出声响。在很多地方如果凿开表面的岩石的话，就会发现内部空间很大的空洞。

士兵们寻找着这样的洞穴，在地表凿开可供一个人勉强滑落下去的出入口，到达洞穴底部后又横向挖成L形的居所，然后在地表的洞口放上适当的珊瑚岩作伪装，不过平时会当通风孔的替代物打开。

在没有四季之别、气温变化也不显著的南洋，难免会丧失季节感。据海军的上等工作兵塚本忠义回忆，进入1945年以后，他连一声枪响都没听到过。以前在夜里必定会升起的照明弹也不知从何时开始消失了。日子就这样在平静中流逝着。绿叶也变得茂盛起来，饥饿也不是那么严重了。

大约在正月，美军开始在西地区一带扫荡残敌。美国兵成三列横队，把手雷胡乱扔进从富山至海岸的章鱼罐里，对草木丛生处则一边用自动步枪射击一边进入。日本兵连从台上逃走的时间都没有。

塚本和浜田、龟谷长成一等兵（冲绳县出身）三个人把步枪放在台上的大树的树根处，半裸着身子藏身于东侧山坡的凹地内自然形成的岩洞中，屏住呼吸等着美军接近。不久响起

幸存的日本兵在美国兵难以接近的沼泽地的红树上搭起台子（铁皮屋）潜伏。

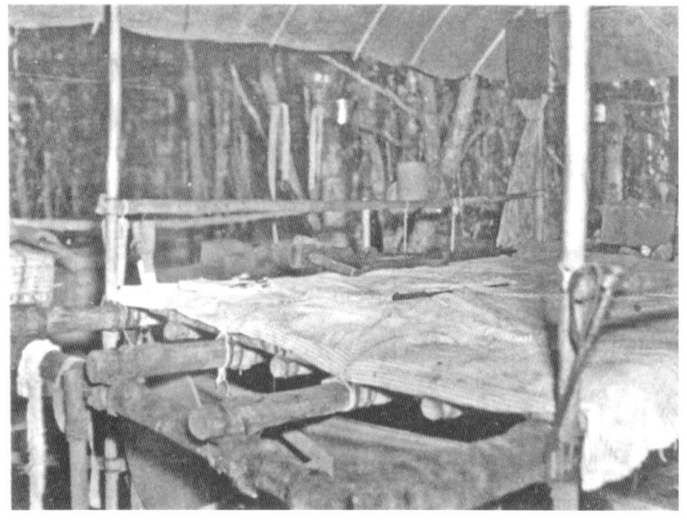

贝里琉最后的日军残部在沼泽地红树搭建的铁皮屋内部。

了一声枪响（像是日军发射），同时美军开始了爆豆般的集中攻击。各处传来“万岁”的喊声。塚本不由得开始念佛。

美国兵逐渐靠近过来。可以听到砍伐草木的声音、手榴弹的爆炸声、胡乱开枪的声音、不时传来的美国兵的笑声。塚本他们互相看了看对方，把钢盔放在空地上，拔掉了手榴弹的安全插销。朝阳的光线从头上的孔洞射入。

美国兵终于现身了，塚本他们的呼吸也渐渐停住了。一名拿着M1步枪的美国兵向凹地中下来。浜田指着出入口，塚本马上就明白过来，拿起旁边的珊瑚礁的岩石，放到入口处。塚本从岩石的缝隙中窥视，美国兵的视线对准了凹地内的洞穴。虽然只有几分钟，对塚本来说却是极为漫长的时间。这是生死的分界线。当晚，塚本和战友们集合于工兵队的洞穴中，但只剩下不到一半，其他人都完蛋了。没有武器也没有住处的陆军的各队此后寻找其他洞穴潜伏下来，但海军在工兵队的好意下居住在相邻的洞穴里，开始了持久战。

在美军进行这次扫荡战时，步兵第2联队第2大队本部的通信兵石桥孝夫一等兵正藏身于与塚本等人所在的海军小组不同的另一处洞穴里。这个小组的成员主要是大队本部的幸存士兵。

在这次扫荡战中，石桥等人所在的洞穴险些被美军发现。虽然把大便装进容器里远远地扔掉是比较保险的做法，但是他们却在洞穴入口附近的岩石后面解决，大便上落了黑压压的苍蝇，所以被美军发觉附近有日本兵存在。一些美国兵接近过来，苍蝇轰地飞走了。

那天，石桥在入口值班。所谓的“入口”其实只是勉强能让一个人进去的孔洞而已。不过石桥在入口的孔洞上堆起了石头，幸好美军接近时石头几乎已经堆积完毕，使得入口难以被发现。这时传来了像是火焰喷射器发射的声音，接着又响起了两声手榴弹爆声，可能是被美军发现的战友自爆了，因为不久前有2名士兵离开洞穴，正待在附近的凹地内，他们应该是逃不掉的。

不久美军终于向石桥他们所在的洞穴走来。从2名战友自爆的地方到这里之间是山上的陡坡，平时石桥他们会用枯枝伪装入口，但由于经常走来走去的缘故，岩石构成的山坡变得与其他岩石不太一样，结果很容易就被美军发现了。美国兵们在入口处喧嚷起来。入口已经被堵住了，每个人都屏住呼吸一声不吭。他们感到死期已到，决心如果美国兵打开入口，就尽可能多杀几个，所以每个人都把枪口对准入口。他们就这样一直等到傍晚。

不久美国兵消失了。因为认为留在这个洞穴里必死无疑，所以他们在夜里离开了洞穴。与石桥同属通信队的原（旧姓中岛）裕因为是邮递员，熟悉当地地理，提出北地区的沼泽地带很适合潜伏。于是他们在那里的红树上搭起台子，开始在上面生活。此后石桥等人的小组就被称为“湿地的伙伴”，成员有武山、原、冈野、泷泽、永井（旧姓馆）、浅野和石桥七人。

从12月到正月期间的美军扫荡战时，尚有近50名日军幸存。但是美军的扫荡残敌行动虽然规模不大，此后却也零零星星地继续着，日军的数量每次都会减少一、二人。根据战史记录，在1945年1月3日的战斗中，关口中尉、园部丰三中尉、军医黑泽见习士官、柴军曹等数人战死。在1月18日以后的战斗中，栗原三郎少尉（工兵）以下十数人战死。到1945年4月左右，也就是自登陆贝里琉岛以来差不多已经满一年的时候，日军的数量已经不到40人了。

贝里琉岛上的树林虽然在持续了3个月以上的炮击轰炸中面目全非，但是在日军守备队覆灭后，已化为瓦砾的山上很快又被绿色覆盖。岛上的树木日益繁茂，电线杆般的树木上又长出了枝叶。丛林的恢复令三十几名幸存日军感到安全。对于潜伏在洞穴和沼泽地中的日军来说，在被烧光的丛林中行动最为危险。繁茂的树木可以在美军的巡逻队进行搜索时隐藏住自己的身体。

有组织的战斗结束近3个月后的1945年4月以后，贝里琉岛完全寂静下来，让人难以相信就在几个月前这里还在展开激战。幸存的日本兵分成五人至七八人的小组，隐藏在洞穴和沼泽地中。小组是以原来的部队为单位区分的，不过也有陆海军混合的小组，脾性相投、关系亲近是最重要的。幸存者除了后来加入的冲绳出身的4人外，全部都是以步兵第2联队第2大队为主力的西地区队所属的陆海军士兵，因此小组也自然以中队为单位。

幸存的日本兵们在洞穴的入口覆上石头或树枝以免被发现。（照片摄于投降后不久）

起初的小组区分如下：

大队本部组

永井敬司军曹、武山芳次郎上等兵、原裕上等兵、冈野茂上等兵、泷泽喜一上等兵、石桥孝夫一等兵。

五中队组

福永一孝伍长、鬼泽广吉上等兵、饭岛荣一上等兵、程田弘上等兵、富安博一等兵。

六中队组

山口永少尉、片冈一郎兵长、梶房一上等兵、浅野三郎上等兵、石井慎一等兵、落合平吉一等兵。

工兵队组

斋藤平之助上等兵、波田野八百作一等兵、横田亮一等兵、森岛通一等兵、上间正一二等兵、相川胜二等兵曹（海军）、千叶千吉水兵长（海军）、土田喜代一上等水兵（海军）。

海军组

高濑正夫水兵长、浜田茂上等水兵、高田诚二上等水兵、塚本忠义上等水兵、龟谷长成一等水兵。

海军军属组

智念福樽、宫里真男、上原信藏、势理客宗繁。

以上都是最终平安回国的军人。除了这34名军人军属之外，当时还有其他数人，在此后

贝里琉岛的战斗期间，美军经常将弹药在野外堆放，败残日兵要弄到美械弹药就比较容易。

持续近2年时间的潜伏生活中陆续死于零星战斗或“事故”。

1945年5月以后，以山口永少尉（步兵第2联队第6中队小队长）为首的日军幸存者主要在夜间行动，以地下生活为主，昼伏夜出。逃出天山阵地后、转入游击战的半年期间，是他们经历过的最艰苦的时期。这时期他们缺乏衣服、粮食和住所，衣服已经变得破烂不堪，捡来的罐头已经生了蛆，主食依靠生吃螃蟹。他们在被爆破过的洞穴中到处搜寻，终于在天山南侧的海军内务科使用的洞穴内找到了压缩饼干、“阵中饼”等，不禁大喜过望。

幸存者习惯了洞穴生活后，每月的8日都要举行“大诏奉戴日”的仪式，期待着日军的反攻。某天，日军经过侦察发现在向岛一带露天堆放着美军的粮食。前往向岛需要越过山地，经过相当距离，但他们还是在夜间利用月光穿过美军的警戒网，成功夺取了粮食。各组轮流出去获取粮食，大体上确保了约3年份的粮食，分散贮藏起来。“99”式步枪因生锈无法使用，就捡走美军的卡宾枪和弹药、手雷。各处的阵地上到处都遗弃着这些武器，所以非常容易捡到。

败残日本兵为了让M1步枪便于在洞中和林中携带和使用，将部分M1的枪管截管了。图为受降后，检查枪械的美军正在用正常枪管的M1和截短枪管的M1进行比较。

战后的1946年至1947年，几乎没有战斗发生。在1945年8月战争结束以前，贝里琉岛上的战斗就已经结束，但美军为了确保驻军的安全仍不时搜寻日军残兵。幸存的日本兵相信日军一定会夺回贝里琉岛，认为在那之前必须坚持下去，为了那天的到来而努力“重新武装”。在贝里琉岛上的湿气和海风中，日军的步枪很快就无法使用了，而且没有弹药的话枪就成了废品，所以枪支的补给基本上依靠捡美军的武器。日本兵很早就开始使用美军的M1步枪了。跟连一发子弹的补给都没有的日本“99”式步枪子弹相比，M1的子弹补给虽然伴随着一些危险，毕竟还是比较容易的。因为美军的弹药和物资在岛上堆放得到处都是，简直是“取之不尽”。斋藤平之助上等兵就是美军步枪的爱好者之一。斋藤因为是工兵，对岛内的地理颇为熟悉，补给弹药也很容易。

游击战期间，日本兵会自行改造枪支，把找到的步枪截短以便于携带。这时期所谓的战斗已经不是正规战，基本都是遭遇战。如果枪身太长，在丛林里奔跑时会很不方便。况且洞穴的出入口是只能勉强容许一人爬进爬出的窄小孔洞，较小型的武器才便于使用。当然枪身被截短后的步枪无法用于长距离的攻击，但是在遭遇战之类的近战中却充分发挥了作用。

在日本兵开始分成小组生活的1945年4月左右，贝里琉岛上驻有相当数量的美军。因为这时的贝里琉岛是支持美军进攻菲律宾、冲绳的基地，贝里琉岛机场对美军来说是非常安全的前线攻击基地，因此岛上物资堆积如山，使得日军可以因粮于敌。

当时丛林虽然在不断恢复，但天然的香蕉、木瓜和椰子等尚未结果实。而且原日军阵地上也找不到吃的了。但是由于可以从美军的物资堆放所“筹措”粮食，所以日军无需像之前那样忍受饥饿状态了。不仅是粮食，武器、弹药也全都有了富余。在1947年4月投降时，幸存的日军拥有可以维持3年时间的粮食。

偷窃美军的粮食也有技巧。据斋藤平之助回忆，他到美军的物资堆放所偷取粮食几次之后，就能根据箱子上写的英文首字母来识别出是何种罐头。过了不久，因为被偷的次数多了，美军也有所察觉，因此在堆放所的周围用吉普车进行警戒，多到绕一圈就要用三分钟。斋藤他们隐藏的地方仅在大约10米开外，等到吉普车在眼前开过后，马上冲出去跑到堆放罐头的地方，情况顺利时能往返五次。冲过去之后暂时隐藏在附近的沼泽地或草丛中，然后在月夜中从容不迫地搬运粮食。除了粮食，他们还进入弹药库。虽然有时会遭到空枪恐吓，不过对方也仅仅是为了威胁，并无杀伤力。

工兵队组建造了“第三仓库”。如果保管粮食和弹药用的第一处坑洞被发现的话，就可以前往下一处坑洞。这几个地方被称为第一、第二、第三仓库。仓库中有枪支、弹药、粮食。如前文所述，在贝里琉这样的珊瑚礁岛屿上，只要稍往地下挖一点，就会发现可容两人左右进入的坑洞。

工兵队壕的内部还保持着原来的样子，洞内的高度可以让人直立行走。

虽然如此，在最初的半年左右他们还是提心吊胆的，不过后来他们就逐渐胆大起来。在获取粮食的同时他们还会进行日光浴，或者同其他坑洞里的战友互相联络。因为这时美军也不再进行认真的扫荡了。美军喜欢从日本兵的尸体上搜寻金牙和稀奇的东西，所以很多尸体上都没有了牙齿。

不过，虽然扫荡变得比较松懈，斋藤他们的行动也大胆起来，但毕竟仍然是在战斗中，所以仍然会保持谨慎。例如在搬运粮食的时候，因为是在没有道路的丛林内，所以要背着装罐头的箱子，结果难免东碰西撞，在树上留下痕迹。因为这样有可能被美军发现藏身之处，所以他们会特意砍伐树木开辟出宽1米左右的道路。

尽管如此，他们有时候还是会在获取粮食的时候迎面撞上美国兵。日本兵当时吓了一跳，浑身发抖，手里也没有枪，美国兵也吓得不轻。美国兵静静地转身向右迈出2步左右便立刻撒腿逃掉了。斋藤他们也慌忙逃掉了。

在美军哨兵认真值班的夜晚，偷盗行动相对比较容易得手，因为哨兵会认真地巡视，日军可以寻隙进入。不太认真的哨兵则会坐在入口打盹，不知道何时会醒来，所以反而会比较棘手。

工兵队组的森岛通一等兵的视力很差，虽然带着三四副眼镜，但在战斗中都损坏了。即使负责警戒的美国兵抽烟，他也看不见火光，因此额外增加了危险。

大队本部组的石桥一等兵贮藏了大约5年份的食物，有培根、香肠、牛肉罐头等，真是奢侈到极点。不过因为不同种类食物的数量各不一样，所以分别在不同的坑洞中生活的士兵们，为了打发无聊的时光和进行联络（当然还有品尝食物），会不时互相访问所在的洞穴。在前往别的小组的住处之后，一定要再招待对方以作为回礼。

日军互相之间因为粮食的保管问题多次发生纠纷或对立。大队本部组的原裕上等兵分散隐藏在各处的粮食，不知何时就不见了。他怀疑是被别的洞穴里的人偷走了，但到处打听后，对方均表示否认。后来冲绳出身的人承认说："犯人就是我们呀。"

贝里琉岛上的残余日军，除了正规军人之外还有几名冲绳出身的军属。第14师团被从中国东北转用于帕劳群岛的1944年4月以前，在该群岛上只有海军。从1943年的年中左右开始，散布在中部太平洋的各部日军开始加紧新建、扩张机场和构筑阵地，为此海军的设营队大量征用驻在当地的日本人，作为军属从事劳役。帕劳是日本统治南洋的中心地，当时居住着约2.5万名日本人。在这些日本人中，虽然有一些被征兵正式编入军队，但大多都是应征的军属。

军人和军属虽然身份不同，不过在美军登陆前的贝里琉和昂奥尔岛上，工作的内容没有太大差别。但在美军登陆后情况就变了。这些军属也拿起枪参加战斗，几乎全部战死。

现地征用的军属中以冲绳出身者为多。势理客（原姓町田）宗繁就是其中一人。1941年，他和家乡的其他年轻人一起离开冲绳到昂奥尔岛打工，从事磷矿石的开采。1944年3月他们被现地征用，每天在贝里琉岛修筑反坦克壕或碉堡。美军登陆后，军属们四散分开，但势理客和同为冲绳出身的智念、宫里、上原四个人一起在丛林中生活。他们四人一起生活了近一年半，然后在1946年3月遇到了别的小组。

他们在丛林中搭起了帐房，以木瓜或椰子的果实为食，也栽培南瓜。势理客跟日军士兵相遇是在一个大晴天的早晨。当时他正在帐房外吃着木瓜，突然响起很大的声音。他以为是遭到了美军的袭击，立刻飞快地逃走了。势理客跑了大约30米，但根本没有枪声传来。他觉得很奇怪，便回头一看，觉得可能是日军。他小心翼翼地接近声音响起的地方一看，光着上半身的士兵用日语说："照、照。"这个字是第14师团的代号，被当作口令使用。于是势理客回复说："神兵。"看到对方的的确确是日本兵，他总算放下心来。势理客他们原本以为生还的日本人只

败残日本兵藏身的洞穴内部还有手工制作的餐具架，可以看到有很多美军的罐头。

有他们这四名军属，现在却遇到日本兵，好似在不安与绝望的深渊中射进一道光。

本应该剃成光头的日本兵们却全都留着大背头长发，携带的枪支也不是枪身较长的“99”式步枪，而是枪身较短的奇特的品种。不过他们的的确确是日本人。日本兵的人数有五六名。势理客他们把日本兵领到自己的帐房。日本兵似乎饶有兴味地问道：“你们是靠什么生活的？”

“一直在吃木瓜或椰子的果实。也栽种南瓜……你们呢？”

“我们一直在洞中生活来着，不过粮食可以偷美军的。

此后这四名军属加入了这些幸存日本兵的队伍，又继续度过了将近一年的丛林生活。

在洞穴生活中，虽然食物方面不用太担心，但由于洞穴中湿气很重，日本兵的衣服很快就坏掉了。军靴也早就磨破或鞋带烂掉，无法使用了。不过日本兵可以用汽车的旧轮胎或罩布来修理、制作鞋子，总还能将就。但是衣服就不行了。

由于洞中十分闷热，几乎所有人都光着身子，但南洋的晚上气温下降得很厉害，光着身子实在熬不住。况且一度被舰炮炸秃的贝里琉岛，经过一年左右就恢复了原状，蚊蚋非常多，光着身子的话就会遭到叮咬，让人受不了，所以日本兵都想弄到衣服。结果不仅是粮食或武器，衣服也不得不取之于敌。但是同粮食不同，岛上没有美军的衣服仓库，所以日本兵就直接偷取美国兵正在使用中的衣服。

有一次海军组的浜田茂在日光浴时，远远看见距离道路大约100米远的地方有2个美军的帐篷。浜田觉得里面可能有粮食或衣服，就等到晚上一个人过去探查。

凌晨2时或3时左右，恰好天降暴雨，于是浜田冒雨横穿道路，隐藏在草丛中窥探帐篷里的情况。汽车停在一旁，车灯照亮了帐篷。浜田利用灯光窥探帐篷内部，发现下面张着网阻止蚊蚋进入，里面有2张床，还有竖着摆放的刺刀，堆着硬纸板箱。

浜田悄悄接近一看，门没上锁。他确认了刺刀是否被拔出、枪支的保险是否被关闭、手榴弹的安全插销是否完好等，然后偷偷进去。美国兵睡得正香，于是他悄悄抱起纸板箱，回到洞穴后打开一看，原来里面装着卡其色的衣服，而且十分合身。

贝里琉地区队主力覆灭后，潜伏在洞穴中继续进行游击战的日军幸存士兵们。图中为手持美制 M1 卡宾枪的日本兵。这张照片是在 1947 年 4 月投降后不久拍摄的。

不止是浜田，其他人也千方百计弄到了美军的衣服。1947年4月，他们在投降时都是一副美军打扮。既有像浜田那样潜入营帐偷衣服的，也有摸进洗衣间顺手牵羊的。

这种美式打扮，不仅可以帮助皮肤抵抗夜晚的凉气和蚊虫等，还会带来意想不到的效果。在洞穴生活初期，虽然粮食无匮

潜伏在岛上的日本兵，经常潜入美军的慰劳会或电影放映会场，获取香烟的烟头等物品。

乏之虞，但香烟却比较缺乏。美式军装在日本兵“筹措”香烟时起了很好的伪装作用。

1945年5月、6月左右，贝里琉岛已经完全平静下来。但是这个岛毕竟是前线基地，热闹程度有增无减。日军占领时代的机场被成倍扩建，B-26或B-29这样的远程轰炸机不分昼夜地起降。对于日本兵来说，贝里琉机场成了“筹措”香烟的绝佳场所。

美军经常在机场举办电影放映会，虽然有时是为了劳军，但大部分都是为了轰炸作战而举办的。美军会向飞行员或投弹手展示敌区的侦察胶片，显示轰炸目标的具体外貌。

日本兵们经常会“参加”这种电影放映会。他们会进入三三五五地站着观看电影的美国兵的后面或之间一起观影。日本兵经常会在影片中看到故国日本。海军的塚本忠义在东京长大，所以当画面上出现皇宫或国会大厦时，不由泪水夺眶而出，同时强烈感觉到“啊，日本还健在呐”。但是不懂英语的日本兵并不知道从扬声器中传来的声音实际上是对轰炸日军目标的说明。相比扬声器中的说话声的内容，日本兵更希望放映会快点结束。

放映会结束时，地上落满了烟头。日本兵会捡起烟头。有的香烟根本没有点着，即使是点着的也剩下将近一半。日本兵还会将“空盒子”打开看看，里面装着很多根香烟。

据塚本忠义回忆，他在这种时候从来没有被发现过。因为他留着长发，身上穿的也是美军的军服，所以可能被当成日裔士兵了。美军为了放电影，将照明灯也熄灭了，现场变得漆黑一片，也容易让日本兵浑水摸鱼。

不久贝里琉岛上的美军急剧减少，同时却开始出现女性的身影。机场的活动不像以前那样活跃了，大型轰炸机的起降也看不到了。藏在洞穴中的日本兵们不知道的是，1945年8月15日，日本向同盟国宣布无条件投降了。

讽刺的是，日本的无条件投降给留在这座南洋孤岛上的30多名日本兵也带来了和平。美军的扫荡作战已经几个月没有进行了，粮食也绰绰有余。罐头什么的每天都吃到吐，这是在战败的混乱和饥饿中挣扎求生的日本本土的人们所无法想象的。

据确保了五年份粮食的石桥孝夫回忆，平时牛肉罐头或香肠等都吃得太多了，很想吃新鲜的东西，所以当有美军的运输机飞来时，他们就会饶有兴味地谈论这次又带来了什么东西。在飞机到来的那天晚上，石桥他们会去粮库偷东西。他们只偷橙子、苹果、马铃薯等新鲜食物。可是由于他们把这些东西都彻底拿光了，美军也察觉有异，最后也很少存放这些新鲜蔬果食品了。

粮库中也有香烟，所以要获得香烟也很容易。石桥等人经常去偷的粮库中，放满了美军日常使用的东西，其中也有战争中卸载的物资，有供作战用的粮食。在便于携带的箱子中，装进了面包、香烟、罐头。箱子上还涂着蜡，可以防水。

石桥他们躲藏的地方比较接近美军（机场附近），所以在晚上根本没法点灯。附近有美军的大型弹药库，每天美军出出进进。满潮时，他们会听到被水面反射回来的说话声。所以石桥他们也不能发出很大声响。随着时间的推移，他们渐渐胆子大了起来。他们会炸天妇罗，因此散发出油烟味，在退潮时会下水抓腐木下的小鱼。投降后，他们听美军说，美军在最后已经察觉到他们的存在了，但因为附近有弹药库，没法对他们动手。如果弹药库被引爆的话就麻烦了。

食物有了保障，也没有遭敌人攻击之虞，在这种情况下的孤岛上的生活也还算过得去。但是粮食丰富，营养也充足，性欲自然也会复苏，何况日本兵都是二十多岁的年轻人。

由于唯独缺少女人，在洞中生活的日本兵中出现了同性恋的倾向。出现了成双成对，出行、睡觉都在一起的关系特别亲密的两人，他们互相称呼“老公”“老婆”。

不过，在潜伏期间，日本兵也并非完全没有看到女人的机会。被日军强制疏散的岛民们，在战争结束后陆续归来。因此有时岛上的女性会来到潜伏的日本兵附近。

某天，横田一等兵一个人出去获取食物时感觉附近有人，横田悄悄地躲在树荫下屏住呼吸。那人好像越来越近了，不久传来了女性岛民的声音。那女人来到他前方仅仅数米的地方，突然蹲下撩起前面的衣服。女人的两脚间倒放着钢盔，里面装满了清水。女人用双手捧起清水开始清洗下腹部。

看到这一情景，横田实在是受不了。其他人听了他的讲述，也感到实在难以把持得住……

回到岛上的平民没有房子也没有设施，仅有的田地也被烧光了，所以全都住进了美军的宿舍。宿舍虽有男女之别，但经常能看到美国兵出入女人的宿舍。岛民的性观念比较开放，跟美国兵之间也不会起什么纠纷。当然日本兵只能在暗中干看着女人的宿舍。

除了岛上的女性，从1946年秋天左右开始还能看到美国女人。当时美军的战斗部队已经离开，岛上只驻扎守备队。守备队的军官们把家人接了过来。

美国女人穿着泳衣在海岸欢快地活动，女人的衬衣或内衣在宿舍的洗衣间或晾台上随风飘动，这给洞里的日本兵增加了新的烦恼。日本兵们经常谈起“要不要把美国女人绑来？”

不过日本兵认为只有军官以上才会把夫人带到前线来。如果把这些大人物的夫人绑走可就惹了大麻烦，日本兵不想因此去刺激美国人，宁愿就这么平静地生活下去，因此一直忍耐下来。况且如果有女人的话，自己人就会打起来。只有在没有女人的情况下才能维持团结，这一点日本兵们都心知肚明。

然而，这些日本兵在回国时大都是二十六七岁的年纪，而且几乎都是独身，对女性的欲望自然非常强烈。

有时日本兵会捡到带着女人口红的烟头，因此会引起争抢，还有人会拿长香烟来交换，只因为渴望接触到女人的气味。还有人从美军宿舍偷来女人的内裤后穿在自己身上。

在孤岛上的洞穴生活中，日本兵们也发展出了自己的娱乐活动。为了补充重要的蛋白质，他们很早就开始捕鱼，主要用弓箭来当渔具。

在潜伏期间的后半段，以大队本部人员为

1972年重返贝里琉发掘昔日战友尸骨和遗留物的日本老兵。图为发现“水井”（马蹄池）的波田野八百作一等兵（左），和下到井中的塚本上等水兵。当年塚本和横田亮等人撰稿的说书节目在贝里琉日军残部之间一度成了颇受欢迎的消遣。

中心的永井、武山、石桥、原、冈野、泷泽组成的“湿地组”，在海岸的沼泽地带丛生的红树上搭起台子，制成了“高床式住宅”。他们就从“房子”的“阳台”上捕鱼。在退潮时，会有鱼群向变浅的岸边涌来。他们用红树的树枝制成弓和矢向鱼群射击。捕获的鱼被制成生鱼片或烤鱼。在满潮时，红树的树根被水淹没，很难步行，这时他们就可以放心睡觉。相反在退潮时不知敌人何时会过来，所以他们无法放心。

日本兵还制作了象棋和花纸牌。虽然他们大多出身农村，但也有理发师或木匠出身的。土田喜代一上等水兵心灵手巧，所以他雕刻了象棋的棋子。土田用硬纸板或木头制作棋子，用油灯的烟灰写上“金”“银”等字。片冈一郎兵长则擅长绘画，他用灯灰描画花纸牌上的图案。斋藤平之助上等兵的本行是木匠，所以就在洞中制作神龛，用于早晚的参拜。梶房一上等兵擅长剪纸，在洞内向其他人普及了这门手艺。

在花纸牌游戏和象棋比赛中日本兵用罐头作赌注。在象棋比赛中，森岛通一等兵具有压倒性的实力，成了洞中的棋王。但后来弟子富安一等兵进步神速，以至于对师父形成了严重挑战。永井军曹原来对象棋和捕鱼都一无所知，只知道军队那点事，但是在洞穴生活期间却发现了这些游戏的乐趣。

讲述往事也是娱乐的主要项目，其中关于女人的话题特别受欢迎。在紧张的洞穴生活中，女人的话题最容易让人放松。所以一到晚上日本兵们就会互相访问对方的洞穴，聚集起来聊天，有时还会小声唱歌。

塚本忠义上等水兵的“自传式恋爱评书”表演特别受欢迎，森岛的故事人气也很高。森岛家在日立市经营酿酒厂，他是家中的长子，是34人中唯一的大学报考者，所以在男女交往方面应该有不少经历。战友们一次又一次地对他说：“喂小岛，给你罐头，快点往下讲。”

横田亮成了当红“一等兵作家”。他执笔写完的恋爱小说由斋藤平之助上等兵朗读。然而讲述往事也好读小说也好，因为每天都在进行，渐渐还是让人觉得腻味了。有时当斋藤上等兵开始朗读时，有挑剔的读者说：“嗯嗯，这里很有意思。”

“哎，有意思的还没讲呢。”

“可是总觉得以前听过呢。”

原来在这个故事成文之前，大部分战友就已经多次听作者讲过了。

某天横田终于对多嘴的读者大发雷霆：“你们这些家伙说什么废话呢，你们知道写小说有多不容易吗？”

当然发火归发火，横田仍然在写恋爱小说，斋藤也依然在朗读他的作品，其他战友也依然在不停地刁难。在发表过小说之后依然有人会再次开始讲述往事，虽然都是听过几次的故事了，也没有人表示不满。

洞穴生活进入了第三个年头的1947年，日本兵们制作了以机场的美国兵热烈欢闹的平安夜为起点的日历。后来在投降时，这日历虽然有2天的误差，士兵们还是终于能够依靠这日历来顺利举办与内地的人们一样的祭祀活动了。

虽然没有战斗，生活也比较悠闲，但毕竟仍然是住在被敌人占领的小岛上，行动稍有不慎，就可能危及所有战友的生命，危险可以说无时不在，所以日本兵的行动基本上限制在夜间。每天都让人感觉很紧张，所有人都受到神经衰弱的折磨。

浜田茂就曾经多次想过要自杀。他有两次想要自杀，一次是在战斗中战友全部战死、他孤身一人隐藏在岩石缝隙里、淋了一晚上雨水的时候，一次是在成为败残兵之后，与大阪出身的增井伍长等三人在寻找粮食时，遭遇美军的侦察兵展开了手榴弹和手雷对战，结果增井伍长等两人战死，只有浜田一个人生还的时候。但是当他用手指扣动扳机想要自杀时，却怎么也扣不下去。他出征时四岁的妹妹的小手，还有母亲的上半身影像都在眼前浮现，结果他到底没能扣下扳机。

漫漫投降路

到了1946年左右，各组都已大体能在一定的地域安居。经过一年多的洞穴生活和夜间行动，日本兵完全没有机会沐浴阳光，现在他们开始在白天的阳光下侦察敌情。美军仍然在继续巡逻，没有解除警戒态势。

到了1946年末，有日军在侦察美军营地时遭到伏击，1人战死。1947年初，2名海军士兵在机场地区遭到美军伏击，一人陷入与美军的搏斗，另一人投掷手榴弹成功脱逃，向友军通报后，立即有十多人前往支援，以齐射击退了美国兵，救下了战友。

驻守帕劳本岛的帕劳地区集团的官兵在战争结束后的1945年10月开始至1946年3月期间，全部在日本内地复员。该集团司令部在即将乘船回国时，从美军那里得知“贝里琉岛上有二三名败残兵”。因此司令部附浜野充理泰少尉曾两次被派去搜查贝里琉岛，但没能遇到日本兵，搜查行动无果而终。这是日本方面的最后一次救援努力。美军方面在之后也没有进行搜索，直到一年后的1947年3月才重新开始搜索。促使美军重启搜索的原因，是驻扎贝里琉岛的美国兵同日本兵遭遇，双方发生了冲突。

那天，千叶千吉兵长和塚本忠义上等水兵在晚上拎着麻袋离开洞穴想要去弄点木瓜。恰在此时，浜田茂前来拜访离自己的洞穴二三十米远的工兵队的洞穴，看到了两个人。浜田对两人说：“喂，你们应该带上手枪或手榴弹。”

两人答道：“很快就回来了。”说完就赤手空拳地走了。

正如浜田所担心的，两个人被美军的巡逻队发现了。他们遭遇了埋伏，在慌忙逃跑中，千叶兵长被两名美国兵抓住。工兵队的洞穴距离不到100米，而且周围很安静，所以战友们马上就能知道发生了什么事。塚本为了求援，拼命跑向洞穴。

千叶被两个美国兵用皮带绑住，但塚本却

逃掉了，所以如果能争取到时间的话肯定会有援兵过来。因此千叶从美国兵手里挣脱，逃进了丛林里。但是他的脚陷进坑洞里栽倒了，结果又被逮到了。千叶以为自己完蛋了，拔出刺刀向美国兵刺去。

被刺伤的美国兵猛揍千叶的脸部，两个人紧紧地摁住他的双臂。

“快救我！”千叶喊道。浜田听到了他的叫声。

这时是在千叶和塚本出去大约三四十分钟之后。浜田对斋藤说：“千叶和塚本去摘木瓜了，是不是被抓住了？”斋藤说：“什么，那怎么可能？”还说那是狗叫声。但浜田实在无法认同，因为他清楚地听到了求救声。

于是浜田关掉枪上的保险冲了过去。斋藤等人也跟在后面跑了过来。这时塚本从丛林中呼哧呼哧地跑过来说道：“被抓住了。”在月光照耀下仔细一看，在大约100米前方的道路上，出现了已被美国兵抓住的千叶的身影。

日本兵的“阵地”上随即喧嚷起来。幸存日本兵的队长山口永少尉也在工兵队坑道附近，所以立即有二三人前往救人。大约半年前也有一名战友因中了埋伏而死去，所以这次他们无论如何也要救出战友。山口少尉破例允许日本兵开火。自从进入洞穴生活以后，山口少尉就禁止部下开火。

救援队决定从道路两侧尽可能地靠近，进入了漆黑的丛林。他们看到千叶突然倒在道路上，与此同时他们立刻遭到道路两侧的火力乱射。

日本兵知道射杀美国兵会遭到报复，所以浜田接近过去，瞄准对方头上一点的地方用自动步枪射击。不久斋藤他们也开始射击。美国兵于是丢下千叶逃掉了。

日本兵们跑到千叶兵长跟前一看，鲜血从他的前额流出。千叶小声说：“我要喝水。”可是如果在这里让他喝水的话，很可能会引起心脏麻痹。有人拿出布条蘸上水喂进他嘴里。

就这样，救出千叶的行动算是成功了，但是这起事件也暴露了日本兵的潜伏地点，山口少尉判断美军肯定会进行扫荡，所以当晚工兵队洞穴周围的日本兵就撤到别的洞穴。因为参加救援行动的士兵们打光了大部分弹夹，所以现场肯定留下了很多崭新的美国制造的弹壳，不难推测美军会从其数量推算出日军方面的人员规模。

因为贝里琉日军最后的数十名残余不肯投降，美军加强在丛林内的巡逻。

第二天早晨，日军派出了数名侦察人员前往昨晚的现场。美军果然正在检查现场。根据侦察人员的报告，约一个营的陆战队搭乘的2架运输机在机场降落。后来日本兵们才知道，根据“有很多日本兵正在潜藏”的紧急报告，美军从关岛急调这一个营的陆战队来到贝里琉。如前所述，当时的贝里琉岛上没有美军的战斗部队，驻扎的只有基地的保安人员及其家属。因此美军在岛上发布戒严令，妇孺被送上舟艇到海上避难，一场大扫荡战迫在眉睫。

在洞中潜伏的日本兵不知道的是，美军在千叶兵长事件发生前，就已经通过岛上居民的情报和反复发生的粮食被盗事件等觉察到有日本兵潜藏。这次美军又根据这次乱射事件，确认了日本兵的人数不少。因此美军得出结论，如果不借此机会一举解决的话，无论是岛民的安全还是美军家属的安全都无法得到保证。

美军方面为了让日本兵投降，决定起用一名旧日军将官当说客。毕竟战争早已结束，美军希望尽量将日本兵们平安救出。万不得已要用武力扫荡的话，根据之前的历次事件推测，这批日本兵持有相当数量的武器，那么美军必须做好己方蒙受损失的精神准备。

被美军指定去劝降日本兵的是曾任旧日本海军第4舰队参谋长的澄川道男海军少将。澄川少将当时正在从特鲁克岛回国的途中，以战犯审判的证人身份被留在关岛的营地。美军告诉他："贝里琉岛有大约50名抵抗者，给美军和岛民造成了麻烦，所以希望你去贝里琉劝他们投降。"

美军还对他说："你是海军将官，所以你去的话，他们应该都能听你的。"还给出了条件：如果能救出那些日本兵，就可以保障其生命，也不会将他当作战犯起诉。这样双方达成一致后，澄川就向贝里琉岛出发了。

到达贝里琉之后，美军指挥官问："这里面有没有什么关于日本兵的资料？"让他看了各种资料，但几乎都是战死的日本兵写的东西，没有什么有用的资料。

澄川不知道什么人留在岛上，决定先向他们传达战争已经结束的消息，就拿着扩音器出去了。不过他怎么呼唤也没有反应。澄川还写了文件，挂在从岛民那里打听到的日本兵行经之处的树下。第一次搜查持续了五六天，但没找到什么线索，最后他在美军的要求下暂时返回关岛。

澄川少将亲笔书写的文件的标题是"致贝里琉的日本人诸君"，落款时间是1947年3月23日，署名"澄川少将"。同时，澄川还把另一篇题为《告贝里琉残存日军部队》、署名"第四舰队参谋长、海军少将澄川道男"的官方正式文件附在信内。此外，用带有美国太平洋舰队马里亚纳司令名头的信笺打印的文件及其译文也附在信内，上面的日期是1947年3月22日。信中承诺会保证投降的日本兵的人身安全，同时也暗示如果拒绝投降，将会实施扫荡。

正在手写劝降文件的澄川海军少将。

澄川希望能在美军使用强制手段前尽快救出这些同胞，因此很快再次飞到贝里琉。澄川认为那些日本兵肯定不相信日本战败，如果有上级的"命令"的话才可能服从。因此他这次以旧日军的风格和命令的口吻重新写了劝降书（落款日期是3月31日）。澄川少将等了两天之后，再次

澄川海军少将用手持麦克风劝降，在他身边的是贝里琉本地的一位村长和驻岛美军陆战队宪兵队长。

首先受到关注。

在1947年投降前不久的一天，森岛和另外两人正坐在岩石上说话，突然坐在森岛旁边的战友从后面遭到射击。下手的是其他洞穴的人。步枪子弹先在身上打出一个小洞来，又从身体的另一边冲出一个很大的裂口飞出。那名战友立刻向前倒下，鲜血如泉水般涌出，身体转眼间就变凉了。

被杀的这名战友是一名军官，另一个和森岛说话的是土田喜代一上等兵。这名军官是因为主张投降而被杀的。森岛和土田也都赞成投降。从背后射击这名军官的地方，是在距离一座潜伏洞穴（机场北端附近的丛林内）仅仅数米远的珊瑚岩上。

根据幸存士兵的零星回忆，被杀者是某准尉，他看到1946年2月为搜查败残兵来到贝里琉岛的帕劳地区集团司令部附浜野少尉绑在树上的文件之后，认为日本已经战败，同其他小组发生了争论，这成了他遭到背后开枪的起因。这件事情表明日本兵对于澄川少将的呼声很难作出回应。尽管如此，日本兵中间的气氛越来越不安。

在澄川少将第一次喊话两天后的3月25日，美军部队一边开枪一边在丛林内搜索。继而自称为澄川少将的日本人也跟在后面喊话，文件也被绑在树上。34名日本兵全部荷枪实弹，全副武装地潜伏在洞穴里，准备抵抗美军的攻击。这种紧张的日子持续到3月下旬。这一天，出去捡空罐头盒的斋藤被岛民发现了。

男性岛民马上对斋藤说：“是日本的军人么？”先前澄川少将曾拜托这名男子：“如

带着扩音器到丛林里喊话。他发现绑在树枝上的劝降书已经不见了。显然士兵们已经拿走了它，但是仍然什么反应也没有。

实际上，澄川少将的喊话和劝降信在潜伏于洞穴或沼泽地的红树林中的日本兵中间引起了微妙的心理变化。即使是被灌输了“神州不灭”的思想，相信日本不会失败的日本兵，内心中也都有着一丝不安。34名幸存者中唯一的一名军官山口永少尉也有些动摇。他当然知道形势对日本非常不利。他在美军的垃圾场捡到的《时代周刊》中，上面有麦克阿瑟在东京的照片和皇族的照片。不过他以为这些是欺骗宣传，仍然不相信日本已经战败。

但是自称第4舰队参谋长的日本人的声音，让士兵们的内心大为动摇。各小组内部出现了复杂的对立。除了认为澄川少将的劝降可能是美军的谋略之外，日本兵还受到集体生活和军纪的制约，因此关于投降的事人们只能想一想，没有一个人去投降。小组中的有力人物坚决反对投降，将表现出投降意向的人骂为“叛徒”。其中森岛是被特别注意的一人，他是“投降派”的重要人物，因为宣扬自由主义而

澄川少将将美军司令的呼吁书《致日本人》和自己写成的《致贝里琉的日本人诸君》绑在树上，希望路过的日本败残兵看到。

果看见日本的军人，就把这封信和香烟交给他。”

大吃一惊的斋藤跑进了工兵队小组的洞穴，声称“被敌人发现啦！”日军马上派出传令人员跑去其他洞穴联络。这时土田和塚本正在兴致勃勃地下象棋。

“喂海军，已经被敌人发现了，快点出去吧！”传令的横田气喘吁吁地跑进来说道。

土田等海军小组的人员慌忙武装起来，暂且前往山口少尉等人所在的第6中队的洞穴集合。在那里人们又听取了斋藤的报告，商量了关于今后的对策。据斋藤说，在那名男性岛民说话的时候扔来了什么东西，于是人们决定“去看看吧”，武装起来的四五人前往现场。那里已经没有了男性岛民的身影，不过放着装着信件和香烟的袋子。

信件是前面提到的澄川少将新写成的落款日期为3月31日的信件。读过信件，塚本说：“这是假的，别被忽悠了。这是特务干的。”有人嘟哝道：“真讨厌呐。”不知道是因为日本败了，还是因为想到如果不投降的话就会被讨伐才说“讨厌”的。

不过土田看到信件时，认为这是真的。身为海军上等水兵的土田，了解日本海军样式的文件是如何书写的。不过因为担心如果说出来就会被杀，所以他保持了沉默。

日军商议的结果，认为因为情况恶化，应该先在洞穴里躲一个月左右，然后看接下来的形势再说。事已至此，土田下了决心。他认为这样下去无异于自取灭亡，所有人都得完蛋，日本毫无疑问已经输了，除了逃跑之外别无他法……

1947年4月2日，土田上等兵决心逃走。为了给同伴留言，他主动申请放哨，借着油灯的光亮用铅笔写了封信。

独自脱队，刚刚向美军投降的土田喜代一上等水兵。

在入口被混凝土封住长达3个月之后被奇迹般救出的片冈兵长，这时腿上的伤还未痊愈，他在土田身边坐下，但是一言未发。土田若无其事地走出了洞穴。从月亮的位置来看应该是下午10点半左右。

留下留言信、离开洞穴之后，土田马上飞快地跑进丛林，从林子里横穿过去向岛民们居住的北方跑去。跑了一段时间之后，他忽然想要抽烟壮壮胆，于是走到道路上寻找烟头。然后他回到丛林中，坐下来一边抽烟一边思考接下来怎么办。他想到应该去岛民居住的地方去看看，应该能知道是否真有大人物（澄川少将）来了。可是他拿着枪进入岛民居住的地区后，却一个人也没见到，顿时垂头丧气。因为他是跑着来的，身上出了很多汗，嗓子干得要命，就喝了贮存的水。接着他想到除了拦住吉普车之外没什么好办法，于是他把手榴弹、枪支、弹夹和刺刀放在地上，隐藏在道路边的草丛中等待美军过来。

不知道过了多久，果然有一辆吉普车开了过来。可是真到了关键时刻他却没法冲出去。他想到这样下去的话就只能返回洞穴了，于是鼓起勇气大喝一声冲到道路上，举起双手用英语喊道：“Stop！”吉普车开过20米左右后停了下来。

两名美国兵下车过来，从背后端着枪，检查他身上有没有武器。于是土田指了指草丛里。美国兵看到了他的枪，便叽里咕噜地说着什么话，可能是因为看到了模样古怪的枪支，觉得莫名其妙。因为这把卡宾枪的枪身被截短到30厘米，被改造成可以单手持枪射击。

不久美国兵示意土田乘上吉普车，不过他想到这附近是战友们“筹措”汽油的地方，担心被其他日本兵发现，所以他趴在车中，然后示意美国兵快速开走，就这样抵达了机场。

到了机场之后，土田系上皮带、穿上鞋子，被带进一座上锁的兵营，在门前有两名持枪的士兵正在站岗，看起来戒备森严。之后没有任何人过来找他，他怀疑自己是不是会被杀掉。

土田是海军的信号兵，擅长使用旗语，所以他用手势向美国兵发送信息，不久来了一名翻译熊井中士。

对方简单地问道：“你是一个人来的吗？”

“这可不是开玩笑啊，我是写了留言之后背叛友军逃过来的。”

对方告诉他“参谋长来了”。然后把土田带到美军的营帐里。那里有四个人在等着。

“有30多人对吧？”对方劈头问道。

“原来以为有100名左右，真的是30多名？”

“是，确实如此。”

土田上等水兵想要看到日本战败的证据，美国兵让他搭乘战斗机飞往昂奥尔岛。

回答完毕，土田看了看提问的男人，是个满头白发的老者。土田问道：

“不好意思，请问你真的是日本的澄川少将吗？”

“我是澄川。”对方说的是十分标准的日语。

土田又说：“请让我看看战败的证据。”澄川少将打开登载有关于日本现状的美国杂志开始进行说明。

“这种东西在垃圾场都见到好几回了，不可信啊。”

当时，恰好有近600名日本人在昂奥尔岛上从事磷矿石的开采作业。澄川少将跟美军商量之后，决定把土田带到昂奥尔岛上跟日本人见面。美军马上准备了战斗机，将土田送到昂奥尔岛上。从贝里琉飞到昂奥尔岛用不了10分钟。这时的土田穿着美军发给的衣服，裤子上连褶子都没有，整个人显得非常整洁利落，根本看不出刚刚度过2年以上的洞穴生活。

土田抵达昂奥尔岛后，很快被引见给日本工人们。

“日本真的输掉了战争？”

听了土田的提问，那些日本人吓了一跳。接着土田又说道：“战友们现在还在贝里琉岛上战斗。”听了他的话，工人们一边笑着一边异口同声地说：“日本早就输了。战争结束了，所以我们才过来挖磷矿石的。”土田终于确信日本已经战败，返回了贝里琉岛。

但是怎样让躲在洞穴里的战友们相信日本战败、战争已经结束了，土田想不出什么办法。澄川少将也说没有对策，美军也不知道怎么办。

土田夸张地说：“洞穴里的战友们已经计划好，如果确认日本已经战败，就冲入美军中间，最少也要杀掉100人左右。”

人们被吓得直发抖。美军司令福克斯上校的夫人被送上船躲在海上，还紧急从关岛调来约1000名武装士兵。美军还从当天开始进行夜间警戒。只要有士兵打一点点瞌睡就会被罚关长期禁闭。总之从上到下都闹得鸡飞狗跳的。澄川少将因此对土田说：“你快想办法把战友们带来，那样的话美军方面也能帮助你的战友们。如果顺利的话，会得到麦克阿瑟的感谢信。”

“要感谢信有什么用？”

“现在的日本很惨淡，肯定会有用的。”

“那种东西无所谓的，既然好不容易来了，我也想要帮忙。如果我现在去联络肯定会被干掉，因为我是逃兵嘛。山口少尉他们所在的第6中队的洞穴有暗道。”

不过，因为澄川少将坚持请他想办法，土田就同熊井中士一起去沼泽地那边，用扩音器向藏在沼泽地中的馆（永井）军曹以下五六人反复喊话。这样持续了二三天。澄川少将也喊了话。但根本没人出来。最后还喊了馆军曹的

被带到美军兵营的澄川少将（左起第2人）和对面的土田上等水兵。

名字。

土田对澄川少将说："说什么了，喊名字的话可不太好。"

澄川少将回答："因为说那些也不出来，所以就喊：馆军曹怎么了，水户的步兵第2联队连出来的胆量都没有吗？"

土田生气地说："这下子可糟了。"

土田当初是写了"我去帕劳本岛"的留言后出来的。当然他根本没打算去本岛，从一开始就计划向美军投降。土田认为澄川少将呼唤日本兵的名字有可能会暴露自己已向美军投降的事情，如果是那样的话，战友们肯定会把自己看成向美军出卖战友的叛徒报复。

事实上，正如土田所担心的，土田"逃跑"的事情传开后，日军的洞穴内充满了怒火。不过大家对土田叛变一事还是将信将疑。

大约三天后，波田野等三人一起接近了美军的晾衣场，发现旁边的垃圾焚烧场里扔着土田以前穿的鞋子和裤子。鞋子是用美军的罩布做的，毫无疑问就是土田的，这下确认了土田确实被美军抓走了。

"土田上等兵被美军抓住了！"这一消息马上传到了住在其他洞穴里或沼泽地中的红树林上的高台上的日本兵耳中。洞穴内进入了高度戒备态势。

日本兵把自爆用的手榴弹放在身边，戴上了钢盔，系上绑腿，睡觉时也全副武装。日本兵虽然听到澄川少将的喊话，但并不相信他，也怀疑他的身份，打算在被杀之前，先发制人冲进机场的美军营帐中，约好在死前每人至少要杀掉三个人。

在大队本部人员小组的洞穴中，日本兵也判断既然土田上等兵已经被俘，敌人肯定会攻过来，在洞穴入口堆起石头做好防备，准备进行彻底抗战，粮食可以维持一两年。

另一方面，澄川少将和美军方面也在苦苦思索。他们已经明白单单依靠喊话没有用。这时土田小声说："我知道七八人的住址。"澄川少将想到：对了，可以跟内地联络之后，把亲人的信件或报纸、杂志交给他们，让洞穴里的士兵们看到这些东西或许会起作用吧。澄川向美军方面和盘托出了他的计划。对方回答说："试一试吧。"

美军立即向关岛的司令部报告这一计划，接着致电东京的GHQ司令部，然后经日本的复员局将电文发送到几名士兵的出生地。

由于澄川少将的劝说和日本的亲人写来的书信，日本兵终于走出藏身之处。

当时得到通知，知道儿子或兄弟仍然生存的家庭有六七家。几乎所有家庭以前都已接到亲人战死的公报，有的还受领了空骨灰盒，有的家庭还修了坟墓，因长子"战死"已由弟弟或妹妹继承了家业。得知儿子或兄弟还活着的家庭又惊又喜。潜伏在贝里琉岛的日本兵收到的由亲人或熟人写下的劝降信总数有近30封。

34名日本兵收到的呼吁他们投降的信件，不仅有亲人或熟人写来的，还有上级原帕劳地区集团参谋长多田督知大佐的信。

美军将亲人或军内关系者的劝降信空运到贝里琉岛，然后澄川少将、熊野二曹、土田上等兵及当地美军有关人员在当天就开始了行动。

澄川少将明白这会是最后一次救出行动。美军已经声明，如果这次劝降失败，就会用火焰喷射器消灭洞穴里的日本兵。澄川少将进入日本兵们潜伏的丛林中的洞穴地带，预定由土田上等兵和熊野二曹同行带路。

然而日裔美国人熊野却说“我害怕”，留在海岸处等待。土田也踌躇起来。澄川少将说：“如果你不去的话，就找不到他们潜伏的洞穴。”可是土田回答道：“如果我进入洞穴的话，就会被杀掉。”

“好吧，你只需要把我领到洞穴那里，不必进去，回去也行。反正请把我领到洞穴。”土田总算同意了。

就这样，一行人终于走到了洞穴外面。上午10时左右，洞里的日本兵听到几个人接近洞穴的脚步声。在珊瑚礁构成的岛屿上，脚步声听起来很响亮。接着响起了土田的声音：“队长大人，队长大人。”日本兵想到：土田那小子是不是把美国兵领来了？于是全体子弹上膛，在入口处等候着，准备干一场。所有人都脸色铁青，以为到了最后时刻，商量好各人不要擅自行动。有人还打开罐头劝大家在最后时刻吃点东西，但没有人动手。

这时澄川少将开始用扩音器向洞里喊话：“我是澄川，从日本过来接你们的。日本输了战争，已经投降了，请出来跟我谈一谈。山口少尉，快出来！”

可是没有任何反响。

“你们的家人写来的信件今早从内地送来了。土田上等兵已经说出你们的名字，所以进行了联络，由美军的飞机运来了这些信件。不好意思把私信开了封，下面念给你们听。”

澄川少将开始静静地、却郑重地读起信来。这些信件饱含着亲人的心愿。

“哥哥，你好吗？奶奶也很好，正等着哥哥回来。邻居家的六郎也很好，已经复员回来了。希望哥哥也能早日回来让奶奶、家里的人高兴……山口信子。”（山口信子是山口少尉的妹妹）

……

由于澄川少将的劝说和日本的亲人写来的书信，日本兵终于走出藏身之处。

洞穴内鸦雀无声，但是士兵们确实在默默地听着。读信果然起了效果。他们听到四五名士兵的家人或友人写来的书信的内容，确定这些是真的。士兵们的态度逐渐软化下来。不过为防万一，还是没有胆量出去。

不久士兵们交谈起来，最后决定先出去看看情况。梶上等兵和浜田上等兵全副武装地爬出洞穴。随即看到了洞穴前方数米处的岩石后面的白发人。两人几乎同时叫出声来：

“谁在那里！”

“我是澄川少将，别开枪。”

梶和浜田两名上等兵都拿着卡宾枪。

“既然这样，就请出来吧。”

“千万别开枪啊。”

“不会开枪的，请你出来吧。”

澄川慢慢地从岩石后面现身。因为满头白发，乍一看像是西洋人，但确实是地地道道的日本人。梶和浜田放心了。不过刚才喊“队长大人，队长大人”的土田上等兵却没影了。两人问过之后，澄川一边微笑着一边解释：“土田说如果现身的话就会被打死，藏起来了。”

刚走出洞穴不久的“大队本部组”。图左澄川少将拿着的自动步枪是日本兵交出来的。

澄川拿着装着日本内地的报纸和书信的皮包，和两人一起进入洞穴。澄川把日本内地的情况一五一十地讲给大家听。士兵们还读了亲人或熟人写来的书信，终于相信日本已经战败。

虽然澄川说服了士兵们走出洞穴，但士兵们表示：“如果阁下说谎的话，我们不得不在遭到美军攻击时逃走。那种情况下只有等到傍晚才能逃掉，所以请再

搭乘美军卡车的日本兵们的表情依然紧张，但完成了重任的澄川少将和熊井翻译却露出了笑容。

山口少尉代表败残日本兵向美军的帕劳地区驻军司令福克斯上校交出日本刀和自制的太阳旗。

等一等。”

另一方面，美军迟迟不见澄川从洞里出来，非常担心。就在这时，土田一只手提着自己的鞋子吧唧吧唧地在海岸上走路回来。正在海岸上等待的熊野远远望到这一幕，吓得跑去向美军报告：“澄川少将被斩首了，现在土田上等兵正用手提着他的头往这边跑回来！”可是等土田回来一看，他的手里提着的却是鞋子。

就这样，26名日本兵在司令部“玉碎”后，又在洞穴中潜伏了2年多，终于回归“人间”。澄川少将命令全体解除武装，但队长山口少尉却带着日本刀和太阳旗，打算在正式的“投降仪式”上亲手交给美军司令。

当时山口少尉带来的太阳旗，是在潜伏期间用潜入美军营地、从美军军官家属的晾衣场偷走的白色床单和女人穿的红色衣服为材料制成的。当然关于太阳旗的秘密并未告诉美军。

藏在沼泽地红树上的高台上的8个人（“湿地组”）是在山口少尉以下的“洞穴组”投降的次日才投降的。说服他们的是前一天投降的山口少尉等3名日本兵和澄川少将。虽然永井（旧姓馆）军曹等一部强硬派反对投降，但大势已去，没有强烈抵抗。

就这样，34名贝里琉“最后的日本兵”终于全部投降了。在贝里琉机场的美军营地里举行了投降仪式，队长山口永少尉向美军帕劳地区司令福克斯上校交出了自己的日本刀和那面太阳旗，宣告日军守备队最后的残部到此为止。这天是1947年4月22日。这是第14师团从中国东北启程向赤道附近的贝里琉岛转进以来的第三个年头。

1947年4月22日投降的日本兵的名单如下（均为旧姓）（这些人物的相关信息系笔者根据相关资料整理）：

第14师团步兵第2联队　代表：山口永少尉

军衔	姓名	年龄	出身县	所属部队
少尉	山口永	27	茨城县	步兵第2联队
军曹	馆敬司	27		
伍长	福永一孝	27	大阪府	步兵第2联队第2大队第5中队
兵长	片冈一郎	27	茨城县	步兵第2联队第2大队联队炮中队
上等兵	鬼泽广吉	28	茨城县	步兵第2联队第2大队第5中队
上等兵	饭岛荣一	29	茨城县	步兵第2联队第2大队第5中队

续表

军衔	姓名	年龄	出身县	所属部队
上等兵	饭冈芳次郎	28	茨城县	步兵第2联队第2大队本部
上等兵	中岛裕	28	茨城县	步兵第2联队第3大队第9中队
上等兵	梶房一	28	茨城县	步兵第2联队第2大队第6中队
上等兵	斋藤平之助	32	栃木县	步兵第2联队第2大队工兵队
上等兵	程田弘	27	茨城县	步兵第2联队第2大队第5中队
上等兵	冈野茂	27	茨城县	步兵第2联队第2大队本部
上等兵	泷泽喜一	27	茨城县	步兵第2联队第2大队通信队
上等兵	浅野三郎	26		
一等兵	塙博	26	茨城县	步兵第2联队第2大队第5中队
一等兵	石井慎	25	茨城县	步兵第2联队第2大队第6中队
一等兵	石桥孝夫	25	茨城县	步兵第2联队第2大队通信队
一等兵	横田亮	26	茨城县	步兵第2联队第2大队通信队
一等兵	小林八百作	26	群马县	步兵第2联队工兵队
一等兵	鷲谷平吉	32	茨城县	步兵第2联队第2大队第6中队
一等兵	森岛通	28	茨城县	步兵第2联队第2大队通信队
二等兵	间正一	31		
合计22名				
海军西加罗林航空队				
二等兵曹	相川胜	30	长崎县	大谷部队(海军)
兵长	高濑正夫	27	爱知县	大谷部队(海军)
兵长	千叶千吉	27	北海道	大谷部队(海军)
上等兵	浜田茂	26	山口县	大谷部队(海军)
上等兵	塚本忠义	26	东京都	大谷部队(海军)
上等兵	高田诚二	26		
上等兵	土田喜代一	28	福冈县	大谷部队(海军)
一等兵	龟谷长成	26	冲绳	大谷部队(海军)
军属	势理客宗繁	28	冲绳	马场部队(海军)
军属	宫里真男	31	冲绳	
军属	智念福樽	39	冲绳	
军属	上原信藏	30	冲绳	
合计12名				
共34名				

不过这34人并不是贝里琉地区最后的日军幸存者。1949年或1950年，一群贝里琉岛居民携带22支步枪和美制卡宾枪在贝里琉北面3英里的一个岛屿上狩猎野鸽和野鸡。一个躲在山洞里的日本陆军士兵被步枪和卡宾枪的开火声吓坏了，然后他从洞穴中冲出来跑到海边。这时一个名叫西西奥的老年岛民正在附近的独木舟里钓鱼。这个日本兵跑到西西奥跟前，请求让他免遭那些在山间和林子里开枪的敌人毒手。这个日本兵的衣服是用马尼拉纤维制成的米袋和蕉麻做的，胡子垂到臀部附近。这个日本兵最终被俘获，移交给地区行政当局后送到日本。

此外，战争结束5年后，一名贝里琉岛民在一个洞穴内发现了一名日本海军的“民间作业员”（朝鲜人），此前这名岛民发现有人从自家院子里偷走了食物。这名朝鲜人也被移交给当局。人们猜测，这可能是贝里琉日军守备队的最后幸存者。哪怕在第二次世界大战结束20年后，贝里琉岛上仍散落着战争的瓦砾，依然可能有一些日本兵躲在乌穆尔布罗格尔山区，等待着天皇的命令战斗到底。

1972年3月同行前往贝里琉收集昔日战友遗骨的幸存士兵们。左起程田上等兵、塚本上等水兵、饭冈（武山）芳次郎上等兵、作家平塚柾绪、土田上等水兵、小林（波田野）一等兵。

附录 1 贝里琉战役美国陆战 1 师战时编制

<table>
<tr><td colspan="2">师长鲁珀图斯少将</td></tr>
<tr><td rowspan="8">陆战 1 团战斗队(代号“喷火”)——团长刘易斯·普勒上校</td><td>陆战 1 团</td></tr>
<tr><td>陆战第 1 坦克营 A 连</td></tr>
<tr><td>陆战第 1 工兵营 A 连</td></tr>
<tr><td>陆战第 1 轻工兵营 A 连</td></tr>
<tr><td>陆战第 1 宪兵连 1 排</td></tr>
<tr><td>陆战第 1 医务营 A 连
陆战第 1 勤务营军械连 1 排</td></tr>
<tr><td>陆战第 1 勤务营补给和勤务分队</td></tr>
<tr><td>第 4 联合通信连分队</td></tr>
<tr><td rowspan="9">陆战 5 团战斗队(代号“孤狼”)——团长哈罗德·哈里斯上校</td><td>陆战 5 团</td></tr>
<tr><td>陆战第 1 坦克营 B 连(欠第 1 和第 4 排)</td></tr>
<tr><td>陆战第 1 工兵营 B 连</td></tr>
<tr><td>陆战第 1 轻工兵营 B 连</td></tr>
<tr><td>陆战第 1 宪兵连第 2 排</td></tr>
<tr><td>陆战第 1 医务营 B 连</td></tr>
<tr><td>陆战第 1 勤务营军械连第 2 排</td></tr>
<tr><td>陆战第 1 勤务营补给和勤务连分队</td></tr>
<tr><td>第 4 联合通信连分队</td></tr>
<tr><td rowspan="7">陆战 7 团战斗队(代号“野马”)——团长赫尔曼·汉内肯上校</td><td>陆战 7 团(欠第 2 营)</td></tr>
<tr><td>陆战第 1 坦克营 B 连第 1 和第 4 排</td></tr>
<tr><td>陆战第 1 工兵营 C 连(欠第 2 排)</td></tr>
<tr><td>陆战第 1 轻工兵营 C 连</td></tr>
<tr><td>陆战第 1 宪兵连第 3 排</td></tr>
<tr><td>陆战第 1 医务营 C 连</td></tr>
<tr><td>第 4 联合通信连分队</td></tr>
<tr><td>两栖装甲车辆集群——指挥官金波尔·博伊尔中校</td><td>第 3 两栖装甲营(暂编)</td></tr>
</table>

续表

<table>
<tr><td rowspan="5">两栖运输集群——指挥官阿尔伯特·鲁特林格少校</td><td>第1两栖车辆营</td></tr>
<tr><td>第6两栖车辆营(暂编)</td></tr>
<tr><td>第454两栖卡车连(陆军)</td></tr>
<tr><td>第456两栖卡车连(陆军)</td></tr>
<tr><td>第8两栖车辆营(欠若干分队)</td></tr>
<tr><td rowspan="3">炮兵集群——指挥官威廉·哈里森上校</td><td>陆战第11炮兵团</td></tr>
<tr><td>第3两栖军炮兵第3营(155毫米榴弹炮)</td></tr>
<tr><td>第3两栖军炮兵第8营(155毫米火炮)(欠G连)</td></tr>
<tr><td>高射炮集群——指挥官梅林·霍尔姆斯中校</td><td>陆战第12高炮营</td></tr>
<tr><td rowspan="3">工兵集群——指挥官弗朗西斯·芬顿上校</td><td>陆战第1工兵营(欠A、B、C连)</td></tr>
<tr><td>第33海军建设工兵营</td></tr>
<tr><td>第73海军建设工兵营</td></tr>
<tr><td rowspan="3">海岸工作队集群——指挥官罗伯特·拜伦斯中校</td><td>第1轻工兵营</td></tr>
<tr><td>守备部队滩头工作队</td></tr>
<tr><td>陆战第1汽车营(欠若干分队)</td></tr>
<tr><td rowspan="4">勤务集群——指挥官约翰·卡鲁夫上校</td><td>第1勤务营(欠若干分队)</td></tr>
<tr><td>第16野战军需基地</td></tr>
<tr><td>军属航空军需分队</td></tr>
<tr><td>陆战第1汽车营分队</td></tr>
<tr><td rowspan="6">预备队集群——指挥官斯宾塞·伯格中校</td><td>陆战7团第2营</td></tr>
<tr><td>陆战第1坦克营(欠A连、B连和C连的坦克)</td></tr>
<tr><td>师部侦察连</td></tr>
<tr><td>第4联合通信连(欠若干分队)</td></tr>
<tr><td>第1工兵营C连第2排</td></tr>
<tr><td>陆战第1医务营D连分队</td></tr>
<tr><td>医务集群——指挥官埃米尔·纳普海军(医务)中校</td><td>陆战第1医务营(欠A、B、C连和D连的一个分队)</td></tr>
</table>

附录2　帕劳群岛美国海军陆战队和陆军地面部队指挥官和幕僚一览

远征军地面部队	
司令	朱利安·史密斯少将
参谋长	达德利·布朗上校
人事处长	哈里·邓克尔伯格上校
情报处长	埃德蒙·巴克利中校
作战训练处长	罗伯特·拜尔上校
后勤处长	小杰西·库克中校
第7高炮营	
营长	亨利·派尔中校
副营长	埃尔默·伍兹中校
作战训练股长	休·埃里希上尉
第3两栖军	
军长	罗伊·盖格少将
参谋长	梅尔文·西尔弗索恩上校
人事处长	彼得·麦克唐纳德中校
情报处长	威廉·科尔曼上校
作战训练处长	沃尔特·瓦赫特勒
后勤处长	小弗朗西斯·卢米斯上校
军直属队	
第1两栖运输营	
营长	阿尔伯特·鲁特林格少校(至9月21日) 亚瑟·努南上尉(9月22日起)
副营长	托马斯·伯勒上尉(从9月23日起)
作战训练股长	诺曼·布莱恩特中尉
第6两栖运输营	
营长	小约翰·菲茨杰拉德上尉
副营长	小惠特利·科明斯中尉

续表

第 8 两栖运输营	
营长	查尔斯・纳伦中校
副营长	贝德福德・威廉姆斯少校
作战训练股长	约翰・图尔中尉
第 3 两栖装甲营	
营长	金波尔・博伊尔中校
副营长	小亚瑟・帕克少校
作战训练股长	马文・米切尔中尉
第 12 高炮营	
营长	梅林・霍尔姆斯中校
副营长	埃德温・劳中校(至 10 月 18 日) 肯尼斯・金中校(从 10 月 19 日起)
作战训练股长	约瑟夫・亚希诺少校(至 10 月 10 日) 惠特曼・巴特利上尉(10 月 11 日—25 日) 小亨利・麦克恩贝尔上尉(从 10 月 28 日起)
155 毫米榴弹炮第 3 营	
营长	理查德・埃文斯中校
副营长	刘易斯・琼斯少校(至 10 月 25 日) 小亨特・费兰少校(从 10 月 26 日起)
作战训练股长	丹尼尔・普雷格纳尔少校
155 毫米加农炮第 8 营	
营长	小乔治・汉纳少校
副营长	小罗伯特・梅尔德鲁恩少校
作战训练股长	小亨特・费兰少校(至 10 月 25 日)
陆战 1 师	
师长	威廉・鲁珀图斯少将
副师长	奥利弗・史密斯准将
参谋长	约翰・塞尔登上校
人事主任	威廉・本尼迪克特少校(至 9 月 23 日) 哈罗德・迪肯中校(从 9 月 24 日起)
情报主任	小约翰・斯科特中校
作战训练主任	刘易斯・菲尔兹中校
后勤主任	哈维・奇尔吉中校
师部营	
营长	约瑟夫・汉金斯上校(至 10 月 3 日) 奥斯汀・肖夫纳中校(从 10 月 3 日起)

续表

第 1 坦克营	
营长	亚瑟·斯图亚特中校
副营长	唐纳德·罗宾逊少校
作战训练股长	小欧内斯特·海登中尉
第 1 勤务营	
营长	约翰·卡鲁夫上校
副营长	查尔斯·莱德尔少校
第 1 汽车运输营	
营长	罗伯特·麦克布鲁姆上尉
副营长	乔治·德贝尔上尉
作战训练股长	沃尔特·格林斯潘中尉
第 1 轻工兵营	
营长	罗伯特·拜伦斯中校
副营长	内森内尔·摩根萨尔少校
作战训练股长	沃伦·西弗特森上尉
第 1 工兵营	
营长	小莱维·史密斯中校
副营长	西奥多·德拉蒙德少校
作战训练股长	尤金·舍恩菲尔德少校
第 1 医务营	
营长	埃米尔·纳普海军(医务)中校
陆战 1 团	
团长	刘易斯·普勒上校
副团长	小理查德·罗斯中校
人事科长	弗兰克·谢泼德中尉
情报科长	詹姆斯·霍顿上尉
作战训练科长	伯纳德·凯利少校
后勤科长	弗兰西斯·伊根少校
1 团 1 营	
营长	雷蒙德·戴维斯少校
副营长	尼科莱·史蒂文森少校
作战训练股长	詹姆斯·罗杰斯上尉
1 团 2 营	
营长	拉塞尔·洪索维茨中校
副营长	小查尔斯·布拉什少校

续表

作战训练股长	罗伯特·伯内特上尉(至9月18日) 伯纳德·贝克中尉
1团3营	
营长	斯蒂芬·萨博尔中校
副营长	威廉·麦克努尔蒂少校
作战训练股长	乔纳斯·普拉特少校
陆战5团	
团长	哈罗德·哈里斯上校
副团长	刘易斯·沃尔特中校
人事科长	艾伦·迪尔上尉(至9月16日) 保罗·道格拉斯上尉(从9月16日起)
情报科长	列维·伯彻姆上尉
作战训练科长	沃尔特·麦基尔亨尼(至9月16日) 唐纳德·佩帕德上尉(从9月17日起)
后勤科长	约瑟夫·斯科茨拉斯少校(至9月30日)
5团1营	
营长	罗伯特·博伊德中校
副营长	哈罗德·里奇蒙德少校
作战训练股长	小希埃罗姆·奥佩少校(至9月15日) 埃德温·格拉斯上尉(从9月16日起)
5团2营	
营长	戈登·盖尔少校
副营长	约翰·古斯塔夫森少校(至9月15日) 理查德·瓦什本少校(从9月16日起)
作战训练股长	理查德·瓦什本少校(至9月15日) 詹姆斯·弗拉格上尉(从9月16日起)
5团3营	
营长	奥斯汀·肖夫纳中校(至9月15日) 刘易斯·沃尔特中校(9月15日夜间) 约翰·古斯塔夫森少校(从9月16日起)
副营长	罗伯特·阿什少校(至9月15日) 小希埃罗姆·奥佩少校(从9月16日起)
作战训练股长	克莱德·布鲁克斯少校
陆战7团	
团长	赫尔曼·汉内肯上校
副团长	诺曼·胡萨中校

续表

人事科长	理查德·斯宾德勒少尉
情报科长	弗朗西斯·法雷尔上尉
作战训练科长	沃尔特·霍罗门少校
后勤科长	赫克托·米尼奥特少校
7 团 1 营	
营长	约翰·戈姆利中校
副营长	韦特·沃登少校
作战训练股长	劳埃德·马丁少校
7 团 2 营	
营长	斯宾塞·伯格中校
副营长	埃尔伯特·格雷夫斯少校(至 9 月 20 日) 约翰·韦伯少校(从 9 月 21 日起)
作战训练股长	约翰·韦伯少校(至 9 月 20 日) 李·兰厄姆上尉(从 9 月 21 日起)
7 团 3 营	
营长	亨特·赫斯特少校
副营长	维克多·斯特雷特少校
作战训练股长	威廉·金少校
陆战第 11 炮兵团	
团长	威廉·哈里森上校
副团长	埃德森·莱曼中校
人事科长	罗伯特·奥尔德森中尉
情报科长	理查德·佩恩上尉(至 9 月 24 日) 拉尔夫·史密斯少尉(从 9 月 25 日起)
作战训练科长	小莱昂纳德·查普曼中校
后勤科长	刘易斯·特里莱文上尉
11 团 1 营	
营长	理查德·华莱士中校
副营长	小詹姆斯·莫法特少校
作战训练股长	约翰·谢松少校
11 团 2 营	
营长	小诺亚·伍德中校
副营长	弗洛伊德·马内尔少校(至 9 月 15 日) 约翰·麦卡林少校(从 9 月 16 日起)
作战训练股长	大卫·格里芬上尉
11 团 3 营	
营长	查尔斯·尼斯中校

续表

副营长	威廉·哈南少校
作战训练股长	威廉·米勒上尉
11团4营	
营长	路易·莱茵伯格中校
副营长	乔治·鲍登少校
作战训练股长	埃利奥特·威尔逊少校
陆军第81步兵师(加强)	
师长	保罗·穆勒少将
炮兵指挥官	莱克斯·比斯利准将
副师长	马库斯·贝尔准将
参谋长	詹姆斯·肖特上校
人事主任	约翰·拉帕吉中校
情报主任	保罗·戈达德中校
作战训练主任	威廉·伍德沃德中校
后勤主任	朗菲特·威尔比中校
321步兵团	
团长	罗伯特·达克上校
副团长	保罗·克莱格中校
1营长	莱斯特·埃文斯中校(9月22日负伤)
	威廉·波特少校(9月18日—20日代理)
2营长	彼得·克莱诺斯中校
3营长	达拉斯·皮洛伊德少校
322步兵团	
团长	本杰明·韦纳布尔上校(9月22日负伤)
副团长	欧内斯特·威尔逊中校(9月22日起接任团长)
1营长	威廉·怀特少校(到9月23日为止)
	路易·哈斯隆少校(10月17日阵亡)
	迈克尔·古塞少校(10月17日起)
2营长	托马斯·麦克菲尔中校
3营长	莱昂纳德·科特肖尔中校(9月22日起出任副团长)
	马努埃尔·谢赫特少校(9月22日接任)
323步兵团	
团长	亚瑟·沃特森上校
副团长	罗伯特·夸肯布什中校
1营长	雷蒙德·盖茨中校(11月17日阵亡)
	巴特·拉哈特少校(11月17日—30日)

续表

2 营长	休·福斯曼中校
3 营长	亚瑟·哈钦森中校
师属炮兵	
炮兵作战副指挥官	詹姆斯·卢姆上校
316 野炮营	小卡尔·达内尔中校
317 野炮营	威尔逊·莱利中校
906 野炮营	约翰·巴洛中校
318 野炮营	小托马斯·麦克莱恩少校
师属特别部队指挥官	内维尔·沃茨中校
306 工兵营营长	埃斯基尔·阿勒尼乌斯中校
306 医务营营长	尤金·梅勒维尔中校
配属部队	
1138 工兵集群指挥官	查尔斯·戴蒙中校
第 52 工兵营营长	哈罗德·塔波中校
154 工兵营营长	艾伦·吉伊中校
155 工兵营营长	约翰·麦克沃特尔中校
483 防空(高炮)营营长	亚瑟·罗特中校
710 坦克营营长	威廉·罗杰斯中校
726 两栖车辆营营长	亨利·斯威泽尔中校
第 17 野战医院院长	罗伯特·贝尔中校
第 41 机动外科医院院长	大卫·阿什尔少校
592 联合通信连连长	威廉·休斯顿少校
481 两栖卡车连	亚瑟·范哈森上尉
88 化学武器营 D 连连长	小爱德华·罗克曼上尉
776 两栖坦克营 D 连连长	布斯·托马斯上尉
暂编军需常备警卫连 1 排长	斯坦利·刘易斯少尉

附录3 贝里琉地区队编成表

<table>
<tr><td colspan="6">贝里琉地区队长步兵第2联队长大佐中川州男
第14师团派遣幕僚第14师团司令部附少将村井权治郎</td></tr>
<tr><td rowspan="18">陆军</td><td>地区队本部</td><td colspan="2">步兵第2联队本部</td><td></td><td>342名(推定)</td></tr>
<tr><td>西地区队</td><td colspan="2">步兵第2联队第2大队</td><td>富田保二少佐</td><td>635名(推定)</td></tr>
<tr><td>南地区队</td><td colspan="2">步兵第15联队第3大队</td><td>千明武久大尉</td><td>750名</td></tr>
<tr><td>北地区队</td><td colspan="2">独立步兵第346大队</td><td>引野道弘少佐</td><td>556名</td></tr>
<tr><td rowspan="13">直辖</td><td colspan="2">步兵第2联队第1大队</td><td>市冈英卫大尉</td><td>635名(推定)</td></tr>
<tr><td colspan="2">步兵第2联队第3大队</td><td>原田良男大尉</td><td>635名(推定)</td></tr>
<tr><td colspan="2">第14师团坦克队</td><td>天野国臣大尉</td><td>132名</td></tr>
<tr><td rowspan="5">步兵第2联队</td><td>炮兵大队</td><td>小林与平少佐</td><td>666名(推定)</td></tr>
<tr><td>工兵中队</td><td>五十畑贞重大尉</td><td>250名(推定)</td></tr>
<tr><td>通信中队</td><td>冈田和雄中尉</td><td>180名(推定)</td></tr>
<tr><td>补给中队</td><td>阿部善助中尉</td><td>185名(推定)</td></tr>
<tr><td>卫生中队</td><td>安岛良三中尉</td><td>160名(推定)</td></tr>
<tr><td colspan="2">海上机动第1旅团运输队的一部</td><td>金子启一中尉</td><td>86名</td></tr>
<tr><td colspan="2">第14师团通信队的一部</td><td></td><td>39名</td></tr>
<tr><td colspan="2">第14师团经理勤务部的一部</td><td>山本幸一少尉</td><td>46名</td></tr>
<tr><td colspan="2">第14师团野战医院的一部</td><td>大屋孝磨中尉</td><td>117名</td></tr>
<tr><td colspan="2">第23野战防疫给水部的一部</td><td></td><td>37名</td></tr>
<tr><td>计</td><td colspan="2"></td><td></td><td>5341名</td></tr>
<tr><td rowspan="12">海军</td><td colspan="5">西加罗林航空队司令大佐大谷龙藏(在中川大佐的指挥下)</td></tr>
<tr><td colspan="3">西加罗林方面航空队贝里琉本队</td><td></td><td>702名</td></tr>
<tr><td colspan="3">第45警备队贝里琉派遣队</td><td></td><td>712名</td></tr>
<tr><td colspan="3">第3通信队的一部</td><td></td><td>12名</td></tr>
<tr><td colspan="3">第214设营队</td><td>军人 20
军属 793</td><td>813名</td></tr>
<tr><td colspan="3">第30建设部的一部</td><td>军人・军属</td><td>982名</td></tr>
<tr><td colspan="3">西南方面海军航空厂的一部</td><td></td><td>109名</td></tr>
<tr><td colspan="3">第30工作部的一部</td><td></td><td>10名</td></tr>
<tr><td colspan="3">第3隧道队</td><td></td><td>50名</td></tr>
<tr><td colspan="3">配属海军的陆军部队:
特设第33、第35、第38机关炮队</td><td></td><td>258名</td></tr>
<tr><td colspan="3">计</td><td></td><td>3646名</td></tr>
<tr><td colspan="4">总计</td><td></td><td>约9000名(推定)</td></tr>
</table>

附录4　日军步兵第2联队军官编制表

<table>
<tr><td colspan="7">步兵第二联队军官编制表　　1944年3月5日</td></tr>
<tr><td colspan="2">联队长
大佐 中川州男</td><td>本部</td><td>副官
大尉 根本甲子郎
旗手
少尉 乌丸洋一
附(作战)
大尉 大里信义</td><td>附(情报)
中尉 深谷贞兴
附(兵技)
中尉 中村清春
附(毒气)
中尉 奥山明</td><td>附
少尉 村松弘道
少尉 安藏修
少尉 莇部卓伦</td><td>附
兵技 少尉 增泽康郎
会计 中尉 清水清二郎
军医　大尉 百濑芳</td></tr>
<tr><td rowspan="2">第1大队</td><td colspan="2">本部</td><td>第1中队</td><td>第2中队</td><td>第3中队</td><td>第1步兵炮中队</td></tr>
<tr><td colspan="2">大队长
大尉 江见秀夫
副 中尉 出津佐兵卫
副 少尉 高根义雄
会计 少尉 田村二郎
军医 中尉 分田叡
军医 中尉 阿出川邦治</td><td>中队长
中尉 益子常胜
第1小队 少尉 高桥健二
第2小队 少尉 石塚秀夫
第3小队 少尉 富田美俊
机枪小队 少尉 平山安雄</td><td>中队长
中尉 住谷芳男
第1小队 少尉 兼平太佐
第2小队 少尉 田中弘
第3小队 少尉 高桥基
机枪小队 少尉 榎田芳文</td><td>中队长
大尉 铃木清
第1小队 中尉 木村庄二郎
第2小队 少尉 井坂英
第3小队 少尉香取正
机枪小队 少尉 冈本武</td><td>中队长
大尉 小久保庄三郎
第1小队 少尉 小岛敏
第2小队 少尉 铃木俊也</td></tr>
<tr><td rowspan="2">第2大队</td><td colspan="2">本部</td><td>第4中队</td><td>第5中队</td><td>第6中队</td><td>第2步兵炮中队</td></tr>
<tr><td colspan="2">大队长
少佐 富田保二
副 中尉 关口正
副 中尉 园部丰三
会计 中尉 幸正弘
军医 中尉 三木正树
军医 中尉 筒井正人</td><td>中队长
中尉 冈田隆次
第1小队 中尉 荒井金吾
第2小队 少尉 驹井藤吉
第3小队 少尉 高野熏
机枪小队 少尉 石毛昇三</td><td>中队长
中尉 中岛正
第1小队 少尉 涂木正见
第2小队 少尉 羽鸟诚
第3小队 少尉 田村二郎
机枪小队 少尉 高柳弘</td><td>中队长
中尉 大场孝夫
第1小队 少尉 泽田三郎
第2小队 少尉 山口永
第3小队 少尉 高木真一
机枪小队 见习士官 大和惣</td><td>中队长
中尉 野内隆
第1小队 少尉 冈村久
第2小队 少尉 高野敬治</td></tr>
</table>

续表

	本部	第7中队	第8中队	第9中队	第3步兵炮中队
第3大队	大队长 大尉 市冈英卫 副 中尉 安藤末 副 中尉 津田义晴 会计 少尉 林四郎 军医 中尉 大林尚 军医 中尉 三木馨	中队长 大尉 坂本要次郎 第1小队 少尉 户之内昌夫 第2小队 少尉 山内晁 第3小队 少尉 今田勇 机枪小队 中尉 古宇田忠	中队长 大尉 原田良男 第1小队 少尉 江户茂义 第2小队 少尉 山口四郎 第3小队 少尉 手柴道雄 机枪小队 少尉 森嘉人	中队长 中尉 饭岛总一郎 第1小队 少尉 丰田正信 第2小队 少尉 大川菊卫 第3小队 少尉 苅部义成 机枪小队 少尉 吴东博	中队长 中尉 木内正 第1小队 中尉 关根正平 第2小队 少尉 飞田多门
	本部	第1中队	第2中队	第3中队	工兵中队
炮兵大队	大队长 少佐 小林与平 副 少尉 铃木彦寿 附 中尉 辻本春雄 中尉 西村今朝彦 中尉 片平健吉 会计 中尉 田中照夫 军医 中尉 孤塚普 军医 少尉 加藤信也	中队长 中尉 常持良二 附 少尉 加藤诚 第1小队 少尉 阴山二郎 第2小队 少尉 下村章	中队长 中尉 天童隆 附 少尉 木下四郎 第1小队 少尉 金子信夫 第2小队 少尉 上仓繁雄	中队长 中尉 大桥荣一 附 少尉 吉野理雄 第1小队 少尉 茂木辰雄 第2小队 少尉 井上幸雄	中队长 中尉 五十畑贞重 第1小队 少尉 久保田忠夫 第2小队 少尉 栗原三郎 第3小队 少尉 藤井祐一郎 第4小队 少尉 石井源四郎
	通信中队	补给中队	卫生中队	医疗班	定员外
	中队长 中尉 冈田和雄 第1小队 少尉 平野守也 第2小队 少尉 细田昂	中队长 中尉 阿部善助 第1小队 少尉 手塚焜 第2小队 少尉 近藤米治 第3小队 少尉 加藤善助	中队长 中尉 安岛良三 第1小队 少尉 矢口三郎 第2小队 少尉 池田秀次郎	班长 军医 中尉 冈村拙夫 中尉 三原通 中尉 重田敬治 中尉 阿部贞夫 少尉 元山彻	少尉 永井博雄 少尉 深泽希辅 少尉 和气弘 少尉 早乙女卓 见习士官 红林迪
定员外	联队附 大尉 土居常志 中尉 川又广	联队附 中尉 内川安次郎 少尉 挂札留次郎	联队附 少尉 西川正三 少尉 矢作国卫	联队附 少尉 塚越能文 少尉 冈本泰藏	

主要参考文献

（1）Operation Report 81st Infantry Division: Operation On Peleliu Island 23 September -27 November 1944（Decalssified）.

（2）F. O. Hough， Historical Branch， G-3 Division， Headquarters， U.S. Marine Corps 1950.

（3）George W. Garand and Truman R. Strobridge， History of U.S. Marine Corps Operations in World War II Voluem IV: Western Pacific Operations， Historical Branch， G-3 Division Headquarters， U.S. Marine Corps 1971.

（4）Bill D. Ross， Peleliu: tragic triumph: the untold story of the Pacific war's forgotten battle， Randon House， 1991.

（5）Gordon D. Gayle，Marines in World War II Commemorative Series， Bloody Beaches: The Marines at Peleliu ， Marine Corps Historical Center， Building 58， Washington Navy Yard 1994.

（6）James H. Hallas， The devil's anvil: The Assault on Peleliu， Praeger， 1994.

（7）Oscar E. Gilbert， Marine Tank Battles in the Pacific， Da Capo Press 2001.

（8）Bill Sloan， Brotherhood of heroes: the Marines at Peleliu， 1944: the bloodiest battle of the Pacific War， Simon & Schuster， 2005.

（9）Dick Camp， The Last Standing: The 1st Marine Regiment On Peleliu September 15-21，1944， Zenith Press， 2008.

（10）Gail B. Shisler， For Country and Corps: the life of Gen. Oliver P. Smith， Naval， Institute Press，2009.

（11）Bobby C. Blair and John Peter Decioccio， Victory At Peleliu: The 81st Infantry Division's Pacific Campaign， University of Oklahoma Press， 2011.

（12）Jim McEnery with Bill Sloan， Hell in the Pacific: a Marine rifleman's journey from Guadalcanal to Peleliu， Simon & Schuster， 2012.

（13）The battle over Peleliu: islander, Japanese and American memories of war， The University of Alabama Press， 2016.

(14)[日] 堀江芳孝:「闘魂·ペリリュー島」, 原书房, 1967。

(15)[日] 日本防卫厅防卫研修所战史室:「中部太平洋陸軍作戦〈2〉 ペリリュー·アンガウル·硫黄島」, 朝云新闻社, 1968。

(16)[日] 船坂弘:「血風 ペリリュー島」, 丛文社, 1981。

(17)[日] 步兵第十五联队史刊行会编：「歩兵第十五聯隊史」，步兵第十五联队史刊行会，1985。

(18)［日］水户步兵第二联队史刊行会编:「水戸歩兵第二聯隊史」, 水户步兵第二联队史刊行会, 1988。

(19)［日］高桥文雄:「日本陸軍の精鋭　第十四師団史」, 下野新闻社, 1992。

(20)［日］平塚柾绪:「証言記録 生還 玉砕の島ペリリュー戦記」, 学研パブリッシング, 2010。

(21)［日］平塚柾绪:「写真で見るペリリューの戦い：忘れてはならない日米の戦場」, 山川出版社, 2015。

(22)［日］樋口隆晴:「戦闘戦史——最前線の戦術と指揮官の決断」, 作品社, 2018。

(23)［日］早坂隆:「ペリリュー玉砕 南洋のサムライ·中川州男の戦い」, 文艺春秋, 2019。